Inhaltsv...

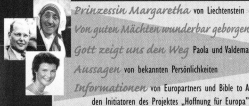

Lieber Leser

Es gibt eine Geschichte, die sagt, dass Gott wie ein Elefant ist und dass die Religionen dieser Welt wie vier blinde Männer sind, die ihn finden. Einer packt den Rüssel an und sagt: „Es ist eine Schlange." Ein anderer fühlt ein Bein und sagt: „Ich habe einen Baum gefunden." Einer berührt den Schwanz

Was glauben Sie?

Für einige Menschen ist religiöse Toleranz gleich der Wahrheit. Viele nehmen an, dass die Religionen vom Grundsatz her übereinstimmen und dass alle Glaubensrichtungen deshalb den gleichen Wert haben. Sie bezeichnen jede Religion als das gleiche Gesicht hinter verschiedenen Masken. Aber beim Anhören dieser Argumentation merken wir, dass nicht alle Religionen vom Grundsatz her gleich sind, nur weil sie einige Ähnlichkeiten haben. Ein flüchtiger Einblick in ein paar Religionen würde schnell zeigen, dass jede einzelne von ihnen konkurrierende Ansprüche hat, die den anderen Religionen widersprechen. Logisch gesehen, können sie alle falsch sein, aber sie können nicht alle richtig sein.

DESHALB MÜSSEN WIR fragen, welche Überzeugung den wahren Gott aufzeigt, und überlegen, wie stichhaltig dieser Anspruch ist. In Hinsicht auf diese Frage unterscheidet sich das Christentum von allen anderen Religionen der Welt. In jeder Religion muss der Mensch versuchen, Gott zu erreichen. Das Christentum sagt, dass Gott sich zu uns herunterneigt - dass nur durch Gottes Liebe und niemals durch menschliche Anstrengungen wir je hoffen können, Gottes Wohlgefallen zu erhalten.

und sagt: „Ich habe ein Seil gefunden." Ein anderer fühlt die Seite des Elefantes und sagt: „Es ist nur eine Mauer." Nicht einmal die Summe ihrer Intelligenz hilft ihnen, sich in dem ganzen Problem zu einigen. Es ist zu groß und sie können nicht in Einklang bringen, was jeder für sich persönlich wahrnimmt und erlebt.

Wir möchten Ihnen helfen, kritisch zu überdenken, was man glauben soll

Oft kommt die Wirklichkeit des Lebens in kleinen Stücken auf uns zu. Wichtige Fragen, die uns alle bewegen - Wer bin ich? Woher komme ich? Was ist der Sinn meines Lebens? - erreichen vielleicht, dass wir uns fragen, ob es einen erkennbaren Grund für die Existenz gibt. Ist jemand da draußen, der uns vielleicht sagen möchte, an welcher Art von Wirklichkeit wir uns festhalten sollen?

WIR GLAUBEN, dass diese Ausgabe ein interessanter Ausgangspunkt für diejenigen ist, die es herausfinden möchten. Sie beinhaltet verschiedene historische Bücher des uralten christlichen Glaubens, ergänzt durch Berichte von heutigen Europäern, die den Sinn ihres Lebens in diesem christlichen Glauben gefunden haben.

WENN SIE REGELMÄSSIG IN DIESEM BUCH LESEN und darüber nachsinnen, können Sie erstaunliche Überraschungen erleben - entweder in kleinen Schritten oder mit einem großen Schlag - die es Ihnen möglich machten, Gott zu sehen, wie er ist, und eine tiefe, posititve Veränderung zu erfahren, die Ihr praktisches Leben und Denken umgestalten wird.

Peter J. Briscoe
*Präsident der Bewegung
Europapartners*

Josef Östby
*Präsident der Aktion
Bible to All*

wo fange ich an zu lesen?

Einige prominente Menschen aus Wirtschaft und Gesellschaft empfehlen Ihnen wichtige Bibelstellen, die ihnen selber für ihr eigenes Leben wesentlich geworden sind. Es empfiehlt sich, diese Textstellen aufzuschlagen und im Zusammenhang zu lesen.

Epheser 2,8-10, Seite 412
Irland - Dublin
Bill Croly, Marketing-Direktor

„Der Plan für mein Leben beruht auf der Bibel, wo Gott sagt, dass ich aus Gnade durch den Glauben gerettet bin und nicht durch Taten. Durch den Glauben bin ich gewiss, dass Jesus Christus für meine Sünden starb, damit ich ewiges Leben haben soll. Dadurch habe ich eine persönliche Beziehung mit Gott durch Christus, und das macht den großen Unterschied."

Johannes 15,9-16, Seite 23
Dänemark - Kopenhagen
Merethe Due Jensen
ehem. Mitglied des Parlament

„Dies sagt mir, dass Gott genau weiß, wie ich bin. Er hat mich geschaffen, und ich bin wertvoll für Ihn. Es spielt keine Rolle, wie unsere Mitmenschen uns wahrnehmen, wir können uns immer darauf verlassen, dass Gott uns liebt. Für alle Menschen ist es wichtig zu wissen, dass wir von Gott geliebt sind."

Römer 8,28, Seite 331
Deutschland - Frankfurt
Johannes Sczepan

Geschäftsführer

„Dieses Wort hat mich die letzten 18 Jahre intensiv begleitet. Gerade in Tiefpunkten gab es mir Kraft und Orientierung."

Philipper 4,12-13, Seite 427
Portugal - Lissabon
Dr. José Dias Bravo
Vize- Generalstaatsanwalt

„Sowohl als Soldat während des Krieges 1967 in der ehemaligen portugiesischen Kolonie Guinea wie auch in meinem Beruf als Richter hatte ich immer eine besondere und friedvolle Erleichterung sowie eine enorme Inspiration und Herausforderung im Glauben an Gott. Wenn ich heute zurückschaue, kann ich auch sagen, dass es sich wirklich gelohnt hat, Jesus in meinem Leben die Führung zu überlassen und deshalb ... 'bin ich durch ihn allem gewachsen.'"

Johannes 16,33, Seite 233

Finnland - Helsinki

Risto Huvila

Chef der Verkaufs-Abteilung der Finnischer Telekom

„Dies ist eins der am meisten befreienden Worte von Jesus. Ich verlasse mich jeden Tag auf dieses Versprechen, ohne meine Situation oder Gefühle zu betrachten."

Philipper 4,4-13, Seite 427

Estland - Tallin

Riho Kuppart

Finanz-Controller der estländischen Polizei

„Ich habe erfahren, dass ich Problemen begegne, wenn ich das Vertrauen in mich setze; doch wenn mein Vertrauen in Gott fest ist, begegne ich Lösungen. Ich kann, durch ihn alles tun mit den besten Ergebnissen, von denen ich nur träumen kann."

1 Petrus 5,7, Seite 507

Ukraine - Kiew

Alexander Shelpuk

Präsident der Ukrainischen Vereinigung Christlicher Geschäftsleute

„Dies ermutigt mich in Zeiten voller Stress."

Johannes 16,33, Seite 233

Rumänien - Orade

Liviu Purje, Unternehmer

„Wenn ich diesen Vers lese, tröstet er mich, wenn es scheint als ob die Welt um mich herum erschüttert wird und ich mich wegen morgen unsicher fühle."

Johannes 16,24, Seite 233

Griechenland - Athen

Vicky Dendrinou

Geschäftsführerin

„Bittet, und ihr werdet empfangen, und eure Freude wird vollkommen sein. Danke Gott: Ich spüre wirklich diese Freude. Mit dieser Freude spüre ich Gottes Gegenwart."

Frau Elisabeth Schirmer-Mosset

Strategische Mitarbeiterin der Verwaltung und Geschäftsleitung, RONDA AG in Lausen, Schweiz.
Entwicklung, Produktion und Verkauf von 20 Mio Quarzuhrwerken pro Jahr.
Die RONDA AG hat ca 1200 Mitarbeiter in Lausen, Stabio, Bangkok und Hong Kong.
Verheiratet mit Daniel Schirmer, drei Kinder.

In welchem Beruf sind Sie tätig? Wie kamen Sie hierzu?

Ich bin in der Geschäftsleitung sowie im Verwaltungsrat unserer eigenen Firma (RONDA AG) tätig. Mein Vater gründete diese Firma 1946. Ich arbeitete nach dem Studium der Nationalökonomie noch 3 Jahre mit ihm zusammen, bis er verstarb. Mit 26 Jahren übernahm ich das Geschäft und bildete eine kollegiale Geschäftsleitung. Heute wird die Firma operativ von meinem Mann, meinem Bruder und Top-Managern geleitet.

Sie leben nach dem Motto der „3 I". Was ist das?

Es ist ein einfaches Lebenskonzept: Die „3 I" stehen für *Identität, Integrität* und *Initiative*. Das sind Werte, die mein persönliches Leben bestimmen.

Meiner Meinung nach müssen wir zuerst die Sinnfrage klären. Für mich ist Identität sehr wichtig, ich muß herausfinden: Wer bin ich? Was ist der Sinn meines Lebens? Wozu hat mich Gott gemacht? Das entdecke ich aber nur, wenn ich

IDENTITÄT

„anhalte" und Gott suche. Dazu kommen dann Integrität, also Glaubwürdigkeit, und Initiative.

Sie sagten, das zweite „I" sei die Integrität. Was verstehen Sie darunter?

Wenn ich meine persönliche Identität gefunden habe, möchte ich Integrität leben. Das heißt, ich möchte glaubwürdig sein und in meinem Leben aufräumen. Ich weiß, daß Gott jedem vergibt, der ihn darum bittet. Mir ist dabei bewußt, daß ich Vergebung nötig habe und auch anderen vergeben muß.

Vorhin sagten Sie, das dritte „I" steht für Initiative. Sind Sie ein sehr initiativer Mensch?

Mir ist noch nie langweilig gewesen! Bei Menschen wie mir besteht allerdings die Gefahr, daß sie vor lauter Initiative nicht überlegen – daß die ersten beiden Werte, Identität und Integrität, fast wegfallen. Aber ich kann erst dann wirklich initiativ sein und ungehindert agieren, wenn die Fragen nach meiner Identität und Integrität geklärt sind.

Haben Sie ein wichtiges Erlebnis mit Gott gehabt, das Sie weitergeben möchten?

Anstöße zu einer Bereinigung in meinem Leben erhalte ich oft durch Bilder. Während eines Gebets taucht ab und zu ein Bild auf, das mir weiterhilft und Anstöße vermittelt. Manchmal ist´s auch ein Traum - hier ein Beispiel:

Ich träumte, ich sei auf einer Wanderung, einen Rucksack auf den Rücken geschnallt. Da ging ein mir unbekannter Mann neben mir und wollte mir als Gentleman den Rucksack tragen. Ich lehnte dankend ab - denn ich bin eine starke Frau. Als es steiler den Berg hoch ging, war der Mann immer noch an meiner Seite. Er fragte mich sehr nett, ob er mir nicht den Rucksack abnehmen könnte, er ginge den gleichen Weg wie ich. Nein, nein, es geht schon: Verbissen kämpfte ich weiter. Als ich nahe daran war aufzugeben, wachte ich schwitzend auf.

Ich sah ganz klar, wer der Mann war: es war Jesus Christus. Er wollte mir meine Last abnehmen; er wollte mich befreien. Wovon?

Im Rucksack war viel Stolz und Selbstgerechtigkeit.

Ich habe einige steile Bergwanderungen erlebt (auch in der Firma). Dabei habe ich mir vorgenommen, mit möglichst wenig Gepäck unterwegs zu sein.

Sie produzieren jährlich über 20 Millionen Uhrwerke. Geben Sie etwas von Ihrem Geld für Gott oder zur Unterstützung anderer?

Für mich ist es eine Freude, den Zehnten zu geben, denn letztlich gehört alles Gott. Ich habe erlebt, daß Geben wirklich seliger ist als Nehmen und daß der Segen auf den Geber zurückkommt, wie es auch beim Propheten Maleachi steht (Maleachi 3,10). Die Not in der Welt ist groß, und ich meine, daß wir auf zehn Prozent unseres Einkommens verzichten können.

Was möchten Sie in der Welt bewirken?

Ich habe eine riesige Freude an den Worten aus Johannes 3,16 – daß Jesus für mich gestorben ist und ich ewiges Leben habe, wenn ich ihn annehme. Die Aussicht auf ewiges Leben ist für mich so unfaßbar schön, daß ich mein Leben dazu nutzen möchte, anderen von dieser Hoffnung zu erzählen.

Auf einer Rußlandreise hatte ich ein Erlebnis, das mich stark angerührt hat: In einer Kirche sah ich einer 70jährigen Babuschka zu, wie sie inbrünstig betete. Mit Hilfe meiner Übersetzerin kam ich mit ihr ins Gespräch – ich erfuhr, daß sie seit fünfzig Jahren täglich darum bittet, ihre Schuld (Abtreibung) möge ihr vergeben werden. Wir erklärten ihr die Worte aus 1.Johannes 1,7: „ … das Blut Jesu macht uns rein von aller Sünde." Ihre Tränen strömten. Es war, als wenn ein riesiger Stein von Schuld von ihr wegrollte, Glückseligkeit sprach aus ihrem Gesicht. Solche Momente bleiben unvergeßlich. Ich freue mich darauf, einmal mit allen, die glauben, im Himmel zu sein!

Gott liebt mich!

ZEUGNIS VON

Urwaifo Egbe

Anfang Mai wollte ich, auf dem Weg zu Arbeit, aus der Garage fahren. Ich trat auf die Auffahrt, die zur Straße führt und zog an der Sprungfeder, die das Tor öffnet. Während ich darauf wartete, daß das Tor sich öffnete, schaute ich hinüber zur Straße, die weniger als 2 Meter entfernt war.

Ich konnte auf der anderen Seite dieser schmalen Straße Blätter sehr, die vom Baum fielen. Ich freute mich über das Frühlingswetter und bewunderte die Art und Weise, wie diese kleinen zentimetergroßen Blätter vom Baum fielen. Ich hatte schon das Sonnendach meines Wagens halbwegs geöffnet. Innerlich bat ich Gott etwas, was ich mich niemals zuvor zu fragen gewagt hätte. Ich wollte, daß er mir seine Liebe beweist, indem er eines dieser Blätter, wenn ich aus der Garage auf die Straße einbiege, durch das Sonnendach in meinen Wagen fallen läßt.

Während ich aus der Garage fuhr, dachte ich daran, daß ich weiß, daß Gott mich liebt, ob er dies nun geschehen läßt oder nicht. Ich bereute, daß ich Gott herausgefordert hatte, mir seine Liebe durch solch einen leichtfertigen Wunsch zu zeigen. Noch während ich dies dachte, nahm ich die Kurve zu Straße. Plötzlich kam eines dieser Blätter durch das halbgeöffnete Sonnendach und gelangte durch den kleinen Spalt zwischen meinem Brillengestellt und meinem linken Augenlid, berührte meine Wimpern und setzte sich auf den unteren Teil meiner Brille. Es war das einzige Blatt, das in den Wagen fiel.

Gott bewies wieder seine Liebe zu mir. Meine Aufregung wuchs zu einer Freude, die allen zugänglich ist, die Gottes größtes Geschenk angenommen haben - Jesus Christus. Gott liebt mich! Ich erinnerte mich an die Schriftstelle, die besagt, daß Gott nicht seinen eigenen Sohn verschont hat, sondern ihn für uns alle in den Tod gegeben hat. Wird er uns dann noch irgend

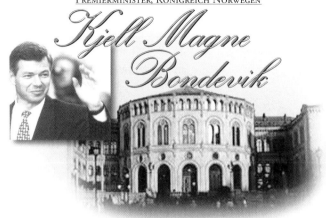

*Aus einem Interview mit dem Magazin Ethos,
Ausgabe 10, 1998*

Ist das, was Sie tun, Teil einer höheren Bestimmung?

Natürlich müssen wir uns davor hüten, Gott in einer politischen Auseinandersetzung auf unsere Seite ziehen zu wollen; doch andererseits
denke ich nicht, dass die Tatsache, dass ich hier bin, das Ergebnis von
Glück oder Zufall ist. So stimmt es gewissermaßen, dass, was mich
betrifft, die Politik ein Auftrag von Gott war.

Wissen Sie, was das bedeutet? Wissen Sie, was Gott durch Ihr Amt erreichen möchte?

Es ist schwierig für mich, genau zu wissen, was Gott durch all dies
erreichen will. Allgemein gesagt, denke ich, dass Gott die Politik gebrauchen möchte, um einen Einfluss auf die Entwicklung der Gesellschaft Norwegens auszuüben, um die Werte unserer Nation nach denen der Zehn Gebote auszurichten, nach Liebe, Achtung und Würde
für jeden Menschen. Das sind die grundlegenden Werte, für die ich
mich in der Politik einsetze, und diese sind auf meine religiösen Über-
zeugungen gegründet. Im Großen und Ganzen ist es das, was meiner
Meinung nach Gott in der gegenwärtigen Situation von mir verlangt.

Trotz all dem hat er vielleicht noch einen besonderen Plan für das
Amt, das ich innehabe. Einige ungewöhnliche Umstände sowohl vor
als auch nach der Wahl haben dazu geführt, dass ich Premierminister
von Norwegen geworden bin. Also denke ich, dass es da einen
Grund für diese Ernennung gibt. Und ich hoffe, dass ich, indem ich
meinem Land diene, auch den Menschen aller Nationen eine Botschaft übermitteln kann.

Was haben sie außerhalb Norwegens getan?

Ich habe mich besonders um die Durchsetzung der Menschenrechte bemüht. Ich trage dafür eine Verantwortung in mir, weil ich der Überzeugung bin, dass es eine Pflicht eines jeden Menschen ist, der Jesus nachfolgen will, für die Menschenrechte zu kämpfen, und dahingehend möchte ich auch meine Position gebrauchen. Meine Bemühungen beinhalten auch die Sorge um Menschen in Entwicklungsländern, ein Thema, das für mich eine entscheidende Bedeutung hat. Ich denke da an Konflikte, bei denen wir, auch als ein kleines Land, zur Lösung beitragen können, wie wir es bereits früher getan haben.

Auch in unserem Land hat es viele Herausforderungen im Zusammenhang mit der Errichtung der Werte-Kommission gegeben, Werte, welche die Grundlage bilden, auf der wir unser Gesetz und unsere Gesellschaft aufbauen.

Welche Werte sind Ihnen im Hinblick auf ihre führende Position besonders wichtig?

Nun, ich unterscheide zwischen Werten, die ich persönlich vertrete, und solchen, welche ich realistischerweise im politischen Bereich durchsetzen kann. Ich spreche sehr offen über meine persönlichen Werte im norwegischen Fernsehen und Radio wie auch unter anderem in den Zeitungen, und ich denke, dass diese tatsächlich einen Einfluss auf die Menschen ausüben. Und wenn ich über meine persönlichen Werte rede, dann spreche ich immer über meinen Glauben als das, was die höchste Priorität in meinem Leben einnimmt, gefolgt von meiner Frau und meiner Familie als dem zweitwichtigsten Anliegen. Danach denke ich an Freundschaften, die Bewahrung unseres natürlichen Lebensraumes, Freiheit, den Kampf gegen Verschmutzung, Kriminalität und an das soziale Netz. Ich denke auch daran, dem Gebot der Liebe unter den Menschen nachzukommen und es zu erfüllen.

Ich bin davon überzeugt, dass man echten und dauerhaften Erfolg nur auf der Grundlage von festen Werten und von Verbindlichkeit erreichen kann.

Sollten wir Menschen in führenden Positionen nach ihren Werten einschätzen oder nach den Ergebnissen, die sie erzielen?

Ich glaube, dass da eine Verbindung besteht, denn ich bin überzeugt, dass man, wenn man etwas erreichen will, als Leiter Wurzeln braucht, die einem selbst Halt geben - Werte, in denen man verwurzelt ist. Das ist lebenswichtig, denn die Position als Leiter kann sehr hart sein, und wenn man keine Werte hat, die seinem Leben einen Sinn geben, so wird man letztendlich in Schwierigkeiten geraten...

Also sind diese Werte für mich entscheidend, um die Herausforderungen, denen ich gegenüberstehe, zu meistern.

Glaube

Helmut Kohl

„Wenn Sie eine so verantwortungsvolle Position haben, mit dem Druck, Entscheidungen zu treffen, die so viele Menschen betreffen werden, dann ist es sehr wichtig, einen Kompass zu haben - das heißt an Gott zu glauben. Ich bin überzeugt, dass ein Land ohne den Glauben an Gott keine Zukunft hat. In dieser Zeit in Europa haben alle totalitären Systeme, die für den Atheismus propagieren, versagt:"

Helmut Kohl
in 'Bild'

Tony Blair

„Wenn wir den Wert der Unterscheidung von Recht und Unrecht nicht lernen und lehren, so ist das Ergebnis einfach ein moralisches Chaos, das uns alle verschlingt."

Tony Blair,
Britischer Premierminister

Flavio Cotti

„Für mich ist Jesus der Auferstandene, der uns Sterblichen eine Verheißung gibt; er ist der Retter."

*Flavio Cotti,
ehemaliger Bundespräsident
der Schweiz*

Vaclav Havel

„Die wachsende Gottlosigkeit ist zum Teil für die derzeitigen globalen Krisen verantwortlich."

*Vaclav Havel,
Tschechischer Präsident*

Andreas van Agt

„Den Herrn zu fürchten, ist der Anfang der Weisheit. Bei unseren politischen und wirtschaftlichen Leitern liegt die Hauptverantwortung."

*Andreas van Agt, ehemaliger
Premierminister der Niederlande*

Joachim Meyer

„Die ständige Aufgabe, die Kirche zu erneuern, auch in ihren Formen und Strukturen, kann nur aus dem Geist der Frohen Botschaft erfolgen und nicht aus dem Ungeist des Populismus, der nach Schlagzeilen zielt."

Joachim Meyer,
ehemaliger sächsischer
Wissenschaftsminister

Lars Rise

„Die Botschaft, dass Gott Mensch geworden ist, muss den Menschen unserer Zeit erklärt werden. Die historische Person Jesus ist ohne Zweifel sehr spannend."

Lars Rise,
norwegischer Parlamentarier

Dr. Georgina Dufoix

„Jesus Christus lebt, er ist auferstanden. Darum glaube ich, dass die Vergebung ein wunderbarer Schlüssel ist, um unsere Herzen zu reinigen. Es ist eine Kraft, die den befreit, der um Vergebung bittet, und auch den, der vergibt."

Dr. Georgina Dufoix,
ehemalige Beraterin des französischen
Präsidenten Mitterand.

Norbert Blüm

„Sie, dem Gott das Leben gegeben hat, sind auch verantwortlich für dieses Leben. Das betrifft jeden, aber auch jeden. Niemand kann sich dieser Frage entziehen."

Norbert Blüm, ehem. Minister für Arbeit und Soziales der Bundesrepublik Deutschland

Horst Waffenschmidt

„Theologie ist wichtig, Bibelstudien sind wichtig, aber das Wichtigste ist, dass wir eine persönliche Beziehung zu Jesus Christus haben. Sonst können wir von morgens bis abends über Religion reden, ohne dass irgendetwas in unseren Kirchen passiert."

Horst Waffenschmidt, ehemaliger Parlamentarischer Staatssekretär, ehem. Mitglied des Deutschen Bundestages

Elisabeth Motschmann

„Der Wert eines Menschen ist nicht von seiner Leistung abhängig, sondern von der Tatsache, dass Gott ihn gewollt und geschaffen hat und ihn liebt."

Elisabeth Motschmann,
Politikerin und Schriftstellerin,
Bremen, Deutschland

John Grisham

„Warum gerade ich als Autor Erfolg habe, weiß ich nicht; aber ich weiß, dass Gott damit eine bestimmte Absicht hat. Und ich weiß, dass eines Tages auch das ein Ende haben kann. Alles auf der Welt ist auf eine bestimmte Zeit befristet."

John Grisham,
Bestseller-Autor, USA

Berti Vogts

„Es gibt nur wenige Menschen, die nach christlichen Maßstäben handeln. Dazu gehört nicht nur Mut, sondern auch überragende, berufliche Qualifikation. Daraus erwächst eine Souveränität, um über gewissen Dingen stehen zu können und gegen den Strom zu schwimmen."

Berti Vogts, ehem. Fussballtrainer der Deutschen Fußball-Nationalmannschaft

Gottes

Jonathan Edwards

„Gott ist mir wichtiger als irgendetwas in dieser Welt."

Jonathan Edwards, England, Weltmeister im Dreisprung, Sportler des Jahres 1998.

glaube

Cliff Richard

„Der Glaube an Jesus Christus ist die größte Realität, die mir begegnet ist. Jesus Christus nachzufolgen bedeutet, daß man selbst ein wahrer Mensch wird und begreift, worum es im Leben eigentlich geht."

Cliff Richard, internat. Pop-Sänger und Schauspieler

Holger Handtke

„Das Wesentliche für mich ist nicht die Schauspielerei, sondern meine Beziehung zu Jesus Christus! Von der wünsche ich mir, dass sie immer intensiver wird."

Holger Handtke, Deutscher Schauspieler

Pavlos Hatzopoulos

„Ich erkenne, dass ich Gott alles zu verdanken habe."

Pavlos Hatzopoulos, griechischer Konzert-Pianist

Simon Estes

„Weinachten ist für mich deshalb eine schöne Zeit, weil sie an den Tag erinnert an dem Jesus Christus geboren wurde - und durch seine Geburt die grösste Hoffnung auf diese Erde kam."

Simon Estes, Opernsänger

Bettina Sartorius

„Ich denke oft an Gott während meiner Konzerte. Es ist nicht die Religion, die mich stützt, sondern der Glaube an Gott. Für mich ist Gott nicht gleich Kirche."

Bettina Sartorius, Mitglied der Berliner Philharmoniker

Die christliche Zeitschrift für die Frau

- Möchten Sie gerne wissen, wie andere Frauen ihre Schwierigkeiten und Ängste überwunden haben?

- Wünschen Sie sich eine tiefere Beziehung zu Gott?

- Möchten Sie Ihre Ehe festigen?

- Brauchen Sie Weisheit bei der Erziehung Ihrer Kinder?

Dann ist LYDIA für Sie das Richtige!

Ein kostenloses Probeheft können Sie unverbindlich anfordern bei:

Lydia-Verlag GmbH, Asslarer Weg 8, 35614 Asslar-Bergh.
Tel.: 0 64 43 / 83 01-0, Fax: 0 64 43 / 17 07
E-Mail: 100442.3576@compuserve.com
Internet: http://www.lydia.net

ZIELE DER
EUROPARTNER

EUROPARTNERS IST eine Initiative in Europa von christlichen Bewegungen, in denen sich Führungskräfte aus Wirtschaft, Wissenschaft, Kultur und allen anderen gesellschaftlichen Bereichen engagieren.

DIE INTERNATIONALE Vereinigung Christlicher Geschäftsleute (IVCG) und Christen in der Wirtschaft (CIW) vereinigen Führungskräfte, die sich aus der Bibel Maßstäbe für das Leben holen wollen. In Veranstaltungen geht es um die Frage nach Gott und die Umsetzung des christlichen Glaubens im Alltag. Wer Glauben und Geschäftssinn, Christsein und Management, Ehrlichkeit und Erfolg nicht als Widerspruch, sondern als Ergänzung versteht, erlebt selbst im harten Geschäftsleben eine Kraft, die dem Leben einen Sinn gibt.

BEI 'CHRISTEN in der Wirtschaft' und IVCG finden Sie:

• Erfahrungsaustausch als gegenseitige Unterstützung im Berufsleben

• Orientierung durch gemeinsam erarbeitete Maßstäbe aus der Bibel für den Beruf

• Hilfe bei der Anwendung dieser Maßstäbe auf Berufsalltag und Geschäftsleben

• Motivation durch partnerschaftliche Begleitung und Ermutigung - gerade auch in kritischen Zeiten

• Beratungsgespräche mit kompetenten Mitgliedern zur Bewältigung beruflicher und persönlicher Krisen

• Unterstützung beim Auftrag, Geschäftsfreunde und Kollegen auf Jesus Christus aufmerksam zu machen

DIE „EUROPARTNER" SIND vernetzt mit dem Arbeitsbereich „Business" von „Hope For Europe".

Europartners, Ambachtsweg 20 A, 2222 AL Katwijk, Niederlande
Telefon: +31 71 408 0049, Telefax: +31 71 408 0052
email: info@europartners.org, www.europartners.org

„HOPE FOR EUROPE" - hilft Menschen, die Hoffnung in Christus auszuleben, die das ganze Leben und die Kultur verändert und durch die sein Reich ausgebreitet wird.

www.HFE.org

94

Bible to All möchte,
dass alle Menschen die Möglichkeit bekommen, die Bibel zu lesen

Bible to All Europe ist eine Organisation, die weltweit arbeitet. Das Ziel ist, die Bibel in einer einfachen, verständlichen und alltäglichen Sprache zu verbreiten.

Wir sind überkonfessionell und arbeiten mit allen christlichen Kirchen und Organisationen zusammen.

Seit der Gründung von Bible to All in Schweden durch Josef Östby im Jahre 1984 sind Millionen Bibeln und Neue Testamente verbreitet worden. Wir glauben daran, dass die Bibel ein kraftvolles Buch ist, das Menschen und Nationen verändert.

Wo früher Hass und Hoffnungslosigkeit herrschten, kommt durch die Bibel Liebe, Hoffnung und Frieden.

Wir möchten mit Gottes Wort verschiedene Zielgruppen ansprechen, z. B. Politiker, Soldaten, Kinder, Jugendliche, ältere Menschen und Geschäftsleute.

Viele Grüße von Bible to All Europe

Roul Åkesson   **Tomas Bard**   **Mats Lagerqvist**

Unsere Anschriften

Bible to All Europe e.V.
Aulkestrasse 28, D-48734 Reken
Germany
Telefon: 02864 882907, 02864 882909
email; info@bta-europe.org
www.bta-europe.org

Bible to All Schweden
Siktgatan 10, S-16250 Vällingby
Telefon: 0046 8 389212
email; info@bta.crossnet.se
www.crossnet.se/bta

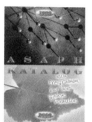

Peter Scholl-Latour

„Ich fürchte nicht die Stärke des Islams, sondern die Schwäche des Abendlandes. Das Christentum hat teilweise schon abgedankt. Es hat keine Glaubens-Wahrheiten mehr."

Peter Scholl-Latour,
Fernsehjournalist und Islam-Experte

Peter Hahne

„In der Bibel stehen lauter alte Geschichten, die jeden Tag neu passieren."

Peter Hahne, Schriftsteller und
Moderator beim ZDF

durch die hitze

Alexander Zaichenko

VOLKSWIRT; MOSKAU, RUSSLAND

Moskau verändert sich schnell in ein modernes Handelszentrum. Neue Mächte entstehen, während viele Russen damit begonnen haben, ihre Hoffnung auf Geld und die Anschaffung von Besitz zu setzen. Durch dieses neue Paradigma wird das Denken der Russen in allen Bereichen des Lebens und der Gesellschaft beeinflusst, so wie es im Kommunismus geschah. Alexander Zaichenko, Moskowiter, versucht, den Hauptstrom der sozialen Denkweise in Richtung einer positiven Entwicklung für die gesamte russische Wirtschaft und Gesellschaft zu beeinflussen.

einer kommunistischen nacht

Als ich jung war, *war ich Mitglied des Kommunistischen Kinderbundes. Ich wollte meinem Volk dienen und gründete meine eigene Organisation von jungen Kindern, die älteren Menschen half. Zu der Zeit wurden Christen in unserer Gesellschaft bestenfalls als geistig zurückgebliebene Menschen und schlimmstenfalls als amerikanische imperialistische Agenten betrachtet. Als ich Teenager wurde, beschäftigten mich schwierige Fragen wie: „Warum bin ich hier auf der Erde, und was ist der Grund für mein Leben?"*

Während der kommunistischen Zeit suchte Alexander nach Antworten für seine Fragen. Während seines Studiums wurde er als Offizier in die Armee nach Syrien geschickt und kämpfte im Sechs-Tage-Krieg gegen Israel. Die Bilder des Krieges und sterbender Menschen verstärkten sein Drängen, Antworten zu finden, nur noch mehr. *'Ich habe unvorstellbare Dinge gesehen. Als ich zurückkam, wusste ich einfach, dass ich ein Exemplar der Bibel finden musste.'* Dies war jedoch nicht leicht. Schließlich war er in der Lage, eine zu bekommen, in aller Heimlichkeit.

Als er 36 Jahre alt war, sagte er Gott, dass er Christ werden wollte. Vor dieser Zeit wusste er nur das, was der Kommunismus über das Christentum gelehrt hatte. Er erzählt eine typische marxistische Begebenheit im Hörsaal, als er seinen Dozenten auf der Universität fragte: *'Können Sie mir bitte sagen, was der Grund für das menschliche Leben auf der Erde ist?' Dieser* sagte: *'Genosse Zaichenko, steh auf!'* und fuhr fort: *'Jungs, seht euch diese Verkörperung einer impertinenten Frage an... Frag das nie wieder!'* Alexander: *'Und das habe ich auch nicht getan.'*

durch die hilfe einer

Ich hörte dann Geschichten über Verfolgung und Grausamkeiten in unserer Region, die Christen betrafen. Ich fragte meine Großmutter danach. Zu meiner Verwunderung sagte sie, dass mein Großvater für seinen Glauben ins Gefängnis gesteckt worden und auch, dass meine Onkel bestraft worden waren. Ich hatte das nicht gewusst. Wir hatten nie darüber gesprochen. Das Thema war tabu. So habe ich keine Fragen mehr gestellt.

Aufgrund des Mangels an christlicher Literatur bezog Alexander seine Informationen aus der russischen Literatur einschließlich atheistischer Veröffentlichungen, die vor den Gefahren des christlichen Gedankengutes warnten. Alexander: "Wenn ich die schmutzige Sprache und die Flüche übersah, war ich in der Lage, mehr über das zu lernen, was ich glaubte. Als Philologiestudent hatte ich den Vorteil des freien Zugangs zu russischer Literatur. Das erste Gebet, das ich auswendig lernte, war aus Tolstois Novelle 'Sewastopoler Erzählungen'". Es war das Vaterunser. Alexander brauchte sechs Jahre, um eine Kirche zu finden, in der er am Gottesdienst teilnehmen und christliche Bücher erhalten konnte.

Als er das erste Mal an einem Gottesdienst teilnehmen konnte, war das ein sehr emotionaler Moment. *„Da waren Ausländer, die unser Institut besuchten. Ich erzählte einfach, daß ich mich um sie kümmern müsste und sagte, dass sie diese obskuren Baptistengemeinden besuchen wollten. So bekam ich die Adresse einer Gemeinde in Moskau vom Büro des Geheimdienstes. Ich brauchte zehn Tage, um die Gemeinde zu finden. Als ich eintrat, war sie überfüllt mit Menschen. Ich war so glücklich, endlich meine Gemeinde gefunden zu haben, aber auf der anderen Seite fürchtete ich, der KGB würde mich finden."*

„Gut ausgebildete Leute wie ich lebten in einem Glashaus. Wir waren vom Rest der Gesellschaft iso-

liert, besonders von den Christen." Jetzt ist seine christliche Überzeugung in Russland weitgehend bekannt. Sein erstes öffentliches Bekenntnis kam überraschend auf ihn zu. Während einer live gesendeten Fernsehshow wurde er gefragt: *„Sind Sie Christ?"* *Nach einigen Zögern gab er dies zu. (Nur kurze Zeit vorher war der letzte Märtyrer, Marchenko, für seinen Glauben im Gefängnis gestorben.) Am nächsten Tag wartete eine große Menschenmenge auf Alexander, und sie fragten ihn noch einmal. Er versicherte ihnen, dass er wirklich Christ sei, und jedermann verschwand daraufhin. Nur einer von ihnen kam auf ihn zu und bat um eine Bibel.*

Alexander empfindet, dass die Bibel eine Botschaft hat für die heutigen Gestalter der Gesellschaft. *„Unsere Zeit ist eine Zeit, in der Mythen zerstört werden, in der schreckliche Geheimnisse enthüllt und Rätsel gelöst und offenbar werden. Jedoch eines dieser Geheimnisse, lebenswichtig für den Staat, für das Land, für jeden von uns, individuell und gemeinschaftlich, tritt langsam zutage: die soziale und volkswirtschaftliche Rolle von Moral und religiösem Bewusstsein. Der Erfolg des Versuchs, unsere Gesellschaft zu modernisieren, unserer Bemühungen, die Stagnation unserer Wirtschaft zu überwinden und im gesellschaftlichen Bereich die Staatsmacht zu verändern, hängt in erster Linie von der Transformation unseres Glaubens als Ganzes ab, von der Transformation des Einzelnen und dem gesellschaftlichen Bewusstsein, basierend auf einer humanen Gesellschaft, ausgerichtet an gemeinsamen Werten."*

Alexander ermutigt heute Politiker und Geschäftsleute, einem Netzwerk von Klubs für fairen und ethischen Handel beizutreten. Derzeitige und zukünftige Führungskräfte in Russland müssen es lernen, die Werte des christlichen Glaubens in unserer wachsenden Wirtschaft und im politischen Handeln anzuwenden.

Elisabeth Mittelstädt

Was eine einzelne Frau auszurichten vermag

MELINDA BOOZE

„Spring, und deine Schmerzen sind vorbei!" flüsterte eine feindselige Stimme, als Elisabeth Mittelstädt sich auf das Geländer einer Brücke lehnte und auf die schroffen Felsen unter ihr blickte.

Ohne Zweifel wusste sie, dass Satan hinter dieser höhnischen Attacke stand. Doch Elisabeth nahm die Realität der Versuchung ernst. Der unablässige Schmerz in ihrem Kiefer, der sie seit einer fehlerhaften Zahnbehandlung plagte, war nicht zu lindern. Eine endlose Serie von Arztbesuchen, Untersuchungen und Krankenhausaufenthalten hatte in der weltbekannten Mayo-Klinik geendet. Die Diagnose: bleibender, nicht zu behebender Schaden. Es schien, als gäbe es keine Hoffnung mehr.

„Wovor habe ich am meisten Angst?" fragte Elisabeth sich damals. Und erkannte: „Ich fürchtete mich vor der Zukunft. Wie sollte ich den Rest meines Lebens diese Schmerzen aushalten?" Doch in ihrem aufge-wühlten Innern stiegen die Worte Jesu auf: „Sorgt euch nicht um mor-gen" (Matthäus 6,34).

„Während ich darüber nachsann, warf ich einen Blick auf das kleine Dorf hinter mir. Die schmucken, gepflegten Häuser mit den überquellenden Blumenkästen zogen meine Blicke auf sich. In diesem Moment wurde mir bewusst, dass äußerlich alles schön und ordentlich aussieht, aber Tausende von Frauen sich genauso fühlen wie ich. Ob sie körperlich leiden oder emotional - sie empfinden reale Schmerzen. Mir war, als würde Gott mich fragen: 'Bist du bereit, sie zu ermutigen?'" Elisabeth erinnert sich: „Ich fasste den Entschluss, die Sorge um meine Zukunft Gott zu überlassen und immer nur einen Tag nach dem anderen zu leben."

Eine Zeitschrift wird geboren

Seit Elisabeth vor vierzehn Jahren auf der Suche nach Antworten auf ihre eigenen Schmerzen und Ängste war, begann sie zu verstehen, auf welche Weise sie andere Frauen ermutigen sollte. Heute ist sie die Begründerin und Herausgeberin von „Lydia - die christliche Zeitschrift für die Frau", die inzwischen in drei Sprachen erscheint (Deutsch, Rumänisch und Ungarisch) und mit einer Auflage von 160 000 Exemplaren Leserinnen und Leser in 102 Ländern erreicht.

Elisabeth hatte Lydia nicht geplant. Und nie hätte sie sich träumen lassen, dass die Zeitschrift so viele Frauen ansprechen würde! Als sie anfing, einen Verleger für ihre Idee zu suchen, erntete sie keine Begeisterung. Im Gegenteil - mehr als einmal bekam sie zu hören, es gäbe dafür keinen ausreichenden Markt. Elisabeth war sich zwar im Klaren darüber, dass sie keine Erfahrung und kaum Kenntnisse über die Herausgabe einer Zeitschrift besaß. Doch in der festen Gewissheit, von Gott selbst in diese Aufgabe gestellt worden zu sein, und unterstützt von ihrem Mann, stieß sie auf die Verheißung in Psalm 2,8: „Fordere von mir, und ich will dir die Nationen zum Erbteil geben." Elisabeth war so kühn, Gott um 10 000 Abonnentinnen zu bitten. Zuvor hatte sie sorgfältig abgewägt, was ihr größter Wunsch sei. Wie wäre es wohl, eine Stunde schmerzfrei zu sein? Dann sagte sie zu Gott: „Mehr als das - mehr als alles in der Welt - möchte ich, dass Menschen zu dir finden."

„Das Anliegen von Lydia ist, Frauen zu ermutigen", erläutert Elisabeth. „Leserinnen geben die Zeitschrift an andere Frauen weiter, weil sie ihnen hilft und sie anderen helfen möchten." Eine Frau schrieb:

„Lydia hat meiner 89-jährigen Nachbarin geholfen. Sie hatte nach ihrer Konfirmation die Kirche verlassen, aber nun - nach 75 Jahren - hat sie Gott wiedergefunden. Wie viele Menschen werden im Himmel wohl auf Sie zugelaufen kommen, um Ihnen zu danken, dass Lydia ihnen den Weg gewiesen hat!"

In der heutigen Gesellschaft, in der sich immer mehr Menschen in ihre Privatsphäre zurückziehen, bietet die Zeitschrift Frauen eine ideale Möglichkeit, ihren Glauben weiterzugeben. „Ich bin erstaunt, wie viele Frauen berichten, dass ihr erster Schritt zu Gott durch *Lydia* zustande kam", sagt Elisabeth. Nach der biblischen Lydia benannt, die in Apostelgeschichte 16,14 als eine Geschäftsfrau beschrieben wird, die Gott suchte, motiviert die Zeitschrift ihre Leserinnen, ihr Leben nach dem auszurichten, was in Ewigkeit Bestand hat.

Die Welt erreichen

Persönliche Beziehungen erhalten ewige Bedeutung, wenn dadurch Menschen mit Gott in Berührung kommen. In Deutschland leben über zwei Millionen Muslime. „Wir wissen, wie schwer es ist, die muslimische Welt zu erreichen", erläutert Elisabeth. „Doch Frauen kommen durch ihre Kinder miteinander in Kontakt. Wir hören bemerkenswerte Geschichten darüber, wie solche Frauen Christen werden. Und dies sind die Frauen, die ihre Söhne und die zukünftigen Generationen erziehen."

Lydia bewegt Tausende ihrer Leserinnen dazu, für verschiedene, ganz spezifische Anliegen zu beten. Als Schlagzeilen über die systematisch angelegten Vergewaltigungslager in Bosnien die Welt erschütterten, forderte eine befreundete Journalistin Elisabeth heraus: „Was unternimmt denn die christliche Frauenzeitschrift *Lydia*, um den Frauen in den Lagern zu helfen?" Elisabeth verbrachte eine schlaflose Nacht. Konnte *Lydia* tatsächlich etwas ausrichten?

Elisabeth wusste, dass ihr Engagement ein großes persönliches Risiko bedeuten würde. Die Veröffentlichung eines Leitartikels, der die Lager anprangerte, könnte sie augenblicklich zur Zielscheibe machen. Doch die Worte aus Jesaja 41,10 gaben ihr Mut: „Fürchte dich nicht, ich bin mit dir." Und als ihre Blicke auf die gegenüberliegende Seite ihrer Bibel schweiften, sprang ihr Jesaja 42, 6-7 in die Augen: „... dass du die Augen der Blinden öffnen sollst und die Gefangenen aus dem Gefängnis führen und die da sitzen in der Finsternis, aus dem Kerker."

Lydia rief die Leserinnen auf, für die Frauen auf dem Balkan zu beten, die in den Lagern auf grausame Weise vergewaltigt und im Stich gelassen wurden. „Gebet ist unsere wichtigste Waffe in diesem Kampf", sagte Elisabeth den Leserinnen. Sie berichtet: „Es folgte eine Flut betroffener Briefe von Frauen, die über diese Not tief bewegt waren. Sogar neunjährige Mädchen versprachen, für die Frauen und Mädchen in Bosnien zu beten." Bald darauf verschwanden die Nachrichten über Vergewaltigungslager aus den Medien. Elisabeth erkundigte sich bei verschiedenen Quellen, was geschehen war. „Die Antwort war immer dieselbe: 'Die Lager sind aufgelöst worden.' Ich muss zugeben, dass es mir schwer fiel, an die enormen Auswirkungen einmütiger Fürbitte zu glauben. Ich weiß auch, dass wir nicht die Einzigen

waren, die beteten, aber es war wunderbar zu erleben, was ernsthaftes Gebet bewirkt. Frauen können einander ebenso beistehen, wie Ester in der Bibel ihrem Volk half, als sie es aufforderte, zu beten und Fürbitte zu tun."

Über Grenzen hinweg

Die anfänglichen Prognosen, *Lydia* würde keine Resonanz finden, rechneten nicht mit der Partnerschaft Gottes! Frauen, die Hunger nach Gottes Wort haben und sich nach gegenseitiger Ermutigung sehnen, finden in *Lydia* Antworten auf ihre Fragen und geben sie an Freundinnen und Nachbarinnen weiter. In Russland wurde *Lydia* in öffentliche Bibliotheksbestände aufgenommen, damit sie im Deutschunterricht Anwendung finden kann. Trans World Radio benutzt *Lydia* für Frauensendungen, die in Ecuador ausgestrahlt werden. Außerdem hat *Lydia* weitere christliche Frauenzeitschriften in Europa inspiriert. In Moldawien verwenden Frauen die rumänische *Lydia*, um andere Frauen lesen zu lehren. In Wartezimmern der Ärzte und an Kiosken wird *Lydia* ausgelegt. Und auch Männer, besonders Ehemänner, sind treue Leser, wenn auch nur insgeheim!

„Wir sind immer wieder überrascht, mit welcher Kreativität unsere Leserinnen *Lydia* weitergeben", erzählt Elisabeth. In einem Restaurant in Rumänien begegnete sie Joseph, einem Zusteller der Zeitschrift. „Ich muß Ihnen unbedingt erzählen, was gestern abend passiert ist", sagte Joseph. Als er spät abends nach Hause fuhr, übersah er eine rote Ampel. Ein Polizist hielt ihn an, verlangte seinen Führerschein und entzog ihm für drei Monate die Fahrerlaubnis. „Dann dachte ich an *Lydia* und gab ihm ein Heft", fuhr Joseph fort. „Er trat zur Seite und las die Überschriften.

Danach kam er zurück und fragte, ob ich ihm auch ein Heft für seine Schwiegermutter geben könne. Ich schenkte ihm noch eins. Zu meiner Überraschung händigte er mir meinen Führerschein wieder aus!"

Elisabeth kommentiert abschließend: „Wonach wir geistlich streben, wird von dem bestimmt, was in unserem persönlichen Leben am wertvollsten ist, und ist die Grundlage für eine menschliche Gemeinschaft. Ich glaube, dass Frauen in Europa sich heute nach Werten sehnen, die ihrem Leben Sinn und ihrem Handeln ein Ziel geben können. Es gibt eine innere Leere in vielen Frauen, die nur die Liebe Gottes auszufüllen vermag."

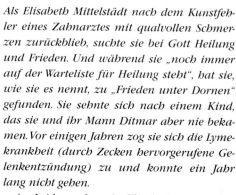

Als Elisabeth Mittelstädt nach dem Kunstfehler eines Zahnarztes mit qualvollen Schmerzen zurückblieb, suchte sie bei Gott Heilung und Frieden. Und während sie „noch immer auf der Warteliste für Heilung steht", hat sie, wie sie es nennt, zu „Frieden unter Dornen" gefunden. Sie sehnte sich nach einem Kind, das sie und ihr Mann Ditmar aber nie bekamen. Vor einigen Jahren zog sie sich die Lymekrankheit (durch Zecken hervorgerufene Gelenkentzündung) zu und konnte ein Jahr lang nicht gehen.

An Leiden gab es in Elisabeths Leben keinen Mangel. Doch diese Zeiten trieben sie zu Gott, dem sie ihre Schmerzen brachte. Gott kann und wird in ein gebrochenes Leben eingreifen, wenn wir uns zu ihm wenden. Wenn Sie selbst zu denen gehören, die leiden, dann verzweifeln Sie nicht. Fragen Sie Gott, welche Pläne er für Sie hat, und setzen Sie Ihre ganze Hoffnung auf ihn. Vielleicht kann Elisabeths Weg zu einem täglich neuen Vertrauen auf Gottes Hilfe Ihnen als Orientierung dienen.

Elisabeth sagt: „Hätte ich wählen können, auf welche Weise der Dienst der Lydia geboren wird, wäre mir bestimmt etwas anderes eingefallen als ein Weg der Schmerzen. Aber Gott fragte nicht nach dem Plan, den ich für mein Leben hatte. Statt dessen entwarf er einen Plan für mich, der mit Freude und Schmerzen durchwebt ist."

Margarete und Friedrich Schock

Herr Friedrich Schock ist 68 Jahre alt,
geboren 1930 in Schorndorf bei Stuttgart.
Vater: Wilhem Schock,
Mutter: Mathilde, geb. Sigel.

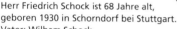

*50 Jahre ununterbrochen bis zur Pensionierung 1995 tätig- vom
Arbeiter bis zum Geschäftsführer im 75-jährigen Familienunternehmen der Schock-Gruppe mit ca. 500 Mitarbeitern in 3 Werken.*

*50 Jahre Mitglied in einer lebendigen, freikirchlichen Gemeinde,
davon 15 Jahre als Chor- und Jugendleiter.*

*45 Jahre glücklich verheiratet mit Margarete, geb. Landmesser,
einer phantastischen Frau, die für mich auch heute noch „Fräulein Zeitlos" ist. Vier Buben wurden uns geboren, denen mit ihren
Frauen wiederum bis heute 13 Enkel geschenkt wurden.*

In welchem Beruf sind Sie tätig? Wie kamen Sie hierzu?

Ich bin als Sohn eines mittelständschen Unternehmers 1930 geboren
und bekam sozusagen schon in der Wiege die unternehmerischen
Grundbedingungen mit:

Aus wenig mehr zu machen und mehr von sich als von anderen zu erwarten.

Geld war immer knapp - folglich mussten Ideen dies ersetzen. Dies
galt für mich die letzen 50 Jahre als Unternehmer.

*Welche Bedeutung hat Jesus Christus in Ihrem Berufs- und
Privatleben?*

Nach dem verlorenen Krieg fand ich als 16-Jähriger zu einem persönlichen Glauben und veränderten Lebensziel. Jesus Christus ist seither
Mittelpunkt im Glauben und Leben geblieben.

Haben Sie Krisen erlebt? Möchten Sie darüber berichten? Hat Gott Ihnen aus der Krise geholfen?

Krisen im Geschäft und in der Familie gab es natürlich auch. Der jüngste unserer vier Buben und seine junge Frau kamen in Drogenabhängigkeit und starben beide an Aids vor einigen Jahren.

Die Hilfe Gottes in solchen Fällen erfährt man jedoch nicht immer gleich. Es braucht oft viele Jahre, um in Krisen einen „ göttlichen Ratschluss" zu erkennen.

Dies gilt gleichermaßen für viele meiner geschäftlichen Probleme.

Was bedeutet die Bibel für Sie? Haben Sie einen Lieblingsvers?

„Nimm die Bibel als Kompass - aber nicht als Landkarte". Mit diesem Verständnis lesen meine Frau und ich fast täglich das Wort Gottes. Als passionierter Wanderer weiß ich, dass beides nötig ist, um das Ziel zu erreichen. Wir brauchen die permanente Richtungsanzeige und Kurskorrektur durch Wort und Geist - aber wir sollten dabei unseren Verstand nicht ausschalten - er muss nur erleuchtet sein, wie es in Epheserbrief, Kapitel 1, Vers 18 heißt.

Mein Lieblingsvers steht in Matthäus, Kapitel 6, Vers 33: „Trachtet am ersten nach dem Reich Gottes, so wird euch das übrige zufallen."

Hatten Sie als Kind eine Kinderbibel?

Eine Kinderbibel hatte ich nicht, aber unser Vater las jeden Abend aus der großen Familienbibel Abschnitte vor, die ich mehr oder weniger verstand.

Unser Vater, der schon 1935 seine Frau verlor, handelte nach dem Grundsatz: „Sprich mehr mit Gott über deine Kinder als mit deinen Kindern über Gott!"

Haben Sie ein wichtiges Erlebnis mit Gott gehabt?

Eines meiner wichtigsten Erlebnisse mit Gott war die Wahl meiner lieben Frau, die ich sehr jung heiratete. Es war mir ein Anliegen, dass ich ihr ein Leben lang treu sein könnte! Es hat bis heute sehr gut geklappt - und wir sind schon 45 Jahre verheiratet!

Haben Sie Gottes Hilfe in Ihrem Beruf erlebt, und möchten davon berichten?

Aber auch bei geschäftlichen Entscheidungen habe ich mannigfach die Führung Gottes auf wunderbare Art erfahren. Es gibt kein Problem, das wir nicht im Gebet vor unsere himmlichen Vater bringen dürfen, bis hin zu Fragen der Personalführung und Produkt-Innovation.

Bekommen Sie von Gott immer eine Antwort auf Ihre Fragen?

Es ist wie bei einem Radio. Gott stellt sich nicht auf unsere Wellenlänge ein, sondern wir müssen aus der Vielzahl der Stimmen im Äther „seine Weisung" heraushören und unseren „Apparat" daraufhin einstellen. Er gab uns deshalb zwei Ohren und nur einen Mund, damit wir doppelt soviel auf ihn hören als zu ihm sprechen!

AIDS
ANGST
HOFFNUNG

Margarete Schock berichtet
über das Schicksal ihres
Sohnes Steffen und ihrer
Schwiegertochter Elke

Seit Jahren war uns bewusst, dass unser Sohn Steffen in Kreisen verkehrte, mit denen er besser keinen Kontakt gehabt hätte. Doch nun kam er wegen Drogen mit dem Gesetz in Konflikt.

Typische Drogenhändlertypen gingen nun bei uns ein und aus, und es gab einige hässliche Szenen. Bald kam auch die Polizei dahinter. Eines Morgens im Oktober 1983 fuhr die Polizei vor, und Steffen und Christine, seine Freundin, wurden ins Untersuchungsgefängnis gebracht. Wir fühlten uns hilflos und wurden immer abhängiger von Gott.

Steffen wurde nach zwei Monaten wieder aus dem Gefängnis entlassen und war bereit, ein neues Leben zu beginnen. Er trennte sich von Christine und von vielen anderen Freunden und begann eine Lehre in unserem Betrieb im Bayrischem Wald.

Bald traf er seine Jugendgespielin Elke wieder, und sie heirateten 1985. Alles schien eine glückliche Wende zu nehmen. Aber es kam ganz anders. Als Elke schwanger war, erhielten wir die Nachricht, dass Christine im Gefängnis auf Aids getestet worden sei und dass sie HIV-positiv sei. Das war ein Schlag!

Schwiegertocher Elke (im Juli 1992 an AIDS gestorben), Enkelkind Alexander und Sohn Steffen Schock (im Dezember 1987 beim Autounfall tödlich verunglückt, AIDS-krank).

Aids

Voller Angst suchten Steffen und Elke den Arzt auf zum Test, um wenig später zu erfahren, dass sie beide infiziert waren. Dann wurde Alexander, unser Enkelkind, geboren. Als die Nachricht kam, dass der Test bei diesem Kind gut ausgefallen war, rief Elke aus: Ich glaube an einen lebendigen Gott!

Trotzdem konnten Steffen und Elke nicht fertig werden mit dem Gedanken an Aids und ein baldiges Sterben, so dass sie wieder anfingen, Drogen zu konsumieren. Ich habe Gott gebeten, doch eine Lösung zu schenken und ein Ende des unerträglichen Leidens zu machen. Er hat dieses Gebet auf eine andere Weise gehört, als ich mir das gewünscht hätte. Eines Morgens im Dezember 1987 erhielten wir einen Anruf von der Polizei, dass Steffen in der Nacht einen tödlichen Unfall erlitten hatte. Er war auf der Autobahn in meinem kleinen Golf verbrannt.

Es war ein erneuter Schock

Elke versuchte nach ihrer Therapie, alles zu tun, um selbständig zu werden und später für sich und ihr Kind sorgen zu können. Sie machte ihr Abitur, lernte Sprachen und fing eine Banklehre an. Doch bald brach die Krankheit aus, und sie musste die Lehre abbrechen, weil ihre Kräfte nicht mehr reichten.

Wir sprachen ganz offen mit Elke über die Realität des Werdens und Vergehens und lasen zusammen das Wort Gottes, das uns Antwort auf viele Fragen unserer Fragen gibt, z. B. in 1. Kor. 15. Auf die Frage, ob sie wisse, dass ihre Sünden vergeben sind, hatte Elke ein klares Ja. Als sie Ende Juli 1992 die Augen

Gott kann Dinge zum Guten gebrauchen

schloss, war sie 28 Jahre alt, und für den sechsjährigen Alexander war es schwer zu begreifen, dass er nun keine Eltern mehr hatte. Bald hat er jedoch begriffen, dass Gott sein Vater im Himmel ist und Jesus sein bester Freund sein will.

Man müsste denken, dass der Teufel nun alles zerstört hat, was er wollte. Doch Gott kann Dinge zum Guten gebrauchen, wenn wir ihm gehorchen.

So wurde ich gebeten, zweimal in der christlichen Frauenzeitschrift *Lydia* ein Interview zu geben. Daraufhin erhielt ich viele Anfragen von Menschen, die Ähnliches erlebt hatten wie wir. Sie baten häufig um ein Gespräch und um Hilfe. So kam es, dass ich eingeladen wurde, zu Frauengruppen zu sprechen. Es entwickelte sich eine regelrechte Vortragstätigkeit, die bis heute anhält. Nach anfänglichem großen Zittern bin ich heute sehr dankbar, dass Gott mich gebraucht, seine Liebe weiterzugeben und anderen Menschen eine Hilfe zu sein.

Christine hilft AIDS-Kranken in Amsterdam

Im Herbst 1992 schrieb mir Steffens frühere Freundin Christine (sie war bereits siebenmal im Gefängnis), dass Christen von „Jugend mit einer Mission" sie im Rotlichtviertel in Amsterdam aufgegriffen hatten und sie bereits einen Anfang im Glauben gemacht habe. Mein Herz jubelte, war es doch auch eine Frucht der Liebe und Fürbitte. Später ließ sich Christine taufen und betreut heute in Amsterdam AIDS-Kranke bis zum Tod.

Als Fazit möchte ich sagen, dass Gott einen wunderbaren Plan hat mit jedem Menschen, und er möchte, dass wir ihn entdecken und erfüllen. Auch in der Zukunft möchte ich bereit sein, ihm zu dienen und jeden Tag seine Liebe weiterzugeben.

Appellieren möchte ich an alle, ihr Herz und Haus nicht zu verschließen, sondern offen zu halten für Menschen aller Art, besonders aber für Süchtige und Hilfsbedürftige, auch Aidskranke, denn dadurch erfüllen wir Christi Gebot der Nächstenliebe.

Gott hat einen wunderbaren Plan mit jedem Menschen

Warum leben wir auf Erden?

PROF. DR. WERNER GITT
BRAUNSCHWEIG

Ein Bild - gleich wie Gott

Unser Leben existiert nicht deshalb, weil wir aus einem evolutiven Prozess hervorgegangen sind, sondern weil es der Wille Gottes war, Menschen zu erschaffen. Die Bibel teilt uns nirgends den Grund für die Schöpfung des Menschen mit.

Etwa; weil Gott allein war; weil Gott Freude am Schaffen hatte ; weil Gott ein Gegenüber haben wollte oder weil Gott Wesen schaffen wollte, um sie zu lieben. Im ersten Kapitel des ersten Mosebuches wird uns der Wille Gottes zur Erschaffung des Menschen und die Ausführung mitgeteilt: „Und Gott sprach: Lasst uns Menschen machen, ein Bild, das uns gleich sei... Und Gott schuf den Menschen ihm zum Bilde, zum Bilde Gottes schuf er ihn; und schuf sie einen Mann und eine Frau."

Der direkte Schöpfungsakt Gottes

Hieraus wird deutlich: Wir sind gewollte Wesen. Wir sind also weder „kosmische Eckensteher" (F. Nietzsche) noch „Zigeuner am Rande des Universums" (J. Monod) noch irgendwelche Emporkömmlinge aus dem Tierreich. Wir entstammen einem direkten Schöpfungsakt Gottes. Darüber hinaus teilt die Bibel uns mit, dass wir von Gott geliebt sind: „Gott hat die Menschen so sehr geliebt, dass er seinen einzigen Sohn für sie hergab. Jeder, der an ihn glaubt, wird nicht verloren gehen, sondern das ewige Leben haben" (Johannes 3,16). Dieser Vers zeigt uns auch, dass wir für das ewige Leben bestimmt sind.

Was ist der Sinn des Leben?

Wir Menschen sind die einzigen irdischen Wesen, die nach Sinn fragen. Uns bewegen drei Grundfragen:

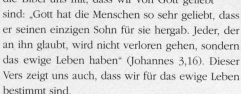

Wozu lebe ich?
Woher komme ich?
Wohin gehe ich?

Viele haben darüber nachgedacht. Wissenschaften wie Psychologie, Biologie, Medizin können uns keine Antwort geben, weil die Sinnfrage nicht zu ihrem Aussagenfeld gehört. Manche sehen den Sinn ihres Lebens darin, dass sie Gutes tun wollen. Viele hegen diesen humanistischen Gedanken, der noch nicht spezifisch christlich ist. Gutes zu tun, ist auch dem Christen aufgetragen, aber wer gute Werke tut, ist damit noch keine Christ. Andere glauben, das Lebensziel sei, selbst zu Ansehen zu gelangen (zum Beispiel Ehrungen in Sport, Kunst, Beruf). Eine andere Gruppe versucht, sich Unvergängliches zu schaffen.

So meinen sie, in ihren Kinder oder in der Gesellschaft weiterzuleben. Wir müssen aber bedenken: aller weltliche Ruhm ist nur zeitlich. Nach unserem Tod haben wir selbst nichts mehr davon.

Alles Glück dieser Welt reicht nicht aus

Wenn unser Leben eine Schöpfung Gottes ist, so kann es nur dann sinnvoll sein, wenn es mit diesem Gott gelebt und von ihm geführt wird. Ein Menschenherz – selbst wenn es alles Glück dieser Welt besäße – bleibt rastlos, leer und unerfüllt, wenn es nicht in Gott Ruhe fände. Darum wollen wir von Gott aus der Bibel erfahren, was uns Sinn gibt.

Die Frucht unseres Lebens

Gottes Ziel mit unserem Leben ist, dass wir zum Glauben an Jesus Christus kommen. Ohne den Glauben, dass Jesus für unsere Lebensschuld gestorben ist und wir durch ihn Rettung finden, gehen wir verloren. Darum will Gott, dass allen Menschen geholfen werde und sie zur Erkenntnis der Wahrheit kommen. Dann werden wir befähigt, den Nächsten zu lieben wie uns selbst. Als Nächsten sieht Gott unseren Ehepartner, unsere Kinder, unsere Eltern, Nachbarn, Arbeitskollegen... Dass wir uns selbst lieben, setzt die Bibel als Tatsache voraus.

Zeit, Geld und Begabungen sind gefragt

Das, was aus dieser Liebe entsteht, nennt die Bibel *„die Frucht unseres Lebens"*. Im Gegensatz zu allen vergänglichen Erfolgen ist nur diese Frucht bleibend. Am Ende unseres Lebens sucht Gott diese Frucht und fragt uns, ob wir mit den anvertrauten Fähigkeiten und Gaben (Zeit, Geld, Begabungen usw.) gewirkt haben.

Sie haben auf dem Höhepunkt Ihrer Karriere einen beruflichen Neuanfang gewagt. Warum?

Mitte der achtziger Jahre, ich war damals Vorstandssprecher einer Konzerngesellschaft mit 2.500 Mitarbeitern, wurde mir bewusst, dass aus dem Kampf um Erfolg und Karriere längst ein Krampf um Macht und Prestige geworden war. In mir wuchs das Verlangen, ungespalten zu leben, d. h. beruflich und privat nach den gleichen Wertmaßstäben zu handeln. Ich wollte auch meinen beruflichen Alltag nach biblischen Maßstäben ausrichten. Es genügte mir nicht mehr, mein Christsein in der Familie, im Freundeskreis und in der Gemeinde zu leben und zu bekennen. Diese Entscheidung, auch meinen beruflichen Alltag ganz unter die Führung Gottes zu stellen, veranlasste mich, die alten Gleise zu verlassen und meine gut dotierte Vorstandsposition aufzugeben. Ich gründete mit Kollegen und Freunden ein Unternehmen mit Rahmenbedingungen, unter denen Christen ungespalten arbeiten können.

Was hat sich seitdem für Sie geändert?

Meine Beziehung zu Gott ist heute um vieles intensiver. Bevor die Hektik des Berufsalltags beginnt, lese ich in meiner Bibel, bete zu Gott, durchdenke meine beruflichen Aktivitäten und vertraue dann bei meinem Handeln seinem Wort und den mir darin gegebenen Zusagen. Ich kann heute getrost auch Dinge, die vorteilhaft erscheinen, unterlassen, weil ich

Vier Fragen an

Klaus Dieter Trayser, Kassel

GESCHÄFTSFÜHRENDER GESELLSCHAFTER
DER FINANZBERATUNG PLANSECUR

Einen Neubeginn wagen

durch das Gebet die Gelassenheit geschenkt bekomme, Dinge loszu-
lassen, zu denen mir der Friede Gottes fehlt. Selbstverständlich habe
ich bei dem, was ich tue, keine Erfolgsgarantie, aber ich erlebe, wie
Gott in meinem Berufsalltag Regie führt. Wir haben in unserem Unternehmen wunderbare Führungen und Fügungen erlebt, die Menschen-
geist nicht hätte zustandebringen können.

*Von Ihnen stammt der Ausspruch: „Geld ist nicht die ganze
Fülle des Reichtums." Was ist damit gemeint?*

Unser Unternehmen ist in der Finanzberatung tätig, und wir erleben
Tag für Tag, dass für viele Menschen heute Geld das Thema Nummer
eins ist. Reichtum wird heute weitgehend mit Geld gleichgesetzt. Das
aber ist eine verkürzte und verhängnisvolle Betrachtungsweise. Gute
Beziehungen, Freundschaften, Zeit haben zum Lesen und Musizieren
bereichern ein Leben ebenso wie eine intakte Familie, ein liebenswer-
tes Hobby oder eine berufliche Tätigkeit, die den eigenen Begabungen entspricht. Was meinem Leben dauerhaften Wert gibt, ist nicht das
oberflächliche Glück materiellen Besitzes. Die persönliche Beziehung
zu Jesus Christus und das daraus resultierende Handeln sind es, was
wirklich reich macht.

*Was tun, wenn die eigene Lebenssituation als unerträglich
empfunden wird?*

Es gibt viele Menschen, die nach dem Motto leben: *"Lieber das bekannte Unglück als das unbekannte Glück."* Sie leiden an ihrer Situation,
ohne bereit zu sein, etwas zu verändern. Sie spüren, dass sie sich mit ihrem Leben in einer Sackgasse befinden. Sie sehnen sich nach echten
Perspektiven, um glücklich zu werden. Die Bibel hat an dieser Stelle
eine konkrete Empfehlung: Der Mensch muss umkehren. Das bedeutet:

1. *Ich stelle die Verbindung zu Gott her, indem ich meine
   Situation ungeschönt vor ihm ausspreche.*

2. *Ich akzeptiere, dass Jesus Christus durch seinen
   Opfertod die Last meiner Schuld auf sich genommen hat.*

3. *Ich lasse zu, dass Gott mich durch die göttliche
   Kraftquelle – den Heiligen Geist – verändert und erneuert.*

4. *Ich suche die Gemeinschaft mit anderen Christen und
   bleibe durch das tägliche Gebet in direktem Kontakt mit
   Gott.*

   Gott verspricht uns: *"Wenn ihr mich von ganzem Herzen suchen werdet, so will ich mich
   von euch finden lassen."*

Wo fange ich an zu lesen?

Einige prominente Menschen aus Wirtschaft und Gesellschaft empfehlen Ihnen wichtige Bibelstellen, die ihnen selber für ihr eigenes Leben wesentlich geworden sind. Es empfiehlt sich, diese Textstellen aufzuschlagen und im Zusammenhang zu lesen.

1. Johannes 5,14-15, Seite 519

England - London

Steven Moussavi

Geschäftsmann

„Gesegnet sei Gott, der sich nicht weg-drehte, als ich bete-te, und mir seine Freundlichkeit und Liebe nicht verwei-gerte."

Markus 8,36, Seite 96

Frankreich - Lille

Patrick Beeusaert

Generaldirektor einer Gesundheits-fürsorge-Gruppe

„In einer Welt, die sich ständig verändert, wo schein-bar Pluralismus und Indivi-dualismus regieren, ist mir der Glaube an Gott wertvoll, da er mich zu den wahren Werten im Leben bringt. Ich kann mein Be-rufs- und Familienleben auf Gottes Wort und die Botschaft seines Geistes bauen."

Hebräer 12,24, Seite 488

Holland - Amsterdam

Ger Cok, Hotelbesitzer

„Dieser Vers ist mein Leitwort geworden. Er verspricht, dass ich Gott erfah-ren werde, wenn ich mich an ihn halte, und das ist wahr."

Matthäus 25,34-35, Seite 66

Belgien - Brüssel

Emile Vanbeckevoort

Professor der Volkswirtschaft an der Universität Brüssel

„Nur ein Herz, das ständig mit Liebe und Weis-heit von oben ge-füllt ist, kann auf die richtige Art auf die großen Nöte unserer Zeit reagieren."

Johannes 10,11-16, Seite 219

Schweiz - Bern

Christoph Wyss, Anwalt

„Was denkt Gott, der nicht erklärt oder ver-standen werden kann, über mich? In Jesus kommt dieser Hirte mir sehr nahe, und ich kann seine Verheißun-gen erleben."

Matthäus 25,34-36, Seite 66

Norwegen - Oslo

Olav Raamunddal

Architekt

„Unser König - wo finden wir ihn heute? Was bereitet er für uns vor? Mein Verstand - und was ich tue - müssen mit diesen Worten des Menschensohnes in Einklang stehen."

Johannes 8,36, Seite 214

Polen - Warschau

John Guziak **Aufsichtsratspräsident**

„Wenn ich mich in schwierigen Situationen befinde, ermutigt mich dies. Es überzeugt mein Herz und macht mich wirklich frei!"

Matthäus 11,28-30, Seite 31

Ungarn - Budapest

Joszef Steiner

Direktor der Hungarian Business Association

„Dies zeigt mir, dass Jesus die Person ist, die sich in dieser Welt am meisten um uns kümmert. Er hilft mir, meine Bürden zu tragen, und gibt mir wirklichen Frieden."

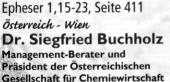

Epheser 1,15-23, Seite 411

Österreich - Wien

Dr. Siegfried Buchholz

Management-Berater und Präsident der Österreichischen Gesellschaft für Chemiewirtschaft

„Ich bete, dass Ihre Herzen mit Licht erfüllt werden, damit Sie etwas von der Zukunft sehen können, die er mit Ihnen teilen möchte."

Sprüche 16,3, Seite 582

Bulgarien - Sofia

Albena Matova

Professorin der Kommunikation an der Universität Sofia

„Ich denke ständig an diesen Satz, wenn ich arbeite."

Christ sein -
Was heißt

Prof. Dr. *Bodo Volkmann*

Natürlich wissen wir als Europäer, dass dieses Buch das Kursbuch der Christen ist. Aber - präzise gefragt: Wer sind diese Leute eigentlich? Was ist gemeint, wenn von jemand gesagt wird, dass er ein Christ ist?

MANCHE VERSTEHEN unter Christsein die karteimäßige Zugehörigkeit zu einer religiösen Institution. Nach dieser Auffassung würde es in Europa noch immer mehrere hundert Millionen Christen geben. Aber bei den meisten von ihnen spielt Gott im praktischen Leben gar keine Rolle. Dies ist das statistische Missverständnis des Glaubens.

MANCHE MEINEN, Christ sei jeder, der unter dem Einfluss unserer christlich geprägten Kultur herangewachsen ist, sozusagen im Anblick von Kathedralen und in Hörweite der Musik von Bach oder Händel. Doch leider sind viele gegen den Geist immun, aus dem heraus solche Werke einmal entstanden sind. Dies ist das kulturgeschichtliche Missverständnis des Glaubens.

MANCHE HALTEN DEN BEGRIFF Christ für eine Bezeichnung für Menschen, die sich bemühen, moralisch gut zu sein, auch wenn es ihnen nicht immer gelingt. Aber die Bibel sagt, dass kein Mensch durch moralische Anstrengung bis zu Gott vordringen kann (Math. 19,17, Seite 50). Dies ist das humanistisch-ethische Missverständnis des Glaubens.

MANCHE MEINEN, MAN WIRD CHRIST durch die Beschäftigung mit bestimmten religiösen Ideen. Doch könnte auch ein Theologe Atheist sein - wie ein Ehefachmann unverheiratet sein kann. Dies ist das intellektuelle Missverständnis des Glaubens.

d as
eigentlich?

DIESES BUCH HANDELT von Jesus Christus. Er brachte allen, die Gott und den Sinn ihres Lebens suchen, die helfende Antwort. Denn die genannten vier Wege führen letztlich nicht zu Gott, weil wir Menschen dabei die dunklen Punkte unserer eigenen Vergangenheit nicht beseitigen können, die uns als Schuld von ihm trennen. Das spüren gerade diejenigen, die als Suchende besonders ehrlich und selbstkritisch sind.

DIE ANTWORT VON JESUS CHRISTUS ist eine Absage an diese vier Versuche des Menschen, Gott zu erreichen. Statt dessen erging durch ihn eine Einladung Gottes an uns Menschen, mit der gesamten Last unseres schlechten Gewissens zu ihm zu kommen, und zwar ohne Vorleistung. Denn Jesus Christus selbst starb stellvertretend für unsere Schuld und wurde wenige Tage nach seinem Tod von Gott zu einem neuartigen Leben auferweckt, das auch den Glaubenden erwartet. Dieses Angebot anzunehmen ist, so sagt dieses Buch auf Seite 228, letzte Zeile (Johannes 14,6) der einzige mögliche Weg, auf dem ein Mensch zu Gott gelangen kann.

WIR ALLE SIND EINGELADEN, diesen Weg zu beschreiten. Es geht darum, unser ganzes Leben bewusst Jesus Christus auszuliefern, nicht nur den religiösen, den kulturellen, den ethischen oder den intellektuellen Teil.

Das ist die Bedeutung des Christseins.

WO FANGE ICH

Man lese, auf welche Art und Weise Jesus mit Geschäftsleuten und berufstätigen Menschen in der Zeit, als die Geschichte seines Lebens geschrieben wurde, Umgang gepflegt hat.

Lukas, ein griechischer Arzt mit dem Blick eines Wissenschaftlers für Einzelheiten, erzählt mit großer Genauigkeit die Geschichte eines Mannes, der die Geschichte verändert hat und dessen Geburt die Grundlage unseres heutigen Kalenders ist; eines Mannes, der vielen Geschäftsleuten und berufstätigen Menschen seiner Tage einen neuen Anfang ermöglicht hat!

HIER NUN EIN PAAR BEGEBE

ZU LESEN AN...?

Er beginnt seine Erzählung mit folgenden Worten:

„Schon viele Leute haben versucht, all das aufzuschreiben, was bei uns geschehen ist, so, wie es die Augenzeugen berichtet haben, die von Anfang an dabei waren ... Nun habe auch ich mich sehr darum bemüht, alles von Anfang an genau zu erfahren. Ich will es dir, lieber Theophilus, jetzt der Reihe nach berichten. Du wirst merken, dass alles, was man dir über Jesus erzählt hat, richtig und wahr ist."

Lukas 1,1-4 (Seite 120)

EITEN ZUM BEGINN!

Ein römischer **Offizier** erfährt die Kraft Jesu in der Heilung eines seiner Diener
Seite 139, Lukas 7,1-10

Jesus erteilt Petrus und seinen **Berufskollegen** eine Lektion im Fischen
Seite 133, Lukas 5,1-11

Der **reiche** und der **arme** Mann ...
Seite 169, Lukas 16,19-31

Jesus erzählt einem **Rechtsgelehrten,** der ihm eine Falle stellen will, eine Geschichte
Seite 152, Lukas 10,25-37

Der Sohn eines **reichen Mannes** verlässt sein Elternhaus ...
Seite 166, Lukas 15,11-32

Jesus spricht mit einem reichen, jungen **Geschäftsmann**
Seite 173, Lukas 18,18-30

Jesus steht dem jüdischen höchsten **Gerichtshof Rede** und Antwort
Seite 187, Lukas 22,66-71

Jesus erscheint zwei **Reisenden**
Seite 191, Lukas 24,13-35

43

Bericht von

Per-Olof Eurell

ICH HATTE DAS VORRECHT, in einer christlichen Familie aufwachsen zu dürfen. Doch wird man durch das Leben in einer christlichen Familie nicht automatisch zu einem Christen, genauso wenig, wie man durch den Aufenthalt in einer Garage automatisch zu einem Auto wird. Christsein und zur Kirche gehen schienen mir nicht wichtig. Ich hatte mehr Interesse an Sport und anderen Dingen.

ERST IM ALTER VON 20 JAHREN traf ich die Entscheidung zum Glauben. Damals war ich Student an der School of Economics in Stockholm. Ich fing an, mir Fragen über die Bedeutung des Lebens zu stellen. Es musste mehr im Leben geben, als gute Noten in der Schule zu bekommen, eine erfolgreiche Karriere zu machen, zu heiraten und eine Familie zu haben. Zu dieser Zeit begann ich, in der Bibel zu lesen und mich gründlich mit den Forderungen des christlichen Glaubens zu beschäftigen. Durch die überwältigenden historischen Beweise wurde ich davon überzeugt, dass Jesus vor 2000 Jahren in Israel gelebt hat, am Kreuz gestorben und von den Toten auferweckt worden ist. Ich kam zu dem Schluss, dass Jesus der Sohn Gottes sein muss und dass er heute lebt.

IN DER BIBEL FAND ICH einen Vers, der besagte: "Wenn ihr also mit dem Mund bekennt: 'Jesus ist der Herr', und im Herzen glaubt, dass Gott ihn vom Tod auferweckt hat, werdet ihr gerettet." (Römer 10,9). Ich betete zu Gott und bat Jesus, der Herr in meinem Leben zu werden.

ZURÜCKSCHAUEND IST dies die allerwichtigste Entscheidung, die ich je getroffen habe. Sie hat mein Leben verändert.

HEUTE ARBEITE ICH als leitender Angestellter in der schwedischen Industrie. Ich habe erlebt, dass Gott sehr an unserem alltäglichen Leben interessiert ist. In der Bibel lese ich jeden Tag. Dabei stelle ich fest, dass sie ein ausgezeichnetes Handbuch für das Leben ist - auch für Unternehmen und Management.

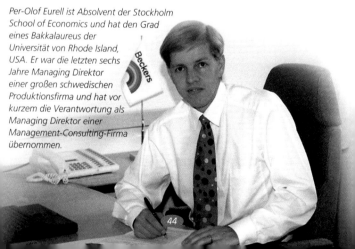

Per-Olof Eurell ist Absolvent der Stockholm School of Economics und hat den Grad eines Bakkalaureus der Universität von Rhode Island, USA. Er war die letzten sechs Jahre Managing Direktor einer großen schwedischen Produktionsfirma und hat vor kurzem die Verantwortung als Managing Direktor einer Management-Consulting-Firma übernommen.

44

Aktuelle Hinweise

Hier sind nur einige
der vielen praktischen Beispiele im Leben, wozu
die Bibel sich äußert. Damit Sie lesen können, wie
relevant die Bibel für geschäfts- und berufstätige Leute
heute ist, schlagen Sie einfach diese Abschnitte auf.
Wenn Sie mehr darüber wissen möchten, wie Sie die
biblischen Prinzipien in Ihrem Leben und Betrieb
umsetzen können, dann nehmen Sie einfach
mit unserem Büro Kontakt

Hoffnung für Europa

kommt aus seinen biblischen Wurzeln. Zunächst ist festzustellen, dass die Bibel die europäische Kultur und Politik weitgehend geprägt hat. Es sind nicht nur die Kirchengebäude, die in fast allen Ländern Europas ihren reichen künstlerischen Schmuck biblischen Bildern und biblischer Symbolik verdanken. Auch im Leben außerhalb des engeren kirchlichen Kreises setzten sich durch die Jahrhunderte hindurch von der Bibel her geprägte Menschen für die Gleichberechtigung, die Demokratie und die Überwindungen von Sexismus und Rassismus ein. Die gegenwärtige freie Gesellschaft ist zum großen Teil Umsetzung der Bibel in das öffentliche Leben.

Sodann kommen aus der Bibel soziale Bindekräfte: Bestattungswesen, Krankenpflege, Sorge um Arme, Obdachlose und Alte - all dies hat seine Ursprünge im Geist der Bibel. Ferner liegt in der Bibel das Geheimnis, dass Menschen durch Gottes Barmherzigkeit ergriffen werden. Der Gott, den Jesus Christus bezeugt, erneuert und heilt Menschen, die auf seine Stimme hören. Mit seinem Geist erreicht er menschliche Herzen und schenkt ihnen eine neue innere Ausrichtung. Die Bibel prägt Menschen durch Gottes Barmherzigkeit und durch diese Menschen eine ganze Kultur.

So ist die Bibel Grundlage weiter Teile unseres öffentlichen Lebens. Ihre heilenden Kräfte werden auch zukünftig weiterwirken, wenn Menschen in ihr lesen, mit ihr leben und die lebendige Stimme Gottes in ihr hören. Was in 2000 Jahren Gestalt fand, wird dann weitergehen: Hoffnung für Europa aus den Quellen der Bibel!

Pfarrer Dr. Jan-A. Bühner
Generalsekretär der Deutschen Bibelgesellschaft

Gute Nachricht für dich

Die Gute Nachricht Bibel mit den Spätschriften des Alten Testaments und 96 Sonderseiten. Eine attraktive Ausgabe für Anfänger im Bibellesen, besonders für junge Leute.
12 x 18 cm, 1360 Seiten + 96 Farbseiten
Farbeinband   **1664-8**   DM/sFr 19,80/öS 145,00/€ 10,12 *

Die farbigen Sonderseiten bieten:
- Tipps für den Einstieg ins Bibellesen
- Überblick über das Alte und Neue Testament
- Die wichtigsten Themen der Bibel
- Hilfe bei Problemen mit der Bibel
- Vorschläge für das Bibelstudium
- Zeittafel zur schnellen Orientierung
- Übersichtliche farbige Karten
- Bibelleseplan

Erhältlich in jeder Buchhandlung

Deutsche Bibelgesellschaft
Balinger Straße 31
70567 Stuttgart
www.bibelgesellschaft.de

Komm, freu dich mit mir

Die Bibel für Kinder erzählt

Text: Karin Jeromin
Illustrationen: Rüdiger Pfeffer
Die neue Kinderbibel lädt Kinder und Eltern ein, gemeinsam die Bibel als Grundlage des christlichen Glaubens zu entdecken. Im ersten Teil sind die biblischen Geschichten zu den wichtigsten Festen des Kirchenjahrs zusammengestellt. Der zweite Teil enthält darüber hinaus zentrale biblische Geschichten, die Antwort geben auf Grundfragen des Lebens und Glaubens. Jede Bibelgeschichte wird mit einer Doppelseite abgeschlossen, die Spiele, Rätsel, Lieder, Bastelvorschläge und Gebete enthält.
Durch die Seiten führt ein lustiger Wiedehopf.
Für Kinder im Alter von 3 bis 6 Jahren. In neuer Rechtschreibung.
19 x 24,2 cm, 240 Seiten, Fadenheftung
Farbeinband   **4010-7**   DM/sFr 15,00/öS 110,00/€ 7,67 *

Handpuppe
Wido Wiedehopf

Der lustige Wiedehopf aus der neuen Kinderbibel »Komm, freu dich mit mir« als Handpuppe, die Kinder und Eltern begeistert! Für Kinder ab 3 Jahren geeignet, 40 cm groß, waschbarer Plüsch und CE-geprüft.
Hergestellt in einem ostdeutschen Traditionsbetrieb.
                    4012-3 DM/sFr 48,00/öS 351,00/€ 24,54 *

Erhältlich in jeder Buchhandlung
Deutsche Bibelgesellschaft
Balinger Straße 31, 70567 Stuttgart
www.bibelgesellschaft.de

GUTE NACHRICHT
NEUES TESTAMENT
UND SPRICHWÖRTER

Neues Testament und Sprichwörter
der »Gute Nachricht Bibel«
Revidierte Fassung 1997 der »Bibel in heutigem Deutsch«

Gemeinsame Bibelübersetzung im Auftrag und
in Verantwortung von:
Deutsche Bibelgesellschaft (Evangelisches Bibelwerk)
Katholisches Bibelwerk e.V. Stuttgart
Österreichische Bibelgesellschaft
Österreichisches Katholisches Bibelwerk
Schweizerische Bibelgesellschaft
Schweizerisches Katholisches Bibelwerk

Sonderausgabe für Bible to All Europe e.V

INHALT

WO FINDE ICH WAS?

BIBLISCHE QUELLEN
DES CHRISTLICHEN LEBENS

Feste im Kirchenjahr

Gebete und liturgische Texte

Fundamente des Glaubens und Lebens

BEKANNTE GESCHICHTEN DER BIBEL

Urgemeinde und Mission

Aus der Offenbarung des Johannes

DAS NEUE TESTAMENT

Neue Testament

Das Neue Testament besteht aus 27 einzelnen Schriften, die etwa zwischen 50 und 100 n. Chr. von mindestens zwölf verschiedenen Verfassern geschrieben wurden. Am Anfang stehen die vier Evangelien – nach Matthäus, nach Markus, nach Lukas, nach Johannes –, die z.T. gleichlautend über Leben, Wirken, Sterben und Auferstehen von Jesus Christus berichten und seine Worte überliefern. Darauf folgen die Apostelgeschichte und die Briefe der Apostel und Apostelschüler, voran die Briefe des Apostels Paulus. Den Abschluss bildet die Offenbarung, die der Seher Johannes von Christus empfing.

Wer die Evangelien im Zusammenhang lesen möchte, beginnt am besten mit Markus, der in knapper und prägnanter Form die Taten von Jesus und sein Leiden und Sterben schildert. Matthäus ergänzt diesen Bericht durch eine Fülle von Jesusworten, die er zu größeren Reden zusammenstellt (am bekanntesten: die Bergpredigt, 4,23–7,29)*. Lukas fügt Erzählungen über die Geburt und Kindheit von Jesus und eine Reihe von Gleichnissen hinzu. Johannes schließlich zeigt Jesus als den, der von sich sagen darf: »Ich bin der Weg, denn ich bin die Wahrheit und das Leben.« (14,6) Die Briefe, die der Apostel Paulus an seine Gemeinden schrieb, sind – mit Ausnahme des Briefs an die Römer – jeweils aus einer bestimmten Situation heraus als Antwort auf konkrete Fragen verfasst. Darum bleiben für uns manche Anspielungen dunkel. Trotzdem sind die Themen, die Paulus anschneidet, von bleibender Bedeutung. Wer die Hauptgedanken von Paulus kennen lernen möchte, liest am besten den Brief an die Galater und danach Römer 1–8. Persönlicher begegnet uns der Apostel im Brief an die Philipper oder in dem kleinen Brief an Philemon. Von den übrigen Briefen werden uns heute vielleicht der Brief von Jakobus mit seinem Eintreten für soziale Gerechtigkeit und der erste Johannesbrief mit dem Thema »Gott im Mitmenschen lieben« am unmittelbarsten ansprechen.

Die Offenbarung des Sehers Johannes lenkt schließlich den Blick in die Zukunft und verkündet mit teilweise für uns nur schwer verständlichen Visionen, Bildern und Symbolen das Kommen von Gottes neuer Welt: »Jetzt gehört die Herrschaft über die Erde unserem Gott und seinem gesalbten König, und sie werden für immer und ewig regieren.«

---

* (Bei Bibelzitaten steht vor dem Komma die Nummer des Kapitels, danach die des Verses)

DIE GUTE NACHRICHT
NACH MATTHÄUS
(Matthäus-Evangelium)

HERKUNFT, GEBURT UND VORGESCHICHTE
DES AUFTRETENS VON JESUS (1,1–4,22)

Jesus – Ziel und Erfüllung der Geschichte Israels

1 Dieses Buch berichtet über die Herkunft und Geschichte von Jesus Christus, dem Nachkommen Davids und Nachkommen Abrahams.

²Abraham zeugte Isaak. Isaak zeugte Jakob. Jakob zeugte Juda und seine Brüder. ³Juda zeugte Perez und Serach; die Mutter war Tamar. Perez zeugte Hezron. Hezron zeugte Ram. ⁴Ram zeugte Amminadab. Amminadab zeugte Nachschon. Nachschon zeugte Salmon. ⁵Salmon zeugte Boas; die Mutter war Rahab. Boas zeugte Obed; die Mutter war Rut. Obed zeugte Isai. ⁶Isai zeugte den König David.

David zeugte Salomo; die Mutter war die Frau Urijas. ⁷Salomo zeugte Rehabeam. Rehabeam zeugte Abija. Abija zeugte Asa. ⁸Asa zeugte Joschafat. Joschafat zeugte Joram. Joram zeugte Usija. ⁹Usija zeugte Jotam. Jotam zeugte Ahas. Ahas zeugte Hiskija. ¹⁰Hiskija zeugte Manasse. Manasse zeugte Amon. Amon zeugte Joschija. ¹¹Joschija zeugte Jojachin und seine Brüder. Das war zu der Zeit, als die Bevölkerung von Jerusalem und Juda nach Babylonien in die Verbannung weggeführt wurde.

¹²Nach der Wegführung zeugte Jojachin Schealtiël. Schealtiël zeugte Serubbabel. ¹³Serubbabel zeugte Abihud. Abihud zeugte Eljakim. Eljakim zeugte Azor. ¹⁴Azor zeugte Zadok. Zadok zeugte Achim. Achim zeugte Eliud. ¹⁵Eliud zeugte Eleasar. Eleasar zeugte Mattan. Mattan zeugte Jakob. ¹⁶Jakob zeugte Josef, den Mann von Maria. Sie wurde die Mutter von Jesus, der Christus genannt wird.

¹⁷Zusammengerechnet sind es vierzehn Generationen von Abraham bis David, vierzehn weitere von David bis zur Wegführung nach Babylonien und noch einmal vierzehn von dieser Zeit bis zu Christus.

Jesus – Gottessohn und Davidssohn

[18] Mit der Zeugung von Jesus Christus verhielt es sich so: Seine Mutter Maria war mit Josef schon rechtsgültig verheiratet, aber sie hatten die Ehe noch nicht vollzogen. Da stellte sich heraus, daß Maria ein Kind erwartete – durch die Wirkung des Heiligen Geistes. [19] Josef, ihr Mann, war großmütig und wollte sie nicht vor Gericht bringen. Deshalb hatte er vor, sich stillschweigend von ihr zu trennen.

[20] Während er noch hin und her überlegte, erschien ihm im Traum der Engel des Herrn und sagte zu ihm: »Josef, du Nachkomme Davids, scheue dich nicht, Maria, deine Frau, zu dir zu nehmen! Denn das Kind, das sie erwartet, kommt vom Geist Gottes. [21] Sie wird einen Sohn zur Welt bringen; den sollst du Jesus nennen. Denn er wird sein Volk von aller Schuld befreien.«

[22] Dies alles geschah, damit in Erfüllung ging, was der Herr durch den Propheten angekündigt hatte: [23] »Die Jungfrau wird schwanger werden und einen Sohn zur Welt bringen, den werden sie Immanuël nennen.« Der Name bedeutet: »Gott steht uns bei«.

[24] Als Josef erwachte, tat er, was der Engel des Herrn ihm befohlen hatte, und nahm seine Frau zu sich. [25] Er hatte aber keinen ehelichen Verkehr mit ihr, bis sie ihren Sohn geboren hatte. Und er gab ihm den Namen Jesus.

Jesus – von den Völkern erwartet und als König begrüßt

2 Jesus wurde in Betlehem in Judäa geboren, zur Zeit, als König Herodes das Land regierte. Bald nach seiner Geburt kamen Sterndeuter aus dem Osten nach Jerusalem [2] und fragten: »Wo finden wir den neugeborenen König der Juden? Wir haben seinen Stern aufgehen sehen und sind gekommen, um ihm zu huldigen.«

[3] Als König Herodes das hörte, erschrak er und mit ihm ganz Jerusalem. [4] Er ließ alle führenden Priester und Gesetzeslehrer im Volk Gottes zu sich kommen und fragte sie: »Wo soll der versprochene Retter geboren werden?« [5] Sie antworteten: »In Betlehem in Judäa. Denn so hat der Prophet geschrieben: [6] ›Du Betlehem im Land Juda! Du bist keineswegs die unbedeutendste unter den führenden Städten in Juda, denn aus dir wird der Herrscher kommen, der mein Volk Israel schützen und leiten soll.‹«

[7] Daraufhin rief Herodes die Sterndeuter heimlich zu sich und fragte sie aus, wann sie den Stern zum erstenmal gesehen

hätten. ⁸ Dann schickte er sie nach Betlehem und sagte: »Geht und erkundigt euch genau nach dem Kind, und wenn ihr es gefunden habt, gebt mir Nachricht! Dann will ich auch hingehen und ihm huldigen.«

⁹ Nachdem sie vom König diesen Bescheid erhalten hatten, machten sich die Sterndeuter auf den Weg. Und der Stern, den sie schon bei seinem Aufgehen beobachtet hatten, ging ihnen voraus. Genau über der Stelle, wo das Kind war, blieb er stehen. ¹⁰ Als sie den Stern sahen, kam eine große Freude über sie. ¹¹ Sie gingen in das Haus und fanden das Kind mit seiner Mutter Maria. Da warfen sie sich vor ihm zu Boden und huldigten ihm. Dann holten sie die Schätze hervor, die sie mitgebracht hatten, und legten sie vor ihm nieder: Gold, Weihrauch und Myrrhe.

¹² In einem Traum befahl ihnen Gott, nicht wieder zu Herodes zu gehen. So zogen sie auf einem anderen Weg in ihr Land zurück.

Jesus – wie einst das Volk Israel Flüchtling in Ägypten

¹³ Nachdem die Sterndeuter wieder gegangen waren, erschien dem Josef im Traum der Engel des Herrn und sagte: »Steh auf, nimm das Kind und seine Mutter und flieh nach Ägypten! Bleib dort, bis ich dir sage, daß du wieder zurückkommen kannst. Herodes wird nämlich das Kind suchen, weil er es umbringen will.« ¹⁴ Da stand Josef auf, mitten in der Nacht, nahm das Kind und seine Mutter und floh mit ihnen nach Ägypten. ¹⁵ Dort lebten sie bis zum Tod von Herodes.

So sollte in Erfüllung gehen, was der Herr durch den Propheten angekündigt hatte: »Aus Ägypten habe ich meinen Sohn gerufen.«

Jesus – wie Mose dem Kindermord entkommen

¹⁶ Als Herodes merkte, daß die Sterndeuter ihn hintergangen hatten, wurde er sehr zornig. Er befahl, in Betlehem und Umgebung alle kleinen Jungen bis zu zwei Jahren zu töten. Das entsprach der Zeitspanne, die er aus den Angaben der Sterndeuter entnommen hatte.

¹⁷ So sollte in Erfüllung gehen, was Gott durch den Propheten Jeremia angekündigt hatte: ¹⁸ »In Rama hört man Klagerufe und bitteres Weinen: Rahel weint um ihre Kinder und will sich nicht trösten lassen; denn sie sind nicht mehr da.«

Jesus – der Nazoräer

¹⁹ Als Herodes gestorben war, erschien dem Josef in Ägypten der Engel des Herrn im Traum ²⁰ und sagte: »Steh auf, nimm

das Kind und seine Mutter und kehre in das Land Israel zurück; denn alle, die das Kind umbringen wollten, sind gestorben.« ²¹ Da stand Josef auf, nahm das Kind und seine Mutter und kehrte nach Israel zurück.

²² Unterwegs erfuhr Josef, daß in Judäa Archelaus als Nachfolger seines Vaters Herodes König geworden war. Da bekam er Angst, dorthin zu ziehen. Im Traum erhielt er eine neue Weisung und zog daraufhin nach Galiläa. ²³ Er kam in die Stadt Nazaret und ließ sich dort nieder.

So sollte in Erfüllung gehen, was Gott durch die Propheten angekündigt hatte: Der versprochene Retter wird Nazoräer genannt werden.

Johannes der Täufer tritt auf

3 Damals trat der Täufer Johannes in der Wüste von Judäa auf und verkündete: ² »Ändert euer Leben! Gott wird jetzt seine Herrschaft aufrichten und sein Werk vollenden!«

³ Diesen Johannes hatte Gott schon durch den Propheten Jesaja angekündigt, der gesagt hat: »In der Wüste ruft einer: ›Macht den Weg bereit, auf dem der Herr kommt! Ebnet ihm die Straßen!‹«

⁴ Johannes trug ein Gewand aus Kamelhaaren und um die Hüften einen Ledergurt. Seine Nahrung bestand aus Heuschrecken und Honig von wilden Bienen. ⁵ Die Leute aus Jerusalem, aus ganz Judäa und der ganzen Jordangegend kamen zu ihm, ⁶ bekannten öffentlich ihre Sünden und ließen sich von ihm im Jordan taufen.

Der Täufer fordert zur Umkehr auf

⁷ Auch viele Pharisäer und Sadduzäer kamen, um sich von Johannes taufen zu lassen. Zu ihnen sagte er: »Ihr Schlangenbrut, wer hat euch gesagt, daß ihr dem bevorstehenden Gericht Gottes entgeht? ⁸ Zeigt durch euer Leben, daß ihr euch wirklich ändern wollt! ⁹ Ihr bildet euch ein, daß euch nichts geschehen kann, weil Abraham euer Stammvater ist. Aber das sage ich euch: Gott kann Abraham aus diesen Steinen hier neue Nachkommen schaffen! ¹⁰ Die Axt ist schon angelegt, um die Bäume an der Wurzel abzuschlagen. Jeder Baum, der keine guten Früchte bringt, wird umgehauen und ins Feuer geworfen.«

Der Täufer weist auf Christus hin

¹¹ Johannes sagte auch: »Ich taufe euch mit Wasser, damit ihr euer Leben ändert. Aber der, der nach mir kommt, ist mächtiger als ich. Ich bin nicht einmal gut genug, ihm die Schuhe

auszuziehen. Er wird euch mit dem Heiligen Geist und mit dem Feuer des Gerichts taufen. [12]Er hat die Worfschaufel in seiner Hand. Er wird die Spreu vom Weizen scheiden und seinen Weizen in die Scheune bringen. Die Spreu wird er in einem Feuer verbrennen, das nie mehr ausgeht.«

Jesus läßt sich von Johannes taufen

[13]Um diese Zeit kam Jesus von Galiläa her an den Jordan, um sich von Johannes taufen zu lassen. [14]Johannes versuchte, ihn davon abzubringen, und sagte: »Ich müßte von *dir* getauft werden, und du kommst zu mir?« [15]Aber Jesus antwortete: »Zögere nicht, mich zu taufen! Das ist es, was wir jetzt tun müssen. So eröffnen wir den Weg, auf dem der Wille Gottes ohne Abstriche erfüllt wird.« Da gab Johannes nach.

[16]Sobald Jesus getauft war, stieg er aus dem Wasser. Da öffnete sich der Himmel, und er sah den Geist Gottes wie eine Taube auf sich herabkommen. [17]Und eine Stimme aus dem Himmel sagte: »Dies ist mein Sohn, ihm gilt meine Liebe, ihn habe ich erwählt.«

Jesus wird auf die Probe gestellt

4 Danach führte der Geist Gottes Jesus in die Wüste, wo er vom Teufel auf die Probe gestellt werden sollte.

[2]Nachdem er vierzig Tage und Nächte gefastet hatte, war er hungrig. [3]Da trat der Versucher an ihn heran und sagte: »Wenn du Gottes Sohn bist, dann befiehl doch, daß die Steine hier zu Brot werden!« [4]Jesus antwortete: »In den Heiligen Schriften steht: ›Der Mensch lebt nicht nur von Brot; er lebt von jedem Wort, das Gott spricht.‹«

[5]Darauf führte der Teufel ihn in die heilige Stadt Jerusalem, stellte ihn auf den höchsten Punkt des Tempels [6]und sagte: »Wenn du Gottes Sohn bist, dann spring doch hinunter; denn in den Heiligen Schriften steht: ›Deinetwegen wird Gott seine Engel schicken, und sie werden dich auf Händen tragen, damit du dich an keinem Stein stößt.‹« [7]Jesus antwortete: »In den Heiligen Schriften heißt es auch: ›Du sollst den Herrn, deinen Gott, nicht herausfordern.‹«

[8]Zuletzt führte der Teufel Jesus auf einen sehr hohen Berg, zeigte ihm alle Reiche der Welt in ihrer Größe und Pracht [9]und sagte: »Dies alles will ich dir geben, wenn du dich vor mir niederwirfst und mich anbetest.« [10]Da sagte Jesus: »Weg mit dir, Satan! In den Heiligen Schriften heißt es: ›Vor dem Herrn, deinem Gott, wirf dich nieder, ihn sollst du anbeten und niemand sonst.‹«

¹¹ Darauf ließ der Teufel von Jesus ab, und Engel kamen und versorgten ihn.

Jesus beginnt sein Wirken in Galiläa

¹²Als Jesus hörte, daß man Johannes ins Gefängnis geworfen hatte, zog er sich nach Galiläa zurück. ¹³Er blieb aber nicht in Nazaret, sondern nahm seinen Wohnsitz in Kafarnaum, einer Stadt am See Gennesaret, im Gebiet der Stämme Sebulon und Naftali.

¹⁴Das geschah, damit in Erfüllung ging, was Gott durch den Propheten Jesaja angekündigt hatte: ¹⁵»Du Land von Sebulon und Naftali, am See gelegen und jenseits des Jordans, Galiläa der gottfernen Völker! ¹⁶Das Volk, das im Dunkeln lebt, sieht ein großes Licht. Und für alle, die im finsteren Land des Todes wohnen, leuchtet ein Licht auf!«

¹⁷Von da an verkündete Jesus seine Botschaft: »Ändert euer Leben! Gott wird jetzt seine Herrschaft aufrichten und sein Werk vollenden!«

Jesus beruft vier Fischer zu Jüngern

¹⁸Als Jesus am See von Galiläa entlangging, sah er zwei Brüder: Simon – bekannt unter dem Namen Petrus – und Andreas. Sie warfen gerade ihr Netz aus, denn sie waren Fischer. ¹⁹Jesus sagte zu ihnen: »Kommt, folgt mir! Ich mache euch zu Menschenfischern.« ²⁰Sofort ließen sie ihre Netze liegen und folgten ihm.

²¹Als Jesus von dort weiterging, sah er zwei andere Brüder: Jakobus, den Sohn von Zebedäus, und seinen Bruder Johannes. Sie waren mit ihrem Vater im Boot und richteten die Netze her. Jesus rief sie, ²²und sofort verließen sie das Boot und ihren Vater und folgten ihm.

JESUS LEHRT: DIE BERGPREDIGT (4,23–7,29)

Jesus lehrt und heilt, um ihn sammelt sich das Volk

²³Jesus zog durch ganz Galiläa. Er lehrte in den Synagogen und verkündete die Gute Nachricht, daß Gott jetzt seine Herrschaft aufrichten und sein Werk vollenden wird. Er heilte alle Krankheiten und Leiden im Volk. ²⁴Die Kunde von ihm verbreitete sich sogar in ganz Syrien. Die Leute brachten alle zu Jesus, die an irgendwelchen Krankheiten oder Beschwerden litten, auch Besessene, Epileptiker und Gelähmte, und er machte sie gesund. ²⁵Große Menschenmengen aus Galiläa, aus dem Gebiet der Zehn Städte, aus Jerusa-

lem und Judäa und von der anderen Seite des Jordans zogen mit ihm.

5 Als Jesus die Menschenmenge sah, stieg er auf einen Berg und setzte sich. Seine Jünger traten zu ihm. ²ᵃ Dann begann er zu reden und lehrte sie, was Gott jetzt von seinem Volk verlangt.

Wer sich freuen darf ... (Die Seligpreisungen)

²ᵇ Er sagte:

³ »Freuen dürfen sich alle,
die nur noch von Gott etwas erwarten –
mit Gott werden sie leben in seiner neuen Welt.
⁴ Freuen dürfen sich alle,
die unter dieser heillosen Welt leiden –
Gott wird ihrem Leid für immer ein Ende machen.
⁵ Freuen dürfen sich alle,
die auf Gewalt verzichten –
Gott wird ihnen die Erde zum Besitz geben.
⁶ Freuen dürfen sich alle,
die danach hungern und dürsten,
daß sich auf der Erde Gottes gerechter Wille durchsetzt –
Gott wird ihren Hunger stillen.
⁷ Freuen dürfen sich alle,
die barmherzig sind –
Gott wird auch mit ihnen barmherzig sein.
⁸ Freuen dürfen sich alle,
die im Herzen rein sind –
sie werden Gott sehen.
⁹ Freuen dürfen sich alle,
die Frieden stiften –
Gott wird sie als seine Söhne und Töchter annehmen.
¹⁰ Freuen dürfen sich alle,
die verfolgt werden, weil sie tun, was Gott will –
mit Gott werden sie leben in seiner neuen Welt.

¹¹ Freuen dürft ihr euch, wenn sie euch beschimpfen und verfolgen und verleumden, weil ihr zu mir gehört. ¹² Freut euch und jubelt, denn Gott wird euch reich belohnen. So haben sie die Propheten vor euch auch schon behandelt.«

Die Aufgabe der Jünger

¹³ »Ihr seid das Salz für die Welt. Wenn aber das Salz seine Kraft verliert, wodurch kann es sie wiederbekommen? Es ist zu nichts mehr zu gebrauchen. Es wird weggeworfen, und die Menschen zertreten es.

¹⁴Ihr seid das Licht für die Welt. Eine Stadt, die auf einem Berg liegt, kann nicht verborgen bleiben. ¹⁵Auch zündet niemand eine Lampe an, um sie dann unter einen Topf zu stellen. Im Gegenteil, man stellt sie auf den Lampenständer, damit sie allen im Haus Licht gibt. ¹⁶Genauso muß auch euer Licht vor den Menschen leuchten: Sie sollen eure guten Taten sehen und euren Vater im Himmel preisen.«

Den Willen Gottes im Gesetz ganz ernst nehmen …

¹⁷»Denkt nicht, ich sei gekommen, um das Gesetz und die Weisungen der Propheten außer Kraft zu setzen. Ich bin nicht gekommen, um sie außer Kraft zu setzen, sondern um ihnen volle Geltung zu verschaffen. ¹⁸Ich versichere euch: Solange Himmel und Erde bestehen, wird kein i-Punkt und kein Komma im Gesetz gestrichen. Das ganze Gesetz muß erfüllt werden. ¹⁹Wer also ein noch so unbedeutendes Gebot für ungültig erklärt und die Menschen in diesem Sinne lehrt, wird in der neuen Welt Gottes den letzten Platz einnehmen. Wer es aber befolgt und andere dazu anhält, wird in der neuen Welt Gottes hochgeachtet sein. ²⁰Ich sage euch: Ihr werdet niemals in Gottes neue Welt kommen, wenn ihr seinen Willen nicht besser erfüllt als die Gesetzeslehrer und Pharisäer.«

… beim Gebot, nicht zu morden

²¹»Ihr wißt, daß unseren Vorfahren gesagt worden ist: ›Du sollst nicht morden! Wer einen Mord begeht, soll vor Gericht gestellt werden.‹

²²Ich aber sage euch: Schon wer auf seinen Bruder oder seine Schwester zornig ist, gehört vor Gericht. Wer zu seinem Bruder oder seiner Schwester sagt: ›Du Idiot‹, gehört vor das oberste Gericht. Und wer zu seinem Bruder oder seiner Schwester sagt: ›Geh zum Teufel‹, gehört ins Feuer der Hölle.

²³Wenn du zum Altar gehst, um Gott deine Gabe zu bringen, und dort fällt dir ein, daß dein Bruder oder deine Schwester etwas gegen dich hat, ²⁴dann laß deine Gabe vor dem Altar liegen, geh zuerst hin und söhne dich aus. Danach komm und bring Gott dein Opfer.

²⁵Einige dich mit deinem Gläubiger rechtzeitig, solange du noch mit ihm auf dem Weg zum Gericht bist. Sonst wird er dich dem Richter ausliefern, und der wird dich dem Gerichtsdiener übergeben, damit er dich ins Gefängnis steckt. ²⁶Ich versichere dir: Dort kommst du erst wieder heraus, wenn du deine Schuld bis auf den letzten Pfennig bezahlt hast.«

... beim Gebot, die Ehe nicht zu brechen

27 »Ihr wißt, daß es heißt: ›Du sollst nicht die Ehe brechen!‹
28 Ich aber sage euch: Wer die Frau eines anderen begehrlich ansieht, hat in seinem Herzen schon die Ehe mit ihr gebrochen. 29 Wenn dich dein rechtes Auge verführen will, dann reiß es aus und wirf es weg! Es ist besser für dich, du verlierst eines deiner Glieder, als daß du ganz in die Hölle geworfen wirst. 30 Und wenn dich deine rechte Hand verführen will, dann hau sie ab und wirf sie weg! Es ist besser für dich, du verlierst eines deiner Glieder, als daß du ganz in die Hölle kommst.

31 Bisher hieß es: ›Wer sich von seiner Frau trennen will, muß ihr eine Scheidungsurkunde ausstellen.‹ 32 Ich aber sage euch: Wer sich von seiner Frau trennt, außer sie hat ihrerseits die Ehe gebrochen, der treibt sie in den Ehebruch. Und wer eine Geschiedene heiratet, wird zum Ehebrecher.«

... beim Gebot, keinen Meineid zu schwören

33 »Ihr wißt auch, daß unseren Vorfahren gesagt worden ist: ›Ihr sollt keinen Meineid schwören und sollt halten, was ihr Gott mit einem Eid versprochen habt.‹

34 Ich aber sage euch: Ihr sollt überhaupt nicht schwören! Nehmt weder den Himmel zum Zeugen, denn er ist Gottes Thron, 35 noch die Erde, denn sie ist sein Fußschemel, und auch nicht Jerusalem, denn es ist die Stadt des himmlischen Königs. 36 Nicht einmal mit eurem eigenen Kopf sollt ihr euch für etwas verbürgen; denn es steht nicht in eurer Macht, daß auch nur ein einziges Haar darauf schwarz oder weiß wächst. 37 Sagt einfach Ja oder Nein; jedes weitere Wort stammt vom Teufel.«

... beim Gebot, nur maßvoll zu vergelten

38 »Ihr wißt, daß es heißt: ›Auge um Auge, Zahn um Zahn.‹
39 Ich aber sage euch: Verzichtet auf Gegenwehr, wenn euch jemand Böses tut! Mehr noch: Wenn dich jemand auf die rechte Backe schlägt, dann halte auch die linke hin. 40 Wenn jemand mit dir um dein Hemd prozessieren will, dann gib ihm den Mantel dazu. 41 Und wenn jemand dich zwingt, *eine* Meile mit ihm zu gehen, dann geh mit ihm zwei. 42 Wenn jemand dich um etwas bittet, gib es ihm; wenn jemand etwas von dir borgen möchte, sag nicht nein.«

... beim Gebot, den Mitmenschen zu lieben

43 »Ihr wißt, daß es heißt: ›Liebe deinen Mitmenschen; hasse deinen Feind.‹

44 Ich aber sage euch: Liebt eure Feinde und betet für alle, die euch verfolgen. 45 So erweist ihr euch als Kinder eures Vaters im Himmel. Denn er läßt seine Sonne scheinen auf böse Menschen wie auf gute, und er läßt es regnen auf alle, ob sie ihn ehren oder verachten.

46 Wie könnt ihr von Gott eine Belohnung erwarten, wenn ihr nur die liebt, die euch ebenfalls lieben? Das tun auch die Betrüger! 47 Was ist denn schon Besonderes daran, wenn ihr nur zu euresgleichen freundlich seid? Das tun auch die, die Gott nicht kennen!

48 Nein, wie die Liebe eures Vaters im Himmel, so soll auch eure Liebe sein: vollkommen und ungeteilt.«

Falsche und wahre Frömmigkeit ...

6 »Hütet euch, eure Frömmigkeit vor den Menschen zur Schau zu stellen! Denn dann habt ihr keinen Lohn mehr von eurem Vater im Himmel zu erwarten.«

... beim Spenden für Bedürftige

2 »Wenn du also einem Bedürftigen etwas spendest, dann häng es nicht an die große Glocke! Benimm dich nicht wie die Scheinheiligen in den Synagogen und auf den Straßen. Sie wollen nur von den Menschen geehrt werden. Ich versichere euch: Sie haben ihren Lohn schon kassiert. 3 Wenn du also etwas spendest, dann tu es so unauffällig, daß deine linke Hand nicht weiß, was die rechte tut. 4 Dein Vater, der auch das Verborgene sieht, wird dich dafür belohnen.«

... beim Beten

5 »Wenn ihr betet, dann tut es nicht wie die Scheinheiligen! Sie beten gern öffentlich in den Synagogen und an den Straßenecken, damit sie von allen gesehen werden. Ich versichere euch: Sie haben ihren Lohn schon kassiert. 6 Wenn du beten willst, dann geh in dein Zimmer, schließ die Tür zu und bete zu deinem Vater, der im Verborgenen ist. Dein Vater, der auch das Verborgene sieht, wird dich dafür belohnen.

7 Wenn ihr betet, dann leiert nicht Gebetsworte herunter wie die Heiden. Sie meinen, sie könnten bei Gott etwas erreichen, wenn sie viele Worte machen. 8 Ihr sollt es anders hal-

ten. Euer Vater weiß, was ihr braucht, bevor ihr ihn bittet. 9 So sollt ihr beten:

Unser Vater im Himmel!
Mach deinen Namen groß in der Welt.
10 Komm und richte deine Herrschaft auf.
Verschaff deinem Willen Geltung,
　auf der Erde genauso wie im Himmel.
11 Gib uns, was wir heute zum Leben brauchen.
12 Vergib uns unsere Schuld,
　wie auch wir allen vergeben haben,
　die an uns schuldig geworden sind.
13 Laß uns nicht in die Gefahr kommen,
　dir untreu zu werden,
sondern rette uns aus der Gewalt des Bösen.
[Dir gehört die Herrschaft und Macht und Ehre in Ewigkeit.
　Amen.]

14 Wenn ihr den andern vergebt, was sie euch angetan haben, dann wird euer Vater im Himmel euch auch vergeben. 15 Wenn ihr aber den andern nicht vergebt, dann wird euer Vater euch eure Verfehlungen auch nicht vergeben.«

… beim Fasten

16 »Wenn ihr fastet, dann setzt keine Leidensmiene auf wie die Scheinheiligen. Sie machen ein saures Gesicht, damit alle Welt merkt, daß sie fasten. Ich versichere euch: Sie haben ihren Lohn schon kassiert. 17 Wenn du fasten willst, dann wasche dein Gesicht und kämme dich, 18 damit niemand es merkt als nur dein Vater, der im Verborgenen ist. Dein Vater, der auch das Verborgene sieht, wird dich dafür belohnen.«

Das Verhältnis zum Besitz

19 »Sammelt keine Schätze hier auf der Erde! Denn ihr müßt damit rechnen, daß Motten und Rost sie zerfressen oder Einbrecher sie stehlen. 20 Sammelt lieber Schätze bei Gott. Dort werden sie nicht von Motten und Rost zerfressen und können auch nicht von Einbrechern gestohlen werden. 21 Denn euer Herz wird immer dort sein, wo ihr eure Schätze habt.

22 Aus dem Auge leuchtet das Innere des Menschen: Wenn dein Auge klar blickt, ist deine ganze Erscheinung hell; 23 wenn dein Auge durch Neid oder Habgier getrübt ist, ist deine ganze Erscheinung finster. – Wie groß muß diese Finsternis sein, wenn statt des Lichtes in dir nur Dunkelheit ist!«

Ungeteilter Dienst

24»Niemand kann zwei Herren zugleich dienen. Er wird den einen vernachlässigen und den andern bevorzugen. Er wird dem einen treu sein und den andern hintergehen. Ihr könnt nicht beiden zugleich dienen: Gott und dem Geld.

25 Darum sage ich euch: Macht euch keine Sorgen um euer Leben, ob ihr etwas zu essen oder zu trinken habt, und um euren Leib, ob ihr etwas anzuziehen habt! Das Leben ist mehr als Essen und Trinken, und der Leib ist mehr als die Kleidung! 26 Seht euch die Vögel an! Sie säen nicht, sie ernten nicht, sie sammeln keine Vorräte – aber euer Vater im Himmel sorgt für sie. Und ihr seid ihm doch viel mehr wert als Vögel! 27 Wer von euch kann durch Sorgen sein Leben auch nur um einen Tag verlängern?

28 Und warum macht ihr euch Sorgen um das, was ihr anziehen sollt? Seht, wie die Blumen auf den Feldern wachsen! Sie arbeiten nicht und machen sich keine Kleider, 29 doch ich sage euch: Nicht einmal Salomo bei all seinem Reichtum war so prächtig gekleidet wie irgendeine von ihnen. 30 Wenn Gott sogar die Feldblumen so ausstattet, die heute blühen und morgen verbrannt werden, wird er sich dann nicht erst recht um euch kümmern? Habt ihr so wenig Vertrauen?

31 Also macht euch keine Sorgen! Fragt nicht: ›Was sollen wir essen?‹ ›Was sollen wir trinken?‹ ›Was sollen wir anziehen?‹ 32 Mit all dem plagen sich Menschen, die Gott nicht kennen. Euer Vater im Himmel weiß, daß ihr all das braucht. 33 Sorgt euch zuerst darum, daß ihr euch seiner Herrschaft unterstellt und tut, was er verlangt, dann wird er euch schon mit all dem anderen versorgen. 34 Quält euch also nicht mit Gedanken an morgen; der morgige Tag wird für sich selber sorgen. Es genügt, daß jeder Tag seine eigene Last hat.«

Nicht verurteilen

7 »Verurteilt nicht andere, damit Gott nicht *euch* verurteilt! 2 Denn euer Urteil wird auf euch zurückfallen, und ihr werdet mit demselben Maß gemessen werden, das ihr bei anderen anlegt.

3 Warum kümmerst du dich um den Splitter im Auge deines Bruders oder deiner Schwester und bemerkst nicht den Balken in deinem eigenen? 4 Wie kannst du zu deinem Bruder oder deiner Schwester sagen: ›Komm her, ich will dir den Splitter aus dem Auge ziehen‹, wenn du selbst einen ganzen Balken im Auge hast? 5 Scheinheilig bist du! Zieh doch erst

den Balken aus deinem eigenen Auge, dann kannst du dich um den Splitter in einem anderen Auge kümmern!«

Vorsicht ist erlaubt und geboten

⁶»Gebt heilige Dinge nicht den Hunden! Und eure Perlen werft nicht den Schweinen vor! Die trampeln doch nur darauf herum, und dann wenden sie sich gegen euch und reißen euch in Stücke.«

Voll Vertrauen zu Gott beten

⁷»Bittet, und ihr werdet bekommen! Sucht, und ihr werdet finden! Klopft an, und es wird euch geöffnet! ⁸Denn wer bittet, der bekommt; wer sucht, der findet; und wer anklopft, dem wird geöffnet.

⁹Wer von euch würde seinem Kind einen Stein geben, wenn es um Brot bittet? ¹⁰Oder eine Schlange, wenn es um Fisch bittet? ¹¹So schlecht ihr auch seid, ihr wißt doch, was euren Kindern guttut, und gebt es ihnen. Wieviel mehr wird euer Vater im Himmel denen Gutes geben, die ihn darum bitten.«

Eine einfache Grundregel

¹²»Behandelt die Menschen so, wie ihr selbst von ihnen behandelt werden wollt – das ist es, was das Gesetz und die Propheten fordern.«

Abschließende Mahnung

¹³»Geht durch das enge Tor! Denn das Tor zum Verderben ist breit und ebenso die Straße, die dorthin führt. Viele sind auf ihr unterwegs. ¹⁴Aber das Tor, das zum Leben führt, ist eng und der Weg dorthin schmal. Nur wenige finden ihn.«

Warnung vor falschen Propheten

¹⁵»Hütet euch vor den falschen Propheten! Sie sehen zwar aus wie Schafe, die zur Herde gehören, in Wirklichkeit sind sie Wölfe, die auf Raub aus sind. ¹⁶An ihren Taten sind sie zu erkennen. Von Dornengestrüpp lassen sich keine Weintrauben pflücken und von Disteln keine Feigen. ¹⁷Ein gesunder Baum trägt gute Früchte und ein kranker Baum schlechte. ¹⁸Unmöglich kann ein gesunder Baum schlechte Früchte tragen und ein kranker gute. ¹⁹Jeder Baum, der keine guten Früchte trägt, wird umgehauen und verbrannt werden. ²⁰An ihren Taten also könnt ihr die falschen Propheten erkennen.«

Warnung vor Selbsttäuschung

21»Nicht alle, die zu mir sagen ›Herr, Herr‹, werden in Gottes neue Welt kommen, sondern nur die, die auch tun, was mein Vater im Himmel will. 22Am Tag des Gerichts werden viele zu mir sagen: ›Herr, Herr! In deinem Namen haben wir prophetische Weisungen verkündet, in deinem Namen haben wir böse Geister ausgetrieben und viele Wunder getan.‹ 23Und trotzdem werde ich das Urteil sprechen: ›Ich habe euch nie gekannt. Ihr habt versäumt, nach Gottes Willen zu leben; geht mir aus den Augen!‹«

Das Gleichnis vom Hausbau

24»Wer diese meine Worte hört und sich nach ihnen richtet, wird am Ende dastehen wie ein kluger Mann, der sein Haus auf felsigen Grund baute. 25Als dann die Regenflut kam, die Flüsse über die Ufer traten und der Sturm tobte und an dem Haus rüttelte, stürzte es nicht ein, weil es auf Fels gebaut war.

26Wer dagegen diese meine Worte hört und sich nicht nach ihnen richtet, wird am Ende wie ein Dummkopf dastehen, der sein Haus auf Sand baute. 27Als dann die Regenflut kam, die Flüsse über die Ufer traten, der Sturm tobte und an dem Haus rüttelte, fiel es in sich zusammen, und alles lag in Trümmern.«

Die Wirkung der Bergpredigt

28Als Jesus seine Rede beendet hatte, waren alle von seinen Worten tief beeindruckt. 29Denn er lehrte wie einer, der Vollmacht von Gott hat – ganz anders als ihre Gesetzeslehrer.

JESUS VOLLBRINGT WUNDER (8,1–9,34)

Jesus heilt einen Aussätzigen

8 Jesus stieg vom Berg herab und zog weiter. Eine große Menschenmenge folgte ihm. 2Da kam ein Aussätziger zu ihm, warf sich vor ihm nieder und sagte: »Herr, wenn du willst, kannst du mich gesund machen!« 3Jesus streckte die Hand aus und berührte ihn. »Ich will«, sagte er, »sei gesund!« Im selben Augenblick war der Kranke von seinem Aussatz geheilt.

4Jesus befahl ihm: »Sieh zu, daß du niemand etwas sagst, sondern geh zum Priester, laß dir von ihm deine Heilung bestätigen und bring das Opfer, das Mose vorgeschrieben hat.

Die Verantwortlichen sollen wissen, daß ich das Gesetz ernst nehme.«

Der Hauptmann von Kafarnaum

⁵Jesus kam nach Kafarnaum. Da trat ein Hauptmann, ein Nichtjude, an ihn heran und bat ihn um Hilfe: ⁶»Herr«, sagte er, »mein Diener liegt gelähmt bei mir zu Hause und hat furchtbare Schmerzen!« ⁷Jesus fragte ihn: »Soll ich etwa kommen und ihn gesund machen?«

⁸Der Hauptmann erwiderte: »Herr, ich weiß, daß ich dir, einem Juden, nicht zumuten kann, mein Haus zu betreten. Aber sag nur ein Wort, und mein Diener wird gesund. ⁹Auch ich unterstehe höherem Befehl und kann meinen Soldaten Befehle erteilen. Wenn ich zu einem sage: ›Geh!‹, dann geht er; wenn ich zu einem andern sage: ›Komm!‹, dann kommt er; und wenn ich meinem Diener befehle: ›Tu das!‹, dann tut er's.«

¹⁰Als Jesus das hörte, staunte er und sagte zu den Leuten, die ihm folgten: »Wahrhaftig, solch ein Vertrauen habe ich in Israel nirgends gefunden! ¹¹Doch ich sage euch: Viele werden kommen, aus Ost und West, und zusammen mit Abraham, Isaak und Jakob in Gottes neuer Welt zu Tisch sitzen. ¹²Aber die Menschen, die bis jetzt das Anrecht darauf hatten, werden in die Dunkelheit hinausgestoßen. Dort gibt es nur noch Jammern und Zähneknirschen.«

¹³Dann sagte Jesus zu dem Hauptmann: »Geh nach Hause! Wie du es im Vertrauen von mir erwartet hast, soll es geschehen.« Zur selben Stunde wurde sein Diener gesund.

Jesus heilt die Schwiegermutter von Petrus und viele andere Kranke

¹⁴Jesus ging in das Haus von Petrus und fand dort dessen Schwiegermutter mit Fieber im Bett. ¹⁵Er berührte ihre Hand; da verließ sie das Fieber, und sie stand auf und bewirtete ihn.

¹⁶Am Abend brachten die Leute viele Besessene zu Jesus. Mit seinem Wort trieb er die bösen Geister aus und heilte alle Kranken. ¹⁷Damit ging in Erfüllung, was Gott durch den Propheten Jesaja angekündigt hatte: »Er hat unsere Leiden von uns genommen und unsere Krankheiten weggeschafft.«

Jüngerschaft ohne Wenn und Aber

¹⁸Als Jesus die vielen Menschen sah, die ihn umdrängten, befahl er seinen Jüngern, mit ihm auf die andere Seite des Sees

hinüberzufahren. ¹⁹Da kam ein Gesetzeslehrer zu ihm und sagte: »Lehrer, ich bin bereit, dir zu folgen, ganz gleich, wohin du gehst!« ²⁰Jesus antwortete ihm: »Die Füchse haben ihren Bau und die Vögel ihr Nest; aber der Menschensohn hat keinen Platz, wo er sich hinlegen und ausruhen kann.«

²¹Ein anderer, einer von den Jüngern, sagte zu Jesus: »Herr, erlaube mir, daß ich erst noch hingehe und meinen Vater begrabe.« ²²Aber Jesus sagte zu ihm: »Komm, folge mir! Überlaß es den Toten, ihre Toten zu begraben!«

Im Sturm auf die Probe gestellt

²³Jesus stieg in das Boot, und seine Jünger folgten ihm. ²⁴Als sie auf dem See waren, kam ein schwerer Sturm auf, und die Wellen drohten das Boot unter sich zu begraben. Aber Jesus schlief. ²⁵Die Jünger gingen zu ihm, weckten ihn und riefen: »Rette uns, Herr, wir gehen unter!«

²⁶Jesus sagte zu ihnen: »Warum habt ihr solche Angst? Ihr habt zuwenig Vertrauen!« Dann stand er auf und sprach ein Machtwort zu dem Wind und den Wellen. Da wurde es ganz still. ²⁷Die Leute aber fragten voller Staunen: »Was muß das für einer sein, daß ihm sogar Wind und Wellen gehorchen!«

Die beiden Besessenen von Gadara

²⁸Auf der anderen Seite des Sees kam Jesus in das Gebiet von Gadara. Dort liefen ihm zwei Männer aus den Grabhöhlen entgegen. Sie waren von bösen Geistern besessen und so gefährlich, daß niemand es wagte, jenen Weg zu benutzen. ²⁹Sie fingen an zu schreien: »Was hast du bei uns zu suchen, du Sohn Gottes? Bist du hergekommen, um uns schon vor der Zeit zu quälen?«

³⁰In der Ferne weidete eine große Schweineherde. ³¹Die bösen Geister in den beiden Männern baten Jesus: »Wenn du uns schon austreibst, dann schick uns doch in die Schweineherde!« ³²»Geht!« sagte Jesus; und die bösen Geister kamen aus den beiden heraus und fuhren in die Schweine. Da raste die ganze Herde das steile Ufer hinab in den See, und alle ertranken im Wasser.

³³Die Schweinehirten liefen davon und erzählten in der Stadt, was sie erlebt hatten und daß die beiden Besessenen aus der Gewalt der bösen Geister befreit seien. ³⁴Da zogen alle Leute hinaus, um Jesus zu begrüßen. Doch als sie ihn sahen, baten sie ihn, ihr Gebiet zu verlassen.

Jesus heilt einen Gelähmten

9 Jesus stieg wieder ins Boot, fuhr über den See zurück und ging in seine Stadt. [2]Da brachten einige Männer einen Gelähmten auf einer Tragbahre zu ihm. Als Jesus sah, wie groß ihr Vertrauen war, sagte er zu dem Gelähmten: »Mein Sohn, fasse Mut! Deine Schuld ist dir vergeben.«

[3]Da dachten einige Gesetzeslehrer: »Er lästert Gott!« [4]Jesus wußte, was in ihnen vorging, und sagte: »Warum habt ihr so böswillige Gedanken? [5]Was ist leichter – zu sagen: ›Deine Schuld ist dir vergeben‹, oder: ›Steh auf und geh‹? [6]Aber ihr sollt sehen, daß der Menschensohn Vollmacht hat, hier auf der Erde Schuld zu vergeben!« Und er sagte zu dem Gelähmten: »Steh auf, nimm deine Bahre und geh nach Hause!« [7]Da stand er auf und ging nach Hause.

[8]Als die Leute das sahen, erschraken sie, und sie priesen Gott, daß er den Menschen solche Vollmacht gegeben hat.

Jesus beruft Matthäus und ißt mit den Zolleinnehmern

[9]Jesus ging weiter und sah einen Zolleinnehmer an der Zollstelle sitzen. Er hieß Matthäus. Jesus sagte zu ihm: »Komm, folge mir!« Und Matthäus stand auf und folgte ihm.

[10]Als Jesus dann zu Hause zu Tisch saß, kamen viele Zolleinnehmer und andere, die einen ebenso schlechten Ruf hatten, um mit ihm und seinen Jüngern zu essen. [11]Die Pharisäer sahen es und fragten die Jünger: »Wie kann euer Lehrer sich mit Zolleinnehmern und ähnlichem Volk an einen Tisch setzen?«

[12]Jesus hörte es und antwortete: »Nicht die Gesunden brauchen den Arzt, sondern die Kranken! [13]Überlegt doch einmal, was es bedeutet, wenn Gott sagt: ›Ich fordere von euch nicht, daß ihr mir irgendwelche Opfer bringt, sondern daß ihr barmherzig seid.‹ Ich bin nicht gekommen, solche Menschen in Gottes neue Welt einzuladen, bei denen alles in Ordnung ist, sondern solche, die Gott den Rücken gekehrt haben.«

Die Hochzeit hat begonnen

[14]Danach kamen die Jünger des Täufers Johannes zu Jesus und fragten: »Wie kommt es, daß wir und die Pharisäer regelmäßig fasten, aber deine Jünger nicht?«

[15]Jesus antwortete: »Können die Hochzeitsgäste mit Trauermienen herumsitzen, solange der Bräutigam unter ihnen ist? Die Zeit kommt früh genug, daß der Bräutigam ihnen entrissen wird; dann werden sie fasten. [16]Niemand

flickt ein altes Kleid mit einem neuen Stück Stoff, sonst reißt das neue Stück wieder aus und macht das Loch nur noch größer. [17]Auch füllt niemand neuen Wein, der noch gärt, in alte Schläuche; sonst platzen die Schläuche, der Wein fließt aus, und auch die Schläuche sind hin. Nein, neuen Wein füllt man in neue Schläuche, dann bleibt beides erhalten.«

Jesus heilt eine kranke Frau und erweckt ein Mädchen vom Tod

[18]Während Jesus ihnen das erklärte, kam einer der Gemeindevorsteher zu ihm, warf sich vor ihm nieder und sagte: »Meine Tochter ist gerade gestorben. Aber komm und leg ihr deine Hand auf, dann wird sie wieder leben!« [19]Jesus stand auf und folgte ihm. Auch seine Jünger gingen mit.

[20]Unterwegs trat eine Frau von hinten an Jesus heran und berührte eine Quaste seines Gewandes. Sie litt seit zwölf Jahren an Blutungen [21]und sagte sich: »Wenn ich nur sein Gewand berühre, werde ich gesund.« [22]Jesus drehte sich um, sah die Frau und sagte: »Nur Mut, meine Tochter! Dein Vertrauen hat dir geholfen.« Im selben Augenblick war die Frau geheilt.

[23]Jesus kam in das Trauerhaus. Als er die Flötenspieler für das Begräbnis und all die aufgeregten Menschen sah, [24]sagte er: »Hinaus mit euch! Das Mädchen ist nicht tot, es schläft nur.« Da lachten sie ihn aus. [25]Er ließ die Leute hinauswerfen, ging in den Raum, in dem das Mädchen lag, und nahm es bei der Hand; da stand es auf. [26]Die Nachricht davon verbreitete sich in der ganzen Gegend.

Jesus heilt zwei Blinde

[27]Als Jesus von dort weiterging, liefen zwei Blinde hinter ihm her und riefen: »Du Sohn Davids, hab Erbarmen mit uns!« [28]Als er ins Haus ging, folgten sie ihm, und er fragte sie: »Traut ihr mir zu, daß ich euch helfen kann?« »Ja, Herr!« antworteten sie. [29]Da berührte Jesus ihre Augen und sagte: »Was ihr in eurem Vertrauen von mir erwartet, soll geschehen.« [30]Da konnten sie sehen.

Jesus befahl ihnen streng: »Seht zu, daß es niemand erfährt!« [31]Sie aber gingen hinaus und erzählten von Jesus in der ganzen Gegend.

Jesus heilt einen Stummen. Unterschiedliche Reaktionen

[32]Als die beiden gegangen waren, wurde ein Mann zu Jesus gebracht, der war stumm, weil ihn ein böser Geist in seiner Gewalt hatte. [33]Kaum war der böse Geist ausgetrieben, fing

der Stumme an zu reden, und alle riefen erstaunt: »So etwas hat es in Israel noch nie gegeben!«

34Aber die Pharisäer erklärten: »Er kann nur deshalb die bösen Geister austreiben, weil der oberste aller bösen Geister ihm die Macht dazu gibt.«

DIE AUSSENDUNG DER JÜNGER:
ISRAEL MUSS SICH ENTSCHEIDEN (9,35–12,50)

Die Aussendung der Jünger

35Jesus zog durch alle Städte und Dörfer. Er lehrte in den Synagogen und verkündete die Gute Nachricht, daß Gott jetzt seine Herrschaft aufrichtet und sein Werk vollendet. Er heilte alle Krankheiten und Leiden. 36Als er die vielen Menschen sah, ergriff ihn das Mitleid, denn sie waren so hilflos und erschöpft wie Schafe, die keinen Hirten haben. 37Darum sagte er zu seinen Jüngern: »Hier wartet eine reiche Ernte, aber es gibt nicht genug Menschen, die helfen, sie einzubringen. 38Bittet den Herrn, dem diese Ernte gehört, daß er die nötigen Leute schickt!«

10 Und er rief seine zwölf Jünger zu sich und gab ihnen die Vollmacht, böse Geister auszutreiben und alle Krankheiten und Leiden zu heilen. 2Hier sind die Namen dieser zwölf Apostel: Der erste von ihnen Simon, bekannt unter dem Namen Petrus; dann Andreas, der Bruder Simons; Jakobus, der Sohn von Zebedäus, und sein Bruder Johannes; 3Philippus und Bartholomäus; Thomas und der Zolleinnehmer Matthäus; Jakobus, der Sohn von Alphäus, und Thaddäus; 4Simon, der zur Partei der Zeloten gehört hatte, und Judas Iskariot, der Jesus später verriet.

Der Auftrag der Jünger

5Diese zwölf sandte Jesus aus mit dem Auftrag: »Meidet die Orte, wo Nichtjuden wohnen, und geht auch nicht in die Städte Samariens, 6sondern geht zum Volk Israel, dieser Herde von verlorenen Schafen. 7Verkündet ihnen: ›Jetzt wird Gott seine Herrschaft aufrichten und sein Werk vollenden!‹ 8Heilt die Kranken, weckt die Toten auf, macht die Aussätzigen rein und treibt die bösen Geister aus! Umsonst habt ihr alles bekommen, umsonst sollt ihr es weitergeben. 9Beschafft euch kein Reisegeld, weder Goldstücke noch Silber- oder Kupfergeld! 10Besorgt euch auch keine Vorratstasche, kein zweites Hemd, keine Schuhe und keinen Wanderstock! Denn wer arbeitet, hat ein Anrecht auf Unterhalt.

[11] Wenn ihr in eine Stadt oder in ein Dorf kommt, dann findet heraus, wer es wert ist, euch in sein Haus aufzunehmen. Bleibt dort, bis ihr weiterzieht. [12] Wenn ihr das Haus betretet, dann wünscht allen, die darin wohnen, Frieden! [13] Wenn sie es wert sind, wird euer Friedenswunsch in Erfüllung gehen. Andernfalls bleibt er wirkungslos. [14] Wo sie euch nicht aufnehmen und nicht anhören wollen, da geht aus dem Haus oder der Stadt weg und schüttelt den Staub von den Füßen. [15] Ich versichere euch: Am Tag des Gerichts wird Gott mit den Leuten von Sodom und Gomorra mehr Nachsicht haben als mit den Bewohnern einer solchen Stadt.«

Drohende Verfolgungen

[16]»Das muß euch klar sein: Ich sende euch wie Schafe mitten unter Wölfe. Seid klug wie die Schlangen und doch ohne Hinterlist wie die Tauben. [17] Nehmt euch in acht vor den Menschen! Sie werden euch an die Gerichte ausliefern und in ihren Synagogen auspeitschen. [18] Auch vor Statthalter und Könige werdet ihr um meinetwillen gestellt werden, um auch vor ihnen, den Vertretern der nichtjüdischen Völker, als Zeugen für mich auszusagen. [19] Wenn sie euch an die Gerichte ausliefern, dann macht euch keine Sorgen, was ihr sagen sollt oder wie ihr es sagen sollt. Es wird euch im entscheidenden Augenblick schon eingegeben werden. [20] Nicht ihr werdet dann reden, sondern der Geist eures Vaters wird aus euch sprechen.

[21] Ein Bruder wird den andern dem Henker ausliefern und ein Vater seine Kinder. Kinder werden sich gegen ihre Eltern stellen und sie in den Tod schicken. [22] Alle werden euch hassen, weil ihr euch zu mir bekennt. Aber wer bis zum Ende standhaft bleibt, wird gerettet. [23] Wenn sie euch in der einen Stadt verfolgen, dann flieht in eine andere. Ich versichere euch: Ihr werdet mit eurem Auftrag in den Städten Israels nicht fertig werden, bis der Menschensohn kommt.

[24] Kein Schüler steht über seinem Lehrer und kein Sklave über seinem Herrn. [25] Der Schüler kann froh sein, wenn es ihm ergeht wie seinem Lehrer, und der Sklave, wenn es ihm ergeht wie seinem Herrn. Wenn sie schon den Hausherrn Oberteufel nennen, dann werden sie seine Leute erst recht so beschimpfen.«

Wen man fürchten muß

[26]»Fürchtet euch nicht vor diesen Menschen! Was verhüllt ist, wird offenbar werden, und was niemand weiß, wird allen bekannt werden. [27] Was ich euch in der Dunkelheit anvertraue,

das sagt am hellen Tag weiter, und was ich euch ins Ohr flüstere, das ruft laut in der Öffentlichkeit aus.

28 Fürchtet euch nicht vor denen, die nur den Leib, aber nicht die Seele töten können. Fürchtet euch vor Gott, der Leib und Seele ins ewige Verderben schicken kann. 29 Kauft man nicht zwei Spatzen für einen Groschen? Und doch fällt nicht einmal ein Spatz auf die Erde, ohne daß euer Vater es weiß. 30 Bei euch aber ist sogar jedes Haar auf dem Kopf gezählt. 31 Habt also keine Angst: Ihr seid Gott mehr wert als ein ganzer Schwarm Spatzen!

32 Wer sich vor den Menschen zu mir bekennt, zu dem werde auch ich mich bekennen am Gerichtstag vor meinem Vater im Himmel. 33 Wer mich aber vor den Menschen nicht kennen will, den werde auch ich am Gerichtstag vor meinem Vater im Himmel nicht kennen.«

Kein fauler Frieden

34 »Denkt nicht, daß ich gekommen bin, Frieden in die Welt zu bringen. Nein, ich bin nicht gekommen, Frieden zu bringen, sondern Streit. 35 Ich bin gekommen, um die Söhne mit ihren Vätern zu entzweien, die Töchter mit ihren Müttern und die Schwiegertöchter mit ihren Schwiegermüttern. 36 Die nächsten Verwandten werden einander zu Feinden werden. 37 Wer Vater oder Mutter mehr liebt als mich, ist es nicht wert, zu mir zu gehören. Wer Sohn oder Tochter mehr liebt als mich, ist es nicht wert, zu mir zu gehören. 38 Wer nicht sein Kreuz auf sich nimmt und mir auf meinem Weg folgt, ist es nicht wert, zu mir zu gehören. 39 Wer sein Leben festhalten will, wird es verlieren. Wer es aber um meinetwillen verliert, wird es gewinnen.«

Die Würde der Jünger

40 »Wer euch aufnimmt, nimmt mich auf; und wer mich aufnimmt, nimmt den auf, der mich gesandt hat. 41 Wer einen Propheten aufnimmt, weil er ein Prophet ist, wird auch wie ein Prophet belohnt. Wer einen Gerechten aufnimmt, weil er ein Gerechter ist, wird auch wie ein Gerechter belohnt. 42 Und wer einem ganz unbedeutenden Menschen auch nur einen Schluck kaltes Wasser zu trinken gibt – einfach weil er mein Jünger ist –, ich versichere euch, wer das tut, wird ganz gewiß nicht leer ausgehen.«

Abschluß der Jüngerunterweisung

11 Diese Anweisungen gab Jesus seinen zwölf Jüngern. Als er die Rede beendet hatte, zog er weiter, um in den

Städten des Landes zu lehren, was Gott jetzt von seinem Volk verlangt, und die Gute Nachricht zu verkünden.

Die Anfrage des Täufers Johannes

²Der Täufer Johannes hatte im Gefängnis von den Taten gehört, die Jesus als den versprochenen Retter auswiesen; darum schickte er einige seiner Jünger zu ihm. ³»Bist du wirklich der, der kommen soll«, ließ er fragen, »oder müssen wir auf einen anderen warten?«

⁴Jesus antwortete ihnen: »Geht zu Johannes und berichtet ihm, was ihr hört und seht: ⁵Blinde sehen, Gelähmte gehen, Aussätzige werden gesund, Taube hören, Tote stehen auf, und den Armen wird die Gute Nachricht verkündet. ⁶Freuen darf sich, wer nicht an mir irre wird!«

Jesus spricht über Johannes

⁷Als die Abgesandten des Täufers wieder weggegangen waren, fing Jesus an, zu der Menge über Johannes zu sprechen: »Als ihr in die Wüste zu ihm hinausgezogen seid, was habt ihr da erwartet? Etwa ein Schilfrohr, das jedem Wind nachgibt? ⁸Oder was sonst wolltet ihr sehen? Einen Menschen in vornehmer Kleidung? Solche Leute wohnen in Palästen! ⁹Also, was habt ihr erwartet? Einen Propheten? Ich versichere euch: Ihr habt mehr gesehen als einen Propheten! ¹⁰Johannes ist der, von dem es in den Heiligen Schriften heißt: ›Ich sende meinen Boten vor dir her, sagt Gott, damit er den Weg für dich bahnt.‹

¹¹Ich versichere euch: Der Täufer Johannes ist der Bedeutendste unter allen, die je von einer Frau geboren wurden. Aber der Geringste, der zu Gottes neuer Welt gehört, ist größer als er. ¹²Als der Täufer Johannes auftrat, hat Gott angefangen, seine Herrschaft aufzurichten; aber bis heute stellen sich ihr Feinde in den Weg. Sie hindern andere mit Gewalt daran, sich dieser Herrschaft zu unterstellen. ¹³Das Gesetz und alle Propheten bis hin zu Johannes haben angekündigt, was jetzt geschieht. ¹⁴Und ob ihr es wahrhaben wollt oder nicht: Johannes ist tatsächlich der Prophet Elija, dessen Kommen vorausgesagt war. ¹⁵Wer Ohren hat, soll gut zuhören!

¹⁶Mit wem soll ich die Menschen von heute vergleichen? Sie sind wie die Kinder, die auf dem Marktplatz spielen. Die einen werfen den andern vor: ¹⁷›Wir haben euch Hochzeitslieder gespielt, aber ihr habt nicht getanzt!‹ ›Wir haben euch Trauerlieder gesungen, aber ihr habt nicht geweint.‹ ¹⁸Johannes ist gekommen, aß nicht und trank nicht, und die Leute

sagen: ›Er ist von einem bösen Geist besessen.‹ ¹⁹Der Menschensohn ist gekommen, ißt und trinkt, und sie sagen: ›Seht ihn euch an, diesen Vielfraß und Säufer, diesen Kumpan der Zolleinnehmer und Sünder!‹ Aber die Weisheit Gottes wird bestätigt durch die Taten, die sie vollbringt.«

Wer nicht hören will …

²⁰Dann begann Jesus mit harten Worten über die Orte zu sprechen, in denen er die meisten Wunder getan hatte, und die Menschen hatten sich doch nicht geändert: ²¹»Weh dir, Chorazin! Weh dir, Betsaida! Wenn in Tyrus und Sidon die Wunder geschehen wären, die bei euch geschehen sind, die Leute dort hätten schon längst den Sack umgebunden, sich Asche auf den Kopf gestreut und ihr Leben geändert. ²²Ich versichere euch: Am Tag des Gerichts wird es den Bewohnern von Tyrus und Sidon besser ergehen als euch! ²³Und du, Kafarnaum, meinst du, du wirst in den Himmel erhoben werden? In den tiefsten Abgrund wirst du gestürzt! Wenn in Sodom die Wunder geschehen wären, die bei dir geschehen sind, dann würde es heute noch stehen. ²⁴Ich versichere dir: Am Tag des Gerichts wird es Sodom besser ergehen als dir!«

Jesus und der Vater. Einladung zu erfülltem Leben

²⁵Danach rief Jesus: »Vater, Herr über Himmel und Erde, du hast angefangen, deine Herrschaft aufzurichten. Das hast du den Klugen und Gelehrten verborgen, aber den Unwissenden hast du es offenbar gemacht. Dafür preise ich dich! ²⁶Ja, Vater, so wolltest du es haben!

²⁷Mein Vater hat mir alle Macht übergeben. Niemand kennt den Sohn, nur der Vater, und niemand den Vater, nur der Sohn – und die, denen der Sohn ihn offenbaren will.

²⁸Ihr plagt euch mit den Geboten, die die Gesetzeslehrer euch auferlegt haben. Kommt alle zu mir; ich will euch die Last abnehmen! ²⁹Ich quäle euch nicht und sehe auf niemand herab. Stellt euch unter meine Leitung und lernt bei mir; dann findet euer Leben Erfüllung. ³⁰Was *ich* anordne, ist gut für euch, und was *ich* euch zu tragen gebe, ist keine Last.«

Jesus und der Sabbat

12 Damals ging Jesus an einem Sabbat durch die Felder. Seine Jünger hatten Hunger; darum fingen sie an, Ähren abzureißen und die Körner zu essen. ²Als die Pharisäer das sahen, sagten sie zu Jesus: »Da sieh dir an, was deine Jünger tun! Das ist nach dem Gesetz am Sabbat verboten!«

³Jesus antwortete ihnen: »Habt ihr nicht gelesen, was David tat, als er und seine Männer hungrig waren? ⁴Er ging in das Haus Gottes und aß mit ihnen von den geweihten Broten, obwohl das verboten war – denn nur Priester dürfen davon essen. ⁵Oder habt ihr nicht im Gesetz gelesen, daß die Priester auch am Sabbat im Tempel arbeiten? Dadurch übertreten sie die Sabbatvorschriften; trotzdem werden sie nicht schuldig. ⁶Und ich sage euch: Hier ist mehr als der Tempel! ⁷Wenn ihr verstanden hättet, was mit dem Wort gemeint ist: ›Ich fordere von euch nicht, daß ihr mir irgendwelche Opfer bringt, sondern daß ihr barmherzig seid‹, dann würdet ihr nicht Unschuldige verurteilen. ⁸Der Menschensohn ist Herr über den Sabbat; er hat zu bestimmen, was an diesem Tag getan werden darf.«

Jesus heilt am Sabbat

⁹Jesus ging weiter und kam in ihre Synagoge. ¹⁰Dort war ein Mann mit einer abgestorbenen Hand. Die Pharisäer hätten Jesus gerne angezeigt und fragten ihn deshalb: »Ist es erlaubt, am Sabbat zu heilen?«

¹¹Jesus antwortete: »Stellt euch vor, einer von euch hat nur ein einziges Schaf, und das fällt an einem Sabbat in eine Grube. Packt er dann nicht zu und holt es heraus? ¹²Ein Mensch ist doch viel mehr wert als ein Schaf! Also ist es erlaubt, einem Menschen am Sabbat Gutes zu tun.« ¹³Dann sagte er zu dem Mann: »Streck deine Hand aus!« Er streckte sie aus, und sie wurde so gesund wie die andere.

¹⁴Da gingen die Pharisäer hinaus und beschlossen, daß Jesus sterben müsse.

Die erfüllte Zusage

¹⁵Als Jesus davon hörte, zog er sich von dort zurück. Viele Menschen folgten ihm. Er heilte alle Kranken, ¹⁶verbot ihnen aber nachdrücklich, öffentlich von ihm zu reden.

¹⁷Damit sollte in Erfüllung gehen, was der Prophet Jesaja angekündigt hatte:

¹⁸»Hier ist mein Bevollmächtigter!
Ihn habe ich erwählt,
ihm gilt meine Liebe,
an ihm habe ich Freude.
Ihm gebe ich meinen Geist.
Er wird den Völkern der Welt meine Rechtsordnung
  verkünden.
¹⁹Er streitet nicht und macht keinen Lärm,

er hält keine lauten Reden auf den Straßen.
²⁰Das geknickte Schilfrohr zerbricht er nicht,
den glimmenden Docht löscht er nicht aus.
So handelt er, bis er meiner Rechtsordnung zum Sieg
verholfen hat.
²¹Auf ihn werden die Völker ihre Hoffnung setzen.«

Steht Jesus mit dem Teufel im Bund?

²²Damals brachten sie einen Mann zu Jesus, der war blind
und stumm, weil er von einem bösen Geist besessen war.
Jesus heilte ihn, und er konnte wieder sprechen und sehen.
²³Darüber geriet die Menge in große Erregung, und alle frag-
ten sich:»Ist er vielleicht der versprochene Sohn Davids?«

²⁴Als die Pharisäer das hörten, widersprachen sie:»Er kann
die bösen Geister nur austreiben, weil Beelzebul, der oberste
aller bösen Geister, ihm die Macht dazu gibt!«

²⁵Jesus wußte, was sie dachten, und sagte zu ihnen:»Jeder
Staat, dessen Machthaber einander befehden, muß untergehen, und keine Stadt oder Familie, in der die Leute miteinander im Streit liegen, kann bestehen. ²⁶Würde der Satan
sich selbst austreiben, dann wäre er mit sich selbst zerstritten.
Wie könnte da seine Herrschaft bestehen? ²⁷Wenn ich die
bösen Geister austreibe, weil ich mit Beelzebul im Bund
stehe, wer gibt dann *euren* Anhängern die Macht, sie auszutreiben? Eure eigenen Leute werden es sein, die euch das Urteil sprechen! ²⁸Nein, ich treibe die bösen Geister mit Hilfe
von Gottes Geist aus, und daran könnt ihr erkennen, daß
Gott schon angefangen hat, mitten unter euch seine Herrschaft aufzurichten. ²⁹Oder wie kann einer in das Haus eines
Starken eindringen und ihm seine Beute rauben, wenn er den
Starken nicht zuvor gefesselt hat? Dann erst kann er sein
Haus ausrauben!

³⁰Wer nicht für mich ist, der ist gegen mich, und wer mir
nicht sammeln hilft, der zerstreut. ³¹Deshalb sage ich euch:
Jede Sünde und jede Gotteslästerung kann den Menschen
vergeben werden; aber wenn jemand den Geist Gottes beleidigt, gibt es keine Vergebung. ³²Sogar wer den Menschensohn beschimpft, kann Vergebung finden. Wer aber den Heiligen Geist beleidigt, wird niemals Vergebung finden, weder in
dieser Welt noch in der kommenden.«

Worte offenbaren den Menschen –
und werden gewogen

³³»Wenn ihr einen gesunden Baum habt, habt ihr gute
Früchte von ihm zu erwarten. Wenn ihr einen kranken Baum

habt, habt ihr schlechte Früchte von ihm zu erwarten. An den
Früchten ist zu erkennen, was der Baum wert ist.
³⁴Ihr Schlangenbrut! Wie könnt ihr Gutes reden, wo ihr
doch böse seid! Denn wovon das Herz voll ist, davon redet
der Mund. ³⁵Ein guter Mensch bringt Gutes hervor, weil er
im Innersten gut ist. Ein schlechter Mensch kann nur Böses
hervorbringen, weil er von Grund auf böse ist. ³⁶Aber das
sage ich euch: Am Tag des Gerichts werden die Menschen
sich verantworten müssen für jedes unnütze Wort, das sie gesprochen haben. ³⁷Aufgrund deiner eigenen Worte wirst du
dann freigesprochen oder verurteilt werden.«

Die Gegner fordern von Jesus einen Beweis

³⁸Darauf antworteten einige der Gesetzeslehrer und Pharisäer und forderten: »Lehrer, wir wollen von dir ein Wunder
sehen, das eindeutig beweist, daß du von Gott beauftragt
bist!«
³⁹Jesus erwiderte: »Diese böse Generation, die von Gott
nichts wissen will, verlangt einen Beweis, aber es wird ihr keiner gegeben werden – ausgenommen das Wunder, das am
Propheten Jona geschah: Den Beweis werden sie bekommen!
⁴⁰So wie Jona drei Tage und drei Nächte im Bauch des See-
ungeheuers war, so wird auch der Menschensohn drei Tage
und drei Nächte in der Tiefe der Erde verborgen sein.
⁴¹Am Tag des Gerichts werden die Bewohner von Ninive
aufstehen und diese Generation schuldig sprechen; denn als
Jona sie warnte, haben sie ihr Leben geändert. Und hier steht
ein Größerer als Jona! ⁴²Am Tag des Gerichts wird die Königin aus dem Süden aufstehen und diese Generation schuldig
sprechen; denn sie kam vom Ende der Welt, um die weisen
Lehren Salomos zu hören. Und hier steht ein Größerer als
Salomo!«

Warnung vor den Folgen eines Rückfalls

⁴³»Wenn ein böser Geist einen Menschen verläßt, irrt er
durch Wüsten und sucht nach einer Bleibe und findet keine.
⁴⁴Dann sagt er sich: ›Ich gehe lieber wieder in meine alte
Behausung!‹ Er kehrt zurück und findet alles leer, sauber
und aufgeräumt. ⁴⁵Darauf geht er hin und sucht sich sieben
andere böse Geister, die noch schlimmer sind als er selbst,
und sie kommen und wohnen dort. So ist dieser Mensch am
Ende schlimmer dran als am Anfang. Genauso wird es auch
dieser bösen Generation ergehen.«

Die wahre Familie von Jesus

⁴⁶Während Jesus noch zu der Menschenmenge sprach, kamen seine Mutter und seine Brüder dazu. Sie standen vor dem Haus und wollten ihn sprechen. ⁴⁷Einer aus der Menge sagte zu Jesus: »Deine Mutter und deine Brüder stehen draußen und wollen dich sprechen!«

⁴⁸Jesus antwortete ihm: »Wer ist meine Mutter? Wer sind meine Brüder?« ⁴⁹Dann streckte er seine Hand über seine Jünger aus und sagte: »Das hier sind meine Mutter und meine Brüder! ⁵⁰Denn wer tut, was mein Vater im Himmel will, der ist mein Bruder, meine Schwester und meine Mutter.«

JESUS SPRICHT IN GLEICHNISSEN (13,1-52)

Jesus muß ins Boot steigen

13 Am selben Tag verließ Jesus das Haus und setzte sich ans Seeufer. ²Es kamen so viele Menschen zusammen, daß er in ein Boot steigen und darin Platz nehmen mußte. Die Menge blieb am Ufer stehen, ³ᵃund er sagte ihnen vieles in Form von Gleichnissen.

Das Gleichnis von der Aussaat

³ᵇEr sagte: »Ein Bauer ging aufs Feld, um zu säen. ⁴Als er die Körner ausstreute, fiel ein Teil von ihnen auf den Weg. Die Vögel kamen und pickten sie auf. ⁵Andere Körner fielen auf felsigen Grund, der nur mit einer dünnen Erdschicht bedeckt war. Sie gingen rasch auf, weil sie sich nicht in der Erde verwurzeln konnten; ⁶als aber die Sonne hochstieg, vertrockneten die jungen Pflanzen, und weil sie keine Wurzeln hatten, verdorrten sie. ⁷Wieder andere Körner fielen in Dornengestrüpp, das bald das Getreide überwucherte und erstickte. ⁸Andere Körner schließlich fielen auf guten Boden und brachten Frucht. Manche brachten hundert Körner, andere sechzig und wieder andere dreißig.«

⁹Und Jesus sagte: »Wer Ohren hat, soll gut zuhören!«

Warum Jesus Gleichnisse gebraucht

¹⁰Die Jünger kamen zu Jesus und fragten: »Warum sprichst du in Gleichnissen, wenn du zu den Leuten redest?«

¹¹Jesus antwortete: »Euch hat Gott die Geheimnisse seines Planes erkennen lassen, nach dem er schon begonnen hat, seine Herrschaft in der Welt aufzurichten; den anderen hat er

diese Erkenntnis nicht gegeben. [12]Denn wer viel hat, dem wird noch mehr gegeben werden, so daß er übergenug haben wird. Wer aber wenig hat, dem wird auch noch das wenige genommen werden, das er hat.

[13]Aus diesem Grund rede ich in Gleichnissen, wenn ich zu ihnen spreche. Denn sie sehen zwar, aber erkennen nichts; sie hören zwar, aber verstehen nichts. [14]An ihnen erfüllt sich die Voraussage des Propheten Jesaja: ›Hört nur zu, ihr versteht doch nichts; seht hin, soviel ihr wollt, ihr erkennt doch nichts! [15]Denn dieses Volk ist im Innersten verstockt. Sie halten sich die Ohren zu und schließen die Augen, damit sie nur ja nicht sehen, hören und begreifen, sagt Gott. Sonst würden sie zu mir umkehren, und ich könnte sie heilen.‹

[16]Ihr dagegen dürft euch freuen; denn eure Augen sehen und eure Ohren hören. [17]Ich versichere euch: Viele Propheten und Gerechte wollten sehen, was ihr jetzt seht, aber sie haben es nicht gesehen. Sie wollten hören, was ihr jetzt hört, aber sie haben es nicht gehört.«

Jesus erklärt das Gleichnis von der Aussaat

[18]»Euch will ich also sagen, was das Gleichnis vom Bauern und der Saat bedeutet: [19]Es gibt Menschen, die die Botschaft hören, daß Gott seine Herrschaft aufrichten will; aber sie verstehen sie nicht. Dann kommt der Feind Gottes und nimmt weg, was in ihr Herz gesät worden ist. Bei ihnen ist es wie bei dem Samen, der auf den Weg fällt. [20]Bei anderen ist es wie bei dem Samen, der auf felsigen Grund fällt. Sie hören die Botschaft und nehmen sie sogleich mit Freuden an; [21]aber sie kann in ihnen keine Wurzeln schlagen, weil sie unbeständig sind. Wenn sie dieser Botschaft wegen in Schwierigkeiten geraten oder verfolgt werden, werden sie gleich an ihr irre. [22]Wieder bei anderen ist es wie bei dem Samen, der in das Dornengestrüpp fällt. Sie hören zwar die Botschaft; aber sie hat bei ihnen keine Wirkung, weil sie sich in ihren Alltagssorgen verlieren und sich vom Reichtum verführen lassen. Dadurch wird die Botschaft erstickt. [23]Bei anderen schließlich ist es wie bei dem Samen, der auf guten Boden fällt. Sie hören und verstehen die Botschaft, und sie bringen dann auch Frucht: manche hundertfach, andere sechzigfach und wieder andere dreißigfach.«

Das Unkraut im Weizen

[24]Dann erzählte Jesus der Volksmenge ein anderes Gleichnis: »Mit der neuen Welt Gottes ist es wie mit dem Mann, der guten Samen auf seinen Acker gesät hatte: [25]Eines Nachts,

als alles schlief, kam sein Feind, säte Unkraut zwischen den Weizen und verschwand. 26Als nun der Weizen wuchs und Ähren ansetzte, schoß auch das Unkraut auf.

27Da kamen die Arbeiter zum Gutsherrn und fragten: ›Herr, du hast doch guten Samen auf deinen Acker gesät, woher kommt das ganze Unkraut?‹ 28Der Gutsherr antwortete ihnen: ›Das hat einer getan, der mir schaden will.‹ Die Arbeiter fragten: ›Sollen wir hingehen und das Unkraut ausreißen?‹ 29›Nein‹, sagte der Gutsherr, ›wenn ihr es ausreißt, könntet ihr zugleich den Weizen mit ausreißen. 30Laßt beides wachsen bis zur Ernte! Wenn es soweit ist, will ich den Erntearbeitern sagen: Sammelt zuerst das Unkraut ein und bündelt es, damit es verbrannt wird. Aber den Weizen schafft in meine Scheune.‹«

Senfkorn und Sauerteig:
Der entscheidende Anfang ist gemacht

31Jesus erzählte ihnen noch ein anderes Gleichnis: »Wenn Gott jetzt seine Herrschaft aufrichtet, geht es ähnlich zu wie bei einem Senfkorn, das jemand auf seinen Acker gesät hat. 32Es gibt keinen kleineren Samen; aber was daraus wächst, wird größer als alle anderen Gartenpflanzen. Es wird ein richtiger Baum, so daß die Vögel kommen und in seinen Zweigen ihre Nester bauen.«

33Noch ein Gleichnis erzählte er ihnen: »Wenn Gott jetzt seine Herrschaft aufrichtet, ist es wie mit dem Sauerteig: Eine Frau mengte eine Handvoll davon unter eine riesige Menge Mehl, und er machte den ganzen Teig sauer.«

Noch einmal: Warum Gleichnisse?

34Das alles erzählte Jesus der Menschenmenge in Form von Gleichnissen; er sagte ihnen nichts, ohne Gleichnisse zu gebrauchen. 35Damit sollte in Erfüllung gehen, was Gott durch den Propheten angekündigt hatte: »Ich will in Gleichnissen reden, nur in Gleichnissen will ich von dem sprechen, was seit der Erschaffung der Welt verborgen ist.«

Jesus erklärt das Gleichnis vom Unkraut

36Dann schickte Jesus die Menschenmenge weg und ging ins Haus. Seine Jünger traten zu ihm und baten: »Erkläre uns doch das Gleichnis vom Unkraut auf dem Acker!« 37Jesus antwortete: »Der Mann, der den guten Samen aussät, ist der Menschensohn, 38und der Acker ist die Welt. Der gute Same sind die Menschen, die sich der Herrschaft Gottes unterstellen. Das Unkraut sind die Menschen, die dem Bösen folgen. [39]Der Feind, der das Unkraut gesät hat, ist der Teufel. Die Ernte ist das Ende der Welt, und die Erntearbeiter sind die Engel. [40]Wie das Unkraut eingesammelt und verbrannt wird, so wird es auch am Ende der Welt zugehen: [41]Der Menschensohn wird seine Engel aussenden, und sie werden aus seinem Herrschaftsgebiet alle einsammeln, die Gott ungehorsam waren und andere zum Ungehorsam verleitet haben. [42]Sie werden sie in den glühenden Ofen werfen; dort gibt es nur noch Jammern und Zähneknirschen. [43]Dann werden alle, die Gott gehorcht haben, in der neuen Welt Gottes, ihres Vaters, so hell strahlen wie die Sonne.

Wer Ohren hat, soll gut zuhören!«

Der versteckte Schatz und die Perle

[44]»Die neue Welt Gottes ist mit einem Schatz zu vergleichen, der in einem Acker vergraben war: Ein Mensch fand ihn und deckte ihn schnell wieder zu. In seiner Freude verkaufte er alles, was er hatte, und kaufte dafür den Acker mit dem Schatz.

[45]Wer die Einladung in Gottes neue Welt hört und ihr folgt, handelt wie der Kaufmann, der schöne Perlen suchte: [46]Als er eine entdeckte, die besonders wertvoll war, verkaufte er alles, was er hatte, und kaufte sie.«

Das Gleichnis vom Netz

[47]»Wenn Gott sein Werk vollendet, wird es sein wie bei dem Netz, das im See ausgeworfen wurde und Fische aller Art einfing: [48]Als es voll war, zogen es die Fischer an Land, setzten sich hin und sortierten den Fang. Die guten Fische kamen in Körbe, die unbrauchbaren wurden weggeworfen. [49]So wird es auch am Ende der Welt sein. Die Engel Gottes werden kommen und die Menschen, die Böses getan haben, von denen trennen, die getan haben, was Gott will. [50]Sie werden die Ungehorsamen in den glühenden Ofen werfen; dort gibt es nur noch Jammern und Zähneknirschen.«

Neue Gesetzeslehrer

[51]»Habt ihr das alles verstanden?« fragte Jesus seine Jünger, und sie antworteten: »Ja!« [52]Da sagte er zu ihnen: »So wird es denn künftig neue Gesetzeslehrer geben, solche, die gelernt haben, was es mit der Herrschaft Gottes auf sich hat. Diese Gesetzeslehrer sind zu vergleichen mit einem Hausherrn, der aus seiner Vorratskammer Neues und Altes herausholt.«

[53]Als Jesus diese Reihe von Gleichnissen beendet hatte, verließ er die Gegend am See.

MACHTTATEN UND MAHNWORTE (13,54–16,12)

Jesus in Nazaret

54 Jesus kam in seine Heimatstadt und lehrte in der Synagoge, und die Leute, die ihn hörten, waren sehr verwundert. »Woher hat er diese Weisheit«, fragten sie einander, »und woher die Kraft, solche Wunder zu tun? 55 Ist er nicht der Sohn des Zimmermanns? Ist nicht Maria seine Mutter, und sind nicht Jakob, Josef, Simon und Judas seine Brüder? 56 Leben nicht auch seine Schwestern alle hier bei uns? Woher hat er dann das alles?« 57 Darum wollten sie nichts von ihm wissen.

Aber Jesus sagte zu ihnen: »Ein Prophet gilt nirgends so wenig wie in seiner Heimat und in seiner Familie.« 58 Weil sie ihm das Vertrauen verweigerten, tat er dort nur wenige Wunder.

Was Herodes von Jesus denkt

14 Zu dieser Zeit hörte Herodes Antipas, der Fürst in jenem Teil des Landes, was sich die Leute von Jesus erzählten. 2 »Das ist der Täufer Johannes«, sagte er zu seinem Gefolge. »Er ist vom Tod auferweckt worden, darum wirken solche Kräfte in ihm.«

Vom Tod des Täufers Johannes

3 Herodes hatte nämlich Johannes festnehmen und gefesselt ins Gefängnis werfen lassen. Der Grund dafür war: Herodes hatte seinem Bruder Philippus die Frau, Herodias, weggenommen und sie geheiratet. 4 Johannes hatte ihm daraufhin vorgehalten: »Das Gesetz Gottes erlaubt dir nicht, sie zu heiraten.« 5 Herodes hätte ihn deshalb gerne getötet; aber er hatte Angst vor dem Volk, das Johannes für einen Propheten hielt.

6 Als nun Herodes Geburtstag hatte, tanzte die Tochter von Herodias vor den Gästen. Das gefiel Herodes so gut, 7 daß er einen Eid schwor und ihr versprach, ihr alles zu geben, was sie sich wünschte. 8 Auf Anraten ihrer Mutter bat das Mädchen: »Gib mir jetzt sofort auf einem Teller den Kopf des Täufers Johannes!« 9 Da wurde Herodes traurig, aber weil er vor allen Gästen einen Schwur geleistet hatte, befahl er, ihr den Wunsch zu erfüllen. 10 Er schickte den Henker ins Gefängnis; der enthauptete Johannes. 11 Sein Kopf wurde auf einem Teller hergebracht und dem Mädchen überreicht. Das gab ihn weiter an seine Mutter.

12 Die Jünger von Johannes holten den Toten und begruben

ihn. Danach gingen sie zu Jesus und berichteten ihm, was geschehen war.

Jesus gibt fünftausend Menschen zu essen

¹³Als Jesus das hörte, ging er von dort weg und fuhr mit dem Boot an eine einsame Stelle. Aber die Leute in den umliegenden Orten erfuhren es und folgten ihm auf dem Landweg. ¹⁴Als Jesus aus dem Boot stieg, sah er eine große Menschenmenge vor sich. Da ergriff ihn das Mitleid, und er heilte ihre Kranken.

¹⁵Darüber wurde es Abend. Seine Jünger kamen zu ihm und sagten: »Es ist schon spät, und die Gegend hier ist einsam. Schick doch die Leute weg! Sie sollen in die Dörfer gehen und sich etwas zu essen kaufen!« ¹⁶Jesus antwortete ihnen: »Warum sollen sie weggehen? Gebt doch *ihr* ihnen zu essen!« ¹⁷Die Jünger hielten ihm entgegen: »Wir haben nur fünf Brote und zwei Fische hier.« ¹⁸»Bringt sie mir her!« sagte Jesus.

¹⁹Er forderte die Leute auf, sich ins Gras zu setzen. Dann nahm er die fünf Brote und die zwei Fische, sah zum Himmel auf und sprach das Segensgebet darüber. Er brach die Brote in Stücke und gab sie den Jüngern, und die verteilten sie an die Menge.

²⁰Alle aßen und wurden satt, und sie füllten sogar noch zwölf Körbe mit dem Brot, das übrigblieb. ²¹Etwa fünftausend Männer hatten an der Mahlzeit teilgenommen, dazu noch Frauen und Kinder.

Jesus geht auf dem Wasser

²²Gleich darauf drängte Jesus die Jünger, ins Boot zu steigen und ans andere Seeufer vorauszufahren. Er selbst wollte erst noch die Menschenmenge verabschieden. ²³Als er damit fertig war, stieg er allein auf einen Berg, um zu beten. Als es dunkel wurde, war er immer noch dort. ²⁴Das Boot mit den Jüngern war inzwischen weit draußen auf dem See. Der Wind trieb ihnen die Wellen entgegen und machte ihnen schwer zu schaffen.

²⁵Im letzten Viertel der Nacht kam Jesus auf dem Wasser zu ihnen. ²⁶Als die Jünger ihn auf dem Wasser gehen sahen, erschraken sie und sagten: »Ein Gespenst!« und schrien vor Angst. ²⁷Sofort sprach Jesus sie an: »Faßt Mut! *Ich* bin's, fürchtet euch nicht!«

²⁸Da sagte Petrus: »Herr, wenn du es bist, dann befiehl mir, auf dem Wasser zu dir zu kommen!« ²⁹»Komm!« sagte Jesus. Petrus stieg aus dem Boot, ging über das Wasser und kam zu

Jesus. ³⁰Als er dann aber die hohen Wellen sah, bekam er Angst. Er begann zu sinken und schrie: »Hilf mir, Herr!« ³¹Sofort streckte Jesus seine Hand aus, faßte Petrus und sagte: »Du hast zuwenig Vertrauen! Warum hast du gezweifelt?« ³²Dann stiegen beide ins Boot, und der Wind legte sich.

³³Die Jünger im Boot warfen sich vor Jesus nieder und riefen: »Du bist wirklich Gottes Sohn!«

Jesus heilt Kranke in Gennesaret

³⁴Sie überquerten den See und landeten bei Gennesaret. ³⁵Die Bewohner des Ortes erkannten Jesus und verbreiteten die Nachricht von seiner Ankunft in der ganzen Umgebung. Daraufhin brachte man alle Kranken zu ihm ³⁶und bat ihn, ob sie nicht wenigstens eine Quaste seines Gewandes berühren dürften. Und alle, die es taten, wurden gesund.

Falscher Gottesdienst

15 Damals kamen Pharisäer und Gesetzeslehrer aus Jerusalem zu Jesus und fragten ihn: ²»Warum übertreten deine Jünger die Vorschriften, die von den früheren Gesetzeslehrern aufgestellt und dann weiterüberliefert worden sind? Warum waschen sie sich nicht die Hände vor dem Essen?«

³Jesus antwortete ihnen: »Und warum übertretet ihr das Gebot Gottes euren überlieferten Vorschriften zuliebe? ⁴Gott hat gesagt: ›Ehre deinen Vater und deine Mutter!‹ und: ›Wer zu seinem Vater oder seiner Mutter etwas Schändliches sagt, wird mit dem Tod bestraft.‹ ⁵Ihr dagegen behauptet: ›Wenn jemand zu seinem Vater oder seiner Mutter sagt: Was ihr von mir bekommen müßtet, ist für Gott bestimmt ⁶– dann darf er seine Eltern nicht mehr damit ehren.‹ So habt ihr das Wort Gottes außer Kraft gesetzt mit euren Überlieferungen.

⁷Ihr Scheinheiligen, treffend hat der Prophet Jesaja euch im voraus beschrieben: ⁸›Dieses Volk ehrt mich nur mit Worten, sagt Gott, aber mit dem Herzen ist es weit weg von mir. ⁹Ihr ganzer Gottesdienst ist sinnlos, denn sie lehren nur Gebote, die sich Menschen ausgedacht haben.«

Was unrein macht

¹⁰Jesus rief die Menge hinzu und sagte: »Hört zu und versteht! ¹¹Nicht das macht den Menschen unrein, was er durch den Mund in sich aufnimmt, sondern das, was aus seinem Mund herauskommt!«

¹²Hinterher traten seine Jünger zu ihm und sagten: »Weißt du, daß die Pharisäer empört waren, weil du das gesagt hast?« ¹³Jesus antwortete: »Alles, was mein Vater im Himmel nicht

selbst gepflanzt hat, wird ausgerissen werden. [14] Laßt sie reden! Sie wollen Blinde führen und sind selbst blind. Wenn ein Blinder den andern führt, fallen beide in die Grube.«

[15] Da sagte Petrus: »Erkläre uns doch, was du mit dem Wort von der Unreinheit gemeint hast!« [16] »Habt ihr auch noch nichts verstanden?« erwiderte Jesus. [17] »Begreift ihr nicht, daß alles, was durch den Mund aufgenommen wird, in den Magen gelangt und dann vom Körper wieder ausgeschieden wird? [18] Was aber aus dem Mund herauskommt, kommt aus dem Herzen, und das macht den Menschen unrein. [19] Denn aus dem Herzen kommen die bösen Gedanken und mit ihnen Mord, Ehebruch, Unzucht, Diebstahl, falsche Zeugenaussagen und Beleidigungen. [20] Das ist es, was den Menschen unrein macht, aber nicht, daß er es unterläßt, sich vor dem Essen die Hände zu waschen.«

Das Vertrauen einer nichtjüdischen Frau

[21] Jesus verließ die Gegend und zog sich in das Gebiet von Tyrus und Sidon zurück. [22] Eine kanaanitische Frau, die dort wohnte, kam zu ihm und rief: »Herr, du Sohn Davids, hab Erbarmen mit mir! Meine Tochter wird von einem bösen Geist sehr geplagt.« [23] Aber Jesus gab ihr keine Antwort. Schließlich drängten ihn die Jünger: »Sieh zu, daß du sie los wirst; sie schreit ja hinter uns her!« [24] Aber Jesus sagte: »Ich bin nur zum Volk Israel, dieser Herde von verlorenen Schafen, gesandt worden.«

[25] Da warf die Frau sich vor Jesus nieder und sagte: »Hilf mir doch, Herr!« [26] Er antwortete: »Es ist nicht recht, den Kindern das Brot wegzunehmen und es den Hunden vorzuwerfen.« [27] »Gewiß, Herr«, sagte sie; »aber die Hunde bekommen doch wenigstens die Brocken, die vom Tisch ihrer Herren herunterfallen.« [28] Da sagte Jesus zu ihr: »Du hast ein großes Vertrauen, Frau! Was du willst, soll geschehen.« Im selben Augenblick wurde ihre Tochter gesund.

Jesus heilt und speist die Menschen

[29] Jesus ging von dort weg und kam an den See von Galiläa. Er stieg auf einen Berg und setzte sich. [30] Eine große Menschenmenge kam zu ihm mit Gelähmten, Verkrüppelten, Blinden, Stummen und vielen anderen Kranken. Die Leute legten sie vor seinen Füßen nieder, und er heilte sie. [31] Alle staunten, als sie sahen, daß die Stummen sprachen, die Verkrüppelten wiederhergestellt wurden, die Gelähmten umherliefen und die Blinden sehen konnten. Laut priesen sie den Gott Israels.

32 Danach rief Jesus seine Jünger zu sich und sagte: »Die Menschen tun mir leid. Seit drei Tagen sind sie hier bei mir und haben nichts zu essen. Ich will sie jetzt nicht hungrig nach Hause schicken, sie könnten sonst unterwegs zusammenbrechen.« 33 Aber die Jünger sagten: »Wo sollen wir hier in dieser unbewohnten Gegend genug Brot bekommen, um so viele satt zu machen?« 34 »Wie viele Brote habt ihr?« fragte Jesus, und sie antworteten: »Sieben, und noch ein paar kleine Fische.«

35 Da forderte er die Leute auf, sich auf die Erde zu setzen. 36 Er nahm die sieben Brote und die Fische und sprach darüber das Dankgebet. Dann brach er die Brote in Stücke und gab sie seinen Jüngern; und die Jünger verteilten sie an die Menge. 37 Alle aßen und wurden satt, und sie füllten sogar noch sieben Körbe mit dem Brot, das übrigblieb. 38 Viertausend Männer hatten an der Mahlzeit teilgenommen, dazu noch Frauen und Kinder.

39 Dann schickte Jesus die Leute nach Hause, stieg in ein Boot und fuhr in das Gebiet von Magadan.

Die Gegner fordern erneut einen Beweis

16 Die Pharisäer und Sadduzäer kamen zu Jesus, um ihn auf die Probe zu stellen. Sie verlangten von ihm ein Zeichen vom Himmel als Beweis dafür, daß er wirklich von Gott beauftragt sei.

2 Aber Jesus antwortete ihnen: »Wenn der Abendhimmel rot ist, dann sagt ihr: ›Morgen gibt es schönes Wetter.‹ 3 Und wenn der Morgenhimmel rot und trübe ist, sagt ihr: ›Heute gibt es Sturm.‹ Ihr könnt also das Aussehen des Himmels beurteilen und schließt daraus, wie das Wetter wird. Warum versteht ihr dann nicht auch, was die Ereignisse dieser Zeit ankündigen? 4 Diese böse Generation, die von Gott nichts wissen will, verlangt einen Beweis; aber es wird ihr keiner gegeben werden – ausgenommen das Wunder, das am Propheten Jona geschah: Den Beweis werden sie bekommen!« Damit ließ er sie stehen und ging weg.

Unverständige Jünger

5 Als die Jünger am anderen Seeufer ankamen, hatten sie vergessen, Brot mitzunehmen. 6 Jesus sagte zu ihnen: »Nehmt euch in acht vor dem Sauerteig der Pharisäer und Sadduzäer!«

7 Da sagten die Jünger zueinander: »Wir haben kein Brot mitgenommen!« 8 Jesus hörte es und sagte: »Was macht ihr euch Gedanken darüber, daß ihr kein Brot habt? Habt ihr so

wenig Vertrauen? ⁹Habt ihr immer noch nichts begriffen? Habt ihr vergessen, wie ich die fünf Brote unter fünftausend Menschen ausgeteilt habe? Und wieviel Körbe mit Resten ihr da eingesammelt habt? ¹⁰Und dann die sieben Brote unter die viertausend – wieviel Körbe mit Resten waren es da? ¹¹Ihr müßtet doch merken, daß ich nicht von Broten spreche. Ich spreche vom Sauerteig der Pharisäer und Sadduzäer; davor nehmt euch in acht!«

¹²Da endlich verstanden sie, daß er nicht den Sauerteig gemeint hatte, der zum Brotbacken verwendet wird, sondern die Lehre der Pharisäer und Sadduzäer.

JESUS AUF DEM WEG NACH JERUSALEM
(16,13–20,34)

Du bist Christus! – Du bist Petrus!

¹³Als Jesus in die Gegend der Stadt Cäsarea Philippi kam, fragte er seine Jünger: »Für wen halten die Leute den Menschensohn?« ¹⁴Die Jünger gaben zur Antwort: »Die einen halten dich für den wiederauferstandenen Täufer Johannes, andere halten dich für den wiedergekommenen Elija, und wieder andere meinen, du seist Jeremia oder sonst einer von den alten Propheten.«

¹⁵»Und ihr«, wollte Jesus wissen, »für wen haltet ihr mich?« ¹⁶Da sagte Simon Petrus: »Du bist Christus, der versprochene Retter, der Sohn des lebendigen Gottes!«

¹⁷Darauf sagte Jesus zu ihm: »Du darfst dich freuen, Simon, Sohn von Johannes, denn diese Erkenntnis hast du nicht aus dir selbst; mein Vater im Himmel hat sie dir gegeben. ¹⁸Darum sage ich dir: Du bist Petrus; und auf diesem Felsen werde ich meine Gemeinde bauen! Nicht einmal die Macht des Todes wird sie vernichten können. ¹⁹Ich werde dir die Schlüssel zu Gottes neuer Welt geben. Was du hier auf der Erde für verbindlich erklären wirst, das wird auch vor Gott verbindlich sein; und was du hier für nicht verbindlich erklären wirst, das wird auch vor Gott nicht verbindlich sein.«

²⁰Dann schärfte Jesus den Jüngern ein: »Sagt niemand, daß ich der versprochene Retter bin!«

Jesus kündigt zum erstenmal seinen Tod an

²¹Von da an begann Jesus seinen Jüngern zu eröffnen, was Gott mit ihm vorhatte: daß er nach Jerusalem gehen mußte, daß er dort von den Ratsältesten, den führenden Priestern

und den Gesetzeslehrern vieles erleiden mußte, daß er getötet werden und am dritten Tag auferweckt werden mußte.

²² Da nahm Petrus ihn beiseite, fuhr ihn an und sagte: »Das möge Gott verhüten, Herr; nie darf dir so etwas zustoßen!« ²³ Aber Jesus wandte sich von ihm ab und sagte: »Geh weg! Hinter mich, an deinen Platz, du Satan! Du willst mich von meinem Weg abbringen! Deine Gedanken stammen nicht von Gott, sie sind typisch menschlich.«

Jesus folgen heißt: ihm das Kreuz nachtragen

²⁴ Dann sagte Jesus zu seinen Jüngern: »Wer mir folgen will, muß sich und seine Wünsche aufgeben, sein Kreuz auf sich nehmen und auf meinem Weg hinter mir hergehen. ²⁵ Denn wer sein Leben retten will, wird es verlieren. Aber wer sein Leben um meinetwillen verliert, wird es gewinnen. ²⁶ Was hat ein Mensch davon, wenn er die ganze Welt gewinnt, aber zuletzt sein Leben verliert? Womit will er es dann zurückkaufen? ²⁷ Denn der Menschensohn wird in der Herrlichkeit seines Vaters mit seinen Engeln kommen. Dann wird er allen vergelten nach ihrem Tun.

²⁸ Ich versichere euch: Einige von euch, die jetzt hier stehen, werden noch zu ihren Lebzeiten sehen, wie der Menschensohn seine Herrschaft antritt.«

Drei Jünger sehen Jesus in Herrlichkeit
(Die »Verklärung«)

17 Sechs Tage später nahm Jesus die drei Jünger Petrus, Jakobus und Johannes, den Bruder von Jakobus, mit sich und führte sie auf einen hohen Berg. Sonst war niemand bei ihnen. ² Vor den Augen der Jünger ging mit Jesus eine Verwandlung vor sich: Sein Gesicht leuchtete wie die Sonne, und seine Kleider wurden strahlend weiß. ³ Und dann sahen sie auf einmal Mose und Elija bei Jesus stehen und mit ihm reden. ⁴ Da sagte Petrus zu Jesus: »Wie gut, daß wir hier sind, Herr! Wenn du willst, schlage ich hier drei Zelte auf, eins für dich, eins für Mose und eins für Elija.«

⁵ Während er noch redete, erschien eine leuchtende Wolke über ihnen, und eine Stimme aus der Wolke sagte: »Dies ist mein Sohn, ihm gilt meine Liebe, ihn habe ich erwählt. Auf ihn sollt ihr hören!« ⁶ Als die Jünger diese Worte hörten, warfen sie sich voller Angst nieder, das Gesicht zur Erde. ⁷ Aber Jesus trat zu ihnen, berührte sie und sagte: »Steht auf, habt keine Angst!« ⁸ Als sie aufblickten, sahen sie nur noch Jesus allein.

⁹ Während sie den Berg hinunterstiegen, befahl er ihnen:

»Sprecht zu niemand über das, was ihr gesehen habt, bis der Menschensohn vom Tod auferweckt ist.«

Elija und der Täufer Johannes

10 Die drei Jünger fragten Jesus: »Warum behaupten die Gesetzeslehrer, daß vor dem Ende erst noch Elija wiederkommen muß?« 11 Jesus sagte: »Gewiß, Elija kommt und wird das ganze Volk Gottes wiederherstellen. 12 Aber ich sage euch: Elija *ist* schon gekommen; doch niemand hat ihn erkannt, sondern sie haben mit ihm gemacht, was sie wollten. So wird auch der Menschensohn durch sie zu leiden haben.« 13 Da verstanden die Jünger, daß er vom Täufer Johannes sprach.

Mangelndes Vertrauen

14 Als sie zu der Volksmenge zurückkehrten, kam ein Mann zu Jesus, warf sich vor ihm auf die Knie 15 und sagte: »Herr, hab Erbarmen mit meinem Sohn! Er leidet an Epilepsie und hat so furchtbare Anfälle, daß er oft ins Feuer oder auch ins Wasser fällt. 16 Ich habe ihn zu deinen Jüngern gebracht, aber sie konnten ihn nicht heilen.« 17 Da sagte Jesus: »Was seid ihr doch für eine verkehrte Generation, die Gott nichts zutraut! Wie lange soll ich noch bei euch aushalten und euch ertragen? Bringt den Jungen her!« 18 Jesus sprach ein Machtwort zu dem bösen Geist, der den Jungen in seiner Gewalt hatte, und er verließ ihn. Der Junge war von da an gesund.

19 Später kamen die Jünger allein zu Jesus und fragten ihn: »Warum konnten wir den bösen Geist nicht austreiben?« 20 »Weil ihr Gott nicht genug vertraut«, sagte Jesus. »Ich versichere euch: Wenn euer Vertrauen auch nur so groß ist wie ein Senfkorn, dann könnt ihr zu dem Berg da sagen: ›Geh von hier nach dort‹, und er wird es tun. Dann wird euch nichts mehr unmöglich sein.« [21 Doch diese Art von bösen Geistern kann nur durch Gebet und Fasten ausgetrieben werden.]

Jesus kündigt zum zweitenmal seinen Tod an

22 Als Jesus und die Jünger wieder alle in Galiläa beisammen waren, sagte er zu ihnen: »Bald wird der Menschensohn nach dem Willen Gottes an die Menschen ausgeliefert. 23 Sie werden ihn töten, doch am dritten Tag wird er auferweckt werden.« Da wurden sie sehr traurig.

Über die Tempelsteuer

24 Als sie nach Kafarnaum zurückgekehrt waren, kamen die Kassierer der Tempelsteuer zu Petrus und fragten ihn: »Zahlt

euer Lehrer nicht das Doppel-Silberstück als Tempelsteuer?«
25»Doch!« sagte Petrus.

Als er dann ins Haus hineinging, fragte ihn Jesus, noch bevor Petrus etwas von dem Vorfall erzählen konnte: »Was meinst du, Simon? Von wem nehmen die Könige der Erde Zölle oder Steuern? Von ihren eigenen Söhnen oder von ihren Untertanen?« 26»Von den Untertanen«, antwortete Petrus. Jesus sagte: »Das heißt also, daß die Söhne nichts zu zahlen brauchen! 27Aber wir wollen sie nicht unnötig verärgern. Geh an den See und wirf die Angel aus. Nimm den ersten Fisch, den du fängst, und öffne ihm das Maul. Du wirst darin ein Vierfach-Silberstück finden. Nimm es und bezahle damit die Steuer für mich und für dich!«

Anweisungen für das Gemeindeleben (18,1-35)

Gegen die Geltungssucht

18 Um diese Zeit kamen die Jünger zu Jesus und fragten ihn: »Wer ist in der neuen Welt Gottes der Größte?« 2Da rief Jesus ein Kind herbei, stellte es in ihre Mitte 3und sagte: »Ich versichere euch: Wenn ihr euch nicht ändert und den Kindern gleich werdet, dann könnt ihr in Gottes neue Welt überhaupt nicht hineinkommen. 4Wer es auf sich nimmt, vor den Menschen so klein und unbedeutend dazustehen wie dieses Kind, der ist in der neuen Welt Gottes der Größte. 5Und wer einen solchen Menschen in meinem Namen aufnimmt, der nimmt mich auf.«

Verführer und Verführungen

6»Wer dagegen einen dieser kleinen, unbedeutenden Menschen, die mir vertrauen, an Gott irre werden läßt, käme noch gut weg, wenn er mit einem Mühlstein um den Hals im Meer versenkt würde, dort, wo es am tiefsten ist. 7Wehe dieser Welt, weil sie so ist, daß Menschen in ihr an Gott irre werden. Das muß zwar so kommen; aber wehe dem Menschen, der daran mitschuldig wird!

8Wenn deine Hand oder dein Fuß dich zum Bösen verführen, dann hau sie ab und wirf sie weg. Es ist besser für dich, mit nur einer Hand oder einem Fuß ewig bei Gott zu leben, als mit beiden Händen und Füßen ins ewige Feuer geworfen zu werden. 9Und wenn dich dein Auge zum Bösen verführt, dann reiß es aus und wirf es weg. Es ist besser für dich, mit nur einem Auge ewig bei Gott zu leben, als mit beiden Augen in das Feuer der Hölle geworfen zu werden.«

Sorge um die Verlorengehenden

10»Hütet euch davor, einen dieser kleinen, unbedeutenden Menschen überheblich zu behandeln. Denn ich versichere euch: Ihre Engel haben immer Zugang zu meinem Vater im Himmel! [11 Denn der Menschensohn ist gekommen, um die Verlorenen zu retten.]

12 Was meint ihr: Was wird ein Mann tun, der hundert Schafe hat, und eines davon hat sich verlaufen? Wird er nicht die neunundneunzig allein im Bergland weitergrasen lassen und wird losziehen und das verirrte suchen? 13 Und wenn er es dann findet – ich versichere euch: Er wird sich über das eine Schaf mehr freuen als über die neunundneunzig, die sich nicht verlaufen haben. 14 Genauso ist es mit eurem Vater im Himmel: Er will nicht, daß einer dieser kleinen, unbedeutenden Menschen verlorengeht.«

Regelung bei Verstößen gegen Gottes Gebot

15»Wenn dein Bruder – und das gilt entsprechend für die Schwester – ein Unrecht [gegen dich] begangen hat, dann geh hin und stell ihn unter vier Augen zur Rede. Wenn er mit sich reden läßt, hast du ihn zurückgewonnen. 16 Wenn er aber nicht auf dich hört, dann geh wieder hin, diesmal mit ein oder zwei anderen; denn jede Sache soll ja aufgrund der Aussagen von zwei oder drei Zeugen entschieden werden. 17 Wenn er immer noch nicht hören will, dann bring die Angelegenheit vor die Gemeinde. Wenn er nicht einmal auf die Gemeinde hört, dann behandle ihn wie einen Ungläubigen oder Betrüger.

18 Ich versichere euch: Was ihr hier auf der Erde für verbindlich erklären werdet, das wird auch vor Gott verbindlich sein; und was ihr hier für nicht verbindlich erklären werdet, das wird auch vor Gott nicht verbindlich sein.

19 Aber auch das versichere ich euch: Wenn zwei von euch auf der Erde gemeinsam um irgend etwas bitten, wird es ihnen von meinem Vater im Himmel gegeben werden. 20 Denn wo zwei oder drei in meinem Namen zusammenkommen, da bin ich selbst in ihrer Mitte.«

Unbegrenzte Bereitschaft zur Vergebung

21 Da wandte sich Petrus an Jesus und fragte ihn: »Herr, wenn mein Bruder oder meine Schwester an mir schuldig wird, wie oft muß ich ihnen verzeihen? Siebenmal?« 22 Jesus antwortete: »Nein, nicht siebenmal, sondern siebzigmal siebenmal!«

Das Gleichnis vom hartherzigen Schuldner

²³Jesus fuhr fort: »Macht euch klar, was es bedeutet, daß Gott angefangen hat, seine Herrschaft aufzurichten! Er handelt dabei wie jener König, der mit den Verwaltern seiner Güter abrechnen wollte. ²⁴Gleich zu Beginn brachte man ihm einen Mann, der ihm einen Millionenbetrag schuldete. ²⁵Da er nicht zahlen konnte, befahl der Herr, ihn zu verkaufen, auch seine Frau und seine Kinder und seinen ganzen Besitz, und den Erlös für die Tilgung der Schulden zu verwenden. ²⁶Aber der Schuldner warf sich vor ihm nieder und bat: ›Hab doch Geduld mit mir! Ich will dir ja alles zurückzahlen.‹ ²⁷Da bekam der Herr Mitleid; er gab ihn frei und erließ ihm auch noch die ganze Schuld.

²⁸Kaum draußen, traf dieser Mann auf einen Kollegen, der ihm einen geringen Betrag schuldete. Den packte er an der Kehle, würgte ihn und sagte: ›Gib zurück, was du mir schuldest!‹ ²⁹Der Schuldner fiel auf die Knie und bettelte: ›Hab Geduld mit mir! Ich will es dir ja zurückgeben!‹ ³⁰Aber sein Gläubiger wollte nichts davon hören, sondern ließ ihn ins Gefängnis werfen, bis er die Schuld beglichen hätte.

³¹Als das seine anderen Kollegen sahen, konnten sie es nicht fassen. Sie liefen zu ihrem Herrn und erzählten ihm, was geschehen war. ³²Er ließ den Mann kommen und sagte: ›Was bist du für ein böser Mensch! Ich habe dir die ganze Schuld erlassen, weil du mich darum gebeten hast. ³³Hättest du nicht auch Erbarmen haben können mit deinem Kollegen, so wie ich es mit dir gehabt habe?‹ ³⁴Dann übergab er ihn voller Zorn den Folterknechten zur Bestrafung, bis er die ganze Schuld zurückgezahlt haben würde.

³⁵So wird euch mein Vater im Himmel auch behandeln, wenn ihr eurem Bruder oder eurer Schwester nicht von Herzen verzeiht.«

Jesus bricht auf nach Judäa

19 Als Jesus diese Rede beendet hatte, ging er von Galiläa weg und kam in das judäische Gebiet auf der anderen Seite des Jordans. ²Sehr viele Menschen folgten ihm dorthin, und er heilte sie.

Über Ehescheidung und Ehelosigkeit

³Da kamen einige Pharisäer zu ihm und versuchten, ihm eine Falle zu stellen. Sie fragten ihn: »Ist es erlaubt, daß ein Mann seine Frau aus jedem beliebigen Grund wegschickt?«

4 Jesus antwortete: »Habt ihr nicht gelesen, was in den Heiligen Schriften steht? Dort heißt es, daß Gott am Anfang den Menschen als Mann und Frau geschaffen hat. 5 Und er hat gesagt: ›Deshalb verläßt ein Mann Vater und Mutter, um mit seiner Frau zu leben. Die zwei sind dann eins, mit Leib und Seele.‹ 6 Sie sind also nicht mehr zwei, sondern eins. Und was Gott zusammengefügt hat, sollen Menschen nicht scheiden.«

7 Die Pharisäer fragten: »Wie kann Mose dann vorschreiben: Der Mann soll der Frau eine Scheidungsurkunde ausstellen und sie wegschicken?« 8 Jesus antwortete: »Mose hat euch die Ehescheidung nur zugestanden, weil ihr euer Herz gegen Gott verhärtet habt – und damit eure Hartherzigkeit ans Licht kommt. Aber das war ursprünglich nicht so. 9 Darum sage ich euch: Wer sich von seiner Frau trennt und eine andere heiratet, begeht Ehebruch – ausgenommen den Fall, daß sie ihrerseits die Ehe gebrochen hat.«

10 Da sagten seine Jünger zu ihm: »Wenn es zwischen Mann und Frau so steht, sollte man lieber gar nicht heiraten.« 11 Aber Jesus antwortete: »Was ich jetzt sage, können nicht alle verstehen, sondern nur die, denen Gott das Verständnis gegeben hat. 12 Es gibt verschiedene Gründe, warum jemand nicht heiratet. Manche Menschen sind von Geburt an eheunfähig, manche – wie die Eunuchen – sind es durch einen späteren Eingriff geworden. Noch andere verzichten von sich aus auf die Ehe, weil sie ganz davon in Anspruch genommen sind, daß Gott jetzt seine Herrschaft aufrichtet. Das sage ich für die, die es verstehen können.«

Jesus und die Kinder

13 Damals wollten einige Leute ihre Kinder zu Jesus bringen, damit er ihnen die Hände auflege und für sie bete; aber die Jünger fuhren sie an und wollten sie wegschicken. 14 Da sagte Jesus: »Laßt doch die Kinder! Hindert sie nicht, zu mir zu kommen; denn für Menschen wie sie steht Gottes neue Welt offen.« 15 Dann legte er den Kindern segnend die Hände auf und zog von dort weiter.

Die Gefahr des Reichtums

16 Da kam ein Mann zu Jesus und fragte ihn: »Lehrer, was muß ich Gutes tun, um das ewige Leben zu bekommen?« 17 Jesus antwortete: »Warum fragst du mich, was gut ist? Es gibt nur Einen, der gut ist! Wenn du bei ihm leben willst, dann befolge seine Gebote.« 18 »Welche Gebote?« fragte der Mann. Jesus antwortete: »Du sollst nicht morden, nicht die

Ehe brechen, nicht stehlen, nichts Unwahres über deinen
Mitmenschen sagen; 19 ehre deinen Vater und deine Mutter,
und liebe deinen Mitmenschen wie dich selbst!«

20»Ich habe alle diese Gebote befolgt«, erwiderte der junge
Mann. »Was muß ich sonst noch tun?« 21 Jesus sagte zu ihm:
»Wenn du in der Liebe zu deinen Mitmenschen vollkommen
und ungeteilt sein willst, dann geh, verkaufe alles, was du besitzt, und gib das Geld den Armen, so wirst du bei Gott einen
unverlierbaren Besitz haben. Und dann komm und folge
mir!« 22 Als der junge Mann das hörte, ging er traurig weg;
denn er hatte großen Grundbesitz.

23 Da sagte Jesus zu seinen Jüngern: »Ich versichere euch:
Ein Reicher wird nur schwer in die neue Welt Gottes kommen. 24 Ich sage es noch einmal: Eher kommt ein Kamel
durch ein Nadelöhr, als ein Reicher in Gottes neue Welt.«
25 Als die Jünger das hörten, waren sie entsetzt und fragten:
»Wer kann dann überhaupt gerettet werden?« 26 Jesus sah sie
an und sagte: »Wenn es auf die Menschen ankommt, ist es
unmöglich, aber für Gott ist alles möglich.«

Der Lohn für die, die alles aufgegeben haben

27 Darauf sagte Petrus zu Jesus: »Du weißt, wir haben alles
stehen- und liegenlassen und sind dir gefolgt. Was haben wir
davon?«

28 Jesus antwortete: »Ich versichere euch: Wenn Gott die
Welt erneuert und der Menschensohn auf seinem Herrscherthron Platz nimmt, dann werdet auch ihr, die ihr mir
gefolgt seid, auf zwölf Thronen sitzen und über die zwölf
Stämme Israels Gericht halten. 29 Wer auch immer um meinetwillen Häuser oder Brüder oder Schwestern oder Vater
oder Mutter oder Kinder oder Felder zurückläßt, wird das
alles hundertfach wiederbekommen und dazu das ewige
Leben. 30 Aber viele, die jetzt vorn sind, werden dann am
Schluß stehen, und viele, die jetzt die Letzten sind, werden
schließlich die Ersten sein.«

Die Arbeiter im Weinberg

20 »Wenn Gott sein Werk vollendet, wird es sein wie bei
dem Weinbergbesitzer, der früh am Morgen auf den
Marktplatz ging, um Leute zu finden und für die Arbeit in
seinem Weinberg anzustellen. 2 Er einigte sich mit ihnen auf
den üblichen Tageslohn von einem Silberstück, dann schickte
er sie in den Weinberg. 3 Um neun Uhr ging er wieder auf den
Marktplatz und sah dort noch ein paar Männer arbeitslos
herumstehen. 4 Er sagte auch zu ihnen: ›Ihr könnt in meinem

Weinberg arbeiten, ich will euch angemessen bezahlen.‹ ⁵Und sie gingen hin. Genauso machte er es mittags und gegen drei Uhr. ⁶Selbst als er um fünf Uhr das letzte Mal zum Marktplatz ging, fand er noch einige herumstehen und sagte zu ihnen: ›Warum tut ihr den ganzen Tag nichts?‹ ⁷Sie antworteten: ›Weil uns niemand eingestellt hat.‹ Da sagte er: ›Geht auch ihr noch hin und arbeitet in meinem Weinberg!‹

⁸Am Abend sagte der Weinbergbesitzer zu seinem Verwalter: ›Ruf die Leute zusammen und zahl allen ihren Lohn! Fang bei denen an, die zuletzt gekommen sind, und höre bei den ersten auf.‹ ⁹Die Männer, die erst um fünf Uhr angefangen hatten, traten vor, und jeder bekam ein Silberstück. ¹⁰Als nun die an der Reihe waren, die ganz früh angefangen hatten, dachten sie, sie würden entsprechend besser bezahlt, aber auch sie bekamen jeder ein Silberstück. ¹¹Da murrten sie über den Weinbergbesitzer ¹²und sagten: ›Diese da, die zuletzt gekommen sind, haben nur eine Stunde lang gearbeitet, und du behandelst sie genauso wie uns? Dabei haben wir den ganzen Tag über in der Hitze geschuftet!‹

¹³Da sagte der Weinbergbesitzer zu einem von ihnen: ›Mein Lieber, ich tue dir kein Unrecht. Hatten wir uns nicht auf ein Silberstück geeinigt? ¹⁴Das hast du bekommen, und nun geh! Ich will nun einmal dem letzten hier genausoviel geben wie dir! ¹⁵Ist es nicht meine Sache, was ich mit meinem Eigentum mache? Oder bist du neidisch, weil ich großzügig bin?‹«

¹⁶Jesus schloß: »So werden die Letzten die Ersten sein, und die Ersten die Letzten.«

Jesus kündigt zum drittenmal seinen Tod an

¹⁷Jesus war auf dem Weg nach Jerusalem. Da rief er einmal die zwölf Jünger allein zu sich und sagte zu ihnen: ¹⁸»Hört zu! Wir gehen nach Jerusalem. Dort wird der Menschensohn nach dem Willen Gottes an die führenden Priester und die Gesetzeslehrer ausgeliefert werden. Sie werden ihn zum Tod verurteilen ¹⁹und den Fremden übergeben, die Gott nicht kennen, damit sie ihren Spott mit ihm treiben, ihn auspeitschen und ans Kreuz nageln. Doch am dritten Tag wird er vom Tod auferweckt werden.«

Nicht herrschen, sondern dienen

²⁰Damals ging die Mutter der beiden Söhne von Zebedäus zusammen mit ihren Söhnen zu Jesus hin und warf sich vor ihm nieder, weil sie ihn um etwas bitten wollte. ²¹»Was möch-

test du denn?« fragte Jesus. Sie sagte: »Ordne doch an, daß meine beiden Söhne rechts und links neben dir sitzen, wenn du deine Herrschaft angetreten hast!«

²²Jesus sagte zu den beiden Söhnen: »Ihr wißt nicht, was ihr da verlangt. Könnt ihr den Kelch trinken, den ich trinken werde?« »Das können wir!« antworteten sie. ²³Jesus erwiderte: »Ihr werdet tatsächlich den gleichen Kelch trinken wie ich, aber ich kann nicht darüber verfügen, wer rechts und links neben mir sitzen wird. Auf diesen Plätzen werden die sitzen, die mein Vater dafür bestimmt hat.«

²⁴Die anderen zehn Jünger hatten das Gespräch mit angehört und ärgerten sich über die beiden Brüder. ²⁵Darum rief Jesus alle zwölf zu sich her und sagte: »Ihr wißt: Die Herrscher der Völker, die Großen in der Welt, unterdrücken ihre Leute und lassen sie ihre Macht spüren. ²⁶Bei euch muß es anders sein! Wer von euch etwas Besonderes sein will, soll den anderen dienen, ²⁷und wer von euch an der Spitze stehen will, soll sich allen unterordnen. ²⁸Auch der Menschensohn ist nicht gekommen, um sich bedienen zu lassen, sondern um zu dienen und sein Leben als Lösegeld für alle Menschen hinzugeben.«

Jesus heilt zwei Blinde

²⁹Als Jesus mit seinen Jüngern Jericho verließ, folgte ihm eine große Menschenmenge. ³⁰Am Straßenrand saßen zwei Blinde. Sie hörten, daß Jesus vorbeikam, und riefen laut: »Herr, du Sohn Davids, hab Erbarmen mit uns!« ³¹Die Leute fuhren die beiden an, sie sollten still sein; aber die schrien nur noch lauter: »Herr, du Sohn Davids, hab Erbarmen mit uns!« ³²Jesus blieb stehen, rief die beiden zu sich und fragte sie: »Was wollt ihr? Was soll ich für euch tun?« ³³»Herr«, sagten sie, »wir möchten sehen können.« ³⁴Jesus hatte Erbarmen mit ihnen und berührte ihre Augen. Sofort konnten sie sehen und folgten ihm.

AUSEINANDERSETZUNGEN IN JERUSALEM
(Kapitel 21–23)

Jesus zieht in Jerusalem ein

21 Kurz vor Jerusalem kamen sie zu der Ortschaft Betfage am Ölberg. Dort schickte Jesus zwei Jünger fort ²mit dem Auftrag: »Geht in das Dorf da drüben! Gleich am Ortseingang findet ihr eine Eselin und ihr Junges angebunden. Bindet beide los und bringt sie zu mir! ³Und wenn jemand etwas sagt, dann antwortet: ›Der Herr braucht sie.‹ Dann wird man sie euch sofort geben.«

[4] Damit sollte in Erfüllung gehen, was der Prophet angekündigt hatte:

[5] »Sagt der Zionsstadt:
Dein König kommt jetzt zu dir!
Er verzichtet auf Gewalt.
Er reitet auf einem Esel
und auf einem Eselsfohlen,
dem Jungen eines Lasttiers.«

[6] Die beiden Jünger gingen hin und taten, was Jesus ihnen befohlen hatte. [7] Sie brachten die Eselin und ihr Junges und legten ihre Kleider darüber, und Jesus setzte sich darauf. [8] Viele Menschen aus der Menge breiteten ihre Kleider als Teppich auf die Straße, andere rissen Zweige von den Bäumen und legten sie auf den Weg. [9] Die Menschenmenge, die Jesus vorauslief und ihm folgte, rief immer wieder: »Gepriesen sei der Sohn Davids! Heil dem, der im Auftrag des Herrn kommt! Gepriesen sei Gott in der Höhe!«

[10] Als Jesus in Jerusalem einzog, geriet alles in große Aufregung. »Wer ist dieser Mann?« fragten die Leute in der Stadt. [11] Die Menge, die Jesus begleitete, rief: »Das ist der Prophet Jesus aus Nazaret in Galiläa!«

Jesus im Tempel

[12] Jesus ging in den Tempel und trieb alle Händler und Käufer hinaus. Er stieß die Tische der Geldwechsler und die Stände der Taubenverkäufer um. [13] Dazu sagte er ihnen: »In den Heiligen Schriften steht, daß Gott erklärt hat: ›Mein Tempel soll eine Stätte sein, an der die Menschen zu mir beten können!‹ Ihr aber macht eine Räuberhöhle daraus!«

[14] Dann kamen dort im Tempel Blinde und Gelähmte zu ihm, und er machte sie gesund. [15] Die führenden Priester und die Gesetzeslehrer sahen die Wunder, die Jesus tat, und sie hörten, wie die Kinder im Tempel laut riefen: »Gepriesen sei der Sohn Davids!« Da wurden sie wütend [16] und fragten Jesus: »Hörst du, was die da rufen?« Jesus sagte zu ihnen: »Gewiß! Habt ihr denn nie gelesen, was in den Heiligen Schriften steht: ›Du, Gott, sorgst dafür, daß die Unmündigen und die kleinen Kinder dich preisen.‹?«

[17] Damit ließ er sie stehen, ging aus der Stadt hinaus und übernachtete in Betanien.

Der Feigenbaum: Vorzeichen des Gerichts über Israel. Aufruf zum Vertrauen

[18] Früh am nächsten Morgen kehrte Jesus nach Jerusalem zurück. Unterwegs bekam er Hunger. [19] Als er einen Feigenbaum am Straßenrand sah, ging er hin; aber er fand nichts als Blätter daran. Da sagte er zu dem Baum: »Du sollst niemals mehr Frucht tragen!« Und sofort verdorrte der Baum.

[20] Voller Staunen sahen es die Jünger und fragten: »Wie konnte der Baum so plötzlich verdorren?« [21] Jesus antwortete ihnen: »Ich versichere euch: Wenn ihr Vertrauen zu Gott habt und nicht zweifelt, könnt ihr nicht nur tun, was ich mit diesem Feigenbaum getan habe. Ihr könnt dann sogar zu diesem Berg sagen: ›Auf, stürze dich ins Meer!‹, und es wird geschehen. [22] Wenn ihr nur Vertrauen habt, werdet ihr alles bekommen, worum ihr Gott bittet.«

Woher hat Jesus die Vollmacht?

[23] Jesus ging wieder in den Tempel. Während er dort die Menschen lehrte, traten die führenden Priester und die Ältesten des Volkes an ihn heran und fragten: »Woher nimmst du das Recht, hier so aufzutreten? Wer hat dir die Vollmacht dazu gegeben?« [24] Jesus antwortete: »Auch ich will euch eine Frage stellen. Wenn ihr sie mir beantwortet, werde ich euch sagen, mit welchem Recht ich so handle. [25] Sagt mir: Woher hatte der Täufer Johannes den Auftrag, zu taufen? Von Gott oder von Menschen?«

Sie überlegten: »Wenn wir sagen ›Von Gott‹, wird er uns fragen: Warum habt ihr dann Johannes nicht geglaubt? [26] Wenn wir aber sagen ›Von Menschen‹, dann haben wir die Menge gegen uns, weil alle überzeugt sind, daß Johannes ein Prophet war.« [27] So sagten sie zu Jesus: »Wir wissen es nicht.« »Gut«, erwiderte Jesus, »dann sage ich euch auch nicht, wer mich bevollmächtigt hat.«

Das Gleichnis von den beiden Söhnen

[28] Dann sagte Jesus: »Was meint ihr zu folgender Geschichte? Ein Mann hatte zwei Söhne. Er sagte zu dem einen: ›Mein Sohn, geh und arbeite heute im Weinberg!‹ [29] ›Ich will nicht‹, erwiderte der Sohn; später aber überlegte er es sich und ging doch. [30] Dasselbe sagte der Vater auch zu seinem anderen Sohn. ›Ja, Herr‹, antwortete der, ging aber nicht. [31] Wer von den beiden hat nun nach dem Willen des Vaters gehandelt?«

»Der erste«, antworteten sie. Da sagte Jesus: »Ich versichere euch: Die Zolleinnehmer und die Prostituierten werden eher in die neue Welt Gottes kommen als ihr. ³²Der Täufer Johannes ist gekommen und zeigte euch, was ihr jetzt tun müßt, um Gottes Willen zu erfüllen; aber ihr habt ihm nicht geglaubt. Die Zolleinnehmer und die Prostituierten haben ihm geglaubt! Aber ihr – nicht einmal als ihr das saht, habt ihr euch besonnen und ihm Glauben geschenkt.«

Das Gleichnis von den bösen Weinbergspächtern

³³»Hört ein anderes Gleichnis: Ein Grundbesitzer legte einen Weinberg an, machte einen Zaun darum, baute eine Weinpresse und errichtete einen Wachtturm. Dann verpachtete er den Weinberg und verreiste. ³⁴Zur Zeit der Weinlese schickte er seine Boten zu den Pächtern, um den Ertrag abholen zu lassen. ³⁵Die Pächter aber packten die Boten, verprügelten den einen, schlugen einen anderen tot, und wieder einen anderen steinigten sie. ³⁶Noch einmal schickte der Besitzer Boten, mehr als beim ersten Mal; doch mit denen machten sie es genauso.

³⁷Schließlich schickte er seinen Sohn, weil er dachte: ›Vor meinem Sohn werden sie Respekt haben.‹ ³⁸Aber als die Pächter den Sohn kommen sahen, sagten sie zueinander: ›Das ist der Erbe! Wir bringen ihn um und nehmen seine Erbschaft, den Weinberg, in Besitz.‹ ³⁹So packten sie ihn, stießen ihn aus dem Weinberg hinaus und töteten ihn.

⁴⁰Was wird nun der Besitzer des Weinbergs mit den Pächtern machen, wenn er selbst kommt?« fragte Jesus. ⁴¹Sie sagten: »Er wird diesen Verbrechern ein schreckliches Ende bereiten und den Weinberg anderen anvertrauen, die ihm zur Erntezeit seinen Ertrag pünktlich abliefern!«

⁴²Jesus sagte zu ihnen: »Ihr habt ja wohl gelesen, was in den Heiligen Schriften steht:

›Der Stein, den die Bauleute als wertlos weggeworfen haben, ist zum Eckstein geworden.
Der Herr hat dieses Wunder vollbracht,
und wir haben es gesehen.‹

⁴³Darum sage ich euch: Das Vorrecht, Gottes Volk unter Gottes Herrschaft zu sein, wird euch entzogen. Es wird einem Volk gegeben, das tut, was dieser Berufung entspricht. ⁴⁴Wer auf diesen Stein stürzt, wird zerschmettert, und auf wen er fällt, den zermalmt er.«

⁴⁵Die führenden Priester und die Pharisäer merkten, daß die beiden Gleichnisse auf sie gemünzt waren. ⁴⁶Sie hätten Jesus gerne festgenommen, wagten es aber nicht, weil die Menge ihn für einen Propheten hielt.

Das Gleichnis vom Hochzeitsfest.
Das hochzeitliche Kleid

22 Darauf erzählte ihnen Jesus noch ein weiteres Gleichnis: 2 »Gott hat angefangen, seine Herrschaft aufzurichten, und er handelt wie jener König, der seinem Sohn die Hochzeit ausrichtete: 3 Er schickte seine Diener aus, um die geladenen Gäste zum Fest zu bitten; aber sie wollten nicht kommen. 4 Darauf schickte er noch einmal andere Diener zu den Geladenen und ließ ihnen sagen: ›Hört! Ich habe mein Festessen vorbereitet, meine Ochsen und meine Mastkälber sind geschlachtet, alles steht bereit. Kommt zur Hochzeitsfeier!‹ 5 Sie aber kümmerten sich nicht darum, sondern gingen ihren Geschäften nach. Einer ging auf seine Felder, ein anderer in seinen Laden. 6 Manche packten sogar die Diener des Königs, trieben ihren Spott mit ihnen und töteten sie.

7 Da wurde der König zornig und schickte seine Heere. Er ließ die Mörder umbringen und ihre Stadt niederbrennen. 8 Dann sagte er zu seinen Dienern: ›Die Vorbereitungen zum Fest sind getroffen, aber die geladenen Gäste waren es nicht wert, daran teilzunehmen. 9 Geht jetzt hinaus auf die Landstraßen und ladet alle zur Hochzeit ein, die euch begegnen!‹ 10 Die Diener gingen hinaus auf die Straßen und brachten alle mit, die sie fanden – schlechte und gute Leute. So wurde der Hochzeitssaal voll.

11 Als nun der König kam, um sich die Gäste anzusehen, entdeckte er einen, der nicht hochzeitlich gekleidet war. 12 Er sprach ihn an: ›Wie bist denn du hier hereingekommen? Du bist ja gar nicht hochzeitlich angezogen.‹ Der Mann hatte keine Entschuldigung. 13 Da befahl der König seinen Dienern: ›Bindet ihm Hände und Füße und werft ihn hinaus in die Finsternis! Dort gibt es nur noch Jammern und Zähneknirschen.‹ 14 Denn viele sind berufen«, schloß Jesus, »aber nur wenige von ihnen sind erwählt.«

Die Frage nach der Steuer für den Kaiser

15 Daraufhin beschlossen die Pharisäer, Jesus mit einer verfänglichen Frage in die Falle zu locken. 16 Sie schickten ihre Jünger zu Jesus und auch einige Parteigänger von Herodes; die sagten zu ihm: »Lehrer, wir wissen, daß es dir nur um die Wahrheit geht. Du lehrst klar und deutlich, wie wir nach Gottes Willen leben sollen. Denn du läßt dich nicht von Menschen beeinflussen, auch wenn sie noch so mächtig sind. 17 Nun sag uns deine Meinung: Ist es nach dem Gesetz Got-

tes erlaubt, dem römischen Kaiser Steuer zu zahlen, oder nicht?«

[18]Jesus erkannte ihre böse Absicht und sagte: »Ihr Scheinheiligen, ihr wollt mir doch nur eine Falle stellen! [19]Zeigt mir eins von den Geldstücken, mit denen ihr die Steuer bezahlt.« Sie gaben ihm eine Silbermünze, [20]und er fragte: »Wessen Bild und wessen Name sind denn hier aufgeprägt?« [21]»Das Bild und der Name des Kaisers«, antworteten sie. Da sagte Jesus: »Dann gebt dem Kaiser, was dem Kaiser gehört, – aber gebt Gott, was Gott gehört!«

[22]Solch eine Antwort hatten sie nicht erwartet. Sie ließen Jesus in Ruhe und gingen weg.

Werden die Toten auferstehen?

[23]Noch am selben Tag kamen Sadduzäer zu Jesus. Die Sadduzäer bestreiten, daß die Toten auferstehen werden. [24]»Lehrer«, sagten sie, »Mose hat angeordnet: ›Wenn ein verheirateter Mann kinderlos stirbt, dann muß sein Bruder die Witwe heiraten und dem Verstorbenen Nachkommen verschaffen.‹ [25]Nun gab es hier einmal sieben Brüder. Der älteste heiratete und starb kinderlos. [26]Darauf heiratete der zweite die Witwe, starb aber auch kinderlos; und dem dritten erging es nicht anders. So war es bei allen sieben. [27]Zuletzt starb auch die Frau. [28]Wie ist das nun bei der Auferstehung der Toten: Wem von den sieben soll die Frau dann gehören? Sie war ja mit allen verheiratet!«

[29]»Ihr denkt ganz falsch«, antwortete Jesus. »Ihr kennt weder die Heiligen Schriften, noch wißt ihr, was Gott in seiner Macht tun kann. [30]Wenn die Toten auferstehen, werden sie nicht mehr heiraten, sondern sie werden leben wie die Engel im Himmel. [31]Was aber die Auferstehung der Toten überhaupt betrifft: Habt ihr nicht gelesen, was Gott euch in den Heiligen Schriften gesagt hat? Er sagt dort: [32]›Ich bin der Gott Abrahams, der Gott Isaaks und der Gott Jakobs.‹ Und er ist doch nicht ein Gott von Toten, sondern von Lebenden!«

[33]Die ganze Menschenmenge, die zugehört hatte, war tief beeindruckt von dem, was Jesus da lehrte.

Das wichtigste Gebot

[34]Als die Pharisäer erfuhren, daß Jesus die Sadduzäer zum Schweigen gebracht hatte, kamen sie bei Jesus zusammen. [35]Einer von ihnen, ein Gesetzeslehrer, stellte Jesus eine Falle. Er fragte ihn: [36]»Lehrer, welches ist das wichtigste Gebot des Gesetzes?«

[37]Jesus antwortete: »»Liebe den Herrn, deinen Gott, von

ganzem Herzen, mit ganzem Willen und mit deinem ganzen Verstand!‹ ³⁸ Dies ist das größte und wichtigste Gebot. ³⁹ Aber gleich wichtig ist ein zweites: ›Liebe deinen Mitmenschen wie dich selbst!‹ ⁴⁰ In diesen beiden Geboten ist alles zusammengefaßt, was das Gesetz und die Propheten fordern.«

Davids Sohn oder Davids Herr?

⁴¹ Da die Pharisäer nun einmal versammelt waren, stellte Jesus auch ihnen eine Frage. ⁴² Er sagte zu ihnen: »Was denkt ihr über den versprochenen Retter? Wessen Sohn ist er?« Sie antworteten: »Der Sohn Davids.« ⁴³ Da sagte Jesus: »Wie kann David ihn dann, vom Geist Gottes erleuchtet, ›Herr‹ nennen? Denn David sagt ja:

⁴⁴ ›Gott, der Herr, sagte zu meinem Herrn:
Setze dich an meine rechte Seite!
Ich will dir deine Feinde unterwerfen,
sie als Schemel unter deine Füße legen.‹

⁴⁵ Wenn also David ihn ›Herr‹ nennt, wie kann er dann sein Sohn sein?« ⁴⁶ Keiner konnte ihm darauf eine Antwort geben. Und von dem Tag an wagte es auch niemand mehr, ihm noch irgendeine Frage zu stellen.

Rede über die Ausleger des Gesetzes (Kapitel 23)

Der Unterschied zwischen Lehre und Vorbild

23 Darauf wandte sich Jesus an die Menschenmenge und an seine Jünger ² und sagte: »Die Gesetzeslehrer und die Pharisäer sind die berufenen Ausleger des Gesetzes, das Mose euch gegeben hat. ³ Ihr müßt ihnen also gehorchen und tun, was sie sagen. Aber nach ihrem Verhalten dürft ihr euch nicht richten; denn sie selber tun gar nicht, was sie lehren. ⁴ Sie schnüren schwere, kaum tragbare Lasten zusammen und laden sie den Menschen auf die Schultern, aber sie selbst machen keinen Finger krumm, um sie zu tragen. ⁵ Alles, was sie tun, tun sie nur, um von den Leuten gesehen zu werden. Sie tragen auffällig breite Gebetsriemen und besonders lange Quasten an ihren Kleidern. ⁶ Bei Festmählern sitzen sie auf den Ehrenplätzen und beim Gottesdienst in der vordersten Reihe. ⁷ Sie haben es gern, wenn die Leute sie auf der Straße respektvoll grüßen und sie als ›ehrwürdiger Lehrer‹ anreden.

⁸ Aber ihr sollt euch nicht ›ehrwürdiger Lehrer‹ nennen lassen; denn ihr seid untereinander alle Brüder und Schwestern,

und nur *einer* ist euer Lehrer. ⁹Auch sollt ihr hier auf der Erde keinen von euch ›Vater‹ nennen; denn nur einer ist euer Vater: der im Himmel. ¹⁰Ihr sollt euch auch nicht ›Lehrmeister‹ nennen lassen, denn auch Lehrmeister ist bei euch nur einer: Christus, der versprochene Retter. ¹¹Der Größte unter euch soll euer Diener sein. ¹²Wenn ihr euch selbst groß macht, wird Gott euch demütigen. Wenn ihr euch selbst gering-achtet, wird Gott euch zu Ehren bringen.«

Sieben Weherufe über die Gesetzeslehrer und Pharisäer

¹³»Weh euch Gesetzeslehrern und Pharisäern! Ihr Scheinhei-ligen! Ihr versperrt den Zugang zur neuen Welt Gottes vor den Menschen. Ihr selbst geht nicht hinein, und ihr hindert alle, die hineinwollen. [¹⁴Weh euch Gesetzeslehrern und Pha-risäern! Ihr Scheinheiligen! Ihr sprecht lange Gebete, um einen guten Eindruck zu machen. In Wahrheit aber seid ihr Betrüger, die schutzlose Witwen um ihren Besitz bringen. Ihr werdet einmal besonders streng bestraft werden.]

¹⁵Weh euch Gesetzeslehrern und Pharisäern! Ihr Schein-heiligen! Ihr reist um die halbe Welt, um auch nur einen ein-zigen Anhänger zu gewinnen, und wenn ihr einen gefunden habt, dann macht ihr ihn zu einem Anwärter der Hölle, der doppelt so schlimm ist wie ihr.

¹⁶Weh euch! Ihr wollt andere führen und seid selbst blind. Ihr sagt: ›Wer beim Tempel schwört, ist nicht an den Schwur gebunden; nur wer beim Gold im Tempel schwört, muß sei-nen Schwur halten.‹ ¹⁷Töricht und blind seid ihr! Was ist denn wichtiger: das Gold oder der Tempel, durch den das Gold erst heilig wird? ¹⁸Ihr sagt auch: ›Wenn einer beim Altar schwört, braucht er seinen Schwur nicht zu halten, nur wenn er beim Opfer auf dem Altar schwört.‹ ¹⁹Ihr Verblendeten! Was ist wichtiger: die Opfergabe oder der Altar, der das Opfer erst heilig macht? ²⁰Wer beim Altar schwört, der schwört doch zugleich bei allem, was darauf liegt, ²¹und wer beim Tempel schwört, der schwört damit auch bei Gott, der dort wohnt. ²²Und wenn einer beim Himmel schwört, dann schwört er beim Thron Gottes und bei Gott, der darauf sitzt.

²³Weh euch Gesetzeslehrern und Pharisäern! Ihr Schein-heiligen! Ihr gebt Gott den zehnten Teil von allem, sogar noch von Gewürzen wie Minze, Dill und Kümmel; aber um das Wichtigste an seinem Gesetz, um Gerechtigkeit, Barmherzig-keit und Treue, darum kümmert ihr euch nicht. Dies solltet ihr tun, ohne das andere zu lassen! ²⁴Ihr wollt die Menschen führen und seid selbst blind. Die winzigste Mücke fischt ihr

aus dem Becher, aber Kamele schluckt ihr unbesehen hinunter. ²⁵ Weh euch Gesetzeslehrern und Pharisäern! Ihr Scheinheiligen! Ihr reinigt sogar noch das Äußere von Becher und Schüssel. Aber was darin ist, habt ihr euch in eurer Gier zusammengestohlen. ²⁶ Ihr blinden Pharisäer! Sorgt zuerst dafür, daß es mit dem Inhalt des Bechers seine Richtigkeit hat, dann wird auch sein Äußeres rein.

²⁷ Weh euch Gesetzeslehrern und Pharisäern! Ihr Scheinheiligen! Ihr seid wie weiß angestrichene Gräber, die äußerlich schön aussehen; aber drinnen sind Totengebeine und alles mögliche Ungeziefer, das unrein macht. ²⁸ So seid ihr: Von außen hält man euch für fromm, innerlich aber steckt ihr voller Heuchelei und Ungehorsam gegen Gott.

²⁹ Weh euch Gesetzeslehrern und Pharisäern! Ihr Scheinheiligen! Ihr baut den Propheten wunderschöne Grabmäler und schmückt die Gräber der Gerechten. ³⁰ Und ihr sagt: ›Hätten wir zur Zeit unserer Vorfahren gelebt, wir hätten uns nicht daran beteiligt, die Propheten umzubringen!‹ ³¹ Damit gebt ihr selbst zu, daß ihr von Prophetenmördern abstammt. ³² Macht nur das Maß eurer Väter voll! ³³ Ihr Nattern, ihr Schlangenbrut! Wie wollt ihr der Höllenstrafe entgehen?«

Die Strafe wird kommen

³⁴ »Hört gut zu! Ich werde euch Propheten, weise Männer und echte Gesetzeslehrer schicken. Ihr werdet einige von ihnen töten, andere ans Kreuz bringen, wieder andere in euren Synagogen auspeitschen und von Stadt zu Stadt verfolgen. ³⁵ So stellt ihr euch in eine Reihe mit euren Vorfahren und werdet zur Rechenschaft gezogen werden für die Ermordung aller Gerechten, von Abel an bis hin zu Secharja, dem Sohn von Berechja, den ihr zwischen Tempelhaus und Brandopferaltar umgebracht habt. ³⁶ Ich versichere euch: Diese Generation wird die Strafe für alle diese Schandtaten bekommen.«

Klage über Jerusalem

³⁷ »Jerusalem, Jerusalem, du tötest die Propheten und steinigst die Boten, die Gott zu dir schickt. Wie oft wollte ich deine Bewohner um mich scharen, wie eine Henne ihre Küken unter die Flügel nimmt! Aber ihr habt nicht gewollt. ³⁸ Deshalb wird Gott euren Tempel verlassen, und er wird verwüstet daliegen. ³⁹ Ich sage euch, ihr werdet mich erst wiedersehen, wenn ihr rufen werdet: ›Heil dem, der im Auftrag des Herrn kommt!‹«

REDE ÜBER ENDZEIT UND WELTGERICHT
(Kapitel 24–25)

Ankündigung der Zerstörung des Tempels

24 Jesus verließ den Tempel und wollte weggehen. Da kamen seine Jünger zu ihm und wiesen ihn auf die Prachtbauten der Tempelanlage hin. ²Aber Jesus sagte: »Ihr bewundert das alles? Ich sage euch, hier wird kein Stein auf dem andern bleiben. Alles wird bis auf den Grund zerstört werden.«

Der Anfang vom Ende

³Dann ging Jesus auf den Ölberg und setzte sich dort nieder. Nur seine Jünger waren bei ihm. Sie traten zu ihm und fragten ihn: »Sag uns, wann wird das geschehen, und woran können wir erkennen, daß du wiederkommst und das Ende der Welt da ist?«

⁴Jesus sagte zu ihnen: »Seid auf der Hut und laßt euch von niemand täuschen! ⁵Viele werden unter meinem Namen auftreten und von sich behaupten: ›Ich bin der wiedergekommene Christus!‹ Damit werden sie viele irreführen. ⁶Erschreckt nicht, wenn nah und fern Kriege ausbrechen! Es muß so kommen, aber das ist noch nicht das Ende. ⁷Ein Volk wird gegen das andere kämpfen, ein Staat den andern angreifen. In vielen Ländern wird es Hungersnöte und Erdbeben geben. ⁸Das alles ist erst der Anfang vom Ende – der Beginn der Geburtswehen.«

Die Verfolgung der Jünger

⁹»Dann werden sie euch an die Gerichte ausliefern, euch mißhandeln und töten. Die ganze Welt wird euch hassen, weil ihr euch zu mir bekennt. ¹⁰Wenn es soweit ist, werden viele vom Glauben abfallen und sich gegenseitig verraten und einander hassen. ¹¹Zahlreiche falsche Propheten werden auftreten und viele von euch irreführen. ¹²Und weil der Ungehorsam gegen Gottes Gesetz überhand nimmt, wird die Liebe bei den meisten von euch erkalten. ¹³Wer aber bis zum Ende standhaft bleibt, wird gerettet. ¹⁴Aber die Gute Nachricht, daß Gott schon angefangen hat, seine Herrschaft aufzurichten, wird in der ganzen Welt verkündet werden. Alle Völker sollen sie hören. Danach erst kommt das Ende.«

Die letzte Schreckenszeit

15 »Im Buch des Propheten Daniel ist die Rede von einem ›entsetzlichen Scheusal‹ – wer das liest, überlege sich, was es bedeutet! Wenn ihr das ›entsetzliche Scheusal‹ im Heiligtum stehen seht, 16 dann sollen die Bewohner Judäas in die Berge fliehen. 17 Wer gerade auf dem Dach ist, soll keine Zeit damit verlieren, erst noch seine Sachen aus dem Haus zu holen. 18 Wer gerade zur Arbeit auf dem Feld ist, soll nicht zurückgehen, um noch sein Obergewand mitzunehmen, das er am Wegrand abgelegt hat. 19 Besonders hart wird es die Frauen treffen, die gerade ein Kind erwarten oder einen Säugling stillen. 20 Bittet Gott, daß ihr nicht im Winter oder an einem Sabbat fliehen müßt. 21 Denn was dann geschieht, wird furchtbarer sein als alles, was jemals seit Beginn der Welt geschehen ist oder in Zukunft noch geschehen wird. 22 Wenn Gott diese Schreckenszeit nicht abkürzen würde, dann würde kein Mensch gerettet werden. Er wird sie aber denen zuliebe abkürzen, die er erwählt hat.

23 Wenn dann jemand zu euch sagt: ›Seht her, hier ist Christus, der versprochene Retter!‹ oder: ›Dort ist er!‹ – glaubt ihm nicht. 24 Denn es werden so manche mit dem Anspruch auftreten, der versprochene Retter oder ein Prophet zu sein. Sie werden sich durch große Wundertaten ausweisen und würden damit sogar die von Gott Erwählten irreführen, wenn das möglich wäre. 25 Denkt daran, daß ich es euch vorausgesagt habe! 26 Wenn also die Leute zu euch sagen: ›Draußen in der Wüste ist er‹, dann geht nicht hinaus! Oder wenn sie sagen: ›Er ist hier und hält sich in einem Haus verborgen‹, dann glaubt ihnen nicht! 27 Denn der Menschensohn wird für alle sichtbar kommen, wie ein Blitz, der von Ost nach West über den Himmel zuckt. 28 Er wird so sicher zu sehen sein wie die Geier, die hoch über einem verendenden Tier kreisen.«

Der Weltrichter kommt

29 »Doch sofort nach dieser Schreckenszeit wird sich die Sonne verfinstern, und der Mond wird nicht mehr scheinen, die Sterne werden vom Himmel fallen, und die Ordnung des Himmels wird zusammenbrechen. 30 Dann wird der Menschensohn für alle sichtbar am Himmel erscheinen. Dies ist das Zeichen, daß das Ende da ist. Die Völker der ganzen Welt werden jammern und klagen, wenn sie den Menschensohn auf den Wolken des Himmels mit göttlicher Macht und Herrlichkeit kommen sehen. 31 Dann wird die Posaune ertönen, und der Menschensohn wird seine Engel in alle Himmels-

richtungen ausschicken, damit sie von überall her die Menschen zusammenbringen, die er erwählt hat.«

Das Gleichnis vom Feigenbaum

32»Laßt euch vom Feigenbaum eine Lehre geben: Wenn der Saft in die Zweige schießt und der Baum Blätter treibt, dann wißt ihr, daß der Sommer bald da ist. 33So ist es auch, wenn ihr dies alles geschehen seht: Dann wißt ihr, daß das Ende unmittelbar bevorsteht. 34Ich versichere euch: Diese Generation wird das alles noch erleben. 35Himmel und Erde werden vergehen, aber meine Worte vergehen nicht; sie bleiben gültig für immer und ewig.«

Das Ende kommt überraschend

36»Doch den Tag und die Stunde, wann das Ende da ist, kennt niemand, auch nicht die Engel im Himmel – nicht einmal der Sohn. Nur der Vater kennt sie.

37Wenn der Menschensohn kommt, wird es sein wie zur Zeit Noachs. 38Damals vor der großen Flut aßen die Menschen und tranken und heirateten, wie sie es gewohnt waren – bis zu dem Tag, an dem Noach in die Arche ging. 39Sie begriffen nicht, was ihnen drohte, bis dann die Flut hereinbrach und sie alle wegschwemmte. So wird es auch sein, wenn der Menschensohn kommt. 40Von zwei Männern, die dann zusammen auf dem Feld arbeiten, wird der eine angenommen, der andere zurückgelassen. 41Von zwei Frauen, die dann zusammen Korn mahlen, wird die eine angenommen, die andere zurückgelassen. 42Darum seid wachsam! Denn ihr wißt nicht, an welchem Tag euer Herr kommen wird.

43Macht euch doch das eine klar: Wenn ein Hausherr im voraus wüßte, zu welcher Nachtstunde der Dieb kommt, würde er aufbleiben und den Einbruch verhindern. 44Darum seid jederzeit bereit; denn der Menschensohn wird zu einer Stunde kommen, wenn ihr es nicht erwartet.«

Der verantwortungsbewußte Diener

45»Wer von euch ist nun der treue und kluge Diener, dem sein Herr den Auftrag gegeben hat, die übrige Dienerschaft zu beaufsichtigen und jedem pünktlich seine Tagesration auszuteilen? 46Ein solcher Diener darf sich freuen, wenn der Herr zurückkehrt und ihn bei seiner Arbeit findet. 47Ich versichere euch: Der Herr wird ihm die Verantwortung für alle seine Güter übertragen.

48Wenn er aber ein schlechter Mensch ist und sich sagt: ›So bald kommt mein Herr nicht zurück‹ 49und anfängt, die ihm unterstellten Diener zu schlagen und mit Säufern Gelage zu halten, ⁵⁰ dann wird sein Herr an einem Tag und zu einer Stunde zurückkehren, wenn der Diener überhaupt nicht damit rechnet. ⁵¹ Er wird diesen Diener in Stücke hauen und dorthin bringen lassen, wo die Scheinheiligen ihre Strafe verbüßen. Dort gibt es nur noch Jammern und Zähneknirschen.«

Das Gleichnis von den Brautjungfern

25 »Wenn Gott sein Werk vollendet, wird es zugehen wie in der folgenden Geschichte: Zehn Brautjungfern gingen mit ihren Lampen hinaus, dem Bräutigam entgegen, um ihn zu empfangen. ² Fünf von ihnen handelten klug, die anderen fünf gedankenlos. ³ Die Gedankenlosen nahmen nur ihre gefüllten Lampen mit, ⁴ während die Klugen auch noch Öl zum Nachfüllen mitnahmen. ⁵ Weil der Bräutigam sich verspätete, wurden sie alle müde und schliefen ein.

⁶ Mitten in der Nacht ertönte der Ruf: ›Der Bräutigam kommt, geht ihm entgegen!‹ ⁷ Die zehn Brautjungfern standen auf und brachten ihre Lampen in Ordnung. ⁸ Da baten die Gedankenlosen die anderen: ›Gebt uns von eurem Öl etwas ab, denn unsere Lampen gehen aus.‹ ⁹ Aber die Klugen sagten: ›Ausgeschlossen, dann reicht es weder für uns noch für euch. Geht doch zum Kaufmann und holt euch welches!‹ ¹⁰ So machten sich die fünf auf den Weg, um Öl zu kaufen.

Inzwischen kam der Bräutigam. Die fünf Klugen, die darauf vorbereitet waren, gingen mit ihm hinein zum Hochzeitsfest, und die Türen wurden geschlossen. ¹¹ Schließlich kamen die anderen nach und riefen: ›Herr, Herr, mach uns auf!‹ ¹² Aber der Bräutigam wies sie ab und sagte: ›Ich versichere euch, ich kenne euch nicht!‹

¹³ Darum seid wachsam, denn ihr wißt weder Tag noch Stunde im voraus!«

Das Gleichnis vom anvertrauten Geld

¹⁴ »Es ist wie bei einem Mann, der verreisen wollte. Er rief vorher seine Diener zusammen und vertraute ihnen sein Vermögen an. ¹⁵ Dem einen gab er fünf Zentner Silbergeld, dem anderen zwei Zentner und dem dritten einen, je nach ihren Fähigkeiten. Dann reiste er ab. ¹⁶ Der erste, der die fünf Zentner bekommen hatte, steckte sofort das ganze Geld in Geschäfte und konnte die Summe verdoppeln. ¹⁷ Ebenso machte es der zweite: Zu seinen zwei Zentnern gewann er noch zwei hinzu. ¹⁸ Der aber, der nur einen Zentner bekommen hatte, vergrub das Geld seines Herrn in der Erde.

[19]Nach langer Zeit kam der Herr zurück und wollte mit seinen Dienern abrechnen. [20]Der erste, der die fünf Zentner erhalten hatte, trat vor und sagte: ›Du hast mir fünf Zentner anvertraut, Herr, und ich habe noch weitere fünf dazuverdient; hier sind sie!‹ [21]›Sehr gut‹, sagte sein Herr, ›du bist ein tüchtiger und treuer Diener. Du hast dich in kleinen Dingen als zuverlässig erwiesen, darum werde ich dir auch Größeres anvertrauen. Komm zum Freudenfest deines Herrn!‹

[22]Dann kam der mit den zwei Zentnern und sagte: ›Du hast mir zwei Zentner gegeben, Herr, und ich habe noch einmal zwei Zentner dazuverdient.‹ [23]›Sehr gut‹, sagte der Herr, ›du bist ein tüchtiger und treuer Diener. Du hast dich in kleinen Dingen als zuverlässig erwiesen, darum werde ich dir auch Größeres anvertrauen. Komm zum Freudenfest deines Herrn!‹

[24]Zuletzt kam der mit dem einen Zentner und sagte: ›Herr, ich wußte, daß du ein harter Mann bist. Du erntest, wo du nicht gesät hast, und sammelst ein, wo du nichts ausgeteilt hast. [25]Deshalb hatte ich Angst und habe dein Geld vergraben. Hier hast du zurück, was dir gehört.‹

[26]Da sagte der Herr zu ihm: ›Du unzuverlässiger und fauler Diener! Du wußtest also, daß ich ernte, wo ich nicht gesät habe, und sammle, wo ich nichts ausgeteilt habe? [27]Dann hättest du mein Geld wenigstens auf die Bank bringen sollen, und ich hätte es mit Zinsen zurückbekommen! [28]Nehmt ihm sein Teil weg und gebt es dem, der die zehn Zentner hat! [29]Denn wer viel hat, soll noch mehr bekommen, bis er mehr als genug hat. Wer aber wenig hat, dem wird auch noch das Letzte weggenommen werden. [30]Und diesen Taugenichts werft hinaus in die Dunkelheit draußen! Dort gibt es nur noch Jammern und Zähneknirschen.«

Wonach der Weltrichter urteilt

[31]»Wenn der Menschensohn in seiner Herrlichkeit kommt, begleitet von allen Engeln, dann wird er auf seinem Herrscherthron Platz nehmen. [32]Alle Völker der Erde werden vor ihm versammelt werden, und er wird die Menschen in zwei Gruppen teilen, so wie ein Hirt die Schafe von den Böcken trennt. [33]Die Schafe wird er auf seine rechte Seite stellen und die Böcke auf seine linke Seite.

[34]Dann wird der König zu denen auf seiner rechten Seite sagen: ›Kommt her! Euch hat mein Vater gesegnet. Nehmt Gottes neue Welt in Besitz, die er euch von allem Anfang an zugedacht hat. [35]Denn ich war hungrig, und ihr habt mir zu essen gegeben; ich war durstig, und ihr habt mir zu trinken

gegeben; ich war fremd, und ihr habt mich bei euch aufgenommen; [36]ich war nackt, und ihr habt mir etwas anzuziehen
gegeben; ich war krank, und ihr habt mich versorgt; ich war
im Gefängnis, und ihr habt mich besucht.‹

[37]Dann werden die, die den Willen Gottes getan haben, fragen: ›Herr, wann sahen wir dich jemals hungrig und gaben
dir zu essen? Oder durstig und gaben dir zu trinken? [38]Wann
kamst du als Fremder zu uns, und wir nahmen dich auf, oder
nackt, und wir gaben dir etwas anzuziehen? [39]Wann warst du
krank oder im Gefängnis, und wir besuchten dich?‹

[40]Dann wird der König antworten: ›Ich versichere euch:
Was ihr für einen meiner geringsten Brüder oder für eine
meiner geringsten Schwestern getan habt, das habt ihr für
mich getan.‹

[41]Dann wird der König zu denen auf seiner linken Seite
sagen: ›Geht mir aus den Augen, Gott hat euch verflucht!
Fort mit euch in das ewige Feuer, das für den Teufel und
seine Engel vorbereitet ist! [42]Denn ich war hungrig, aber ihr
habt mir nichts zu essen gegeben; ich war durstig, aber ihr
habt mir nichts zu trinken gegeben; [43]ich war fremd, aber ihr
habt mich nicht aufgenommen; ich war nackt, aber ihr habt
mir nichts anzuziehen gegeben; ich war krank und im Gefängnis, aber ihr habt euch nicht um mich gekümmert.‹

[44]Dann werden auch sie ihn fragen: ›Herr, wann sahen wir
dich jemals hungrig oder durstig, wann kamst du als Fremder, wann warst du nackt oder krank oder im Gefängnis –
und wir hätten uns nicht um dich gekümmert?‹

[45]Aber er wird ihnen antworten: ›Ich versichere euch: Was
ihr an einem von meinen geringsten Brüdern oder an einer
von meinen geringsten Schwestern zu tun versäumt habt, das
habt ihr an mir versäumt.‹

[46]Auf diese also wartet die ewige Strafe. Die anderen aber,
die den Willen Gottes getan haben, empfangen das ewige
Leben.«

LEIDEN, TOD UND AUFERSTEHUNG VON JESUS
(Kapitel 26–28)

Der Beschluß, Jesus zu töten

26 Als Jesus diese seine letzte Rede beendet hatte, sagte
er zu seinen Jüngern: [2]»Wie ihr wißt, ist übermorgen
das Passafest. Dann wird der Menschensohn ausgeliefert und
ans Kreuz genagelt werden.«

[3]Da kamen die führenden Priester und die Ältesten des

Volkes im Palast des Obersten Priesters Kajaphas zusammen.
⁴Sie faßten den Beschluß, Jesus heimlich zu verhaften und
umzubringen. ⁵»Aber auf keinen Fall darf es während des
Festes geschehen«, sagten sie, »sonst gibt es einen Aufruhr im
Volk.«

Eine Frau ehrt Jesus vor seinem Sterben

⁶Jesus war in Betanien bei Simon, dem Aussätzigen, zu Gast.
⁷Während des Essens trat eine Frau an Jesus heran. Sie hatte
ein Fläschchen mit sehr wertvollem Salböl; das goß sie Jesus
über den Kopf. ⁸Die Jünger sahen es und waren empört.
»Was soll diese Verschwendung?« sagten sie. ⁹»Dieses Öl hätte
man teuer verkaufen und das Geld den Armen geben können!«
¹⁰Jesus hörte das und sagte: »Warum bringt ihr die Frau in
Verlegenheit? Sie hat eine gute Tat an mir getan. ¹¹Arme wird
es immer bei euch geben; aber mich habt ihr nicht mehr
lange bei euch. ¹²Sie hat dieses Salböl auf meinen Körper gegossen und hat ihn damit für das Begräbnis vorbereitet. ¹³Ich
versichere euch: Überall in der Welt, wo in Zukunft die Gute
Nachricht verkündet wird, wird auch berichtet werden, was
sie getan hat. Ihr Andenken wird immer lebendig bleiben.«

Judas wird zum Verräter

¹⁴Darauf ging Judas Iskariot, einer aus dem Kreis der Zwölf,
zu den führenden Priestern ¹⁵und sagte: »Was gebt ihr mir,
wenn ich ihn euch in die Hände spiele?« Sie zahlten ihm
dreißig Silberstücke. ¹⁶Von da an suchte Judas eine günstige
Gelegenheit, Jesus zu verraten.

Vorbereitungen zum Passamahl

¹⁷Am ersten Tag der Festwoche, während der ungesäuertes
Brot gegessen wird, kamen die Jünger zu Jesus und fragten:
»Wo sollen wir für dich das Passamahl vorbereiten?« ¹⁸Er antwortete: »Geht zu einem Mann in der Stadt – er nannte ihnen
den Namen – und richtet ihm aus: ›Unser Lehrer sagt: Die
Stunde meines Todes ist nah. Bei dir will ich mit meinen Jüngern das Passamahl feiern.‹« ¹⁹Die Jünger taten, was Jesus
ihnen aufgetragen hatte, und bereiteten das Passamahl vor.

Jesus feiert mit den Zwölf das Abschiedsmahl

²⁰Als es Abend geworden war, setzte sich Jesus mit den Zwölf
zu Tisch. ²¹Während der Mahlzeit sagte er: »Ich versichere
euch: Einer von euch wird mich verraten.« ²²Sie waren be-
stürzt, und einer nach dem andern fragte ihn: »Du meinst

doch nicht mich, Herr?« ²³Jesus antwortete: »Der soeben mit
mir das Brot in die Schüssel getaucht hat, der ist es, der wird
mich verraten. ²⁴Der Menschensohn muß zwar sterben, wie
es in den Heiligen Schriften angekündigt ist. Aber wehe dem
Menschen, der den Menschensohn verrät! Er wäre besser nie
geboren worden!« ²⁵Da fragte Judas, der ihn verraten wollte:
»Du meinst doch nicht etwa mich, Rabbi?« »Doch«, antwortete Jesus, »dich!«

²⁶Während der Mahlzeit nahm Jesus ein Brot, sprach das
Segensgebet darüber, brach es in Stücke und gab es seinen
Jüngern mit den Worten: »Nehmt und eßt, das ist mein Leib!«
²⁷Dann nahm er den Becher, sprach darüber das Dankgebet,
gab ihnen auch den und sagte: »Trinkt alle daraus; ²⁸das ist
mein Blut, das für alle Menschen vergossen wird zur Vergebung ihrer Schuld. Mit ihm wird der Bund in Kraft gesetzt,
den Gott jetzt mit den Menschen schließt. ²⁹Ich sage euch:
Von jetzt an werde ich keinen Wein mehr trinken, bis ich ihn
neu mit euch trinken werde, wenn mein Vater sein Werk vollendet hat!«

³⁰Dann sangen sie die Dankpsalmen und gingen hinaus
zum Ölberg.

Jesus sagt das Versagen von Petrus voraus

³¹Unterwegs sagte Jesus zu ihnen: »Heute nacht werdet ihr
alle an mir irre werden, denn es heißt: ›Ich werde den Hirten
töten, und die Schafe der Herde werden auseinanderlaufen.‹
³²Aber wenn ich vom Tod auferweckt worden bin, werde ich
euch vorausgehen nach Galiläa.«

³³Petrus widersprach ihm: »Selbst wenn alle andern an dir
irre werden – ich niemals!« ³⁴Jesus antwortete: »Ich versichere
dir: In dieser Nacht, bevor der Hahn kräht, wirst du mich
dreimal verleugnen und behaupten, daß du mich nicht
kennst.« ³⁵Da sagte Petrus: »Und wenn ich mit dir sterben
müßte, ich werde dich ganz bestimmt nicht verleugnen!« Das
gleiche sagten auch alle anderen Jünger.

Jesus betet im Garten Getsemani

³⁶Dann kam Jesus mit seinen Jüngern zu einem Grundstück,
das Getsemani hieß. Er sagte zu ihnen: »Setzt euch hier! Ich
gehe dort hinüber, um zu beten.« ³⁷Petrus und die beiden
Söhne von Zebedäus nahm er mit. Angst und tiefe Traurigkeit befielen ihn, ³⁸und er sagte zu ihnen: »Ich bin so bedrückt, ich bin mit meiner Kraft am Ende. Bleibt hier und
wacht mit mir!« ³⁹Dann ging er noch ein paar Schritte weiter,
warf sich nieder, das Gesicht zur Erde, und betete: »Mein

Vater, wenn es möglich ist, erspare es mir, diesen Kelch trinken zu müssen! Aber es soll geschehen, was *du* willst, nicht was ich will.«

⁴⁰Dann kehrte er zu den Jüngern zurück und sah, daß sie eingeschlafen waren. Da sagte er zu Petrus: »Konntet ihr nicht eine einzige Stunde mit mir wach bleiben? ⁴¹Bleibt wach und betet, damit ihr in der kommenden Prüfung nicht versagt. Der Geist in euch ist willig, aber eure menschliche Natur ist schwach.«

⁴²Noch einmal ging Jesus weg und betete: »Mein Vater, wenn es nicht anders sein kann und ich diesen Kelch trinken muß, dann geschehe dein Wille!« ⁴³Als er zurückkam, schliefen sie wieder; die Augen waren ihnen zugefallen.

⁴⁴Zum drittenmal ging Jesus ein Stück weit weg und betete noch einmal mit den gleichen Worten. ⁴⁵Als er dann zu den Jüngern zurückkam, sagte er: »Schlaft ihr denn immer noch und ruht euch aus? Die Stunde ist da; jetzt wird der Menschensohn an die Menschen, die Sünder, ausgeliefert. ⁴⁶Steht auf, wir wollen gehen. Er ist schon da, der mich verrät!«

Jesus wird verhaftet

⁴⁷Noch während Jesus das sagte, kam Judas, einer der Zwölf, mit einem großen Trupp von Männern, die mit Schwertern und Knüppeln bewaffnet waren. Sie waren von den führenden Priestern und den Ältesten des Volkes geschickt worden. ⁴⁸Der Verräter hatte mit ihnen ein Erkennungszeichen ausgemacht: »Wem ich einen Begrüßungskuß gebe, der ist es. Den nehmt fest!« ⁴⁹Judas ging sogleich auf Jesus zu und sagte: »Sei gegrüßt, Rabbi!«, und er küßte ihn so, daß alle es sehen konnten. ⁵⁰Jesus sagte zu ihm: »Freund, komm zur Sache!« Darauf traten die Bewaffneten heran, packten Jesus und nahmen ihn fest.

⁵¹Einer von den Jüngern zog sein Schwert, hieb auf den Bevollmächtigten des Obersten Priesters ein und schlug ihm ein Ohr ab. ⁵²Aber Jesus befahl ihm: »Steck dein Schwert weg; denn alle, die zum Schwert greifen, werden durch das Schwert umkommen. ⁵³Weißt du nicht, daß ich nur meinen Vater um Hilfe zu bitten brauche, und er schickt mir sofort mehr als zwölf Legionen Engel? ⁵⁴Aber wie soll sich dann erfüllen, was in den Heiligen Schriften angekündigt ist? Es *muß* doch so kommen!«

⁵⁵In jener Stunde sagte Jesus zu denen, die ihn festgenommen hatten: »Warum rückt ihr hier mit Schwertern und Knüppeln an, um mich gefangenzunehmen? Bin ich denn ein Verbrecher? Täglich saß ich im Tempel und lehrte die Men-

schen; da habt ihr mich nicht festgenommen. [56]Aber das alles ist so gekommen, damit in Erfüllung geht, was die Propheten in ihren Schriften angekündigt haben.«

Da verließen ihn alle seine Jünger und flohen.

Jesus vor dem jüdischen Rat

[57]Die Männer, die Jesus verhaftet hatten, brachten ihn zum Obersten Priester Kajaphas, wo schon die Gesetzeslehrer und Ratsältesten versammelt waren. [58]Petrus folgte Jesus in weitem Abstand und kam bis in den Innenhof des Palastes. Dort setzte er sich zu den Dienern, um zu sehen, wie die Sache ausgehen würde.

[59]Die führenden Priester und der ganze Rat versuchten, Jesus durch falsche Zeugenaussagen zu belasten, damit sie ihn zum Tod verurteilen könnten. [60]Aber das gelang nicht, obwohl eine ganze Reihe von Zeugen auftrat. Schließlich kamen zwei [61]und sagten: »Dieser Mann hat behauptet: ›Ich kann den Tempel Gottes niederreißen und ihn in drei Tagen wieder aufbauen!‹«

[62]Da stand der Oberste Priester auf und fragte Jesus: »Hast du nichts zu sagen zu dem, was diese beiden gegen dich vorbringen?« [63]Aber Jesus schwieg. Der Oberste Priester sagte: »Ich nehme von dir einen Eid bei dem lebendigen Gott und fordere dich auf, uns zu sagen: Bist du Christus, der versprochene Retter, der Sohn Gottes?« [64]Jesus antwortete: »Ja! Aber ich sage euch, von jetzt an gilt: Ihr werdet den Menschensohn sehen, wie er an der rechten Seite des Allmächtigen sitzt und auf den Wolken des Himmels kommt!«

[65]Da zerriß der Oberste Priester sein Gewand und sagte: »Das ist eine Gotteslästerung! Was brauchen wir noch Zeugen? Ihr habt es selbst gehört, wie er Gott beleidigt hat. [66]Wie lautet euer Urteil?« »Er hat den Tod verdient!« riefen sie. [67]Dann spuckten sie ihm ins Gesicht und schlugen ihn mit Fäusten. Andere gaben ihm Ohrfeigen [68]und höhnten: »He, Christus, du versprochener Retter, du bist doch ein Prophet! Sag uns: Wie heißt der, der dich gerade schlug?«

Petrus verleugnet Jesus

[69]Petrus saß noch immer draußen im Hof, als eine Dienerin auf ihn zukam und sagte: »Du warst doch auch mit Jesus aus Galiläa zusammen!« [70]Petrus stritt es vor allen Leuten ab und sagte: »Ich weiß nicht, wovon du redest!«

[71]Dann ging er in die Torhalle hinaus. Dort sah ihn eine andere Dienerin und sagte zu denen, die herumstanden: »Der da war mit Jesus aus Nazaret zusammen!« [72]Und wieder stritt

Petrus es ab und schwor: »Ich kenne den Mann überhaupt nicht!«
73 Kurz darauf traten die Umstehenden zu Petrus und sagten: »Natürlich gehörst du zu denen. Das merkt man doch schon an deiner Aussprache!« 74 Petrus aber schwor: »Gott soll mich strafen, wenn ich lüge! Ich kenne den Mann nicht!«

In diesem Augenblick krähte ein Hahn, 75 und Petrus erinnerte sich daran, daß Jesus zu ihm gesagt hatte: »Bevor der Hahn kräht, wirst du mich dreimal verleugnen und behaupten, daß du mich nicht kennst.« Da ging er hinaus und begann, bitter zu weinen.

Jesus wird an Pilatus ausgeliefert

27 Früh am Morgen schließlich faßten die führenden Priester und die Ältesten des Volkes einmütig den Beschluß, Jesus hinrichten zu lassen. 2 Sie ließen ihn fesseln; dann nahmen sie ihn mit und übergaben ihn dem römischen Statthalter Pilatus.

Judas bereut seinen Verrat und erhängt sich

3 Als der Verräter Judas erfuhr, daß Jesus hingerichtet werden sollte, packte ihn die Reue, und er brachte die dreißig Silberstücke zu den führenden Priestern und den Ratsältesten zurück. 4 Er sagte zu ihnen: »Ich habe eine schwere Schuld auf mich geladen; ein Unschuldiger wird getötet, und ich habe ihn verraten.« »Was geht das uns an?« antworteten sie. »Das ist deine Angelegenheit!« 5 Da warf Judas das Geld in den Tempel, lief fort und erhängte sich.

6 Die führenden Priester nahmen das Geld an sich und sagten: »An diesem Geld klebt Blut; es ist nach dem Gesetz verboten, solches Geld in den Tempelschatz zu tun.« 7 Sie berieten sich und beschlossen, davon den Töpferacker zu kaufen und als Friedhof für Ausländer zu benutzen. 8 Noch heute heißt darum dieses Stück Land ›Blutacker‹.

9 So ging in Erfüllung, was der Prophet Jeremia angekündigt hatte: »Sie nahmen die dreißig Silberstücke, die Summe, die er den Leuten von Israel wert war, 10 und kauften davon den Töpferacker, so wie es der Herr mir gesagt hatte.«

Jesus vor Pilatus

11 Jesus stand vor dem Statthalter. Der fragte ihn: »Bist du der König der Juden?« »Du sagst es!« gab Jesus zur Antwort. 12 Aber als die führenden Priester und die Ratsältesten ihn beschuldigten, schwieg er. 13 Darum fragte Pilatus ihn: »Hörst du nicht, was sie alles gegen dich vorbringen?« 14 Aber Jesus

gab ihm auf keine einzige Frage mehr eine Antwort. Darüber war der Statthalter sehr erstaunt.

Das Todesurteil

[15] Es war üblich, daß der römische Statthalter zum Passafest einen Gefangenen begnadigte, den das Volk bestimmen durfte. [16] Damals gab es einen berüchtigten Gefangenen, der Jesus Barabbas hieß. [17] Als nun die Volksmenge versammelt war, fragte Pilatus: »Wen soll ich euch freigeben: Jesus Barabbas oder Jesus, den angeblichen Retter?« [18] Denn er wußte genau, daß man ihm Jesus nur aus Neid ausgeliefert hatte.

[19] Während Pilatus auf dem Richterstuhl saß, ließ seine Frau ihm ausrichten: »Laß die Hände von diesem Gerechten! Seinetwegen hatte ich letzte Nacht einen schrecklichen Traum.«

[20] Inzwischen hatten die führenden Priester und die Ratsältesten das Volk überredet, es solle für Barabbas die Freilassung und für Jesus den Tod verlangen. [21] Der Statthalter fragte noch einmal: »Wen von den beiden soll ich euch herausgeben?« »Barabbas!« schrien sie. [22] »Und was soll ich mit Jesus machen, eurem sogenannten Retter?« fragte Pilatus weiter. »Kreuzigen!« riefen alle. [23] »Was hat er denn verbrochen?« fragte Pilatus. Aber sie schrien noch lauter: »Kreuzigen!«

[24] Als Pilatus merkte, daß seine Worte nichts ausrichteten und die Erregung der Menge nur noch größer wurde, nahm er Wasser und wusch sich vor allen Leuten die Hände. Dabei sagte er: »Ich habe keine Schuld am Tod dieses Mannes. Das habt ihr zu verantworten!« [25] Das ganze Volk schrie: »Wenn er unschuldig ist, dann komme die Strafe für seinen Tod auf uns und unsere Kinder!« [26] Da ließ Pilatus ihnen Barabbas frei und gab den Befehl, Jesus mit der Geißel auszupeitschen und zu kreuzigen.

Die Soldaten verspotten Jesus

[27] Die Soldaten des Statthalters brachten Jesus in den Palast und versammelten die ganze Mannschaft um ihn. [28] Sie zogen ihm seine Kleider aus und hängten ihm einen roten Soldatenmantel um, [29] flochten eine Krone aus Dornenzweigen und drückten sie ihm auf den Kopf. Sie gaben ihm einen Stock in seine rechte Hand, warfen sich vor ihm auf die Knie und machten sich über ihn lustig. »Hoch lebe der König der Juden!« riefen sie. [30] Dann spuckten sie ihn an, nahmen ihm den Stock wieder weg und schlugen ihn damit auf den Kopf. [31] Nachdem sie so ihren Spott mit ihm getrieben hatten, nahmen sie ihm den Soldatenmantel ab, zogen ihm seine eigenen

Kleider wieder an und führten ihn hinaus, um ihn ans Kreuz zu nageln.

Jesus am Kreuz

[32] Unterwegs trafen sie einen Mann aus Zyrene namens Simon. Den zwangen sie, für Jesus das Kreuz zu tragen. [33] So kamen sie an die Stelle, die Golgota heißt, das bedeutet »Schädelplatz«. [34] Dort gaben sie Jesus Wein mit einem Zusatz, der bitter war wie Galle; aber als er davon gekostet hatte, wollte er ihn nicht trinken.

[35] Sie nagelten ihn ans Kreuz und losten dann untereinander seine Kleider aus. [36] Danach setzten sie sich hin und bewachten ihn. [37] Über seinem Kopf hatten sie ein Schild angebracht, auf dem der Grund für seine Hinrichtung geschrieben stand: »Dies ist Jesus, der König der Juden!« [38] Mit Jesus zusammen wurden zwei Verbrecher gekreuzigt, einer rechts und einer links von ihm.

[39] Die Leute, die vorbeikamen, schüttelten den Kopf und verhöhnten Jesus: [40] »Du wolltest den Tempel niederreißen und in drei Tagen wieder aufbauen! Wenn du Gottes Sohn bist, dann befrei dich doch und komm herunter vom Kreuz!« [41] Genauso machten sich die führenden Priester und die Gesetzeslehrer und Ratsältesten über Jesus lustig. [42] »Anderen hat er geholfen«, spotteten sie, »aber sich selbst kann er nicht helfen! Wenn er der König von Israel ist, soll er vom Kreuz herunterkommen, dann werden wir ihm glauben. [43] Er hat doch auf Gott vertraut; der soll ihm jetzt helfen, wenn ihm etwas an ihm liegt. Er hat ja behauptet: ›Ich bin Gottes Sohn.‹« [44] Genauso beschimpften ihn auch die beiden Verbrecher, die zusammen mit ihm gekreuzigt worden waren.

Jesus stirbt

[45] Um zwölf Uhr mittags verfinsterte sich der Himmel über dem ganzen Land. Das dauerte bis um drei Uhr. [46] Gegen drei Uhr schrie Jesus: »Eli, eli, lema sabachtani?« – das heißt: »Mein Gott, mein Gott, warum hast du mich verlassen?«

[47] Einige von denen, die dabeistanden und es hörten, sagten: »Der ruft nach Elija!« [48] Einer lief schnell nach einem Schwamm, tauchte ihn in Essig, steckte ihn auf eine Stange und wollte Jesus trinken lassen. [49] Aber die anderen riefen: »Laß das! Wir wollen sehen, ob Elija kommt und ihm hilft.« [50] Doch Jesus schrie noch einmal laut auf und starb.

[51] Da zerriß der Vorhang vor dem Allerheiligsten im Tempel von oben bis unten. Die Erde bebte, Felsen spalteten sich, [52] und Gräber brachen auf. Viele Tote aus dem Volk Gottes

wurden auferweckt [53]und verließen ihre Gräber. Später, als Jesus vom Tod auferweckt worden war, kamen sie in die Heilige Stadt und wurden dort von vielen Leuten gesehen.

[54]Als der römische Hauptmann und die Soldaten, die Jesus bewachten, das Erdbeben und alles andere miterlebten, erschraken sie sehr und sagten: »Er war wirklich Gottes Sohn!«

[55]Es waren auch viele Frauen da, die alles aus der Ferne beobachteten. Sie waren Jesus seit der Zeit seines Wirkens in Galiläa gefolgt und hatten für ihn gesorgt; [56]darunter waren Maria aus Magdala, Maria, die Mutter von Jakobus und Josef, sowie die Mutter der beiden Söhne von Zebedäus.

Jesus wird ins Grab gelegt

[57]Am Abend kam ein reicher Mann aus Arimathäa; er hieß Josef und war gleichfalls ein Jünger von Jesus geworden. [58]Er ging zu Pilatus und bat ihn, den Leichnam von Jesus freizugeben. Da befahl Pilatus, ihn auszuliefern. [59]Josef nahm den Toten, wickelte ihn in ein neues Leinentuch [60]und legte ihn in sein eigenes Grab, das in einen Felsen gehauen und noch unbenutzt war. Dann rollte er einen schweren Stein vor den Grabeingang und ging fort.

[61]Maria aus Magdala und die andere Maria blieben dort und setzten sich dem Grab gegenüber nieder.

Die Grabwache

[62]Am nächsten Tag – es war der Sabbat – kamen die führenden Priester und die Pharisäer miteinander zu Pilatus [63]und sagten: »Herr, uns ist eingefallen, daß dieser Schwindler, als er noch lebte, behauptet hat: ›Nach drei Tagen werde ich vom Tod auferweckt werden.‹ [64]Gib deshalb Anweisung, das Grab bis zum dritten Tag zu bewachen! Sonst könnten seine Jünger kommen, die Leiche stehlen und dann dem Volk erzählen: ›Er ist vom Tod auferweckt worden.‹ Dieser letzte Betrug wäre dann noch schlimmer als alles andere vorher.« [65]»Da habt ihr eine Wache«, sagte Pilatus. »Geht und sichert das Grab, so gut ihr könnt.« [66]Sie gingen also zum Grab und versiegelten den Stein, der den Eingang zur Grabkammer verschloß. Die Wache half ihnen dabei und blieb am Grab zurück.

Die Frauen am leeren Grab

28 Am Abend, als der Sabbat vorüber und der Sonntag eben angebrochen war, kamen Maria aus Magdala und die andere Maria, um nach dem Grab zu sehen. [2]Da bebte plötzlich die Erde, denn der Engel des Herrn kam vom Himmel herab, trat an das Grab, rollte den Stein weg und setzte sich darauf. [3] Er leuchtete wie ein Blitz, und sein Gewand war schneeweiß. [4] Als die Wächter ihn sahen, zitterten sie vor Angst und fielen wie tot zu Boden.

[5] Der Engel sagte zu den Frauen: »*Ihr* braucht keine Angst zu haben! Ich weiß, ihr sucht Jesus, der ans Kreuz genagelt wurde. [6] Er ist nicht hier, er ist auferweckt worden, so wie er es angekündigt hat. Kommt her und seht die Stelle, wo er gelegen hat! [7] Und jetzt geht schnell zu seinen Jüngern und sagt ihnen: ›Gott hat ihn vom Tod auferweckt! Er geht euch voraus nach Galiläa, dort werdet ihr ihn sehen.‹ Ihr könnt euch auf mein Wort verlassen.«

[8] Erschrocken und doch voller Freude liefen die Frauen vom Grab weg. Sie gingen schnell zu den Jüngern, um ihnen die Botschaft des Engels zu überbringen. [9] Da stand plötzlich Jesus selbst vor ihnen und sagte: »Seid gegrüßt!« Die Frauen warfen sich vor ihm nieder und umfaßten seine Füße. [10] »Habt keine Angst!« sagte Jesus zu ihnen. »Geht und sagt meinen Brüdern, sie sollen nach Galiläa gehen. Dort werden sie mich sehen.«

Der Bericht der Wache

[11] Während die Frauen noch auf dem Weg waren, liefen einige von den Wächtern in die Stadt und meldeten den führenden Priestern, was geschehen war. [12] Diese faßten zusammen mit den Ratsältesten einen Beschluß: Sie gaben den Soldaten viel Geld [13] und schärften ihnen ein: »Erzählt allen: ›In der Nacht, während wir schliefen, sind seine Jünger gekommen und haben den Toten gestohlen.‹ [14] Wenn der Statthalter von der Geschichte erfährt, werden wir mit ihm sprechen. Ihr habt nichts zu befürchten!« [15] Die Wächter nahmen das Geld und taten, wie man sie gelehrt hatte. So kam diese Geschichte auf und wird bei den Juden bis heute weitererzählt.

Jesus zeigt sich seinen Jüngern

[16] Die elf Jünger gingen nach Galiläa auf den Berg, zu dem Jesus sie bestellt hatte. [17] Als sie ihn sahen, warfen sie sich vor ihm nieder, doch einige hatten auch Zweifel. [18] Jesus trat auf sie zu und sagte: »Gott hat mir unbeschränkte Vollmacht im Himmel und auf der Erde gegeben. [19] Darum geht nun zu allen Völkern der Welt und macht die Menschen zu meinen Jüngern und Jüngerinnen! Tauft sie im Namen des Vaters und des Sohnes und des Heiligen Geistes, [20] und lehrt sie, alles zu befolgen, was ich euch aufgetragen habe. Und das sollt ihr wissen: Ich bin immer bei euch, jeden Tag, bis zum Ende der Welt.«

DIE GUTE NACHRICHT
NACH MARKUS
(Markus-Evangelium)

DER ANFANG DER GUTEN NACHRICHT
(1,1-13)

Wie es anfing

1 In diesem Buch ist aufgeschrieben, wie die Gute Nachricht von Jesus Christus, dem Sohn Gottes, ihren Anfang nahm.

Johannes der Täufer tritt auf und kündigt Christus an

² Es begann, wie es im Buch des Propheten Jesaja angekündigt wurde:

»›Ich sende meinen Boten vor dir her‹, sagt Gott,
›damit er den Weg für dich bahnt.‹
³ In der Wüste ruft einer:
›Macht den Weg bereit, auf dem der Herr kommt!
Ebnet ihm die Straßen!‹«

⁴ Dies traf ein, als der Täufer Johannes in der Wüste auftrat und den Menschen verkündete: »Kehrt um und laßt euch taufen, denn Gott will euch eure Schuld vergeben!« ⁵ Aus dem ganzen Gebiet von Judäa und aus Jerusalem strömten die Leute in Scharen zu ihm hinaus, bekannten öffentlich ihre Sünden und ließen sich von ihm im Jordan taufen.

⁶ Johannes trug ein Gewand aus Kamelhaaren und um die Hüften einen Ledergurt; er lebte von Heuschrecken und dem Honig wilder Bienen. ⁷ Er kündigte an: »Nach mir kommt der, der mächtiger ist als ich. Ich bin nicht einmal gut genug, mich zu bücken und ihm die Schuhe aufzubinden. ⁸ Ich habe euch mit Wasser getauft; er wird euch mit dem Heiligen Geist taufen.«

Jesus läßt sich taufen und wird auf die Probe gestellt

⁹ Zu dieser Zeit geschah es: Jesus kam aus Nazaret in Galiläa zu Johannes und ließ sich von ihm im Jordan taufen. ¹⁰ Als er aus dem Wasser stieg, sah er, wie der Himmel aufriß und der

Geist Gottes wie eine Taube auf ihn herabkam. ¹¹Und eine Stimme aus dem Himmel sagte zu ihm: »Du bist mein Sohn, dir gilt meine Liebe, dich habe ich erwählt.«

¹²Gleich danach trieb der Geist Gottes Jesus in die Wüste. ¹³Dort blieb er vierzig Tage und wurde vom Satan auf die Probe gestellt. Er lebte mit den wilden Tieren zusammen, und die Engel Gottes versorgten ihn.

JESUS WIRKT IN GALILÄA (1,14–8,26)

Jesus beginnt sein Wirken

¹⁴Nachdem man Johannes ins Gefängnis geworfen hatte, kam Jesus nach Galiläa zurück und verkündete im Auftrag Gottes: ¹⁵»Es ist soweit: Jetzt wird Gott seine Herrschaft aufrichten und sein Werk vollenden. Ändert euer Leben und glaubt dieser guten Nachricht!«

Jesus beruft vier Fischer zu Jüngern

¹⁶Als Jesus am See von Galiläa entlangging, sah er Simon und seinen Bruder Andreas, wie sie gerade ihr Netz auswarfen; sie waren Fischer. ¹⁷Jesus sagte zu ihnen: »Kommt, folgt mir! Ich mache euch zu Menschenfischern.« ¹⁸Sofort ließen sie ihre Netze liegen und folgten ihm.

¹⁹Als Jesus ein kleines Stück weiterging, sah er Jakobus, den Sohn von Zebedäus, und seinen Bruder Johannes. Sie saßen gerade im Boot und besserten die Netze aus. ²⁰Jesus rief sie, und sie ließen ihren Vater Zebedäus mit den Gehilfen im Boot zurück und folgten ihm.

Jesus zeigt seine Macht

²¹Sie gingen weiter und kamen miteinander nach Kafarnaum, und gleich am Sabbat ging Jesus in die Synagoge. Dort sprach er zu den Versammelten. ²²Sie waren von seinen Worten tief beeindruckt; denn er lehrte wie einer, der Vollmacht von Gott hat – ganz anders als die Gesetzeslehrer.

²³In ihrer Synagoge war ein Mann, der von einem bösen Geist besessen war. Er schrie: ²⁴»Was haben wir mit dir zu schaffen, Jesus von Nazaret? Du bist doch nur gekommen, um uns zu vernichten! Ich weiß genau, wer du bist: Du bist der, der an Gottes Heiligkeit teilhat!« ²⁵Drohend sagte Jesus zu dem bösen Geist: »Schweig und fahr aus von diesem Menschen!« ²⁶Da zerrte der Geist den Mann hin und her und fuhr aus mit lautem Geschrei.

²⁷Die Leute erschraken alle und fragten einander: »Was hat

das zu bedeuten? Er hat eine ganz neue Art zu lehren –
wie einer, dem Gott Vollmacht gegeben hat! Er befiehlt
sogar den bösen Geistern, und sie gehorchen ihm.« ²⁸Wie ein
Lauffeuer verbreitete sich die Kunde von Jesus ringsum in
Galiläa.

Jesus heilt die Schwiegermutter von Petrus und viele andere Menschen

²⁹Sie verließen die Synagoge und gingen in das Haus von
Simon und Andreas. Auch Jakobus und Johannes kamen mit.
³⁰Die Schwiegermutter Simons lag mit Fieber im Bett, und
gleich, als sie ins Haus kamen, sagten sie es Jesus. ³¹Er ging
zu ihr, nahm sie bei der Hand und richtete sie auf. Das Fieber
verließ sie, und sie bereitete für alle das Essen.

³²Am Abend, nach Sonnenuntergang, brachten die Leute
alle Kranken und alle Besessenen zu Jesus. ³³Die ganze Stadt
hatte sich vor dem Haus versammelt. ³⁴Jesus heilte viele
Menschen von allen möglichen Krankheiten und trieb viele
böse Geister aus. Er ließ die bösen Geister nicht zu Wort
kommen; denn sie wußten genau, wer er war.

Jesus zieht durch Galiläa

³⁵Am nächsten Morgen verließ Jesus lange vor Sonnenaufgang die Stadt und zog sich an eine abgelegene Stelle zurück.
Dort betete er. ³⁶Simon und seine Gefährten zogen ihm nach
³⁷und fanden ihn. »Alle suchen dich«, sagten sie. ³⁸Jesus antwortete: »Wir wollen jetzt weitergehen, in die umliegenden
Dörfer. Ich muß auch dort die Gute Nachricht verkünden,
denn dazu bin ich gekommen.« ³⁹So zog Jesus durch ganz
Galiläa, verkündete in den Synagogen die Gute Nachricht
und trieb die bösen Geister aus.

Jesus heilt einen Aussätzigen

⁴⁰Einmal kam ein Aussätziger zu Jesus, warf sich vor ihm auf
die Knie und bat ihn um Hilfe. »Wenn du willst«, sagte er,
»kannst du mich gesund machen.« ⁴¹Jesus hatte Mitleid mit
ihm, streckte die Hand aus und berührte ihn. »Ich will«, sagte
er, »sei gesund!« ⁴²Im selben Augenblick verschwand der Aussatz, und der Mann war geheilt.

⁴³Sofort schickte Jesus ihn weg und befahl ihm streng:
⁴⁴»Sag ja niemand ein Wort davon, sondern geh zum Priester,
laß dir deine Heilung bestätigen und bring die Opfer, die
Mose zur Wiederherstellung der Reinheit vorgeschrieben hat.
Die Verantwortlichen sollen wissen, daß ich das Gesetz ernst
nehme.« ⁴⁵Aber der Mann ging weg und fing überall an, von

Jesus und seiner Botschaft zu erzählen und davon, wie er geheilt worden war. Jesus konnte sich bald in keiner Ortschaft mehr sehen lassen. Er hielt sich draußen in unbewohnten Gegenden auf; doch die Leute kamen von überall her zu ihm.

Jesus heilt einen Gelähmten

2 Einige Tage später kam Jesus nach Kafarnaum zurück, und bald wußte jeder, daß er wieder zu Hause war. ²Die Menschen strömten so zahlreich zusammen, daß kein Platz mehr blieb, nicht einmal draußen vor der Tür. Jesus verkündete ihnen die Botschaft Gottes.

³Da brachten vier Männer einen Gelähmten herbei, ⁴aber sie kamen wegen der Menschenmenge nicht bis zu Jesus durch. Darum stiegen sie auf das flache Dach, gruben die Lehmdecke auf und beseitigten das Holzgeflecht, genau über der Stelle, wo Jesus war. Dann ließen sie den Gelähmten auf seiner Matte durch das Loch hinunter. ⁵Als Jesus sah, wie groß ihr Vertrauen war, sagte er zu dem Gelähmten: »Mein Sohn, deine Schuld ist dir vergeben!«

⁶Da saßen aber einige Gesetzeslehrer, die dachten bei sich: ⁷»Was nimmt der sich heraus! Das ist eine Gotteslästerung! Nur Gott kann den Menschen ihre Schuld vergeben, sonst niemand!« ⁸Jesus erkannte sofort, daß sie das dachten, und fragte sie: »Was macht ihr euch da für Gedanken? ⁹Was ist leichter – diesem Gelähmten zu sagen: ›Deine Schuld ist dir vergeben‹, oder: ›Steh auf, nimm deine Matte und geh umher‹? ¹⁰Aber ihr sollt sehen, daß der Menschensohn die Vollmacht hat, hier auf der Erde Schuld zu vergeben!« Und er sagte zu dem Gelähmten: ¹¹»Ich befehle dir: Steh auf, nimm deine Matte und geh nach Hause!« ¹²Der Mann stand auf, nahm seine Matte und ging vor aller Augen weg.

Da waren sie alle außer sich; sie priesen Gott und sagten: »So etwas haben wir noch nie erlebt!«

Jesus beruft Levi und ißt mit den Zolleinnehmern

¹³Dann ging Jesus wieder hinaus an den See. Alle kamen zu ihm, und er sprach zu ihnen. ¹⁴Als er weiterging, sah er einen Zolleinnehmer an der Zollstelle sitzen: Levi, den Sohn von Alphäus. Jesus sagte zu ihm: »Komm, folge mir!« Und Levi stand auf und folgte ihm.

¹⁵Als Jesus dann in seinem Haus zu Tisch saß, waren auch viele Zolleinnehmer dabei und andere, die einen ebenso schlechten Ruf hatten. Sie alle aßen zusammen mit Jesus und seinen Jüngern. – Was die Zahl der Jünger betrifft: Es waren inzwischen viele, die sich Jesus angeschlossen hatten.

16 Die Gesetzeslehrer von der Partei der Pharisäer sahen, wie Jesus mit solchen Leuten zusammen aß. Sie fragten seine Jünger: »Wie kann er sich mit Zolleinnehmern und ähnlichem Volk an einen Tisch setzen?« 17 Jesus hörte es, und er antwortete ihnen: »Nicht die Gesunden brauchen den Arzt, sondern die Kranken. Ich bin nicht gekommen, solche Menschen in Gottes neue Welt einzuladen, bei denen alles in Ordnung ist, sondern solche, die Gott den Rücken gekehrt haben.«

Die Hochzeit hat begonnen

18 An einem Tag, an dem die Jünger des Täufers Johannes und die Pharisäer fasteten, kamen Leute zu Jesus und fragten ihn: »Wie kommt es, daß die Jünger des Täufers und die Jünger der Pharisäer regelmäßig fasten, aber deine Jünger nicht?«

19 Jesus antwortete: »Können die Hochzeitsgäste fasten, während der Bräutigam unter ihnen ist? Unmöglich können sie das, solange er bei ihnen ist! 20 Die Zeit kommt früh genug, daß der Bräutigam ihnen entrissen wird; dann werden sie fasten, immer an jenem Tag. 21 Niemand flickt ein altes Kleid mit einem neuen Stück Stoff; sonst reißt das neue Stück wieder aus und macht das Loch nur noch größer. 22 Auch füllt niemand neuen Wein, der noch gärt, in alte Schläuche; sonst sprengt der Wein die Schläuche, der Wein ist hin und die Schläuche auch. Nein, neuer Wein gehört in neue Schläuche!«

Jesus und der Sabbat

23 An einem Sabbat ging Jesus durch die Felder. Seine Jünger fingen unterwegs an, Ähren abzureißen und die Körner zu essen. 24 Die Pharisäer sagten zu Jesus: »Da sieh dir an, was sie tun! Das ist nach dem Gesetz am Sabbat verboten!« 25 Jesus antwortete ihnen: »Habt ihr nie gelesen, was David tat, als er und seine Männer hungrig waren und etwas zu essen brauchten? 26 Er ging in das Haus Gottes und aß von den geweihten Broten, damals, als Abjatar Oberster Priester war. Nach dem Gesetz dürfen doch nur die Priester dieses Brot essen – und trotzdem aß David davon und gab es auch seinen Begleitern!« 27 Jesus fügte hinzu: »Gott hat den Sabbat für den Menschen geschaffen, nicht den Menschen für den Sabbat. 28 Also ist der Menschensohn Herr auch über den Sabbat; er hat zu bestimmen, was an diesem Tag getan werden darf.«

Jesus heilt am Sabbat

3 Wieder einmal ging Jesus in eine Synagoge. Dort war ein Mann mit einer abgestorbenen Hand. ²Die Pharisäer hätten Jesus gerne angezeigt; darum beobachteten sie genau, ob er es wagen würde, ihn am Sabbat zu heilen. ³Jesus sagte zu dem Mann mit der abgestorbenen Hand: »Steh auf und stell dich in die Mitte!« ⁴Darauf fragte er die anderen: »Was darf man nach dem Gesetz am Sabbat tun? Gutes oder Böses? Einem Menschen das Leben retten oder ihn umkommen lassen?« Er bekam keine Antwort. ⁵Da sah er sie zornig der Reihe nach an. Zugleich war er traurig, weil sie so engstirnig und hartherzig waren. Dann sagte er zu dem Mann: »Streck deine Hand aus!« Er streckte sie aus, und sie wurde wieder gesund.

⁶Da gingen die Pharisäer hinaus. Sie trafen sich sogleich mit den Parteigängern von Herodes, und sie beschlossen miteinander, daß Jesus sterben müsse.

Zustrom zu Jesus am See von Galiläa

⁷Jesus zog sich mit seinen Jüngern an den See zurück. Viele Menschen aus Galiläa folgten ihm. Auch aus Judäa ⁸und aus Jerusalem, aus Idumäa und dem Gebiet auf der anderen Seite des Jordans und aus der Gegend der Städte Tyrus und Sidon kamen viele zu Jesus. Sie hatten von seinen Taten gehört und wollten ihn sehen. ⁹Jesus wies seine Jünger an, ein Boot für ihn bereitzuhalten; denn die Menge war so groß, daß sie ihn fast erdrückte. ¹⁰Weil er schon so viele geheilt hatte, stürzten sich alle Kranken auf ihn und wollten ihn berühren. ¹¹Menschen, die von bösen Geistern besessen waren, warfen sich vor ihm nieder, sobald sie ihn sahen, und schrien: »Du bist der Sohn Gottes!« ¹²Aber Jesus verbot ihnen nachdrücklich, ihn bekannt zu machen.

Jesus beruft den Kreis der Zwölf

¹³Dann stieg Jesus auf einen Berg und rief von seinen Jüngern die zu sich, die er für eine besondere Aufgabe vorgesehen hatte. Sie kamen zu ihm, ¹⁴und er setzte sie ein als die Zwölf [, die er auch Apostel nannte]. Sie sollten ständig bei ihm sein. Sie sollten dann auch von ihm ausgesandt werden, um die Gute Nachricht zu verkünden, ¹⁵und sollten die Vollmacht bekommen, die bösen Geister auszutreiben. ¹⁶Die zwölf, die Jesus dafür bestimmte, waren: Simon, dem er den Namen Petrus gab; ¹⁷Jakobus und sein Bruder Johannes, die er Donnersöhne nannte; ¹⁸dazu

Andreas, Philippus, Bartholomäus, Matthäus, Thomas, Jakobus, der Sohn von Alphäus, Thaddäus, Simon, der zur Partei der Zeloten gehört hatte, ¹⁹ und Judas Iskariot, der Jesus später verriet.

Steht Jesus mit dem Teufel im Bund?

²⁰ Dann ging Jesus nach Hause. Wieder strömte eine so große Menge zusammen, daß er und seine Jünger nicht einmal zum Essen kamen. ²¹ Als das seine Angehörigen erfuhren, machten sie sich auf den Weg, um ihn mit Gewalt wegzuholen, denn sie sagten sich: »Er muß verrückt geworden sein.«

²² Einige Gesetzeslehrer, die aus Jerusalem gekommen waren, sagten: »Er ist von Beelzebul besessen! Der oberste aller bösen Geister gibt ihm die Macht, die Geister auszutreiben.«

²³ Da rief Jesus die Gesetzeslehrer zu sich und erklärte ihnen die Sache durch Bilder: »Wie kann der Satan sich selbst austreiben? ²⁴ Ein Staat muß doch untergehen, wenn seine Machthaber einander befehden. ²⁵ Eine Familie muß zerfallen, wenn ihre Glieder miteinander im Streit liegen. ²⁶ Würde also der Satan gegen sich selbst aufstehen und mit sich selbst im Streit liegen, dann müßte er ja untergehen; er würde sich selbst das Ende bereiten! ²⁷ Hier gilt eine ganz andere Regel, als ihr meint: Niemand kann in das Haus eines Starken eindringen und ihm seine Beute rauben, wenn er den Starken nicht zuvor gefesselt hat. Dann erst kann er sein Haus ausrauben!

²⁸ Das versichere ich euch: Alles kann den Menschen vergeben werden, jede Sünde, auch jede Gotteslästerung, wie schlimm sie auch sei. ²⁹ Wer aber den Heiligen Geist beleidigt, für den gibt es keine Vergebung; er ist auf ewig schuldig geworden.«

³⁰ Das sagte Jesus, weil sie behauptet hatten: »Er ist von einem bösen Geist besessen.«

Die Angehörigen von Jesus

³¹ Inzwischen waren die Mutter und die Geschwister von Jesus angekommen. Sie standen vor dem Haus und schickten jemand, um ihn herauszurufen. ³² Rings um Jesus saßen die Menschen dicht gedrängt. Sie gaben die Nachricht an ihn weiter: »Deine Mutter und deine Brüder und Schwestern stehen draußen und fragen nach dir!«

³³ Jesus antwortete: »Wer sind meine Mutter und meine Geschwister?« ³⁴ Er sah auf die Leute, die um ihn herumsaßen, und sagte: »Das hier sind meine Mutter und meine Geschwi-

ster! ³⁵Wer tut, was Gott will, der ist mein Bruder, meine Schwester und meine Mutter!«

Jesus spricht zum Volk in Gleichnissen

4 Wieder einmal war Jesus am See und wollte zu den Menschen sprechen. Es hatte sich aber eine so große Menge versammelt, daß er sich in ein Boot setzen und ein Stück vom Ufer abstoßen mußte. Die Menge blieb am Ufer, ²ᵃund Jesus erklärte ihnen vieles von seiner Botschaft mit Hilfe von Gleichnissen.

Das Gleichnis von der Aussaat

²ᵇUnter anderem sagte er: ³»Hört zu! Ein Bauer ging aufs Feld, um zu säen. ⁴Als er die Körner ausstreute, fiel ein Teil von ihnen auf den Weg. Da kamen die Vögel und pickten sie auf. ⁵Andere Körner fielen auf felsigen Grund, der nur mit einer dünnen Erdschicht bedeckt war. Sie gingen rasch auf, weil sie sich nicht in der Erde verwurzeln konnten; ⁶aber als die Sonne hochstieg, vertrockneten die jungen Pflanzen, und weil sie keine Wurzeln hatten, verdorrten sie. ⁷Wieder andere Körner fielen in Dornengestrüpp, das bald die Pflanzen überwucherte und erstickte, so daß sie keine Frucht brachten. ⁸Andere Körner schließlich fielen auf guten Boden; sie gingen auf, wuchsen und brachten Frucht. Manche brachten dreißig Körner, andere sechzig, wieder andere hundert.«

⁹Und Jesus sagte: »Wer Ohren hat, soll gut zuhören!«

Warum Jesus Gleichnisse gebraucht

¹⁰Als Jesus mit dem Kreis der Zwölf und den anderen Jüngern allein war, wollten sie wissen, warum er in Gleichnissen sprach. ¹¹Jesus sagte: »Euch hat Gott seinen geheimnisvollen Plan erkennen lassen, nach dem er schon begonnen hat, seine Herrschaft in der Welt aufzurichten; aber die Außenstehenden erfahren von alledem nur in Gleichnissen. ¹²Es heißt ja: ›Sie sollen hinsehen, soviel sie wollen, und doch nichts erkennen; sie sollen zuhören, soviel sie wollen, und doch nichts verstehen, damit sie nicht zu Gott umkehren und er ihnen ihre Schuld vergibt!‹«

Jesus erklärt das Gleichnis von der Aussaat

¹³Jesus fragte die Zwölf und die anderen Jünger: »Versteht ihr dieses Gleichnis denn nicht? Wie wollt ihr dann all die anderen Gleichnisse verstehen? ¹⁴Der Bauer, der die Samenkörner ausstreut, sät die Botschaft Gottes aus. ¹⁵Manchmal fal-

len die Worte auf den Weg. So ist es bei den Menschen, die die Botschaft zwar hören, aber dann kommt sofort der Satan und nimmt weg, was in ihr Herz gesät wurde. 16 Bei anderen ist es wie bei dem Samen, der auf felsigen Grund fällt. Sie hören die Botschaft und nehmen sie sogleich mit Freuden an; 17 aber sie kann in ihnen keine Wurzeln schlagen, weil diese Leute unbeständig sind. Wenn sie wegen der Botschaft in Schwierigkeiten geraten oder verfolgt werden, werden sie gleich an ihr irre. 18 Wieder bei anderen ist es wie bei dem Samen, der in das Dornengestrüpp fällt. Sie hören zwar die Botschaft, 19 aber sie verlieren sich in ihren Alltagssorgen, lassen sich vom Reichtum verführen und leben nur für ihre Wünsche. Dadurch wird die Botschaft erstickt und bleibt wirkungslos. 20 Bei anderen schließlich ist es wie bei dem Samen, der auf guten Boden fällt. Sie hören die Botschaft, nehmen sie an und bringen Frucht, manche dreißigfach, andere sechzigfach, wieder andere hundertfach.«

Vom Verstehen der Guten Nachricht

21 Jesus fuhr fort: »Ist die Lampe etwa dazu da, um sie unter einen Topf oder unters Bett zu stellen? Nein, sie wird auf den Lampenständer gestellt! 22 So soll alles, was jetzt noch an Gottes Botschaft verborgen ist, ans Licht kommen, und was jetzt noch an ihr unverständlich ist, soll verstanden werden. 23 Wer Ohren hat, soll gut zuhören!«

24 Er fügte hinzu: »Achtet auf das, was ich euch sage! Nach dem Maß eures Zuhörens wird Gott euch Verständnis geben, ja noch über das Maß eures Zuhörens hinaus! 25 Denn wer viel hat, dem wird noch mehr gegeben werden, aber wer wenig hat, dem wird auch noch das wenige genommen werden, das er hat.«

Das Gleichnis von der selbstwachsenden Saat

26 Zu den versammelten Menschen sagte Jesus:

»Mit der neuen Welt Gottes ist es wie mit dem Bauern und seiner Saat: Hat er gesät, 27 so geht er nach Hause, legt sich nachts schlafen, steht morgens wieder auf – und das viele Tage lang. Inzwischen geht die Saat auf und wächst; der Bauer weiß nicht wie. 28 Ganz von selbst läßt der Boden die Pflanzen wachsen und Frucht bringen. Zuerst kommen die Halme, dann bilden sich die Ähren, und schließlich füllen sie sich mit Körnern. 29 Sobald das Korn reif ist, schickt der Bauer die Schnitter, denn es ist Zeit zum Ernten.«

Das Gleichnis vom Senfkorn:
Der entscheidende Anfang ist gemacht

30 »Wie geht es zu, wenn Gott seine Herrschaft aufrichtet?« fragte Jesus. »Womit können wir das vergleichen? 31 Es ist wie beim Senfkorn: Wenn es in die Erde gesät wird, ist es der kleinste Same, den es gibt. 32 Aber ist es einmal gesät, so geht es auf und wird größer als alle anderen Gartenpflanzen. Es treibt so große Zweige, daß die Vögel in seinem Schatten ihre Nester bauen.«

33 Jesus erzählte den Leuten noch viele ähnliche Gleichnisse, damit sie ihn besser verstehen konnten, und verkündete ihnen so die Botschaft Gottes. 34 Nie sprach er zu ihnen, ohne Gleichnisse zu gebrauchen. Aber wenn er mit seinen Jüngern allein war, erklärte er ihnen alles.

Im Sturm auf die Probe gestellt

35 Am Abend jenes Tages sagte Jesus zu seinen Jüngern: »Kommt, wir fahren zum anderen Ufer hinüber!« 36 Die Jünger verabschiedeten die Leute; dann stiegen sie ins Boot, in dem Jesus noch saß, und fuhren los. Auch andere Boote fuhren mit. 37 Da kam ein schwerer Sturm auf, so daß die Wellen ins Boot schlugen. Das Boot füllte sich schon mit Wasser, 38 Jesus aber lag hinten im Boot auf dem Sitzkissen und schlief. Die Jünger weckten ihn und riefen: »Lehrer, kümmert es dich nicht, daß wir untergehen?«

39 Jesus stand auf, sprach ein Machtwort zu dem Sturm und befahl dem tobenden See: »Schweig! Sei still!« Da legte sich der Wind, und es wurde ganz still. 40 »Warum habt ihr solche Angst?« fragte Jesus. »Habt ihr denn immer noch kein Vertrauen?«

41 Da befiel sie große Furcht, und sie fragten sich: »Wer ist das nur, daß ihm sogar Wind und Wellen gehorchen!«

Der Besessene von Gerasa

5 Auf der anderen Seite des Sees kamen sie in das Gebiet von Gerasa. 2 Als Jesus aus dem Boot stieg, lief ihm aus den Grabhöhlen ein Mann entgegen, der von einem bösen Geist besessen war. 3 Er hauste dort in den Grabhöhlen, und niemand konnte ihn bändigen, nicht einmal mit Ketten. 4 Schon oft hatte man ihn an Händen und Füßen gefesselt, aber jedesmal hatte er die Ketten zerrissen. Kein Mensch wurde mit ihm fertig. 5 Er war Tag und Nacht in den Grabhöhlen oder auf den Bergen und schrie und schlug mit Steinen auf sich ein.

⁶Schon von weitem sah er Jesus, rannte auf ihn zu, warf sich vor ihm nieder ⁷und schrie: »Jesus, du Sohn des höchsten Gottes, was habe ich mit dir zu schaffen? Ich beschwöre dich bei Gott, quäle mich nicht!« ⁸Denn Jesus hatte dem bösen Geist befohlen, aus dem Mann auszufahren. ⁹Nun fragte Jesus ihn: »Wie heißt du?« Er antwortete: »Legion. Wir sind nämlich viele!« ¹⁰Und er flehte Jesus an: »Vertreib uns nicht aus dieser Gegend!«

¹¹In der Nähe weidete eine große Schweineherde am Berghang. ¹²Die bösen Geister baten: »Schick uns doch in die Schweine!« ¹³Jesus erlaubte es ihnen. Da kamen sie heraus aus dem Mann und fuhren in die Schweine, und die Herde raste das steile Ufer hinab in den See und ertrank. Es waren etwa zweitausend Tiere.

¹⁴Die Schweinehirten liefen davon und erzählten in der Stadt und in den Dörfern, was geschehen war. Die Leute wollten es mit eigenen Augen sehen. ¹⁵Sie kamen zu Jesus und sahen den Mann, der von einer ganzen Legion böser Geister besessen gewesen war: Er saß da, ordentlich angezogen und bei klarem Verstand. Da befiel sie große Furcht. ¹⁶Die Augenzeugen berichteten ihnen ausführlich, was an dem Besessenen geschehen war, und sie erzählten auch die Geschichte mit den Schweinen. ¹⁷Darauf forderten die Leute Jesus auf, ihr Gebiet zu verlassen.

¹⁸Als Jesus ins Boot stieg, bat ihn der Geheilte: »Ich möchte bei dir bleiben!« ¹⁹Aber Jesus erlaubte es ihm nicht, sondern sagte: »Geh zurück zu deinen Angehörigen und erzähl ihnen, was Gott an dir getan und wie er mit dir Erbarmen gehabt hat.« ²⁰Der Mann gehorchte und ging. Er zog durch das Gebiet der Zehn Städte und verkündete überall, was Jesus an ihm getan hatte. Und alle staunten.

Jesus heilt eine kranke Frau und erweckt ein Mädchen vom Tod

²¹Jesus fuhr wieder ans andere Seeufer zurück. Bald hatte sich eine große Menschenmenge um ihn versammelt. Noch während Jesus am See war, ²²kam ein Synagogenvorsteher namens Jaïrus, sah ihn, warf sich vor ihm nieder ²³und bat ihn dringlich: »Meine kleine Tochter ist todkrank. Komm doch und leg ihr die Hände auf, damit sie gerettet wird und am Leben bleibt!« ²⁴Da ging Jesus mit ihm.

Eine große Menschenmenge folgte Jesus und umdrängte ihn. ²⁵Es war auch eine Frau dabei, die seit zwölf Jahren an Blutungen litt. ²⁶Sie war schon bei den verschiedensten Ärzten gewesen und hatte viele Behandlungen über sich ergehen lassen. Ihr ganzes Vermögen hatte sie dabei ausgegeben, aber es hatte nichts genützt; im Gegenteil, ihr Leiden war nur schlimmer geworden. [27] Diese Frau hatte von Jesus gehört; sie drängte sich in der Menge von hinten an ihn heran und berührte sein Gewand. [28] Denn sie sagte sich: »Wenn ich nur sein Gewand anfasse, werde ich gesund.« [29] Im selben Augenblick hörte die Blutung auf, und sie spürte, daß sie ihre Plage los war.

[30] Jesus bemerkte, daß heilende Kraft von ihm ausgegangen war, und sofort drehte er sich in der Menge um und fragte: »Wer hat mein Gewand berührt?« [31] Die Jünger sagten: »Du siehst, wie die Leute sich um dich drängen, da fragst du noch: ›Wer hat mich berührt?‹« [32] Aber Jesus blickte umher, um zu sehen, wer es gewesen war. [33] Die Frau zitterte vor Angst; sie wußte ja, was mit ihr vorgegangen war. Darum trat sie vor, warf sich vor Jesus nieder und erzählte ihm alles. [34] Jesus sagte zu ihr: »Meine Tochter, dein Vertrauen hat dir geholfen. Geh in Frieden und sei frei von deinem Leiden!«

[35] Während Jesus noch sprach, kamen Boten aus dem Haus des Synagogenvorstehers und sagten zu Jaïrus: »Deine Tochter ist gestorben. Du brauchst den Lehrer nicht weiter zu bemühen.« [36] Jesus hörte mit an, was sie redeten, und sagte zu dem Synagogenvorsteher: »Erschrick nicht, hab nur Vertrauen!« [37] Er ließ niemand weiter mitkommen außer Petrus, Jakobus und dessen Bruder Johannes.

[38] Als sie zum Haus des Synagogenvorstehers kamen, sah Jesus schon die aufgeregten Menschen und hörte das laute Klagegeschrei. [39] Er ging ins Haus und sagte: »Was soll der Lärm? Warum weint ihr? Das Kind ist nicht tot – es schläft nur.« [40] Da lachten sie ihn aus. Er aber warf sie alle hinaus, nahm nur den Vater des Kindes und die Mutter und die drei Jünger mit sich und ging in den Raum, in dem das Kind lag. [41] Er nahm es bei der Hand und sagte: »Talita kum!« Das heißt übersetzt: »Steh auf, Mädchen!« [42] Das Mädchen stand sofort auf und ging umher. Es war zwölf Jahre alt. Alle waren vor Entsetzen außer sich. [43] Aber Jesus verbot ihnen nachdrücklich, es anderen weiterzuerzählen. Dann sagte er: »Gebt dem Kind etwas zu essen!«

Jesus in Nazaret

6 Von dort ging Jesus in seine Heimatstadt. Seine Jünger begleiteten ihn. [2] Am Sabbat sprach er in der Synagoge, und viele, die ihn hörten, waren sehr verwundert. »Wo hat er das her?« fragten sie einander. »Was ist das für eine Weisheit, die ihm gegeben ist? Und erst die Wunder, die durch ihn geschehen! ³Ist er nicht der Zimmermann, der Sohn von Maria, der Bruder von Jakobus, Joses, Judas und Simon? Und leben nicht auch seine Schwestern hier bei uns?« Darum wollten sie nichts von ihm wissen.

⁴Aber Jesus sagte zu ihnen: »Ein Prophet gilt nirgends so wenig wie in seiner Heimat, bei seinen Verwandten und in seiner Familie.« ⁵Deshalb konnte er dort auch keine Wunder tun; nur einigen Kranken legte er die Hände auf und heilte sie. ⁶ᵃEr wunderte sich, daß die Leute von Nazaret ihm das Vertrauen verweigerten.

Die Aussendung der Zwölf

⁶ᵇJesus ging in die umliegenden Dörfer und sprach dort zu den Menschen. ⁷Dann rief er die Zwölf zu sich; er gab ihnen die Vollmacht, die bösen Geister auszutreiben, und sandte sie zu zweien aus. ⁸Er befahl ihnen, nichts mit auf den Weg zu nehmen außer einem Wanderstock; kein Brot, keine Vorratstasche und auch kein Geld. ⁹»Sandalen dürft ihr anziehen«, sagte er, »aber nicht zwei Hemden übereinander!« ¹⁰Weiter sagte er: »Wenn jemand euch aufnimmt, dann bleibt in seinem Haus, bis ihr von dem Ort weiterzieht. ¹¹Wenn ihr in einen Ort kommt, wo die Leute euch nicht aufnehmen und euch auch nicht anhören wollen, dann zieht sogleich weiter und schüttelt den Staub von den Füßen, damit sie gewarnt sind.«

¹²Die Zwölf machten sich auf den Weg und forderten die Menschen auf, ihr Leben zu ändern. ¹³Sie trieben viele böse Geister aus und salbten viele Kranke mit Öl und heilten sie.

Was das Volk und Herodes von Jesus denken

¹⁴Inzwischen hatte auch König Herodes von Jesus gehört; denn überall redete man von ihm. Die einen sagten: »Der Täufer Johannes ist vom Tod auferweckt worden, darum wirken solche Kräfte in ihm.« ¹⁵Andere meinten: »Er ist der wiedergekommene Elija«; wieder andere: »Er ist ein Prophet wie die Propheten der alten Zeit.« ¹⁶Herodes aber war überzeugt, daß er der Täufer Johannes sei. »Es ist der, dem ich den Kopf abschlagen ließ«, sagte er, »und jetzt ist er vom Tod auferweckt worden.«

Vom Tod des Täufers Johannes

¹⁷Herodes hatte nämlich Johannes festnehmen und gefesselt ins Gefängnis werfen lassen. Der Grund dafür war: Herodes hatte seinem Bruder Philippus die Frau, Herodias, wegge-

nommen und sie geheiratet. [18]Johannes hatte ihm daraufhin vorgehalten: »Das Gesetz Gottes erlaubt dir nicht, die Frau deines Bruders zu heiraten.« [19]Herodias war wütend auf Johannes und wollte ihn töten, konnte sich aber nicht durchsetzen. [20]Denn Herodes wußte, daß Johannes ein frommer und heiliger Mann war; darum wagte er nicht, ihn anzutasten. Er hielt ihn zwar in Haft, ließ sich aber gerne etwas von ihm sagen, auch wenn er beim Zuhören jedesmal in große Verlegenheit geriet.

[21]Aber dann kam für Herodias die günstige Gelegenheit. Herodes hatte Geburtstag und veranstaltete ein Festessen für seine hohen Regierungsbeamten, die Offiziere und die angesehensten Bürger von Galiläa. [22]Dabei trat die Tochter von Herodias als Tänzerin auf. Das gefiel Herodes und den Gästen so gut, daß der König zu dem Mädchen sagte:»Wünsche dir, was du willst; du wirst es bekommen.« [23]Er schwor sogar: »Ich werde dir alles geben, was du willst, und wenn es mein halbes Königreich wäre!«

[24]Da ging das Mädchen hinaus zu seiner Mutter und fragte: »Was soll ich mir wünschen?« Die Mutter sagte: »Den Kopf des Täufers Johannes.« [25]Schnell ging das Mädchen wieder hinein zum König und trug ihm die Bitte vor: »Ich will, daß du mir jetzt sofort auf einem Teller den Kopf des Täufers Johannes überreichst!« [26]Der König wurde sehr traurig; aber weil er vor allen Gästen einen Schwur geleistet hatte, wollte er die Bitte nicht abschlagen. [27]Er schickte den Henker und befahl ihm, den Kopf von Johannes zu bringen. Der Henker ging ins Gefängnis und enthauptete Johannes. [28]Dann brachte er den Kopf auf einem Teller herein und überreichte ihn dem Mädchen, das ihn an seine Mutter weitergab.

[29]Als die Jünger des Täufers erfuhren, was geschehen war, holten sie den Toten und legten ihn in ein Grab.

Jesus gibt fünftausend Menschen zu essen

[30]Die Apostel kehrten zu Jesus zurück und berichteten ihm, was sie alles in seinem Auftrag getan und den Menschen verkündet hatten. [31]Jesus sagte zu ihnen: »Kommt jetzt mit, ihr allein! Wir suchen einen ruhigen Platz, damit ihr euch ausruhen könnt.« Denn es war ein ständiges Kommen und Gehen, so daß sie nicht einmal Zeit zum Essen hatten. [32]So stiegen sie in ein Boot und fuhren an eine einsame Stelle. [33]Aber die Leute sahen sie abfahren und erzählten es weiter. So kam es, daß Menschen aus allen Orten zusammenliefen und noch früher dort waren als Jesus und die Zwölf.

³⁴Als Jesus aus dem Boot stieg, sah er die vielen Menschen. Da ergriff ihn das Mitleid, denn sie waren wie Schafe, die keinen Hirten haben. Darum sprach er lange zu ihnen. ³⁵Als es Abend wurde, kamen die Jünger zu Jesus und sagten: »Es ist schon spät, und die Gegend hier ist einsam. Schick doch die Leute weg! ³⁶Sie sollen in die Höfe und Dörfer ringsum gehen und sich etwas zu essen kaufen!« ³⁷Jesus erwiderte: »Gebt doch *ihr* ihnen zu essen!« Aber die Jünger sagten: »Meinst du wirklich, wir sollen losgehen und für zweihundert Silberstücke Brot kaufen und ihnen zu essen geben?« ³⁸Jesus fragte sie: »Wie viele Brote habt ihr denn bei euch? Geht, seht nach!« Sie sahen nach und sagten: »Fünf, und zwei Fische.«

³⁹Da ließ er die Jünger dafür sorgen, daß sich alle in Tischgemeinschaften im grünen Gras niedersetzten. ⁴⁰So lagerten sich die Leute in Gruppen zu hundert und zu fünfzig. ⁴¹Dann nahm Jesus die fünf Brote und die zwei Fische, sah zum Himmel auf und sprach das Segensgebet darüber. Er brach die Brote in Stücke und gab die Stücke den Jüngern, damit sie sie an die Leute verteilten. Auch die zwei Fische ließ er an alle austeilen. ⁴²Und sie aßen alle und wurden satt. ⁴³Sie füllten sogar noch zwölf Körbe mit dem, was von den Broten übrigblieb. Auch von den Fischen wurden noch Reste eingesammelt. ⁴⁴Fünftausend Männer hatten an der Mahlzeit teilgenommen.

Jesus geht über das Wasser

⁴⁵Gleich darauf drängte Jesus seine Jünger, ins Boot zu steigen und nach Betsaida ans andere Seeufer vorauszufahren. Er selbst wollte erst noch die Menschenmenge verabschieden. ⁴⁶Als er damit fertig war, ging er auf einen Berg, um zu beten. ⁴⁷Bei Einbruch der Dunkelheit war Jesus allein an Land und das Boot mitten auf dem See. ⁴⁸Jesus sah, daß seine Jünger beim Rudern nur mühsam vorwärtskamen, weil sie gegen den Wind ankämpfen mußten. Deshalb kam er im letzten Viertel der Nacht zu ihnen. Er ging über das Wasser und wollte an ihnen vorübergehen.

⁴⁹Als die Jünger ihn auf dem Wasser gehen sahen, meinten sie, es sei ein Gespenst, und schrien auf. ⁵⁰Denn sie sahen ihn alle und waren ganz verstört. Sofort sprach er sie an: »Faßt Mut! *Ich* bin's, fürchtet euch nicht!« ⁵¹Dann stieg er zu ihnen ins Boot, und der Wind legte sich. Da gerieten sie vor Entsetzen ganz außer sich. ⁵²Denn sie waren durch das Wunder mit den Broten nicht zur Einsicht gekommen; sie waren im Innersten verstockt.

Jesus heilt Kranke in Gennesaret

⁵³Sie überquerten den See und landeten bei Gennesaret. ⁵⁴Als sie aus dem Boot stiegen, erkannten die Leute Jesus sofort. ⁵⁵Sie liefen in die ganze Gegend und brachten die Kranken auf ihren Matten immer an den Ort, von dem sie hörten, daß Jesus dort sei. ⁵⁶Wohin er auch kam, in Städte, Dörfer oder Höfe, überall legte man die Kranken hinaus auf die Plätze und bat ihn, daß sie nur die Quaste seines Gewandes berühren dürften. Und alle, die es taten, wurden gesund.

Gottes Gebot und menschliche Überlieferung

7 Eines Tages versammelten sich die Pharisäer bei Jesus, und dazu noch eine Anzahl Gesetzeslehrer, die von Jerusalem gekommen waren. ²Sie sahen, daß einige seiner Jünger mit unreinen Händen aßen, das heißt, daß sie die Hände vor dem Essen nicht nach der religiösen Vorschrift gewaschen hatten. ³Denn die Pharisäer und auch alle anderen Juden richten sich nach den Vorschriften, die von den früheren Gesetzeslehrern aufgestellt und dann weiterüberliefert worden sind: Sie essen nichts, wenn sie sich nicht vorher mit einer Handvoll Wasser die Hände gewaschen haben. ⁴Wenn sie vom Markt kommen, essen sie nicht, bevor sie sich nicht ganz im Wasser untergetaucht haben. So befolgen sie noch eine Reihe von anderen überlieferten Vorschriften: über die Reinigung von Bechern, Töpfen, Kupfergeschirr und Sitzpolstern. ⁵Daher fragten die Pharisäer und Gesetzeslehrer Jesus: »Warum richten sich deine Jünger nicht nach den Vorschriften, die von den früheren Gesetzeslehrern aufgestellt und uns überliefert worden sind? Warum essen sie mit unreinen Händen?«

⁶Jesus antwortete ihnen: »Euch Scheinheilige hat der Prophet Jesaja treffend im voraus beschrieben! In seinem Buch heißt es ja: ›Dieses Volk ehrt mich nur mit Worten, sagt Gott, aber mit dem Herzen ist es weit weg von mir. ⁷Ihr ganzer Gottesdienst ist sinnlos, denn sie lehren nur Gebote, die sich Menschen ausgedacht haben.‹ ⁸Das Gebot Gottes schiebt ihr zur Seite und haltet euch statt dessen an Vorschriften, die von Menschen stammen.«

⁹Jesus fuhr fort: »Sehr geschickt bringt ihr es fertig, das Gebot Gottes außer Kraft zu setzen, um eure überlieferte Vorschrift zur Geltung zu bringen! ¹⁰Mose hat bekanntlich gesagt: ›Ehre deinen Vater und deine Mutter!‹ und: ›Wer zu seinem Vater oder seiner Mutter etwas Schändliches sagt, wird mit dem Tod bestraft.‹ ¹¹Ihr dagegen behauptet: Wenn jemand zu seinem Vater oder seiner Mutter sagt: Korban –

das heißt: Was ihr von mir bekommen müßtet, ist für Gott bestimmt –, ¹²dann braucht er für seine Eltern nichts mehr zu tun. Ja, ihr erlaubt es ihm dann nicht einmal mehr. ¹³So setzt ihr das Wort Gottes außer Kraft und ersetzt es durch eure Überlieferungen. Dafür gibt es noch viele andere Beispiele.«

Was unrein macht

¹⁴Dann rief Jesus die Menge wieder zu sich und sagte: »Hört mir alle zu und begreift! ¹⁵Nichts, was der Mensch von außen in sich aufnimmt, kann ihn unrein machen. Nur das, was aus ihm herauskommt, macht ihn unrein!« [¹⁶Wer Ohren hat, soll gut zuhören!]

¹⁷Als Jesus sich von der Menge in ein Haus zurückgezogen hatte, fragten ihn seine Jünger, wie er das gemeint habe. ¹⁸Er antwortete: »Seid ihr denn auch so unverständig? Begreift ihr das nicht? Alles, was der Mensch von außen in sich aufnimmt, kann ihn nicht unrein machen, ¹⁹weil es nicht in sein Herz, sondern nur in den Magen gelangt und dann vom Körper wieder ausgeschieden wird.« Damit erklärte Jesus alle Speisen für rein. ²⁰»Aber das«, fuhr er fort, »was aus dem Menschen selbst herauskommt, das macht ihn unrein! ²¹Denn aus ihm selbst, aus seinem Herzen, kommen die bösen Gedanken, und mit ihnen Unzucht, Diebstahl und Mord; ²²Ehebruch, Habsucht und Niedertracht; Betrug, Ausschweifung und Neid; Verleumdung, Überheblichkeit und Unvernunft. ²³All das kommt aus dem Inneren des Menschen und macht ihn unrein.«

Das Vertrauen einer nichtjüdischen Frau

²⁴Jesus ging von dort weg in das Gebiet von Tyrus. Er zog sich in ein Haus zurück und wollte, daß niemand von ihm erfuhr. Aber er konnte nicht verborgen bleiben. ²⁵Schon hatte eine Frau von ihm gehört, deren Tochter von einem bösen Geist besessen war. Sie kam und warf sich Jesus zu Füßen. ²⁶Sie war keine Jüdin, sondern war in dieser Gegend zu Hause. Sie bat ihn, den bösen Geist aus ihrer Tochter auszutreiben. ²⁷Aber Jesus sagte zu ihr: »Zuerst müssen die Kinder satt werden. Es ist nicht recht, ihnen das Brot wegzunehmen und es den Hunden vorzuwerfen.«

²⁸»Herr«, entgegnete sie, »aber auch die Hunde bekommen ja die Brocken, die die Kinder unter den Tisch fallen lassen.« ²⁹Jesus sagte zu ihr: »Das war eine Antwort! Geh nach Hause; der böse Geist ist aus deiner Tochter ausgefahren.« ³⁰Die Frau ging nach Hause und fand ihr Kind aufs Bett geworfen; der böse Geist war ausgefahren.

Jesus heilt einen Taubstummen

[31] Jesus verließ wieder das Gebiet von Tyrus und zog über Sidon zum See von Galiläa, mitten ins Gebiet der Zehn Städte. [32] Dort brachten sie einen Taubstummen zu ihm mit der Bitte, ihm die Hände aufzulegen. [33] Jesus führte ihn ein Stück von der Menge fort und legte seine Finger in die Ohren des Kranken; dann berührte er dessen Zunge mit Speichel. [34] Er blickte zum Himmel empor, stöhnte und sagte zu dem Mann: »Effata!« Das heißt: »Öffne dich!« [35] Im selben Augenblick konnte der Mann hören; auch seine Zunge löste sich, und er konnte richtig sprechen.

[36] Jesus verbot den Anwesenden, es irgend jemand weiterzusagen; aber je mehr er es ihnen verbot, desto mehr machten sie es bekannt. [37] Die Leute waren ganz außer sich und sagten: »Wie gut ist alles, was er gemacht hat: Den Gehörlosen gibt er das Gehör und den Stummen die Sprache!«

Jesus gibt viertausend Menschen zu essen

8 Damals waren wieder einmal viele Menschen bei Jesus versammelt, und sie hatten nichts zu essen. Da rief Jesus die Jünger zu sich und sagte: [2] »Die Leute tun mir leid. Seit drei Tagen sind sie hier bei mir und haben nichts zu essen. [3] Wenn ich sie jetzt hungrig nach Hause schicke, werden sie unterwegs zusammenbrechen; denn sie sind zum Teil von weit her gekommen.« [4] Die Jünger gaben zu bedenken: »Wo soll jemand hier in dieser unbewohnten Gegend das Brot hernehmen, um all diese Menschen satt zu machen?« [5] »Wie viele Brote habt ihr?« fragte Jesus, und sie sagten: »Sieben!«

[6] Da forderte er die Leute auf, sich auf die Erde zu setzen. Dann nahm er die sieben Brote, sprach darüber das Dankgebet, brach sie in Stücke und gab sie seinen Jüngern zum Austeilen. Die Jünger verteilten sie an die Menge. [7] Außerdem hatten sie ein paar kleine Fische. Jesus segnete sie und ließ sie ebenfalls austeilen. [8] Die Leute aßen und wurden satt und füllten sogar noch sieben Körbe mit dem Brot, das übrigblieb. [9] Es waren etwa viertausend Menschen. Dann schickte Jesus sie nach Hause, [10] stieg mit seinen Jüngern in ein Boot und fuhr in die Gegend von Dalmanuta.

Die Pharisäer fordern einen Beweis

[11] Jetzt kamen die Pharisäer zu Jesus und begannen, mit ihm zu streiten. Sie wollten ihn auf die Probe stellen und verlangten von ihm ein Zeichen vom Himmel als Beweis dafür, daß er wirklich von Gott beauftragt sei.

¹²Jesus stöhnte und sagte: »Wieso verlangt diese Generation einen Beweis? Ich versichere euch: Diese Generation bekommt nie und nimmer einen Beweis!« ¹³Damit ließ er sie stehen, stieg wieder ins Boot und fuhr ans andere Seeufer.

Unverständige Jünger

¹⁴Die Jünger hatten vergessen, Brot zu besorgen; nur ein einziges hatten sie bei sich im Boot. ¹⁵Jesus warnte sie: »Nehmt euch in acht vor dem Sauerteig der Pharisäer und vor dem Sauerteig von Herodes!« ¹⁶Da sagten sie zueinander: »Wir haben kein Brot!« ¹⁷Jesus hörte es und sagte zu ihnen: »Was macht ihr euch Sorgen darüber, daß ihr kein Brot habt? Versteht ihr immer noch nichts? Begreift ihr denn gar nichts? Seid ihr genauso verstockt wie die anderen? ¹⁸Ihr habt doch Augen, warum seht ihr nicht? Ihr habt doch Ohren, warum hört ihr nicht? Erinnert ihr euch nicht daran, ¹⁹wie ich die fünf Brote unter fünftausend Menschen ausgeteilt habe? Wie viele Körbe mit Resten habt ihr da eingesammelt?« »Zwölf«, sagten sie. ²⁰»Und als ich die sieben Brote unter viertausend Menschen ausgeteilt habe, wie viele Körbe mit Resten waren es da?« »Sieben«, antworteten sie; ²¹und Jesus sagte: »Begreift ihr denn immer noch nichts?«

Jesus heilt einen Blinden

²²Als sie nach Betsaida kamen, brachten die Leute einen Blinden und baten Jesus, den Mann zu berühren. ²³Jesus nahm ihn bei der Hand und führte ihn aus dem Ort hinaus. Er spuckte ihm in die Augen, legte ihm die Hände auf und fragte: »Kannst du etwas erkennen?« ²⁴Der Blinde blickte auf und sagte: »Ja, ich sehe die Menschen; sie sehen aus wie wandelnde Bäume.« ²⁵Noch einmal legte ihm Jesus die Hände auf die Augen. Danach blickte der Mann wieder auf – und war geheilt. Er konnte jetzt alles ganz deutlich erkennen. ²⁶Jesus befahl ihm: »Geh nicht erst nach Betsaida hinein, sondern geh gleich nach Hause!«

JESUS AUF DEM WEG NACH JERUSALEM
(8,27–10,52)

Petrus spricht aus, wer Jesus ist

²⁷Jesus zog mit seinen Jüngern weiter in die Dörfer bei Cäsarea Philippi. Unterwegs fragte er sie: »Für wen halten mich eigentlich die Leute?« ²⁸Die Jünger gaben zur Antwort: »Einige halten dich für den wiederauferstandenen Täufer Jo-

hannes, andere halten dich für den wiedergekommenen Elija, und noch andere meinen, du seist einer von den alten Propheten.«

²⁹»Und ihr«, wollte Jesus wissen, »für wen haltet ihr mich?« Da sagte Petrus: »Du bist Christus, der versprochene Retter!« ³⁰Aber Jesus schärfte ihnen ein, mit niemand darüber zu reden.

Jesus kündigt zum erstenmal seinen Tod an

³¹Danach begann Jesus den Jüngern klarzumachen, was Gott mit ihm vorhatte: daß der Menschensohn vieles erleiden und von den Ratsältesten, den führenden Priestern und den Gesetzeslehrern verworfen werden müsse, daß er getötet werden und nach drei Tagen auferstehen müsse. ³²Jesus sagte ihnen das ganz offen.

Da nahm Petrus ihn beiseite, fuhr ihn an und wollte ihm das ausreden. ³³Aber Jesus wandte sich um, sah die anderen Jünger und wies Petrus scharf zurecht. »Geh weg!« sagte er. »Hinter mich, an deinen Platz, du Satan! Deine Gedanken stammen nicht von Gott, sie sind typisch menschlich.«

Jesus folgen heißt: ihm das Kreuz nachtragen

³⁴Dann rief Jesus die ganze Menschenmenge hinzu und sagte: »Wer mir folgen will, muß sich und seine Wünsche aufgeben, sein Kreuz auf sich nehmen und auf meinem Weg hinter mir hergehen. ³⁵Denn wer sein Leben retten will, wird es verlieren. Aber wer sein Leben wegen mir und wegen der Guten Nachricht verliert, wird es retten. ³⁶Was hat ein Mensch davon, wenn er die ganze Welt gewinnt, aber zuletzt sein Leben verliert? ³⁷Womit will er es dann zurückkaufen? ³⁸Die Menschen dieser schuldbeladenen Generation wollen von Gott nichts wissen. Wenn jemand nicht den Mut hat, sich vor ihnen zu mir und meiner Botschaft zu bekennen, dann wird auch der Menschensohn keinen Mut haben, sich zu ihm zu bekennen, wenn er in der Herrlichkeit seines Vaters mit den heiligen Engeln kommt!«

9 Und er fügte hinzu: »Ich versichere euch: Einige von euch, die jetzt hier stehen, werden noch zu ihren Lebzeiten sehen, wie Gottes Herrschaft machtvoll aufgerichtet wird.«

Drei Jünger sehen Jesus in Herrlichkeit (Die »Verklärung«)

²Sechs Tage später nahm Jesus die drei Jünger Petrus, Jakobus und Johannes mit sich und führte sie auf einen hohen

Berg. Sonst war niemand bei ihnen. Vor den Augen der Jünger ging mit Jesus eine Verwandlung vor sich: ³Seine Kleider strahlten in einem Weiß, wie es niemand durch Waschen oder Bleichen hervorbringen kann. ⁴Und dann sahen sie auf einmal Elija und dazu Mose bei Jesus stehen und mit ihm reden. ⁵Da sagte Petrus zu Jesus: »Wie gut, daß wir hier sind, Rabbi! Wir wollen drei Zelte aufschlagen, eins für dich, eins für Mose und eins für Elija.« ⁶Er wußte nämlich nicht, was er sagen sollte, denn er und die beiden andern waren vor Schreck ganz verstört.

⁷Da kam eine Wolke und warf ihren Schatten über sie, und eine Stimme aus der Wolke sagte: »Dies ist mein Sohn, ihm gilt meine Liebe; auf ihn sollt ihr hören!« ⁸Dann aber, als sie um sich blickten, sahen sie niemand mehr, nur Jesus allein war noch bei ihnen.

⁹Während sie den Berg hinunterstiegen, befahl ihnen Jesus, mit niemand über das zu sprechen, was sie gesehen hatten, bevor nicht der Menschensohn vom Tod auferstanden wäre. ¹⁰Dieses Wort griffen sie auf und diskutierten darüber, was denn das heiße, vom Tod auferstehen.

Vom Kommen des Propheten Elija

¹¹Die drei Jünger fragten Jesus: »Warum behaupten die Gesetzeslehrer, daß vor dem Ende erst noch Elija wiederkommen muß?« ¹²Jesus sagte: »Gewiß, Elija kommt zuerst, um das ganze Volk Gottes wiederherzustellen. Aber warum heißt es dann noch in den Heiligen Schriften, daß der Menschensohn vieles erleiden muß und verachtet sein wird? ¹³Doch ich sage euch: Elija ist schon gekommen, und auch mit ihm haben sie gemacht, was sie wollten. So ist es ja auch über ihn geschrieben.«

Jesus heilt ein besessenes Kind
und mahnt Vertrauen an

¹⁴Als sie zu den anderen Jüngern zurückkamen, fanden sie diese im Streit mit einigen Gesetzeslehrern und umringt von einer großen Menschenmenge. ¹⁵Sobald die Menschen Jesus sahen, gerieten sie in Aufregung; sie liefen zu ihm hin und begrüßten ihn. ¹⁶Jesus fragte sie: »Was streitet ihr mit meinen Jüngern?« ¹⁷Ein Mann aus der Menge gab ihm zur Antwort: »Lehrer, ich habe meinen Sohn zu dir gebracht; er ist von einem bösen Geist besessen, darum kann er nicht sprechen. ¹⁸Immer, wenn dieser Geist ihn packt, wirft er ihn zu Boden. Schaum steht dann vor seinem Mund, er knirscht mit den Zähnen, und sein ganzer Körper wird steif. Ich habe deine

Jünger gebeten, den bösen Geist auszutreiben, aber sie konnten es nicht.«

[19] Da sagte Jesus zu allen, wie sie dastanden: »Was ist das für eine Generation, die Gott nichts zutraut! Wie lang soll ich noch bei euch aushalten und euch ertragen? Bringt den Jungen her!« [20] Sie brachten ihn zu Jesus. Sobald der böse Geist Jesus erblickte, zerrte er das Kind hin und her; es fiel hin und wälzte sich mit Schaum vor dem Mund auf der Erde. [21] »Wie lange hat er das schon?« fragte Jesus. »Von klein auf«, sagte der Vater, [22] »und oft hat der böse Geist ihn auch schon ins Feuer oder ins Wasser geworfen, um ihn umzubringen. Hab doch Erbarmen mit uns und hilf uns, wenn du kannst!«

[23] »Was heißt hier: ›Wenn du kannst‹?« sagte Jesus. »Wer Gott vertraut, dem ist alles möglich.« [24] Da rief der Vater: »Ich vertraue ihm ja – und kann es doch nicht! Hilf mir vertrauen!«

[25] Jesus sah, daß immer mehr Leute zusammenliefen; da sagte er drohend zu dem bösen Geist: »Du stummer und tauber Geist, ich befehle dir: Fahr aus aus diesem Kind und komm nie wieder zurück!« [26] Der Geist schrie anhaltend und zerrte den Jungen wie wild hin und her, dann fuhr er aus ihm aus. Der Junge lag wie leblos am Boden, so daß die Leute schon sagten: »Er ist tot.« [27] Aber Jesus nahm ihn bei der Hand und richtete ihn auf, und er stand auf.

[28] Als Jesus später im Haus war, fragten ihn seine Jünger: »Warum konnten wir den bösen Geist nicht austreiben?« [29] Er gab ihnen zur Antwort: »Nur durch Gebet können solche Geister ausgetrieben werden.«

Jesus kündigt zum zweitenmal seinen Tod an

[30] Sie gingen von dort weiter und zogen durch Galiläa. Jesus wollte nicht, daß es bekannt wurde, [31] denn ihm lag daran, seinen Jüngern zu erklären, was ihm bevorstand. Er sagte zu ihnen: »Der Menschensohn wird nach dem Willen Gottes an die Menschen ausgeliefert werden, und sie werden ihn töten. Doch drei Tage nach seinem Tod wird er auferstehen.«

[32] Die Jünger wußten mit dem, was Jesus da sagte, nichts anzufangen; aber sie scheuten sich, ihn zu fragen.

Wer ist der Größte?

[33] Sie kamen nach Kafarnaum. Im Haus angelangt, fragte Jesus seine Jünger: »Worüber habt ihr euch unterwegs gestritten?« [34] Sie schwiegen, denn sie hatten sich gestritten, wer von ihnen wohl der Größte wäre. [35] Da setzte Jesus sich hin, rief die Zwölf zu sich und sagte zu ihnen: »Wer der Erste sein will, der muß der Letzte von allen werden und allen anderen die-

nen!« ³⁶Und er winkte ein Kind heran, stellte es in ihre Mitte, nahm es in seine Arme und sagte zu ihnen: ³⁷»Wer in meinem Namen solch ein Kind aufnimmt, nimmt mich auf. Und wer mich aufnimmt, nimmt nicht nur mich auf, sondern gleichzeitig den, der mich gesandt hat.«

Wer nicht gegen uns ist, ist für uns

³⁸Johannes sagte zu Jesus: »Lehrer, wir haben da einen Mann gesehen, der hat deinen Namen dazu benutzt, böse Geister auszutreiben. Wir haben versucht, ihn daran zu hindern, weil er nicht zu uns gehört.«

³⁹»Laß ihn doch!« sagte Jesus. »Wer meinen Namen gebraucht, um Wunder zu tun, kann nicht im nächsten Augenblick schlecht von mir reden. ⁴⁰Wer nicht gegen uns ist, ist für uns! ⁴¹Wer euch nur einen Schluck Wasser zu trinken gibt, weil ihr zu Christus gehört – ich versichere euch, ein solcher Mensch wird ganz gewiß seinen Lohn erhalten!«

Warnung vor jeder Art von Verführung

⁴²»Wer einen dieser kleinen, unbedeutenden Menschen, die mir vertrauen, an mir irre werden läßt, der käme noch gut weg, wenn er mit einem Mühlstein um den Hals ins Meer geworfen würde.

⁴³Wenn deine Hand dich zum Bösen verführt, dann hau sie ab! Es ist besser für dich, mit nur einer Hand ewig bei Gott zu leben, als mit beiden Händen in die Hölle zu kommen, in das Feuer, das nie ausgeht. ⁴⁵Und wenn dein Fuß dich zum Bösen verführt, dann hau ihn ab! Es ist besser für dich, mit nur einem Fuß ewig bei Gott zu leben, als mit beiden Füßen in die Hölle geworfen zu werden[, ⁴⁶wo die Qual nicht aufhört und das Feuer nicht ausgeht]. ⁴⁷Und wenn dein Auge dich verführt, dann reiß es aus! Es ist besser für dich, mit nur einem Auge in die neue Welt Gottes zu kommen, als mit beiden Augen in die Hölle geworfen zu werden, ⁴⁸wo die Qual nicht aufhört und das Feuer nicht ausgeht.«

Ein ernstes Wort an die Jünger

⁴⁹»Zu jeder Opfergabe gehört das Salz und zu jedem von euch das Feuer des Leidens, das euch reinigt und bewahrt. ⁵⁰Salz ist etwas Gutes; wenn es aber seine Kraft verliert, wodurch wollt ihr sie ihm wiedergeben? Zeigt, daß ihr die Kraft des Salzes in euch habt: Haltet untereinander Frieden!«

Jesus bricht auf nach Judäa

10 Dann brach Jesus von dort auf und zog nach Judäa und in das Gebiet auf der anderen Seite des Jordans. Auch dort versammelten sich viele Menschen bei ihm, und wie immer sprach er zu ihnen.

Über die Ehescheidung

²Da kamen einige Pharisäer und versuchten, ihm eine Falle zu stellen. Sie fragten ihn: »Ist es einem Mann erlaubt, seine Frau wegzuschicken?« ³Jesus antwortete mit der Gegenfrage: »Was hat Mose euch denn für eine Vorschrift gegeben?« ⁴Sie erwiderten: »Mose hat erlaubt, daß ein Mann seiner Frau eine Scheidungsurkunde ausstellen und sie dann wegschicken kann.«

⁵Da sagte Jesus: »Mose hat euch diese Vorschrift nur gegeben, weil ihr euer Herz gegen Gott verhärtet habt – und damit eure Hartherzigkeit ans Licht kommt. ⁶Gott hat am Anfang den Menschen als Mann und Frau geschaffen. ⁷Deshalb verläßt ein Mann Vater und Mutter, um mit seiner Frau zu leben. ⁸Die zwei sind dann eins, mit Leib und Seele. Sie sind also nicht mehr zwei, sondern eins. ⁹Und was Gott zusammengefügt hat, das sollen Menschen nicht scheiden.«

¹⁰Als sie dann im Haus waren, baten die Jünger Jesus wieder um eine Erklärung, ¹¹und er sagte zu ihnen: »Wer sich von seiner Frau trennt und eine andere heiratet, begeht Ehebruch gegenüber seiner ersten Frau. ¹²Und auch umgekehrt: Eine Frau, die sich von ihrem Mann trennt und einen andern heiratet, begeht Ehebruch.«

Jesus und die Kinder

¹³Einige Leute wollten ihre Kinder zu Jesus bringen, damit er sie berühre; aber seine Jünger fuhren sie an und wollten sie wegschicken. ¹⁴Als Jesus es bemerkte, wurde er zornig und sagte zu den Jüngern: »Laßt die Kinder doch zu mir kommen und hindert sie nicht daran; denn für Menschen wie sie steht Gottes neue Welt offen. ¹⁵Ich versichere euch: Wer sich Gottes neue Welt nicht schenken läßt wie ein Kind, wird niemals hineinkommen.« ¹⁶Dann nahm er die Kinder in die Arme, legte ihnen die Hände auf und segnete sie.

Die Gefahr des Reichtums

¹⁷Als Jesus weitergehen wollte, kam ein Mann zu ihm gelaufen, warf sich vor ihm auf die Knie und fragte: »Guter Lehrer, was muß ich tun, um das ewige Leben zu bekommen?«

¹⁸Jesus antwortete: »Warum nennst du mich gut? Nur einer ist gut: Gott! ¹⁹Und seine Gebote kennst du doch: Du sollst nicht morden, nicht die Ehe brechen, nicht stehlen, nichts Unwahres über deinen Mitmenschen sagen, niemand berauben; ehre deinen Vater und deine Mutter!«

²⁰»Lehrer«, erwiderte der Mann, »diese Gebote habe ich von Jugend an alle befolgt.« ²¹Jesus sah ihn an; er gewann ihn lieb und sagte zu ihm: »Eines fehlt dir: Geh, verkauf alles, was du hast, und gib das Geld den Armen, so wirst du bei Gott einen unverlierbaren Besitz haben. Und dann komm und folge mir!« ²²Der Mann war enttäuscht über das, was Jesus ihm sagte, und ging traurig weg; denn er hatte großen Grundbesitz.

²³Jesus sah seine Jünger der Reihe nach an und sagte: »Wie schwer haben es doch die Besitzenden, in die neue Welt Gottes zu kommen!« ²⁴Die Jünger erschraken über seine Worte, aber Jesus sagte noch einmal: »Ja, Kinder, es ist sehr schwer, dort hineinzukommen! ²⁵Eher kommt ein Kamel durch ein Nadelöhr als ein Reicher in Gottes neue Welt.« ²⁶Da gerieten die Jünger völlig außer sich. »Wer kann dann überhaupt gerettet werden?« fragten sie einander. ²⁷Jesus sah sie an und sagte: »Wenn es auf die Menschen ankommt, ist es unmöglich, aber nicht, wenn es auf Gott ankommt. Für Gott ist alles möglich.«

Der Lohn für die, die alles aufgegeben haben

²⁸Da sagte Petrus zu Jesus: »Du weißt, wir haben alles stehen- und liegenlassen und sind dir gefolgt.«

²⁹Jesus antwortete: »Ich versichere euch: Niemand bleibt unbelohnt, der um meinetwillen und um die Gute Nachricht weiterzusagen etwas aufgibt. Wer dafür irgend etwas zurückläßt – Haus oder Brüder oder Schwestern oder Mutter oder Vater oder Kinder oder Felder –, ³⁰wird das Zurückgelassene hundertfach neu bekommen: zunächst noch in dieser Welt Häuser und Brüder und Schwestern und Mütter und Kinder und Felder, wenn auch mitten in Verfolgungen, und in der kommenden Welt das ewige Leben. ³¹Aber viele, die jetzt vorn sind, werden dann am Schluß stehen, und viele, die jetzt die Letzten sind, werden schließlich die Ersten sein.«

Jesus kündigt zum drittenmal seinen Tod an

³²Sie waren unterwegs nach Jerusalem; Jesus ging ihnen voran. Alle, die dabei waren, wunderten sich; die Jünger aber hatten Angst. Wieder nahm Jesus die Zwölf beiseite und machte ihnen klar, was bald mit ihm geschehen werde.

³³»Hört zu!« sagte er. »Wir gehen jetzt nach Jerusalem. Dort wird der Menschensohn nach dem Willen Gottes den führenden Priestern und den Gesetzeslehrern ausgeliefert werden. Sie werden ihn zum Tod verurteilen und den Fremden übergeben, die Gott nicht kennen. ³⁴Die werden ihren Spott mit ihm treiben, ihn anspucken, auspeitschen und töten; doch nach drei Tagen wird er vom Tod auferstehen.«

Nicht herrschen, sondern dienen

³⁵Da gingen Jakobus und Johannes, die Söhne von Zebedäus, zu Jesus hin und sagten zu ihm: »Lehrer, wir möchten, daß du uns eine Bitte erfüllst!« ³⁶»Was möchtet ihr denn?« fragte sie Jesus. »Was soll ich für euch tun?« ³⁷Sie sagten: »Wir möchten, daß du uns rechts und links neben dir sitzen läßt, wenn du deine Herrschaft angetreten hast!«

³⁸Jesus sagte zu ihnen: »Ihr wißt nicht, was ihr da verlangt! Könnt ihr den Kelch trinken, den ich trinke? Könnt ihr die Taufe auf euch nehmen, mit der ich getauft werde?« ³⁹»Das können wir!« sagten sie.

Jesus erwiderte: »Ihr werdet tatsächlich den gleichen Kelch trinken wie ich und mit der Taufe getauft werden, die mir bevorsteht. ⁴⁰Aber ich kann nicht darüber verfügen, wer rechts und links neben mir sitzen wird. Auf diesen Plätzen werden die sitzen, die Gott dafür bestimmt hat.«

⁴¹Die anderen zehn hatten das Gespräch mit angehört und ärgerten sich über Jakobus und Johannes. ⁴²Da rief Jesus alle zwölf zu sich her und sagte: »Ihr wißt: Die Herrscher der Völker, ihre Großen, unterdrücken ihre Leute und lassen sie ihre Macht spüren. ⁴³Bei euch muß es anders sein! Wer von euch etwas Besonderes sein will, soll den anderen dienen, ⁴⁴und wer von euch an der Spitze stehen will, soll sich allen unterordnen. ⁴⁵Auch der Menschensohn ist nicht gekommen, um sich bedienen zu lassen, sondern um zu dienen und sein Leben als Lösegeld für alle Menschen hinzugeben.«

Jesus heilt einen Blinden

⁴⁶Sie kamen nach Jericho. Als Jesus die Stadt wieder verließ, gefolgt von seinen Jüngern und einer großen Menschenmenge, saß da am Straßenrand ein Blinder und bettelte. Es war Bartimäus, der Sohn von Timäus. ⁴⁷Als er hörte, daß es Jesus von Nazaret war, der da vorbeikam, fing er an, laut zu rufen: »Jesus, Sohn Davids! Hab Erbarmen mit mir!« ⁴⁸Viele fuhren ihn an, er solle still sein; aber er schrie nur noch lauter: »Sohn Davids, hab Erbarmen mit mir!«

⁴⁹Da blieb Jesus stehen und sagte: »Ruft ihn her!« Einige

liefen zu dem Blinden hin und sagten zu ihm: »Fasse Mut, steh auf! Jesus ruft dich!« ⁵⁰Da warf der Blinde seinen Mantel ab, sprang auf und kam zu Jesus.

⁵¹»Was willst du?« fragte Jesus. »Was soll ich für dich tun?« Der Blinde sagte: »Rabbuni, ich möchte wieder sehen können!« ⁵²Jesus antwortete: »Geh nur, dein Vertrauen hat dir geholfen!« Im gleichen Augenblick konnte er sehen und folgte Jesus auf seinem Weg.

AUSEINANDERSETZUNGEN IN JERUSALEM
(Kapitel 11–12)

Jesus zieht in Jerusalem ein

11 Kurz vor Jerusalem kamen sie zu den Ortschaften Betfage und Betanien am Ölberg. Dort schickte Jesus zwei seiner Jünger fort ²mit dem Auftrag: »Geht in das Dorf da drüben! Gleich am Ortseingang werdet ihr einen jungen Esel angebunden finden, auf dem noch nie ein Mensch geritten ist. Bindet ihn los und bringt ihn her! ³Und wenn jemand fragt: ›Warum macht ihr das?‹, dann antwortet: ›Der Herr braucht ihn und wird ihn gleich wieder zurückschicken.‹«

⁴Die beiden gingen hin und fanden tatsächlich den jungen Esel draußen auf der Straße an einem Hoftor angebunden. Als sie ihn losmachten, ⁵sagten ein paar Leute, die dort standen: »Was tut ihr da? Warum bindet ihr den Esel los?« ⁶Da sagten sie, was Jesus ihnen aufgetragen hatte, und die Leute ließen sie machen.

⁷Die beiden Jünger brachten den Esel zu Jesus und legten ihre Kleider über das Tier, und Jesus setzte sich darauf. ⁸Viele Menschen breiteten ihre Kleider als Teppich auf die Straße. Andere rissen Zweige von den Büschen auf den Feldern und legten sie auf den Weg. ⁹Die Menschen, die Jesus vorausliefen und die ihm folgten, riefen immer wieder: »Gepriesen sei Gott! Heil dem, der in seinem Auftrag kommt! ¹⁰Heil der Herrschaft unseres Vaters David, die jetzt anbricht! Gepriesen sei Gott in der Höhe!«

¹¹So zog Jesus nach Jerusalem hinein und ging in den Tempel. Dort sah er sich alles an. Doch weil es schon spät geworden war, verließ er die Stadt wieder und ging nach Betanien, zusammen mit dem Kreis der Zwölf.

Israel – ein Feigenbaum ohne Früchte

¹²Als sie Betanien am nächsten Morgen wieder verließen, bekam Jesus Hunger. ¹³Da sah er in einiger Entfernung einen

Feigenbaum, der schon Blätter trug. Er ging hin, um zu sehen, ob nicht Früchte an ihm wären. Aber er fand nichts als Blätter, denn es war nicht die Jahreszeit für Feigen. ¹⁴Da sagte Jesus zu dem Feigenbaum: »Von dir soll nie mehr jemand Feigen essen!« Seine Jünger konnten es hören.

Jesus im Tempel

¹⁵In Jerusalem ging Jesus wieder in den Tempel. Dort begann er, die Händler und Käufer hinauszujagen. Er stieß die Tische der Geldwechsler und die Stände der Taubenverkäufer um ¹⁶und ließ nicht zu, daß jemand irgend etwas durch den Vorhof des Tempels trug. ¹⁷Dazu sagte er ihnen: »Steht nicht in den Heiligen Schriften, daß Gott erklärt hat: ›Mein Tempel soll eine Stätte sein, an der alle Völker zu mir beten können.‹? Ihr aber habt eine Räuberhöhle daraus gemacht!«

¹⁸Als das die führenden Priester und die Gesetzeslehrer hörten, suchten sie nach einer Möglichkeit, Jesus umzubringen. Sie fürchteten seinen Einfluß, denn die Volksmenge war tief beeindruckt von dem, was er sagte. ¹⁹Am Abend verließ Jesus mit seinen Jüngern wieder die Stadt.

Vorzeichen des Gerichts über Israel. Grundlagen der Jüngerexistenz

²⁰Früh am nächsten Morgen kamen sie wieder an dem Feigenbaum vorbei. Er war bis in die Wurzel abgestorben. ²¹Da erinnerte sich Petrus und sagte zu Jesus: »Rabbi, sieh, der Feigenbaum, den du verflucht hast, ist verdorrt!« ²²Jesus antwortete: »Habt Vertrauen zu Gott! ²³Ich versichere euch: Wenn jemand zu diesem Berg sagt: ›Auf, stürze dich ins Meer!‹ und hat keinerlei Zweifel, sondern vertraut fest darauf, daß es geschieht, dann geschieht es auch. ²⁴Deshalb sage ich euch: Wenn ihr Gott um irgend etwas bittet, müßt ihr nur darauf vertrauen, daß er eure Bitte schon erfüllt hat, dann *wird* sie auch erfüllt. ²⁵Aber wenn ihr betet, sollt ihr euren Mitmenschen vergeben, falls ihr etwas gegen sie habt, damit euer Vater im Himmel auch euch die Verfehlungen vergibt.« [²⁶Wenn ihr anderen nicht vergebt, wird euer Vater im Himmel euch eure Verfehlungen auch nicht vergeben.]

Woher hat Jesus die Vollmacht?

²⁷Dann gingen sie wieder nach Jerusalem hinein. Als Jesus dort im Tempel umherging, kamen die führenden Priester, die Gesetzeslehrer und die Ratsältesten zu ihm ²⁸und sagten: »Woher nimmst du das Recht, hier so aufzutreten? Wer hat dir

die Vollmacht dazu gegeben?« ²⁹Jesus erwiderte: »Ich habe nur *eine* Frage an euch. Die beantwortet mir, dann werde ich euch sagen, mit welchem Recht ich so handle. ³⁰Sagt mir: Woher hatte der Täufer Johannes den Auftrag, zu taufen? Von Gott oder von Menschen?«

³¹Sie überlegten: »Wenn wir sagen ›Von Gott‹, wird er fragen: ›Warum habt ihr dann Johannes nicht geglaubt?‹ ³²Aber können wir etwa sagen ›Von Menschen‹?« Dafür hatten sie zuviel Angst vor der Menge; denn alle waren überzeugt, daß Johannes wirklich ein Prophet war. ³³So sagten sie zu Jesus: »Wir wissen es nicht.« »Gut«, erwiderte Jesus, »dann sage ich euch auch nicht, wer mich bevollmächtigt hat.«

Das Gleichnis von den bösen Weinbergspächtern

12 Dann wandte sich Jesus mit einem Gleichnis an sie. Er sagte: »Ein Mann legte einen Weinberg an, machte einen Zaun darum, baute eine Weinpresse und errichtete einen Wachtturm. Dann verpachtete er den Weinberg und verreiste. ²Zur gegebenen Zeit schickte er einen Boten zu den Pächtern, um seinen Anteil am Ertrag des Weinbergs abholen zu lassen. ³Die Pächter aber verprügelten den Boten und ließen ihn unverrichteter Dinge abziehen. ⁴Der Besitzer schickte einen zweiten, dem schlugen sie den Kopf blutig und behandelten ihn auf die schimpflichste Weise. ⁵Da schickte er einen weiteren Boten. Den brachten sie sogar um. Und so machten sie es noch mit vielen anderen, die er schickte: Die einen wurden mißhandelt, die anderen umgebracht.

⁶Schließlich blieb ihm nur noch sein eigener Sohn, dem seine ganze Liebe galt. Den schickte er zu den Pächtern, weil er sich sagte: ›Vor meinem Sohn werden sie Respekt haben.‹ ⁷Aber die Pächter sagten zueinander: ›Das ist der Erbe! Wir bringen ihn um, dann gehört seine Erbschaft, der Weinberg, uns!‹ ⁸So töteten sie ihn und warfen die Leiche aus dem Weinberg hinaus.

⁹Was wird nun der Besitzer des Weinbergs tun? Er wird selbst kommen, die Pächter töten und den Weinberg anderen anvertrauen. ¹⁰Ihr kennt ja wohl die Stelle in den Heiligen Schriften, wo es heißt:

›Der Stein, den die Bauleute als wertlos weggeworfen haben, ist zum Eckstein geworden.
¹¹Der Herr hat dieses Wunder vollbracht, und wir haben es gesehen.‹«

¹²Die führenden Priester, die Gesetzeslehrer und die Ratsältesten hätten Jesus gerne festgenommen; denn sie merkten,

daß das Gleichnis auf sie gemünzt war. Aber sie hatten Angst vor der Menge. So ließen sie ihn unbehelligt und gingen weg.

Die Frage nach der Steuer für den Kaiser

¹³ Einige Pharisäer und dazu einige Parteigänger von Herodes wurden nun zu Jesus geschickt, um ihm eine verfängliche Frage zu stellen. ¹⁴ Sie kamen zu ihm und sagten: »Lehrer, wir wissen, daß es dir nur um die Wahrheit geht. Du läßt dich nicht von Menschen beeinflussen, auch wenn sie noch so mächtig sind, sondern sagst uns klar und deutlich, wie wir nach Gottes Willen leben sollen. Ist es nach dem Gesetz Gottes erlaubt, dem römischen Kaiser Steuer zu zahlen, oder nicht? Sollen wir es tun oder nicht?«

¹⁵ Jesus erkannte ihre Scheinheiligkeit und sagte: »Ihr wollt mir doch nur eine Falle stellen! Gebt mir eine Silbermünze; ich will sie mir ansehen.« ¹⁶ Sie gaben ihm eine, und er fragte: »Wessen Bild und wessen Name sind denn hier aufgeprägt?« »Das Bild und der Name des Kaisers«, antworteten sie. ¹⁷ Da sagte Jesus: »Dann gebt dem Kaiser, was dem Kaiser gehört – aber gebt Gott, was Gott gehört!«

Solch eine Antwort hatten sie nicht von ihm erwartet.

Werden die Toten auferstehen?

¹⁸ Dann kamen Sadduzäer zu Jesus. Die Sadduzäer bestreiten, daß die Toten auferstehen werden. ¹⁹ »Lehrer«, sagten sie, »Mose hat uns die Vorschrift gegeben: ›Wenn ein Mann stirbt und eine Frau hinterläßt, aber kein Kind, dann muß sein Bruder die Witwe heiraten und dem Verstorbenen Nachkommen verschaffen.‹ ²⁰ Nun gab es einmal sieben Brüder. Der älteste heiratete und starb kinderlos. ²¹ Darauf heiratete der zweite die Witwe, starb aber auch kinderlos. Beim dritten war es genauso. ²² Alle sieben heirateten sie und starben ohne Nachkommen. Zuletzt starb auch die Frau. ²³ Wie ist das nun bei der Auferstehung der Toten – wenn es eine gibt? Wem von den Männern soll die Frau dann gehören? Sie war ja mit allen sieben verheiratet!«

²⁴ Jesus erwiderte: »Liegt euer Fehler nicht darin, daß ihr weder die Heiligen Schriften kennt noch wißt, was Gott in seiner Macht tun kann? ²⁵ Wenn die Toten auferstehen, werden sie nicht mehr heiraten, sondern sie werden leben wie die Engel im Himmel. ²⁶ Was aber die Sache mit den Toten überhaupt betrifft, daß sie nämlich auferweckt werden: Habt ihr nie im Buch Moses die Geschichte vom brennenden Dornbusch gelesen und wie Gott dort zu Mose sagt: ›Ich bin der Gott Abrahams, der Gott Isaaks und der Gott Jakobs‹? ²⁷ Gott

ist doch nicht ein Gott von Toten, sondern von Lebenden! Ihr seid also ganz und gar im Irrtum.«

Das wichtigste Gebot

28 Ein Gesetzeslehrer hatte dieser Auseinandersetzung zugehört. Er war davon beeindruckt, wie Jesus den Sadduzäern geantwortet hatte, und so fragte er ihn: »Welches ist das wichtigste von allen Geboten des Gesetzes?«

29 Jesus sagte: »Das wichtigste Gebot ist dieses: ›Höre, Israel! Der Herr ist unser Gott, der Herr und sonst keiner. 30 Darum liebe ihn von ganzem Herzen und mit ganzem Willen, mit ganzem Verstand und mit aller Kraft.‹ 31 Das zweite ist: ›Liebe deinen Mitmenschen wie dich selbst!‹ Es gibt kein Gebot, das wichtiger ist als diese beiden.«

32 Da sagte der Gesetzeslehrer zu Jesus: »Du hast vollkommen recht, Lehrer! Es ist so, wie du sagst: Nur einer ist Gott, und es gibt keinen Gott außer ihm. 33 Ihn zu lieben von ganzem Herzen, mit ganzem Verstand und mit aller Kraft und unsere Mitmenschen zu lieben wie uns selbst, das ist viel wichtiger als alle die Brandopfer und anderen Opfer, die wir ihm darbringen.«

34 Jesus fand, daß der Gesetzeslehrer vernünftig geantwortet hatte, und sagte zu ihm: »Du bist nicht weit weg von der neuen Welt Gottes.« Von da an wagte es niemand mehr, ihn noch etwas zu fragen.

Davids Sohn oder Davids Herr?

35 Nach diesen Auseinandersetzungen im Tempel stellte Jesus zuletzt selbst eine Frage an alle. Er sagte: »Wie können die Gesetzeslehrer behaupten, daß der versprochene Retter ein Sohn Davids ist? 36 David selbst sagte doch, erleuchtet vom Heiligen Geist:

›Gott, der Herr, sagte zu meinem Herrn:
Setze dich an meine rechte Seite!
Ich will dir deine Feinde unterwerfen,
sie als Schemel unter deine Füße legen.‹

37a David selbst nennt ihn also ›Herr‹ – wie kann er dann sein Sohn sein?«

Jesus warnt vor den Gesetzeslehrern

37b Die Menschenmenge hörte Jesus gerne zu. 38 Als er zu ihnen redete, warnte er sie: »Nehmt euch in acht vor den Gesetzeslehrern! Sie zeigen sich gern in ihren Talaren und lassen sich auf der Straße respektvoll grüßen. 39 Beim Gottesdienst sitzen sie in der vordersten Reihe, und bei Festmählern nehmen sie die Ehrenplätze ein. ⁴⁰ Sie sprechen lange Gebete, um einen guten Eindruck zu machen; in Wahrheit aber sind sie Betrüger, die schutzlose Witwen um ihren Besitz bringen. Sie werden einmal besonders streng bestraft werden.«

Das Opfer der Witwe

⁴¹ Dann setzte sich Jesus im Tempel in der Nähe des Schatzhauses hin und beobachtete, wie die Besucher des Tempels Geld in die Opferkästen warfen. Viele wohlhabende Leute gaben großzügig. ⁴² Dann kam eine arme Witwe und steckte zwei kleine Kupfermünzen hinein – zusammen soviel wie ein Groschen.

⁴³ Da rief Jesus seine Jünger zu sich heran und sagte zu ihnen: »Ich versichere euch: Diese arme Witwe hat mehr gegeben als alle anderen. ⁴⁴ Die haben alle nur etwas von ihrem Überfluß abgegeben. Sie aber hat alles hergegeben, was sie selbst dringend zum Leben gebraucht hätte.«

DIE REDE ÜBER DAS ENDE DER WELT (Kapitel 13)

Ankündigung der Zerstörung des Tempels

13 Als Jesus danach den Tempel verließ, sagte einer seiner Jünger zu ihm: »Lehrer, sieh doch nur diese gewaltigen Steine und diese prachtvollen Gebäude!« ² Da sagte Jesus: »Du bewunderst diese mächtigen Bauten? Hier wird kein Stein auf dem andern bleiben. Alles wird bis auf den Grund zerstört werden!«

Der Anfang vom Ende

³ Dann ging Jesus auf den Ölberg. Dort setzte er sich dem Tempel gegenüber nieder. Petrus, Jakobus, Johannes und Andreas waren bei ihm. Sie fragten ihn: ⁴ »Sag uns, wann wird das geschehen? Und woran können wir erkennen, daß das Ende von allem bevorsteht?«

⁵ Jesus sagte zu ihnen: »Seid auf der Hut und laßt euch von niemand täuschen! ⁶ Viele werden unter meinem Namen auftreten und von sich behaupten: ›*Ich* bin es!‹ Damit werden sie viele irreführen. ⁷ Erschreckt nicht, wenn nah und fern Kriege ausbrechen. Es muß so kommen, aber das ist noch nicht das Ende. ⁸ Ein Volk wird gegen das andere kämpfen, ein Staat den andern angreifen. In vielen Ländern wird es Erdbeben und Hungersnöte geben. Das ist aber erst der Anfang vom Ende – der Beginn der Geburtswehen.«

Die Verfolgung der Jünger

⁹»Was euch angeht, so seid darauf gefaßt, daß sie euch an die Gerichte ausliefern und in den Synagogen auspeitschen werden. Auch vor Statthaltern und Königen werdet ihr stehen um meinetwillen, um auch vor ihnen als Zeugen für mich auszusagen; ¹⁰denn nach Gottes Plan muß die Gute Nachricht allen Völkern verkündet werden, bevor das Ende kommt. ¹¹Wenn sie euch verhaften und an die Gerichte ausliefern, dann macht euch keine Sorgen, wie ihr euch verteidigen sollt. Sagt, was euch in dem Augenblick eingegeben wird. Denn nicht ihr werdet dann reden, sondern der Heilige Geist wird aus euch sprechen. ¹²Ein Bruder wird den andern dem Henker ausliefern und ein Vater seine Kinder. Kinder werden sich gegen ihre Eltern stellen und sie in den Tod schicken. ¹³Alle Menschen werden euch hassen, weil ihr euch zu mir bekennt. Aber wer bis zum Ende standhaft bleibt, wird gerettet werden.«

Die letzte Schreckenszeit

¹⁴»In den Heiligen Schriften ist die Rede von einem ›entsetzlichen Scheusal‹ – wer das liest, überlege sich, was es bedeutet! Wenn ihr dieses ›entsetzliche Scheusal‹ dort stehen seht, wo es nicht stehen darf, dann sollen die Bewohner Judäas in die Berge fliehen. ¹⁵Wer gerade auf dem Dach ist, soll keine Zeit damit verlieren, erst noch etwas aus dem Haus zu holen. ¹⁶Wer gerade zur Arbeit auf dem Feld ist, soll nicht zurückgehen, um noch sein Obergewand mitzunehmen, das er am Wegrand abgelegt hat.

¹⁷Besonders hart wird es die Frauen treffen, die gerade ein Kind erwarten oder einen Säugling stillen. ¹⁸Bittet Gott, daß es dann nicht gerade Winter ist! ¹⁹Denn was in jenen Tagen geschieht, wird furchtbarer sein als alles, was jemals geschah, seit Gott die Welt erschuf, und als alles, was bis dahin noch geschehen wird. ²⁰Wenn der Herr diese Schreckenszeit nicht abkürzen würde, dann würde kein Mensch gerettet werden. Er wird sie aber abkürzen – denen zuliebe, die er erwählt hat.

²¹Wenn dann jemand zu euch sagt: ›Seht her, hier ist Christus, der versprochene Retter!‹ oder: ›Dort ist er!‹ – glaubt ihm nicht! ²²Denn es werden so manche mit dem Anspruch auftreten, der versprochene Retter oder ein Prophet zu sein. Sie werden sich durch Wundertaten ausweisen und würden damit sogar die von Gott Erwählten irreführen, wenn das möglich wäre. ²³Darum seid auf der Hut! Ich habe euch alles vorausgesagt.«

Der Weltrichter kommt

24»Aber dann, nach dieser Schreckenszeit, wird sich die Sonne verfinstern, und der Mond wird nicht mehr scheinen, 25die Sterne werden vom Himmel fallen, und die Ordnung des Himmels wird zusammenbrechen. 26Dann kommt der Menschensohn auf den Wolken mit göttlicher Macht und Herrlichkeit, und alle werden ihn sehen. 27Er wird die Engel in alle Himmelsrichtungen ausschicken, um von überall her die Menschen zusammenzubringen, die er erwählt hat.«

Das Gleichnis vom Feigenbaum

28»Laßt euch vom Feigenbaum eine Lehre geben: Wenn der Saft in die Zweige schießt und der Baum Blätter treibt, dann wißt ihr, daß der Sommer bald da ist. 29So ist es auch, wenn ihr dies alles geschehen seht: Dann wißt ihr, daß das Ende unmittelbar bevorsteht. 30Ich versichere euch: Diese Generation wird das alles noch erleben. 31Himmel und Erde werden vergehen, aber meine Worte vergehen nicht; sie bleiben gültig für immer und ewig.«

Das Ende kommt überraschend

32»Doch den Tag oder die Stunde, wann das Ende da ist, kennt niemand, auch nicht die Engel im Himmel – nicht einmal der Sohn. Nur der Vater kennt sie.

33Seht zu, daß ihr wach bleibt! Denn ihr wißt nicht, wann der Zeitpunkt da ist. 34Es ist wie bei einem Mann, der verreist. Er verläßt sein Haus und überträgt seinen Dienern die Verantwortung. Jedem weist er seine Aufgabe zu, und dem Türhüter befiehlt er, wachsam zu sein. 35So sollt auch ihr wach bleiben, weil ihr nicht wißt, wann der Hausherr kommen wird: am Abend, um Mitternacht, beim ersten Hahnenschrei oder wenn die Sonne aufgeht. 36Wenn er kommt, soll er euch nicht im Schlaf überraschen! 37Was ich euch vier Jüngern hier sage, das gilt für alle: Bleibt wach!«

LEIDEN, TOD UND AUFERSTEHUNG VON JESUS
(Kapitel 14–16)

Pläne gegen Jesus

14 Es waren noch zwei Tage bis zum Passafest und dem Fest der Ungesäuerten Brote. Die führenden Priester und die Gesetzeslehrer suchten nach einer Möglichkeit, Jesus heimlich zu verhaften und umzubringen. 2»Auf keinen Fall darf es während des Festes geschehen«, sagten sie, »sonst gibt es einen Aufruhr im Volk.«

Eine Frau ehrt Jesus vor seinem Sterben

³ Jesus war in Betanien bei Simon, dem Aussätzigen, zu Gast. Während des Essens kam eine Frau herein. Sie hatte ein Fläschchen mit reinem, kostbarem Nardenöl. Das öffnete sie und goß Jesus das Öl über den Kopf. ⁴ Einige der Anwesenden waren empört darüber. »Was soll diese Verschwendung?« sagten sie zueinander. ⁵ »Dieses Öl hätte man für mehr als dreihundert Silberstücke verkaufen und das Geld den Armen geben können!« Sie machten der Frau heftige Vorwürfe.

⁶ Aber Jesus sagte: »Laßt sie in Ruhe! Warum bringt ihr sie in Verlegenheit? Sie hat eine gute Tat an mir getan. ⁷ Arme wird es immer bei euch geben, und ihr könnt ihnen helfen, sooft ihr wollt. Aber mich habt ihr nicht mehr lange bei euch. ⁸ Sie hat getan, was sie jetzt noch tun konnte: Sie hat meinen Körper im voraus für das Begräbnis gesalbt. ⁹ Ich versichere euch: Überall in der Welt, wo in Zukunft die Gute Nachricht verkündet wird, wird auch berichtet werden, was sie getan hat. Ihr Andenken wird immer lebendig bleiben.«

Judas wird zum Verräter

¹⁰ Darauf ging Judas Iskariot, einer aus dem Kreis der Zwölf, zu den führenden Priestern, um ihnen Jesus in die Hände zu spielen. ¹¹ Sie freuten sich darüber und versprachen ihm Geld. Von da an suchte Judas eine günstige Gelegenheit, Jesus zu verraten.

Vorbereitungen zum Passamahl

¹² Es kam der erste Tag der Festwoche, während der ungesäuertes Brot gegessen wird, der Tag, an dem die Passalämmer geschlachtet werden. Da fragten die Jünger Jesus: »Wo sollen wir für dich das Passamahl vorbereiten?« ¹³ Jesus schickte zwei von ihnen mit dem Auftrag weg: »Geht in die Stadt! Dort werdet ihr einen Mann treffen, der einen Wasserkrug trägt. Folgt ihm, ¹⁴ bis er in ein Haus hineingeht, und sagt dem Hausherrn dort: ›Unser Lehrer läßt fragen: Welchen Raum kannst du mir zur Verfügung stellen, daß ich dort mit meinen Jüngern das Passamahl feiere?‹ ¹⁵ Dann wird er euch ein großes Zimmer im Obergeschoß zeigen, das mit Polstern ausgestattet und schon zur Feier hergerichtet ist. Dort bereitet alles für uns vor.«

¹⁶ Die beiden gingen in die Stadt. Sie fanden alles so, wie Jesus es ihnen gesagt hatte, und bereiteten das Passamahl vor.

Jesus feiert mit den Zwölf das Abschiedsmahl

¹⁷Als es Abend geworden war, kam Jesus mit den Zwölf dorthin. ¹⁸Während der Mahlzeit sagte er: »Ich versichere euch: Einer von euch wird mich verraten – einer, der jetzt mit mir ißt.« ¹⁹Sie waren bestürzt, und einer nach dem andern fragte ihn: »Du meinst doch nicht mich?« ²⁰Jesus antwortete: »Einer von euch zwölf wird es tun; einer, der sein Brot mit mir in dieselbe Schüssel taucht. ²¹Der Menschensohn muß zwar sterben, wie es in den Heiligen Schriften angekündigt ist. Aber wehe dem Menschen, der den Menschensohn verrät! Er wäre besser nie geboren worden!«

²²Während der Mahlzeit nahm Jesus ein Brot, sprach das Segensgebet darüber, brach es in Stücke und gab es ihnen mit den Worten: »Nehmt, das ist mein Leib!« ²³Dann nahm er den Becher, sprach darüber das Dankgebet, gab ihnen auch den, und alle tranken daraus. ²⁴Dabei sagte er zu ihnen: »Das ist mein Blut, das für alle Menschen vergossen wird. Mit ihm wird der Bund in Kraft gesetzt, den Gott jetzt mit den Menschen schließt. ²⁵Ich sage euch: Ich werde keinen Wein mehr trinken, bis ich ihn neu trinken werde an dem Tag, an dem Gott sein Werk vollendet hat!«

²⁶Dann sangen sie die Dankpsalmen und gingen hinaus zum Ölberg.

Jesus sagt das Versagen von Petrus voraus

²⁷Unterwegs sagte Jesus zu ihnen: »Ihr werdet alle an mir irre werden, denn es heißt: ›Ich werde den Hirten töten, und die Schafe werden auseinanderlaufen.‹ ²⁸Aber wenn ich vom Tod auferweckt worden bin, werde ich euch vorausgehen nach Galiläa.«

²⁹Petrus widersprach ihm: »Selbst wenn alle andern an dir irre werden – ich nicht!« ³⁰Jesus antwortete: »Ich versichere dir: Heute, in dieser Nacht, bevor der Hahn zweimal kräht, wirst du mich dreimal verleugnen und behaupten, daß du mich nicht kennst.« ³¹Da sagte Petrus noch bestimmter: »Und wenn ich mit dir sterben müßte, ich werde dich ganz bestimmt nicht verleugnen!« Das gleiche sagten auch alle andern.

Jesus betet im Garten Getsemani

³²Sie kamen zu einem Grundstück, das Getsemani hieß. Jesus sagte zu seinen Jüngern: »Bleibt hier sitzen, während ich beten gehe!« ³³Petrus, Jakobus und Johannes nahm er mit. Angst und Schrecken befielen ihn, ³⁴und er sagte zu

ihnen: »Ich bin so bedrückt, ich bin mit meiner Kraft am Ende. Bleibt hier und wacht!« ³⁵ Dann ging er noch ein paar Schritte weiter und warf sich auf die Erde. Er betete zu Gott, daß er ihm, wenn es möglich wäre, diese schwere Stunde erspare. ³⁶ »Abba – lieber Vater«, sagte er, »alles ist dir möglich! Erspare es mir, diesen Kelch trinken zu müssen! Aber es soll geschehen, was *du* willst, nicht was ich will.«

³⁷ Dann kehrte er zu den Jüngern zurück und sah, daß sie eingeschlafen waren. Da sagte er zu Petrus: »Simon, du schläfst? Konntest du nicht eine einzige Stunde wach bleiben?« ³⁸ Dann sagte er zu ihnen allen: »Bleibt wach und betet, damit ihr in der kommenden Prüfung nicht versagt. Der Geist in euch ist willig, aber eure menschliche Natur ist schwach.«

³⁹ Noch einmal ging Jesus weg und betete mit den gleichen Worten wie vorher. ⁴⁰ Als er zurückkam, schliefen sie wieder. Die Augen waren ihnen zugefallen, und sie wußten nicht, was sie ihm antworten sollten. ⁴¹ Als Jesus das dritte Mal zurückkam, sagte er zu ihnen: »Schlaft ihr denn immer noch und ruht euch aus? Genug jetzt, die Stunde ist da! Jetzt wird der Menschensohn an die Menschen, die Sünder, ausgeliefert. ⁴² Steht auf, wir wollen gehen; er ist schon da, der mich verrät.«

Jesus wird verhaftet

⁴³ Noch während Jesus das sagte, kam Judas, einer der Zwölf, mit einem Trupp von Männern, die mit Schwertern und Knüppeln bewaffnet waren. Sie waren von den führenden Priestern, den Gesetzeslehrern und den Ratsältesten geschickt worden. ⁴⁴ Der Verräter hatte mit ihnen ein Erkennungszeichen ausgemacht: »Wem ich einen Begrüßungskuß gebe, der ist es. Den nehmt fest und führt ihn unter Bewachung ab!«

⁴⁵ Judas ging sogleich auf Jesus zu, begrüßte ihn mit »Rabbi!« und küßte ihn so, daß alle es sehen konnten. ⁴⁶ Da packten sie Jesus und nahmen ihn fest. ⁴⁷ Aber einer von denen, die dabeistanden, zog sein Schwert, hieb auf den Bevollmächtigten des Obersten Priesters ein und schlug ihm ein Ohr ab.

⁴⁸ Jesus sagte zu den Männern: »Warum rückt ihr hier mit Schwertern und Knüppeln an, um mich gefangenzunehmen? Bin ich denn ein Verbrecher? ⁴⁹ Täglich war ich bei euch im Tempel und lehrte die Menschen, da habt ihr mich nicht festgenommen. Aber was in den Heiligen Schriften angekündigt wurde, muß in Erfüllung gehen.« ⁵⁰ Da verließen ihn alle seine Jünger und flohen.

⁵¹Ein junger Mann folgte Jesus; er war nur mit einem leichten Überwurf bekleidet. Ihn wollten sie auch festnehmen; ⁵²aber er riß sich los, ließ sein Kleidungsstück zurück und rannte nackt davon.

Jesus vor dem jüdischen Rat

⁵³Sie brachten Jesus zum Obersten Priester. Dort versammelten sich alle führenden Priester und alle Ratsältesten und Gesetzeslehrer. ⁵⁴Petrus folgte Jesus in weitem Abstand und kam bis in den Innenhof des Palastes. Dort saß er bei den Dienern und wärmte sich am Feuer.

⁵⁵Die führenden Priester und der ganze Rat versuchten, Jesus durch Zeugenaussagen zu belasten, damit sie ihn zum Tod verurteilen könnten; aber es gelang ihnen nicht. ⁵⁶Es sagten zwar viele falsche Zeugen gegen Jesus aus, aber ihre Aussagen stimmten nicht überein. ⁵⁷Dann traten einige auf und behaupteten: ⁵⁸»Wir haben ihn sagen hören: ›Ich werde diesen Tempel, der von Menschen erbaut wurde, niederreißen und werde in drei Tagen einen anderen bauen, der nicht von Menschen gemacht ist.‹« ⁵⁹Aber auch ihre Aussagen widersprachen einander.

⁶⁰Da stand der Oberste Priester auf, trat in die Mitte und fragte Jesus: »Hast du nichts zu sagen zu dem, was diese beiden gegen dich vorbringen?« ⁶¹Aber Jesus schwieg und sagte kein Wort. Darauf fragte der Oberste Priester ihn: »Bist du Christus, der versprochene Retter, der Sohn Gottes?« ⁶²»Ich bin es«, sagte Jesus, »und ihr werdet den Menschensohn sehen, wie er an der rechten Seite des Allmächtigen sitzt und mit den Wolken des Himmels kommt!«

⁶³Da zerriß der Oberste Priester sein Gewand und sagte: »Was brauchen wir noch Zeugen? ⁶⁴Ihr habt es selbst gehört, wie er Gott beleidigt hat. Wie lautet euer Urteil?« Einstimmig erklärten sie, er habe den Tod verdient.

⁶⁵Einige begannen, Jesus anzuspucken. Sie warfen ihm ein Tuch über den Kopf, so daß er nichts sehen konnte; dann schlugen sie ihn mit Fäusten und sagten: »Wer war es? Du bist doch ein Prophet!« Dann nahmen ihn die Gerichtspolizisten vor und gaben ihm Ohrfeigen.

Petrus verleugnet Jesus

⁶⁶Petrus war noch immer unten im Hof. Eine Dienerin des Obersten Priesters kam vorbei. ⁶⁷Als sie Petrus am Feuer bemerkte, sah sie ihn genauer an und meinte: »Du warst doch auch mit dem Jesus aus Nazaret zusammen!« ⁶⁸Petrus stritt es ab: »Ich habe keine Ahnung; ich weiß überhaupt nicht, wovon

du redest!« Dann ging er hinaus in die Vorhalle. In dem Augenblick krähte ein Hahn.

⁶⁹ Die Dienerin entdeckte Petrus dort wieder und sagte zu den Umstehenden: »Der gehört auch zu ihnen!« ⁷⁰Aber er stritt es wieder ab. Kurz darauf fingen die Umstehenden noch einmal an:»Natürlich gehörst du zu denen, du bist doch auch aus Galiläa!« ⁷¹Aber Petrus schwor: »Gott soll mich strafen, wenn ich lüge! Ich kenne den Mann nicht, von dem ihr redet.«

⁷² In diesem Augenblick krähte der Hahn zum zweitenmal, und Petrus erinnerte sich daran, daß Jesus zu ihm gesagt hatte:»Bevor der Hahn zweimal kräht, wirst du mich dreimal verleugnen und behaupten, daß du mich nicht kennst.« Da fing er an zu weinen.

Jesus vor Pilatus

15 Früh am Morgen schließlich trafen die führenden Priester zusammen mit den Ratsältesten und Gesetzeslehrern – also der ganze jüdische Rat – die Entscheidung: Sie ließen Jesus fesseln, führten ihn ab und übergaben ihn dem Statthalter Pilatus.

²Pilatus fragte Jesus: »Bist du der König der Juden?« »Du sagst es«, gab Jesus zur Antwort. ³Die führenden Priester brachten viele Beschuldigungen gegen ihn vor. ⁴Pilatus fragte ihn: »Willst du dich nicht verteidigen? Du hast ja gehört, was sie dir alles vorwerfen.« ⁵Aber Jesus sagte kein einziges Wort. Darüber war Pilatus erstaunt.

Das Todesurteil

⁶Es war üblich, daß Pilatus zum Passafest einen Gefangenen begnadigte, den das Volk bestimmen durfte. ⁷Damals war gerade ein gewisser Barabbas im Gefängnis, zusammen mit anderen, die während eines Aufruhrs einen Mord begangen hatten. ⁸Die Volksmenge zog also zu Pilatus und bat für Barabbas um die übliche Begnadigung. ⁹Pilatus erwiderte: »Soll ich euch nicht den König der Juden freigeben?« ¹⁰Ihm wurde nämlich immer klarer, daß die führenden Priester Jesus nur aus Neid an ihn ausgeliefert hatten. ¹¹Doch die führenden Priester redeten auf die Leute ein, sie sollten fordern, daß er ihnen lieber Barabbas freigebe.

¹²Da versuchte es Pilatus noch einmal und fragte sie: »Was soll ich dann mit dem anderen machen, den ihr den König der Juden nennt? Was wollt ihr?« ¹³»Kreuzigen!« schrien sie. ¹⁴»Was hat er denn verbrochen?« fragte Pilatus. Aber sie schrien noch lauter: »Kreuzigen!«

15 Um die Menge zufriedenzustellen, ließ Pilatus ihnen Barabbas frei und gab den Befehl, Jesus mit der Geißel auszupeitschen und zu kreuzigen.

Die Soldaten verspotten Jesus

16 Die Soldaten brachten Jesus in den Innenhof des Palastes, der dem Statthalter als Amtssitz diente, und riefen die ganze Mannschaft zusammen. 17 Sie hängten ihm einen purpurfarbenen Mantel um, flochten eine Krone aus Dornenzweigen und setzten sie ihm auf. 18 Dann fingen sie an, ihn zu grüßen: »Hoch lebe der König der Juden!« 19 Sie schlugen ihn mit einem Stock auf den Kopf, spuckten ihn an, knieten vor ihm nieder und huldigten ihm wie einem König. 20 Nachdem sie so ihren Spott mit ihm getrieben hatten, nahmen sie ihm den Mantel wieder ab, zogen ihm seine eigenen Kleider wieder an und führten ihn hinaus, um ihn ans Kreuz zu nageln.

Jesus am Kreuz

21 Sie zwangen einen Mann, der gerade vorbeiging, für Jesus das Kreuz zu tragen. Es war Simon aus Zyrene, der Vater von Alexander und Rufus, der gerade vom Feld in die Stadt zurückkam. 22 Sie brachten Jesus an die Stelle, die Golgota heißt, das bedeutet übersetzt »Schädelplatz«. 23 Dort wollten sie ihm Wein mit einem betäubenden Zusatz zu trinken geben; aber Jesus nahm nichts davon.

24 Sie nagelten ihn ans Kreuz und verteilten dann untereinander seine Kleider. Durch das Los bestimmten sie, was jeder bekommen sollte. 25 Es war neun Uhr morgens, als sie ihn kreuzigten. 26 Als Grund für seine Hinrichtung hatte man auf ein Schild geschrieben: »Der König der Juden!« 27 Zugleich mit Jesus kreuzigten sie zwei Verbrecher, einen links und einen rechts von ihm. [28 So ging in Erfüllung, was in den Heiligen Schriften vorausgesagt war: »Er wurde unter die Verbrecher gezählt«.]

29 Die Leute, die vorbeikamen, schüttelten den Kopf und verhöhnten Jesus: »Ha! Du wolltest den Tempel niederreißen und in drei Tagen einen neuen bauen! 30 Dann befreie dich doch und komm herunter vom Kreuz!« 31 Genauso machten sich die führenden Priester und die Gesetzeslehrer über ihn lustig. »Anderen hat er geholfen«, spotteten sie, »aber sich selbst kann er nicht helfen! 32 Wenn er der versprochene Retter ist, der König von Israel, dann soll er doch jetzt vom Kreuz herunterkommen! Wenn wir das sehen, werden wir

ihm glauben.« Auch die beiden, die mit ihm gekreuzigt waren, beschimpften ihn.

Jesus stirbt

[33] Um zwölf Uhr mittags verfinsterte sich der Himmel über dem ganzen Land. Das dauerte bis um drei Uhr. [34] Gegen drei Uhr schrie Jesus: »Eloï, eloï, lema sabachtani?« – das heißt übersetzt: »Mein Gott, mein Gott, warum hast du mich verlassen?«

[35] Einige von denen, die dabeistanden und es hörten, sagten: »Der ruft nach Elija!« [36] Einer holte schnell einen Schwamm, tauchte ihn in Essig, steckte ihn auf eine Stange und wollte Jesus trinken lassen. Dabei sagte er: »Laßt mich machen! Wir wollen doch sehen, ob Elija kommt und ihn herunterholt.« [37] Aber Jesus schrie laut auf und starb.

[38] Da zerriß der Vorhang vor dem Allerheiligsten im Tempel von oben bis unten. [39] Der römische Hauptmann aber, der dem Kreuz gegenüberstand und miterlebte, wie Jesus aufschrie und starb, sagte: »Dieser Mensch war wirklich Gottes Sohn!«

[40] Auch einige Frauen waren da, die alles aus der Ferne beobachteten, unter ihnen Maria aus Magdala und Maria, die Mutter von Jakobus dem Jüngeren und von Joses, sowie Salome. [41] Schon während seines Wirkens in Galiläa waren sie Jesus gefolgt und hatten für ihn gesorgt. Außer ihnen waren noch viele andere Frauen da, die mit Jesus nach Jerusalem gekommen waren.

Jesus wird ins Grab gelegt

[42] Weil es ein Freitag war, der Vorbereitungstag für den Sabbat, und weil es schon Abend wurde, [43] wagte Josef von Arimathäa, zu Pilatus zu gehen und ihn um den Leichnam von Jesus zu bitten. Josef war ein hochgeachtetes Ratsmitglied und einer von denen, die auch darauf warteten, daß Gott seine Herrschaft aufrichte. [44] Pilatus war erstaunt zu hören, daß Jesus schon gestorben sei. Er ließ sich daher von dem Hauptmann Bericht erstatten und fragte ihn, ob es sich so verhalte. [45] Als der Hauptmann es ihm bestätigte, überließ er Josef den Leichnam. [46] Josef kaufte ein Leinentuch, nahm Jesus vom Kreuz und wickelte ihn in das Tuch. Dann legte er ihn in ein Grab, das in einen Felsen gehauen war, und rollte einen Stein vor den Grabeingang.

[47] Maria aus Magdala und Maria, die Mutter von Joses, sahen sich genau an, wo Jesus bestattet worden war.

Die Frauen am leeren Grab

16 Am Abend, als der Sabbat vorbei war, kauften Maria aus Magdala und Maria, die Mutter von Jakobus, und Salome wohlriechende Öle, um den Toten damit zu salben. ²Ganz früh am Sonntagmorgen, als die Sonne gerade aufging, kamen sie zum Grab. ³Unterwegs hatten sie noch zueinander gesagt:»Wer wird uns den Stein vom Grabeingang wegrollen?« ⁴Denn der Stein war sehr groß. Aber als sie hinsahen, bemerkten sie, daß er schon weggerollt worden war.

⁵Sie gingen in die Grabkammer hinein und sahen dort auf der rechten Seite einen jungen Mann in einem weißen Gewand sitzen. Sie erschraken sehr. ⁶Er aber sagte zu ihnen: »Habt keine Angst! Ihr sucht Jesus aus Nazaret, der ans Kreuz genagelt wurde. Er ist nicht hier; Gott hat ihn vom Tod auferweckt! Hier seht ihr die Stelle, wo sie ihn hingelegt hatten. ⁷Und nun geht und sagt seinen Jüngern, vor allem Petrus: ›Er geht euch nach Galiläa voraus. Dort werdet ihr ihn sehen, genau, wie er es euch gesagt hat.‹«

⁸Da verließen die Frauen die Grabkammer und flohen. Sie zitterten vor Entsetzen und sagten niemand ein Wort. Solche Angst hatten sie.

Die Erscheinungen des Auferstandenen

⁹Nachdem Jesus früh am Sonntag auferstanden war, zeigte er sich zuerst Maria aus Magdala, die er von sieben bösen Geistern befreit hatte. ¹⁰Sie ging und berichtete es denen, die früher mit Jesus zusammengewesen waren und die jetzt trauerten und weinten. ¹¹Als sie hörten, daß Jesus lebe und Maria ihn gesehen habe, glaubten sie es nicht.

¹²Danach zeigte sich Jesus in fremder Gestalt zwei von ihnen, die zu einem Ort auf dem Land unterwegs waren. ¹³Sie kehrten um und erzählten es den anderen, aber die glaubten ihnen auch nicht.

¹⁴Schließlich zeigte sich Jesus den Elf, während sie beim Essen waren. Er machte ihnen Vorwürfe, weil sie gezweifelt hatten und denen nicht glauben wollten, die ihn nach seiner Auferstehung gesehen hatten. ¹⁵Dann sagte er zu ihnen: »Geht in die ganze Welt und verkündet die Gute Nachricht allen Menschen! ¹⁶Wer zum Glauben kommt und sich taufen läßt, wird gerettet. Wer nicht glaubt, den wird Gott verurteilen. ¹⁷Die Glaubenden aber werden an folgenden Zeichen zu erkennen sein: In meinem Namen werden sie böse Geister austreiben und in unbekannten Sprachen reden. ¹⁸Wenn sie Schlangen anfassen oder Gift trinken, wird ihnen das nicht

schaden, und Kranke, denen sie die Hände auflegen, werden gesund.«

¹⁹ Nachdem Jesus, der Herr, ihnen dies gesagt hatte, wurde er in den Himmel aufgenommen und setzte sich an die rechte Seite Gottes. ²⁰ Die Jünger aber gingen und verkündeten überall die Gute Nachricht. Der Herr half ihnen dabei und bekräftigte die Botschaft durch die Wunder, die er geschehen ließ.

DIE GUTE NACHRICHT
NACH LUKAS
(Lukas-Evangelium)

VORWORT (1,1-4)

Lukas schreibt an Theophilus

1 Schon viele haben versucht, die Ereignisse zusammenhängend darzustellen, die Gott unter uns geschehen ließ und mit denen er seine Zusagen eingelöst hat. [2]Diese Ereignisse sind uns überliefert in den Berichten der Augenzeugen, die von Anfang an alles miterlebt hatten und die den Auftrag erhielten, die Botschaft Gottes weiterzugeben. [3]So habe auch ich mich dazu entschlossen, all diesen Überlieferungen bis hin zu den ersten Anfängen sorgfältig nachzugehen und sie für dich, verehrter Theophilus, in der rechten Ordnung und Abfolge niederzuschreiben. [4]Du sollst dadurch die Zuverlässigkeit der Lehre erkennen, in der du unterwiesen wurdest.

GEBURT UND KINDHEIT VON JOHANNES
DEM TÄUFER UND JESUS (1,5-2,52)

Die Geburt des Täufers Johannes wird angekündigt

[5]Zu der Zeit, als König Herodes über das jüdische Land herrschte, lebte ein Priester namens Zacharias, der zur Priestergruppe Abija gehörte. Auch seine Frau stammte aus einer Priesterfamilie; sie hieß Elisabet. [6]Beide führten ein Leben, das Gott gefiel; sie richteten sich in allem nach den Geboten und Anweisungen des Herrn. [7]Sie waren aber kinderlos, denn Elisabet konnte keine Kinder bekommen; außerdem waren sie schon sehr alt.

[8]Einmal hatte Zacharias wieder Dienst am Tempel in Jerusalem, weil die Priestergruppe, zu der er gehörte, gerade an der Reihe war. [9]Es war unter den Priestern üblich, die einzelnen Dienste durch das Los zu verteilen. An einem bestimmten Tag fiel Zacharias die Aufgabe zu, das Räucheropfer darzubringen. So ging er in das Innere des Tempels, [10]während das ganze versammelte Volk draußen betete.

¹¹Da erschien ihm plötzlich der Engel des Herrn. Der Engel stand an der rechten Seite des Altars, auf dem der Weihrauch verbrannt wurde. ¹²Als Zacharias ihn sah, erschrak er und bekam große Angst. ¹³Aber der Engel sagte zu ihm: »Hab keine Angst, Zacharias! Gott hat dein Gebet erhört. Deine Frau Elisabet wird dir einen Sohn gebären, den sollst du Johannes nennen. ¹⁴Dann wirst du voll Freude und Jubel sein, und noch viele andere werden sich freuen über seine Geburt. ¹⁵Denn er ist vom Herrn zu großen Taten berufen. Er wird weder Wein noch Bier trinken. Schon im Mutterleib wird der Geist Gottes ihn erfüllen, ¹⁶und er wird viele aus dem Volk Israel zum Herrn, ihrem Gott, zurückführen. ¹⁷Er wird dem Herrn als Bote vorausgehen, im gleichen Geist und mit der gleichen Kraft wie der Prophet Elija. Seine Aufgabe wird es sein, das Herz der Eltern den Kindern zuzuwenden und alle Ungehorsamen auf den rechten Weg zurückzubringen. So wird er dem Herrn ein Volk zuführen, das auf sein Kommen vorbereitet ist.«

¹⁸Zacharias sagte zu dem Engel: »Woran soll ich erkennen, daß es wirklich so kommen wird? Ich bin doch ein alter Mann, und meine Frau ist auch schon in vorgeschrittenen Jahren.« ¹⁹Der Engel antwortete: »Ich bin Gabriel, der vor Gottes Thron steht. Gott hat mich zu dir gesandt, um dir diese gute Nachricht zu bringen. ²⁰Was ich gesagt habe, wird zur gegebenen Zeit eintreffen. Aber weil du mir nicht geglaubt hast, wirst du so lange stumm sein und nicht mehr sprechen können, bis es eingetroffen ist.«

²¹Das Volk wartete draußen auf Zacharias und wunderte sich, daß er so lange im Tempel blieb. ²²Als er schließlich herauskam, konnte er nicht zu ihnen sprechen. Da merkten sie, daß er im Tempel eine Erscheinung gehabt hatte. Er gab ihnen Zeichen mit der Hand und blieb auch weiterhin stumm.

²³Als seine Dienstwoche im Tempel beendet war, ging Zacharias nach Hause. ²⁴Bald darauf wurde seine Frau Elisabet schwanger und zog sich fünf Monate lang völlig zurück. Sie sagte: ²⁵»Gott hat meinen Kummer gesehen und die Schande der Kinderlosigkeit von mir genommen.«

Die Geburt des Retters Jesus wird angekündigt

²⁶Als Elisabet im sechsten Monat war, sandte Gott den Engel Gabriel nach Nazaret in Galiläa ²⁷zu einem jungen Mädchen mit Namen Maria. Sie war noch unberührt und war verlobt mit einem Mann namens Josef, einem Nachkommen Davids. ²⁸Der Engel kam zu ihr und sagte: »Sei gegrüßt, Maria, der

Herr ist mit dir; er hat dich zu Großem ausersehen!« [29] Maria erschrak über diesen Gruß und überlegte, was er bedeuten sollte. [30] Da sagte der Engel zu ihr: »Hab keine Angst, du hast Gnade bei Gott gefunden! [31] Du wirst schwanger werden und einen Sohn gebären. Dem sollst du den Namen Jesus geben. [32] Er wird groß sein und wird ›Sohn des Höchsten‹ genannt werden. Gott, der Herr, wird ihn auf den Thron seines Vorfahren David erheben, [33] und er wird für immer über die Nachkommen Jakobs regieren. Seine Herrschaft wird nie zu Ende gehen.«

[34] Maria fragte den Engel: »Wie soll das zugehen? Ich bin doch mit keinem Mann zusammen!« [35] Er antwortete: »Gottes Geist wird über dich kommen, seine Kraft wird das Wunder vollbringen. Deshalb wird auch das Kind, das du zur Welt bringst, heilig und Sohn Gottes genannt werden. [36] Auch Elisabet, deine Verwandte, bekommt einen Sohn – trotz ihres Alters. Sie ist bereits im sechsten Monat, und es hieß doch von ihr, sie könne keine Kinder bekommen. [37] Für Gott ist nichts unmöglich.«

[38] Da sagte Maria: »Ich gehöre dem Herrn, ich stehe ihm ganz zur Verfügung. Es soll an mir geschehen, was du gesagt hast.« Darauf verließ sie der Engel.

Maria besucht Elisabet

[39] Bald danach machte sich Maria auf den Weg und eilte zu einer Stadt im Bergland von Judäa. [40] Dort ging sie in das Haus von Zacharias und begrüßte Elisabet. [41] Als Elisabet ihren Gruß hörte, hüpfte das Kind in ihrem Leib. Da wurde sie vom Geist Gottes erfüllt [42] und rief laut: »Gesegnet bist du von Gott, auserwählt unter allen Frauen, und gesegnet ist die Frucht deines Leibes! [43] Wie komme ich zu der Ehre, daß die Mutter meines Herrn mich besucht? [44] Ja, das bist du; denn in dem Augenblick, als dein Gruß an mein Ohr drang, machte das Kind einen Freudensprung in meinem Leib. [45] Du darfst dich freuen, denn du hast geglaubt, daß sich erfüllen wird, was der Herr dir ankündigen ließ.«

Maria preist Gott
(Der Lobgesang Marias: Magnificat)

[46] Maria aber sprach:

»Mein Herz preist den Herrn,
[47] alles in mir jubelt vor Freude
über Gott, meinen Retter!
[48] Ich bin nur seine geringste Dienerin,

und doch hat er sich mir zugewandt.
Jetzt werden die Menschen mich glücklich preisen
in allen kommenden Generationen;
⁴⁹denn Gott hat Großes an mir getan,
er, der mächtig und heilig ist.
⁵⁰Sein Erbarmen hört niemals auf;
er schenkt es allen, die ihn ehren,
von einer Generation zur andern.
⁵¹Jetzt hebt er seinen gewaltigen Arm
und fegt die Stolzen weg samt ihren Plänen.
⁵²Jetzt stürzt er die Mächtigen vom Thron
und richtet die Unterdrückten auf.
⁵³Den Hungernden gibt er reichlich zu essen
und schickt die Reichen mit leeren Händen fort.
⁵⁴Er hat an seinen Diener Israel gedacht
und sich über sein Volk erbarmt.
⁵⁵Wie er es unsern Vorfahren versprochen hatte,
Abraham und seinen Nachkommen
für alle Zeiten.«

⁵⁶Maria blieb etwa drei Monate bei Elisabet und kehrte dann
wieder nach Hause zurück.

Der Täufer Johannes wird geboren

⁵⁷Als für Elisabet die Zeit der Entbindung gekommen war,
gebar sie einen Sohn. ⁵⁸Die Nachbarn und Nachbarinnen
und die Verwandten hörten es und freuten sich mit, daß Gott
so großes Erbarmen mit ihr gehabt hatte.

⁵⁹Als das Kind acht Tage alt war und beschnitten werden
sollte, kamen sie alle dazu. Sie wollten es nach seinem Vater
Zacharias nennen. ⁶⁰Aber die Mutter sagte: »Nein, er soll
Johannes heißen!« ⁶¹Sie wandten ein: »Warum denn? In deiner ganzen Verwandtschaft gibt es keinen, der so heißt.« ⁶²Sie
fragten den Vater durch Zeichen, wie der Sohn heißen solle.
⁶³Zacharias ließ sich eine Schreibtafel geben und schrieb: »Er
heißt Johannes.« Und sie wunderten sich alle. ⁶⁴Im selben
Augenblick konnte Zacharias wieder sprechen, und sofort
fing er an, Gott zu preisen.

⁶⁵Da ergriff alle Nachbarn ehrfürchtiges Staunen, und im
ganzen Bergland von Judäa sprachen die Leute über das, was
geschehen war. ⁶⁶Alle, die davon hörten, dachten darüber
nach und fragten sich: »Was wird aus dem Kind einmal werden?« Denn es war offensichtlich, daß der Herr etwas Besonderes mit Johannes vorhatte.

Dank für die bevorstehende Rettung.
Vorblick auf den Auftrag von Johannes
(Der Lobgesang von Zacharias: Benedictus)

⁶⁷ Erfüllt vom Geist Gottes sprach der Vater des Kindes prophetische Worte:

⁶⁸ »Gepriesen sei der Herr, der Gott Israels;
denn er ist uns zu Hilfe gekommen
und hat sein Volk befreit!
⁶⁹ Einen starken Retter hat er uns gesandt,
einen Nachkommen seines Dieners David!
⁷⁰ So hatte er es schon vor langer Zeit
durch seine heiligen Propheten angekündigt:
⁷¹ Er wollte uns retten vor unseren Feinden,
aus der Gewalt all derer, die uns hassen.
⁷² Unseren Vorfahren wollte er die Güte erweisen,
nie seinen heiligen Bund zu vergessen,
den er mit ihnen geschlossen hatte.
⁷³ Schon unserem Ahnherrn Abraham
hat er mit einem Eid versprochen,
⁷⁴⁻⁷⁵ uns aus der Macht der Feinde zu befreien,
damit wir keine Furcht mehr haben müssen
und unser Leben lang ihm dienen können
als Menschen, die ganz ihrem Gott gehören
und tun, was er von ihnen verlangt.
⁷⁶ Und du, mein Kind –
ein Prophet des Höchsten wirst du sein;
du wirst dem Herrn vorausgehen,
um den Weg für ihn zu bahnen.
⁷⁷ Du wirst dem Volk des Herrn verkünden,
daß nun die versprochene Rettung kommt,
weil Gott ihnen ihre Schuld vergeben will.
⁷⁸ Unser Gott ist voll Liebe und Erbarmen;
er schickt uns den Retter,
das Licht, das von oben kommt.
⁷⁹ Dieses Licht leuchtet allen, die im Dunkeln sind,
die im finsteren Land des Todes leben;
es wird uns führen und leiten,
daß wir den Weg des Friedens finden.«

Das Leben des Täufers Johannes
bis zu seinem Auftreten

⁸⁰ Johannes wuchs heran und nahm zu an Verstand. Später zog er sich in die Wüste zurück bis zu dem Tag, an dem er

unter dem Volk Israel offen mit seinem Auftrag hervortreten sollte.

Jesus, der Retter, wird geboren

2 Zu jener Zeit ordnete Kaiser Augustus an, daß alle Menschen in seinem Reich gezählt und für die Steuer erfaßt werden sollten. ²Diese Zählung war die erste und wurde durchgeführt, als Quirinius Statthalter der Provinz Syrien war. ³Und alle gingen hin, um sich einschreiben zu lassen, jeder in die Heimatstadt seiner Vorfahren.

⁴Auch Josef machte sich auf den Weg. Aus Galiläa, aus der Stadt Nazaret, ging er nach Judäa in die Stadt Davids, nach Betlehem. Denn er stammte aus der Familie von König David. ⁵Dorthin ging er, um sich einschreiben zu lassen, zusammen mit Maria, seiner Verlobten; die war schwanger.

⁶Während sie dort waren, geschah es, daß für Maria die Zeit der Entbindung kam. ⁷Sie gebar ihren Sohn, den Erstgeborenen, wickelte ihn in Windeln und legte ihn in eine Futterkrippe im Stall. Denn in der Herberge hatten sie keinen Platz gefunden.

⁸In jener Gegend waren Hirten auf freiem Feld, die hielten Wache bei ihren Herden in der Nacht. ⁹Da trat der Engel des Herrn zu ihnen, und die Herrlichkeit des Herrn umstrahlte sie, und sie fürchteten sich sehr. ¹⁰Aber der Engel sagte zu ihnen: »Habt keine Angst! Ich habe eine große Freudenbotschaft für euch und für das ganze Volk. ¹¹Heute ist euch der Retter geboren worden, in der Stadt Davids: Christus, der Herr! ¹²Und dies ist das Zeichen, an dem ihr ihn erkennt: Ihr werdet ein neugeborenes Kind finden, das liegt in Windeln gewickelt in einer Futterkrippe.«

¹³Und plötzlich war bei dem Engel ein ganzes Heer von Engeln, all die vielen, die im Himmel Gott dienen; die priesen Gott und riefen:

¹⁴»Groß ist von jetzt an Gottes Herrlichkeit im Himmel;
denn sein Frieden ist herabgekommen
auf die Erde zu den Menschen,
die er erwählt hat und liebt!«

¹⁵Als die Engel in den Himmel zurückgekehrt waren, sagten die Hirten zueinander: »Kommt, wir gehen nach Betlehem und sehen uns an, was da geschehen ist, was Gott uns bekanntgemacht hat!« ¹⁶Sie liefen hin, kamen zum Stall und fanden Maria und Josef und bei ihnen das Kind in der Futterkrippe. ¹⁷Als sie es sahen, berichteten sie, was ihnen der Engel von diesem Kind gesagt hatte. ¹⁸Und alle, die dabei

waren, staunten über das, was ihnen die Hirten erzählten. ¹⁹Maria aber bewahrte all das Gehörte in ihrem Herzen und dachte immer wieder darüber nach.

²⁰Die Hirten kehrten zu ihren Herden zurück und priesen Gott und dankten ihm für das, was sie gehört und gesehen hatten. Es war alles genauso gewesen, wie der Engel es ihnen verkündet hatte.

Jesus erhält seinen Namen und wird im Tempel Gott geweiht

²¹Nach acht Tagen war es Zeit, das Kind beschneiden zu lassen. Es bekam den Namen Jesus – so wie es der Engel des Herrn angeordnet hatte, noch ehe Maria das Kind empfing.

²²Vierzig Tage nach der Geburt war die Zeit der Unreinheit für Mutter und Kind vorüber, die im Gesetz Moses festgelegt ist. Da brachten die Eltern das Kind in den Tempel nach Jerusalem, um es Gott zu weihen. ²³Denn im Gesetz des Herrn heißt es: »Wenn das erste Kind, das eine Frau zur Welt bringt, ein Sohn ist, soll es Gott gehören.« ²⁴Zugleich brachten sie das Reinigungsopfer, wie es im Gesetz des Herrn vorgeschrieben ist: ein Paar Turteltauben oder zwei junge Tauben.

Simeon und Hanna erkennen den Retter und machen ihn bekannt (Der Lobgesang Simeons: Nunc dimittis)

²⁵Damals lebte in Jerusalem ein Mann namens Simeon. Er war fromm, hielt sich treu an Gottes Gesetz und wartete auf die Rettung Israels. Er war vom Geist Gottes erfüllt, ²⁶und der hatte ihm die Gewißheit gegeben, er werde nicht sterben, bevor er den von Gott versprochenen Retter mit eigenen Augen gesehen habe.

²⁷Simeon folgte einer Eingebung des Heiligen Geistes und ging in den Tempel. Als die Eltern das Kind Jesus dorthin brachten und es Gott weihen wollten, wie es nach dem Gesetz üblich war, ²⁸nahm Simeon das Kind auf die Arme, pries Gott und sagte:

²⁹»Herr, nun kann ich in Frieden sterben,
denn du hast dein Versprechen eingelöst!
³⁰⁻³¹Mit eigenen Augen habe ich es gesehen:
Du hast dein rettendes Werk begonnen,
und alle Welt wird es erfahren.
³²Allen Völkern sendest du das Licht,
und dein Volk Israel bringst du zu Ehren.«

³³Der Vater von Jesus und seine Mutter wunderten sich über das, was Simeon von dem Kind sagte. ³⁴⁻³⁵Simeon segnete sie und sagte zur Mutter Maria:»Dieses Kind ist von Gott dazu bestimmt, viele in Israel zu Fall zu bringen und viele aufzurichten. Es wird ein Zeichen Gottes sein, gegen das sich viele auflehnen werden, damit so ihre innersten Gedanken an den Tag kommen. Dich aber wird der Kummer um dein Kind wie ein scharfes Schwert durchbohren.«

³⁶In Jerusalem lebte auch eine Prophetin namens Hanna, eine Tochter Penuëls aus dem Stamm Ascher. Sie war schon sehr alt. Sieben Jahre war sie verheiratet gewesen, ³⁷und seit vierundachtzig Jahren war sie Witwe. Sie verließ den Tempel nicht mehr und diente Gott Tag und Nacht mit Fasten und Beten. ³⁸Auch sie kam jetzt hinzu und pries Gott. Sie sprach über das Kind zu allen, die auf die Rettung Jerusalems warteten.

Die Rückkehr nach Nazaret

³⁹Als Maria und Josef alles getan hatten, was das Gesetz des Herrn vorschreibt, kehrten sie mit Jesus nach Galiläa in ihre Heimatstadt Nazaret zurück. ⁴⁰Das Kind wuchs heran und wurde kräftig. Es hatte ein ungewöhnliches Verständnis für den Willen Gottes, und Gottes Liebe ruhte sichtbar auf ihm.

Gottes Sohn, der kommende Lehrer Israels
(Der zwölfjährige Jesus im Tempel)

⁴¹Die Eltern von Jesus gingen jedes Jahr zum Passafest nach Jerusalem. ⁴²Als Jesus zwölf Jahre alt war, nahmen sie ihn zum erstenmal mit. ⁴³Nach den Festtagen machten die Eltern sich wieder auf den Heimweg, während der junge Jesus in Jerusalem blieb. Seine Eltern wußten aber nichts davon. ⁴⁴Sie dachten, er sei irgendwo unter den Pilgern. Sie wanderten den ganzen Tag und suchten ihn dann abends unter ihren Verwandten und Bekannten. ⁴⁵Als sie ihn nicht fanden, kehrten sie am folgenden Tag nach Jerusalem zurück und suchten ihn dort. ⁴⁶Endlich am dritten Tag entdeckten sie ihn im Tempel. Er saß mitten unter den Gesetzeslehrern, hörte ihnen zu und diskutierte mit ihnen. ⁴⁷Alle, die dabei waren, staunten über sein Verständnis und seine Antworten.

⁴⁸Seine Eltern waren ganz außer sich, als sie ihn hier fanden. Die Mutter sagte zu ihm:»Kind, warum machst du uns solchen Kummer? Dein Vater und ich haben dich überall gesucht und große Angst um dich ausgestanden.« ⁴⁹Jesus ant-

wortete: »Warum habt ihr mich denn gesucht? Habt ihr nicht
gewußt, daß ich im Haus meines Vaters sein muß?« ⁵⁰Aber sie
verstanden nicht, was er damit meinte.

⁵¹Jesus kehrte mit seinen Eltern nach Nazaret zurück und
gehorchte ihnen willig. Seine Mutter aber bewahrte das alles
in ihrem Herzen. ⁵²Jesus nahm weiter zu an Jahren wie an
Verständnis, und Gott und die Menschen hatten ihre Freude
an ihm.

VORBEREITUNGEN FÜR DAS AUFTRETEN VON JESUS (3,1–4,13)

Johannes der Täufer tritt auf

3 Es war im fünfzehnten Regierungsjahr des Kaisers Tibe-
rius. Pontius Pilatus war Statthalter von Judäa, Herodes
Antipas regierte in Galiläa, sein Bruder Philippus in Ituräa
und Trachonitis, Lysanias regierte in Abilene. ²Die Obersten
Priester waren Hannas und Kajaphas.

Johannes, der Sohn von Zacharias, hielt sich noch in der
Wüste auf. Dort erging an ihn der Ruf Gottes. ³Da machte er
sich auf, durchzog die ganze Gegend am Jordan und verkündete: »Kehrt um und laßt euch taufen, denn Gott will euch
eure Schuld vergeben!«

⁴Schon im Buch des Propheten Jesaja steht: »In der Wüste
ruft einer: ›Macht den Weg bereit, auf dem der Herr kommt!
Ebnet ihm die Straßen! ⁵Füllt alle Täler auf, tragt Berge und
Hügel ab, beseitigt die Windungen, und räumt die Hindernis-
se aus dem Weg! ⁶Dann wird alle Welt sehen, wie Gott die
Rettung bringt.‹«

Der Täufer fordert radikale Umkehr

⁷Die Menschen kamen in Scharen zu Johannes, um sich von
ihm taufen zu lassen. Er hielt ihnen vor: »Ihr Schlangenbrut,
wer hat euch gesagt, daß ihr dem bevorstehenden Gericht
Gottes entgeht? ⁸Zeigt durch eure Taten, daß ihr es mit der
Umkehr ernst meint! Ihr bildet euch ein, daß euch nichts geschehen kann, weil Abraham euer Stammvater ist. Aber das
sage ich euch: Gott kann Abraham aus diesen Steinen hier
neue Nachkommen schaffen! ⁹Die Axt ist auch schon angelegt, um die Bäume an der Wurzel abzuschlagen. Jeder Baum,
der keine guten Früchte bringt, wird umgehauen und ins
Feuer geworfen.«

¹⁰Die Menschen fragten Johannes: »Was sollen wir denn
tun?« ¹¹Seine Antwort war: »Wer zwei Hemden hat, soll dem

eins geben, der keines hat. Und wer etwas zu essen hat, soll es mit jemand teilen, der hungert.« [12]Auch Zolleinnehmer kamen und wollten sich taufen lassen; sie fragten ihn: »Lehrer, was sollen wir tun?« [13]Seine Antwort war: »Verlangt nicht mehr, als festgesetzt ist!« [14]Auch Soldaten fragten ihn: »Was sollen denn *wir* tun?« Die Antwort war: »Beraubt und erpreßt niemand, sondern gebt euch mit eurem Sold zufrieden!«

Der Täufer weist auf Christus hin

[15]Das Volk war voll Erwartung und fragte sich, ob Johannes vielleicht der versprochene Retter sei. [16]Da erklärte er allen: »Ich taufe euch mit Wasser. Es kommt aber der, der mächtiger ist als ich. Ich bin nicht einmal gut genug, ihm die Schuhe aufzubinden. Er wird euch mit dem Heiligen Geist und mit dem Feuer des Gerichts taufen. [17]Er hat die Worfschaufel in seiner Hand, um die Spreu vom Weizen zu scheiden und den Weizen in seine Scheune zu bringen. Die Spreu wird er in einem Feuer verbrennen, das nie mehr ausgeht.«

[18]Mit diesen und vielen anderen Worten rüttelte Johannes das Volk auf und verkündete ihm die Gute Nachricht vom Kommen des versprochenen Retters.

Das Wirken des Täufers geht zu Ende

[19]Johannes tadelte auch den Fürsten Herodes, weil er Herodias, die Frau seines Bruders, geheiratet und auch sonst viel Unrecht getan hatte. [20]Deswegen ließ Herodes ihn ins Gefängnis werfen und lud zu allem anderen auch noch diese Schuld auf sich.

Jesus läßt sich taufen

[21]Zusammen mit dem ganzen Volk hatte auch Jesus sich taufen lassen. Gleich darauf, während er betete, öffnete sich der Himmel. [22]Der Heilige Geist kam sichtbar auf ihn herab, anzusehen wie eine Taube. Und eine Stimme sagte vom Himmel her: »Du bist mein Sohn, dir gilt meine Liebe, dich habe ich erwählt.«

Jesus – Ziel und Erfüllung der Geschichte Israels und der Menschheit

[23]Als Jesus sein Werk begann, war er etwa dreißig Jahre alt. Er galt als Sohn Josefs. Josef war ein Sohn Elis; [24]seine weiteren Vorfahren waren: Mattat, Levi, Melchi, Jannai, Josef, [25]Mattitja, Amos, Nahum, Hesli, Naggai, [26]Mahat, Mattitja, Schimi, Josech, Joda, [27]Johanan, Resa, Serubbabel, Schealtiël, Neri, [28]Melchi, Addi, Kosam, Elmadam, Er, [29]Joschua, Elië-

ser, Jorim, Mattat, Levi, 30 Simeon, Juda, Josef, Jonam, Eljakim, 31 Melea, Menna, Mattata, Natan, David, 32 Isai, Obed,
Boas, Salmon, Nachschon, 33 Amminadab, Admin, Arni, Hezron, Perez, Juda, 34 Jakob, Isaak, Abraham, Terach, Nahor,
35 Serug, Regu, Peleg, Eber, Schelach, 36 Kenan, Arpach-
schad, Sem, Noach, Lamech, 37 Metuschelach, Henoch,
Jered, Mahalalel, Kenan, 38 Enosch, Set, Adam – und Adam
stammte von Gott.

Jesus wird auf die Probe gestellt

4 1-2 Vom Heiligen Geist erfüllt, ging Jesus vom Jordan
weg. Vierzig Tage lang wurde er vom Geist in der Wüste
umhergetrieben und vom Teufel auf die Probe gestellt. Die
ganze Zeit hindurch aß er nichts, so daß er schließlich sehr
hungrig war. 3 Da sagte der Teufel zu ihm: »Wenn du Gottes
Sohn bist, dann befiehl doch diesem Stein hier, daß er zu
Brot wird!« 4 Jesus antwortete: »In den Heiligen Schriften
steht: ›Der Mensch lebt nicht nur von Brot.‹«

5 Darauf führte ihn der Teufel hinauf und zeigte ihm auf
einen Blick alle Reiche der Welt 6 und sagte: »Ich will dir die
Macht über alle diese Reiche in ihrer ganzen Größe und
Pracht geben. Sie ist mir übertragen worden, und ich kann sie
weitergeben, an wen ich will. 7 Alles soll dir gehören, wenn du
dich vor mir niederwirfst und mich anbetest.« 8 Aber Jesus
sagte: »In den Heiligen Schriften heißt es: ›Vor dem Herrn,
deinem Gott, wirf dich nieder, ihn sollst du anbeten und niemand sonst!‹«

9 Dann führte ihn der Teufel nach Jerusalem, stellte ihn auf
den höchsten Punkt des Tempels und sagte: »Wenn du Gottes
Sohn bist, dann spring doch hinunter; 10 denn in den Heiligen
Schriften steht: ›Deinetwegen wird Gott seine Engel
schicken, daß sie dich beschützen.‹ 11 Und: ›Sie werden dich
auf Händen tragen, damit du dich an keinem Stein stößt.‹«
12 Jesus antwortete ihm: »Es heißt in den Heiligen Schriften
auch: ›Du sollst den Herrn, deinen Gott, nicht herausfordern.‹«

13 Als der Teufel mit all dem Jesus nicht zu Fall bringen
konnte, ließ er ihn vorläufig in Ruhe.

JESUS IN GALILÄA (4,14–9,50)

Jesus beginnt sein Wirken in Galiläa

14 Erfüllt mit der Kraft des Heiligen Geistes kehrte Jesus nach
Galiläa zurück. Die Kunde von ihm verbreitete sich in der

ganzen Gegend. ¹⁵Er lehrte in den Synagogen, und alle sprachen mit höchster Achtung von ihm.

Jesus wird in Nazaret abgelehnt

¹⁶So kam Jesus auch nach Nazaret, wo er aufgewachsen war. Am Sabbat ging er wie immer in die Synagoge. Er stand auf, um aus den Heiligen Schriften vorzulesen, ¹⁷und der Synagogendiener reichte ihm die Buchrolle mit den Worten des Propheten Jesaja. Jesus rollte sie auf und wählte die Stelle aus, an der es heißt:

¹⁸»Der Geist des Herrn hat von mir Besitz ergriffen, weil der Herr mich gesalbt und bevollmächtigt hat. Er hat mich gesandt, den Armen gute Nachricht zu bringen, den Gefangenen zu verkünden, daß sie frei sein sollen, und den Blinden, daß sie sehen werden. Den Mißhandelten soll ich die Freiheit bringen, ¹⁹und das Jahr ausrufen, in dem der Herr sich seinem Volk gnädig zuwendet.«

²⁰Jesus rollte das Buch wieder zusammen, gab es dem Synagogendiener zurück und setzte sich. Alle in der Synagoge blickten gespannt auf ihn. ²¹Er begann und sagte:»Heute, da ihr dieses Prophetenwort aus meinem Mund hört, ist es unter euch in Erfüllung gegangen.«

²²Alle spendeten seiner Rede Beifall und staunten über die Botschaft von Gottes rettender Gnade. Aber sie wunderten sich, so etwas aus seinem Mund zu hören, und sagten zueinander:»Ist das nicht der Sohn Josefs?«

²³Da sagte Jesus zu ihnen:»Sicher werdet ihr mir jetzt mit dem Sprichwort kommen: ›Arzt, hilf dir selbst! Wenn du in Kafarnaum so große Dinge getan hast, wie wir gehört haben, dann tu sie auch hier in deiner Vaterstadt!‹ ²⁴Aber ich versichere euch: Kein Prophet gilt etwas in seiner Heimat. ²⁵Ja, ich muß euch noch mehr sagen: Zur Zeit des Propheten Elija lebten viele Witwen in Israel, damals, als es dreieinhalb Jahre lang nicht regnete und im ganzen Land große Hungersnot herrschte. ²⁶Trotzdem wurde Elija zu keiner von ihnen geschickt, sondern zu einer Witwe in Sarepta im Gebiet von Sidon. ²⁷Und zur Zeit des Propheten Elischa gab es viele Aussätzige in Israel; aber keiner von ihnen wurde geheilt, nur der Syrer Naaman.«

²⁸Als die Menschen in der Synagoge das hörten, wurden sie wütend. ²⁹Sie sprangen auf und trieben Jesus aus der Stadt hinaus, bis an den Rand des Berges, auf dem Nazaret liegt. Dort wollten sie ihn hinunterstürzen. ³⁰Aber Jesus ging mitten durch die Menge hindurch und zog weiter.

Jesus zeigt seine Macht

³¹ Jesus ging hinunter nach Kafarnaum, einer Stadt in Galiläa. Dort sprach er jeweils am Sabbat in der Synagoge, ³² und die Menschen waren sehr beeindruckt; denn er redete wie einer, den Gott dazu ermächtigt hat.

³³ In der Synagoge war ein Mann, der von einem bösen Geist besessen war. Der schrie laut: ³⁴ »Laß uns in Ruhe, Jesus von Nazaret! Was hast du bei uns zu suchen? Du bist doch nur gekommen, um uns zu vernichten! Ich weiß genau, wer du bist: Du bist der, der an Gottes Heiligkeit teilhat!« ³⁵ Drohend sagte Jesus zu dem bösen Geist: »Schweig und fahr aus von diesem Menschen!« Da schleuderte der Geist den Mann in die Mitte der Synagoge und fuhr aus, ohne ihm einen Schaden zuzufügen.

³⁶ Die Leute erschraken alle und sagten zueinander: »Was für eine Wortgewalt! Mit Vollmacht und Kraft gibt er den bösen Geistern einen Befehl, und sie fahren aus!« ³⁷ So kam es, daß man bald in der ganzen Gegend von Jesus sprach.

Jesus heilt die Schwiegermutter von Petrus und viele andere Menschen

³⁸ Jesus verließ die Synagoge und ging in das Haus Simons. Dessen Schwiegermutter lag mit hohem Fieber im Bett, und die Leute im Haus baten Jesus, ihr zu helfen. ³⁹ Jesus trat zu ihr hin, bedrohte das Fieber, und es verschwand. Sofort stand sie auf und bereitete für alle das Essen.

⁴⁰ Als die Sonne unterging, brachten alle Leute ihre Kranken zu Jesus, Männer und Frauen mit den verschiedensten Leiden. Jedem einzelnen legte Jesus die Hände auf und heilte sie. ⁴¹ Von vielen Besessenen fuhren böse Geister aus, die schrien: »Du bist der Sohn Gottes!« Aber Jesus drohte ihnen und ließ sie nicht weiterreden; denn sie wußten, daß er der versprochene Retter war.

Jesus verkündet die Botschaft überall im jüdischen Land

⁴² Am nächsten Morgen verließ Jesus die Stadt und zog sich an eine abgelegene Stelle zurück. Aber die Leute suchten nach ihm, bis sie ihn fanden; sie wollten ihn festhalten und nicht weggehen lassen. ⁴³ Doch er sagte zu ihnen: »Ich muß auch den anderen Städten die Gute Nachricht verkünden, daß Gott seine Herrschaft aufrichtet; denn dazu hat Gott mich gesandt.«

⁴⁴Von da an verkündete Jesus die Gute Nachricht überall in den Synagogen des jüdischen Landes.

Die ersten Jünger

5 Eines Tages stand Jesus am Ufer des Sees von Gennesaret. Die Menschen drängten sich um ihn und wollten Gottes Botschaft hören. ²Da sah er zwei Boote am Ufer liegen. Die Fischer waren ausgestiegen und reinigten ihre Netze. ³Er stieg in das eine, das Simon gehörte, und bat ihn, ein Stück vom Ufer abzustoßen. Dann setzte er sich und sprach vom Boot aus zu der Menschenmenge.

⁴Als er seine Rede beendet hatte, sagte er zu Simon: »Fahr hinaus auf den See und wirf mit deinen Leuten die Netze zum Fang aus!« ⁵Simon erwiderte: »Herr, wir haben uns die ganze Nacht abgemüht und nichts gefangen. Aber weil du es sagst, will ich die Netze noch einmal auswerfen.« ⁶Sie taten es und fingen so viele Fische, daß die Netze zu reißen begannen. ⁷Sie mußten die Fischer im anderen Boot zur Hilfe herbeiwinken. Schließlich waren beide Boote so überladen, daß sie fast untergingen.

⁸Als Simon Petrus das sah, warf er sich vor Jesus nieder und bat: »Herr, geh fort von mir! Ich bin ein sündiger Mensch!« ⁹Denn ihn und alle anderen, die bei ihm im Boot waren, hatte die Furcht gepackt, weil sie einen so gewaltigen Fang gemacht hatten. ¹⁰So ging es auch denen aus dem anderen Boot, Jakobus und Johannes, den Söhnen von Zebedäus, die mit Simon zusammenarbeiteten. Jesus aber sagte zu Simon: »Hab keine Angst! Von jetzt an wirst du Menschen fischen!« ¹¹Da zogen sie die Boote an Land, ließen alles zurück und folgten Jesus.

Jesus heilt einen Aussätzigen

¹²In einer der Ortschaften traf Jesus einen Mann, der am ganzen Körper den Aussatz hatte. Als er Jesus sah, warf er sich vor ihm nieder, das Gesicht zur Erde, und flehte ihn an: »Herr, wenn du willst, kannst du mich gesund machen!« ¹³Jesus streckte die Hand aus und berührte ihn. »Ich will«, sagte er, »sei gesund!« Im selben Augenblick verschwand der Aussatz.

¹⁴Jesus befahl ihm, niemand etwas zu sagen. »Sondern geh zum Priester«, sagte er, »laß dir von ihm deine Heilung bestätigen und bring die Opfer, die Mose zur Wiederherstellung der Reinheit vorgeschrieben hat. So sollen alle erfahren, daß du geheilt worden bist.«

¹⁵Darauf verbreitete sich die Nachricht von Jesus noch

mehr. Scharenweise kamen die Menschen, um ihn zu hören und sich von ihren Krankheiten heilen zu lassen. [16]Aber Jesus zog sich zurück und hielt sich in einsamen Gegenden auf, um zu beten.

Jesus heilt einen Gelähmten

[17]Während dieser Zeit geschah einmal folgendes: Jesus sprach gerade zu den Menschen, und vor ihm saßen Pharisäer und Gesetzeslehrer, die aus allen Ortschaften Galiläas und Judäas und sogar aus Jerusalem gekommen waren. In Jesus war Gottes Kraft am Werk und trieb ihn dazu, Kranke zu heilen.

[18]Da brachten einige Männer einen Gelähmten auf einer Tragbahre herbei. Sie wollten ihn in das Haus hineintragen und vor Jesus niederlegen. [19]Aber wegen der Menschenmenge konnten sie nicht bis zu Jesus durchkommen. So stiegen sie auf das Dach, deckten einige Ziegel ab und ließen die Bahre mit dem Kranken mitten in der Menge genau vor Jesus nieder. [20]Als Jesus sah, wie groß ihr Vertrauen war, sagte er zu dem Kranken: »Du Mensch, deine Schuld ist dir vergeben!«

[21]Die Gesetzeslehrer und Pharisäer dachten: »Was maßt der sich an, daß er eine solche Gotteslästerung auszusprechen wagt! Nur Gott kann den Menschen ihre Schuld vergeben, sonst niemand!« [22]Aber Jesus wußte, was sie dachten, und fragte sie: »Was macht ihr euch da für Gedanken? [23]Was ist leichter – zu sagen: ›Deine Schuld ist dir vergeben‹, oder: ›Steh auf und geh umher‹? [24]Aber ihr sollt sehen, daß der Menschensohn die Vollmacht hat, hier auf der Erde Schuld zu vergeben!« Und er sagte zu dem Gelähmten: »Ich befehle dir: Steh auf, nimm deine Tragbahre und geh nach Hause!« [25]Sofort stand der Mann vor aller Augen auf, nahm die Bahre, auf der er gelegen hatte, und ging nach Hause. Dabei pries er Gott.

[26]Eine große Erregung erfaßte alle, die versammelt waren, und auch sie priesen Gott. Von Furcht erfüllt, sagten sie: »Unglaubliche Dinge haben wir heute erlebt!«

Jesus beruft Levi und ißt mit den Zolleinnehmern

[27]Als Jesus danach die Stadt verließ, sah er einen Zolleinnehmer an der Zollstelle sitzen. Er hieß Levi. Jesus sagte zu ihm: »Komm, folge mir!« [28]Und Levi ließ alles zurück, stand auf und folgte Jesus.

[29]Später gab Levi für Jesus ein großes Festessen in seinem

Haus. Daran nahmen viele seiner bisherigen Kollegen und andere Bekannte teil. ³⁰Die Pharisäer, besonders die Gesetzeslehrer unter ihnen, murrten darüber und sagten zu den Jüngern: »Warum eßt und trinkt ihr mit den Zolleinnehmern und ähnlichem Volk?« ³¹Aber Jesus antwortete ihnen: »Nicht die Gesunden brauchen den Arzt, sondern die Kranken. ³²Ich bin nicht gekommen, solche Menschen in Gottes neue Welt einzuladen, bei denen alles in Ordnung ist, sondern solche, die Gott den Rücken gekehrt haben. Sie soll ich dazu aufrufen, ihr Leben zu ändern.«

Die Hochzeit hat begonnen

³³Darauf hielten die Pharisäer und ihre Gesetzeslehrer Jesus vor: »Die Jünger des Täufers Johannes fasten oft und verrichten Gebete, so wie es auch unsere Jünger tun. Aber deine Jünger essen und trinken!« ³⁴Jesus antwortete: »Ihr könnt doch nicht verlangen, daß die Hochzeitsgäste fasten, solange der Bräutigam da ist! ³⁵Die Zeit kommt früh genug, daß der Bräutigam ihnen entrissen wird; dann werden sie fasten.«

³⁶Jesus erklärte ihnen das Verhalten seiner Jünger noch weiter in Bildern; er sagte: »Niemand schneidet ein Stück von einem neuen Kleid ab, um damit ein altes zu flicken. Sonst hat er das neue Kleid zerschnitten, und zu dem alten paßt der Flicken von dem neuen gar nicht. ³⁷Auch füllt niemand neuen Wein, der noch gärt, in alte Schläuche. Sonst sprengt der neue Wein die alten Schläuche; der Wein fließt aus, und auch die Schläuche sind hin. ³⁸Nein, neuer Wein gehört in neue Schläuche! ³⁹Aber niemand, der alten Wein getrunken hat, wird danach neuen haben wollen. Denn er wird sagen: ›Der alte ist besser.‹«

Jesus und der Sabbat

6 An einem Sabbat ging Jesus durch die Felder. Seine Jünger rissen Ähren ab, zerrieben sie in der Hand und aßen die Körner. ²Da sagten einige von den Pharisäern: »Warum tut ihr da etwas, was nach dem Gesetz am Sabbat verboten ist?« ³Jesus antwortete ihnen: »Habt ihr denn nicht gelesen, was David tat, als er und seine Männer hungrig waren? ⁴Er ging in das Haus Gottes, nahm die geweihten Brote, aß davon und gab auch seinen Begleitern zu essen, obwohl nach dem Gesetz nur Priester davon essen dürfen.«

⁵Und Jesus fügte hinzu: »Der Menschensohn ist Herr über den Sabbat; er hat zu bestimmen, was an diesem Tag getan werden darf.«

Jesus heilt am Sabbat

⁶An einem anderen Sabbat ging Jesus in die Synagoge und sprach zu den Menschen. Dort war ein Mann, dessen rechte Hand war abgestorben. ⁷Die Gesetzeslehrer und die Pharisäer suchten einen Anlaß, Jesus anzuzeigen; sie beobachteten deshalb genau, ob er am Sabbat heilen würde.

⁸Aber Jesus kannte ihre Gedanken. Er sagte zu dem Mann mit der abgestorbenen Hand: »Steh auf und stell dich in die Mitte!« Der Mann stand auf und trat vor. ⁹Dann sagte Jesus zu den Gesetzeslehrern und den Pharisäern: »Ich frage euch, was darf man nach dem Gesetz am Sabbat tun? Gutes oder Böses? Einem Menschen das Leben retten oder ihn umkommen lassen?« ¹⁰Er schaute sie alle der Reihe nach an und sagte zu dem Mann: »Streck deine Hand aus!« Er tat es, und sie wurde wieder gesund.

¹¹Die Gesetzeslehrer und die Pharisäer packte eine unsinnige Wut, und sie berieten miteinander, was sie gegen Jesus unternehmen könnten.

Jesus wählt die zwölf Apostel aus

¹²Damals geschah folgendes: Jesus ging auf einen Berg, um zu beten. Die ganze Nacht hindurch sprach er im Gebet mit Gott. ¹³Als es Tag wurde, rief er seine Jünger zu sich und wählte aus ihnen zwölf aus, die er auch Apostel nannte. ¹⁴⁻¹⁶Es waren: Simon, dem er den Namen Petrus gab, und dessen Bruder Andreas; dazu Jakobus, Johannes, Philippus, Bartholomäus, Matthäus, Thomas, Jakobus, der Sohn von Alphäus, Simon, genannt der Zelot, Judas, der Sohn von Jakobus, und Judas Iskariot, der Jesus später verriet.

DIE PREDIGT AM BERG (6,17-49)

Die Schar der Zuhörenden:
die Apostel, die Jünger und das Volk

¹⁷Jesus stieg mit den Aposteln den Berg hinunter. Auf einem ebenen Platz hatte sich eine große Menge seiner Jünger versammelt, Männer und Frauen, und dazu noch viele Menschen aus dem ganzen jüdischen Land und aus Jerusalem und aus dem Küstengebiet von Tyrus und Sidon. ¹⁸Sie wollten ihn hören und sich von ihren Krankheiten heilen lassen. Menschen, die von bösen Geistern besessen waren, wurden von ihnen befreit. ¹⁹Alle wollten Jesus berühren, denn es ging heilende Kraft von ihm aus und machte sie alle gesund.

Wer sich freuen darf ...
Seligpreisungen und Weherufe

20 Jesus blickte auf die große Schar seiner Jünger, die Männer und Frauen, und sagte:

»Freut euch, ihr Armen!
Ihr werdet mit Gott leben in seiner neuen Welt.
21 Freut euch, die ihr jetzt Hunger habt!
Gott wird euch satt machen.
Freut euch, die ihr jetzt weint!
Bald werdet ihr lachen.

22 Freuen dürft ihr euch, wenn euch die Leute hassen, ja, wenn sie euch aus ihrer Gemeinschaft ausstoßen und beschimpfen und verleumden, weil ihr euch zum Menschensohn bekennt! 23 Freut euch und springt vor Freude, wenn das geschieht; denn Gott wird euch reich belohnen. Mit den Propheten haben es die Vorfahren dieser Leute auch so gemacht.

24 Aber weh euch, ihr Reichen!
Ihr habt euren Anteil schon kassiert.
25 Weh euch, die ihr jetzt satt seid!
Ihr werdet hungern.
Weh euch, die ihr jetzt lacht!
Ihr werdet weinen und klagen.

26 Weh euch, wenn euch alle Leute loben; denn genauso haben es ihre Vorfahren mit den falschen Propheten gemacht.«

Die Feinde lieben

27 »Euch, die ihr mir zuhört, sage ich: Liebt eure Feinde; tut denen Gutes, die euch hassen; 28 segnet die, die euch verfluchen, und betet für alle, die euch schlecht behandeln. 29 Wenn dich jemand auf die Backe schlägt, dann halte ihm auch die andere Backe hin. Wenn dir jemand den Mantel wegnimmt, dann gib ihm noch das Hemd dazu. 30 Wenn jemand dich um etwas bittet, dann gib es ihm; und wenn jemand dir etwas wegnimmt, dann fordere es nicht zurück. 31 Behandelt die Menschen so, wie ihr selbst von ihnen behandelt sein wollt.

32 Warum erwartet ihr von Gott eine Belohnung, wenn ihr nur die liebt, die euch auch lieben? Das tun sogar die Menschen, die nicht nach dem Willen Gottes fragen. 33 Warum erwartet ihr von Gott eine Belohnung, wenn ihr nur die gut be-

handelt, die euch auch gut behandeln? Das tun auch die hart-
gesottensten Sünder. [34] Warum erwartet ihr von Gott eine Belohnung, wenn ihr nur denen etwas leiht, von denen ihr wißt,
daß sie es euch zurückgeben werden? Ausleihen, um es auf
Heller und Pfennig zurückzubekommen, das tun auch die
Sünder gegenüber ihresgleichen! [35] Nein, eure Feinde sollt ihr
lieben! Tut Gutes und leiht, ohne etwas zurückzuerwarten!
Dann bekommt ihr reichen Lohn: Ihr werdet zu Kindern des
Höchsten. Denn auch er ist gut zu den undankbaren und
schlechten Menschen.«

Niemand verurteilen

[36]»Werdet barmherzig, so wie euer Vater barmherzig ist!
[37] Verurteilt nicht andere, dann wird Gott auch euch nicht
verurteilen. Sitzt über niemand zu Gericht, dann wird Gott
auch über euch nicht zu Gericht sitzen. Verzeiht, dann wird
Gott euch verzeihen. [38] Schenkt, dann wird Gott euch schenken; ja, er wird euch so überreich beschenken, daß ihr gar
nicht alles fassen könnt. Darum gebraucht anderen gegenüber ein reichliches Maß; denn Gott wird bei euch dasselbe
Maß verwenden.«

Gegen blinde und überhebliche Besserwisserei

[39] Jesus machte ihnen auch in Bildern deutlich, wovor sie sich
hüten sollen; er sagte:»Kein Blinder kann einen Blinden
führen, sonst fallen beide in die Grube. [40] Kein Schüler steht
über seinem Lehrer. Und wenn er ausgelernt hat, soll er *wie*
sein Lehrer sein.

[41] Warum kümmerst du dich um den Splitter im Auge deines Bruders oder deiner Schwester und bemerkst nicht den
Balken in deinem eigenen? [42] Wie kannst du zu deinem Bruder oder deiner Schwester sagen:›Komm her, Bruder; komm
her, Schwester; ich will dir den Splitter aus dem Auge ziehen‹,
und merkst gar nicht, daß du selbst einen ganzen Balken im
Auge hast? Scheinheilig bist du! Zieh doch erst den Balken
aus deinem eigenen Auge, dann kannst du dich um den Splitter in einem anderen Auge kümmern!«

Der Baum und die Früchte

[43]»Ein gesunder Baum trägt keine schlechten Früchte, und
ein kranker Baum trägt keine guten. [44] An den Früchten ist zu
erkennen, was jeder Baum wert ist. Von Disteln kann man ja
auch keine Feigen pflücken und von Dornengestrüpp keine
Weintrauben ernten. [45] Ein guter Mensch bringt Gutes hervor, weil er im Herzen gut ist. Aber ein schlechter Mensch

kann nur Böses hervorbringen, weil er von Grund auf böse ist. Denn wovon das Herz voll ist, davon redet der Mund!«

Das Gleichnis vom Hausbau

46 »Was nennt ihr mich immerzu ›Herr‹, wenn ihr doch nicht tut, was ich sage? 47 Wer zu mir kommt und meine Worte hört und sich nach ihnen richtet – ich werde euch zeigen, wem er gleicht: 48 Er gleicht einem Menschen, der ein Haus baute und dabei tief grub und die Fundamente auf Felsgrund legte. Als das Hochwasser kam, prallten die Fluten gegen das Haus, aber es blieb stehen, weil es so fest gebaut war. 49 Wer dagegen meine Worte hört und sich nicht nach ihnen richtet, ist wie ein Mensch, der sein Haus einfach auf das Erdreich stellte, ohne ein Fundament. Als die Fluten dagegen prallten, fiel es sofort in sich zusammen, und alles lag in Trümmern.«

Der Hauptmann von Kafarnaum

7 Nachdem Jesus das alles vor den Ohren des versammelten Volkes gesagt und seine Rede beendet hatte, ging er nach Kafarnaum. 2 Dort lebte ein Hauptmann, ein Nichtjude. Er hatte einen Diener, den er sehr schätzte; der war schwer krank und lag im Sterben. 3 Als der Hauptmann von Jesus hörte, schickte er einige von den jüdischen Ortsvorstehern zu ihm. Sie sollten ihn bitten, zu kommen und seinem Diener das Leben zu retten. 4 Die Männer kamen zu Jesus und baten ihn dringend: »Der Mann ist es wert, daß du ihm hilfst. 5 Er liebt unser Volk. Er hat uns sogar die Synagoge gebaut.«

6 Jesus ging mit ihnen. Als er nicht mehr weit vom Haus entfernt war, schickte der Hauptmann ihm Freunde entgegen und ließ ihm ausrichten: »Herr, bemühe dich doch nicht! Ich weiß, daß ich dir, einem Juden, nicht zumuten kann, mein Haus zu betreten. 7 Deshalb hielt ich mich auch nicht für würdig, selbst zu dir zu kommen. Sag nur ein Wort, und mein Diener wird gesund! 8 Auch ich unterstehe höherem Befehl und kann meinen Soldaten Befehle erteilen. Wenn ich zu einem sage: ›Geh!‹, dann geht er; wenn ich zu einem andern sage: ›Komm!‹, dann kommt er; und wenn ich meinem Diener befehle: ›Tu das!‹, dann tut er's.«

9 Als Jesus das hörte, wunderte er sich über ihn. Er drehte sich um und sagte zu der Menge, die ihm folgte: »Wahrhaftig, solch ein Vertrauen habe ich nicht einmal in Israel gefunden!«

10 Als die Boten des Hauptmanns in das Haus zurückkamen, war der Diener gesund.

Jesus macht einen Toten lebendig

¹¹ Bald darauf ging Jesus nach Naïn. Seine Jünger, die Männer und Frauen, und noch viele Leute folgten ihm. ¹²Als sie in die Nähe des Stadttores kamen, wurde gerade ein Toter zur Bestattung hinausgetragen. Es war der Sohn einer Witwe, ihr einziger. Zahlreiche Bewohner der Stadt begleiteten die Mutter. ¹³Als der Herr die Witwe sah, ergriff ihn das Mitleid, und er sagte zu ihr: »Weine nicht!« ¹⁴Dann trat er näher und berührte die Bahre; die Träger blieben stehen. Er sagte zu dem Toten: »Du junger Mann, ich befehle dir: Steh auf!« ¹⁵Da richtete der Tote sich auf und fing an zu reden, und Jesus gab ihn seiner Mutter zurück.

¹⁶Alle wurden von Furcht gepackt; sie priesen Gott und riefen: »Ein großer Prophet ist unter uns aufgetreten! Gott selbst ist seinem Volk zu Hilfe gekommen!« ¹⁷Die Kunde von dem, was Jesus getan hatte, verbreitete sich im ganzen jüdischen Land und in allen angrenzenden Gebieten.

Die Anfrage des Täufers Johannes

¹⁸Johannes hörte durch seine Jünger von all diesen Ereignissen. Er rief zwei von ihnen zu sich ¹⁹und schickte sie zum Herrn mit der Frage: »Bist du wirklich der, der kommen soll, oder müssen wir auf einen anderen warten?« ²⁰Die beiden kamen zu Jesus und sagten zu ihm: »Der Täufer Johannes hat uns zu dir geschickt, um dich zu fragen: ›Bist du wirklich der, der kommen soll, oder müssen wir auf einen anderen warten?‹«

²¹Jesus heilte damals gerade viele Leute von Krankheiten und schlimmen Leiden; er befreite Menschen von bösen Geistern und gab vielen Blinden das Augenlicht. ²²Er antwortete den Boten: »Geht zurück zu Johannes und berichtet ihm, was ihr hier gesehen und gehört habt: Blinde sehen, Gelähmte gehen, Aussätzige werden gesund, Taube hören, Tote stehen auf, und den Armen wird die Gute Nachricht verkündet. ²³Freuen darf sich, wer an mir nicht irre wird!«

Jesus spricht über den Täufer

²⁴Als die Boten des Täufers wieder weggegangen waren, fing Jesus an, zu der Menge über Johannes zu sprechen: »Als ihr zu ihm in die Wüste hinausgezogen seid, was habt ihr da erwartet? Etwa ein Schilfrohr, das jedem Windzug nachgibt? ²⁵Oder was sonst wolltet ihr sehen? Einen Menschen in vornehmer Kleidung? Leute mit prächtigen Kleidern, die im Luxus leben, wohnen in Palästen! ²⁶Also, was habt ihr erwar-

tet? Einen Propheten? Ich versichere euch: Ihr habt mehr gesehen als einen Propheten! 27 Johannes ist der, von dem es in
den Heiligen Schriften heißt: ›Ich sende meinen Boten vor dir
her, sagt Gott, damit er den Weg für dich bahnt.‹

28 Ich versichere euch: Johannes ist der Bedeutendste unter
allen, die je von einer Frau geboren wurden. Aber der Geringste, der miterlebt, wie Gott jetzt seine Herrschaft aufrichtet, ist größer als er. 29 Das ganze Volk, das Johannes zuhörte,
sogar die Zolleinnehmer, unterwarfen sich dem Urteil Gottes
und ließen sich von Johannes taufen. 30 Nur die Pharisäer und
die Gesetzeslehrer mißachteten die Rettung, die Gott ihnen
zugedacht hatte, und lehnten es ab, sich von Johannes taufen
zu lassen.

31 Mit wem soll ich die Menschen von heute vergleichen?
Was für ein Bild paßt auf sie? 32 Sie sind wie die Kinder, die
auf dem Marktplatz herumsitzen und sich gegenseitig vorwerfen: ›Wir haben euch Hochzeitslieder gespielt, aber ihr
habt nicht getanzt!‹ – ›Wir haben euch Trauerlieder gesungen,
aber ihr habt nicht geweint!‹ 33 Der Täufer Johannes ist gekommen, aß kein Brot und trank keinen Wein, und ihr sagt:
›Er ist von einem bösen Geist besessen.‹ 34 Der Menschensohn ist gekommen, ißt und trinkt, und ihr sagt: ›Seht ihn
euch an, diesen Vielfraß und Säufer, diesen Kumpan der
Zolleinnehmer und Sünder!‹ 35 Aber die Weisheit Gottes wird
bestätigt durch alle, die für sie offen sind.«

Jesus, der Pharisäer und die Prostituierte

36 Ein Pharisäer hatte Jesus zum Essen eingeladen. Jesus ging
in sein Haus und legte sich zu Tisch. 37 In derselben Stadt
lebte eine Frau, die als Prostituierte bekannt war. Als sie
hörte, daß Jesus bei dem Pharisäer eingeladen war, kam sie
mit einem Fläschchen voll kostbarem Salböl. 38 Weinend trat
sie an das Fußende des Polsters, auf dem Jesus lag, und ihre
Tränen fielen auf seine Füße. Mit ihren Haaren trocknete sie
ihm die Füße ab, bedeckte sie mit Küssen und salbte sie mit
dem Öl.

39 Als der Pharisäer, der Jesus eingeladen hatte, das sah,
sagte er sich: »Wenn dieser Mann wirklich ein Prophet wäre,
wüßte er, was für eine das ist, von der er sich da anfassen läßt!
Er müßte wissen, daß sie eine Hure ist.« 40 Da sprach Jesus
ihn an: »Simon, ich muß dir etwas sagen!« Simon sagte: »Lehrer, bitte sprich!«

41 Jesus begann: »Zwei Männer hatten Schulden bei einem
Geldverleiher, der eine schuldete ihm fünfhundert Silberstücke, der andere fünfzig. 42 Weil keiner von ihnen zahlen

konnte, erließ er beiden ihre Schulden. Welcher von ihnen wird wohl dankbarer sein?« [43]Simon antwortete: »Ich nehme an: der, der ihm mehr geschuldet hat.«

»Du hast recht«, sagte Jesus. [44]Dann wies er auf die Frau und sagte zu Simon: »Sieh diese Frau an! Ich kam in dein Haus, und du hast mir kein Wasser für die Füße gereicht; sie aber hat mir die Füße mit Tränen gewaschen und mit ihren Haaren abgetrocknet. [45]Du gabst mir keinen Kuß zur Begrüßung, sie aber hat nicht aufgehört, mir die Füße zu küssen, seit ich hier bin. [46]Du hast meinen Kopf nicht mit Öl gesalbt, sie aber hat mir die Füße mit kostbarem Öl eingerieben. [47]Darum sage ich dir: Ihre große Schuld ist ihr vergeben worden. Eben deshalb hat sie mir soviel Liebe erwiesen. Wem wenig vergeben wird, der zeigt auch nur wenig Liebe.«

[48]Dann sagte Jesus zu der Frau: »Deine Schuld ist dir vergeben!« [49]Die anderen Gäste fragten einander: »Was ist das für ein Mensch, daß er sogar Sünden vergibt?« [50]Jesus aber sagte zu der Frau: »Dein Vertrauen hat dich gerettet. Geh in Frieden!«

Verkündigung in ganz Galiläa.
Jesus und seine ständige Begleitung

8 In der nun folgenden Zeit zog Jesus von Stadt zu Stadt und von Dorf zu Dorf. Überall verkündete er die Gute Nachricht, daß Gott jetzt seine Herrschaft aufrichten und sein Werk vollenden werde. Dabei begleiteten ihn ständig die Zwölf [2]und einige Frauen, die er von bösen Geistern befreit und von Krankheiten geheilt hatte. Es waren Maria aus Magdala, aus der er sieben böse Geister ausgetrieben hatte, [3]Johanna, die Frau von Chuzas, einem Beamten in der Verwaltung des Fürsten Herodes, sowie Susanna; dazu kamen noch viele andere Frauen. Sie alle sorgten aus ihren eigenen Mitteln für Jesus und den Kreis der Zwölf.

Das Gleichnis von der Aussaat

[4]Eine große Menschenmenge sammelte sich um Jesus, aus allen Orten strömten die Leute zu ihm. Da erzählte er ihnen ein Gleichnis: [5]»Ein Bauer ging aufs Feld, um seinen Samen zu säen. Als er die Körner ausstreute, fiel ein Teil von ihnen auf den Weg. Dort wurden sie zertreten und von den Vögeln aufgepickt. [6]Andere Körner fielen auf felsigen Boden. Sie gingen auf, vertrockneten dann aber, weil sie nicht genug Feuchtigkeit hatten. [7]Wieder andere Körner fielen mitten in Dornengestrüpp, das wuchs mit auf und erstickte das Korn.

⁸Andere Körner schließlich fielen auf guten Boden, gingen auf und brachten hundertfache Frucht.«

Darauf rief Jesus: »Wer Ohren hat, soll gut zuhören!«

Jesus erklärt das Gleichnis von der Aussaat

⁹Die Jünger fragten Jesus, was dieses Gleichnis bedeute. ¹⁰Jesus antwortete: »Euch hat Gott die Geheimnisse seines Planes erkennen lassen, nach dem er schon begonnen hat, seine Herrschaft in der Welt aufzurichten; die anderen bekommen davon nur in Gleichnissen zu hören. Sie sollen sehen und doch nichts erkennen, sie sollen hören und doch nichts verstehen.

¹¹Das Gleichnis will folgendes sagen: Der Samen ist die Botschaft Gottes. ¹²Bei manchen, die sie hören, geht es wie bei dem Samen, der auf den Weg fällt. Der Teufel kommt und nimmt weg, was in ihr Herz gesät worden ist. Er will nicht, daß sie die Botschaft annehmen und gerettet werden. ¹³Bei anderen ist es wie bei dem Samen, der auf felsigen Boden fällt. Sie hören die Botschaft und nehmen sie mit Freuden an. Aber sie sind Menschen ohne Wurzel: Eine Zeitlang halten sie sich an die Botschaft; aber wenn sie auf die Probe gestellt werden, fallen sie ab. ¹⁴Wieder bei anderen ist es wie bei dem Samen, der in das Dornengestrüpp fällt. Sie hören zwar die Botschaft, aber dann gehen sie davon und ersticken in ihren Alltagssorgen, in Reichtum und Vergnügungen und bringen keine Frucht. ¹⁵Bei anderen schließlich ist es wie bei dem Samen, der auf guten Boden fällt. Sie nehmen die Botschaft mit gutem und willigem Herzen an, bewahren sie und bringen durch Standhaftigkeit Frucht.«

Zuhören und weitersagen

¹⁶»Niemand zündet eine Lampe an und deckt sie dann mit einem Topf zu oder stellt sie unters Bett. Im Gegenteil, sie wird auf einen Lampenständer gestellt, damit alle, die das Haus betreten, das Licht sehen können. ¹⁷So verhält es sich auch mit der Botschaft Gottes: Es gibt nichts Verborgenes an ihr, das nicht ans Licht kommen wird; nichts Geheimes, das nicht bekannt und öffentlich verkündet werden wird.

¹⁸Gebt also acht, daß ihr richtig zuhört! Denn wer viel hat, dem wird noch mehr gegeben werden, und wer wenig hat, dem wird auch noch das wenige genommen werden, das er zu haben meint.«

Die Angehörigen von Jesus

¹⁹ Die Mutter und die Brüder von Jesus wollten ihn besuchen, konnten aber wegen der Menge nicht bis zu ihm durchkommen. ²⁰ Es wurde ihm ausgerichtet: »Deine Mutter und deine Brüder stehen da hinten und wollen dich besuchen.« ²¹ Aber Jesus sagte: »Meine Mutter und meine Brüder sind die, die Gottes Botschaft hören und danach handeln.«

Im Sturm auf die Probe gestellt

²² Während dieser Zeit geschah es einmal, daß Jesus mit seinen Jüngern in ein Boot stieg und zu ihnen sagte: »Wir fahren ans andere Ufer!« So fuhren sie ab. ²³ Unterwegs schlief Jesus ein. Plötzlich kam ein Sturm auf, ein Fallwind von den Bergen. Das Wasser schlug ins Boot, und sie waren in großer Gefahr. ²⁴ Die Jünger gingen zu Jesus, weckten ihn und riefen: »Herr, Herr, wir gehen unter!«

Jesus stand auf und sprach ein Machtwort zu dem Wind und den Wellen. Da hörten sie auf zu toben, und es wurde ganz still. ²⁵ Zu den Jüngern aber sagte er: »Wo ist euer Vertrauen?« Sie waren erschrocken und sehr erstaunt und sagten zueinander: »Wer ist das nur, daß er sogar dem Wind und den Wellen befiehlt, und sie gehorchen ihm!«

Der Besessene von Gerasa

²⁶ Sie fuhren weiter und erreichten das Gebiet von Gerasa, das Galiläa gegenüber am anderen Seeufer liegt. ²⁷ Als Jesus aus dem Boot stieg, lief ihm ein Mann aus jener Stadt entgegen. Er war von bösen Geistern besessen. Kleider trug er schon lange nicht mehr; er war auch nicht im Haus festzuhalten, sondern lebte in den Grabhöhlen. ²⁸ Als er Jesus sah, schrie er auf, warf sich vor ihm zu Boden und rief: »Was hast du bei mir zu suchen, Jesus, du Sohn des höchsten Gottes? Bitte, quäle mich nicht!«

²⁹ Jesus hatte nämlich dem bösen Geist befohlen, aus dem Besessenen auszufahren. Dieser Geist hatte den Mann schon lange in seiner Gewalt. Man hatte den Besessenen zwar immer wieder wie einen Gefangenen an Händen und Füßen gefesselt, aber jedesmal hatte er die Ketten zerrissen und war von dem bösen Geist in die Wildnis getrieben worden. ³⁰ Jesus fragte ihn: »Wie heißt du?« Er antwortete: »Legion.« Es waren nämlich viele böse Geister in den Mann gefahren. ³¹ Die baten Jesus, er solle sie nicht in den Abgrund verbannen. ³² In der Nähe weidete eine große Schweineherde auf dem Berg, und die bösen Geister baten ihn, in die Schweine

fahren zu dürfen. Jesus erlaubte es ihnen. ³³Da kamen sie heraus aus dem Mann und fuhren in die Schweine, und die Herde raste das steile Ufer hinab in den See und ertrank.

³⁴Als die Schweinehirten das sahen, liefen sie davon und erzählten in der Stadt und in den Dörfern, was geschehen war. ³⁵Die Leute wollten es selbst sehen. Sie kamen zu Jesus und fanden den Mann, aus dem die bösen Geister ausgefahren waren, zu seinen Füßen sitzen. Er war ordentlich angezogen und bei klarem Verstand. Da befiel sie große Furcht. ³⁶Die Augenzeugen erzählten ihnen, wie der Besessene geheilt worden war. ³⁷Darauf bat die gesamte Bevölkerung von Gerasa und Umgebung, Jesus möge ihr Gebiet verlassen; so sehr fürchteten sie sich. Da stieg er ins Boot, um zurückzufahren.

³⁸Der Mann, aus dem die bösen Geister ausgefahren waren, bat Jesus, mit ihm gehen zu dürfen. Aber Jesus schickte ihn weg und sagte: ³⁹»Geh nach Hause und erzähl, was Gott für dich getan hat!« Der Mann zog durch die ganze Stadt und machte überall bekannt, was Jesus für ihn getan hatte.

Jesus heilt eine kranke Frau und erweckt ein Mädchen vom Tod

⁴⁰Als Jesus ans andere Seeufer zurückkam, empfing ihn die Volksmenge voll Freude; alle hatten auf ihn gewartet. ⁴¹Da trat ein Mann namens Jaïrus auf ihn zu. Er war der Synagogenvorsteher am Ort. Er warf sich vor Jesus nieder und bat ihn, doch in sein Haus zu kommen; ⁴²seine etwa zwölfjährige Tochter, sein einziges Kind, lag nämlich im Sterben.

Unterwegs umdrängten die Leute Jesus so, daß sie ihn fast erdrückten. ⁴³Es war auch eine Frau dabei, die seit zwölf Jahren an Blutungen litt. Niemand hatte ihr bisher helfen können, obwohl sie ihr ganzes Vermögen an Ärzte ausgegeben hatte. ⁴⁴Sie drängte sich von hinten an Jesus heran und berührte eine Quaste seines Gewandes. Sofort hörte die Blutung auf. ⁴⁵Jesus fragte: »Wer hat mich berührt?«

Niemand wollte es gewesen sein, und Petrus sagte: »Herr, die Leute umringen dich so und erdrücken dich fast!« ⁴⁶Aber Jesus erwiderte: »Jemand hat mich berührt. Ich spürte, wie heilende Kraft von mir ausging.«

⁴⁷Als die Frau merkte, daß ihr Tun nicht verborgen geblieben war, trat sie zitternd vor und warf sich vor Jesus nieder. Vor dem ganzen Volk erklärte sie, warum sie ihn angefaßt hatte und daß sie im selben Augenblick geheilt worden war. ⁴⁸Jesus sagte zu ihr: »Meine Tochter, dein Vertrauen hat dir geholfen. Geh in Frieden!«

⁴⁹Während Jesus noch sprach, kam ein Bote aus dem Haus des Synagogenvorstehers und sagte zu Jaïrus: »Deine Tochter ist gestorben. Bemühe den Lehrer nicht weiter!« ⁵⁰Jesus hörte es und sagte zu Jaïrus: »Hab keine Angst! Faß nur Vertrauen, dann wird sie gerettet!«

⁵¹Als er zum Haus kam, ließ er nur Petrus, Johannes und Jakobus mit hineingehen und dazu den Vater des Kindes und die Mutter. ⁵²Drinnen weinten alle und trauerten um das Mädchen. Jesus sagte: »Weint nicht! Es ist nicht tot, es schläft nur.« ⁵³Da lachten sie ihn aus, denn sie wußten, es war tot. ⁵⁴Aber Jesus nahm es bei der Hand und rief: »Mädchen, steh auf!« ⁵⁵Da kehrte wieder Leben in das Mädchen zurück und es stand sofort auf; und Jesus ließ ihm etwas zu essen geben. ⁵⁶Die Eltern waren fassungslos. Jesus aber befahl ihnen, es niemand weiterzusagen.

Die Aussendung der Zwölf

9 Jesus rief die Zwölf zusammen und gab ihnen Kraft und Vollmacht, alle bösen Geister auszutreiben und Krankheiten zu heilen. ²Er sandte sie aus mit dem Auftrag, das Kommen der Herrschaft Gottes zu verkünden und die Kranken gesund zu machen. ³Er sagte zu ihnen: »Nehmt nichts auf den Weg mit, keinen Wanderstock, keine Vorratstasche, kein Brot, kein Geld und auch kein zweites Hemd! ⁴Wenn jemand euch aufnimmt, dann bleibt in seinem Haus, bis ihr von dort weiterzieht. ⁵Wo sie euch nicht aufnehmen wollen, da verlaßt den Ort und schüttelt den Staub von den Füßen, damit die Bewohner gewarnt sind.«

⁶Die Zwölf machten sich auf den Weg und wanderten durch die Dörfer. Sie verkündeten überall die Gute Nachricht und heilten die Kranken.

Herodes ist ratlos

⁷Herodes Antipas, der Fürst in jenem Teil des Landes, hörte von all diesen Vorgängen. Er wußte nicht, was er davon halten sollte. Denn manche Leute sagten: »Der Täufer Johannes ist vom Tod auferweckt worden.« ⁸Andere meinten, Elija sei aus dem Himmel zurückgekommen, und wieder andere, einer der alten Propheten sei auferstanden. ⁹Herodes aber sagte: »Johannes habe ich doch selber den Kopf abschlagen lassen. Wer ist dann der, von dem ich solche Dinge höre?«

Darum wollte Herodes Jesus kennenlernen.

Jesus gibt fünftausend Menschen zu essen

¹⁰Die Apostel kamen zurück und berichteten Jesus, was sie getan hatten. Darauf zog er sich mit ihnen in Richtung Betsaida zurück. ¹¹Sobald die Leute das merkten, folgten sie ihm. Jesus wies sie nicht ab, sondern sprach zu ihnen über das Kommen der Herrschaft Gottes und heilte alle, die Hilfe brauchten.

¹²Darüber wurde es Abend, und die Zwölf kamen und sagten zu ihm: »Schick doch die Leute weg! Sie sollen in die Dörfer und Höfe ringsum gehen, damit sie dort übernachten können und etwas zu essen bekommen. Hier sind wir ja in einer ganz einsamen Gegend.« ¹³Aber Jesus sagte zu ihnen: »Gebt doch ihr ihnen zu essen!« Sie antworteten: »Wir haben nur fünf Brote und zwei Fische; wir müßten erst losgehen und für dieses ganze Volk zu essen kaufen!« ¹⁴Es waren nämlich an die fünftausend Männer versammelt.

Jesus sagte zu seinen Jüngern: »Sorgt dafür, daß die Leute sich hinsetzen, in Tischgemeinschaften von je etwa fünfzig.« ¹⁵Die Jünger taten es, und alle setzten sich. ¹⁶Dann nahm Jesus die fünf Brote und die zwei Fische, sah zum Himmel auf und sprach das Segensgebet darüber. Er brach die Brote in Stücke, zerteilte auch die Fische und gab alles den Jüngern, damit sie es an die Menge austeilten. ¹⁷Und die Leute aßen und wurden alle satt. Was sie an Brotstücken übrigließen, wurde eingesammelt: Es waren zwölf volle Körbe.

Petrus spricht aus, wer Jesus ist, und Jesus kündigt zum erstenmal seinen Tod an

¹⁸Einmal hatte sich Jesus zum Gebet zurückgezogen, und nur seine Jünger waren bei ihm. Da fragte er sie: »Für wen halten mich eigentlich die Leute?« ¹⁹Die Jünger gaben zur Antwort: »Einige halten dich für den wieder auferstandenen Täufer Johannes, andere für den wiedergekommenen Elija, und wieder andere meinen, einer der alten Propheten sei auferstanden.«

²⁰»Und ihr«, wollte Jesus wissen, »für wen haltet ihr mich?« Petrus antwortete: »Für Christus, den von Gott versprochenen Retter!« ²¹Da verbot er ihnen streng, es irgend jemand zu sagen, ²²und fügte hinzu: »Der Menschensohn muß vieles erleiden und muß von den Ratsältesten, den führenden Priestern und den Gesetzeslehrern verworfen werden, er muß getötet und am dritten Tag auferweckt werden.«

Jesus folgen heißt ihm das Kreuz nachtragen

²³ Dann wandte sich Jesus an alle und sagte: »Wer mir folgen will, muß sich und seine Wünsche aufgeben, muß Tag für Tag sein Kreuz auf sich nehmen und auf meinem Weg hinter mir hergehen. ²⁴ Denn wer sein Leben retten will, wird es verlieren. Wer aber sein Leben um meinetwillen verliert, gerade der wird es retten. ²⁵ Was hat ein Mensch davon, wenn er die ganze Welt gewinnt, aber zuletzt sich selbst verliert oder sich doch schweren Schaden zufügt? ²⁶ Wenn jemand nicht den Mut hat, sich zu mir und meiner Botschaft zu bekennen, dann wird auch der Menschensohn keinen Mut haben, sich zu ihm zu bekennen, wenn er in seiner Herrlichkeit kommt und in der Herrlichkeit des Vaters und der heiligen Engel.

²⁷ Doch ich versichere euch: Einige von euch, die jetzt hier stehen, werden noch zu ihren Lebzeiten sehen, wie Gottes Herrschaft sich durchsetzt!«

Drei Jünger sehen Jesus in Herrlichkeit (Die »Verklärung«)

²⁸ Etwa acht Tage nachdem Jesus das gesagt hatte, nahm er Petrus, Johannes und Jakobus mit sich und stieg auf einen Berg, um zu beten. ²⁹ Während er betete, veränderte sich sein Gesicht, und seine Kleider wurden leuchtend weiß. ³⁰ Und dann standen auf einmal zwei Männer neben ihm und redeten mit ihm. Es waren Mose und Elija. ³¹ Sie erschienen in himmlischem Glanz und sprachen mit ihm über das Ende, das er nach Gottes Plan in Jerusalem nehmen sollte.

³² Petrus und die zwei anderen Jünger waren in tiefen Schlaf gefallen. Als sie aufwachten, sahen sie Jesus in seinem himmlischen Glanz und die zwei Männer, die bei ihm standen. ³³ Als die beiden von Jesus weggehen wollten, sagte Petrus zu Jesus: »Wie gut, daß wir hier sind, Herr! Wir wollen drei Zelte aufschlagen, eins für dich, eins für Mose und eins für Elija.« – Er wußte nicht, was er da redete.

³⁴ Noch während Petrus das sagte, kam eine Wolke und warf ihren Schatten auf Jesus und auf Mose und Elija. Die drei wurden ganz eingehüllt von der Wolke, und die Jünger bekamen Angst. ³⁵ Eine Stimme aus der Wolke sagte: »Dies ist mein Sohn, ihn habe ich erwählt; auf ihn sollt ihr hören!« ³⁶ Nachdem die Stimme das gesagt hatte, war nur noch Jesus allein zu sehen.

Die drei Jünger behielten dies alles für sich und erzählten damals niemand, was sie gesehen hatten.

Jesus heilt ein besessenes Kind.
Die Hilflosigkeit der Jünger

37Als Jesus mit den drei Jüngern am nächsten Tag den Berg hinunterstieg, kamen ihm viele Menschen entgegen. 38Aus der Menge rief ein Mann ihm zu: »Lehrer, ich bitte dich, sieh nach meinem Sohn! Er ist mein einziges Kind. 39Ein böser Geist packt ihn, läßt ihn plötzlich aufschreien, zerrt ihn hin und her, bis ihm der Schaum vor dem Mund steht, und läßt ihn kaum wieder los; er richtet ihn noch zugrunde. 40Ich habe deine Jünger gebeten, den bösen Geist auszutreiben, aber sie konnten es nicht.«

41Jesus antwortete: »Was seid ihr doch für eine verkehrte Generation, die Gott nichts zutraut! Wie lange soll ich noch bei euch aushalten und euch ertragen? Bring deinen Sohn hierher!« 42Als der Junge kam, riß ihn der böse Geist zu Boden und zerrte ihn hin und her. Jesus sprach ein Machtwort zu dem bösen Geist, machte den Jungen gesund und gab ihn seinem Vater zurück. 43aDa erschraken alle sehr über die Macht und Größe Gottes.

Jesus kündigt zum zweitenmal seinen Tod an

43bWährend die Menge staunte über all das, was Jesus tat, sagte er zu seinen Jüngern: 44»Merkt euch gut, was ich sage: Bald wird der Menschensohn den Menschen ausgeliefert werden.« 45Aber sie verstanden nicht, was er damit sagen wollte. Gott hatte es ihnen verborgen; sie sollten es noch nicht begreifen. Doch sie fürchteten sich auch, Jesus danach zu fragen.

Wer ist der Größte?

46Unter den Jüngern kam die Frage auf, wer von ihnen der Größte sei. 47Jesus kannte ihre Gedanken. Er nahm ein Kind, stellte es neben sich 48und sagte zu ihnen: »Wer dieses Kind in meinem Namen aufnimmt, nimmt mich auf. Und wer mich aufnimmt, nimmt den auf, der mich gesandt hat. Also: Wer unter euch den geringsten Platz einnimmt, ist wirklich groß.«

Wer nicht gegen euch ist, ist für euch

49Darauf sagte Johannes zu Jesus: »Herr, wir haben einen Mann gesehen, der hat deinen Namen dazu benutzt, böse Geister auszutreiben. Wir haben versucht, ihn daran zu hindern, weil er sich dir nicht anschließt so wie wir.« 50»Laßt ihn doch!« sagte Jesus. »Wer nicht gegen euch ist, der ist für euch.«

JESUS AUF DEM WEG NACH JERUSALEM
(9,51–19,27)

Jesus macht sich auf den Weg und wird abgewiesen

⁵¹Als die von Gott bestimmte Zeit da war und der Tag näher kam, an dem Jesus in den Himmel aufgenommen werden sollte, machte er sich stark und faßte den Entschluß, nach Jerusalem zu gehen.

⁵²Jesus schickte Boten vor sich her. Die kamen in ein Dorf in Samarien und wollten eine Unterkunft für ihn bereitmachen. ⁵³Aber die Dorfbewohner weigerten sich, Jesus aufzunehmen, weil er auf dem Weg nach Jerusalem war. ⁵⁴Als seine Jünger Jakobus und Johannes das hörten, sagten sie zu Jesus: »Herr, sollen wir befehlen, daß Feuer vom Himmel fällt und sie vernichtet?« ⁵⁵Jesus wandte sich nach ihnen um und wies sie zurecht. [Er sagte: »Ihr wißt nicht, was für ein Geist da aus euch spricht! ⁵⁶Der Menschensohn ist nicht gekommen, um Menschenleben zu vernichten, sondern um sie zu retten!«] So zogen sie in ein anderes Dorf.

Jüngerschaft ohne Wenn und Aber

⁵⁷Unterwegs sagte jemand zu Jesus: »Ich bin bereit, dir zu folgen, ganz gleich, wohin du gehst!« ⁵⁸Jesus antwortete ihm: »Die Füchse haben ihren Bau und die Vögel ihr Nest; aber der Menschensohn hat keinen Platz, wo er sich hinlegen und ausruhen kann.«

⁵⁹Zu einem anderen sagte Jesus: »Komm, folge mir!« Er aber antwortete: »Herr, erlaube mir, daß ich erst noch hingehe und meinen Vater begrabe.« ⁶⁰Jesus sagte zu ihm: »Überlaß es den Toten, ihre Toten zu begraben! Du aber geh hin und verkünde, daß Gott jetzt seine Herrschaft aufrichten will!«

⁶¹Ein anderer sagte: »Herr, ich will ja gerne mit dir gehen, aber laß mich erst noch von meiner Familie Abschied nehmen!« ⁶²Jesus sagte zu ihm: »Wer seine Hand an den Pflug legt und zurückschaut, den kann Gott nicht gebrauchen, wenn er jetzt seine Herrschaft aufrichten will.«

Die Aussendung der Siebzig

10 Danach bestimmte der Herr weitere siebzig Boten und sandte sie zu zweien aus. Sie sollten vor ihm her in alle Städte und Ortschaften gehen, durch die er kommen würde.

²Er sagte zu ihnen: »Hier wartet eine reiche Ernte, aber es gibt nicht genug Menschen, die helfen, sie einzubringen. Bittet den Herrn, dem diese Ernte gehört, daß er die nötigen Leute schickt! ³Und nun geht! Ich sende euch wie Lämmer mitten unter Wölfe. ⁴Nehmt keinen Geldbeutel mit, keine Vorratstasche und keine Schuhe. Und bleibt unterwegs nicht stehen, um jemand zu begrüßen.

⁵Wenn ihr in ein Haus kommt, sagt zuerst: ›Frieden sei mit diesem Haus!‹ ⁶Wenn dort jemand wohnt, der für diesen Frieden bereit ist, wird euer Wunsch an ihm in Erfüllung gehen; andernfalls bleibt er wirkungslos. ⁷Bleibt in diesem Haus und eßt und trinkt, was euch angeboten wird; denn wer arbeitet, hat ein Anrecht auf Lohn. Geht nicht von einem Haus zum andern.

⁸Wenn ihr in eine Stadt kommt und sie euch aufnehmen, dann eßt, was euch angeboten wird. ⁹Heilt die Kranken in der Stadt und sagt den Leuten: ›Gott richtet jetzt seine Herrschaft bei euch auf!‹ ¹⁰Aber wenn ihr in eine Stadt kommt und niemand euch aufnehmen will, dann geht hinaus auf die Straßen der Stadt und ruft: ¹¹›Sogar den Staub eurer Stadt, der sich an unsere Füße geheftet hat, wischen wir ab und lassen ihn euch da. Aber das sollt ihr wissen: Gott richtet jetzt seine Herrschaft auf!‹ ¹²Ich sage euch: Am Tag des Gerichts wird es den Menschen von Sodom besser ergehen als den Leuten einer solchen Stadt.«

Wer nicht hören will ...

¹³»Weh dir, Chorazin! Weh dir, Betsaida! Wenn in Tyrus und Sidon die Wunder geschehen wären, die bei euch geschehen sind, die Leute dort hätten schon längst den Sack umgebunden, sich Asche auf den Kopf gestreut und ihr Leben geändert. ¹⁴Am Tag des Gerichts wird es den Bewohnern von Tyrus und Sidon besser ergehen als euch! ¹⁵Und du, Kafarnaum, meinst du, du wirst in den Himmel erhoben werden? In den tiefsten Abgrund wirst du gestürzt!

¹⁶Wer auf euch hört, hört auf mich. Wer euch abweist, weist mich ab. Wer aber mich abweist, weist den ab, der mich gesandt hat.«

Die Rückkehr der Siebzig

¹⁷Die Siebzig kamen zurück und berichteten voller Freude: »Herr, sogar die bösen Geister gehorchen uns, wenn wir uns auf deinen Namen berufen!«

¹⁸Jesus sagte zu ihnen: »Ich sah den Satan wie einen Blitz vom Himmel fallen. ¹⁹Ja, es ist wahr: Ich habe euch Vollmacht

gegeben, auf Schlangen und Skorpione zu treten und die ganze Macht des Feindes zunichte zu machen. Er wird euch nicht das Geringste antun können. [20]Aber nicht darüber sollt ihr euch freuen, daß euch die bösen Geister gehorchen. Freut euch lieber darüber, daß eure Namen bei Gott aufgeschrieben sind!«

Grund zu Freude und Jubel

[21]Damals wurde Jesus vom Geist Gottes mit jubelnder Freude erfüllt und rief: »Vater, Herr über Himmel und Erde, du hast angefangen, deine Herrschaft aufzurichten. Das hast du den Klugen und Gelehrten verborgen, aber den Unwissenden hast du es offenbar gemacht. Dafür preise ich dich! Ja, Vater, so wolltest du es haben!

[22]Mein Vater hat mir alle Macht übergeben. Niemand kennt den Sohn, nur der Vater, und niemand den Vater, nur der Sohn – und die, denen der Sohn ihn offenbaren will.«

[23]Dann wandte sich Jesus zu seinen Jüngern, den Männern und Frauen, und sagte: »Ihr dürft euch freuen, daß Gott euch die Augen gab, zu sehen und zu verstehen, was hier geschieht. [24]Ich sage euch: Viele Propheten und Könige wollten sehen, was ihr jetzt seht, aber sie haben es nicht gesehen. Sie wollten hören, was ihr jetzt hört, aber sie haben es nicht gehört.«

Das wichtigste Gebot

[25]Da kam ein Gesetzeslehrer und wollte Jesus auf die Probe stellen; er fragte ihn: »Lehrer, was muß ich tun, um das ewige Leben zu bekommen?« [26]Jesus antwortete: »Was steht denn im Gesetz? Was liest du dort?« [27]Der Gesetzeslehrer antwortete: »Liebe den Herrn, deinen Gott, von ganzem Herzen, mit ganzem Willen und mit aller deiner Kraft und deinem ganzen Verstand! Und: Liebe deinen Mitmenschen wie dich selbst!« [28]»Du hast richtig geantwortet«, sagte Jesus. »Handle so, dann wirst du leben.«

Das Beispiel des barmherzigen Samariters

[29]Aber dem Gesetzeslehrer war das zu einfach, und er fragte weiter: »Wer ist denn mein Mitmensch?«

[30]Jesus nahm die Frage auf und erzählte die folgende Geschichte: »Ein Mann ging von Jerusalem nach Jericho hinab. Unterwegs überfielen ihn Räuber. Sie nahmen ihm alles weg, schlugen ihn zusammen und ließen ihn halbtot liegen. [31]Nun kam zufällig ein Priester denselben Weg. Er sah den Mann liegen und ging vorbei. [32]Genauso machte es ein Levit, als er an die Stelle kam: Er sah ihn liegen und ging vorbei.

33 Schließlich kam ein Reisender aus Samarien. Als er den Überfallenen sah, ergriff ihn das Mitleid. 34 Er ging zu ihm hin, behandelte seine Wunden mit Öl und Wein und verband sie. Dann setzte er ihn auf sein eigenes Reittier und brachte ihn in das nächste Gasthaus, wo er sich weiter um ihn kümmerte. 35 Am anderen Tag zog er seinen Geldbeutel heraus, gab dem Wirt zwei Silberstücke und sagte: ›Pflege ihn! Wenn du noch mehr brauchst, will ich es dir bezahlen, wenn ich zurückkomme.‹«

36 »Was meinst du?« fragte Jesus. »Wer von den dreien hat an dem Überfallenen als Mitmensch gehandelt?«

37 Der Gesetzeslehrer antwortete: »Der ihm geholfen hat!« Jesus erwiderte: »Dann geh und mach du es ebenso!«

Jesus bei Maria und Marta

38 Als Jesus mit seinen Jüngern weiterzog, kam er in ein Dorf. Dort nahm ihn eine Frau namens Marta gastlich auf. 39 Sie hatte eine Schwester mit Namen Maria, die setzte sich zu Füßen des Herrn nieder und hörte ihm zu. 40 Marta dagegen war überbeschäftigt mit der Vorbereitung des Essens. Schließlich trat Marta vor Jesus hin und sagte: »Herr, kümmert es dich nicht, daß mich meine Schwester die ganze Arbeit allein tun läßt? Sag ihr doch, daß sie mir helfen soll!«

41 Der Herr antwortete ihr: »Marta, Marta, du machst dir so viele Sorgen und verlierst dich an vielerlei, 42 aber nur eines ist notwendig. Maria hat die gute Wahl getroffen; sie hat sich für das unverlierbar Gute entschieden, das ihr nicht genommen werden kann.«

Über das Beten

11 Einmal hatte sich Jesus zum Gebet zurückgezogen. Als er es beendet hatte, bat ihn einer der Jünger: »Herr, sag uns doch, wie wir beten sollen! Johannes hat es seine Jünger auch gelehrt.« 2 Jesus antwortete: »Das soll euer Gebet sein:

Vater!
Mach deinen Namen groß in der Welt!
Komm und richte deine Herrschaft auf!
3 Gib uns jeden Tag, was wir zum Leben brauchen.
4 Vergib uns unsere Verfehlungen,
denn auch wir vergeben allen,
    die an uns schuldig geworden sind.
Und laß uns nicht in die Gefahr kommen,
    dir untreu zu werden.«

5 Dann sagte Jesus zu seinen Jüngern: »Stellt euch vor, einer

von euch geht mitten in der Nacht zu seinem Freund und bittet ihn: ›Lieber Freund, leih mir doch drei Brote! ⁶Ich habe gerade Besuch von auswärts bekommen und kann ihm nichts anbieten.‹ ⁷Würde da der Freund im Haus wohl rufen: ›Laß mich in Ruhe! Die Tür ist schon zugeschlossen, und meine Kinder liegen bei mir im Bett. Ich kann nicht aufstehen und dir etwas geben‹? ⁸Ich sage euch, wenn er auch nicht gerade aus Freundschaft aufsteht und es ihm gibt, so wird er es doch wegen der Unverschämtheit jenes Menschen tun und ihm alles geben, was er braucht.

⁹Deshalb sage ich euch: Bittet, und ihr werdet bekommen! Sucht, und ihr werdet finden! Klopft an, und es wird euch geöffnet! ¹⁰Denn wer bittet, der bekommt; wer sucht, der findet; und wer anklopft, dem wird geöffnet. ¹¹Ist unter euch ein Vater, der seinem Kind eine Schlange geben würde, wenn es um einen Fisch bittet? ¹²Oder einen Skorpion, wenn es um ein Ei bittet? ¹³So schlecht ihr auch seid, ihr wißt doch, was euren Kindern guttut, und gebt es ihnen. Wieviel mehr wird der Vater im Himmel denen den Heiligen Geist geben, die ihn darum bitten.«

Steht Jesus mit dem Teufel im Bund?

¹⁴Jesus heilte einen Stummen, der von einem bösen Geist besessen war. Als der böse Geist von ihm ausgefahren war, konnte der Mann wieder sprechen. Die Menge staunte, ¹⁵aber einige sagten: »Er kann die bösen Geister nur austreiben, weil Beelzebul, der oberste aller bösen Geister, ihm die Macht dazu gibt.«

¹⁶Andere wollten Jesus auf die Probe stellen und verlangten von ihm ein Zeichen vom Himmel als Beweis dafür, daß er wirklich von Gott beauftragt sei. ¹⁷Jesus wußte, was sie dachten, und sagte zu ihnen: »Jeder Staat, dessen Machthaber einander befehden, muß untergehen, und alle Häuser sinken in Trümmer. ¹⁸Wenn nun der Satan mit sich im Streit läge – und das behauptet ihr ja, wenn ihr sagt, ich würde die bösen Geister mit Hilfe von Beelzebul austreiben –, wie könnte da seine Herrschaft bestehen? ¹⁹Und wenn ich die bösen Geister austreibe, weil ich mit Beelzebul im Bund stehe, wer gibt dann *euren* Leuten die Macht, sie auszutreiben? Eure eigenen Leute werden es sein, die euch das Urteil sprechen! ²⁰Nein, ich treibe die bösen Geister mit dem Finger Gottes aus, und daran könnt ihr sehen, daß Gott schon angefangen hat, mitten unter euch seine Herrschaft aufzurichten.

²¹Solange ein Starker, mit Waffen gut ausgerüstet, seinen Palast bewacht, ist sein Besitz in Sicherheit. ²²Sobald aber ein

Stärkerer kommt, der ihn besiegt, nimmt der ihm alle Waffen weg, auf die er sich verließ, und verteilt die Beute, die er bei sich aufgehäuft hat. 23 Wer nicht für mich ist, der ist gegen mich, und wer mir nicht sammeln hilft, der zerstreut.«

Warnung vor den Folgen eines Rückfalls

24 »Wenn ein böser Geist einen Menschen verläßt, irrt er durch Wüsten und sucht nach einer Bleibe. Wenn er keine findet, sagt er sich: ›Ich gehe lieber wieder in meine alte Behausung!‹ 25 Er kehrt zurück und findet alles sauber und aufgeräumt. 26 Darauf geht er hin und sucht sich sieben andere böse Geister, die noch schlimmer sind als er selbst, und sie kommen und wohnen dort. So ist dieser Mensch am Ende schlimmer dran als am Anfang.«

Wer sich freuen darf ...

27 Als Jesus das sagte, rief eine Frau aus der Menge: »Die Frau darf sich freuen, die dich geboren und aufgezogen hat!« 28 Aber Jesus erwiderte: »Mehr noch dürfen die sich freuen, die Gottes Wort hören und danach leben!«

Jesus verweigert den gewünschten Beweis

29 Als immer mehr Menschen bei Jesus zusammenströmten, sagte er: »Diese Generation ist eine böse Generation. Sie verlangt einen Beweis, aber es wird ihr keiner gegeben werden. Ausgenommen das Wunder, das an Jona geschah: *den* Beweis wird sie bekommen! 30 Wie nämlich Jona für die Leute von Ninive zu einem ›Beweis‹ wurde, so wird es der Menschensohn für diese Generation werden.

31 Am Tag des Gerichts wird die Königin aus dem Süden aufstehen und die Menschen dieser Generation schuldig sprechen; denn sie kam vom Ende der Welt, um die weisen Lehren Salomos zu hören. Und hier steht ein Größerer als Salomo! 32 Am Tag des Gerichts werden die Bewohner von Ninive aufstehen und diese Generation schuldig sprechen; denn als Jona sie warnte, haben sie ihr Leben geändert. Und hier steht ein Größerer als Jona!«

Jesus als das Licht sehen, empfangen und festhalten

33 »Niemand zündet eine Lampe an, um sie dann zu verstecken oder unter einen Topf zu stellen. Im Gegenteil, sie kommt auf den Lampenständer, damit alle, die das Haus betreten, das Licht sehen können.

34 Dein Auge vermittelt dir das Licht. Ist dein Auge gut, so bist du ganz von Licht durchdrungen; ist es schlecht, so bist

du voller Finsternis. ³⁵ Gib also acht, daß das Licht in dir nicht Finsternis ist! ³⁶ Wenn du nun ganz vom Licht durchdrungen bist und nichts mehr an dir finster ist, dann wirst du ganz und gar im Licht sein – so wie du es bist, wenn der Lichtstrahl der Lampe dich trifft.«

Weherufe über die Pharisäer und die Gesetzeslehrer

³⁷ Jesus hatte gerade aufgehört zu sprechen, da lud ihn ein Pharisäer zum Essen ein. Jesus ging zu ihm ins Haus und setzte sich zu Tisch. ³⁸ Der Pharisäer war überrascht, als er sah, daß Jesus sich vor dem Essen die Hände nicht wusch. ³⁹ Da sagte der Herr zu ihm: »So seid ihr Pharisäer! Ihr reinigt sogar noch das Äußere von Becher und Schüssel. Aber ihr selbst seid in eurem Innern voll von Raub und Schlechtigkeit. ⁴⁰ Was seid ihr doch unverständig! Hat Gott, der das Äußere gemacht hat, nicht auch das Innere gemacht? ⁴¹ Gebt den Armen, was in den Schüsseln ist, und alles ist euch rein!

⁴² Weh euch Pharisäern! Ihr gebt Gott den zehnten Teil von allem, sogar noch von Gewürzen wie Minze und Raute und von jedem Gartenkraut. Aber ihr kümmert euch nicht um das Recht eurer Mitmenschen und die Liebe zu Gott. Dies solltet ihr tun, ohne das andere zu vernachlässigen!

⁴³ Weh euch Pharisäern! Ihr liebt die Ehrenplätze im Gottesdienst und laßt euch auf der Straße gern respektvoll grüßen.

⁴⁴ Weh euch! Ihr seid wie unkenntlich gewordene Gräber, über die die Menschen nichtsahnend hinweggehen und dadurch unrein werden.«

⁴⁵ Einer der Gesetzeslehrer sagte: »Lehrer, damit beleidigst du auch uns!« ⁴⁶ Jesus antwortete: »Weh auch euch Gesetzeslehrern! Ihr ladet den Menschen kaum tragbare Lasten auf, macht aber selbst keinen Finger krumm, um sie zu tragen.

⁴⁷ Weh euch! Ihr baut wunderschöne Grabmäler für die Propheten, die von euren Vorfahren umgebracht worden sind. ⁴⁸ Damit bezeugt ihr öffentlich, daß ihr mit den Taten eurer Vorfahren einverstanden seid: Sie haben die Propheten umgebracht, und ihr baut die Grabmäler.

⁴⁹ Deshalb hat die Weisheit Gottes ja auch über euch gesagt: ›Ich werde ihnen Propheten und Apostel senden; sie aber werden einige von ihnen töten und die anderen verfolgen. ⁵⁰ So kommt es dahin, daß diese Generation zur Rechenschaft gezogen wird für die Ermordung aller Propheten seit der Erschaffung der Welt, ⁵¹ von Abel bis hin zu Secharja, der zwischen Brandopferaltar und Tempelhaus umgebracht wor-

den ist.‹ Ich versichere euch: Diese Generation wird für das alles zur Rechenschaft gezogen werden.

⁵²Weh euch, ihr Gesetzeslehrer! Ihr habt den Schlüssel weggenommen, der die Tür zur Erkenntnis öffnet. Ihr selbst seid nicht hineingegangen, und ihr habt alle gehindert, die hineinwollten.«

⁵³Nachdem Jesus das Haus verlassen hatte, ließen die Gesetzeslehrer und die Pharisäer ihn nicht mehr aus den Augen und achteten genau auf alles, was er sagte. ⁵⁴Sie lauerten darauf, eine verfängliche Äußerung aus seinem Mund zu hören.

Warnung vor Scheinheiligkeit

12 Inzwischen waren Tausende von Menschen zusammengekommen, so viele, daß sie einander auf die Füße traten. Jesus wandte sich zuerst seinen Jüngern zu, den Männern und Frauen; er sagte zu ihnen:»Nehmt euch in acht vor dem Sauerteig der Pharisäer – ich meine: Laßt euch nicht von ihrer Scheinheiligkeit anstecken!

²Was verhüllt ist, wird offenbar werden, und was niemand weiß, wird allen bekannt werden. ³Deshalb laßt auch ihr euch warnen: Was ihr in der Dunkelheit gesagt habt, werden alle am hellen Tag zu hören bekommen. Was ihr jemand hinter verschlossener Tür ins Ohr geflüstert habt, wird laut in der Öffentlichkeit ausgerufen werden.«

Aufforderung zu furchtlosem Bekennen

⁴»Euch, meinen Freunden, den Männern und Frauen, sage ich: Fürchtet euch nicht vor Menschen! Sie können nur den Leib töten, aber darüber hinaus können sie euch nichts anhaben. ⁵Ich will euch sagen, wen ihr fürchten sollt: Fürchtet den, der nicht nur töten kann, sondern auch noch die Macht hat, euch ins ewige Verderben zu schicken. Ja, ich sage euch, den sollt ihr fürchten! ⁶Kauft man nicht fünf Spatzen für zwei Groschen? Und doch kümmert sich Gott um jeden einzelnen von ihnen. ⁷Doch bei euch ist sogar jedes Haar auf dem Kopf gezählt. Habt keine Angst: Ihr seid Gott mehr wert als ein ganzer Schwarm Spatzen!

⁸Ich sage euch: Wer sich vor den Menschen zu mir bekennt, zu dem wird sich auch der Menschensohn am Gerichtstag bekennen vor den Engeln Gottes. ⁹Wer mich aber vor den Menschen nicht kennen will, den wird auch der Menschensohn nicht kennen am Gerichtstag vor den Engeln Gottes. ¹⁰Wer den Menschensohn beschimpft, kann Vergebung finden. Wer aber den Heiligen Geist beleidigt, wird keine Vergebung finden.

¹¹ Wenn sie euch vor die Synagogengerichte schleppen und vor andere Richter und Machthaber, dann macht euch keine Sorgen darüber, wie ihr euch verteidigen oder was ihr sagen sollt. ¹² Denn der Heilige Geist wird euch in dem Augenblick eingeben, was ihr sagen müßt.«

Gegen die Sorge um Reichtum und Lebenssicherung

¹³ Ein Mann in der Menge wandte sich an Jesus: »Lehrer, sag doch meinem Bruder, er soll mit mir das Erbe teilen, das unser Vater uns hinterlassen hat!« ¹⁴ Jesus antwortete ihm: »Freund, ich bin nicht zum Richter für eure Erbstreitigkeiten bestellt!« ¹⁵ Dann sagte er zu allen: »Gebt acht! Hütet euch vor jeder Art von Habgier! Denn der Mensch gewinnt sein Leben nicht aus seinem Besitz, auch wenn der noch so groß ist.«

¹⁶ Jesus erzählte ihnen dazu eine Geschichte: »Ein reicher Grundbesitzer hatte eine besonders gute Ernte gehabt. ¹⁷ ›Was soll ich jetzt tun?‹ überlegte er. ›Ich weiß gar nicht, wo ich das alles unterbringen soll! ¹⁸ Ich hab's‹, sagte er, ›ich reiße meine Scheunen ab und baue größere! Dann kann ich das ganze Getreide und alle meine Vorräte dort unterbringen ¹⁹ und kann zu mir selbst sagen: Gut gemacht! Jetzt bist du auf viele Jahre versorgt. Gönne dir Ruhe, iß und trink nach Herzenslust und genieße das Leben!‹ ²⁰ Aber Gott sagte zu ihm: ›Du Narr, noch in dieser Nacht werde ich dein Leben von dir zurückfordern! Wem gehört dann dein Besitz?‹«

²¹ Und Jesus schloß: »So steht es mit allen, die für sich selber Besitz aufhäufen, aber bei Gott nichts besitzen.«

Die vielen Sorgen und die einzige Sorge

²² Dann sagte Jesus zu seinen Jüngern, den Männern und Frauen: »Darum sage ich euch: Macht euch keine Sorgen um euer Leben, ob ihr etwas zu essen habt, und um euren Leib, ob ihr etwas anzuziehen habt! ²³ Das Leben ist mehr als Essen und Trinken, und der Leib ist mehr als die Kleidung!

²⁴ Seht euch die Raben an! Sie säen nicht und ernten nicht, sie haben weder Scheune noch Vorratskammer. Aber Gott sorgt für sie. Und ihr seid ihm doch viel mehr wert als die Vögel! ²⁵ Wer von euch kann durch Sorgen sein Leben auch nur um einen Tag verlängern? ²⁶ Wenn ihr nicht einmal so eine Kleinigkeit zustande bringt, warum quält ihr euch dann mit Sorgen um all die anderen Dinge?

²⁷ Seht euch die Blumen auf den Feldern an, wie sie wachsen! Sie arbeiten nicht und machen sich keine Kleider, doch ich sage euch: Nicht einmal Salomo bei all seinem Reichtum war so prächtig gekleidet wie irgendeine von ihnen. ²⁸ Wenn

Gott sogar die Feldblumen so ausstattet, die heute blühen und morgen verbrannt werden, dann wird er sich erst recht um euch kümmern. Habt doch mehr Vertrauen!

²⁹Zerbrecht euch also nicht den Kopf darüber, was ihr essen und trinken werdet. ³⁰Mit all dem plagen sich Menschen, die Gott nicht kennen. Euer Vater weiß, was ihr braucht. ³¹Sorgt euch nur darum, daß ihr euch seiner Herrschaft unterstellt, dann wird er euch schon mit dem anderen versorgen.

³²Sei ohne Angst, du kleine Herde! Euer Vater ist entschlossen, euch seine neue Welt zu schenken!«

Reichtum bei Gott

³³»Verkauft euren Besitz und schenkt das Geld den Armen! Verschafft euch Geldbeutel, die kein Loch bekommen, und sammelt Reichtümer bei Gott, die euch nicht zwischen den Fingern zerrinnen und nicht von Dieben gestohlen und von Motten zerfressen werden. ³⁴Denn euer Herz wird immer dort sein, wo ihr eure Schätze habt.«

Bereit für Gottes neue Welt und das Kommen des Menschensohnes

³⁵»Haltet euch bereit, und laßt eure Lampen nicht verlöschen! ³⁶Seid wie Diener und Dienerinnen, die auf ihren Herrn warten, der auf einer Hochzeit ist. Wenn er dann spät zurückkommt und an die Tür klopft, können sie ihm sofort aufmachen. ³⁷Sie dürfen sich freuen, wenn der Herr sie bei seiner Ankunft wach und dienstbereit findet. Ich versichere euch: Er wird sich die Schürze umbinden, sie zu Tisch bitten und sie selber bedienen. ³⁸Vielleicht kommt er erst um Mitternacht oder sogar noch später. Freude ohne Ende ist ihnen gewiß, wenn er sie dann wachend antrifft!

³⁹Macht euch das eine klar: Wenn ein Hausherr im voraus wüßte, zu welcher Stunde der Dieb kommt, würde er den Einbruch verhindern. ⁴⁰So müßt auch ihr jederzeit bereit sein; denn der Menschensohn wird zu einer Stunde kommen, wenn ihr es nicht erwartet.«

Die besondere Verantwortung der Apostel

⁴¹Petrus fragte: »Herr, bezieht sich der Vergleich mit dem Hausherrn auf alle oder nur auf uns Apostel?«

⁴²Der Herr antwortete: »Wer ist denn wohl der treue und kluge Verwalter, dem sein Herr den Auftrag geben wird, die Dienerschaft zu beaufsichtigen und jedem pünktlich die Tagesration auszuteilen? ⁴³Er darf sich freuen, wenn sein

Herr zurückkehrt und ihn bei seiner Arbeit findet. 44 Ich versichere euch: Sein Herr wird ihm die Verantwortung für alle seine Güter übertragen.

45 Wenn er sich aber sagt: ›So bald kommt mein Herr nicht zurück‹ und anfängt, die Diener und Dienerinnen zu schlagen, üppig zu essen und sich zu betrinken, 46 dann wird sein Herr an einem Tag und zu einer Stunde zurückkehren, wenn er überhaupt nicht damit rechnet. Er wird ihn in Stücke hauen und ihn dorthin bringen lassen, wo die Treulosen ihre Strafe verbüßen.

47 Der Diener, der die Anweisungen seines Herrn kennt und sie nicht bereitwillig befolgt, wird hart bestraft. 48 Ein Diener, der den Willen seines Herrn *nicht* kennt und etwas tut, wofür er Strafe verdient hätte, wird besser davonkommen. Wem viel gegeben worden ist, von dem wird auch viel verlangt. Je mehr einem Menschen anvertraut wird, desto mehr wird von ihm gefordert.«

Zeit der Entscheidung, Zeit der Entzweiung

49 »Ich bin gekommen, um auf der Erde ein Feuer zu entzünden, und ich wollte, es stünde schon in hellen Flammen. 50 Aber ich muß noch eine Taufe auf mich nehmen – hätte ich sie doch schon hinter mir!

51 Meint ihr, ich sei gekommen, um Frieden in die Welt zu bringen? Nein, nicht Frieden, sage ich euch, sondern Entzweiung. 52 Denn so wird es von nun an zugehen: Wenn fünf Menschen in einer Familie zusammenleben, werden drei gegen zwei stehen und zwei gegen drei. 53 Der Vater wird gegen den Sohn sein und der Sohn gegen den Vater. Die Mutter wird gegen die Tochter sein und die Tochter gegen die Mutter. Die Schwiegermutter wird gegen die Schwiegertochter sein und die Schwiegertochter gegen die Schwiegermutter.«

Letzte Gelegenheit,
sein Leben in Ordnung zu bringen

54 Jesus wandte sich wieder der Volksmenge zu und sagte: »Wenn ihr eine Wolke im Westen aufsteigen seht, sagt ihr gleich: ›Es wird regnen‹, und dann regnet es auch. 55 Wenn ihr merkt, daß Südwind weht, sagt ihr: ›Es wird heiß werden‹, und so geschieht es auch. 56 Ihr Scheinheiligen! Das Aussehen von Himmel und Erde könnt ihr beurteilen und schließt daraus, wie das Wetter wird. Warum versteht ihr dann nicht, was die Ereignisse dieser Zeit ankündigen?

57 Könnt ihr denn nicht von selbst erkennen, worauf es jetzt

ankommt? ⁵⁸Es ist, wie wenn du von deinem Gläubiger vor Gericht geschleppt wirst. Dann gibst du dir doch auch Mühe, die Sache mit ihm in Ordnung zu bringen, solange du noch mit ihm auf dem Weg bist. Wenn du erst einmal vor Gericht stehst, wird dich der Richter dem Gefängniswärter übergeben, und der bringt dich ins Gefängnis. ⁵⁹Ich sage dir: Dort kommst du erst wieder heraus, wenn du deine Schuld bis auf den letzten Pfennig bezahlt hast!«

Wenn ihr euch nicht ändert …

13 Um diese Zeit kamen einige Leute zu Jesus und erzählten ihm von den Männern aus Galiläa, die Pilatus töten ließ, als sie gerade im Tempel Opfer darbrachten; ihr Blut vermischte sich mit dem Blut ihrer Opfertiere. ²Jesus sagte zu ihnen: »Meint ihr etwa, daß sie einen so schrecklichen Tod fanden, weil sie schlimmere Sünder waren als die anderen Leute in Galiläa? ³Nein, ich sage euch: Wenn ihr euch nicht ändert, werdet ihr alle genauso umkommen! ⁴Oder denkt an die achtzehn, die der Turm am Teich Schiloach unter sich begrub! Meint ihr, daß sie schlechter waren als die übrigen Einwohner Jerusalems? ⁵Nein, ich sage euch: Ihr werdet alle genauso umkommen, wenn ihr euch nicht ändert!«

Der unfruchtbare Feigenbaum

⁶Dann erzählte ihnen Jesus folgendes Gleichnis: »Ein Mann hatte in seinem Weinberg einen Feigenbaum gepflanzt. Er kam und suchte Früchte an ihm und fand keine. ⁷Da sagte er zu seinem Weingärtner: ›Hör zu: Drei Jahre sind es nun schon, daß ich herkomme und an diesem Feigenbaum nach Früchten suche und keine finde. Also hau ihn um, was soll er für nichts und wieder nichts den Boden aussaugen!‹

⁸Aber der Weingärtner sagte: ›Herr, laß ihn doch dieses Jahr noch stehen! Ich will den Boden rundherum gut auflockern und düngen. ⁹Vielleicht trägt der Baum dann im nächsten Jahr Früchte. Wenn nicht, dann laß ihn umhauen!‹«

Jesus heilt eine Frau am Sabbat

¹⁰Einmal sprach Jesus am Sabbat in einer Synagoge. ¹¹Nun war dort eine Frau, die schon achtzehn Jahre lang von einem bösen Geist geplagt wurde, der sie krank machte. Sie war verkrümmt und konnte sich nicht mehr aufrichten. ¹²Als Jesus sie sah, rief er sie zu sich und sagte zu ihr: »Frau, du sollst deine Krankheit los sein!« ¹³Und er legte ihr die Hände auf. Sofort richtete sie sich auf und pries Gott.

¹⁴ Da griff der Synagogenvorsteher ein. Er ärgerte sich, daß Jesus die Frau ausgerechnet am Sabbat geheilt hatte, und sagte zu der Menge: »Die Woche hat sechs Tage zum Arbeiten. Also kommt an einem Werktag, um euch heilen zu lassen, aber nicht am Sabbat.«

¹⁵ Der Herr erwiderte ihm: »Ihr Scheinheiligen! Jeder von euch bindet doch am Sabbat seinen Ochsen oder Esel von der Futterkrippe los und führt ihn zur Tränke. ¹⁶ Aber diese Frau hier, die eine Tochter Abrahams ist – achtzehn Jahre lang hielt sie der Satan gebunden, und sie sollte nicht an einem Sabbat von dieser Fessel befreit werden dürfen?« ¹⁷ Als Jesus das sagte, mußten alle seine Gegner sich geschlagen geben. Aber die ganze große Menge freute sich über all die wunderbaren Taten, die Jesus vollbrachte.

Senfkorn und Sauerteig:
Der entscheidende Anfang ist gemacht

¹⁸ Dann sagte Jesus: »Wie geht es zu, wenn Gott seine Herrschaft aufrichtet? Womit kann ich das vergleichen? ¹⁹ Es ist wie bei dem Senfkorn, das jemand in seinem Garten in die Erde steckte. Es ging auf und wuchs und wurde zu einem Baum, und die Vögel bauten ihre Nester in seinen Zweigen.«

²⁰ Noch einmal fragte Jesus: »Womit kann ich das vergleichen, wenn Gott seine Herrschaft aufrichtet? ²¹ Es ist wie mit dem Sauerteig: Eine Frau mengte eine Handvoll davon unter eine riesige Menge Mehl, und er machte den ganzen Teig sauer.«

Die enge Tür – die verschlossene Tür:
Aufruf zu rechtzeitigem Handeln

²² Jesus zog weiter auf dem Weg nach Jerusalem. Unterwegs sprach er in Städten und Dörfern. ²³ Einmal fragte ihn jemand: »Herr, werden nur wenige gerettet?«

Jesus antwortete: ²⁴ »Die Tür zu Gottes neuer Welt ist eng; kämpft darum, daß ihr Einlaß findet! Denn viele, sage ich euch, werden sich am Ende darum bemühen, aber es nicht mehr schaffen. ²⁵ Wenn der Hausherr aufsteht und die Tür abschließt, werdet ihr draußen stehen und klopfen und rufen: ›Herr, mach uns auf!‹ Doch er wird euch antworten: ›Ich weiß nicht, wo ihr herkommt!‹

²⁶ Dann werdet ihr sagen: ›Wir haben doch mit dir zusammen gegessen und getrunken, und du hast auf den Straßen unserer Stadt gelehrt.‹ ²⁷ Aber er wird euch antworten: ›Ich weiß nicht, wo ihr herkommt. Ihr habt es allesamt versäumt, das Rechte zu tun, geht mir aus den Augen!‹ ²⁸ Da werdet ihr

dann jammern und mit den Zähnen knirschen, wenn ihr Abraham, Isaak, Jakob und alle Propheten in Gottes neuer Welt seht, doch ihr selbst seid ausgeschlossen. ²⁹Aus Ost und West, aus Nord und Süd werden die Menschen kommen und in Gottes neuer Welt zu Tisch sitzen.

³⁰Seid darauf gefaßt: Es gibt solche, die jetzt noch zu den Letzten zählen; die werden dann die Ersten sein. Und andere zählen jetzt zu den Ersten, die werden dann die Letzten sein.«

Jesus muß bis nach Jerusalem kommen

³¹Da kamen einige Pharisäer zu Jesus und warnten ihn: »Verlaß diese Gegend und geh anderswohin; Herodes will dich töten!« ³²Jesus antwortete: »Geht und sagt diesem Fuchs: ›Ich treibe böse Geister aus und heile Kranke heute und morgen; erst am dritten Tag werde ich am Ziel sein. ³³Aber heute und morgen und auch am Tag danach muß ich meinen Weg noch fortsetzen; denn es ist undenkbar, daß ein Prophet außerhalb von Jerusalem umgebracht wird.‹«

Klage über Jerusalem

³⁴»Jerusalem, Jerusalem, du tötest die Propheten und steinigst die Boten, die Gott zu dir schickt! Wie oft wollte ich deine Bewohner um mich scharen, wie eine Henne ihre Küken unter die Flügel nimmt! Aber ihr habt nicht gewollt. ³⁵Deshalb wird Gott euren Tempel verlassen. Ich sage euch, ihr werdet mich erst wiedersehen, wenn ihr rufen werdet: ›Heil dem, der im Auftrag des Herrn kommt!‹«

Jesus zu Tisch mit Pharisäern (14,1-24)

Kritik an ihrer Gesetzesauslegung: Heilung am Sabbat

14 An einem Sabbat ging Jesus zum Essen in das Haus eines der führenden Pharisäer, und die dort versammelten Männer beobachteten ihn genau. ²Auf einmal stand vor Jesus ein Mann, der an Wassersucht litt. ³Jesus fragte die Gesetzeslehrer und Pharisäer: »Ist es nach dem Gesetz Gottes erlaubt, am Sabbat Kranke zu heilen, oder nicht?« ⁴Sie gaben ihm keine Antwort. Da berührte Jesus den Kranken, machte ihn gesund und ließ ihn gehen. ⁵Dann sagte er zu den Anwesenden: »Wenn einem von euch ein Kind in den Brunnen fällt oder auch nur ein Rind, holt er es dann nicht auf der Stelle heraus, auch wenn es gerade Sabbat ist?« ⁶Sie wußten nicht, was sie dagegen vorbringen sollten.

Kritik an ihrer Selbsteinschätzung:
Wer bekommt die Ehrenplätze?

⁷Jesus hatte beobachtet, wie die zum Essen Geladenen die Ehrenplätze für sich aussuchten. Das nahm er zum Anlaß, sie in einem Bild darauf hinzuweisen, welche Regeln an Gottes Tisch gelten.

⁸»Wenn dich jemand zu einem Hochzeitsmahl einlädt, dann setz dich nicht gleich auf den Ehrenplatz. Es könnte ja sein, daß eine noch vornehmere Person eingeladen ist. ⁹Der Gastgeber, der euch beide geladen hat, müßte dann kommen und dich auffordern, den Ehrenplatz abzutreten. Dann müßtest du beschämt auf dem untersten Platz sitzen. ¹⁰Setz dich lieber auf den letzten Platz, wenn du eingeladen bist. Wenn dann der Gastgeber kommt, wird er zu dir sagen: ›Lieber Freund, komm, nimm weiter oben Platz!‹ So wirst du vor allen geehrt, die mit dir eingeladen sind. ¹¹Wenn du dich selbst groß machst, wird Gott dich demütigen. Wenn du dich selbst geringachtest, wird Gott dich zu Ehren bringen.«

Kritik an ihrem berechnenden Wesen:
Wer ist einzuladen?

¹²Dann wandte sich Jesus an den Gastgeber: »Wenn du ein Essen gibst, am Mittag oder am Abend, dann lade nicht deine Freunde ein, deine Brüder und Verwandten oder die reichen Nachbarn. Sie laden dich dann nur wieder ein, und du hast deinen Lohn gehabt. ¹³Nein, wenn du ein Essen gibst, dann lade Arme, Verkrüppelte, Gelähmte und Blinde ein! ¹⁴Dann darfst du dich freuen, weil sie es dir nicht vergelten können; denn Gott selbst wird es dir vergelten, wenn er die vom Tod erweckt, die getan haben, was ihm gefällt.«

Warnung, Gottes Einladung auszuschlagen:
Gleichnis vom großen Festmahl

¹⁵Einer von den Gästen griff dieses Wort auf und sagte zu Jesus: »Ja, freuen dürfen sich alle, die mit zu Tisch sitzen werden in Gottes neuer Welt!«

¹⁶Doch Jesus antwortete ihm mit einem Gleichnis; er sagte: »Ein Mann hatte viele Leute zu einem großen Essen eingeladen. ¹⁷Als die Stunde für das Mahl da war, schickte er seinen Diener, um die Gäste zu bitten: ›Kommt! Alles ist hergerichtet!‹ ¹⁸Aber einer nach dem andern begann, sich zu entschuldigen. Der erste erklärte: ›Ich habe ein Stück Land gekauft, das muß ich mir jetzt unbedingt ansehen; bitte, entschuldige mich.‹ ¹⁹Ein anderer sagte: ›Ich habe fünf Ochsen-

gespanne gekauft und will gerade sehen, ob sie etwas taugen;
bitte, entschuldige mich.‹ ²⁰Ein dritter sagte: ›Ich habe eben
erst geheiratet, darum kann ich nicht kommen.‹

²¹Der Diener kam zurück und berichtete alles seinem
Herrn. Da wurde der Herr zornig und befahl ihm: ›Lauf
schnell auf die Straßen und Gassen der Stadt und hol die
Armen, Verkrüppelten, Blinden und Gelähmten her!‹

²²Der Diener kam zurück und meldete: ›Herr, ich habe dei-
nen Befehl ausgeführt, aber es ist immer noch Platz da.‹
²³Der Herr sagte zu ihm: ›Dann geh auf die Landstraßen und
an die Zäune draußen vor der Stadt, wo die Landstreicher
sich treffen, und dränge die Leute hereinzukommen, damit
mein Haus voll wird!«

²⁴Jesus schloß: »Das sollt ihr wissen: Von den zuerst ge-
ladenen Gästen kommt mir niemand an meinen Tisch!«

Was Jesus von denen verlangt, die ihm folgen wollen

²⁵Als Jesus wieder unterwegs war, zog eine große Menge
Menschen hinter ihm her. Er wandte sich nach ihnen um und
sagte: ²⁶»Wer sich mir anschließen will, muß bereit sein, mit
Vater und Mutter zu brechen, ebenso mit Frau und Kindern,
mit Brüdern und Schwestern; er muß bereit sein, sogar das
eigene Leben aufzugeben. Sonst kann er nicht mein Jünger
sein. ²⁷Wer nicht sein Kreuz trägt und mir auf meinem Weg
folgt, kann nicht mein Jünger sein.

²⁸Wenn jemand von euch ein Haus bauen will, setzt er sich
doch auch zuerst hin und überschlägt die Kosten. Er muß ja
sehen, ob sein Geld dafür reicht. ²⁹Sonst hat er vielleicht das
Fundament gelegt und kann nicht mehr weiterbauen. Alle,
die das sehen, werden ihn dann auslachen und werden sagen:
³⁰›Dieser Mensch wollte ein Haus bauen, aber er kann es
nicht vollenden.‹

³¹Oder wenn ein König gegen einen anderen König Krieg
führen will, wird er sich auch zuerst überlegen, ob er mit
zehntausend Mann stark genug ist, sich den zwanzigtausend
des anderen entgegenzustellen. ³²Wenn nicht, tut er besser
daran, dem Gegner Unterhändler entgegenzuschicken, solange er noch weit weg ist, und die Friedensbedingungen zu
erkunden.«

³³Jesus schloß: »Niemand von euch kann mein Jünger sein,
wenn er nicht zuvor alles aufgibt, was er hat.«

Ein ernstes Wort an die Jünger

³⁴»Salz ist etwas Gutes; wenn es aber seine Kraft verliert, wie
kann es sie wiederbekommen? ³⁵Selbst für den Acker oder

den Misthaufen taugt es nicht mehr und wird weggeworfen.
Wer Ohren hat, soll gut zuhören!«

Das verlorene Schaf

15 Eines Tages waren wieder einmal alle Zolleinnehmer und all die anderen, die einen ebenso schlechten Ruf hatten, bei Jesus versammelt und wollten ihn hören. ²Die Pharisäer und die Gesetzeslehrer murrten und sagten: »Er läßt das Gesindel zu sich! Er ißt sogar mit ihnen!«

³Da erzählte ihnen Jesus folgendes Gleichnis: ⁴»Stellt euch vor, einer von euch hat hundert Schafe, und eines davon verläuft sich. Läßt er dann nicht die neunundneunzig allein in der Steppe weitergrasen und sucht das verlorene so lange, bis er es findet? ⁵Und wenn er es gefunden hat, dann freut er sich, nimmt es auf die Schultern ⁶und trägt es nach Hause. Dort ruft er seine Freunde und Nachbarn zusammen und sagt zu ihnen: ›Freut euch mit mir, ich habe mein verlorenes Schaf wiedergefunden!‹ ⁷Ich sage euch: Genauso ist bei Gott im Himmel mehr Freude über einen Sünder, der ein neues Leben anfängt, als über neunundneunzig andere, die das nicht nötig haben.«

Das verlorene Geldstück

⁸»Oder stellt euch vor, eine Frau hat zehn Silberstücke und verliert eins davon. Zündet sie da nicht eine Lampe an, fegt das ganze Haus und sucht in allen Ecken, bis sie das Geldstück gefunden hat? ⁹Und wenn sie es gefunden hat, ruft sie ihre Freundinnen und Nachbarinnen zusammen und sagt zu ihnen: ›Freut euch mit mir, ich habe mein verlorenes Silberstück wiedergefunden!‹ ¹⁰Ich sage euch: Genauso freuen sich die Engel Gottes über einen einzigen Sünder, der ein neues Leben anfängt.«

Der Vater und seine zwei Söhne

¹¹Jesus erzählte weiter: »Ein Mann hatte zwei Söhne. ¹²Der jüngere sagte: ›Vater, gib mir den Teil der Erbschaft, der mir zusteht!‹ Da teilte der Vater seinen Besitz unter die beiden auf. ¹³Nach ein paar Tagen machte der jüngere Sohn seinen ganzen Anteil zu Geld und zog weit weg in die Fremde. Dort lebte er in Saus und Braus und verjubelte alles. ¹⁴Als er nichts mehr hatte, brach in jenem Land eine große Hungersnot aus; da ging es ihm schlecht. ¹⁵Er hängte sich an einen Bürger des Landes, der schickte ihn aufs Feld zum Schweinehüten. ¹⁶Er war so hungrig, daß er auch mit dem Schweinefutter zufrieden gewesen wäre; aber er bekam nichts davon.

¹⁷Endlich ging er in sich und sagte: ›Mein Vater hat so viele Arbeiter, die bekommen alle mehr, als sie essen können, und ich komme hier um vor Hunger. ¹⁸Ich will zu meinem Vater gehen und zu ihm sagen: Vater, ich bin vor Gott und vor dir schuldig geworden; ¹⁹ich bin es nicht mehr wert, dein Sohn zu sein. Nimm mich als einen deiner Arbeiter in Dienst!‹

²⁰So machte er sich auf den Weg zu seinem Vater. Er war noch ein gutes Stück vom Haus entfernt, da sah ihn schon sein Vater kommen, und das Mitleid ergriff ihn. Er lief ihm entgegen, fiel ihm um den Hals und überhäufte ihn mit Küssen. ²¹›Vater‹, sagte der Sohn, ›ich bin vor Gott und vor dir schuldig geworden, ich bin es nicht mehr wert, dein Sohn zu sein!‹

²²Aber der Vater rief seinen Dienern zu: ›Schnell, holt das beste Kleid für ihn, steckt ihm einen Ring an den Finger und bringt ihm Schuhe! ²³Holt das Mastkalb und schlachtet es! Wir wollen ein Fest feiern und uns freuen! ²⁴Denn mein Sohn hier war tot, jetzt lebt er wieder. Er war verloren, jetzt ist er wiedergefunden.‹ Und sie begannen zu feiern.

²⁵Der ältere Sohn war noch auf dem Feld. Als er zurückkam und sich dem Haus näherte, hörte er das Singen und Tanzen. ²⁶Er rief einen der Diener herbei und fragte ihn, was denn da los sei. ²⁷Der sagte: ›Dein Bruder ist zurückgekommen, und dein Vater hat das Mastkalb schlachten lassen, weil er ihn gesund wiederhat.‹

²⁸Der ältere Sohn wurde zornig und wollte nicht ins Haus gehen. Da kam der Vater heraus und redete ihm gut zu. ²⁹Aber der Sohn sagte zu ihm: ›Du weißt doch: All die Jahre habe ich wie ein Sklave für dich geschuftet, nie war ich dir ungehorsam. Was habe ich dafür bekommen? Mir hast du nie auch nur einen Ziegenbock gegeben, damit ich mit meinen Freunden feiern konnte. ³⁰Aber der da, dein Sohn, hat dein Geld mit Huren durchgebracht; und jetzt kommt er nach Hause, da schlachtest du gleich das Mastkalb für ihn.‹

³¹›Mein Sohn‹, sagte der Vater, ›du bist immer bei mir, und dir gehört alles, was ich habe. ³²Wir konnten doch gar nicht anders als feiern und uns freuen! Denn dein Bruder war tot, jetzt ist er wieder am Leben. Er war verloren, und jetzt ist er wiedergefunden.‹«

Vom Umgang mit Geld:
Die Geschichte vom untreuen Verwalter

16 Dann wandte sich Jesus seinen Jüngern zu, den Männern und Frauen, und erzählte ihnen folgende Geschichte: »Ein reicher Mann hatte einen Verwalter, der ihn betrog. Als sein Herr davon erfuhr, ²ließ er ihn rufen und stellte ihn zur Rede: ›Was muß ich von dir hören? Leg die Abrechnung vor, du kannst nicht länger mein Verwalter sein!‹

³Da sagte sich der Mann: ›Was soll ich machen, wenn mein Herr mir die Stelle wegnimmt? Für schwere Arbeiten bin ich zu schwach, und zu betteln schäme ich mich. ⁴Ich weiß, was ich tun werde: Ich muß mir Freunde verschaffen, die mich aufnehmen, wenn ich hier entlassen werde.‹ ⁵So rief er nacheinander alle zu sich, die bei seinem Herrn Schulden hatten. Er fragte den ersten: ›Wieviel schuldest du meinem Herrn?‹ ⁶›Hundert Fässer Olivenöl‹, war die Antwort. ›Hier ist dein Schuldschein‹, sagte der Verwalter; ›setz dich hin und schreib fünfzig!‹ ⁷Einen anderen fragte er: ›Wie steht es bei dir, wieviel Schulden hast du?‹ ›Hundert Sack Weizen‹, war die Antwort. ›Hier ist dein Schuldschein, schreib achtzig!‹«

⁸Jesus, der Herr, lobte den betrügerischen Verwalter wegen seines klugen Vorgehens. Denn in der Tat: Die Menschen dieser Welt sind, wenn es ums Überleben geht, viel klüger als die Menschen des Lichtes. ⁹»Ich sage euch«, forderte Jesus seine Jünger auf, »nutzt das leidige Geld dazu, durch Wohltaten Freunde zu gewinnen. Wenn es mit euch und eurem Geld zu Ende geht, werden sie euch dafür eine Wohnung bei Gott verschaffen.«

Vom Umgang mit Geld:
Zuverlässigkeit, wie Jesus sie versteht

¹⁰Jesus fuhr fort: »Wer in kleinen Dingen zuverlässig ist, wird es auch in großen sein, und wer in kleinen unzuverlässig ist, ist es auch in großen. ¹¹Wenn ihr also im Umgang mit dem leidigen Geld nicht zuverlässig seid, wird euch niemand das wirklich Wertvolle anvertrauen. ¹²Wenn ihr mit dem nicht umgehen könnt, was euch gar nicht gehört, wie soll Gott euch dann schenken, was er euch als Eigentum zugedacht hat?

¹³Kein Diener kann zwei Herren zugleich dienen. Er wird den einen vernachlässigen und den anderen bevorzugen. Er wird dem einen treu sein und den anderen hintergehen. Ihr könnt nicht beiden zugleich dienen: Gott und dem Geld.«

Vom Umgang mit Geld: Der Spott der Pharisäer

¹⁴Das alles hatten die Pharisäer mit angehört. Weil sie geldgierig waren, lachten sie über Jesus. ¹⁵Er aber sagte zu ihnen: »Vor den Menschen stellt ihr euch so hin, als führtet ihr ein Leben, das Gott gefällt; aber Gott sieht euch ins Herz. Was bei den Menschen Eindruck macht, das verabscheut Gott.«

**Das Gesetz Moses und die neue Zeit.
Am Beispiel der Ehe ...**

16»Bisher gab es nur das Gesetz und die Weisungen der Propheten. Diese Zeit ist mit dem Täufer Johannes abgeschlossen. Seitdem wird die Gute Nachricht verkündet, daß Gott seine Herrschaft aufrichtet, und alle drängen herbei und wollen in die neue Welt Gottes eingelassen werden. 17Doch eher werden Himmel und Erde vergehen, als daß auch nur ein Komma im Gesetz ungültig wird. 18Das bedeutet zum Beispiel: Wer sich von seiner Frau trennt und eine andere heiratet, begeht Ehebruch. Und wer eine Geschiedene heiratet, wird zum Ehebrecher.«

**... und am Beispiel des Besitzes
(Der reiche Mann und der arme Lazarus)**

19»Es war einmal ein reicher Mann, der immer die teuerste Kleidung trug und Tag für Tag im Luxus lebte. 20Vor seinem Haustor lag ein Armer, der hieß Lazarus. Sein Körper war ganz mit Geschwüren bedeckt. 21Er wartete darauf, daß von den Mahlzeiten des Reichen ein paar kümmerliche Reste für ihn abfielen. Er konnte sich nicht einmal gegen die Hunde wehren, die seine Wunden beleckten.

22Der Arme starb, und die Engel trugen ihn an den Ort, wo das ewige Freudenmahl gefeiert wird; dort erhielt er den Ehrenplatz an der Seite Abrahams. Auch der Reiche starb und wurde begraben. 23In der Totenwelt litt er große Qualen. Als er aufblickte, sah er in weiter Ferne Abraham, und Lazarus auf dem Platz neben ihm. 24Da rief er laut: ›Vater Abraham, hab Erbarmen mit mir! Schick mir doch Lazarus! Er soll seine Fingerspitze ins Wasser tauchen und meine Zunge ein wenig kühlen, denn das Feuer hier brennt entsetzlich.‹

25Aber Abraham sagte: ›Mein Sohn, denk daran, daß du schon zu Lebzeiten das dir zugemessene Glück erhalten hast, Lazarus aber nur Unglück. Dafür kann er sich nun hier freuen, während du Qualen leidest. 26Außerdem liegt zwischen uns und euch ein riesiger Graben. Selbst wenn jemand wollte, könnte er nicht zu euch kommen, genauso wie keiner von dort zu uns gelangen kann.‹

27Da bat der reiche Mann: ›Vater Abraham, dann schick Lazarus doch wenigstens in mein Elternhaus! 28Ich habe noch fünf Brüder. Er soll sie warnen, damit sie nicht auch an diesen schrecklichen Ort kommen!‹ 29Doch Abraham sagte: ›Deine Brüder haben das Gesetz Moses und die Weisungen

der Propheten. Sie brauchen nur darauf zu hören.‹ ³⁰Der
Reiche erwiderte: ›Vater Abraham, das genügt nicht! Aber
wenn einer von den Toten zu ihnen käme, dann würden sie
ihr Leben ändern.‹ ³¹Abraham sagte: ›Wenn sie auf Mose und
die Propheten nicht hören, dann lassen sie sich auch nicht
überzeugen, wenn jemand vom Tod aufersteht.‹«

Vom gegenseitigen Verhalten
in der Jüngergemeinschaft

17 Jesus wandte sich wieder seinen Jüngern zu, den Männern und Frauen; er sagte zu ihnen:»Es ist unvermeid-
lich, daß Dinge geschehen, durch die Menschen an Gott irre
werden. Aber wehe dem Menschen, der daran mitschuldig wird! ²Es wäre besser für ihn, er würde mit einem Mühlstein um den Hals ins Meer geworfen, als daß er auch nur
einen dieser kleinen, unbedeutenden Menschen, die mir vertrauen, an Gott irre werden läßt. ³Seid wachsam gegen euch
selbst!

Wenn dein Bruder – und das gilt entsprechend für die
Schwester – ein Unrecht begangen hat, dann stell ihn zur
Rede, und wenn er es bereut, dann verzeih ihm. ⁴Selbst wenn
er siebenmal am Tag an dir schuldig wird, sollst du ihm verzeihen, wenn er kommt und sagt: ›Es tut mir leid!‹«

Von der Macht des Gottvertrauens

⁵Die Apostel sagten zum Herrn: »Stärke doch unser Vertrauen zu Gott!« ⁶Der Herr antwortete: »Wenn euer Vertrauen
auch nur so groß wäre wie ein Senfkorn, dann könntet ihr zu
dem Maulbeerbaum dort sagen: ›Zieh deine Wurzeln aus der
Erde und verpflanze dich ins Meer!‹, und er würde euch gehorchen.«

Kein Anspruch auf besondere Anerkennung

⁷»Stellt euch vor, jemand von euch hat einen Sklaven und der
kommt vom Pflügen oder Schafehüten nach Hause. Wird er
wohl gleich als erstes zu ihm sagen: ›Bitte, komm und setz
dich zu Tisch‹? ⁸Gewiß nicht! Er wird ihm sagen: ›Mach mir
das Essen fertig, binde dir die Schürze um, und bediene mich
bei Tisch! Wenn ich fertig bin, kannst du auch essen und trinken.‹ ⁹Wird er sich etwa bei dem Sklaven bedanken, weil der
getan hat, was ihm befohlen war?

¹⁰So ist es auch mit euch. Wenn ihr alles getan habt, was
Gott euch befohlen hat, dann sagt: ›Wir sind Diener, weiter
nichts; wir haben nur getan, was uns aufgetragen war.‹«

Der dankbare Samariter

¹¹Auf dem Weg nach Jerusalem zog Jesus durch das Grenzgebiet von Samarien und Galiläa. ¹²Als er in ein Dorf ging, kamen ihm zehn Aussätzige entgegen. Sie blieben in gehörigem Abstand stehen ¹³und riefen laut: »Jesus! Herr! Hab Erbarmen mit uns!« ¹⁴Jesus sah sie und befahl ihnen: »Geht zu den Priestern und laßt euch eure Heilung bestätigen!«

Und als sie unterwegs waren, wurden sie tatsächlich gesund. ¹⁵Einer aus der Gruppe kam zurück, als er es merkte. Laut pries er Gott, ¹⁶warf sich vor Jesus nieder, das Gesicht zur Erde, und dankte ihm. Und das war ein Samariter.

¹⁷Jesus sagte: »Sind nicht alle zehn gesund geworden? Wo sind dann die anderen neun? ¹⁸Ist keiner zurückgekommen, um Gott die Ehre zu erweisen, nur dieser Fremde hier?« ¹⁹Dann sagte er zu dem Mann: »Steh auf und geh nach Hause, dein Vertrauen hat dich gerettet.«

Wann richtet Gott seine Herrschaft auf?

²⁰Einige Pharisäer fragten Jesus, wann die Herrschaft Gottes anbrechen werde. Jesus antwortete: »Ihr dürft nicht nach Vorzeichen ausschauen ²¹und an allen möglichen Orten nach ihr suchen! Denn schon jetzt, mitten unter euch, richtet Gott seine Herrschaft auf!«

Vom Kommen des Menschensohnes

²²Dann sagte Jesus zu den Jüngern, den Männern und Frauen: »Es wird die Zeit kommen, wo ihr euch danach sehnt, auch nur einen Tag unter der Herrschaft des Menschensohnes zu erleben. Aber es wird euch nicht vergönnt sein. ²³Sie werden zu euch sagen: ›Schaut doch hierher!‹ oder: ›Schaut dorthin!‹ Aber geht nicht hin und gebt nichts darauf. ²⁴Wenn sein Tag da ist, wird der Menschensohn kommen wie ein Blitz, der mit einem Schlag den ganzen Horizont ringsum erhellt. ²⁵Aber zuvor muß er noch vieles erleiden und von den Menschen dieser Generation verworfen werden.

²⁶Wenn der Menschensohn kommt, wird es genauso sein wie zur Zeit Noachs: ²⁷Die Menschen aßen und tranken und heirateten, wie sie es gewohnt waren – bis zu dem Tag, an dem Noach in die Arche ging. Dann kam die Flut und vernichtete sie alle. ²⁸Und es wird auch genauso sein wie in den Tagen Lots: Sie aßen und tranken, sie kauften und verkauften, bestellten das Land und bauten Häuser, wie sie es gewohnt waren. ²⁹An dem Tag aber, an dem Lot die Stadt Sodom verließ, fiel Feuer und Schwefel vom Himmel und

vernichtete sie alle. ³⁰ Ganz genauso wird es an dem Tag sein, an dem der Menschensohn erscheint.

³¹ Wer an jenem Tag gerade auf dem Dach ist und seine Sachen unten im Haus liegen hat, soll keine Zeit damit verlieren, erst noch hineinzugehen, um sie zu holen. Und wer gerade auf dem Feld ist, soll nicht einmal mehr zurückschauen, um sein Haus noch einmal zu sehen. ³² Denkt an Lots Frau! ³³ Wer sein Leben retten will, wird es verlieren, und wer es verliert, wird es retten.

³⁴ Ich sage euch: Von zwei Männern, die in jener Nacht auf einem Bett schlafen, wird der eine angenommen, der andere zurückgelassen. ³⁵ Von zwei Frauen, die zusammen Korn mahlen, wird die eine angenommen, die andere zurückgelassen.« [³⁶ Von zwei Männern, die auf dem Feld arbeiten, wird der eine angenommen, der andere zurückgelassen.]

³⁷ Die Jünger fragten: »Wo wird das geschehen, Herr?« Jesus antwortete ihnen: »Wo Aas liegt, da sammeln sich die Geier.«

Das Gleichnis vom Richter und der Witwe

18 Mit einem Gleichnis zeigte Jesus seinen Jüngern, den Männern und Frauen, daß sie immer beten müssen und darin nicht nachlassen dürfen. Er erzählte: ²»In einer Stadt lebte ein Richter, der nicht nach Gott fragte und alle Menschen verachtete. ³ In der gleichen Stadt lebte auch eine Witwe. Sie kam immer wieder zu ihm gelaufen und bat ihn: ›Verhilf mir zu meinem Recht!‹ ⁴ Lange Zeit wollte der Richter nicht, doch schließlich sagte er sich: ›Es ist mir zwar völlig gleichgültig, was Gott und Menschen von mir halten; ⁵ aber weil die Frau mir lästig wird, will ich dafür sorgen, daß sie ihr Recht bekommt. Sonst kratzt sie mir noch die Augen aus.‹«

⁶ Und der Herr fuhr fort: »Habt ihr gehört, was dieser korrupte Richter sagt? ⁷ Wird dann nicht Gott erst recht seinen Erwählten zu ihrem Recht verhelfen, wenn sie Tag und Nacht zu ihm schreien? Wird er sie etwa lange warten lassen? ⁸ Ich sage euch: Er wird ihnen sehr schnell ihr Recht verschaffen. Aber wird der Menschensohn, wenn er kommt, auf der Erde überhaupt noch Menschen finden, die in Treue auf ihn warten?«

Die Beispielgeschichte von dem Pharisäer und dem Zolleinnehmer

⁹ Dann wandte sich Jesus einigen Leuten zu, die voller Selbstvertrauen meinten, in Gottes Augen untadelig dazustehen, und deshalb für alle anderen nur Verachtung übrig hatten. Er erzählte ihnen folgende Geschichte:

¹⁰»Zwei Männer gingen hinauf in den Tempel, um zu beten, ein Pharisäer und ein Zolleinnehmer. ¹¹Der Pharisäer stellte sich vorne hin und betete leise bei sich: ›Gott, ich danke dir, daß ich nicht so bin wie die anderen Menschen, alle diese Räuber, Betrüger und Ehebrecher, oder auch wie dieser Zolleinnehmer hier! ¹²Ich faste zwei Tage in der Woche und gebe dir den vorgeschriebenen Zehnten sogar noch von dem, was ich bei anderen einkaufe!‹

¹³Der Zolleinnehmer aber stand ganz hinten und getraute sich nicht einmal, zum Himmel aufzublicken. Er schlug sich zerknirscht an die Brust und sagte: ›Gott, hab Erbarmen mit mir, ich bin ein sündiger Mensch!‹«

¹⁴Jesus schloß: »Ich sage euch, der Zolleinnehmer ging aus dem Tempel in sein Haus hinunter als einer, den Gott für gerecht erklärt hatte – ganz im Unterschied zu dem Pharisäer. Denn wenn ihr euch selbst groß macht, wird Gott euch demütigen. Und wenn ihr euch selbst geringachtet, wird Gott euch zu Ehren bringen.«

Jesus und die Kinder

¹⁵Einige Leute wollten auch ihre kleinen Kinder zu Jesus bringen, damit er sie berühre. Als die Jünger es sahen, fuhren sie die Leute an und wollten sie wegschicken. ¹⁶Doch Jesus rief die Kinder zu sich und sagte: »Laßt die Kinder zu mir kommen und hindert sie nicht, denn für Menschen wie sie steht Gottes neue Welt offen. ¹⁷Ich versichere euch: Wer sich Gottes neue Welt nicht schenken läßt wie ein Kind, wird niemals hineinkommen.«

Die Gefahr des Reichtums

¹⁸Ein einflußreicher Mann fragte Jesus: »Guter Lehrer, was muß ich tun, um das ewige Leben zu bekommen?« ¹⁹Jesus antwortete: »Warum nennst du mich gut? Nur einer ist gut, Gott! ²⁰Und seine Gebote kennst du doch: Du sollst nicht die Ehe brechen, nicht morden, nicht stehlen, nichts Unwahres über deinen Mitmenschen sagen; ehre deinen Vater und deine Mutter!«

²¹»Diese Gebote habe ich von Jugend an alle befolgt«, erwiderte der Mann. ²²Als Jesus das hörte, sagte er zu ihm: »Eines fehlt dir noch: Verkauf alles, was du hast, und verteil das Geld an die Armen, so wirst du bei Gott einen unverlierbaren Besitz haben. Und dann komm und folge mir!« ²³Als der Mann das hörte, wurde er sehr traurig, denn er war überaus reich.

²⁴Jesus sah ihn so dastehen und sagte: »Wie schwer haben

es doch die Besitzenden, in die neue Welt Gottes zu kommen! [25] Eher kommt ein Kamel durch ein Nadelöhr als ein Reicher in Gottes neue Welt.« [26] Als die Leute das hörten, fragten sie Jesus: »Wer kann dann überhaupt gerettet werden?« [27] Er antwortete: »Was für die Menschen unmöglich ist, das ist für Gott möglich.«

Der Lohn für die, die alles aufgegeben haben

[28] Da sagte Petrus: »Du weißt, wir haben unser Eigentum aufgegeben und sind dir gefolgt.« [29] Jesus wandte sich seinen Jüngern zu und sagte: »Ich versichere euch: Niemand bleibt unbelohnt, der irgendetwas aufgibt, um die Gute Nachricht verkünden zu können, daß Gott jetzt seine Herrschaft aufrichtet. Wer dafür etwas zurückläßt – Haus, Frau, Geschwister oder Eltern oder Kinder –, [30] wird schon in dieser Welt ein Vielfaches davon wiederbekommen und in der kommenden Welt das ewige Leben.«

Jesus kündigt zum drittenmal seinen Tod an

[31] Jesus nahm die Zwölf beiseite und sagte zu ihnen: »Hört zu! Wir gehen nach Jerusalem. Dort wird alles in Erfüllung gehen, was die Propheten über den Menschensohn geschrieben haben: [32] Er wird den Fremden ausgeliefert werden, die Gott nicht kennen. Er wird verspottet und beleidigt und angespuckt werden. [33] Sie werden ihn auspeitschen und töten, doch am dritten Tag wird er auferstehen.«

[34] Die Zwölf verstanden kein Wort. Was Jesus sagte, blieb ihnen verborgen; sie wußten nicht, wovon er sprach.

Jesus heilt einen Blinden

[35] Als Jesus in die Nähe von Jericho kam, saß dort ein Blinder am Straßenrand und bettelte. [36] Er hörte die Menge vorbeiziehen und fragte, was da los sei. [37] Er erfuhr, daß Jesus aus Nazaret vorbeikomme. [38] Da rief er laut: »Jesus, Sohn Davids! Hab Erbarmen mit mir!« [39] Die Leute, die Jesus vorausgingen, fuhren ihn an, er solle still sein; aber er schrie nur noch lauter: »Sohn Davids, hab Erbarmen mit mir!«

[40] Jesus blieb stehen und ließ ihn zu sich holen. Als er herangekommen war, fragte ihn Jesus: [41] »Was soll ich für dich tun?« Er antwortete: »Herr, ich möchte wieder sehen können!« [42] Jesus sagte: »Du sollst sehen können! Dein Vertrauen hat dich gerettet.« [43] Sofort konnte der Blinde sehen. Er pries Gott und folgte Jesus. Und das ganze Volk, das dabei war, rühmte Gott.

Jesus und Zachäus

19 Jesus ging nach Jericho hinein und zog durch die Stadt. ²In Jericho lebte ein Mann namens Zachäus. Er war der oberste Zolleinnehmer in der Stadt und war sehr reich. ³Er wollte unbedingt sehen, wer dieser Jesus sei. Aber er war klein, und die Menschenmenge versperrte ihm die Sicht. ⁴So lief er voraus und kletterte auf einen Maulbeerfeigenbaum, um Jesus sehen zu können; denn dort mußte er vorbeikommen.

⁵Als Jesus an die Stelle kam, schaute er hinauf und redete ihn an: »Zachäus, komm schnell herunter, ich muß heute dein Gast sein!« ⁶Zachäus stieg schnell vom Baum und nahm Jesus voller Freude bei sich auf.

⁷Alle sahen es und murrten; sie sagten: »Bei einem ausgemachten Sünder ist er eingekehrt!« ⁸Aber Zachäus wandte sich an den Herrn und sagte zu ihm: »Herr, ich verspreche dir, ich werde die Hälfte meines Besitzes den Armen geben. Und wenn ich jemand zuviel abgenommen habe, will ich es ihm vierfach zurückgeben.«

⁹Darauf sagte Jesus zu ihm: »Heute ist dir und deiner ganzen Hausgemeinschaft die Rettung zuteil geworden! Auch du bist ja ein Sohn Abrahams. ¹⁰Der Menschensohn ist gekommen, um die Verlorenen zu suchen und zu retten.«

Jesus kündigt seinen Weggang
und seine Wiederkunft an
(Das Gleichnis vom anvertrauten Geld)

¹¹Alle Leute hatten gehört, was Jesus zu Zachäus sagte. Deshalb, und weil Jesus nun auch schon nahe bei Jerusalem war, meinten sie, die neue Welt Gottes werde in allernächster Zukunft anbrechen. Darum fügte Jesus noch ein Gleichnis hinzu.

¹²Er sagte: »Ein Mann von königlicher Herkunft reiste in ein fernes Land. Dort wollte er sich zum König über sein eigenes Volk und Land einsetzen lassen und danach zurückkehren. ¹³Bevor er abreiste, rief er zehn seiner Diener, gab jedem ein Pfund Silberstücke und sagte zu ihnen: ›Treibt Handel damit und macht etwas daraus, bis ich komme!‹ ¹⁴Aber seine Landsleute konnten ihn nicht leiden. Deshalb schickten sie Boten hinter ihm her, die erklären sollten: ›Wir wollen diesen Mann nicht als König haben!‹

¹⁵Als er nun König geworden war, kam er zurück und ließ die Diener rufen, denen er das Geld anvertraut hatte. Er wollte sehen, was sie damit erwirtschaftet hatten. ¹⁶Der erste

kam und berichtete: ›Herr, dein Pfund Silberstücke hat zehn weitere Pfund eingebracht.‹ [17]›Sehr gut‹, sagte sein Herr, ›du bist ein tüchtiger Diener. Weil du in so kleinen Dingen zuverlässig warst, mache ich dich zum Herrn über zehn Städte.‹

[18] Der zweite kam und berichtete: ›Herr, dein Pfund Silberstücke hat fünf weitere Pfund eingebracht.‹ [19] Der Herr sagte zu ihm: ›Dich mache ich zum Herrn über fünf Städte.‹

[20] Ein dritter aber kam und sagte: ›Herr, hier hast du dein Pfund Silberstücke zurück. Ich habe es im Tuch verwahrt und immer bei mir getragen. [21] Ich hatte Angst vor dir, weil du ein strenger Mann bist. Du hebst Geld ab, das du nicht eingezahlt hast, und du erntest, was du nicht gesät hast.‹

[22] Zu ihm sagte der Herr: ›Du Nichtsnutz, du hast dir selbst das Urteil gesprochen. Du wußtest also, daß ich ein strenger Mann bin, daß ich abhebe, was ich nicht eingezahlt habe, und ernte, was ich nicht gesät habe. [23] Warum hast du dann mein Geld nicht wenigstens auf die Bank gebracht? Dort hätte ich es bei meiner Rückkehr mit Zinsen wiederbekommen.‹

[24] Dann sagte er zu den Umstehenden: ›Nehmt ihm sein Pfund ab und gebt es dem, der die zehn erwirtschaftet hat.‹ [25] Sie wandten ein: ›Herr, der hat doch schon zehn!‹ [26] Aber der König erwiderte: ›Ich sage euch, wer viel hat, soll noch mehr bekommen. Wer aber wenig hat, dem wird auch noch das Letzte weggenommen werden. [27] Nun aber zu meinen Feinden, die mich nicht als König haben wollten! Bringt sie her und macht sie vor meinen Augen nieder!‹«

AUSEINANDERSETZUNGEN IN JERUSALEM
(19,28–21,4)

Jesus kommt nach Jerusalem

[28] Nachdem Jesus dieses Gleichnis erzählt hatte, zog er weiter, hinauf nach Jerusalem. [29] In der Nähe der Ortschaften Betfage und Betanien am Ölberg schickte er zwei seiner Jünger fort [30] mit dem Auftrag: »Geht in das Dorf da drüben! Am Ortseingang werdet ihr einen jungen Esel angebunden finden, auf dem noch nie ein Mensch geritten ist. Bindet ihn los und bringt ihn her! [31] Und wenn euch jemand fragt: ›Warum bindet ihr den Esel los?‹, dann antwortet: ›Der Herr braucht ihn.‹«

[32] Die beiden gingen hin und fanden alles so, wie Jesus es ihnen gesagt hatte. [33] Als sie den Esel losbanden, fragten die Besitzer: »Warum bindet ihr den Esel los?« [34] »Der Herr braucht ihn«, antworteten sie [35] und brachten ihn zu Jesus. Sie

legten ihre Kleider über das Tier und ließen Jesus aufsteigen. 36 Während er einherritt, breiteten die anderen Jünger ihre Kleider als Teppich auf die Straße.

37 Als Jesus dann an die Stelle kam, wo der Weg den Ölberg hinunterführt nach Jerusalem, brach die ganze Menge der Jünger, die Männer und Frauen, in lauten Jubel aus. Sie priesen Gott für all die Wunder, die sie miterlebt hatten. 38 Sie riefen:

»Heil dem König, der im Auftrag des Herrn kommt! Gott hat Frieden bereitet im Himmel! Ihm in der Höhe gehört alle Ehre!«

39 Ein paar Pharisäer riefen aus der Menge: »Lehrer, bring doch deine Jünger zur Vernunft!« 40 Jesus antwortete: »Ich sage euch, wenn sie schweigen, dann werden die Steine schreien!«

Jesus weint über Jerusalem

41 Als Jesus sich der Stadt näherte und sie vor sich liegen sah, weinte er 42 und sagte: »Wenn doch auch du heute erkannt hättest, was dir Frieden bringt! Aber Gott hat dich blind dafür gemacht. 43 Darum kommt jetzt über dich eine Zeit, da werden deine Feinde einen Wall rings um dich aufwerfen, dich belagern und von allen Seiten einschließen. 44 Sie werden dich und deine Bewohner völlig vernichten und keinen Stein auf dem andern lassen. Denn du hast den Tag nicht erkannt, an dem Gott dir zu Hilfe kommen wollte.«

Jesus im Tempel

45 Jesus ging in den Tempel und fing an, die Händler hinauszujagen. 46 Dazu sagte er ihnen: »In den Heiligen Schriften steht, daß Gott erklärt hat: ›Mein Tempel soll eine Stätte sein, an der die Menschen zu mir beten können!‹ Ihr aber habt eine Räuberhöhle daraus gemacht!«

47 Jesus lehrte jeden Tag im Tempel. Die führenden Priester, die Gesetzeslehrer und auch die Ältesten des Volkes suchten nach einer Möglichkeit, ihn zu töten; 48 aber sie wußten nicht, wie sie es anfangen sollten. Denn das Volk war dauernd um ihn und wollte sich keines seiner Worte entgehen lassen.

Die Frage nach dem Auftraggeber

20 Eines Tages lehrte Jesus wieder im Tempel und verkündete dem Volk die Gute Nachricht. Da kamen die führenden Priester, die Gesetzeslehrer und auch die Ratsältesten 2 und fragten: »Sag uns, woher nimmst du das Recht, hier so aufzutreten? Wer hat dir die Vollmacht dazu gegeben?«

3 Jesus antwortete ihnen: »Auch ich will euch eine Frage

stellen. Sagt mir: [4] Woher hatte der Täufer Johannes den Auftrag zu taufen? Von Gott oder von Menschen?« [5] Sie überlegten: »Wenn wir sagen ›Von Gott‹, dann wird er fragen: Warum habt ihr dann Johannes nicht geglaubt? [6] Wenn wir aber sagen ›Von Menschen‹, dann wird uns das Volk steinigen, denn alle sind überzeugt, daß Johannes ein Prophet war.« [7] So sagten sie zu Jesus, daß sie es nicht wüßten. [8] »Gut«, erwiderte Jesus, »dann sage ich euch auch nicht, wer mich bevollmächtigt hat.«

Das Gleichnis von den bösen Weinbergspächtern

[9] Darauf wandte sich Jesus wieder dem Volk zu und erzählte ihm dieses Gleichnis: »Ein Mann legte einen Weinberg an. Den verpachtete er und verreiste dann für längere Zeit. [10] Zum gegebenen Zeitpunkt schickte er einen Boten zu den Pächtern, um seinen Anteil am Ertrag des Weinbergs abholen zu lassen. Aber die Pächter verprügelten den Boten und ließen ihn unverrichteter Dinge abziehen. [11] Der Besitzer schickte einen zweiten, aber auch den verprügelten sie, behandelten ihn auf die schimpflichste Weise und schickten ihn mit leeren Händen weg. [12] Er sandte auch noch einen dritten. Den schlugen die Pächter blutig und jagten ihn ebenfalls davon.

[13] Da sagte der Besitzer des Weinbergs: ›Was soll ich tun? Ich werde meinen Sohn schicken, dem meine ganze Liebe gilt; vor dem werden sie wohl Respekt haben.‹ [14] Aber als die Pächter ihn kommen sahen, sagten sie zueinander: ›Das ist der Erbe! Wir bringen ihn um, dann gehört seine Erbschaft, der Weinberg, uns.‹ [15] So stießen sie ihn aus dem Weinberg hinaus und töteten ihn.

Was wird nun der Besitzer des Weinbergs mit ihnen machen? [16] Er wird kommen und diese bösen Pächter töten und wird den Weinberg anderen anvertrauen.«

Als die Leute das hörten, sagten sie: »Das darf nicht geschehen!« [17] Jesus schaute sie an und sagte: »Was bedeutet denn dieses Wort in den Heiligen Schriften:

›Der Stein, den die Bauleute als wertlos weggeworfen haben, ist zum Eckstein geworden‹?

[18] Wer auf diesen Stein stürzt, wird zerschmettert, und auf wen er fällt, den zermalmt er!«

[19] Die Gesetzeslehrer und die führenden Priester hätten Jesus am liebsten auf der Stelle festgenommen; denn sie merkten, daß das Gleichnis auf sie gemünzt war. Aber sie hatten Angst vor dem Volk.

Die Frage nach der Steuer für den Kaiser

20 Die Gesetzeslehrer und die führenden Priester ließen Jesus jetzt nicht mehr aus den Augen. Sie schickten Spitzel zu ihm, die so tun sollten, als ob es ihnen nur um die gewissenhafte Befolgung des Gesetzes ginge. Die sollten Jesus bei einem verfänglichen Wort ertappen, damit sie ihn an den römischen Statthalter ausliefern könnten. 21 Diese Leute legten Jesus die Frage vor: »Lehrer, wir wissen, daß du die richtige Lehre hast. Du läßt dich auch nicht von Menschen beeinflussen, selbst wenn sie noch so mächtig sind, sondern sagst uns klar und deutlich, wie wir nach Gottes Willen leben sollen. 22 Sag uns: Ist es uns nach dem Gesetz Gottes erlaubt, dem römischen Kaiser Steuer zu zahlen, oder nicht?«

23 Jesus durchschaute ihre Hinterlist und sagte zu ihnen: 24 »Zeigt mir eine Silbermünze her! Wessen Bild und Name ist denn hier aufgeprägt?« »Das Bild und der Name des Kaisers«, antworteten sie. 25 Da sagte Jesus: »Dann gebt dem Kaiser, was dem Kaiser gehört – aber gebt Gott, was Gott gehört!«

26 So konnten sie ihn vor dem Volk nicht zu einer verfänglichen Aussage verleiten. Sie waren von seiner Antwort so überrascht, daß sie nichts mehr zu sagen wußten.

Werden die Toten auferstehen?

27 Dann kamen einige Sadduzäer zu Jesus. Die Sadduzäer bestreiten, daß die Toten auferstehen werden. 28 »Lehrer«, sagten sie, »Mose hat uns die Vorschrift gegeben: ›Wenn ein Mann stirbt und er hat eine Frau, ist aber kinderlos, dann muß sein Bruder die Witwe heiraten und dem Verstorbenen Nachkommen verschaffen.‹ 29 Nun gab es einmal sieben Brüder. Der älteste heiratete und starb kinderlos. 30 Darauf heiratete der zweite die Witwe, 31 darauf der dritte. Und so alle sieben: Sie heirateten die Frau, hinterließen keine Kinder und starben. 32 Zuletzt starb auch die Frau. 33 Wie ist das nun mit dieser Frau bei der Auferstehung der Toten? Wem von den Männern soll sie dann gehören? Sie war ja mit allen sieben verheiratet!«

34 Jesus antwortete: »Heiraten ist eine Sache für diese gegenwärtige Welt. 35 Die Menschen aber, die Gott auferstehen läßt und die in seiner kommenden Welt leben dürfen, werden nicht mehr heiraten. 36 Sie können dann ja auch nicht mehr sterben und brauchen nicht mehr für Nachkommen zu sorgen. Weil sie vom Tod auferstanden sind, sind sie wie die Engel: Sie sind Söhne und Töchter Gottes!

37 Daß Gott aber wirklich die Toten auferwecken wird, das hat Mose schon bei der Begegnung am Dornbusch deutlich zu verstehen gegeben, als er den Herrn dort den ›Gott Abrahams, den Gott Isaaks und den Gott Jakobs‹ nannte. 38 Gott ist doch kein Gott von Toten, sondern von Lebenden! Für ihn sind alle lebendig.«

39 Einige Gesetzeslehrer sagten dazu: »Lehrer, das war eine gute Antwort.« 40 Die Sadduzäer wagten es nämlich nicht mehr, ihm noch irgendeine weitere Frage zu stellen.

Davids Sohn oder Davids Herr?

41 Nun wandte Jesus sich an sie alle und fragte: »Wie läßt sich behaupten, der versprochene Retter müsse ein Sohn Davids sein? 42 David selbst sagt doch im Buch der Psalmen:

›Gott, der Herr, sagte zu meinem Herrn:
Setze dich an meine rechte Seite!
43 Ich will dir deine Feinde unterwerfen,
sie als Schemel unter deine Füße legen.‹

44 David nennt ihn also ›Herr‹ – wie kann er dann sein Sohn sein?«

Jesus warnt vor den Gesetzeslehrern

45 Vor dem ganzen versammelten Volk warnte Jesus seine Jünger, die Männer und Frauen: 46 »Nehmt euch in acht vor den Gesetzeslehrern! Sie zeigen sich gern in ihren Talaren und fühlen sich geschmeichelt, wenn sie auf der Straße respektvoll gegrüßt werden. Beim Gottesdienst sitzen sie in der vordersten Reihe, und bei Festmählern nehmen sie die Ehrenplätze ein. 47 Sie sprechen lange Gebete, um einen guten Eindruck zu machen; in Wahrheit aber sind sie Betrüger, die schutzlose Witwen um ihren Besitz bringen. Sie werden einmal besonders streng bestraft werden.«

Das Opfer der Witwe

21 Jesus blickte auf und sah, wie reiche Leute ihre Geldspenden in den Opferkasten warfen. 2 Er sah auch eine arme Witwe, die steckte zwei kleine Kupfermünzen hinein. 3 Da sagte er: »Ich versichere euch: Diese arme Witwe hat mehr gegeben als alle anderen. 4 Die haben alle nur etwas von ihrem Überfluß abgegeben. Sie aber hat alles hergegeben, was sie selbst dringend zum Leben gebraucht hätte.«

ÜBER DEN UNTERGANG JERUSALEMS UND DAS ENDE DER WELT (21,5-38)

Ankündigung der Zerstörung des Tempels

⁵ Einige Leute dort im Tempel unterhielten sich über den Bau – über die herrlichen Steine und die Ausstattung mit kostbaren Weihegeschenken. ⁶ Da sagte Jesus: »Alles, was ihr da seht, wird bis auf den Grund zerstört werden. Es kommt die Zeit, daß kein Stein auf dem andern bleiben wird.«

Die Zerstörung des Tempels bedeutet noch nicht das Ende der Welt

⁷ Da fragten sie ihn: »Lehrer, wann wird das geschehen, und woran können wir erkennen, daß es soweit ist?« ⁸ Jesus antwortete: »Seid auf der Hut und laßt euch nicht täuschen! Viele werden unter meinem Namen auftreten und von sich behaupten: ›Ich bin es! Jetzt ist es soweit!‹ Lauft ihnen nicht nach! ⁹ Erschreckt auch nicht, wenn ihr von Krieg und Aufruhr hört. Das muß so kommen, aber dann kommt noch nicht sofort das Ende.«

Vorzeichen des Weltendes

¹⁰ Dann sagte er zu ihnen: »Ein Volk wird gegen das andere kämpfen, ein Staat den andern angreifen. ¹¹ Schwere Erdbeben wird es geben und in vielen Ländern Hungersnöte und Seuchen. Noch Schrecklicheres wird geschehen, und am Himmel werden gewaltige Zeichen zu sehen sein.«

Ein Wort an die Jüngergemeinschaft

¹² »Aber bevor dies alles geschieht, werden sie euch verfolgen und festnehmen. Weil ihr zu mir gehört, werdet ihr an die Synagogengerichte ausgeliefert und ins Gefängnis geworfen werden. Vor Könige und Statthalter werden sie euch stellen. ¹³ Das wird euch Gelegenheit bieten, als Zeugen für mich auszusagen. ¹⁴ Verzichtet aber bewußt darauf, im voraus festzulegen, wie ihr eure Sache vertreten wollt! ¹⁵ Ich selbst werde euch Worte eingeben, die keiner von euren Gegnern zu widerlegen weiß; ich werde euch eine Weisheit schenken, der niemand widerstehen kann. ¹⁶ Sogar eure Eltern werden euch ausliefern, eure Geschwister, Verwandten und Freunde. Einige von euch werden getötet werden. ¹⁷ Alle Menschen werden euch hassen, weil ihr euch zu mir bekennt. ¹⁸ Aber nicht ein Haar von eurem Kopf wird verlorengehen. ¹⁹ Haltet durch, dann werdet ihr das wahre Leben gewinnen!«

Über die Zerstörung Jerusalems

20»Wenn ihr Jerusalem von feindlichen Heeren eingeschlossen seht, dann seid gewiß: Seine Zerstörung steht bevor. 21 Dann sollen die Bewohner Judäas in die Berge fliehen! Wer in der Stadt ist, soll sie schnell verlassen, und die Leute vom Land sollen nicht in die Stadt gehen! 22 Denn dann kommen die Tage der Vergeltung, an denen alles in Erfüllung geht, was in den Heiligen Schriften vorausgesagt ist.

23 Weh den Frauen, die dann gerade ein Kind erwarten oder einen Säugling stillen. Denn das ganze Land wird in schreckliche Not kommen, weil Gott über dieses Volk Gericht hält. 24 Die Menschen werden mit dem Schwert erschlagen oder als Gefangene in die ganze Welt verschleppt werden. Jerusalem wird von den Völkern, die Gott nicht kennen, verwüstet werden und wird in Trümmern liegen, bis auch deren Zeit abgelaufen ist.«

Der Weltrichter kommt

25»Unheilkündende Zeichen werden zu sehen sein an der Sonne, am Mond und an den Sternen, und auf der Erde werden die Völker zittern und nicht mehr aus und ein wissen vor dem tobenden Meer und seinen Wellen. 26 Die Menschen werden halbtot vor Angst darauf warten, was für Katastrophen die Erde noch heimsuchen werden. Denn die ganze Ordnung des Himmels wird zusammenbrechen. 27 Dann kommt der Menschensohn auf einer Wolke mit göttlicher Macht und Herrlichkeit, und alle werden ihn sehen.

28 Wenn ihr die ersten Anzeichen von alldem bemerkt, dann richtet euch auf und erhebt freudig den Kopf: Bald werdet ihr gerettet!«

Das Gleichnis vom Feigenbaum

29 Jesus gebrauchte einen Vergleich; er sagte: »Seht den Feigenbaum an oder die anderen Bäume! 30 Wenn die ersten Blätter herauskommen, dann erkennt ihr daran, daß der Sommer bald da ist. 31 So ist es auch, wenn ihr diese Anzeichen seht. Dann wißt ihr, daß die neue Welt Gottes anbricht. 32 Ich versichere euch: Diese Generation wird das alles noch erleben. 33 Himmel und Erde werden vergehen, aber meine Worte vergehen nicht; sie bleiben gültig für immer und ewig.«

Wach bleiben!

34»Seht euch vor! Laßt euch nicht vom Rausch umnebeln oder von den Alltagssorgen gefangennehmen! Sonst werdet

ihr von jenem Tag unvorbereitet überrascht wie von einer
Falle, die zuschlägt. ³⁵Denn er kommt plötzlich über alle,
die auf der Erde leben. ³⁶Bleibt wach und hört nicht auf
zu beten, damit ihr alles, was noch kommen wird, durchstehen und zuversichtlich vor den Menschensohn treten
könnt!«

Jesus, der Lehrer des Volkes

³⁷Jeden Tag lehrte Jesus im Tempel. Am Abend ging er dann
auf den Ölberg und blieb die Nacht über dort. ³⁸Früh am
Morgen war schon wieder das ganze Volk im Tempel versammelt und wollte ihn hören.

LEIDEN, TOD UND AUFERSTEHUNG VON JESUS
(Kapitel 22–24)

Pläne gegen Jesus

22 Es war kurz vor dem Fest der Ungesäuerten Brote,
dem Passafest. ²Die führenden Priester und die Gesetzeslehrer suchten nach einer Möglichkeit, Jesus zu beseitigen, aber so, daß es kein Aufsehen erregte; denn sie hatten
Angst vor dem Volk.

Judas wird zum Verräter

³Da fuhr der Satan in Judas, der auch Iskariot genannt wird.
Judas war einer aus dem Kreis der Zwölf. ⁴Er ging zu den
führenden Priestern und den Hauptleuten der Tempelwache
und besprach mit ihnen, wie er ihnen Jesus in die Hände spielen könnte. ⁵Sie freuten sich und boten ihm eine Geldsumme
an. ⁶Judas war einverstanden. Er suchte von da an eine günstige Gelegenheit, Jesus zu verraten, ohne daß das Volk etwas
merkte.

Vorbereitungen zum Passamahl

⁷Es kam nun der Tag, von dem an ungesäuertes Brot gegessen wurde und an dem die Passalämmer geschlachtet werden
mußten. ⁸Jesus gab Petrus und Johannes den Auftrag: »Geht
und bereitet das Passamahl für uns vor!« ⁹»Wo willst du es
vorbereitet haben?« fragten sie. ¹⁰Er sagte: »Hört zu! Wenn ihr
in die Stadt kommt, werdet ihr einen Mann treffen, der einen
Wasserkrug trägt. Folgt ihm in das Haus, in das er geht,
¹¹und sagt zum Hausherrn dort: ›Unser Lehrer läßt dich fragen: Welchen Raum kannst du zur Verfügung stellen, daß ich
dort mit meinen Jüngern das Passamahl feiere?‹ ¹²Er wird

euch ein großes Zimmer im Obergeschoß zeigen, das mit Polstern ausgestattet ist. Dort bereitet alles vor.«

13 Die beiden gingen und fanden alles so, wie Jesus es ihnen gesagt hatte, und sie bereiteten das Passamahl vor.

Jesus feiert mit den Aposteln das Abschiedsmahl

14 Als die Stunde gekommen war, setzte sich Jesus zu Tisch und die Apostel mit ihm. 15 Er sagte: »Ich habe mich sehr danach gesehnt, dieses Passamahl mit euch zu feiern, bevor ich leiden muß. 16 Denn ich sage euch: Ich werde es erst wieder feiern, wenn das, worauf jedes Passamahl hinweist, in der neuen Welt Gottes zur Erfüllung gekommen ist.«

17 Dann nahm er den Becher mit Wein, sprach darüber das Dankgebet und sagte: »Nehmt diesen Becher und teilt ihn unter euch! 18 Denn ich sage euch: Ich werde erst wieder Wein trinken, wenn die neue Welt Gottes da ist.«

19 Dann nahm Jesus ein Brot, sprach darüber das Dankgebet, brach es in Stücke und gab es ihnen mit den Worten: »Das ist mein Leib, der für euch geopfert wird. Tut das immer wieder, damit unter euch gegenwärtig ist, was ich für euch getan habe!«

20 Ebenso nahm er nach dem Essen den Becher mit Wein und sagte: »Dieser Becher ist Gottes neuer Bund, der in Kraft gesetzt wird durch mein Blut, das für euch vergossen wird.

21 Aber ihr müßt wissen: Der Verräter sitzt hier mit mir am gleichen Tisch. 22 Der Menschensohn muß zwar den Weg gehen, der ihm bestimmt ist; aber wehe dem Menschen, der ihn verrät.« 23 Da fingen sie an, einander zu fragen, wer von ihnen es wohl sei, der so etwas tun würde.

Wer ist der Größte?

24 Es kam unter ihnen auch ein Streit darüber auf, wer von ihnen als der Größte zu gelten habe. 25 Da sagte Jesus zu ihnen: »Die Könige der Welt unterdrücken ihre Völker, und die Tyrannen lassen sich ›Wohltäter des Volkes‹ nennen. 26 Bei euch muß es anders sein! Der Größte unter euch muß wie der Geringste werden und der Führende wie einer, der dient. 27 Wer ist denn größer: wer am Tisch sitzt oder wer bedient? Natürlich der am Tisch! Aber ich bin unter euch wie der Diener.

28 Ihr habt mit mir durchgehalten in allen Prüfungen, die ich zu bestehen hatte. 29 Dafür werde ich euch an der Herrschaft beteiligen, die mein Vater mir übertragen hat. 30 Wenn ich meine Herrschaft angetreten habe, werdet ihr an meinem

Tisch essen und trinken und über die zwölf Stämme Israels herrschen.«

Jesus und Simon Petrus

31»Simon, Simon! Paß gut auf! Gott hat dem Satan erlaubt, euch auf die Probe zu stellen und die Spreu vom Weizen zu scheiden. 32Aber ich habe für dich gebetet, daß dein Glaube an mich nicht aufhört. Wenn du dann wieder zu mir zurückgefunden hast, mußt du deine Brüder und Schwestern im Glauben an mich stärken!«

33Petrus antwortete: »Herr, ich bin bereit, mit dir ins Gefängnis zu gehen, ja mit dir zu sterben!« 34Jesus antwortete: »Ich sage dir, Petrus, noch ehe heute der Hahn kräht, wirst du mich dreimal verleugnen und behaupten, daß du mich nicht kennst.«

Von jetzt ab wird für die Jünger alles anders

35Dann fragte Jesus die Apostel: »Als ich euch ohne Geldbeutel, Vorratstasche und Schuhe auf den Weg schickte, habt ihr da an irgend etwas Mangel gehabt?« »Nein, an nichts«, sagten sie.

36Jesus erwiderte: »Von jetzt ab gilt etwas anderes: Wer einen Geldbeutel hat, soll ihn mitnehmen, und wer eine Vorratstasche hat, ebenso! Wer nichts hat als sein Obergewand, soll es verkaufen und sich ein Schwert dafür beschaffen. 37Denn ich sage euch, es muß an mir in Erfüllung gehen, was in den Heiligen Schriften steht: ›Er wurde unter die Verbrecher gezählt.‹ Mit mir geht es jetzt zu Ende.«

38Die Apostel sagten: »Herr, da haben wir zwei Schwerter!« Jesus antwortete: »Ihr versteht mich nicht.«

Jesus betet im Garten Getsemani

39Jesus ging wie gewohnt zum Ölberg, und seine Jünger folgten ihm. 40Als er dort war, sagte er zu ihnen: »Betet darum, daß ihr in der kommenden Prüfung nicht versagt.« 41Dann ging er allein weiter. Einen Steinwurf von ihnen entfernt kniete er nieder und betete: 42»Vater, wenn es dein Wille ist, dann erspare es mir, diesen Kelch trinken zu müssen. Aber dein Wille soll geschehen, nicht der meine!« 43Da erschien ihm ein Engel vom Himmel und gab ihm Kraft. 44In seiner Todesangst betete Jesus noch angespannter, und sein Schweiß tropfte wie Blut auf den Boden.

45Als er sich vom Gebet erhob und wieder zu den Jüngern kam, schliefen sie; so erschöpft waren sie vor Kummer. 46»Wie könnt ihr schlafen?« sagte er zu ihnen. »Steht auf und betet, damit ihr in der kommenden Prüfung nicht versagt!«

Jesus wird verhaftet

⁴⁷Noch während Jesus das sagte, kam ein Trupp von Männern, voran Judas, einer von den Zwölf. Er ging auf Jesus zu und wollte ihm den Begrüßungskuß geben. ⁴⁸Aber Jesus sagte zu ihm: »Judas, mit einem Kuß willst du den Menschensohn verraten?«

⁴⁹Da merkten auch die Jünger, was bevorstand, und fragten: »Herr, sollen wir mit dem Schwert zuschlagen?« ⁵⁰Und einer von ihnen hieb auf den Bevollmächtigten des Obersten Priesters ein und schlug ihm das rechte Ohr ab. ⁵¹Aber Jesus sagte: »Halt! Hört auf!« Er berührte das Ohr und heilte den Mann.

⁵²Dann wandte er sich an die führenden Priester, die Hauptleute der Tempelwache und die Ratsältesten, die ihn festnehmen wollten: »Warum rückt ihr hier mit Schwertern und Knüppeln an; bin ich denn ein Verbrecher? ⁵³Täglich war ich bei euch im Tempel, und ihr seid nicht gegen mich vorgegangen. Aber jetzt ist eure Stunde gekommen. Jetzt haben die dunklen Mächte Gewalt über mich.«

Petrus verleugnet Jesus

⁵⁴Sie nahmen Jesus fest, führten ihn ab und brachten ihn in das Haus des Obersten Priesters. Petrus folgte ihnen in weitem Abstand. ⁵⁵Im Hof war ein Feuer angezündet. Viele saßen darum herum, und Petrus setzte sich mitten unter sie. ⁵⁶Eine Dienerin bemerkte ihn im Schein des Feuers, sah ihn genauer an und sagte: »Der da war auch mit ihm zusammen!« ⁵⁷Aber Petrus stritt es ab: »Frau, ich kenne ihn überhaupt nicht!«

⁵⁸Bald darauf wurde ein Mann auf ihn aufmerksam und sagte: »Du gehörst doch auch zu denen!« Aber Petrus widersprach: »Mensch, ich habe nichts mit ihnen zu tun!«

⁵⁹Etwa eine Stunde später bestand ein anderer darauf und sagte: »Kein Zweifel, der war auch mit ihm zusammen, er ist doch auch aus Galiläa.« ⁶⁰Aber Petrus stritt es ab: »Mensch, ich weiß überhaupt nicht, wovon du sprichst!« Und sofort, während er noch redete, krähte ein Hahn.

⁶¹Der Herr drehte sich um und sah Petrus an. Da fiel Petrus ein, was er zu ihm gesagt hatte: »Bevor heute der Hahn kräht, wirst du mich dreimal verleugnen und behaupten, daß du mich nicht kennst.« ⁶²Und er ging hinaus und begann, bitter zu weinen.

Jesus wird verspottet und geschlagen

⁶³Die Männer, die Jesus bewachten, trieben ihren Spott mit ihm. ⁶⁴Sie warfen ihm ein Tuch über den Kopf, so daß er nichts sehen konnte; dann schlugen sie ihn und riefen: »Du bist doch ein Prophet! Sag uns: Wer war es, der dich gerade schlug?« ⁶⁵Und noch viele andere Schmähungen mußte er sich gefallen lassen.

Jesus vor dem jüdischen Rat

⁶⁶Als es Tag wurde, versammelten sich die Ältesten des Volkes, dazu die führenden Priester und die Gesetzeslehrer, und ließen Jesus vor ihre Ratsversammlung bringen. ⁶⁷Sie forderten ihn auf: »Wenn du Christus bist, der versprochene Retter, dann sag es uns!«

Jesus antwortete: »Wenn ich es euch sage, werdet ihr mir nicht glauben, ⁶⁸und wenn ich euch etwas frage, werdet ihr keine Antwort geben. ⁶⁹Aber von nun an wird der Menschensohn an der rechten Seite des allmächtigen Gottes sitzen!«

⁷⁰Da riefen sie alle: »Dann bist du also der Sohn Gottes?« Er antwortete: »Ihr sagt es: Ich bin's.« ⁷¹Darauf erklärten sie: »Was brauchen wir noch eine Zeugenaussage? Wir haben es selbst aus seinem Mund gehört!«

Jesus vor Pilatus

23 Alle standen auf und brachten Jesus zu Pilatus. ²Dort erhoben sie Anklage gegen ihn; sie sagten: »Wir haben festgestellt, daß dieser Mann unser Volk aufhetzt! Er sagt, wir sollen keine Steuern mehr an den Kaiser zahlen, und er sei Christus, der König, den Gott uns als Retter zu schicken versprach.«

³Pilatus fragte ihn: »Bist du der König der Juden?« »Du sagst es«, gab Jesus zur Antwort. ⁴Pilatus aber erklärte den führenden Priestern und der versammelten Volksmenge: »Ich sehe keinen Grund, diesen Menschen zu verurteilen.« ⁵Aber sie drängten weiter: »Mit seiner Lehre wiegelt er das Volk auf im ganzen jüdischen Land. Angefangen hat er in Galiläa, und jetzt ist er bis hierher gekommen.«

Jesus vor Herodes Antipas

⁶Als Pilatus das Wort »Galiläa« hörte, fragte er, ob der Mann aus Galiläa sei. ⁷Es wurde ihm bestätigt, daß Jesus aus dem Herrschaftsbereich von Herodes stamme. Da ließ Pilatus ihn zu Herodes bringen, der zu dieser Zeit ebenfalls in Jerusalem war.

⁸Herodes freute sich sehr, als er Jesus sah; denn er wollte ihn schon lange einmal kennenlernen. Er hatte viel von ihm gehört und hoffte nun, selbst eines seiner Wunder mitzuerleben. ⁹Er stellte ihm viele Fragen, aber Jesus gab keine Antwort. ¹⁰Die führenden Priester und die Gesetzeslehrer stellten sich hin und brachten schwere Beschuldigungen gegen Jesus vor. ¹¹Aber Herodes und seine Soldaten hatten nur Spott für ihn übrig. Zum Hohn ließ Herodes ihm ein Prachtgewand anziehen und schickte ihn in diesem Aufzug zu Pilatus zurück.

¹²Herodes und Pilatus hatten sich früher gehaßt, aber an diesem Tag wurden sie Freunde.

Pilatus erklärt Jesus für unschuldig

¹³Pilatus ließ die führenden Priester, die anderen Mitglieder des jüdischen Rates und das Volk zusammenrufen ¹⁴und erklärte vor ihnen allen: »Ihr habt mir diesen Menschen gebracht und behauptet, er wiegle das Volk auf. Nun, ich habe ihn in eurem Beisein verhört und von den Anklagen, die ihr gegen ihn vorgebracht habt, keine einzige bestätigt gefunden. ¹⁵Aber auch Herodes hat nichts herausgefunden; er hat ihn ja zu uns zurückgeschickt. Ich stelle also fest: Dieser Mensch hat nichts getan, worauf die Todesstrafe steht. ¹⁶Deshalb lasse ich ihn jetzt auspeitschen und gebe ihn frei.« [¹⁷Weil es so üblich war, mußte Pilatus ihnen an jedem Passafest einen Gefangenen freigeben.]

Das Todesurteil

¹⁸Aber sie alle miteinander schrien laut: »Weg mit ihm! Gib uns Barabbas frei!« ¹⁹Barabbas hatte sich an einem Aufruhr in der Stadt beteiligt und einen Mord begangen; deshalb saß er im Gefängnis. ²⁰Pilatus wollte dagegen Jesus freilassen und redete auf die Leute ein. ²¹Doch alle schrien: »Ans Kreuz mit ihm, ans Kreuz!«

²²Pilatus versuchte es ein drittes Mal und sagte zu ihnen: »Was hat er denn verbrochen? Ich habe bei ihm kein Vergehen entdeckt, auf dem die Todesstrafe steht. Deshalb lasse ich ihn jetzt auspeitschen und gebe ihn frei.« ²³Sie aber setzten ihm weiter zu und forderten mit lautem Geschrei, daß Jesus gekreuzigt werden müsse. Und ihr Geschrei zeigte Wirkung. ²⁴Pilatus entschied, daß sie ihren Willen haben sollten. ²⁵Den, der wegen Aufruhr und Mord im Gefängnis saß und um den sie gebeten hatten, ließ er frei, Jesus aber gab er ihrem Willen preis.

Jesus auf dem Weg zur Hinrichtung

26 Sie führten Jesus zur Hinrichtung. Unterwegs hielten die Soldaten einen Mann aus Zyrene mit Namen Simon an, der gerade vom Feld in die Stadt zurückkam. Ihm luden sie das Kreuz auf, damit er es hinter Jesus hertrage.

27 Eine große Volksmenge folgte Jesus, darunter auch viele Frauen, die sich auf die Brüste schlugen und laut weinten. 28 Aber er drehte sich zu ihnen um und sagte: »Ihr Frauen von Jerusalem! Klagt nicht um mich! Klagt um euch selbst und um eure Kinder! 29 Denn bald kommt die Zeit, daß die Menschen sagen werden: ›Glücklich die Frauen, die keine Kinder bekommen können! Glücklich der Schoß, der nie geboren hat, und die Brüste, die nie gestillt haben!‹ 30 Die Leute werden dann zu den Bergen sagen: ›Stürzt auf uns!‹ und zu den Hügeln: ›Begrabt uns!‹ 31 Denn wenn schon das grüne Holz vom Feuer erfaßt wird, wie wird es dann erst dem dürren ergehen?«

32 Zusammen mit Jesus wurden auch zwei Verbrecher zur Hinrichtung geführt.

Jesus am Kreuz

33 Als sie zu der Stelle kamen, die »Schädel« genannt wird, nagelten die Soldaten Jesus ans Kreuz, und mit ihm die beiden Verbrecher, den einen links von Jesus, den anderen rechts. 34 Jesus sagte: »Vater, vergib ihnen! Sie wissen nicht, was sie tun.«

Dann losten die Soldaten untereinander seine Kleider aus. 35 Das Volk stand dabei und sah bei der Hinrichtung zu.

Die Ratsmitglieder verhöhnten Jesus: »Anderen hat er geholfen; jetzt soll er sich selbst helfen, wenn er wirklich der ist, den Gott uns zum Retter bestimmt hat!« 36 Auch die Soldaten machten sich lustig über ihn. Sie gingen zu ihm hin, reichten ihm Essig 37 und sagten: »Hilf dir selbst, wenn du wirklich der König der Juden bist!« 38 Über seinem Kopf hatten sie eine Aufschrift angebracht: »Dies ist der König der Juden.«

39 Einer der Verbrecher, die mit ihm gekreuzigt worden waren, beschimpfte ihn: »Bist du denn nicht der versprochene Retter? Dann hilf dir selbst und uns!« 40 Aber der andere wies ihn zurecht und sagte: »Nimmst du Gott immer noch nicht ernst? Du bist doch genauso zum Tod verurteilt wie er, 41 aber du bist es mit Recht. Wir beide leiden hier die Strafe, die wir verdient haben. Aber der da hat nichts Unrechtes getan!« 42 Und zu Jesus sagte er: »Denk an mich, Jesus, wenn du deine

Herrschaft antrittst!« ⁴³Jesus antwortete ihm: »Ich versichere dir, du wirst noch heute mit mir im Paradies sein.«

Jesus stirbt

⁴⁴⁻⁴⁵Es war schon etwa zwölf Uhr mittags, da verfinsterte sich die Sonne, und es wurde dunkel im ganzen Land bis um drei Uhr. Dann riß der Vorhang vor dem Allerheiligsten im Tempel mitten durch, ⁴⁶und Jesus rief laut: »Vater, ich gebe mein Leben in deine Hände!« Mit diesen Worten starb er. ⁴⁷Als der römische Hauptmann, der die Aufsicht hatte, dies alles geschehen sah, pries er Gott und sagte: »Wahrhaftig, dieser Mensch war unschuldig, er war ein Gerechter!«

⁴⁸Auch all die Leute, die nur aus Schaulust zusammengelaufen waren, schlugen sich an die Brust und kehrten betroffen in die Stadt zurück, nachdem sie gesehen hatten, was da geschah. ⁴⁹Alle Freunde von Jesus aber standen weit entfernt, auch die Frauen, die seit der Zeit seines Wirkens in Galiläa mit Jesus gezogen waren. Die Frauen sahen dies alles mit an.

Jesus wird ins Grab gelegt

⁵⁰Es war auch ein Mann da namens Josef. Obwohl Mitglied des jüdischen Rates, war er ein vorbildlicher und gerechter Mensch; ⁵¹er hatte den Beschlüssen und dem Vorgehen der anderen Ratsmitglieder nicht zugestimmt. Er stammte aus der jüdischen Stadt Arimathäa und lebte in der Erwartung, daß Gott seine Herrschaft aufrichten und sein Werk vollenden werde. ⁵²Dieser Mann nun ging zu Pilatus und bat ihn um den Leichnam von Jesus. ⁵³Dann nahm er den Toten vom Kreuz, hüllte ihn in ein Leinentuch und legte ihn in ein Grab, das in einen Felsen gehauen war. Noch nie war jemand darin bestattet worden. ⁵⁴Das geschah am Freitag, unmittelbar vor Beginn des Sabbats.

⁵⁵Die Frauen, die zusammen mit Jesus aus Galiläa gekommen waren, folgten Josef. Sie sahen das Grab und waren dabei, als der Leichnam von Jesus hineingelegt wurde. ⁵⁶Dann kehrten sie in die Stadt zurück und beschafften sich wohlriechende Salböle. Doch den Sabbat verbrachten sie in Ruhe, wie das Gesetz es vorschreibt.

Die Frauen am leeren Grab

24 Am Sonntagmorgen dann, in aller Frühe, nahmen die Frauen die wohlriechenden Öle, die sie sich beschafft hatten, und gingen zum Grab. ²Da sahen sie, daß der Stein vom Grabeingang weggerollt war. ³Sie gingen hinein, doch der Leichnam von Jesus, dem Herrn, war nicht mehr da.

⁴Während sie noch ratlos dastanden, traten plötzlich zwei Männer in strahlend hellem Gewand zu ihnen. ⁵Die Frauen fürchteten sich und wagten sie nicht anzusehen; sie blickten zu Boden. Die beiden sagten zu ihnen: »Was sucht ihr den Lebenden bei den Toten? ⁶Er ist nicht hier; Gott hat ihn vom Tod auferweckt! Erinnert euch an das, was er euch schon in Galiläa gesagt hat: ⁷Der Menschensohn muß den Menschen, den Sündern, ausgeliefert und ans Kreuz genagelt werden und am dritten Tag vom Tod auferstehen.‹«

⁸Da erinnerten sich die Frauen an seine Worte. ⁹Sie verließen das Grab und gingen zu den Elf und allen übrigen, die bei ihnen waren, und berichteten ihnen alles. ¹⁰ᵃEs waren Maria aus Magdala und Johanna und Maria, die Mutter von Jakobus, sowie die anderen Frauen, die mit ihnen am Grab gewesen waren.

Petrus am leeren Grab

¹⁰ᵇAls die Frauen den Aposteln sagten, was sie erlebt hatten, ¹¹hielten die es für leeres Gerede und wollten ihnen nicht glauben. ¹²Nur Petrus stand auf und lief zum Grab. Er schaute hinein und sah dort nichts als die Leinenbinden liegen. Darauf ging er wieder zurück und fragte sich verwundert, was da wohl geschehen war.

Jesus begleitet zwei Jünger auf dem Weg nach Emmaus

¹³Am selben Tag gingen zwei, die zu den Jüngern von Jesus gehört hatten, nach dem Dorf Emmaus, das zwölf Kilometer von Jerusalem entfernt lag. ¹⁴Unterwegs unterhielten sie sich über alles, was geschehen war. ¹⁵Als sie so miteinander sprachen und alles hin und her überlegten, kam Jesus selbst hinzu und ging mit ihnen. ¹⁶Aber sie erkannten ihn nicht; sie waren wie mit Blindheit geschlagen.

¹⁷Jesus fragte sie: »Worüber redet ihr denn so erregt unterwegs?« Da blieben sie stehen und blickten ganz traurig drein, ¹⁸und der eine – er hieß Kleopas – sagte: »Du bist wohl der einzige in Jerusalem, der nicht weiß, was dort in diesen Tagen geschehen ist?«

¹⁹»Was denn?« fragte Jesus. »Das mit Jesus von Nazaret«, sagten sie. »Er war ein Prophet; in Worten und Taten hat er vor Gott und dem ganzen Volk seine Macht erwiesen. ²⁰Unsere führenden Priester und die anderen Ratsmitglieder haben ihn zum Tod verurteilt und ihn ans Kreuz nageln lassen. ²¹Und wir hatten doch gehofft, er sei der erwartete Retter, der Israel befreien soll! Aber zu alledem ist heute auch

schon der dritte Tag, seitdem dies geschehen ist! ²²Und dann haben uns auch noch einige Frauen, die zu uns gehören, in Schrecken versetzt. Sie waren heute früh zu seinem Grab gegangen ²³und fanden seinen Leichnam nicht mehr dort. Sie kamen zurück und erzählten, sie hätten Engel gesehen, die hätten ihnen gesagt, daß er lebt. ²⁴Einige von uns sind gleich zum Grab gelaufen und haben alles so gefunden, wie es die Frauen erzählten. Nur ihn selbst sahen sie nicht.«

²⁵Da sagte Jesus zu ihnen: »Was seid ihr doch schwer von Begriff! Warum rafft ihr euch nicht endlich auf zu glauben, was die Propheten gesagt haben? ²⁶*Mußte* der versprochene Retter nicht dies alles erleiden und auf diesem Weg zu seiner Herrschaft gelangen?« ²⁷Und Jesus erklärte ihnen die Worte, die sich auf ihn bezogen, von den Büchern Moses und der Propheten angefangen durch die ganzen Heiligen Schriften.

Jesus gibt sich den beiden Jüngern zu erkennen

²⁸Inzwischen waren sie in die Nähe von Emmaus gekommen. Jesus tat so, als wollte er weitergehen. ²⁹Aber sie ließen es nicht zu und sagten: »Bleib doch bei uns! Es geht schon auf den Abend zu, gleich wird es dunkel!« Da folgte er ihrer Einladung und blieb bei ihnen. ³⁰Als er dann mit ihnen zu Tisch saß, nahm er das Brot, sprach das Segensgebet darüber, brach es in Stücke und gab es ihnen. ³¹Da gingen ihnen die Augen auf, und sie erkannten ihn. Aber im selben Augenblick verschwand er vor ihnen.

³²Sie sagten zueinander: »Brannte es nicht wie ein Feuer in unserem Herzen, als er unterwegs mit uns sprach und uns den Sinn der Heiligen Schriften aufschloß?« ³³Und sie machten sich sofort auf den Rückweg nach Jerusalem. Als sie dort ankamen, waren die Elf mit allen übrigen versammelt ³⁴und riefen ihnen zu: »Der Herr ist wirklich auferweckt worden! Er hat sich Simon gezeigt!« ³⁵Da erzählten sie ihnen, was sie selbst unterwegs erlebt hatten und wie sie den Herrn erkannten, als er das Brot brach und an sie austeilte.

Jesus zeigt sich dem ganzen Jüngerkreis in Jerusalem

³⁶Während die beiden noch erzählten, stand plötzlich der Herr selbst mitten unter ihnen. Er grüßte sie: »Frieden sei mit euch!« ³⁷Sie erschraken und fürchteten sich; denn sie meinten, einen Geist zu sehen. ³⁸Aber er sagte: »Warum seid ihr so erschrocken? Warum kommen euch solche Gedanken? ³⁹Schaut mich doch an, meine Hände, meine Füße, dann erkennt ihr, daß ich es wirklich bin! Faßt mich an und über-

zeugt euch; ein Geist hat doch nicht Fleisch und Knochen wie ich!«

⁴⁰Während er das sagte, zeigte er ihnen seine Hände und seine Füße. ⁴¹Als sie es in ihrer Freude und Verwunderung noch immer nicht fassen konnten, fragte er: »Habt ihr etwas zu essen hier?« ⁴²Da gaben sie ihm ein Stück gebratenen Fisch, ⁴³und er nahm es und aß es vor ihren Augen.

Die letzten Worte von Jesus

⁴⁴Dann sagte er zu ihnen: »Als ich noch mit euch zusammen war, habe ich euch gesagt: ›Alles, was im Gesetz, in den Schriften der Propheten und in den Psalmen über mich steht, muß in Erfüllung gehen.‹« ⁴⁵Und er half ihnen, die Heiligen Schriften richtig zu verstehen. ⁴⁶»Hier steht es geschrieben«, erklärte er ihnen: »Der versprochene Retter muß leiden und sterben und am dritten Tag vom Tod auferstehen. ⁴⁷Und den Menschen aller Völker muß verkündet werden, daß ihnen um seinetwillen Umkehr zu Gott und Vergebung der Schuld angeboten wird. In Jerusalem muß der Anfang gemacht werden. ⁴⁸Ihr seid Zeugen geworden von allem, was geschehen ist, und sollt es überall bezeugen! ⁴⁹Ich aber werde den Geist, den mein Vater versprochen hat, zu euch senden. Wartet hier in der Stadt, bis das eintritt und ihr mit der Kraft von oben gestärkt werdet.«

Jesus nimmt Abschied

⁵⁰Darauf führte Jesus sie aus der Stadt hinaus nach Betanien. Dort erhob er die Hände, um sie zu segnen. ⁵¹Und während er sie segnete, entfernte er sich von ihnen und wurde zum Himmel emporgehoben. ⁵²Sie aber warfen sich vor ihm nieder. Dann kehrten sie voller Freude nach Jerusalem zurück. ⁵³Sie verbrachten ihre ganze Zeit im Tempel und priesen Gott.

DIE GUTE NACHRICHT
NACH JOHANNES
(Johannes-Evangelium)

JESUS, DAS EWIGE WORT;
DER TÄUFER UND DIE ERSTEN JÜNGER
(Kapitel 1)

Jesus Christus – Gottes Wort von Ewigkeit her

1 Am Anfang war das Wort.
Das Wort war bei Gott,
und in allem war es Gott gleich.
² Von Anfang an war es bei Gott.
³ Alles wurde durch das Wort geschaffen;
und ohne das Wort ist nichts entstanden.
⁴ In ihm war das Leben,
und dieses Leben war das Licht
für die Menschen.
⁵ Das Licht strahlt in der Dunkelheit,
aber die Dunkelheit hat sich ihm verschlossen.

⁶ Es trat einer auf, den Gott gesandt hatte; er hieß Johannes.
⁷ Er sollte Zeuge sein für das Licht und alle darauf hinweisen,
damit sie es erkennen und annehmen. ⁸ Er selbst war nicht
das Licht; er sollte nur auf das Licht hinweisen. ⁹ Das wahre
Licht, das in die Welt gekommen ist und nun allen Menschen
leuchtet, ist Er, der das Wort ist.

¹⁰ Er, das Wort, war schon immer in der Welt,
die Welt ist durch ihn geschaffen worden,
und doch erkannte sie ihn nicht.
¹¹ Er kam in seine eigene Schöpfung,
doch seine Geschöpfe, die Menschen,
wiesen ihn ab.
¹² Aber allen, die ihn aufnahmen
und ihm Glauben schenkten,
verlieh er das Recht,
Kinder Gottes zu werden.

¹³– Das werden sie nicht durch natürliche Geburt oder

menschliches Wollen und Machen, sondern weil Gott ihnen
ein neues Leben gibt. –

¹⁴Er, das Wort, wurde ein Mensch,
ein wirklicher Mensch von Fleisch und Blut.
Er lebte unter uns,
und wir sahen seine Macht und Hoheit,
die göttliche Hoheit,
die ihm der Vater gegeben hat,
ihm, seinem einzigen Sohn.
Gottes ganze Güte und Treue
ist uns in ihm begegnet.

¹⁵Johannes trat als Zeuge für ihn auf und rief: »Das ist der,
von dem ich sagte: ›Nach mir kommt einer, der über mir
steht; denn bevor ich geboren wurde, war er schon da.‹«

¹⁶Aus seinem Reichtum
hat er uns beschenkt,
uns alle mit grenzenloser Güte überschüttet.

¹⁷Durch Mose gab Gott uns das Gesetz, in Jesus Christus
aber ist uns seine Güte und Treue begegnet. ¹⁸Kein Mensch
hat Gott jemals gesehen. Nur der Eine, der selbst Gott ist
und mit dem Vater in engster Gemeinschaft steht, hat uns gesagt und gezeigt, wer Gott ist.

Die Zeugenaussage des Täufers

¹⁹Die führenden Männer aus Jerusalem schickten Priester
und Leviten zu Johannes. Die sollten ihn fragen: »Wer bist
du?« Da machte Johannes seine Zeugenaussage; ²⁰er wich der
Antwort nicht aus, sondern bezeugte mit aller Deutlichkeit:
»Ich bin nicht der versprochene Retter.«
   ²¹»Wer bist du dann?« fragten sie ihn. »Bist du Elija?« »Nein,
der bin ich auch nicht.«
   »Bist du der erwartete Prophet?« »Nein.«
   ²²»Sag uns, wer du bist«, forderten sie. »Die Männer, die
uns geschickt haben, verlangen eine Antwort von uns. Was
sagst du selbst von dir?« ²³Johannes antwortete: »Der Prophet
Jesaja hat von mir gesprochen. Ich bin die Stimme, die in der
Wüste ruft: ›Macht den Weg bereit, auf dem der Herr
kommt!‹«
   ²⁴Unter den Abgesandten waren auch Pharisäer. ²⁵Sie fragten Johannes: »Wenn du weder der versprochene Retter bist
noch Elija und auch nicht der Prophet, warum taufst du dann
die Leute?« ²⁶Johannes antwortete: »Ich taufe nur mit Wasser.
Aber mitten unter euch steht schon der, den ihr nicht kennt:

²⁷ er, der nach mir kommt. Ich bin nicht gut genug, ihm die Schuhe aufzubinden.«

²⁸ Das ereignete sich in Betanien auf der anderen Seite des Jordans, wo Johannes taufte.

Das Gotteslamm

²⁹ Als Johannes am nächsten Tag Jesus auf sich zukommen sah, sagte er: »Seht dort das Opferlamm Gottes, das die Schuld der ganzen Welt wegnimmt. ³⁰ Von ihm habe ich gesprochen, als ich sagte: ›Nach mir kommt einer, der über mir steht; denn bevor ich geboren wurde, war er schon da.‹ ³¹ Auch ich kannte ihn vorher nicht. Aber eben deshalb bin ich gekommen und habe mit Wasser getauft, damit er in Israel bekannt wird.«

³² Johannes machte dazu folgende Zeugenaussage: »Ich sah, daß der Geist Gottes wie eine Taube vom Himmel auf ihn kam und bei ihm blieb. ³³ Vorher wußte ich nicht, daß er es war. Aber Gott, der mir den Auftrag gab, mit Wasser zu taufen, hatte zu mir gesagt: ›Wenn du einen siehst, auf den sich der Geist niederläßt und bei dem er bleibt, dann weißt du: Das ist der, der mit dem Heiligen Geist tauft.‹ ³⁴ Das habe ich gesehen«, sagte Johannes, »und ich verbürge mich dafür, daß dieser der Sohn Gottes ist.«

Die ersten Jünger

³⁵ Am nächsten Tag stand Johannes an derselben Stelle, und zwei von seinen Jüngern waren bei ihm. ³⁶ Als er Jesus vorbeigehen sah, sagte er: »Seht dort das Opferlamm Gottes.« ³⁷ Die beiden hörten es und gingen Jesus nach.

³⁸ Jesus drehte sich um, sah, daß sie ihm folgten, und fragte: »Was sucht ihr?« Sie antworteten: »Wo wohnst du, Rabbi?« – Rabbi bedeutet Lehrer. ³⁹ »Kommt, dann werdet ihr es sehen!« antwortete er. Sie gingen mit ihm, sahen, wo er wohnte, und verbrachten den Rest des Tages mit ihm. Es war ungefähr vier Uhr nachmittags.

⁴⁰ Der eine von den beiden, die Johannes reden gehört hatten und Jesus gefolgt waren, war Andreas, der Bruder von Simon Petrus. ⁴¹ Als er bald darauf seinen Bruder Simon traf, sagte er zu ihm: »Wir haben den Messias gefunden, den versprochenen Retter.« ⁴² Dann brachte er ihn zu Jesus. Jesus sah ihn an und sagte: »Du bist Simon, der Sohn von Johannes. Du wirst einmal Kephas genannt werden.« Kephas ist das hebräische Wort für Petrus (Fels).

Philippus und Natanaël

⁴³Am Tag darauf wollte Jesus nach Galiläa aufbrechen. Er traf Philippus und forderte ihn auf: »Komm, folge mir!« ⁴⁴Philippus stammte wie Andreas und Petrus aus Betsaida. ⁴⁵Philippus wiederum traf Natanaël und sagte zu ihm: »Wir haben den gefunden, über den Mose im Gesetz geschrieben hat und den die Propheten angekündigt haben. Es ist Jesus aus Nazaret, der Sohn Josefs.« ⁴⁶»Kann aus Nazaret etwas Gutes kommen?« fragte Natanaël. Philippus antwortete: »Komm mit und überzeuge dich selbst!«

⁴⁷Als Jesus Natanaël kommen sah, sagte er: »Da kommt ein wahrer Israelit, ein Mann ohne Falschheit.« ⁴⁸Natanaël fragte ihn: »Woher kennst du mich?« Jesus antwortete: »Bevor Philippus dich rief, habe ich dich unter dem Feigenbaum gesehen.« ⁴⁹Da sagte Natanaël: »Rabbi, du bist der Sohn Gottes! Du bist der König von Israel!«

⁵⁰Jesus sagte: »Glaubst du das jetzt, weil ich dir sagte, daß ich dich unter dem Feigenbaum sah? Du wirst noch viel größere Dinge erleben.« ⁵¹Und er fuhr fort: »Amen, ich versichere euch: Ihr werdet den Himmel offen sehen und erleben, wie die Engel Gottes zum Menschensohn herab- und von ihm zum Himmel hinaufsteigen!«

DAS ÖFFENTLICHE WIRKEN VON JESUS
(Kapitel 2–12)

Die Hochzeit in Kana

2 Am dritten Tag wurde in Kana in Galiläa eine Hochzeit gefeiert. Die Mutter von Jesus war dabei, ²und auch Jesus war mit seinen Jüngern dazu eingeladen. ³Als der Weinvorrat zu Ende war, sagte seine Mutter zu ihm: »Sie haben keinen Wein mehr!« ⁴Jesus erwiderte ihr: »Frau, das ist meine Sache, nicht deine! Meine Stunde ist noch nicht gekommen.« ⁵Da wandte sich seine Mutter an die Diener und sagte: »Tut alles, was er euch befiehlt!«

⁶Im Haus standen sechs Wasserkrüge aus Stein, von denen jeder etwa hundert Liter faßte. Man brauchte sie wegen der Reinigung, die das Gesetz vorschreibt. ⁷Jesus sagte zu den Dienern: »Füllt diese Krüge mit Wasser!« Sie füllten sie bis an den Rand. ⁸Dann befahl er ihnen: »Jetzt nehmt eine Probe davon und bringt sie dem Mann, der für das Festessen verantwortlich ist.« Sie brachten ihm eine Probe, ⁹und er kostete das Wasser, das zu Wein geworden war. Er wußte nicht, woher

dieser Wein kam; nur die Diener, die das Wasser geschöpft hatten, wußten es. Er rief den Bräutigam zu sich [10] und sagte: »Jeder bringt doch zuerst den guten Wein auf den Tisch, und wenn die Gäste schon reichlich getrunken haben, folgt der schlechtere. Aber du hast den guten Wein bis zuletzt aufgehoben!«

[11] So vollbrachte Jesus in Kana in Galiläa sein erstes Wunderzeichen und offenbarte seine Herrlichkeit. Und seine Jünger kamen zum Glauben an ihn. [12] Danach ging er mit seiner Mutter, seinen Brüdern und seinen Jüngern nach Kafarnaum hinunter und blieb einige Tage dort.

Jesus im Tempel

[13] Als das Passafest näher kam, ging Jesus hinauf nach Jerusalem. [14] Im Vorhof des Tempels sah er die Händler, die dort Rinder, Schafe und Tauben verkauften; auch die Geldwechsler saßen dort an ihren Tischen. [15] Da machte er sich aus Stricken eine Peitsche und trieb sie alle aus dem Tempelbezirk, mitsamt ihren Rindern und Schafen. Er fegte das Geld der Wechsler zu Boden und warf ihre Tische um. [16] Den Taubenverkäufern befahl er: »Schafft das hier weg! Macht aus dem Haus meines Vaters keine Markthalle!« [17] Seinen Jüngern kam das Wort aus den Heiligen Schriften in den Sinn: »Die Liebe zu deinem Haus wird mich noch umbringen.«

[18] Die führenden Männer fragten ihn: »Woran können wir erkennen, daß du so etwas tun darfst? Gib uns ein Wunderzeichen als Beweis!« [19] Jesus antwortete ihnen: »Reißt diesen Tempel nieder, und in drei Tagen werde ich ihn wieder aufbauen!« [20] Sie hielten ihm entgegen: »Für den Bau dieses Tempels wurden sechsundvierzig Jahre gebraucht! Und du willst ihn in drei Tagen wieder aufbauen?« [21] Mit dem Tempel meinte Jesus aber seinen Leib. [22] Als er vom Tod auferstanden war, erinnerten sich seine Jünger an dieses Wort. Da glaubten sie den Heiligen Schriften und dem, was Jesus damals gesagt hatte.

Jesus kennt die Menschen

[23] Während sich Jesus am Passafest in Jerusalem aufhielt, kamen viele zum Glauben an ihn, weil sie die Wunder sahen, die er tat. [24] Aber Jesus traute ihnen nicht und hielt sich ihnen gegenüber zurück, weil er sie alle durchschaute. [25] Über die Menschen brauchte ihm niemand etwas zu sagen, denn er kannte das menschliche Herz bis auf den Grund.

Jesus und Nikodemus

3 Einer von den Pharisäern war Nikodemus, ein Mitglied des jüdischen Rates. ²Eines Nachts kam er zu Jesus und sagte zu ihm:»Rabbi, wir wissen, daß Gott dich gesandt und dich als Lehrer bestätigt hat. Nur mit Gottes Hilfe kann jemand solche Wunder vollbringen, wie du sie tust.« ³Jesus antwortete:»Amen, ich versichere dir: Nur wer von oben her geboren wird, kann Gottes neue Welt zu sehen bekommen.«

⁴»Wie kann ein Mensch geboren werden, der schon ein Greis ist?« fragte Nikodemus. »Er kann doch nicht noch einmal in den Mutterschoß zurückkehren und ein zweites Mal auf die Welt kommen!« ⁵Jesus sagte:»Amen, ich versichere dir: Nur wer von Wasser und Geist geboren wird, kann in Gottes neue Welt hineinkommen. ⁶Was Menschen zur Welt bringen, ist und bleibt von menschlicher Art. Von geistlicher Art kann nur sein, was vom Geist Gottes geboren wird. ⁷Wundere dich also nicht, daß ich zu dir sagte:›Ihr müßt alle von oben her geboren werden.‹ ⁸Der Wind weht, wo es ihm gefällt. Du hörst ihn nur rauschen, aber du weißt nicht, woher er kommt und wohin er geht. So geheimnisvoll ist es auch, wenn ein Mensch vom Geist geboren wird.«

⁹»Wie ist so etwas möglich?« fragte Nikodemus. ¹⁰Jesus antwortete:»Du bist ein anerkannter Lehrer Israels und weißt das nicht? ¹¹Amen, ich versichere dir: Wir sprechen über Dinge, die wir kennen, und bezeugen das, was wir gesehen haben. Aber keiner von euch ist bereit, auf unsere Aussage zu hören. ¹²Wenn ich zu euch über die irdischen Dinge rede und ihr mir nicht glaubt, wie werdet ihr mir dann glauben, wenn ich über die himmlischen Dinge mit euch rede?«

Ohne Glauben an Jesus kein Leben

¹³Niemand ist in den Himmel hinaufgestiegen als nur der eine, der vom Himmel herabgekommen ist, der Menschensohn. ¹⁴Mose richtete in der Wüste den Pfahl mit der bronzenen Schlange auf. Genauso muß auch der Menschensohn erhöht werden, ¹⁵damit alle, die sich im Glauben ihm zuwenden, durch ihn ewiges Leben bekommen.

¹⁶Gott hat die Menschen so sehr geliebt, daß er seinen einzigen Sohn hergab. Nun werden alle, die sich auf den Sohn Gottes verlassen, nicht zugrunde gehen, sondern ewig leben. ¹⁷Gott sandte den Sohn nicht in die Welt, um die Menschen zu verurteilen, sondern um sie zu retten. ¹⁸Wer sich an den Sohn Gottes hält, wird nicht verurteilt. Wer sich aber nicht an

ihn hält, ist schon verurteilt, weil er Gottes einzigen Sohn nicht angenommen hat. [19] So geschieht die Verurteilung: Das Licht ist in die Welt gekommen, aber die Menschen liebten die Dunkelheit mehr als das Licht; denn ihre Taten waren schlecht. [20] Jeder, der Böses tut, haßt das Licht und bleibt im Dunkeln, damit seine schlechten Taten nicht offenbar werden. [21] Aber wer der Wahrheit gehorcht, kommt zum Licht; denn das Licht macht offenbar, daß er mit seinen Taten Gott gehorsam war.

Jesus und der Täufer

[22] Danach ging Jesus mit seinen Jüngern in das Gebiet von Judäa. Dort verbrachte er einige Zeit mit ihnen und taufte. [23] Auch Johannes taufte in Änon, nicht weit von Salim, denn dort gab es reichlich Wasser. Immer noch kamen Leute zu ihm, und er taufte sie; [24] denn er war zu jener Zeit noch nicht im Gefängnis.

[25] Einmal stritten sich einige Jünger von Johannes mit einem anderen Juden darüber, welche Taufe den höheren Rang habe. [26] Sie kamen deshalb zu Johannes und sagten zu ihm: »Rabbi, der Mann, der dich am anderen Jordanufer aufsuchte und auf den du als Zeuge hingewiesen hast, der tauft jetzt auch, und alle gehen zu ihm!«

[27] Johannes antwortete: »Kein Mensch kann sich etwas nehmen, auch nicht das Geringste, wenn Gott es ihm nicht gegeben hat. [28] Ihr könnt selbst bestätigen, daß ich sagte: ›Ich bin nicht der versprochene Retter, sondern ich bin nur vor ihm hergesandt worden.‹ [29] Wer die Braut bekommt, ist der Bräutigam. Der Freund des Bräutigams steht dabei, und wenn er den Bräutigam jubeln hört, ist er voller Freude. Genauso geht es jetzt mir: An meiner Freude fehlt nichts mehr. [30] Sein Einfluß muß wachsen, meiner muß abnehmen.«

Gottes Sohn bringt das Leben

[31] Er, der von oben kommt, steht über allen. Wer von der Erde stammt, gehört zur Erde und redet aus irdischer Sicht. Er aber, der vom Himmel kommt, [32] bezeugt das, was er dort gesehen und gehört hat. Doch keiner hört auf ihn. [33] Wer auf ihn hört, bestätigt damit, daß Gott die Wahrheit sagt. [34] Der von Gott Gesandte spricht ja die Worte Gottes, denn Gott gibt ihm seinen Geist in grenzenloser Fülle. [35] Der Vater liebt den Sohn und hat alles in seine Hand gegeben. [36] Wer sich an den Sohn hält, hat das ewige Leben. Wer nicht auf den Sohn hört, wird niemals das Leben finden; er wird dem Zorngericht Gottes nicht entgehen.

Jesus und die Frau aus Samarien

4 Jesus erfuhr, daß die Pharisäer auf ihn aufmerksam wurden, weil er mehr Anhänger gewann und taufte als Johannes. – ²Er selbst taufte übrigens nicht; das taten seine Jünger. – ³Deshalb verließ Jesus Judäa und ging zurück nach Galiläa. ⁴Dabei mußte er durch Samarien ziehen. ⁵Unterwegs kam er in die Nähe des Dorfes Sychar, das nicht weit von dem Feld entfernt liegt, das Jakob einst seinem Sohn Josef vererbt hatte. ⁶Dort befand sich der Jakobsbrunnen. Jesus war von dem langen Weg müde geworden und setzte sich an den Brunnen. Es war gegen Mittag.

⁷Da kam eine samaritische Frau zum Wasserholen. Jesus sagte zu ihr: »Gib mir einen Schluck Wasser!« ⁸Seine Jünger waren ins Dorf gegangen, um etwas zu essen zu kaufen. ⁹Die Frau antwortete:»Du bist ein Jude, und ich bin eine Samariterin. Wie kannst du mich da um etwas zu trinken bitten?« Die Juden vermeiden nämlich jeden Umgang mit Samaritern. ¹⁰Jesus antwortete:»Wenn du wüßtest, was Gott den Menschen schenken will und wer es ist, der dich jetzt um Wasser bittet, dann hättest du *ihn* um Wasser gebeten, und er hätte dir lebendiges Wasser gegeben.«

¹¹»Herr, du hast doch keinen Eimer«, sagte die Frau, »und der Brunnen ist tief. Woher willst du dann das lebendige Wasser haben? ¹²Unser Stammvater Jakob hat uns diesen Brunnen hinterlassen. Er selbst, seine Söhne und seine ganze Herde tranken daraus. Du willst doch nicht sagen, daß du mehr bist als Jakob?«

¹³Jesus antwortete:»Wer dieses Wasser trinkt, wird wieder durstig. ¹⁴Wer aber von dem Wasser trinkt, das ich ihm geben werde, wird in Ewigkeit keinen Durst mehr haben. Ich gebe ihm Wasser, das in ihm zu einer Quelle wird, die bis ins ewige Leben weitersprudelt.«

¹⁵»Herr, gib mir von diesem Wasser«, bat die Frau, »dann werde ich keinen Durst mehr haben und muß nicht mehr hierher kommen, um Wasser zu schöpfen.« ¹⁶Jesus sagte zu ihr: »Geh und bring deinen Mann her!« ¹⁷»Ich habe keinen Mann«, sagte die Frau. Jesus erwiderte:»Es stimmt, wenn du sagst:›Ich habe keinen Mann.‹ ¹⁸Fünfmal warst du verheiratet, und der, mit dem du jetzt zusammenlebst, ist nicht dein Mann. Da hast du die Wahrheit gesagt.«

¹⁹»Herr, ich sehe, du bist ein Prophet«, sagte die Frau. ²⁰»Unsere Vorfahren verehrten Gott auf diesem Berg. Ihr Juden dagegen behauptet, daß Jerusalem der Ort ist, an dem Gott verehrt werden will.«

²¹ Jesus sagte zu ihr: »Glaube mir, Frau, es kommt die Zeit, in der ihr den Vater weder auf diesem Berg noch in Jerusalem anbeten werdet. ²² Ihr Samariter betet zu Gott, aber ihr kennt ihn nicht; doch wir kennen ihn, denn die Rettung für alle Menschen kommt von den Juden. ²³⁻²⁴Aber die Stunde kommt, ja sie ist schon gekommen, da wird der Heilige Geist, der Gottes Wahrheit enthüllt, Menschen befähigen, den Vater an jedem Ort anzubeten. Gott ist ganz anders als diese Welt, er ist machtvoller Geist, und die ihn anbeten wollen, müssen vom Geist der Wahrheit erfüllt sein. Von solchen Menschen will der Vater angebetet werden.«

²⁵ Die Frau sagte zu ihm: »Ich weiß, daß der Messias kommen wird, der versprochene Retter. Wenn er kommt, wird er uns alles sagen.« ²⁶ Jesus antwortete: »Er spricht mit dir; *ich bin es.*«

²⁷ In diesem Augenblick kehrten seine Jünger zurück. Sie wunderten sich, ihn im Gespräch mit einer Frau anzutreffen. Aber keiner fragte ihn: »Was willst du von ihr?« oder: »Worüber redest du mit ihr?«

²⁸ Die Frau ließ ihren Wasserkrug stehen, ging ins Dorf und sagte zu den Leuten: ²⁹ »Da ist einer, der mir alles gesagt hat, was ich getan habe. Kommt mit und seht ihn euch an! Ist er vielleicht der versprochene Retter?« ³⁰ Da gingen sie alle hinaus zu Jesus.

³¹ Inzwischen forderten die Jünger ihn auf: »Rabbi, iß doch etwas!« ³² Aber er antwortete: »Ich lebe von einer Nahrung, die ihr nicht kennt.« ³³ Da fragten sie einander: »Hat ihm vielleicht jemand etwas zu essen gebracht?«

³⁴ Jesus sagte zu ihnen: »Meine Nahrung ist, daß ich dem gehorche, der mich gesandt hat, und sein Werk vollende. ³⁵ Ihr denkt, wie es im Sprichwort heißt: ›Zwischen Saat und Ernte liegen vier Monate!‹ Aber ich sage euch: Macht die Augen auf und seht euch die Felder an! Das Korn ist schon reif für die Ernte. ³⁶ Er, der sie einbringt, erhält schon jetzt seinen Lohn und sammelt Frucht für das ewige Leben. Er freut sich zur gleichen Zeit wie der, der gesät hat. ³⁷ Aber das andere Sprichwort, das trifft zu: ›Einer sät und ein anderer erntet.‹ ³⁸ Denn ich habe euch zum Ernten auf ein Feld geschickt, auf dem ihr nicht gearbeitet habt. Andere haben sich vor euch dort abgemüht, ihr braucht ihre Arbeit nur weiterzuführen.«

³⁹ Viele Samariter in jenem Ort kamen zum Glauben an Jesus, weil die Frau bezeugt hatte: »Er hat mir alles gesagt, was ich getan habe.« ⁴⁰ Als sie nun bei Jesus eintrafen, baten sie ihn zu bleiben, und er verbrachte zwei Tage bei ihnen. ⁴¹ Da kamen noch viel mehr von ihnen zum Glauben auf-

grund seiner Worte. ⁴²Sie erklärten der Frau: »Jetzt glauben wir nicht länger wegen deiner Erzählung, sondern weil wir ihn selbst gehört haben. Wir wissen jetzt, daß er wirklich der Retter der Welt ist.«

Jesus heilt den Sohn eines königlichen Beamten

⁴³Nachdem Jesus zwei Tage dortgeblieben war, verließ er die Gegend und ging weiter nach Galiläa. ⁴⁴Er selbst hatte gesagt: »Kein Prophet gilt etwas in seiner Heimat.« ⁴⁵Als er nun nach Galiläa kam, nahmen ihn die Leute freundlich auf. Sie waren nämlich beim Passafest in Jerusalem gewesen und hatten alles gesehen, was er dort während der Feiertage getan hatte.

⁴⁶In Galiläa kam Jesus auch wieder nach Kana, wo er das Wasser zu Wein gemacht hatte. Damals lebte in Kafarnaum ein königlicher Beamter, dessen Sohn war krank. ⁴⁷Als er hörte, daß Jesus von Judäa nach Galiläa gekommen war, ging er zu ihm und bat ihn: »Komm doch nach Kafarnaum und mach meinen Sohn gesund; er liegt im Sterben.«

⁴⁸Jesus sagte zu ihm: »Ihr alle glaubt mir nur, wenn ihr Wunder und gewaltige Taten seht.« ⁴⁹Der Beamte bat ihn: »Herr, komm doch mit mir, bevor mein Kind stirbt!« ⁵⁰»Geh ruhig heim«, sagte Jesus zu ihm, »dein Sohn lebt!« Er glaubte dem Wort, das Jesus zu ihm gesagt hatte, und ging.

⁵¹Schon unterwegs kamen ihm seine Diener entgegen und berichteten: »Dein Sohn lebt!« ⁵²Er fragte sie, seit wann es ihm besser gehe, und sie antworteten: »Gestern mittag um ein Uhr hat das Fieber aufgehört.« ⁵³Da erkannte der Vater, daß es genau zu der Stunde geschehen war, als Jesus zu ihm sagte: »Dein Sohn lebt!« Er kam zum Glauben an Jesus, er und seine ganze Hausgemeinschaft.

⁵⁴Dieses zweite Wunderzeichen vollbrachte Jesus, als er von Judäa wieder nach Galiläa gekommen war.

Die Heilung am Teich Betesda

5 Bald darauf war ein jüdisches Fest, und Jesus ging hinauf nach Jerusalem. ²Am Schaftor in Jerusalem befindet sich ein Teich mit fünf offenen Hallen. Auf hebräisch wird er Betesda genannt. ³Eine große Anzahl von Kranken lag ständig in den Hallen: Blinde, Gelähmte und Menschen mit erstorbenen Gliedern. [Sie warteten darauf, daß das Wasser Wellen schlug; ⁴denn von Zeit zu Zeit kam ein Engel Gottes und brachte das Wasser in Bewegung. Wer als erster in das bewegte Wasser hineinging, wurde gesund, ganz gleich, welche Krankheit er hatte.]

⁵Unter ihnen war auch ein Mann, der seit achtunddreißig Jahren krank war. ⁶Jesus sah ihn dort liegen. Er erkannte, daß der Mann schon lange unter seiner Krankheit litt, und fragte ihn: »Willst du gesund werden?« ⁷Der Kranke antwortete: »Herr, ich habe keinen, der mir in den Teich hilft, wenn das Wasser sich bewegt. Wenn ich es allein versuche, ist immer schon jemand vor mir da.« ⁸Jesus sagte zu ihm: »Steh auf, nimm deine Matte und geh!« ⁹Im selben Augenblick wurde der Mann gesund. Er nahm seine Matte und konnte wieder gehen.

Der Tag, an dem dies geschah, war ein Sabbat. ¹⁰Einige von den führenden Männern sagten deshalb zu dem Geheilten: »Heute ist Sabbat, da darfst du deine Matte nicht tragen!« ¹¹Er antwortete: »Der Mann, der mich geheilt hat, sagte zu mir: ›Nimm deine Matte und geh!‹« ¹²Da fragten sie ihn: »Wer ist es, der dir so etwas befohlen hat?« ¹³Aber er konnte keine Auskunft darüber geben; denn Jesus hatte den Ort wegen der vielen Menschen schon wieder verlassen.

¹⁴Später traf Jesus ihn im Tempel und sagte: »Hör zu! Du bist jetzt gesund. Tu nichts Unrechtes mehr, sonst wird es dir noch schlimmer ergehen.« ¹⁵Der Geheilte ging fort und berichtete den führenden Männern, daß es Jesus war, der ihn gesund gemacht hatte. ¹⁶Da begannen sie, Jesus zu verfolgen, weil er an einem Sabbat geheilt hatte. ¹⁷Jesus aber sagte zu ihnen: »Mein Vater ist ständig am Werk, und deshalb bin ich es auch.« ¹⁸Daraufhin waren sie noch fester entschlossen, ihn zu töten. Denn Jesus setzte nicht nur die Sabbatvorschriften außer Kraft, er behauptete sogar, daß Gott sein Vater sei, und stellte sich so mit Gott auf eine Stufe.

Die Vollmacht des Sohnes

¹⁹Jesus erwiderte auf ihre Vorwürfe: »Amen, ich versichere euch: Der Sohn kann nichts von sich aus tun; er kann nur tun, was er den Vater tun sieht. Was der Vater tut, genau das tut auch der Sohn. ²⁰Der Vater liebt den Sohn und zeigt ihm alles, was er selber tut. Er wird ihm noch größere Taten zeigen, so daß ihr staunen werdet. ²¹Denn wie der Vater die Toten auferweckt und ihnen das Leben gibt, so gibt auch der Sohn das Leben, wem er will. ²²Auch seine ganze richterliche Macht hat der Vater dem Sohn übergeben; er selbst spricht über niemand das Urteil. ²³Denn alle sollen den Sohn ebenso ehren wie den Vater. Wer den Sohn nicht ehrt, ehrt auch den Vater nicht, der ihn gesandt hat.

²⁴Amen, ich versichere euch: Alle, die auf mein Wort hören und dem glauben, der mich gesandt hat, haben das ewige

Leben. Sie kommen nicht mehr vor Gottes Gericht; sie haben den Tod schon hinter sich gelassen und das unvergängliche Leben erreicht. 25Amen, ich versichere euch: Die Stunde kommt – ja, sie ist schon da –, daß die Toten die Stimme des Gottessohnes hören werden, und wer sie hört, wird leben. 26Wie der Vater der Geber des Lebens ist, so hat er auch dem Sohn Macht verliehen, Leben zu geben. 27Und er hat dem Sohn die Macht verliehen, Gericht zu halten, weil er der Menschensohn ist. 28Wundert euch nicht darüber! Die Stunde kommt, da werden alle Toten in den Gräbern seine Stimme hören 29und ihre Gräber verlassen. Alle, die Gutes getan haben, werden auferstehen, um das Leben zu empfangen, und die Böses getan haben, um verurteilt zu werden.

30Ich kann nichts von mir aus tun, sondern entscheide als Richter so, wie ich den Vater entscheiden höre. Meine Entscheidung ist gerecht, denn ich setze nicht meinen eigenen Willen durch, sondern den Willen dessen, der mich gesandt hat.«

Zeugen für Jesus

31»Wenn ich für mich selbst als Zeuge auftreten wollte, hätte meine Aussage keine Beweiskraft. 32Es gibt einen anderen Zeugen, der für mich aussagt, und ich weiß, daß er die Wahrheit über mich sagt. 33Ich meine damit nicht Johannes. Ihr habt Boten zu ihm geschickt, und er ist als Zeuge für die Wahrheit eingetreten. 34Ich brauche aber keinen Menschen als Zeugen; auf Johannes verweise ich nur, weil ich möchte, daß ihr gerettet werdet. 35Johannes war wie eine brennende Lampe, ihr aber wolltet nichts weiter, als eine Zeitlang an seinem Licht eure Freude haben.

36Ich habe ein Zeugnis auf meiner Seite, das die Aussage von Johannes weit übertrifft: die Taten meines Vaters, die ich in seinem Auftrag vollenden soll. Sie sprechen für mich und bestätigen, daß mein Vater mich gesandt hat. 37Der Vater selbst, der mich gesandt hat, hat mit diesen Taten für mich ausgesagt. Ihr habt seine Stimme niemals gehört und seine Gestalt nie gesehen. 38Auch sein Wort in den Heiligen Schriften nützt euch nichts mehr – weil ihr dem, den er gesandt hat, keinen Glauben schenkt. 39Ihr forscht doch in den Heiligen Schriften und seid überzeugt, in ihnen das ewige Leben zu finden – und gerade sie weisen auf mich hin. 40Aber ihr seid nicht bereit, zu mir zu kommen und so das ewige Leben zu haben.

41Ich bin nicht darauf aus, von Menschen geehrt zu werden. ⁴²Außerdem kenne ich euch; ich weiß, daß in euren Herzen keine Liebe zu Gott ist. ⁴³Ich bin im Auftrag meines Vaters gekommen, doch ihr weist mich ab. Wenn aber jemand in seinem eigenen Auftrag kommt, werdet ihr ihn aufnehmen. ⁴⁴Wie könntet ihr denn auch zum Glauben an mich kommen? Ihr legt ja nur Wert darauf, einer vom andern bestätigt zu werden. Aber die Anerkennung bei Gott, dem Einen, zu dem ihr euch bekennt, die sucht ihr nicht. ⁴⁵Ihr braucht aber nicht zu denken, daß ich euch bei meinem Vater verklagen werde. Mose klagt euch an, derselbe Mose, auf dessen Fürsprache ihr hofft. ⁴⁶Wenn ihr Mose wirklich glaubtet, dann würdet ihr auch mir glauben; denn er hat über mich geschrieben. ⁴⁷Da ihr aber seinen geschriebenen Worten nicht glaubt, wie könnt ihr dann meinen gesprochenen glauben?«

Jesus gibt fünftausend Menschen zu essen

6 Danach fuhr Jesus über den See von Galiläa, der auch See von Tiberias heißt. ²Eine große Menge Menschen folgten ihm, weil sie seine Wunder an den Kranken gesehen hatten. ³Jesus stieg auf einen Berg und setzte sich mit seinen Jüngern. ⁴Es war kurz vor dem jüdischen Passafest.

⁵Jesus blickte auf und sah die Menschenmenge auf sich zukommen. Er wandte sich an Philippus: »Wo können wir Brot kaufen, damit alle diese Leute zu essen bekommen?« ⁶Das sagte er, um Philippus auf die Probe zu stellen; er selbst wußte schon, was er tun würde. ⁷Philippus antwortete: »Wir müßten für über zweihundert Silberstücke Brot kaufen, wenn jeder auch nur eine Kleinigkeit bekommen sollte.« ⁸Andreas, ein anderer Jünger, der Bruder von Simon Petrus, sagte: ⁹»Hier ist ein Junge, der hat fünf Gerstenbrote und zwei Fische. Aber was hilft das bei so vielen Menschen?«

¹⁰»Sorgt dafür, daß die Leute sich setzen«, sagte Jesus. Es gab viel Gras an dem Ort. Sie setzten sich; allein an Männern waren es ungefähr fünftausend. ¹¹Jesus nahm die Brote, sprach darüber das Dankgebet und verteilte sie an die Menge. Mit den Fischen tat er dasselbe, und alle hatten reichlich zu essen. ¹²Als sie satt waren, sagte er zu seinen Jüngern: »Sammelt die Brotreste auf, damit nichts verdirbt.« ¹³Sie taten es und füllten zwölf Körbe mit den Resten. Soviel war von den fünf Gerstenbroten übriggeblieben.

¹⁴Als die Leute das Wunder sahen, das Jesus vollbracht hatte, sagten sie: »Das ist wirklich der Prophet, der in die Welt kommen soll!« ¹⁵Jesus merkte, daß sie drauf und dran waren, ihn mit Gewalt zu ihrem König zu machen. Deshalb zog er sich wieder auf den Berg zurück, ganz für sich allein.

Jesus geht über das Wasser

16Als es Abend geworden war, gingen seine Jünger zum See hinunter. 17Sie stiegen in ein Boot, um über den See nach Kafarnaum zurückzufahren. Es wurde Nacht, und Jesus war immer noch nicht zu ihnen gekommen. 18Das Wetter war sehr stürmisch, und das Wasser schlug hohe Wellen. 19Die Jünger hatten eine Strecke von etwa fünf Kilometern zurückgelegt, da sahen sie plötzlich Jesus, wie er über das Wasser ging und sich ihrem Boot näherte. Die Angst packte sie. 20Aber Jesus sagte: »Habt keine Angst, *ich* bin's!« 21Sie wollten ihn zu sich ins Boot nehmen. Aber da waren sie auch schon am Ufer, dort, wo sie hinwollten.

Jesus ist das Brot, das Leben gibt

22Die Volksmenge, die am anderen Ufer geblieben war, erinnerte sich am nächsten Tag, daß nur ein einziges Boot am Ufer gelegen hatte. Die Leute wußten, daß Jesus nicht ins Boot gestiegen war und seine Jünger ohne ihn abgefahren waren. 23Es legten aber andere Boote, die von Tiberias kamen, nahe bei dem Ort an, wo der Herr das Dankgebet gesprochen und die Menge das Brot gegessen hatte. 24Als die Leute nun sahen, daß Jesus nicht mehr da war und seine Jünger auch nicht, stiegen sie in diese Boote. Sie fuhren nach Kafarnaum und wollten Jesus dort suchen.

25Sie fanden ihn tatsächlich auf der anderen Seite des Sees und fragten ihn: »Rabbi, wann bist du hierhergekommen?« 26Jesus antwortete: »Amen, ich versichere euch: Ihr sucht mich nicht, weil ihr meine Wunder als Zeichen verstanden habt, sondern weil ihr von dem Brot gegessen habt und satt geworden seid. 27Bemüht euch nicht um vergängliche Nahrung, sondern um wirkliche Nahrung, die für das ewige Leben vorhält. Diese Nahrung wird euch der Menschensohn geben, denn ihn hat Gott, der Vater, als seinen Gesandten bestätigt.«

28Da fragten sie ihn: »Was müssen wir denn tun, um Gottes Willen zu erfüllen?« 29Jesus antwortete: »Gott verlangt nur eins von euch: Ihr sollt den anerkennen, den er gesandt hat.« 30Sie erwiderten: »Gib uns einen Beweis für deine Bevollmächtigung! Laß uns ein eindeutiges Wunderzeichen sehen, damit wir dir glauben. 31Unsere Vorfahren aßen das Manna in der Wüste. In den Heiligen Schriften heißt es von Mose: ›Er gab ihnen Brot *vom Himmel* zu essen.‹«

32Jesus entgegnete: »Amen, ich versichere euch: Nicht Mose hat euch das Brot vom Himmel gegeben, sondern mein

Vater gibt euch das wahre Brot vom Himmel. ³³Das wahre
Brot Gottes ist das, das vom Himmel herabsteigt und der
Welt das Leben gibt.«

³⁴»Herr«, sagten sie, »gib uns immer von diesem Brot!«

³⁵*Ich* bin das Brot, das Leben schenkt«, sagte Jesus zu
ihnen. »Wer zu mir kommt, wird nie mehr hungrig sein. Wer
sich an mich hält, wird keinen Durst mehr haben. ³⁶Aber ich
habe es euch bereits gesagt: Obwohl ihr meine Taten gesehen
habt, schenkt ihr mir keinen Glauben. ³⁷Alle, die mein Vater
mir gibt, werden zu mir kommen, und niemand, der zu mir
kommt, wird von mir abgewiesen. ³⁸Ich bin vom Himmel gekommen, nicht um zu tun, was *ich* will, sondern um zu tun,
was der will, der mich gesandt hat. ³⁹Und er will von mir, daß
ich niemand von denen verliere, die er mir gegeben hat. Vielmehr soll ich sie alle am letzten Tag zum Leben erwecken.
⁴⁰Mein Vater will, daß alle, die den Sohn sehen und sich an
ihn halten, ewig leben. Ich werde sie am letzten Tag vom Tod
auferwecken.«

⁴¹Die Zuhörenden murrten, weil er gesagt hatte: »Ich bin
das Brot, das vom Himmel gekommen ist.« ⁴²Sie sagten: »Wir
kennen doch seinen Vater und seine Mutter! Er ist doch
Jesus, der Sohn Josefs! Wie kann er behaupten: ›Ich komme
vom Himmel‹?«

⁴³Jesus sagte zu ihnen: »Was murrt ihr? ⁴⁴Nur die können
zu mir kommen, die der Vater, der mich gesandt hat, zu mir
führt. Und ich werde alle, die zu mir kommen, am letzten Tag
vom Tod auferwecken. ⁴⁵In den Schriften der Propheten
heißt es: ›Alle werden von Gott unterwiesen sein.‹ Wer den
Vater hört und von ihm lernt, kommt zu mir. ⁴⁶Nicht, daß je
ein Mensch den Vater gesehen hätte. Nur der Eine, der von
Gott gekommen ist, hat den Vater gesehen.

⁴⁷Amen, ich versichere euch: Wer sich an mich hält, hat das
ewige Leben. ⁴⁸*Ich* bin das Brot, das Leben schenkt. ⁴⁹Eure
Vorfahren aßen das Manna in der Wüste und sind trotzdem
gestorben. ⁵⁰Hier aber ist das Brot, das vom Himmel herab-
kommt, damit, wer davon ißt, *nicht* stirbt. ⁵¹*Ich* bin das
lebendige Brot, das vom Himmel gekommen ist. Wer von
diesem Brot ißt, wird ewig leben. Das Brot, das ich geben
werde, ist mein Leib. Ich gebe ihn hin, damit die Menschen
zum Leben gelangen können.«

⁵²Das löste unter den Zuhörern einen heftigen Streit aus.
»Wie kann dieser Mensch uns seinen Leib, sein Fleisch, zu
essen geben?« fragten sie.

⁵³Jesus sagte zu ihnen: »Amen, ich versichere euch: Ihr habt
keinen Anteil am Leben, wenn ihr das Fleisch des Menschen-

sohns nicht eßt und sein Blut nicht trinkt. ⁵⁴Wer mein Fleisch
ißt und mein Blut trinkt, hat das ewige Leben, und ich werde
ihn am letzten Tag vom Tod erwecken. ⁵⁵Denn mein Fleisch
ist die wahre Nahrung, und mein Blut ist der wahre Trank.
⁵⁶Wer mein Fleisch ißt und mein Blut trinkt, bleibt mit mir
verbunden und ich mit ihm. ⁵⁷Der Vater, von dem das Leben
kommt, hat mich gesandt, und ich lebe durch ihn. Genauso
wird jeder, der mich ißt, durch mich leben. ⁵⁸Das also ist das
Brot, das vom Himmel herabgekommen ist. Es ist etwas ganz
anderes als das Brot, das eure Vorfahren gegessen haben. Sie
sind gestorben, wer aber dieses Brot ißt, wird ewig leben.«
⁵⁹Dies sagte Jesus in der Synagoge von Kafarnaum, so lehrte er dort die Menschen.

Worte, die zum ewigen Leben führen

⁶⁰Als sie das hörten, sagten viele, die sich Jesus angeschlossen
hatten: »Was er da redet, geht zu weit! So etwas kann man
nicht mit anhören!« ⁶¹Jesus wußte schon von sich aus, daß sie
murrten, und sagte zu ihnen: »Daran nehmt ihr Anstoß?
⁶²Wartet doch, bis ihr den Menschensohn dorthin zurückkehren seht, wo er vorher war! ⁶³Gottes Geist allein macht
lebendig; alle menschlichen Möglichkeiten richten nichts aus.
Die Worte, die ich zu euch gesprochen habe, sind von diesem
Geist erfüllt und bringen das Leben. ⁶⁴Doch einige von euch
haben keinen Glauben.« Jesus kannte nämlich von Anfang an
die, die ihn nicht annehmen würden, und wußte auch, wer
ihn verraten würde. ⁶⁵Und er fügte hinzu: »Aus diesem
Grund habe ich zu euch gesagt: Nur die können zu mir kommen, die der Vater dazu fähig macht.«

⁶⁶Als sie das hörten, wandten sich viele seiner Anhänger
von ihm ab und wollten nicht länger mit ihm gehen. ⁶⁷Da
fragte Jesus die Zwölf: »Und ihr, was habt ihr vor? Wollt ihr
mich auch verlassen?« ⁶⁸Simon Petrus antwortete ihm: »Herr,
zu wem sonst sollten wir gehen? Deine Worte bringen das
ewige Leben. ⁶⁹Wir glauben und wissen, daß du der bist, in
dem Gott uns begegnet.« ⁷⁰Jesus antwortete ihm: »Euch zwölf
habe ich doch selber ausgewählt. Trotzdem ist einer von euch
ein Teufel!« ⁷¹Er meinte Judas, den Sohn von Simon Iskariot.
Judas war es, der Jesus später verriet – einer aus dem Kreis
der Zwölf.

Jesus und seine Brüder

7 Danach zog Jesus in Galiläa umher. Er hielt sich von
Judäa fern, weil die führenden Männer dort ihn töten
wollten. ²Das jüdische Laubhüttenfest stand vor der Tür.

³Da sagten seine Brüder zu ihm: »Du solltest nicht hier bleiben, sondern nach Judäa gehen, damit deine Anhänger dort die großen Taten zu sehen bekommen, die du tust. ⁴Wenn jemand bekannt werden möchte, versteckt er sich nicht. Wenn du schon solche Taten vollbringst, dann sorge auch dafür, daß alle Welt davon erfährt!« ⁵Denn nicht einmal seine Brüder schenkten ihm Glauben.

⁶Jesus sagte zu ihnen: »Meine Zeit ist noch nicht da. Für euch dagegen paßt jede Zeit. ⁷Euch kann die Welt nicht hassen; aber mich haßt sie, weil ich als Zeuge gegen sie bestätige, daß ihr Tun böse ist. ⁸Zieht doch ihr zu diesem Fest hinauf! Ich gehe nicht zum Fest, weil meine Zeit noch nicht da ist.« ⁹Das sagte er zu ihnen und blieb in Galiläa.

Jesus in Jerusalem

¹⁰Nachdem seine Brüder zum Fest nach Jerusalem hinaufgegangen waren, kam Jesus nach; aber er zeigte sich nicht in der Öffentlichkeit. ¹¹Die führenden Männer suchten ihn unter den Festbesuchern. »Wo ist er?« fragten sie. ¹²In der Volksmenge wurde viel über ihn geflüstert. »Der Mann ist gut«, meinten einige. Andere entgegneten: »Nein, er ist ein Volksverführer.« ¹³Aber niemand sprach offen über ihn, weil sie Angst vor ihren führenden Männern hatten.

¹⁴Die Hälfte der Festwoche war schon vorüber, da ging Jesus hinauf in den Tempel und lehrte das Volk. ¹⁵Die Leute waren sehr erstaunt und sagten: »Er hat doch keinen Lehrer gehabt. Wie kommt es, daß er die Heiligen Schriften so gut kennt?« ¹⁶Jesus ging darauf ein und sagte: »Meine Lehre habe ich nicht selbst ausgedacht. Ich habe sie von Gott, der mich gesandt hat. ¹⁷Wer bereit ist, Gott zu gehorchen, wird merken, ob meine Lehre von Gott ist oder ob ich meine eigenen Gedanken vortrage. ¹⁸Wer seine eigenen Gedanken vorträgt, dem geht es um die eigene Ehre. Wer aber die Ehre dessen sucht, der ihn gesandt hat, ist vertrauenswürdig. Man kann ihm keinen Betrug vorwerfen. ¹⁹Mose hat euch doch das Gesetz gegeben. Aber niemand von euch hält sich daran. Ihr wollt mich sogar töten!«

²⁰Die Menge antwortete: »Du bist wohl von einem bösen Geist besessen! Wer will dich töten?« ²¹Jesus antwortete: »Ich habe hier in Jerusalem eine einzige Tat vollbracht, und ihr nehmt alle Anstoß daran. ²²Ihr beschneidet eure Söhne, wenn es sein muß, auch am Sabbat, weil Mose angeordnet hat, daß eure Kinder am achten Tag beschnitten werden sollen. – Aber eigentlich haben schon die Stammväter die Beschneidung eingeführt und nicht erst Mose. – ²³Ein Junge

wird also auch am Sabbat an einem Teil seines Körpers beschnitten, damit die Vorschriften Moses nicht verletzt werden. Wie könnt ihr euch dann über mich aufregen, weil ich am Sabbat einen ganzen Menschen gesund gemacht habe? 24 Urteilt nicht nach dem äußeren Eindruck, sondern wie es wirklich dem Gesetz entspricht!«

Ist er der versprochene Retter?

25 Einige Leute in Jerusalem sagten: »Seht euch das an! Ist das nicht der, den sie töten wollten? 26 Er redet in aller Öffentlichkeit, und keiner verbietet es ihm! Sollten die Ratsmitglieder zu der Überzeugung gekommen sein, daß er der versprochene Retter ist? 27 Aber wenn der Retter eines Tages auftritt, wird keiner wissen, woher er kommt. Und die Herkunft dieses Menschen kennen wir doch alle!«

28 Jesus aber, der gerade im Tempel lehrte, rief mit lauter Stimme: »Wißt ihr wirklich, wer ich bin und woher ich komme? Ich bin nicht im eigenen Auftrag gekommen. Aber der, der mich gesandt hat, ist glaubwürdig. Und den kennt ihr nicht. 29 Ich kenne ihn; denn ich komme von ihm, und er hat mich gesandt.«

30 Da wollten sie ihn festnehmen. Aber keiner konnte Hand an ihn legen, denn seine Stunde war noch nicht gekommen. 31 Viele in der Menge kamen zum Glauben an ihn und sagten: »Kann der versprochene Retter, wenn er kommt, mehr Wunderzeichen tun, als dieser Mann getan hat?«

Jesus kündigt seinen Weggang an

32 Die Pharisäer hörten, daß die Leute so über Jesus redeten. Auf ihre Veranlassung schickten die führenden Priester einige Gerichtspolizisten aus, die ihn verhaften sollten.

33 Jesus sagte: »Nur noch kurze Zeit bin ich bei euch, dann kehre ich zu dem zurück, der mich gesandt hat. 34 Ihr werdet mich suchen, aber nicht finden; denn wo ich dann bin, dorthin könnt ihr nicht kommen.«

35 Die Leute sagten unter sich: »Wohin wird er gehen, daß wir ihn nicht finden können? Will er ins Ausland reisen und dort den Nichtjuden seine Lehre vortragen? 36 Was soll das heißen, wenn er sagt: ›Ihr werdet mich suchen, aber nicht finden‹? Und: ›Wo ich dann bin, dorthin könnt ihr nicht kommen‹?«

Lebendiges Wasser im Überfluß

37 Am letzten Festtag, dem Höhepunkt des ganzen Festes, trat Jesus vor die Menge und rief: »Wer durstig ist, soll zu mir

kommen und trinken – [38]jeder, der mir vertraut! Denn in den Heiligen Schriften heißt es: ›Aus seinem Innern wird lebendiges Wasser strömen.‹« [39]Jesus meinte damit den Geist Gottes, den die erhalten sollten, die ihn im Glauben annehmen. Damals war der Geist noch nicht gekommen, weil Jesus noch nicht in Gottes Herrlichkeit aufgenommen war.

Meinungsverschiedenheiten

[40]Als die Leute in der Menge dieses Wort von Jesus hörten, sagten einige: »Er ist wirklich der Prophet, der kommen soll!« [41]Andere meinten: »Er ist der versprochene Retter!« Wieder andere sagten: »Der Retter kommt doch nicht aus Galiläa! [42]In den Heiligen Schriften steht, daß er von David abstammt und aus Betlehem kommt, dem Dorf, in dem David lebte.«

[43]Die Menge war also geteilter Meinung über ihn. [44]Einige hätten ihn am liebsten festgenommen; aber niemand konnte Hand an ihn legen.

Der Unglaube der Verantwortlichen

[45]Die Gerichtspolizisten kehrten wieder zurück. Die führenden Priester und die Pharisäer fragten sie: »Warum habt ihr ihn nicht mitgebracht?« [46]Die Männer antworteten: »So wie dieser Mensch hat noch keiner gesprochen.« [47]»Ihr habt euch also auch von ihm hinters Licht führen lassen!« sagten die Pharisäer. [48]»Gibt es denn unter den Mitgliedern des Rates oder den Pharisäern einen einzigen, der seinen Anspruch ernst nimmt? [49]Die Menge tut es. Sie kennt Gottes Gesetz nicht und steht deshalb unter seinem Fluch.«

[50]Da sagte Nikodemus, der selbst Pharisäer und Ratsmitglied war und der Jesus früher einmal aufgesucht hatte: [51]»Ist es nach unserem Gesetz möglich, einen Menschen zu verurteilen, ohne daß wir ihn verhört haben? Erst muß doch festgestellt werden, ob er sich strafbar gemacht hat.« [52]»Du kommst anscheinend auch aus Galiläa«, erwiderten sie. »Lies die Heiligen Schriften genauer, dann wirst du sehen, daß der erwartete Prophet nicht aus Galiläa kommt.«

Jesus und die Ehebrecherin

8 [7,53]Dann gingen sie alle nach Hause. [1]Jesus aber ging zum Ölberg. [2]Am nächsten Morgen kehrte er sehr früh zum Tempel zurück. Alle Leute dort versammelten sich um ihn. Er setzte sich und sprach zu ihnen über den Willen Gottes. [3]Da führten die Gesetzeslehrer und Pharisäer eine Frau herbei, die beim Ehebruch ertappt worden war. Sie stellten

sie in die Mitte 4 und sagten zu Jesus: »Lehrer, diese Frau wurde ertappt, als sie gerade Ehebruch beging. 5 Im Gesetz schreibt Mose uns vor, daß eine solche Frau gesteinigt werden muß. Was sagst du dazu?«

6 Mit dieser Frage wollten sie ihm eine Falle stellen, um ihn anklagen zu können. Aber Jesus bückte sich nur und schrieb mit dem Finger auf die Erde. 7 Als sie nicht aufhörten zu fragen, richtete er sich auf und sagte zu ihnen: »Wer von euch noch nie eine Sünde begangen hat, soll den ersten Stein auf sie werfen!« 8 Dann bückte er sich wieder und schrieb auf die Erde. 9 Als sie das hörten, zog sich einer nach dem andern zurück; die Älteren gingen zuerst. Zuletzt war Jesus allein mit der Frau, die immer noch dort stand.

10 Er richtete sich wieder auf und fragte sie: »Frau, wo sind sie geblieben? Ist keiner mehr da, um dich zu verurteilen?« 11 »Keiner, Herr«, antwortete sie. Da sagte Jesus: »Ich verurteile dich auch nicht. Du kannst gehen; aber tu diese Sünde nicht mehr!«

Jesus ist das Licht der Welt

12 Jesus sprach weiter zu den Leuten: »Ich bin das Licht für die Welt. Wer mir folgt, tappt nicht mehr im Dunkeln, sondern hat das Licht und mit ihm das Leben.«

13 Die Pharisäer sagten zu ihm: »Jetzt trittst du als Zeuge in eigener Sache auf. Was du sagst, hat keine Beweiskraft!«

14 »Was ich sage, ist wahr«, entgegnete Jesus, »selbst wenn ich mein eigener Zeuge bin. Ich weiß nämlich, woher ich gekommen bin und wohin ich gehe. Ihr aber wißt nicht, woher ich komme und wohin ich gehe. 15 Ihr urteilt und verurteilt nach menschlichen Maßstäben; ich verurteile niemand. 16 Wenn ich aber ein Urteil fälle, dann ist es auf die Wahrheit gegründet und gültig; denn ich stehe damit nicht allein da. Es ist mein Urteil und das meines Vaters, der mich gesandt hat. 17 In eurem Gesetz heißt es, daß die übereinstimmende Aussage von zwei Zeugen gültig ist. 18 Ich bin mein eigener Zeuge, und auch der Vater, der mich gesandt hat, tritt für mich als Zeuge auf.«

19 »Wo ist denn dein Vater?« fragten sie ihn. Jesus antwortete: »Ihr kennt weder mich noch meinen Vater. Wenn ihr mich kennen würdet, würdet ihr auch meinen Vater kennen.«

20 Das alles sagte Jesus, als er im Tempel lehrte. Es geschah in der Halle, wo die Kästen für die Geldspenden aufgestellt waren. Und keiner konnte ihn festnehmen; denn seine Stunde war noch nicht gekommen.

Wo ich hingehe, dorthin könnt ihr nicht kommen

²¹ Jesus sagte noch einmal zu ihnen: »Ich werde fortgehen. Dann werdet ihr vergeblich nach mir suchen und in eurem Unglauben zugrunde gehen. Wo ich hingehe, dorthin könnt ihr nicht kommen.«

²² Die Leute meinten: »Wenn er sagt: ›Wo ich hingehe, dorthin könnt ihr nicht kommen‹ – heißt das, daß er Selbstmord begehen will?«

²³ Jesus antwortete: »Ihr seid von hier unten, aber ich komme von oben. Ihr gehört zu dieser Welt, aber ich bin nicht von dieser Welt. ²⁴ Ich habe es euch ja gesagt, daß ihr in eurem Unglauben zugrunde gehen werdet. *Ich* bin der, an dem sich alles entscheidet. Wenn ihr das nicht glauben wollt, werdet ihr in eurem Unglauben zugrunde gehen.«

²⁵ »Du? Wer bist du denn?« fragten sie ihn. Jesus antwortete: »Was rede ich überhaupt noch zu euch? ²⁶ Ich hätte zwar vieles *über* euch zu sagen und allen Grund, euch zu verurteilen; aber der, der mich gesandt hat, steht zu seinen Zusagen; und ich sage der Welt nur das, was ich bei ihm gehört habe.« ²⁷ Sie verstanden nicht, daß Jesus vom Vater sprach. ²⁸ Deshalb sagte er zu ihnen: »Wenn ihr den Menschensohn erhöht habt, werdet ihr es begreifen: *Ich* bin der, an dem sich alles entscheidet. Dann werdet ihr auch erkennen, daß ich nichts von mir aus tue, sondern nur das sage, was der Vater mich gelehrt hat. ²⁹ Er, der mich gesandt hat, steht mir zur Seite und läßt mich nicht allein; denn ich tue stets, was ihm gefällt.«

³⁰ Als Jesus das sagte, kamen viele zum Glauben an ihn.

Freiheit oder Sklaverei

³¹ Jesus sagte zu den Juden, die zum Glauben an ihn gekommen waren: »Wenn ihr bei dem bleibt, was ich euch gesagt habe, und euer Leben darauf gründet, seid ihr wirklich meine Jünger. ³² Dann werdet ihr die Wahrheit erkennen, und die Wahrheit wird euch frei machen.«

³³ »Wir stammen von Abraham ab«, antworteten sie ihm, »und wir haben nie jemand als Sklaven gedient. Was meinst du, wenn du sagst: ›Ihr werdet frei werden‹?«

³⁴ Jesus sagte zu ihnen: »Amen, ich versichere euch: Wer sündigt, ist ein Sklave der Sünde. ³⁵ Ein Sklave gehört nicht für immer zur Familie. Nur der Sohn gehört für immer dazu. ³⁶ Wenn der Sohn euch frei macht, dann seid ihr wirklich frei. ³⁷ Ich weiß wohl, daß ihr von Abraham abstammt. Trotzdem versucht ihr, mich zu töten, weil ihr mein Wort nicht in euch wohnen und wirken laßt. ³⁸ Ich rede von dem, was mein

Vater mir gezeigt hat. Ihr aber tut, was *euer* Vater euch gesagt hat.«

³⁹ Sie wandten ein: »Unser Vater ist Abraham!« Jesus erwiderte: »Wenn ihr wirklich Abrahams Kinder wärt, würdet ihr in seinem Sinne handeln. ⁴⁰Alles, was ich getan habe, war, euch die Wahrheit weiterzugeben, wie ich sie von Gott gehört habe. Ihr aber versucht, mich zu töten. So etwas hat Abraham nicht getan. ⁴¹ Ihr handelt wie euer wirklicher Vater!«

»Wir sind nicht im Ehebruch gezeugt«, erwiderten sie. »Wir haben nur den einen Vater: Gott.« ⁴² Jesus sagte zu ihnen: »Wäre Gott wirklich euer Vater, dann würdet ihr mich lieben. Denn ich bin von Gott zu euch gekommen. Ich kam nicht in eigenem Auftrag, sondern er hat mich gesandt. ⁴³ Warum versteht ihr denn nicht, was ich sage? Weil ihr unfähig seid, mein Wort aufzunehmen. ⁴⁴ Ihr seid Kinder des Teufels, der ist euer Vater, und ihr wollt nur ausführen, wonach ihm der Sinn steht. Er ist von Anfang an ein Mörder gewesen und hat niemals etwas mit der Wahrheit zu tun gehabt, weil es in ihm keine Wahrheit gibt. Wenn er lügt, so entspricht das seinem Wesen; denn er ist ein Lügner, und alle Lüge stammt von ihm. ⁴⁵ Gerade weil ich die Wahrheit sage, glaubt ihr mir nicht. ⁴⁶ Wer von euch kann mir eine Sünde nachweisen? Wenn ich die Wahrheit sage, warum glaubt ihr mir dann nicht? ⁴⁷ Wer Gott zum Vater hat, hört, was Gott sagt. Aber ihr hört es nicht, weil ihr ihn nicht zum Vater habt.«

Jesus und Abraham

⁴⁸ Die Juden erwiderten: »Wir haben doch recht! Du bist ein Samariter und bist von einem bösen Geist besessen.« ⁴⁹ »Ich bin nicht besessen«, sagte Jesus, »ich erweise nur meinem Vater Ehre; aber ihr verachtet mich. ⁵⁰ Ich selbst suche keine Ehre für mich. Ein anderer sucht sie, und er ist der Richter. ⁵¹ Amen, ich versichere euch: Wer sich nach meinem Wort richtet, wird in Ewigkeit nicht sterben.«

⁵² Da sagten sie: »Jetzt sind wir sicher, daß ein böser Geist aus dir spricht. Abraham ist gestorben, die Propheten sind gestorben, und du sagst: ›Wer sich nach meinem Wort richtet, wird in Ewigkeit nicht sterben.‹ ⁵³ Unser Vater Abraham ist tot. Du willst doch nicht etwa behaupten, daß du mehr bist als Abraham? Auch die Propheten sind gestorben. Für wen hältst du dich eigentlich?«

⁵⁴ Jesus antwortete: »Wenn ich mich selbst ehren wollte, hätte diese Ehre keinen Wert. Mein Vater ehrt mich, von dem ihr sagt, er sei euer Gott. ⁵⁵ Ihr habt ihn nie wirklich erkannt, ich aber kenne ihn. Ich wäre ein Lügner wie ihr, wenn ich be-

hauptete, ihn nicht zu kennen. Ich kenne ihn und gehorche seinem Wort. [56] Euer Vater Abraham jubelte darüber, daß er mein Kommen erleben sollte. Er erlebte es und war glücklich!«

[57] Da sagten sie zu ihm: »Du bist noch keine fünfzig Jahre alt und willst Abraham gesehen haben?« [58] Jesus erwiderte: »Amen, ich versichere euch: *Ich* bin – bevor Abraham überhaupt geboren wurde.« [59] Da hoben sie Steine auf und wollten ihn töten. Aber Jesus brachte sich in Sicherheit und verließ den Tempel.

Jesus heilt einen Blindgeborenen

9 Im Vorbeigehen sah Jesus einen Mann, der von Geburt blind war. [2] Die Jünger fragten Jesus: »Rabbi, wer ist schuld, daß er blind geboren wurde? Wer hat hier gesündigt, er selbst oder seine Eltern?« [3] Jesus antwortete: »Weder er ist schuld noch seine Eltern. Er ist blind, damit Gottes Macht an ihm sichtbar wird. [4] Solange es Tag ist, müssen wir die Taten Gottes vollbringen, der mich gesandt hat. Es kommt eine Nacht, in der niemand mehr wirken kann. [5] Solange ich in der Welt bin, bin ich das Licht der Welt.«

[6] Als Jesus dies gesagt hatte, spuckte er auf den Boden und rührte einen Brei mit seinem Speichel an. Er strich den Brei auf die Augen des Mannes [7] und befahl ihm: »Geh zum Teich Schiloach und wasche dir das Gesicht.« Schiloach bedeutet: der Gesandte. Der Mann ging dorthin und wusch sein Gesicht. Als er zurückkam, konnte er sehen.

[8] Da sagten seine Nachbarn und die Leute, die ihn vorher als Bettler gekannt hatten: »Ist das nicht der Mann, der immer an der Straße saß und bettelte?« [9] Einige meinten: »Das ist er.« Andere sagten: »Nein, er ist es nicht; er sieht ihm nur ähnlich.« Der Mann selbst bestätigte: »Ich bin es!« [10] »Wieso kannst du auf einmal sehen?« fragten sie ihn. [11] Er antwortete: »Der Mann, der Jesus heißt, machte einen Brei, strich ihn auf meine Augen und sagte: ›Geh zum Teich Schiloach und wasche dein Gesicht.‹ Ich ging hin, und als ich mich gewaschen hatte, konnte ich sehen.« [12] »Wo ist er?« fragten sie ihn. Er antwortete: »Ich weiß es nicht.«

Die Pharisäer verhören den Geheilten

[13] Sie brachten den Mann, der blind gewesen war, vor die Pharisäer. [14] Der Tag, an dem Jesus den Brei gemacht und den Blinden geheilt hatte, war ein Sabbat. [15] Auch die Pharisäer fragten ihn, wie er sehend geworden sei. Er erzählte

ihnen: »Der Mann strich einen Brei auf meine Augen, ich wusch mein Gesicht, und jetzt kann ich sehen.« [16] Einige von den Pharisäern sagten: »Wenn er das getan hat, kann er nicht von Gott kommen, weil er die Sabbatvorschriften nicht einhält.« Andere aber sagten: »Wie kann jemand ein Sünder sein, der solche Wunder vollbringt?« Die Meinungen waren geteilt.

[17] Da befragten sie den Geheilten noch einmal: »Was hältst denn *du* von ihm? Du bist doch der, den er sehend gemacht hat.« »Er ist ein Prophet!«, antwortete der Mann. [18] Die Pharisäer wollten ihm aber nicht glauben, daß er blind gewesen war und nun sehen konnte. Sie riefen seine Eltern [19] und verhörten sie: »Ist das euer Sohn? Besteht ihr darauf, daß er blind geboren wurde? Wie ist es dann möglich, daß er jetzt sehen kann?« [20] Die Eltern antworteten: »Wir wissen, daß er unser Sohn ist und blind geboren wurde. [21] Aber wir haben keine Ahnung, auf welche Weise er sehend wurde oder wer ihn sehend gemacht hat. Fragt ihn selbst! Er ist alt genug, um selbst zu antworten.« [22] Sie sagten das, weil sie vor den führenden Männern Angst hatten. Diese hatten nämlich beschlossen, alle aus der Synagogengemeinde auszuschließen, die sich zu Jesus als dem versprochenen Retter bekennen würden. [23] Aus diesem Grund sagten seine Eltern: »Er ist alt genug. Fragt ihn selbst!«

[24] Die Pharisäer ließen den Blindgeborenen ein zweites Mal rufen und forderten ihn auf: »Gib Gott die Ehre! Wir wissen, daß dieser Mensch ein Sünder ist!« [25] »Ob er ein Sünder ist oder nicht, das weiß ich nicht«, entgegnete der Mann, »aber eins weiß ich: Ich war blind, und jetzt kann ich sehen.« [26] »Was hat er mit dir gemacht?« fragten sie. »Wie hat er dich sehend gemacht?« [27] »Das habe ich euch schon erzählt«, sagte er, »aber ihr habt ja nicht zugehört. Warum wollt ihr es noch einmal hören? Möchtet ihr vielleicht auch seine Jünger werden?«

[28] Da beschimpften sie ihn und sagten: »*Du* bist ein Jünger dieses Menschen! Wir aber sind Jünger von Mose. [29] Wir wissen, daß Gott zu Mose gesprochen hat. Aber von diesem Menschen wissen wir nicht einmal, woher er kommt.«

[30] Der Geheilte antwortete: »Das ist wirklich seltsam! Ihr wißt nicht, woher er kommt, und mich hat er sehend gemacht! [31] Wir wissen doch alle, daß Gott das Gebet von Sündern nicht hört. Er hört nur auf die, die ihn ehren und seinen Willen befolgen. [32] Seit die Welt besteht, hat noch niemand von einem Menschen berichtet, der einen Blindgeborenen sehend gemacht hat. [33] Käme dieser Mann nicht von Gott, so wäre er dazu nicht fähig gewesen.« [34] Sie erwiderten: »Du

bist ja schon von deiner Geburt her ein ausgemachter Sünder, und dann willst du uns belehren?« Und sie warfen ihn hinaus.

Die Blindheit der Pharisäer

35Als Jesus hörte, daß sie ihn aus der Synagogengemeinde ausgeschlossen hatten, suchte er ihn auf und fragte ihn: »Willst du ganz zum Menschensohn gehören?« 36Der Mann antwortete: »Herr, wenn du mir sagst, wer es ist, will ich es tun.« 37Jesus sagte: »Er steht vor dir und spricht mit dir.« 38»Herr, ich will dir allein gehören!« sagte der Mann und warf sich vor Jesus nieder.

39Jesus sagte: »Ich bin in diese Welt gekommen, damit die Blinden sehend und die Sehenden blind werden. Darin vollzieht sich das Gericht.« 40Einige Pharisäer, die in der Nähe standen, hörten das und sagten: »Soll das etwa heißen, daß wir auch blind sind?« 41Jesus antwortete: »Wenn ihr blind wärt, würde euch keine Schuld angerechnet. Weil ihr aber sagt: ›Wir können sehen‹, bleibt eure Schuld bestehen.«

Vom Hirten und seinen Schafen

10 Jesus sagte: »Amen, ich versichere euch: Wer den Schafstall nicht durch die Tür betritt, sondern auf einem anderen Weg eindringt, ist ein Räuber und ein Dieb. 2Der Schafhirt geht durch die Tür hinein; 3der Wächter am Eingang öffnet ihm. Die Schafe erkennen seine Stimme; er ruft die, die ihm gehören, einzeln beim Namen und führt sie ins Freie. 4Wenn sie alle draußen sind, geht er vor ihnen her, und sie folgen ihm, weil sie seine Stimme kennen. 5Einem anderen Menschen werden sie niemals folgen. Im Gegenteil: sie werden vor ihm davonlaufen, weil sie seine Stimme nicht kennen.«

6Dieses Gleichnis erzählte Jesus, aber seine Zuhörer verstanden nicht, was er ihnen damit sagen wollte.

Jesus – die Tür

7Darum begann Jesus noch einmal: »Amen, ich versichere euch: *Ich* bin die Tür zu den Schafen. 8Alle, die vor mir gekommen sind, sind Räuber und Diebe, doch die Schafe haben nicht auf sie gehört. 9*Ich* bin die Tür für die Schafe. Wer durch mich hineingeht, wird gerettet. Er wird ein- und ausgehen und Weideland finden. 10Der Dieb kommt nur, um die Schafe zu stehlen, zu schlachten und ins Verderben zu stürzen. Ich aber bin gekommen, um ihnen das Leben zu geben, Leben im Überfluß.«

Jesus – der gute Hirt

11 »*Ich* bin der gute Hirt. Ein guter Hirt ist bereit, für seine Schafe zu sterben. 12 Einer, dem die Schafe nicht selbst gehören, ist kein richtiger Hirt. Darum läßt er sie im Stich, wenn er den Wolf kommen sieht, und läuft davon. Dann stürzt sich der Wolf auf die Schafe und jagt die Herde auseinander. 13 Wer die Schafe nur gegen Lohn hütet, läuft davon; denn die Schafe sind ihm gleichgültig. 14 *Ich* bin der gute Hirt. Ich kenne meine Schafe, und sie kennen mich, 15 so wie der Vater mich kennt und ich ihn kenne. Ich bin bereit, für sie zu sterben.

16 Ich habe noch andere Schafe, die nicht zu diesem Schafstall gehören; auch die muß ich herbeibringen. Sie werden auf meine Stimme hören, und alle werden in *einer* Herde unter *einem* Hirten vereint sein.

17 Der Vater liebt mich, weil ich bereit bin, mein Leben zu opfern, um es aufs neue zu erhalten. 18 Niemand kann mir das Leben nehmen. Ich gebe es aus freiem Entschluß. Es steht in meiner Macht, es zu geben, und auch in meiner Macht, es wieder an mich zu nehmen. Damit erfülle ich den Auftrag meines Vaters.«

19 Wegen dieser Rede waren die Leute wieder geteilter Meinung über Jesus. 20 Viele von ihnen sagten: »Er ist von einem bösen Geist besessen. Er ist verrückt! Warum hört ihr ihm überhaupt zu?« 21 Aber andere meinten: »So redet kein Besessener! Kann ein böser Geist etwa blinde Menschen sehend machen?«

Jesus wird abgelehnt

22 Es war im Winter, als in Jerusalem das Fest zur Erinnerung an die Wiedereinweihung des Tempels gefeiert wurde. 23 Jesus ging im Tempel in der Salomohalle umher. 24 Da umringten ihn die Leute und fragten: »Wie lange willst du uns noch hinhalten? Sag es uns frei heraus: Bist du der versprochene Retter?«

25 Jesus antwortete: »Ich habe es euch schon gesagt, aber ihr wollt mir nicht glauben. Die Taten, die ich im Auftrag meines Vaters vollbringe, sprechen für mich. 26 Aber ihr gehört nicht zu meinen Schafen, darum glaubt ihr mir nicht. 27 Meine Schafe hören auf mich. Ich kenne sie, und sie folgen mir. 28 Ich gebe ihnen das ewige Leben, und sie werden niemals umkommen. Niemand kann sie mir aus den Händen reißen, 29 weil niemand sie aus den Händen meines Vaters reißen kann. Er schützt die, die er mir gegeben hat; denn er

ist mächtiger als alle. ³⁰Der Vater und ich sind untrennbar eins.«

³¹Da hoben die Leute wieder Steine auf, um ihn zu töten. ³²Jesus aber sagte zu ihnen: »Viele gute Taten habe ich vor euren Augen getan, die meine Verbundenheit mit dem Vater bezeugen. Für welche davon wollt ihr mich steinigen?« ³³Sie gaben ihm zur Antwort: »Wir steinigen dich nicht wegen einer guten Tat, sondern weil du ein Gotteslästerer bist. Du bist nur ein Mensch und gibst dich als Gott aus.«

³⁴Jesus antwortete: »In eurem eigenen Gesetz heißt es doch: ›Ich habe zu euch gesagt: Ihr seid Götter.‹ ³⁵Und was in den Heiligen Schriften steht, ist unumstößlich, das wissen wir. Gott nannte also die, an die er sein Wort richtete, Götter. ³⁶Mich aber hat der Vater bevollmächtigt und in die Welt gesandt. Wie könnt ihr da behaupten, ich lästere Gott, wenn ich sage, daß ich sein Sohn bin? ³⁷Wenn das, was ich tue, nicht die Taten meines Vaters sind, braucht ihr mir nicht zu glauben. ³⁸Sind sie es aber, dann solltet ihr wenigstens diesen Taten glauben, wenn ihr mir selbst schon nicht glauben wollt. An ihnen müßte euch doch aufgehen, daß der Vater in mir lebt und ich im Vater lebe.«

³⁹Von neuem versuchten sie, Jesus festzunehmen, aber er entkam ihnen. ⁴⁰Er überquerte den Jordan und ging an die Stelle zurück, wo Johannes früher getauft hatte. Er blieb dort, ⁴¹und viele kamen zu ihm und sagten: »Johannes hat keine Wunder getan; aber alles, was er über diesen Menschen gesagt hat, entspricht der Wahrheit.« ⁴²Viele von denen, die dort waren, kamen zum Glauben an ihn.

Lazarus stirbt

11 Lazarus aus Betanien war krank geworden – aus dem Dorf, in dem Maria und ihre Schwester Marta wohnten. ²Maria war es, die später die Füße des Herrn mit dem kostbaren Öl übergossen und dann mit ihrem Haar getrocknet hat; deren Bruder war der erkrankte Lazarus. ³Da ließen die Schwestern Jesus mitteilen: »Herr, dein Freund ist krank.« ⁴Als Jesus das hörte, sagte er: »Diese Krankheit führt nicht zum Tod. Sie dient dazu, die Herrlichkeit Gottes offenbar zu machen; denn durch sie wird der Sohn Gottes zu seiner Herrlichkeit gelangen.«

⁵Jesus liebte Marta und ihre Schwester und Lazarus. ⁶Aber als er die Nachricht erhielt, daß Lazarus krank sei, blieb er noch zwei Tage an demselben Ort. ⁷Erst dann sagte er zu seinen Jüngern: »Wir gehen nach Judäa zurück!« ⁸Sie antworteten: »Rabbi, kürzlich erst hätten dich die Leute dort beinahe

gesteinigt. Und nun willst du zu ihnen zurückkehren?« ⁹Jesus sagte: »Der Tag hat zwölf Stunden. Wenn jemand am hellen Tag wandert, stolpert er nicht, weil er das Tageslicht sieht. ¹⁰Lauft ihr aber in der Nacht umher, so stolpert ihr, weil das Licht nicht mehr bei euch ist.«

¹¹Danach sagte Jesus zu seinen Jüngern: »Unser Freund Lazarus ist eingeschlafen. Aber ich werde hingehen und ihn aufwecken.« ¹²Sie antworteten: »Herr, wenn er schläft, dann geht's ihm bald besser.« ¹³Jesus hatte jedoch von seinem Tod gesprochen; sie aber meinten, er rede nur vom Schlaf. ¹⁴Da sagte Jesus ihnen ganz offen: »Lazarus ist tot. ¹⁵Und euretwegen bin ich froh, daß ich nicht bei ihm war. So wird euer Glaube gefestigt. Aber gehen wir jetzt zu ihm!« ¹⁶Thomas, der auch Zwilling genannt wird, sagte zu den anderen Jüngern: »Auf, gehen wir mit Jesus und sterben mit ihm!«

Jesus ist das Leben.
Lazarus wird vom Tod auferweckt

¹⁷Als Jesus nach Betanien kam, lag Lazarus schon vier Tage im Grab. ¹⁸Das Dorf war keine drei Kilometer von Jerusalem entfernt, ¹⁹und viele Leute aus der Stadt hatten Marta und Maria aufgesucht, um sie zu trösten. ²⁰Als Marta hörte, daß Jesus kam, ging sie ihm entgegen vor das Dorf, aber Maria blieb im Haus.

²¹Marta sagte zu Jesus: »Herr, wenn du hier gewesen wärst, hätte mein Bruder nicht sterben müssen. ²²Aber ich weiß, daß Gott dir auch jetzt keine Bitte abschlägt.« ²³»Dein Bruder wird auferstehen«, sagte Jesus zu Marta. ²⁴»Ich weiß«, erwiderte sie, »er wird auferstehen, wenn alle Toten lebendig werden, am letzten Tag.« ²⁵Jesus sagte zu ihr: *Ich bin die Auferstehung und das Leben. Wer mich annimmt, wird leben, auch wenn er stirbt, ²⁶und wer lebt und sich auf mich verläßt, wird niemals sterben.* Glaubst du mir das?« ²⁷Sie antwortete: »Ja, Herr, ich glaube, daß du der versprochene Retter bist, der Sohn Gottes, der in die Welt kommen soll.«

²⁸Nach diesen Worten ging Marta zu ihrer Schwester zurück, nahm sie beiseite und sagte zu ihr: »Unser Lehrer ist hier und will dich sehen!« ²⁹Als Maria das hörte, stand sie schnell auf und lief zu ihm hinaus. ³⁰Jesus selbst war noch nicht in das Dorf hineingegangen. Er war immer noch an der Stelle, wo Marta ihn getroffen hatte. ³¹Die Leute aus Jerusalem, die bei Maria im Haus waren, um sie zu trösten, sahen, wie sie aufsprang und hinauseilte. Sie meinten, Maria wolle zum Grab gehen, um dort zu weinen, und folgten ihr. ³²Als

Maria zu Jesus kam und ihn sah, warf sie sich vor ihm nieder. »Herr, wenn du hier gewesen wärst, hätte mein Bruder nicht sterben müssen«, sagte sie zu ihm. [33] Jesus sah sie weinen; auch die Leute, die mit ihr gekommen waren, weinten. Da wurde er zornig und war sehr erregt. [34] »Wo habt ihr ihn hingelegt?« fragte er. »Komm und sieh es selbst, Herr!« sagten sie. [35] Jesus fing an zu weinen. [36] Da sagten die Leute: »Er muß ihn sehr geliebt haben!« [37] Aber einige meinten: »Den Blinden hat er sehend gemacht. Hätte er nicht verhindern können, daß Lazarus stirbt?«

[38] Aufs neue wurde Jesus zornig. Er ging zum Grab. Es bestand aus einer Höhle, deren Zugang mit einem Stein verschlossen war. [39] »Nehmt den Stein weg!« befahl er. Marta, die Schwester des Toten, wandte ein: »Herr, der Geruch! Er liegt doch schon vier Tage im Grab.« [40] Jesus sagte zu ihr: »Ich habe dir doch gesagt, daß du die Herrlichkeit Gottes sehen wirst, wenn du nur Glauben hast.« [41] Da nahmen sie den Stein weg.

Jesus blickte zum Himmel auf und sagte: »Vater, ich danke dir, daß du meine Bitte erfüllst. [42] Ich weiß, daß du mich immer erhörst. Aber wegen der Menschenmenge, die hier steht, spreche ich es aus – damit sie glauben, daß du mich gesandt hast.« [43] Nach diesen Worten rief er laut: »Lazarus, komm heraus!« [44] Der Tote kam heraus; seine Hände und Füße waren mit Binden umwickelt, und sein Gesicht war mit einem Tuch verhüllt. Jesus sagte: »Nehmt ihm das alles ab und laßt ihn nach Hause gehen!«

Einer soll für das Volk sterben

[45] Viele Leute aus der Stadt, die zu Maria gekommen waren und alles miterlebt hatten, kamen zum Glauben an Jesus. [46] Aber einige von ihnen gingen zu den Pharisäern und berichteten ihnen, was er getan hatte. [47] Da beriefen die führenden Priester mit den Pharisäern eine Sitzung des Rates ein und sagten: »Was sollen wir machen? Dieser Mann tut viele Wunder. [48] Wenn wir ihn so weitermachen lassen, werden sich ihm noch alle anschließen. Dann werden die Römer einschreiten und uns auch noch den Rest an Verfügungsgewalt über Tempel und Volk entziehen.«

[49] Kajaphas, einer von ihnen, der in jenem Jahr der Oberste Priester war, sagte: »Ihr begreift rein gar nichts! [50] Seht ihr nicht, daß es euer Vorteil ist, wenn einer für alle stirbt und nicht das ganze Volk vernichtet wird?« [51] Das sagte er aber nicht aus sich selbst, sondern als der Oberste Priester in jenem Jahr sprach er aus prophetischer Eingebung, und so sagte er voraus, daß Jesus für das jüdische Volk sterben werde –

⁵²und nicht nur für dieses Volk, sondern auch, um die in aller Welt verstreut lebenden Kinder Gottes zusammenzuführen.

⁵³Von diesem Tag an waren die führenden Männer fest entschlossen, Jesus zu töten. ⁵⁴Er zeigte sich deshalb nicht mehr in der Öffentlichkeit, sondern ging von dort weg in die Gegend am Rand der Wüste, in eine Ortschaft namens Efraïm. Dort blieb er mit seinen Jüngern.

⁵⁵Es war kurz vor dem jüdischen Passafest, und viele Bewohner aus dem ganzen Land zogen nach Jerusalem hinauf. Sie wollten sich vor dem Fest nach den vorgeschriebenen Regeln reinigen. ⁵⁶Sie suchten Jesus überall, und als sie im Tempel beisammenstanden, fragten sie einander: »Was meint ihr? Zum Fest wird er doch sicher kommen!« ⁵⁷Die führenden Priester und Pharisäer hatten aber angeordnet: »Jeder, der seinen Aufenthaltsort kennt, soll es melden!« Denn sie wollten ihn verhaften.

Eine Frau ehrt Jesus vor seinem Sterben

12 Sechs Tage vor dem Passafest kam Jesus wieder nach Betanien, dem Ort, wo Lazarus wohnte, den er vom Tod auferweckt hatte. ²Die Geschwister hatten Jesus zu Ehren ein Festessen vorbereitet. Marta trug auf, während Lazarus mit Jesus und den anderen zu Tisch lag. ³Maria aber nahm eine Flasche mit reinem, kostbarem Nardenöl, goß es Jesus über die Füße und trocknete diese mit ihrem Haar. Das ganze Haus duftete nach dem Öl.

⁴Judas Iskariot, einer von den Jüngern, der Jesus später verriet, sagte: ⁵»Warum wurde dieses Öl nicht für dreihundert Silberstücke verkauft und das Geld an die Armen verteilt?« ⁶Er sagte das nicht etwa, weil er ein Herz für die Armen hatte, sondern weil er ein Dieb war. Er verwaltete die gemeinsame Kasse und griff oft zur eigenen Verwendung hinein.

⁷Jesus sagte: »Laß sie in Ruhe! Nach Gottes Willen hat sie dieses Öl für den Tag meines Begräbnisses aufbewahrt.« ⁸Und an alle Jünger gewandt, fügte er hinzu: »Arme wird es immer bei euch geben, aber mich habt ihr nicht mehr lange bei euch.«

Lazarus in Gefahr

⁹Die große Menge der Leute in Jerusalem hatte inzwischen gehört, daß Jesus in Betanien sei, und sie gingen dorthin. Sie kamen nicht nur seinetwegen, sondern auch weil sie Lazarus sehen wollten, den Jesus vom Tod auferweckt hatte. ¹⁰Da beschlossen die führenden Priester, auch Lazarus zu töten;

[11] denn seinetwegen gingen viele Juden dorthin und kamen zum Glauben an Jesus.

Jesus zieht in Jerusalem ein

[12] Am nächsten Tag hörte die große Menge, die zum Passafest gekommen war, Jesus sei auf dem Weg nach Jerusalem. [13] Da nahmen sie Palmzweige, zogen ihm entgegen vor die Stadt und riefen laut: »Gepriesen sei Gott! Heil dem, der in seinem Auftrag kommt! Heil dem König Israels!« [14] Jesus aber fand einen jungen Esel und setzte sich darauf, so wie es schon in den Heiligen Schriften heißt:

[15] »Fürchte dich nicht, du Zionsstadt!
Sieh, dein König kommt!
Er reitet auf einem jungen Esel.«

[16] Damals verstanden seine Jünger dies alles noch nicht; aber als Jesus in Gottes Herrlichkeit aufgenommen war, wurde ihnen bewußt, daß dieses Schriftwort sich auf ihn bezog und daß die Volksmenge ihn dementsprechend empfangen hatte.

[17] Als Jesus Lazarus aus dem Grab gerufen und vom Tod auferweckt hatte, waren viele dabeigewesen und hatten es als Zeugen weitererzählt. [18] Aus diesem Grund kam ihm jetzt eine so große Menschenmenge entgegen. Sie alle hatten von dem Wunder gehört, das er vollbracht hatte. [19] Die Pharisäer aber sagten zueinander: »Da seht ihr doch, daß wir so nicht weiterkommen! Alle Welt läuft ihm nach!«

Vertreter der nichtjüdischen Welt suchen Jesus

[20] Unter denen, die zum Fest nach Jerusalem gekommen waren, um Gott anzubeten, befanden sich auch einige Nichtjuden. [21] Sie gingen zu Philippus, der aus Betsaida in Galiläa stammte, und sagten zu ihm: »Herr, wir möchten gerne Jesus kennenlernen.« [22] Philippus sagte es Andreas, und die beiden gingen zu Jesus.

[23] Er antwortete ihnen: »Die Stunde ist gekommen! Jetzt wird die Herrlichkeit des Menschensohns sichtbar werden. [24] Amen, ich versichere euch: Das Weizenkorn muß in die Erde fallen und sterben, sonst bleibt es allein. Aber wenn es stirbt, bringt es viel Frucht. [25] Wer sein Leben liebt, wird es verlieren. Wer aber sein Leben in dieser Welt geringachtet, wird es für das ewige Leben bewahren. [26] Wer mir dienen will, muß mir auf meinem Weg folgen, und wo ich bin, werden dann auch die sein, die mir gedient haben. Sie alle werden von meinem Vater geehrt werden.«

Jesus spricht von seinem Tod

27»Mir ist jetzt sehr bange. Was soll ich tun? Soll ich sagen: ›Vater, laß diese Stunde an mir vorbeigehen‹? Aber ich bin ja in diese Stunde gekommen, um sie durchzustehen. 28Vater, bring du deinen Namen jetzt zu Ehren!«

Da sagte eine Stimme vom Himmel: »Das habe ich bisher getan, ich werde es auch jetzt tun.« 29Die Menge, die dort stand, hörte die Stimme, und einige sagten: »Es hat gedonnert!« Andere meinten: »Ein Engel hat mit ihm gesprochen.« 30Aber Jesus sagte zu ihnen: »Diese Stimme wollte nicht mir etwas sagen, sondern euch. 31Jetzt wird Gericht gehalten über diese Welt. Jetzt wird der Herrscher dieser Welt gestürzt. 32Ich aber werde von der Erde erhöht werden, und dann werde ich alle zu mir ziehen.« 33Mit diesem Wort deutete er an, welche Todesart er erleiden würde.

34Die Menge wandte ein: »Das Gesetz sagt uns, daß der versprochene Retter für immer bleibt. Wie kannst du dann sagen, daß der Menschensohn erhöht werden muß? Wer ist überhaupt dieser Menschensohn?« 35Jesus antwortete: »Das Licht wird noch kurze Zeit unter euch sein. Geht euren Weg, solange es hell ist, damit die Dunkelheit euch nicht überfällt! Wer im Dunkeln geht, weiß nicht, wohin der Weg führt. 36aHaltet euch an das Licht, solange ihr es habt! Dann werdet ihr Menschen, die ganz vom Licht erfüllt sind.«

Die Menge lehnt Jesus ab

36bNachdem Jesus das gesagt hatte, ging er fort und verbarg sich vor ihnen. 37Obwohl er sich durch so große Wunderzeichen vor ihnen ausgewiesen hatte, schenkten sie ihm keinen Glauben. 38Aber es sollte so kommen, wie es der Prophet Jesaja vorausgesagt hatte: »Herr, wer hat unserer Botschaft geglaubt? Wem ist die Macht des Herrn sichtbar geworden?« 39Sie konnten nicht glauben, weil Jesaja auch das vorausgesagt hat: 40»Gott hat ihre Augen geblendet und ihre Herzen verschlossen. So kommt es, daß sie mit ihren Augen nicht sehen und mit ihrem Verstand nichts begreifen und nicht zu mir, dem Herrn, kommen, damit ich sie heile.« 41Jesaja sprach hier von Jesus. Er konnte das sagen, weil er dessen Herrlichkeit geschaut hatte.

42Es gab sogar unter den Ratsmitgliedern viele, die zum Glauben an Jesus gekommen waren, aber wegen der Pharisäer bekannten sie sich nicht öffentlich dazu; denn sie wollten nicht aus der Synagogengemeinde ausgeschlossen werden. [43] Der Beifall von Menschen war ihnen wichtiger als die Anerkennung von Gott.

Jesus ruft zur Entscheidung auf

[44] Jesus rief laut: »Wer mich annimmt, nimmt nicht mich an, sondern den, der mich gesandt hat. [45] Wer mich sieht, sieht den, der mich gesandt hat. [46] Ich bin als Licht in die Welt gekommen, damit alle, die mich annehmen, nicht im Dunkeln bleiben. [47] Wer hört, was ich sage, und sich nicht danach richtet, den verurteile ich nicht; denn ich bin nicht als Richter in die Welt gekommen, sondern als Retter. [48] Wer mich ablehnt und nicht annimmt, was ich sage, hat seinen Richter schon gefunden: die Worte, die ich gesprochen habe, werden ihn am letzten Tag verurteilen. [49] Was ich euch gesagt habe, stammt nicht von mir; der Vater, der mich gesandt hat, hat mir aufgetragen, was ich zu sagen und zu reden habe. [50] Und ich weiß, daß das, was er mir aufgetragen hat, euch ewiges Leben bringt. Für alle meine Worte gilt also: Ich sage euch genau das, was der Vater mir gesagt hat.«

DIE ABSCHIEDSREDEN AN DIE JÜNGER
(Kapitel 13–17)
Jesus wäscht seinen Jüngern die Füße

13 Das Passafest stand bevor. Jesus wußte, daß für ihn die Stunde gekommen war, diese Welt zu verlassen und zum Vater zu gehen. Er hatte die Menschen, die in der Welt zu ihm gehörten, immer geliebt. Jetzt gab er ihnen einen letzten und äußersten Beweis seiner Liebe.

[2] Jesus aß mit seinen Jüngern zu Abend. Der Teufel hatte Judas, dem Sohn von Simon Iskariot, schon den Gedanken eingegeben, Jesus zu verraten. [3] Jesus wußte, daß der Vater ihm alles in die Hand gegeben hatte. Er wußte, daß er von Gott gekommen war und bald wieder zu Gott zurückkehren würde. [4] Da stand er vom Tisch auf, legte sein Obergewand ab, band sich ein Tuch um [5] und goß Wasser in eine Schüssel. Dann fing er an, seinen Jüngern die Füße zu waschen und sie mit dem Tuch abzutrocknen.

[6] Als er zu Simon Petrus kam, sagte der: »Du, Herr, willst *mir* die Füße waschen?« [7] Jesus antwortete ihm: »Was ich tue, kannst du jetzt noch nicht verstehen, aber später wirst du es begreifen.«

[8] Petrus widersetzte sich: »Niemals sollst *du mir* die Füße waschen!« Jesus antwortete: »Wenn ich dir nicht die Füße

wasche, hast du keinen Anteil an mir und an dem, was ich bringe.« ⁹Da sagte Simon Petrus: »Herr, dann nicht nur die Füße, sondern auch die Hände und den Kopf!« ¹⁰Jesus erwiderte: »Wer vorher gebadet hat, ist am ganzen Körper rein und braucht sich nur noch die Füße zu waschen. Ihr seid alle rein – bis auf einen.« ¹¹Jesus wußte, wer ihn verraten würde. Deshalb sagte er: »Ihr seid alle rein, bis auf einen.«

¹²Nachdem Jesus ihnen die Füße gewaschen hatte, zog er sein Oberkleid wieder an und kehrte zu seinem Platz am Tisch zurück. »Begreift ihr, was ich eben getan habe?« fragte er sie. ¹³»Ihr nennt mich Lehrer und Herr. Ihr habt recht, das bin ich. ¹⁴Ich bin euer Herr und Lehrer, und doch habe ich euch soeben die Füße gewaschen. So sollt auch ihr euch gegenseitig die Füße waschen. ¹⁵Ich habe euch ein Beispiel gegeben, damit auch ihr so handelt, wie ich an euch gehandelt habe. ¹⁶Amen, ich versichere euch: Ein Diener ist nicht größer als sein Herr und ein Bote nicht größer als sein Auftraggeber. ¹⁷Das wißt ihr jetzt; Freude ohne Ende ist euch gewiß, wenn ihr auch danach handelt!

¹⁸Ich meine nicht euch alle. Ich weiß, wen ich erwählt habe; aber was die Heiligen Schriften vorausgesagt haben, muß eintreffen: ›Einer, der mein Brot ißt, tritt nach mir.‹ ¹⁹Ich sage euch dies jetzt, bevor es eintrifft, damit ihr nicht an mir irre werdet, wenn es dann so kommt, sondern im Glauben daran festhaltet: *Ich* bin der, an dem sich alles entscheidet. ²⁰Amen, ich versichere euch: Wer einen Menschen aufnimmt, den ich gesandt habe, nimmt mich auf. Und wer mich aufnimmt, nimmt den auf, der mich gesandt hat.«

Jesus und sein Verräter

²¹Als Jesus das gesagt hatte, wurde er sehr traurig und sagte ihnen ganz offen: »Amen, ich versichere euch: Einer von euch wird mich verraten.« ²²Seine Jünger sahen sich ratlos an und fragten sich, wen er meinte. ²³Der Jünger, den Jesus besonders liebhatte, saß neben ihm. ²⁴Simon Petrus gab ihm durch ein Zeichen zu verstehen: »Frag du ihn, von wem er spricht!« ²⁵Da rückte er näher an Jesus heran und fragte: »Herr, wer ist es?« ²⁶Jesus sagte zu ihm: »Ich werde ein Stück Brot in die Schüssel tauchen, und wem ich es gebe, der ist es.« Er nahm ein Stück Brot, tauchte es ein und gab es Judas, dem Sohn von Simon Iskariot.

²⁷Sobald Judas das Brot genommen hatte, nahm der Satan ihn in Besitz. Jesus sagte zu ihm: »Beeile dich und tu, was du tun mußt!« ²⁸Keiner von den übrigen am Tisch begriff, was Jesus ihm da gesagt hatte. ²⁹Weil Judas das Geld verwaltete,

dachten manche, Jesus habe ihn beauftragt, die nötigen Einkäufe für das Fest zu machen, oder er habe ihn angewiesen, den Armen etwas zu geben. ³⁰Nachdem Judas das Stück Brot gegessen hatte, ging er sofort hinaus. Es war Nacht.

Das neue Gebot

³¹Als Judas gegangen war, sagte Jesus: »Jetzt gelangt der Menschensohn zu seiner Herrlichkeit, und durch ihn wird die Herrlichkeit Gottes offenbar. ³²Wenn aber der Menschensohn die Herrlichkeit Gottes sichtbar gemacht hat, dann wird Gott ihm dafür auch seine eigene Herrlichkeit schenken. Und das wird bald geschehen. ³³Ich bin nicht mehr lange bei euch, meine Kinder. Ihr werdet mich suchen; aber ich muß euch jetzt dasselbe sagen, was ich früher schon den anderen gesagt habe: Wo ich hingehe, dorthin könnt ihr nicht kommen.

³⁴Ich gebe euch jetzt ein neues Gebot: Ihr sollt einander lieben! Genauso wie ich euch geliebt habe, sollt ihr einander lieben! ³⁵An eurer Liebe zueinander werden alle erkennen, daß ihr meine Jünger seid.«

Jesus und Petrus

³⁶»Herr, wohin willst du gehen?« fragte ihn Simon Petrus. Jesus antwortete: »Wo ich hingehe, dorthin kannst du mir jetzt nicht folgen, aber später wirst du nachkommen.« ³⁷»Herr, warum kann ich jetzt nicht mitkommen?« fragte Petrus. »Ich bin bereit, für dich zu sterben!« ³⁸»Für mich sterben?« erwiderte Jesus. »Amen, ich versichere dir: Bevor der Hahn kräht, wirst du mich dreimal verleugnen und behaupten, daß du mich nicht kennst.«

Jesus ist der Weg zum Vater

14 Dann sagte Jesus zu allen: »Erschreckt nicht, habt keine Angst! Vertraut auf Gott, und vertraut auch auf mich! ²Im Haus meines Vaters gibt es viele Wohnungen, und ich gehe jetzt hin, um dort einen Platz für euch bereitzumachen. Sonst hätte ich euch doch nicht mit der Ankündigung beunruhigt, daß ich weggehe. ³Und wenn ich gegangen bin und euch den Platz bereitet habe, dann werde ich zurückkommen und euch zu mir nehmen, damit auch ihr seid, wo ich bin. ⁴Den Weg zu dem Ort, an den ich gehe, den kennt ihr ja.«

⁵Thomas sagte zu ihm: »Herr, wir wissen nicht einmal, wohin du gehst! Wie sollen wir dann den Weg dorthin kennen?«

⁶Jesus antwortete: »*Ich* bin der Weg, denn ich bin die Wahr-

heit und das Leben. Einen anderen Weg zum Vater gibt es nicht. [7] Wenn ihr mich kennt, werdet ihr auch meinen Vater kennen. Schon jetzt kennt ihr ihn und habt ihn gesehen.«

[8] Philippus sagte zu ihm: »Herr, zeige uns den Vater! Mehr brauchen wir nicht.«

[9] Jesus antwortete: »Nun bin ich so lange mit euch zusammengewesen, Philippus, und du kennst mich immer noch nicht? Wer mich gesehen hat, hat den Vater gesehen. Wie kannst du dann sagen: ›Zeige uns den Vater‹? [10] Glaubst du nicht, daß du in mir dem Vater begegnest? Was ich zu euch gesprochen habe, das stammt nicht von mir. Der Vater, der immer in mir ist, vollbringt durch mich seine Taten. [11] Glaubt mir: Ich lebe im Vater und der Vater in mir. Wenn ihr mir nicht auf mein Wort hin glaubt, dann glaubt mir wegen dieser Taten. [12] Amen, ich versichere euch: Wer im Glauben mit mir verbunden bleibt, wird die gleichen Taten vollbringen, die ich tue. Ja, er wird noch größere Taten vollbringen, denn ich gehe zum Vater. [13] Wenn ihr dann in meinem Namen, unter Berufung auf mich, um irgend etwas bittet, werde ich es tun. So wird durch den Sohn die Herrlichkeit des Vaters offenbar werden. [14] Ja, wenn ihr mich um etwas bittet und euch dabei auf mich beruft, werde ich eure Bitte erfüllen.«

Jesus verspricht den Heiligen Geist

[15] »Wenn ihr mich liebt, werdet ihr meine Gebote befolgen. [16] Und ich werde den Vater bitten, daß er euch an meiner Stelle einen anderen Helfer gibt, der für immer bei euch bleibt, [17] den Geist der Wahrheit. Die Welt kann ihn nicht bekommen, weil sie ihn nicht sehen kann und nichts von ihm versteht. Aber ihr kennt ihn, denn er wird bei euch bleiben und in euch leben. [18] Ich lasse euch nicht wie Waisenkinder allein; ich komme wieder zu euch. [19] Es dauert noch eine kurze Zeit, dann wird die Welt mich nicht mehr sehen. Aber ihr werdet mich dann sehen, und ihr werdet leben, weil ich lebe. [20] Wenn dieser Tag kommt, werdet ihr erkennen, daß ich in meinem Vater lebe und daß ihr in mir lebt und ich in euch. [21] Wer meine Gebote annimmt und sie befolgt, der liebt mich wirklich. Und wer mich liebt, den wird mein Vater lieben. Auch ich werde ihn lieben und ihm meine Herrlichkeit offenbaren.«

[22] Judas – nicht der Judas Iskariot – sagte: »Warum willst du deine Herrlichkeit nur uns zeigen und nicht der Welt?«

[23] Jesus antwortete ihm: »Wer mich liebt, wird sich nach meinem Wort richten; dann wird ihn mein Vater lieben, und wir werden zu ihm kommen und bei ihm wohnen. [24] Wer

mich nicht liebt, richtet sich nicht nach meinen Worten – und dabei kommen doch die Worte, die ihr gehört habt, nicht von mir, sondern von meinem Vater, der mich gesandt hat.

²⁵ Ich habe euch dies gesagt, solange ich noch bei euch bin. ²⁶ Der Vater wird euch in meinem Namen den Helfer senden, der an meine Stelle tritt, den Heiligen Geist. Der wird euch alles weitere lehren und euch an alles erinnern, was ich selbst schon gesagt habe.

²⁷ Zum Abschied gebe ich euch den Frieden, *meinen* Frieden, nicht den Frieden, den die Welt gibt. Erschreckt nicht, habt keine Angst! ²⁸ Ihr habt gehört, wie ich zu euch sagte: ›Ich verlasse euch und werde wieder zu euch kommen.‹ Wenn ihr mich wirklich liebtet, würdet ihr euch freuen, daß ich zum Vater gehe; denn er ist größer als ich. ²⁹ Ich habe euch das alles im voraus gesagt, damit euer Glaube fest bleibt, wenn es dann eintrifft. ³⁰ Ich werde nicht mehr viel mit euch reden, weil der Herrscher dieser Welt schon auf dem Weg ist. Er hat keine Macht über mich, ³¹ aber die Welt soll erkennen, daß ich den Vater liebe. Darum handle ich so, wie es mir mein Vater aufgetragen hat.

Und nun steht auf! Wir wollen gehen!«

Jesus ist der wahre Weinstock

15 »*Ich* bin der wahre Weinstock, und mein Vater ist der Weinbauer. ² Er entfernt jede Rebe an mir, die keine Frucht bringt; aber die fruchttragenden Reben reinigt er, damit sie noch mehr Frucht bringen. ³ Ihr seid schon rein geworden durch das Wort, das ich euch verkündet habe. ⁴ Bleibt mit mir vereint, dann werde auch ich mit euch vereint bleiben. Nur wenn ihr mit mir vereint bleibt, könnt ihr Frucht bringen, genauso wie eine Rebe nur Frucht bringen kann, wenn sie am Weinstock bleibt.

⁵ *Ich* bin der Weinstock, und ihr seid die Reben. Wer mit mir verbunden bleibt, so wie ich mit ihm, bringt reiche Frucht. Denn ohne mich könnt ihr nichts ausrichten. ⁶ Wer nicht mit mir vereint bleibt, wird wie eine abgeschnittene Rebe fortgeworfen und vertrocknet. Solche Reben werden gesammelt und ins Feuer geworfen, wo sie verbrennen. ⁷ Wenn ihr mit mir vereint bleibt und meine Worte in euch lebendig sind, könnt ihr den Vater um alles bitten, was ihr wollt, und ihr werdet es bekommen. ⁸ Die Herrlichkeit meines Vaters wird ja dadurch sichtbar, daß ihr reiche Frucht bringt und euch so als meine Jünger erweist.

⁹ So wie der Vater mich liebt, habe ich euch meine Liebe erwiesen. Bleibt in dieser Liebe! ¹⁰ Wenn ihr meine Gebote be-

folgt, dann bleibt ihr in meiner Liebe, so wie ich die Gebote meines Vaters befolgt habe und in seiner Liebe bleibe. [11]Ich habe euch dies gesagt, damit meine Freude euch erfüllt und an eurer Freude nichts mehr fehlt.

[12]Dies ist mein Gebot: Ihr sollt einander so lieben, wie ich euch geliebt habe. [13]Niemand liebt mehr als einer, der sein Leben für seine Freunde opfert. [14]Ihr seid meine Freunde, wenn ihr mein Gebot befolgt. [15]Ich nenne euch nicht mehr Diener; denn ein Diener weiß nicht, was sein Herr tut. Vielmehr nenne ich euch Freunde; denn ich habe euch alles gesagt, was ich von meinem Vater gehört habe. [16]Nicht ihr habt mich erwählt, sondern ich habe euch erwählt. Ich habe euch dazu bestimmt, reiche Frucht zu bringen, Frucht, die Bestand hat. Darum gilt auch: Alles, was ihr vom Vater in meinem Namen, unter Berufung auf mich, erbittet, wird er euch geben. [17]Dieses eine Gebot gebe ich euch: Ihr sollt einander lieben!«

Der Haß der Welt

[18]»Wenn die Welt euch haßt, dann denkt daran, daß sie mich zuerst gehaßt hat. [19]Die Welt würde euch als ihre Kinder lieben, wenn ihr zu ihr gehören würdet. Aber ich habe euch aus der Welt herausgerufen, und ihr gehört nicht zu ihr. Aus diesem Grund haßt euch die Welt. [20]Denkt an das, was ich euch gesagt habe: Kein Diener ist größer als sein Herr. Wie sie mich verfolgt haben, werden sie auch euch verfolgen. Und soviel oder sowenig sie sich nach meinem Wort gerichtet haben, werden sie sich auch nach dem euren richten.

[21]Das alles werden sie euch antun, weil ihr euch zu mir bekennt. Sie kennen nämlich den nicht, der mich gesandt hat. [22]Sie hätten keine Schuld, wenn ich nicht gekommen wäre und zu ihnen gesprochen hätte. So aber haben sie keine Entschuldigung mehr. [23]Wer mich haßt, der haßt auch meinen Vater. [24]Sie hätten keine Schuld, wenn ich nicht Taten unter ihnen vollbracht hätte, die noch kein Mensch getan hat. Doch sie haben diese Taten gesehen und hassen mich trotzdem, mich und meinen Vater. [25]Aber das muß so sein, damit in Erfüllung geht, was in ihrem Gesetz steht: ›Ohne jeden Grund haben sie mich gehaßt.‹

[26]Der Helfer wird kommen, der an meine Stelle tritt. Es ist der Geist der Wahrheit, der vom Vater kommt. Ich werde ihn zu euch senden, wenn ich beim Vater bin, und er wird als Zeuge über mich aussagen. [27]Und auch ihr werdet meine Zeugen sein, denn ihr seid von Anfang an bei mir gewesen.

16

Ich habe euch dies gesagt, damit ihr nicht an mir irre werdet. ²Sie werden euch aus den Synagogengemeinden ausschließen. Es wird sogar soweit kommen, daß alle, die euch töten, es als einen Opferdienst zur Ehre Gottes verstehen. ³Das alles werden sie euch antun, weil sie weder mich noch den Vater erkannt haben. ⁴ᵃAber ich habe es euch gesagt. Wenn es eintrifft, werdet ihr an meine Worte denken.«

Die Aufgabe des Heiligen Geistes

⁴ᵇ»Ich habe euch dies alles zu Anfang nicht gesagt, weil ich ja bei euch war. ⁵Jetzt gehe ich zu dem, der mich gesandt hat. Doch niemand von euch fragt mich, wohin ich gehe. ⁶Ihr seid nur traurig, weil ich euch dies alles gesagt habe. ⁷Aber glaubt mir, es ist gut für euch, daß ich fortgehe; denn sonst wird der Helfer nicht zu euch kommen. Wenn ich aber fortgehe, dann werde ich ihn zu euch senden, und er wird meine Stelle einnehmen.

⁸Wenn er kommt, wird er gegen die Welt auftreten. Er wird den Menschen zeigen, was Sünde ist und was Gerechtigkeit und was Gericht. ⁹Die Sünde besteht darin, daß sie mich ablehnen. ¹⁰Die Gerechtigkeit besteht darin, daß Gott mir recht gibt; denn ich gehe zum Vater, und ihr werdet mich nicht mehr sehen. ¹¹Das Gericht aber besteht darin, daß der Herrscher dieser Welt schon verurteilt ist.

¹²Ich hätte euch noch vieles zu sagen, doch das würde euch jetzt überfordern. ¹³Aber wenn der Helfer kommt, der Geist der Wahrheit, wird er euch anleiten, in der vollen Wahrheit zu leben. Was er euch sagen wird, hat er nicht von sich selbst, sondern er wird euch nur sagen, was er hört. Er wird euch jeweils vorbereiten auf das, was auf euch zukommt. ¹⁴Er wird meine Herrlichkeit sichtbar machen; denn was er an euch weitergibt, hat er von mir. ¹⁵Alles, was der Vater hat, gehört auch mir. Darum habe ich gesagt: Was der Geist an euch weitergibt, hat er von mir.«

Abschied und Wiedersehen

¹⁶»Es dauert noch eine kurze Zeit, und ihr werdet mich nicht mehr sehen. Dann wird wieder eine kurze Zeit vergehen, und ihr werdet mich wiedersehen.«

¹⁷Unter seinen Jüngern erhob sich die Frage: »Wie sollen wir das verstehen – und das andere Wort: ›Ich gehe zum Vater‹? ¹⁸Was bedeutet ›eine kurze Zeit‹? Wir verstehen nicht, was er sagt.« ¹⁹Jesus wußte schon, daß sie ihn fragen wollten. Darum sagte er zu ihnen: »Ich habe gesagt: ›Es dauert noch

eine kurze Zeit, und ihr werdet mich nicht mehr sehen. Dann wird wieder eine kurze Zeit vergehen, und ihr werdet mich wiedersehen.‹ Darüber macht ihr euch nun Gedanken? ²⁰Amen, ich versichere euch: Ihr werdet jammern und weinen, und die Welt wird sich freuen. Ihr werdet traurig sein; doch ich sage euch: Eure Trauer wird sich in Freude verwandeln. ²¹Wenn eine Frau ein Kind zur Welt bringt, leidet sie Angst und Schmerzen; aber wenn das Kind geboren ist, denkt sie nicht mehr daran, was sie ausgestanden hat, und ist nur noch glücklich, daß ein Mensch zur Welt gekommen ist. ²²So wird es auch mit euch sein: Jetzt seid ihr voll Angst und Trauer. Aber ich werde euch wiedersehen. Dann wird euer Herz voll Freude sein, und diese Freude kann euch niemand nehmen.

²³Wenn dieser Tag kommt, werdet ihr mich nichts mehr fragen. Amen, ich versichere euch: Der Vater wird euch dann alles geben, worum ihr ihn bittet, weil ihr es in meinem Namen tut und euch auf mich beruft. ²⁴Bisher habt ihr nichts in meinem Namen erbeten. Bittet, und ihr werdet es bekommen, damit eure Freude vollkommen und ungetrübt ist.«

Der Sieg über die Welt

²⁵»Ich habe euch dies alles in Andeutungen gesagt, die euch rätselhaft erscheinen müssen. Die Stunde kommt, daß ich nicht mehr in Rätseln zu euch rede, sondern offen und unverhüllt zu euch über den Vater spreche. ²⁶Dann werdet ihr ihn unter Berufung auf mich bitten. Ich sage aber nicht, daß *ich* dann den Vater für euch bitten werde; ²⁷denn der Vater liebt euch. Er liebt euch, weil ihr mich liebt und nicht daran zweifelt, daß ich von Gott gekommen bin. ²⁸Ich bin vom Vater in die Welt gekommen. Jetzt verlasse ich die Welt wieder und gehe zum Vater.«

²⁹Da sagten seine Jünger zu ihm: »Nun sprichst du offen zu uns, nicht mehr in Rätseln. ³⁰Jetzt haben wir verstanden, daß du alles weißt. Du weißt schon vorher, was man dich fragen möchte. Darum glauben wir, daß du von Gott gekommen bist.« ³¹Jesus erwiderte: »Ihr meint, ihr glaubt? Jetzt schon? ³²Die Stunde kommt, ja, sie ist schon da, daß man euch auseinandertreiben wird. Jeder wird nur noch an sich denken, und mich werdet ihr allein lassen. Trotzdem bin ich nicht allein, weil mein Vater bei mir ist.

³³Dies alles habe ich euch gesagt, damit ihr in meinem Frieden geborgen seid. In der Welt wird man euch hart zusetzen, aber verliert nicht den Mut: Ich habe die Welt besiegt!«

Jesus betet für seine Jünger

17 Als Jesus diese Rede beendet hatte, blickte er zum Himmel auf und sagte:

»Vater, die Stunde ist gekommen! Setze deinen Sohn in seine Herrlichkeit ein, damit der Sohn deine Herrlichkeit offenbar machen kann. ²Du hast ihm ja die Macht über alle Menschen gegeben, damit er denen, die du ihm anvertraut hast, ewiges Leben schenkt. ³Und das ewige Leben besteht darin, dich zu erkennen, den einzig wahren Gott, und den, den du gesandt hast, Jesus Christus. ⁴Ich habe deine Herrlichkeit auf der Erde sichtbar gemacht; denn ich habe die Aufgabe erfüllt, die du mir übertragen hast. ⁵Vater, gib mir nun wieder die Herrlichkeit, die ich schon bei dir hatte, bevor die Welt geschaffen wurde!

⁶Ich habe dich den Menschen bekanntgemacht, die du aus der Welt ausgesondert und mir anvertraut hast. Dir haben sie schon immer gehört, und du hast sie mir gegeben. Sie haben sich nach deinem Wort gerichtet ⁷und wissen jetzt, daß alles, was du mir gegeben hast, von dir stammt. ⁸Ich habe ihnen die Worte weitergesagt, die du mir gegeben hast, und sie haben sie aufgenommen. Sie haben erkannt, daß ich wirklich von dir komme, und sind zum Glauben gekommen, daß du mich gesandt hast.

⁹Für sie bete ich. Ich bete nicht für die Welt, sondern für die Menschen, die du mir gegeben hast; denn sie gehören dir. ¹⁰Alles, was mir gehört, gehört auch dir, und dein Eigentum ist auch mein Eigentum. Durch sie wird meine Herrlichkeit sichtbar. ¹¹Ich bin jetzt auf dem Weg zu dir. Ich bleibe nicht länger in der Welt, aber sie bleiben in der Welt. Heiliger Vater, bewahre sie in deiner göttlichen Gegenwart, die ich ihnen vermitteln durfte, damit sie eins sind, so wie du und ich eins sind. ¹²Solange ich bei ihnen war, habe *ich* sie in deiner göttlichen Gegenwart beschützt und bewahrt. Keiner von ihnen ist verlorengegangen, nur der eine, der verlorengehen mußte, damit die Voraussage der Heiligen Schriften in Erfüllung ging.

¹³Und jetzt bin ich auf dem Weg zu dir. Ich sage dies alles, solange ich noch bei ihnen in der Welt bin, damit meine Freude ihnen in ganzer Fülle zuteil wird. ¹⁴Ich habe ihnen dein Wort weitergesagt. Deshalb haßt sie die Welt, denn sie gehören nicht zu ihr, ebenso wie ich nicht zu ihr gehöre. ¹⁵Ich bitte dich nicht, sie aus der Welt wegzunehmen, aber sie vor dem Bösen in Schutz zu nehmen. ¹⁶Sie gehören nicht zu dieser Welt, so wie ich nicht zu ihr gehöre. ¹⁷Laß sie in deiner

göttlichen Wirklichkeit leben und weihe sie dadurch zum Dienst. Dein Wort erschließt diese Wirklichkeit. [18]Ich sende sie in die Welt, wie du mich in die Welt gesandt hast. [19]Ich weihe mein Leben für sie zum Opfer, damit sie in deiner göttlichen Wirklichkeit leben und zum Dienst geweiht sind.

[20]Ich bete nicht nur für sie, sondern auch für alle, die durch ihr Wort von mir hören und zum Glauben an mich kommen werden. [21]Ich bete darum, daß sie alle eins seien, so wie du in mir bist, Vater, und ich in dir. So wie wir sollen auch sie in uns eins sein, damit die Welt glaubt, daß du mich gesandt hast. [22]Ich habe ihnen die gleiche Herrlichkeit gegeben, die du mir gegeben hast, damit sie eins sind, so wie du und ich. [23]Ich lebe in ihnen, und du lebst in mir; so sollen auch sie vollkommen eins sein, damit die Welt erkennt, daß du mich gesandt hast und daß du sie, die zu mir gehören, ebenso liebst wie mich.

[24]Vater, du hast sie mir gegeben, und ich will, daß sie mit mir dort sind, wo ich bin. Sie sollen meine Herrlichkeit sehen, die du mir gegeben hast, weil du mich schon liebtest, bevor die Welt geschaffen wurde. [25]Vater, du bist gerecht. Die Welt hat dich nicht erkannt; aber ich kenne dich, und diese hier haben erkannt, daß du mich gesandt hast. [26]Ich habe ihnen gezeigt, wer du bist, und werde es weiter tun. So wird die Liebe, die du zu mir hast, auch sie erfüllen, und ich werde in ihnen leben.«

LEIDEN, TOD UND AUFERSTEHUNG VON JESUS
(Kapitel 18–20)

Jesus wird verhaftet

18 Nachdem Jesus dies gesagt hatte, brach er mit seinen Jüngern auf. Sie überquerten den Kidronbach. Auf der anderen Seite befand sich ein Garten, und Jesus ging mit seinen Jüngern hinein. [2]Der Verräter Judas kannte diesen Ort gut, denn Jesus war dort oft mit seinen Jüngern zusammengewesen. [3]Er nahm also die Soldaten der römischen Besatzung und einige Gerichtspolizisten, die von den führenden Priestern und den Pharisäern mitgeschickt wurden, und kam dorthin. Die Männer waren bewaffnet und trugen Fackeln und Laternen.

[4]Im vollen Wissen um alles, was nun mit ihm geschehen würde, ging Jesus hinaus aus dem Garten, ihnen entgegen, und fragte sie: »Wen sucht ihr?« [5]»Jesus von Nazaret!« antworteten sie. »*Ich* bin es!« sagte Jesus.

Der Verräter Judas stand bei ihnen. [6]Als Jesus zu ihnen sagte: »*Ich* bin es«, wichen sie zurück und fielen zu Boden. [7]Jesus fragte sie noch einmal: »Wen sucht ihr?« »Jesus von Nazaret!« antworteten sie. [8]»Ich habe euch gesagt, *ich* bin es«, sagte Jesus. »Wenn ihr also mich sucht, dann laßt diese hier gehen.« [9]So bestätigte sich, was Jesus früher gesagt hatte: »Von denen, die du mir gegeben hast, Vater, habe ich keinen verloren.«

[10]Simon Petrus hatte ein Schwert. Er zog es, holte gegen den Bevollmächtigten des Obersten Priesters aus und schlug ihm das rechte Ohr ab. Der Bevollmächtigte hieß Malchus. [11]Jesus sagte zu Petrus: »Steck dein Schwert weg! Diesen Kelch hat mein Vater für mich bestimmt. Muß ich ihn dann nicht trinken?«

Jesus wird Hannas vorgeführt

[12]Die römischen Soldaten mit ihrem Kommandanten und die Gerichtspolizisten verhafteten Jesus, fesselten ihn [13]und brachten ihn zuerst zu Hannas. Hannas war der Schwiegervater von Kajaphas, der in jenem Jahr das Amt des Obersten Priesters ausübte. [14]Kajaphas war es, der den Ratsmitgliedern klargemacht hatte, daß es von Vorteil sei, wenn ein einziger für das ganze Volk sterbe.

Petrus verleugnet Jesus

[15]Simon Petrus und ein anderer Jünger folgten Jesus. Der andere Jünger war mit dem Obersten Priester gut bekannt, deshalb konnte er mit Jesus bis in den Innenhof des Hauses gehen. [16]Petrus blieb draußen am Tor stehen. Der andere Jünger, der Bekannte des Obersten Priesters, kam wieder zurück, verhandelte mit der Pförtnerin und nahm dann Petrus mit hinein. [17]Die Pförtnerin fragte Petrus: »Bist du nicht auch ein Jünger von diesem Menschen?« »Nein, das bin ich nicht«, antwortete Petrus.

[18]Es war kalt. Die Diener des Obersten Priesters und die Gerichtspolizisten hatten deshalb einen Stoß Holzkohlen angezündet, standen um das Feuer herum und wärmten sich. Petrus ging hin, stellte sich zu ihnen und wärmte sich auch.

Hannas verhört Jesus

[19]Der Oberste Priester fragte Jesus nach seinen Jüngern und nach seiner Lehre. [20]Jesus antwortete: »Ich habe immer offen vor aller Welt gesprochen. Ich habe in den Synagogen und im Tempel gelehrt, wo sich alle Juden treffen, und habe niemals

etwas im geheimen gesagt. ²¹Warum fragst du dann *mich*? Frag doch die Leute, die meine Worte gehört haben! Sie wissen es.«

²²Als Jesus das sagte, schlug ihn einer der Gerichtspolizisten ins Gesicht und sagte: »Wie kannst du es wagen, so mit dem Obersten Priester zu sprechen?« ²³Jesus erwiderte ihm: »Wenn ich etwas Unrechtes gesagt habe, dann weise es mir nach! Bin ich aber im Recht, warum schlägst du mich?«

²⁴Hannas schickte darauf Jesus in Fesseln zum Obersten Priester Kajaphas.

Petrus verleugnet Jesus noch einmal

²⁵Simon Petrus stand noch immer beim Feuer und wärmte sich. Da sagten die anderen zu ihm: »Bist du nicht auch einer von seinen Jüngern?« Petrus erwiderte: »Nein, ich bin es nicht!« ²⁶Ein Diener des Obersten Priesters, ein Verwandter des Mannes, dem Petrus das Ohr abgeschlagen hatte, sagte: »Ich habe dich doch mit eigenen Augen bei ihm in dem Garten gesehen!« ²⁷Wieder stritt Petrus es ab, und in diesem Augenblick krähte ein Hahn.

Jesus vor Pilatus

²⁸Die führenden Priester brachten Jesus am frühen Morgen von Kajaphas zum Palast des römischen Statthalters. Sie selbst gingen nicht in den Palast hinein, weil sie nicht unrein werden wollten. Sonst hätten sie nicht am Passamahl teilnehmen können. ²⁹Pilatus kam zu ihnen heraus und fragte: »Welche Anklage erhebt ihr gegen diesen Mann?« ³⁰Sie antworteten: »Wenn er kein Verbrecher wäre, hätten wir ihn dir nicht übergeben.« ³¹»Nehmt *ihr* ihn doch«, sagte Pilatus, »und verurteilt ihn nach eurem eigenen Gesetz!« »Wir dürfen ja niemand hinrichten!« erwiderten sie. ³²So ging in Erfüllung, was Jesus gesagt hatte, als er von der Art seines Todes sprach.

³³Pilatus ging in den Palast zurück und ließ Jesus vorführen. »Bist du der König der Juden?« fragte er ihn. ³⁴Jesus antwortete: »Bist du selbst auf diese Frage gekommen, oder haben dir andere von mir erzählt?« ³⁵Pilatus erwiderte: »Bin ich etwa ein Jude? Dein eigenes Volk und die führenden Priester haben dich mir übergeben. Was hast du getan?«

³⁶Jesus sagte: »Mein Königtum stammt nicht von dieser Welt. Sonst hätten meine Leute dafür gekämpft, daß ich den Juden nicht in die Hände falle. Nein, mein Königtum ist von ganz anderer Art!« ³⁷Da fragte Pilatus ihn: »Du bist also doch ein König?« Jesus antwortete: »Ja, ich bin ein König. Ich

wurde geboren und bin in die Welt gekommen, um die Wahrheit offenbar zu machen und als Zeuge für sie einzutreten. Wem es um die Wahrheit geht, der hört auf mich.« [38a]»Wahrheit«, meinte Pilatus, »was ist das?«

Das Todesurteil

[38b] Pilatus ging wieder zu den führenden Priestern hinaus und sagte zu ihnen: »Ich sehe keinen Grund, ihn zu verurteilen. [39] Es ist aber üblich, daß ich euch jedes Jahr zum Passafest einen Gefangenen freilasse. Soll ich euch den König der Juden freigeben?«

[40] Sie schrien: »Nein, den nicht! Wir wollen Barabbas!« Barabbas aber war ein Straßenräuber.

19 Da ließ Pilatus Jesus abführen und auspeitschen. [2] Die Soldaten flochten aus Dornenzweigen eine Krone und setzten sie Jesus auf. Sie hängten ihm einen purpurfarbenen Mantel um, [3] traten vor ihn hin und riefen: »Hoch lebe der König der Juden!« Dabei schlugen sie ihm ins Gesicht.

[4] Darauf ging Pilatus noch einmal zu ihnen hinaus und sagte: »Ich bringe ihn euch hier heraus, damit ihr seht, daß ich keinen Grund zu seiner Verurteilung finden kann.« [5] Als Jesus herauskam, trug er die Dornenkrone und den purpurfarbenen Mantel. Pilatus sagte zu ihnen: »Da, seht ihn euch an, den Menschen!«

[6] Als die führenden Priester und die Gerichtspolizisten ihn sahen, schrien sie im Chor: »Kreuzigen! Kreuzigen!« Pilatus sagte zu ihnen: »Nehmt ihn doch und kreuzigt ihn selbst! Ich finde keinen Grund, ihn zu verurteilen.« [7] Sie hielten ihm entgegen: »Wir haben ein Gesetz, und nach diesem Gesetz muß er sterben, denn er hat sich zu Gottes Sohn erklärt.«

[8] Als Pilatus das hörte, bekam er noch mehr Angst. [9] Er ging in den Palast zurück und fragte Jesus: »Woher kommst du?« Aber Jesus antwortete ihm nicht. [10] Pilatus sagte zu ihm: »Willst du nicht mit mir reden? Vergiß nicht, daß ich die Macht habe, dich freizugeben, aber auch die Macht, dich ans Kreuz zu bringen!«

[11] Jesus antwortete: »Du hättest keine Macht über mich, wenn Gott es nicht zugelassen hätte. Darum liegt die größere Schuld bei denen, die mich dir ausgeliefert haben.« [12] Wegen dieser Worte versuchte Pilatus noch einmal, ihn freizulassen. Aber die Wortführer der Juden schrien: »Wenn du ihn freiläßt, bist du kein Freund des Kaisers! Wer sich als König ausgibt, stellt sich gegen den Kaiser!«

[13] Als Pilatus das hörte, ließ er Jesus herausführen. Er setzte sich auf den Richterstuhl an der Stelle, die Steinpflaster

heißt, auf hebräisch: Gabbata. ¹⁴Es war der Tag vor dem Passafest, etwa zwölf Uhr mittags. Pilatus sagte zu den anwesenden Juden: »Da habt ihr euren König!« ¹⁵Sie schrien: »Weg mit ihm! Ans Kreuz!« Pilatus fragte sie: »Euren König soll ich kreuzigen lassen?« Die führenden Priester antworteten: »Unser einziger König ist der Kaiser in Rom!« ¹⁶ᵃDa lieferte Pilatus ihnen Jesus aus und gab ihn frei zur Kreuzigung.

Jesus am Kreuz

¹⁶ᵇDie Soldaten übernahmen Jesus. ¹⁷Er trug selber sein Kreuz aus der Stadt hinaus, bis zum sogenannten Schädelplatz – auf hebräisch heißt er Golgota. ¹⁸Dort nagelten sie Jesus ans Kreuz und mit ihm noch zwei andere, den einen links, den anderen rechts und Jesus in der Mitte.

¹⁹Pilatus ließ ein Schild am Kreuz anbringen; darauf stand: »Jesus von Nazaret, der König der Juden«. ²⁰Der Ort, wo Jesus gekreuzigt wurde, war nicht weit von der Stadt entfernt, deshalb lasen viele Juden diese Aufschrift. Sie war in hebräischer, lateinischer und griechischer Sprache abgefaßt. ²¹Die führenden Priester sagten zu Pilatus: »Schreib nicht: ›Der König der Juden‹, sondern daß dieser Mann behauptet hat: ›Ich bin der König der Juden.‹« ²²Pilatus sagte: »Was ich geschrieben habe, habe ich geschrieben.«

²³Nachdem die Soldaten Jesus ans Kreuz genagelt hatten, nahmen sie seine Kleider und teilten sie in vier Teile. Jeder erhielt einen Teil. Das Untergewand aber war in einem Stück gewebt und hatte keine Naht. ²⁴Die Soldaten sagten zueinander: »Wir wollen es nicht zerreißen; das Los soll entscheiden, wer es bekommt.« So traf ein, was in den Heiligen Schriften vorausgesagt war: »Sie haben meine Kleider unter sich verteilt. Mein Gewand haben sie verlost.« Genau das taten die Soldaten.

²⁵Nahe bei dem Kreuz, an dem Jesus hing, standen seine Mutter und deren Schwester sowie Maria, die Frau von Klopas, und Maria aus Magdala. ²⁶Jesus sah seine Mutter dort stehen und neben ihr den Jünger, den er besonders liebhatte. Da sagte er zu seiner Mutter: »Frau, er ist jetzt dein Sohn!« ²⁷Und zu dem Jünger sagte er: »Sie ist jetzt deine Mutter!« Von da an nahm der Jünger sie bei sich auf.

Jesus stirbt

²⁸Jesus wußte, daß nun alles zu Ende gebracht war. Aber damit die Voraussagen der Heiligen Schriften vollends ganz in Erfüllung gingen, sagte er: »Ich habe Durst!« ²⁹In der Nähe

stand ein Gefäß mit Essig. Die Soldaten tauchten einen Schwamm hinein, steckten ihn auf einen Ysopstengel und hielten ihn Jesus an die Lippen. [30]Jesus nahm davon und sagte: »Jetzt ist alles vollendet.« Dann ließ er den Kopf sinken und gab sein Leben in die Hände des Vaters zurück.

Jesus wird die Seite durchstochen

[31]Es war Freitag, der Vorbereitungstag für den Sabbat. Die führenden Priester wollten nicht, daß die Gekreuzigten den Sabbat über am Kreuz hängen blieben. Darum baten sie Pilatus, ihnen die Beine brechen und die Toten dann wegschaffen zu lassen. Der kommende Sabbat war außerdem ein ganz besonders hoher Feiertag. [32]Die Soldaten gingen hin und brachen die Beine der beiden Männer, die mit Jesus zusammen gekreuzigt worden waren. [33]Als sie zu Jesus kamen, merkten sie, daß er schon tot war. Darum brachen sie seine Beine nicht. [34]Aber einer der Soldaten stach ihm mit seinem Speer in die Seite. Da kam Blut und Wasser heraus.

[35]Der Jünger, der dies gesehen hat, hat es bezeugt. Was er sagt, ist wahr, und er weiß, daß er die Wahrheit sagt. Deshalb könnt auch ihr euren Glauben darauf gründen. [36]Das geschah, damit eintraf, was in den Heiligen Schriften vorausgesagt war: »Sie werden ihm keinen Knochen brechen.« [37]Und an einer anderen Stelle heißt es: »Sie werden auf den blicken, den sie durchbohrt haben.«

Jesus wird ins Grab gelegt

[38]Als das geschehen war, bat Josef aus Arimathäa Pilatus um die Erlaubnis, den Leichnam vom Kreuz abnehmen zu dürfen. Josef war ein Jünger von Jesus, aber nur heimlich, weil er vor den führenden Männern Angst hatte. Pilatus überließ ihm den Toten, und Josef ging und nahm ihn vom Kreuz ab. [39]Auch Nikodemus, der Jesus anfangs einmal bei Nacht aufgesucht hatte, kam dazu; er brachte ungefähr hundert Pfund Myrrhenharz mit Aloë. [40]Die beiden nahmen den Leichnam von Jesus und wickelten ihn mit den Duftstoffen in Leinenbinden, wie es der jüdischen Begräbnissitte entspricht.

[41]Nahe bei der Stelle, wo Jesus gekreuzigt worden war, befand sich ein Garten. Darin war eine neue Grabkammer, in der noch niemand gelegen hatte. [42]Dort hinein legten sie Jesus, weil es für die Juden der Vorbereitungstag auf den Sabbat war und das Grab in der Nähe lag.

Das leere Grab

20 Am Tag nach dem Sabbat kam Maria aus Magdala in aller Frühe zum Grab, als es noch dunkel war. Sie sah, daß der Stein vom Eingang des Grabes entfernt war. ²Da lief sie zu Simon Petrus und zu dem Jünger, den Jesus besonders liebhatte, und berichtete ihnen: »Sie haben den Herrn aus dem Grab genommen, und wir wissen nicht, wohin sie ihn gelegt haben!«

³Petrus und der andere Jünger machten sich auf den Weg zum Grab. ⁴Sie liefen miteinander los, aber der andere Jünger lief schneller als Petrus und war als erster am Grab. ⁵Er beugte sich vor und sah die Leinenbinden liegen, aber er ging nicht hinein. ⁶Als Simon Petrus nachkam, ging er sofort in die Grabkammer. Er sah die Leinenbinden ⁷und das Tuch, mit dem sie Jesus das Gesicht bedeckt hatten. Dieses Tuch lag nicht bei den Binden, sondern war getrennt davon zusammengelegt. ⁸Nun ging auch der andere Jünger hinein, der zuerst am Grab angekommen war. Er sah alles und kam zum Glauben. ⁹Denn sie hatten die Heiligen Schriften noch nicht verstanden, in denen doch steht, daß Jesus vom Tod auferstehen muß. ¹⁰Danach gingen die beiden Jünger nach Hause zurück.

Jesus zeigt sich Maria aus Magdala

¹¹Maria stand noch draußen vor dem Grab und weinte. Dabei beugte sie sich vor und schaute hinein. ¹²Da sah sie zwei weißgekleidete Engel. Sie saßen an der Stelle, wo Jesus gelegen hatte, einer am Kopfende und einer am Fußende. ¹³»Frau, warum weinst du?« fragten die Engel. Maria antwortete: »Sie haben meinen Herrn fortgetragen, und ich weiß nicht, wo sie ihn hingelegt haben!«

¹⁴Als sie sich umdrehte, sah sie Jesus dastehen. Aber sie wußte nicht, daß es Jesus war. ¹⁵Er fragte sie: »Frau, warum weinst du? Wen suchst du?« Sie dachte, er sei der Gärtner, und sagte zu ihm: »Herr, wenn du ihn fortgenommen hast, dann sag mir, wo du ihn hingelegt hast. Ich will hingehen und ihn holen.« ¹⁶»Maria!« sagte Jesus zu ihr. Sie wandte sich ihm zu und sagte: »Rabbuni!« Das ist hebräisch und heißt: Mein Lehrer!

¹⁷Jesus sagte zu ihr: »Halte mich nicht fest! Ich bin noch nicht zum Vater zurückgekehrt. Aber geh zu meinen Brüdern und sag ihnen von mir: ›Ich kehre zurück zu meinem Vater und eurem Vater, zu meinem Gott und eurem Gott.‹« ¹⁸Maria aus Magdala ging zu den Jüngern und verkündete: »Ich habe

den Herrn gesehen!« Und sie richtete ihnen aus, was er ihr aufgetragen hatte.

Jesus zeigt sich seinen Jüngern

¹⁹ Es war Abend geworden an jenem Sonntag. Die Jünger waren beisammen und hatten aus Angst vor den führenden Juden die Türen abgeschlossen. Da kam Jesus, trat in ihre Mitte und sagte: »Frieden sei mit euch!« ²⁰ Dann zeigte er ihnen seine Hände und seine Seite. Als die Jünger den Herrn sahen, kam große Freude über sie.

²¹ Noch einmal sagte Jesus zu ihnen: »Frieden sei mit euch! Wie der Vater mich gesandt hat, so sende ich nun euch.« ²² Dann hauchte er sie an und sagte: »Empfangt den Heiligen Geist! ²³ Wenn ihr jemand die Vergebung seiner Schuld zuspricht, ist die Schuld auch von Gott vergeben. Wenn ihr die Vergebung verweigert, bleibt die Schuld bestehen.«

Jesus zeigt sich Thomas

²⁴ Als Jesus kam, war Thomas, genannt der Zwilling, einer aus dem Kreis der Zwölf, nicht dabeigewesen. ²⁵ Die anderen Jünger erzählten ihm: »Wir haben den Herrn gesehen!« Thomas sagte zu ihnen: »Niemals werde ich das glauben! Da müßte ich erst die Spuren von den Nägeln an seinen Händen sehen und sie mit meinem Finger fühlen und meine Hand in seine Seitenwunde legen – sonst nicht!«

²⁶ Eine Woche später waren die Jünger wieder im Haus versammelt, und Thomas war bei ihnen. Die Türen waren abgeschlossen. Jesus kam, trat in ihre Mitte und sagte: »Frieden sei mit euch!« ²⁷ Dann wandte er sich an Thomas und sagte: »Leg deinen Finger hierher und sieh dir meine Hände an! Streck deine Hand aus und lege sie in meine Seitenwunde! Hör auf zu zweifeln und glaube!«

²⁸ Da antwortete Thomas: »Mein Herr und mein Gott!« ²⁹ Jesus sagte zu ihm: »Du glaubst, weil du mich gesehen hast. Freuen dürfen sich alle, die mich nicht sehen und trotzdem glauben!«

Der Zweck dieses Buches

³⁰ Jesus tat vor den Augen seiner Jünger noch viele andere Wunderzeichen, die nicht in diesem Buch stehen. ³¹ Was aber in diesem Buch steht, wurde aufgeschrieben, damit ihr festbleibt in dem Glauben, daß Jesus der versprochene Retter ist, der Sohn Gottes. Wenn ihr das tut, habt ihr durch ihn das Leben.

EIN NACHTRAG:
PETRUS UND DER LIEBLINGSJÜNGER (Kapitel 21)

Jesus zeigt sich sieben Jüngern am See von Tiberias

21 Später zeigte sich Jesus seinen Jüngern noch einmal am See von Tiberias. Das geschah so: ²Einige von ihnen waren dort am See beisammen – Simon Petrus, Thomas, der auch Zwilling genannt wurde, Natanaël aus Kana in Galiläa, die Söhne von Zebedäus und zwei andere Jünger. ³Simon Petrus sagte zu den anderen:»Ich gehe fischen!«»Wir kommen mit«, sagten sie. Gemeinsam gingen sie zum See und stiegen ins Boot; aber während der ganzen Nacht fingen sie nichts.

⁴Es wurde schon Morgen, da stand Jesus am Ufer. Die Jünger wußten aber nicht, daß es Jesus war. ⁵Er redete sie an: »Kinder, habt ihr nicht ein paar Fische?«»Nein, keinen einzigen!« antworteten sie. ⁶Er sagte zu ihnen:»Werft euer Netz an der rechten Bootsseite aus! Dort werdet ihr welche finden.« Sie warfen das Netz aus und fingen so viele Fische, daß sie das Netz nicht ins Boot ziehen konnten.

⁷Der Jünger, den Jesus besonders liebhatte, sagte zu Petrus: »Es ist der Herr!« Als Simon Petrus das hörte, warf er sich das Obergewand über, band es hoch und sprang ins Wasser. Er hatte es nämlich zum Arbeiten abgelegt. ⁸Die anderen Jünger ruderten das Boot an Land – es waren noch etwa hundert Meter – und zogen das Netz mit den Fischen hinter sich her.

⁹Als sie an Land gingen, sahen sie ein Holzkohlenfeuer mit Fischen darauf, auch Brot lag dabei. ¹⁰Jesus sagte zu ihnen: »Bringt ein paar von den Fischen, die ihr gerade gefangen habt!« ¹¹Simon Petrus ging zum Boot und zog das Netz an Land. Es war voll von großen Fischen, genau hundertdreiundfünfzig. Aber das Netz riß nicht, obwohl es so viele waren. ¹²Jesus sagte zu ihnen:»Kommt her und eßt!« Keiner von den Jüngern wagte zu fragen:»Wer bist du?« Sie wußten, daß es der Herr war. ¹³Jesus trat zu ihnen, nahm das Brot und verteilte es unter sie, ebenso die Fische.

¹⁴Dies war das dritte Mal, daß sich Jesus seinen Jüngern zeigte, seit er vom Tod auferstanden war.

Jesus und Petrus

¹⁵Nachdem sie gegessen hatten, sagte Jesus zu Simon Petrus: »Simon, Sohn von Johannes, liebst du mich mehr, als die hier mich lieben?« Petrus antwortete:»Ja, Herr, du weißt, daß ich dich liebe.« Jesus sagte zu ihm:»Sorge für meine Lämmer!«

¹⁶ Ein zweites Mal sagte Jesus zu ihm: »Simon, Sohn von Johannes, liebst du mich?« »Ja, Herr, du weißt, daß ich dich liebe«, antwortete er. Jesus sagte zu ihm: »Leite meine Schafe!«

¹⁷ Ein drittes Mal fragte Jesus: »Simon, Sohn von Johannes, liebst du mich?« Petrus wurde traurig, weil er ihn ein drittes Mal fragte: »Liebst du mich?« Er sagte zu ihm: »Herr, du weißt alles, du weißt auch, daß ich dich liebe.« Jesus sagte zu ihm: »Sorge für meine Schafe! ¹⁸ Amen, ich versichere dir: Als du jung warst, hast du deinen Gürtel selbst umgebunden und bist gegangen, wohin du wolltest; aber wenn du einmal alt bist, wirst du deine Hände ausstrecken, und ein anderer wird dich binden und dich dorthin bringen, wohin du *nicht* willst.«

¹⁹ Mit diesen Worten deutete Jesus an, mit welchem Tod Petrus einst Gott ehren werde. Dann sagte Jesus zu ihm: »Komm, folge mir!«

Petrus und der andere Jünger

²⁰ Petrus drehte sich um und sah hinter sich den Jünger, den Jesus besonders liebhatte. Es war derselbe, der während des letzten Mahles neben Jesus gesessen und ihn gefragt hatte: »Herr, wer wird dich verraten?« ²¹ Als Petrus ihn sah, fragte er Jesus: »Herr, was geschieht denn mit dem?« ²² Jesus antwortete ihm: »Wenn ich will, daß er so lange lebt, bis ich wiederkomme, was geht das *dich* an? Zu dir sage ich: ›Folge mir!‹«

²³ Deswegen verbreitete sich in der Gemeinde das Gerücht, daß der andere Jünger nicht sterben werde. Aber Jesus hatte nicht gesagt, daß er nicht sterben werde, sondern: »Wenn ich will, daß er so lange lebt, bis ich wiederkomme, was geht *dich* das an?«

Schlußwort zum gesamten Buch

²⁴ Dieser Jünger ist es, der alles bezeugt, was in diesem Buch steht. Er selbst hat es niedergeschrieben, und wir wissen, daß er die Wahrheit sagt. ²⁵ Es gibt noch vieles andere, was Jesus getan hat. Wenn alles einzeln aufgeschrieben würde – ich denke, die ganze Welt könnte die Bücher nicht fassen, die dann geschrieben werden müßten.

DIE GESCHICHTE DER APOSTEL
(Apostelgeschichte)

VOM LUKAS-EVANGELIUM
ZUR APOSTELGESCHICHTE (Kapitel 1)

Lukas schreibt die Fortsetzung

1 Verehrter Theophilus, in meiner ersten Schrift habe ich alles berichtet, was Jesus tat und lehrte, von Anfang an ²bis zu dem Tag, an dem er in den Himmel aufgenommen wurde. Zuvor gab er den Aposteln Anweisungen für die Zukunft. Er hatte sie früher mit dem Beistand des Heiligen Geistes ausgewählt. ³Nach seinem Leiden und Sterben hatte er sich ihnen wiederholt gezeigt und ihnen die Gewißheit gegeben, daß er lebte. Während vierzig Tagen kam er damals zu ihnen und sprach mit ihnen darüber, wie Gott seine Herrschaft aufrichten und sein Werk vollenden werde.

Jesus nimmt Abschied von seinen Jüngern

⁴Als Jesus wieder einmal bei ihnen war und mit ihnen aß, schärfte er ihnen ein: »Bleibt in Jerusalem und wartet auf den Geist, den mein Vater versprochen hat. Ich habe euch sein Kommen angekündigt, als ich euch sagte: ⁵Johannes hat mit Wasser getauft, aber ihr werdet schon bald mit dem Geist Gottes getauft werden.«

⁶Die Versammelten fragten Jesus: »Herr, wirst du dann die Herrschaft Gottes in Israel wieder aufrichten?« ⁷Jesus antwortete: »Mein Vater hat festgelegt, welche Zeiten bis dahin noch verstreichen müssen und wann es soweit ist. Ihr braucht das nicht zu wissen. ⁸Aber ihr werdet mit dem Heiligen Geist erfüllt werden, und dieser Geist wird euch die Kraft geben, überall als meine Zeugen aufzutreten: in Jerusalem, in ganz Judäa und Samarien und bis ans äußerste Ende der Erde.«

⁹Während er das sagte, wurde er vor ihren Augen emporgehoben. Eine Wolke nahm ihn auf, so daß sie ihn nicht mehr sehen konnten.

¹⁰Als sie noch wie gebannt nach oben starrten und hinter ihm hersahen, standen plötzlich zwei weißgekleidete Männer neben ihnen. ¹¹»Ihr Galiläer«, sagten sie, »warum steht ihr

hier und schaut nach oben? Dieser Jesus, der von euch weg in den Himmel aufgenommen wurde, wird auf dieselbe Weise wiederkommen, wie ihr ihn habt weggehen sehen!«

Die Lücke im Apostelkreis wird geschlossen

¹²Darauf kehrten sie vom Ölberg nach Jerusalem zurück. Das ist ein Weg von etwa einer halben Stunde. ¹³Dort gingen sie in das Obergemach des Hauses, wo sie von nun an beisammenblieben. Es waren: Petrus, Johannes, Jakobus und Andreas, Philippus und Thomas, Bartholomäus und Matthäus, Jakobus, der Sohn von Alphäus, und Simon, der zur Partei der Zeloten gehört hatte, und schließlich Judas, der Sohn von Jakobus. ¹⁴Auch die Frauen waren dabei und Maria, die Mutter von Jesus, sowie seine Brüder. Sie alle waren einmütig beieinander und beteten beharrlich um das Kommen des Heiligen Geistes.

¹⁵Einmal während dieser Zeit stand Petrus auf und ergriff das Wort – es waren etwa hundertundzwanzig Menschen versammelt. ¹⁶»Liebe Brüder«, sagte er, »was in den Heiligen Schriften über Judas vorausgesagt worden ist, mußte eintreffen. Dort hat der Geist Gottes durch David von dem Verräter gesprochen, der den Männern den Weg wies, die Jesus verhaften sollten. ¹⁷Der Verräter gehörte zu uns Aposteln und hatte denselben Auftrag empfangen wie wir. ¹⁸Mit dem Geld, das er als Belohnung für seine böse Tat erhielt, kaufte er sich ein Landgut. Dort stürzte er so schlimm, daß sein Leib aufplatzte und die Eingeweide heraustraten. ¹⁹Alle Bewohner von Jerusalem hörten davon, und sie nannten das Grundstück in ihrer Sprache Hakeldamach, das bedeutet ›Blutacker‹. ²⁰Im Buch der Psalmen steht es geschrieben: ›Sein Gehöft soll leer stehen; niemand soll es bewohnen.‹ Dort wird aber auch gesagt: ›Sein Amt soll ein anderer übernehmen.‹ ²¹Wir brauchen also einen Ersatz für ihn. Es muß einer von den Männern sein, die mit uns Aposteln zusammen waren während der ganzen Zeit, in der Jesus, der Herr, unter uns gelebt und gewirkt hat – ²²angefangen von seiner Taufe durch Johannes bis zu dem Tag, an dem er in den Himmel aufgenommen wurde. Einer von denen, die das alles miterlebt haben, soll mit uns zusammen Zeuge dafür sein, daß Jesus vom Tod auferstanden ist.«

²³Die Versammelten schlugen zwei Männer vor: Josef, der auch Barsabbas genannt wurde und den Beinamen Justus trug, und Matthias. ²⁴Dann beteten sie: »Herr, du kennst die Menschen durch und durch. Zeige uns, welchen von diesen beiden du ausgewählt hast! ²⁵Judas hat uns verlassen, um

dorthin zu gehen, wohin er gehört. Wer von ihnen soll an seiner Stelle das Apostelamt übernehmen?« 26 Sie ließen das Los zwischen den beiden entscheiden, und es fiel auf Matthias. Darauf wurde er als zwölfter in den Kreis der Apostel aufgenommen.

DIE ANFANGSZEIT DER KIRCHE IN JERUSALEM: URGEMEINDE (Kapitel 2–5)

An Pfingsten kommt der Heilige Geist

2 Als das Pfingstfest kam, waren wieder alle, die zu Jesus hielten, versammelt. 2 Plötzlich gab es ein mächtiges Rauschen, wie wenn ein Sturm vom Himmel herabweht. Das Rauschen erfüllte das ganze Haus, in dem sie waren. 3 Dann sahen sie etwas wie Feuer, das sich zerteilte, und auf jeden ließ sich eine Flammenzunge nieder. 4 Alle wurden vom Geist Gottes erfüllt und begannen in anderen Sprachen zu reden, jeder und jede, wie es ihnen der Geist Gottes eingab.

5 Nun lebten in Jerusalem fromme Juden aus aller Welt, die sich hier niedergelassen hatten. 6 Als sie das mächtige Rauschen hörten, strömten sie alle zusammen. Sie waren ganz verwirrt, denn jeder hörte die Versammelten, die Apostel und die anderen, in seiner eigenen Sprache reden. 7 Außer sich vor Staunen riefen sie: »Die Leute, die da reden, sind doch alle aus Galiläa! 8 Wie kommt es, daß jeder von uns sie in seiner Muttersprache reden hört? 9 Wir kommen aus Persien, Medien und Elam, aus Mesopotamien, aus Judäa und Kappadozien, aus Pontus und aus der Provinz Asien, 10 aus Phrygien und Pamphylien, aus Ägypten, aus der Gegend von Zyrene in Libyen und sogar aus Rom. 11 Wir sind geborene Juden und Fremde, die sich der jüdischen Gemeinde angeschlossen haben, Insel- und Wüstenbewohner. Und wir alle hören sie in unserer eigenen Sprache die großen Taten Gottes verkünden!«

12 Erstaunt und ratlos fragten sie einander, was das bedeuten solle. 13 Andere machten sich darüber lustig und meinten: »Die Leute sind doch betrunken!«

Die Pfingstpredigt des Apostels Petrus

14 Da stand Petrus auf, und die elf anderen Apostel mit ihm, und er rief laut:

»Ihr Juden aus aller Welt und alle Bewohner Jerusalems! Laßt euch erklären, was hier vorgeht; hört mich an! 15 Die Leute hier sind nicht betrunken, wie ihr meint; es ist ja erst neun Uhr früh. [16] Nein, hier geschieht, was Gott durch den Propheten Joël angekündigt hat:

[17] ›Wenn die letzte Zeit anbricht, sagt Gott, dann gieße ich über alle Menschen meinen Geist aus. Männer und Frauen in Israel werden dann zu Propheten. Junge Leute haben Visionen und die Alten prophetische Träume. [18] Über alle, die mir dienen, Männer und Frauen, gieße ich zu jener Zeit meinen Geist aus, und sie werden als Propheten reden. [19] Danach lasse ich erschreckende Zeichen erscheinen, unten auf der Erde und droben am Himmel: Menschen liegen erschlagen in ihrem Blut, Flammen und Rauchwolken steigen auf; [20] die Sonne verfinstert sich, und der Mond wird blutrot. So kündigt sich der große Tag des Herrn an, dem niemand entrinnen kann. [21] Wer sich dann zum Herrn bekennt und seinen Namen anruft, wird gerettet.‹

[22] Ihr Männer von Israel, hört, was ich euch zu sagen habe! Jesus von Nazaret wurde von Gott bestätigt durch die machtvollen und staunenswerten Wundertaten, die Gott durch ihn unter euch vollbracht hat; ihr wißt es selbst. [23] Den habt ihr durch Menschen, die das Gesetz Gottes nicht kennen, ans Kreuz schlagen und töten lassen. So hatte Gott es nach seinem Plan im voraus bestimmt. [24] Und genau den hat Gott aus der Gewalt des Todes befreit und zum Leben erweckt; denn der Tod konnte ihn unmöglich gefangenhalten. [25] Schon David hat von ihm gesprochen und ihn sagen lassen:

›Ich hatte den Herrn immer vor Augen.
Er stand mir zur Seite,
darum fühlte ich mich sicher.
[26] Das erfüllte mein Herz mit Freude
und ließ mich jubelnd singen.
Selbst im Grab ruht mein Leib voll Hoffnung.
[27] Ich bin gewiß:
Du, Herr, läßt mich nicht bei den Toten;
du gibst deinen treuen Diener nicht der Verwesung preis.
[28] Du hast mir den Weg zum Leben gezeigt;
in deiner Nähe werde ich froh und glücklich sein.‹

[29] Liebe Brüder, ich darf ganz offen zu euch über unseren großen Vater David sprechen: Er starb und wurde begraben, und sein Grab ist noch heute bei uns zu sehen. [30] Aber er war ein Prophet, und Gott hatte ihm feierlich zugesagt, einer seiner Nachkommen werde auf Gottes Thron sitzen. [31] David sah also voraus, was Gott vorhatte, und seine Worte beziehen

sich auf die Auferstehung des versprochenen Retters. Von *diesem* gilt, daß Gott ihn nicht bei den Toten ließ und sein Körper nicht der Verwesung anheimfiel.

³² Diesen Jesus also hat Gott vom Tod auferweckt; wir alle sind dafür Zeugen. ³³ Er wurde zu dem Ehrenplatz an Gottes rechter Seite erhoben und erhielt von seinem Vater die versprochene Gabe, den Heiligen Geist, damit er ihn über uns ausgießt. Was ihr hier seht und hört, sind die Wirkungen dieses Geistes! ³⁴ Nicht David ist ja in den Himmel aufgenommen worden; vielmehr sagt er selbst:

›Gott, der Herr, sagte *zu meinem Herrn*: ³⁵ Setze dich an meine rechte Seite! Ich will dir deine Feinde unterwerfen, sie als Schemel unter deine Füße legen.‹

³⁶ Alle Menschen in Israel sollen also an dem, was sie hier sehen und hören, mit Gewißheit erkennen: Gott hat diesen Jesus, den ihr gekreuzigt habt, zum Herrn und Christus gemacht.«

Die Wirkung der Predigt

³⁷ Dieses Wort traf die Zuhörer mitten ins Herz, und sie fragten Petrus und die anderen Apostel: »Brüder, was sollen wir tun?«

³⁸ Petrus antwortete: »Kehrt jetzt um und laßt euch taufen auf Jesus Christus; laßt seinen Namen über euch ausrufen und bekennt euch zu ihm – jeder und jede im Volk! Dann wird Gott euch eure Schuld vergeben und euch seinen Heiligen Geist schenken. ³⁹ Denn was Gott versprochen hat, ist für euch und eure Kinder bestimmt und für alle, die jetzt noch fern sind und die der Herr, unser Gott, hinzurufen wird.«

⁴⁰ Noch mit vielen anderen Worten beschwor und ermahnte sie Petrus. Und er sagte zu ihnen: »Laßt euch retten vor dem Strafgericht, das über diese verdorbene Generation hereinbrechen wird!« ⁴¹ Viele nahmen seine Botschaft an und ließen sich taufen. Etwa dreitausend Menschen wurden an diesem Tag zur Gemeinde hinzugefügt.

Das Leben der Gemeinde

⁴² Sie alle widmeten sich eifrig dem, was für sie als Gemeinde wichtig war: Sie ließen sich von den Aposteln unterweisen, sie hielten in gegenseitiger Liebe zusammen, sie feierten das Mahl des Herrn, und sie beteten gemeinsam. ⁴³ Durch die Apostel geschahen viele staunenswerte Wundertaten, und alle in Jerusalem spürten, daß hier wirklich Gott am Werk war.

⁴⁴Alle, die zum Glauben gekommen waren, bildeten eine enge Gemeinschaft und taten ihren ganzen Besitz zusammen. ⁴⁵Von Fall zu Fall verkauften sie Grundstücke und Wertgegenstände und verteilten den Erlös unter die Bedürftigen in der Gemeinde. ⁴⁶Tag für Tag versammelten sie sich einmütig im Tempel, und in ihren Häusern hielten sie das Mahl des Herrn und aßen gemeinsam, mit jubelnder Freude und reinem Herzen. ⁴⁷Sie priesen Gott und wurden vom ganzen Volk geachtet. Der Herr aber führte ihnen jeden Tag weitere Menschen zu, die gerettet werden sollten.

Ein Gelähmter wird geheilt

3 Einmal gingen Petrus und Johannes in den Tempel. Es war drei Uhr, die Zeit für das Nachmittagsgebet. ²Am Schönen Tor des Tempelvorhofs saß ein Mann, der von Geburt an gelähmt war. Jeden Tag ließ er sich dorthin tragen und bettelte die Leute an, die in den Tempel gingen.

³Als er Petrus und Johannes sah, wie sie gerade durch das Tor gehen wollten, bat er sie um eine Gabe. ⁴Die beiden blickten ihn fest an, und Petrus sagte:»Sieh uns an!« ⁵Der Gelähmte tat es und erwartete, daß sie ihm etwas geben würden. ⁶Aber Petrus sagte:»Gold und Silber habe ich nicht; doch was ich habe, will ich dir geben. Im Namen von Jesus Christus aus Nazaret: Steh auf und geh umher!« ⁷Und er faßte den Gelähmten bei der rechten Hand und half ihm auf. Im gleichen Augenblick erstarkten seine Füße und Knöchel; ⁸mit einem Sprung war er auf den Beinen und ging umher. Er folgte Petrus und Johannes in den Vorhof des Tempels, lief umher, sprang vor Freude und dankte Gott mit lauter Stimme.

⁹Das ganze Volk dort sah, wie er umherging und Gott dankte. ¹⁰Sie erkannten in ihm den Bettler, der sonst immer am Schönen Tor gesessen hatte. Und sie staunten und waren ganz außer sich über das, was mit ihm geschehen war.

Petrus spricht im Tempel

¹¹Das ganze Volk im Tempel beobachtete, wie der Geheilte sich eng an Petrus und Johannes hielt, und alle folgten ihnen voll Staunen in die Salomohalle. ¹²Petrus aber sagte zu dem Volk, das dort zusammengeströmt war:

»Ihr Männer von Israel, warum staunt ihr? Was starrt ihr uns so an? Denkt nur nicht, wir hätten aus eigener Kraft oder durch unsere Frömmigkeit erreicht, daß der Mann hier gehen kann! ¹³Nein, der Gott unserer Vorfahren, der Gott Abrahams, Isaaks und Jakobs, hat Jesus, seinen Bevollmächtigten, durch dieses Wunder verherrlicht – denselben Jesus, den ihr an Pilatus ausgeliefert und vor seinem Richterstuhl preisgegeben habt, obwohl Pilatus ihn freilassen wollte. ¹⁴Den Heiligen und Gerechten habt ihr abgelehnt und lieber die Freigabe eines Mörders verlangt. ¹⁵So habt ihr den, der euch das Leben bringen sollte, getötet. Doch Gott hat ihn vom Tod auferweckt; dafür sind wir Zeugen. ¹⁶Das Vertrauen auf diesen Jesus hat dem Mann, der hier steht und den ihr alle kennt, Kraft gegeben. Der Name von Jesus hat in ihm Glauben geweckt und ihm die volle Gesundheit geschenkt, die ihr an ihm seht.

¹⁷Ich weiß wohl, meine Brüder: Ihr habt so gehandelt, ihr und eure Führer, weil ihr es nicht besser gewußt habt. ¹⁸Aber Gott selbst hat gewollt, daß der versprochene Retter leiden sollte. Durch alle Propheten hat er es im voraus angekündigt, und auf diese Weise ließ er es jetzt in Erfüllung gehen. ¹⁹Geht also in euch und kehrt um, damit Gott eure Schuld auslöscht! ²⁰Auch für euch will er die Heilszeit anbrechen lassen und den Retter senden, den er im voraus für euch bestimmt hat. Jesus ist dieser Retter, ²¹doch muß er den Platz im Himmel einnehmen, bis wirklich auch *alles* eingetroffen ist, was Gott schon vor langer Zeit durch seine heiligen Propheten angekündigt hat.

²²Mose hat nämlich gesagt: ›Einen Propheten wie mich wird der Herr, euer Gott, aus euren Brüdern berufen. Auf ihn sollt ihr hören und alles befolgen, was er euch sagt. ²³Wer nicht auf diesen Propheten hört, wird aus dem Volk Gottes ausgestoßen.‹ ²⁴Und auch alle Propheten – angefangen mit Samuel und dann der Reihe nach alle, die ihm folgten – haben von all dem gesprochen, was in unserer Zeit in Erfüllung gehen soll. ²⁵Euch als den Nachkommen der Propheten gilt, was sie angekündigt haben; euch gilt auch der Bund, den Gott mit euren Vorfahren geschlossen hat, als er zu Abraham sagte: ›Durch deinen Nachkommen werde ich alle Völker der Erde segnen.‹ ²⁶Euch zuerst hat Gott nun seinen Bevollmächtigten gesandt, nachdem er ihn vom Tod auferweckt hat. Durch ihn sollt ihr gesegnet werden, wenn ihr euch von euren bösen Taten abkehrt – jeder und jede im Volk!«

Petrus und Johannes vor dem jüdischen Rat

4 Während Petrus und Johannes noch zum Volk sprachen, traten ihnen die Priester mit dem Befehlshaber der Tempelwache und die Sadduzäer entgegen. ²Sie waren aufgebracht, weil die Apostel sich herausnahmen, das Volk zu lehren und am Beispiel von Jesus die Auferstehung der Toten zu

verkünden. ³Darum nahmen sie die beiden fest und brachten sie bis zum nächsten Tag ins Gefängnis; es war nämlich schon Abend. ⁴Aber viele, die die Apostel gehört hatten, kamen zum Glauben, und die Gemeinde wuchs so stark an, daß allein die Zahl der Männer bei fünftausend lag.

⁵Am nächsten Tag kamen in Jerusalem die führenden Priester, die Ratsältesten und die Gesetzeslehrer zusammen, ⁶dazu der Oberste Priester Hannas mit Kajaphas, Johannes, Alexander und all den anderen, die zur Familie des Obersten Priesters gehörten. ⁷Sie ließen die Apostel vorführen und fragten sie: »Woher hattet ihr die Kraft, diesen Mann zu heilen? In wessen Namen habt ihr es getan?«

⁸Petrus antwortete ihnen, erfüllt vom Heiligen Geist: »Führer des Volkes und seine Ältesten! ⁹Wir werden hier vor Gericht gestellt, weil wir einem Kranken geholfen haben, und wir sollen Rechenschaft geben, wodurch er geheilt worden ist. ¹⁰Nun, ihr und das ganze Volk Israel sollt es wissen: Es geschah im Namen von Jesus Christus aus Nazaret, eben dem, den ihr gekreuzigt habt und den Gott vom Tod auferweckt hat! Durch die Kraft seines Namens steht der Mann hier gesund vor euch. ¹¹Auf diesen Jesus bezieht sich das Wort in den Heiligen Schriften: ›Der Stein, den die Bauleute als wertlos weggeworfen haben, ist zum Eckstein geworden.‹ ¹²Jesus Christus und sonst niemand kann die Rettung bringen. Auf der ganzen Welt hat Gott keinen anderen Namen bekanntgemacht, durch den wir gerettet werden könnten.«

¹³Die Mitglieder des jüdischen Rates waren überrascht, mit welcher Sicherheit Petrus und Johannes sich verteidigten, obwohl sie offenkundig keine Gelehrten waren, sondern einfache Leute. Es war ihnen schnell klar, daß die beiden zur Gefolgschaft von Jesus gehörten, ¹⁴und den Mann, der geheilt worden war, sahen sie bei ihnen stehen. So konnten sie nichts gegen ihre Aussagen vorbringen.

¹⁵Sie schickten Petrus und Johannes aus dem Sitzungssaal, berieten sich ¹⁶und sagten zueinander: »Was sollen wir mit ihnen machen? Daß ein eindeutiges Wunder durch sie geschehen ist, können wir nicht leugnen. Ganz Jerusalem hat davon gehört. ¹⁷Aber damit nicht noch mehr Leute im Volk davon erfahren – das war ihr Beschluß –, wollen wir ihnen mit Nachdruck verbieten, zu irgendeinem Menschen unter Berufung auf diesen Namen zu sprechen.« ¹⁸Sie riefen also die beiden wieder herein und verboten ihnen streng, die Botschaft von Jesus noch weiter in der Öffentlichkeit zu verbreiten und unter Berufung auf seinen Namen vor dem Volk als Lehrer aufzutreten.

¹⁹Aber Petrus und Johannes erwiderten ihnen: »Entscheidet selbst, ob es vor Gott recht ist, euch mehr zu gehorchen als ihm! ²⁰Wir können nicht verschweigen, was wir gesehen und gehört haben!« ²¹Da drohten sie ihnen noch einmal und ließen sie dann gehen. Mit Rücksicht auf das Volk wagten sie nicht, sie zu bestrafen; denn alle priesen Gott für das, was geschehen war. ²²Der Mann, der auf so wunderbare Weise geheilt wurde, war nämlich von Geburt an über vierzig Jahre lang gelähmt gewesen.

Die Gemeinde betet um Kraft

²³Nach ihrer Freilassung gingen Petrus und Johannes zu der versammelten Gemeinde und erzählten dort, was die führenden Priester und Ratsältesten zu ihnen gesagt hatten. ²⁴Darauf beteten alle miteinander einmütig zu Gott:

»Herr, du hast Himmel, Erde und Meer geschaffen und alles, was lebt. ²⁵Durch den Heiligen Geist hast du unseren Vater David, deinen Diener, sagen lassen:

›Was soll das Toben der Völker?
Wozu schmieden die Menschen im Land vergebliche Pläne?
²⁶Die Könige der Erde haben sich aufgelehnt,
die Machthaber haben sich verbündet
gegen den Herrn und seinen Christus.‹

²⁷Tatsächlich haben sie sich hier in Jerusalem verbündet gegen Jesus, deinen heiligen Bevollmächtigten, den du zum Retter bestimmt hast: Herodes und Pontius Pilatus, Menschen aus den fremden Völkern und Menschen aus dem Volk Israel. ²⁸Aber sie konnten nur vollziehen, was du in deiner Macht schon längst geplant und vorherbestimmt hattest.

²⁹Höre nun, Herr, wie sie uns drohen! Gib uns, deinen Dienern und Dienerinnen, die Kraft, deine Botschaft mutig und offen zu verkünden! ³⁰Hilf uns dabei und zeige deine Macht! Laß Heilungen und andere Wundertaten geschehen durch den Namen deines heiligen Bevollmächtigten Jesus!«

³¹Als sie geendet hatten, bebte die Erde an ihrem Versammlungsort. Alle wurden vom Heiligen Geist erfüllt und verkündeten die Botschaft Gottes ohne Furcht.

Brüderliches Teilen in der Gemeinde

³²All die vielen Menschen, die zum Glauben an Jesus gefunden hatten, waren ein Herz und eine Seele. Niemand von ihnen betrachtete etwas von seinem Besitz als persönliches Eigentum; alles, was sie besaßen, gehörte ihnen gemeinsam. ³³Mit großer Kraft und bestätigt durch Wundertaten bezeug-

ten die Apostel Jesus als den auferstandenen Herrn, und für
alle sichtbar lag großer Segen auf der ganzen Gemeinde. [34] Es
gab unter ihnen niemand, der Not leiden mußte. Denn die in
der Gemeinde, die Grundstücke oder Häuser besaßen, verkauften sie, wenn es an etwas fehlte, brachten den Erlös herbei [35] und legten ihn vor den Füßen der Apostel nieder. Das
wurde dann unter die Bedürftigen verteilt.

[36] So machte es auch Josef, ein Levit aus Zypern, den die
Apostel Barnabas nannten, das heißt »der Mann, der anderen
Mut macht«. [37] Er verkaufte seinen Acker, brachte das Geld
und legte es den Aposteln zu Füßen.

Hananias und Saphira belügen den Heiligen Geist

5 Auch ein Mann namens Hananias und seine Frau Sa-
phira verkauften ein Stück Land. [2] Hananias behielt mit
Wissen seiner Frau einen Teil des Geldes zurück; das übrige
brachte er und legte es den Aposteln zu Füßen.

[3] Doch Petrus sagte zu ihm: »Hananias, warum hast du dein
Herz dem Satan geöffnet? Warum belügst du den Heiligen
Geist und behältst einen Teil vom Erlös deines Feldes für
dich? [4] Du hättest ja das Land behalten können, und nachdem du es verkauft hattest, auch das Geld. Warum hast du
dich auf dieses falsche Spiel eingelassen? Du hast nicht Menschen, sondern Gott belogen!«

[5] Als Hananias diese Worte hörte, brach er zusammen und
starb. Ein gewaltiger Schrecken packte alle, die davon erfuhren. [6] Ein paar junge Leute standen auf, wickelten den Toten
in ein Tuch, trugen ihn hinaus und begruben ihn.

[7] Etwa drei Stunden später kam seine Frau. Sie wußte noch
nicht, was geschehen war. [8] Petrus fragte sie: »Sag mir, habt
ihr das Feld zu diesem Preis verkauft?« »Ja«, antwortete sie,
»zu diesem Preis.« [9] Da sagte Petrus: »Warum habt ihr euch
verabredet, den Geist des Herrn herauszufordern? Ich sage
dir: Vor der Tür stehen schon die Leute, die deinen Mann begraben haben. Sie werden auch dich hinaustragen!« [10] Im selben Augenblick fiel sie vor seinen Füßen zu Boden und starb.
Die jungen Leute kamen herein, sahen sie tot daliegen, trugen sie hinaus und begruben sie neben ihrem Mann.

[11] Ein gewaltiger Schrecken packte die ganze Gemeinde
und alle, die davon hörten.

Das Ansehen der Gemeinde wächst

[12] Durch die Apostel geschahen viele staunenswerte Wundertaten unter dem Volk. Die ganze Gemeinde war Tag für Tag
einmütig in der Salomohalle beisammen. [13] Das Volk sprach

voller Lob von ihnen, doch eine heilige Scheu hielt die Außenstehenden davon ab, sich zu ihnen zu gesellen. [14]Um so mehr führte der Herr selbst ihnen Menschen zu, die zum Glauben gekommen waren, eine große Zahl von Männern und Frauen. [15]Die Leute trugen die Kranken auf die Straße und legten sie dort auf Betten und Matten. Wenn Petrus vorbeiging, sollte wenigstens sein Schatten auf einige von ihnen fallen. [16]Auch aus der Umgebung von Jerusalem brachten die Leute Kranke und solche, die von bösen Geistern besessen waren, und alle wurden gesund.

Die Apostel werden verhaftet und vor den Rat gestellt

[17]Der Oberste Priester und sein ganzer Anhang, die Partei der Sadduzäer, wurden neidisch und beschlossen einzugreifen. [18]Sie ließen die Apostel verhaften und ins öffentliche Gefängnis werfen. [19]Doch in der Nacht öffnete der Engel des Herrn die Gefängnistore, führte die Apostel heraus und sagte zu ihnen: [20]»Geht in den Tempel und verkündet dem Volk die Botschaft von dem Leben, das Jesus gebracht hat!« [21]Die Apostel gehorchten, gingen früh am Morgen in den Tempel, stellten sich hin und lehrten das Volk.

Der Oberste Priester und sein Anhang hatten inzwischen den jüdischen Rat samt allen Ältesten des Volkes Israel zu einer Sitzung zusammengerufen. Sie schickten in das Gefängnis, um die Apostel vorführen zu lassen. [22]Aber die Diener, die sie hinschickten, konnten die Apostel dort nicht finden. Sie kamen zurück und berichteten: [23]»Wir fanden das Gefängnis ordnungsgemäß verschlossen, und vor allen Türen standen die Wachen. Aber als wir aufschlossen, war niemand darin.«

[24]Der Befehlshaber der Tempelwache und die führenden Priester waren ratlos und konnten sich das nicht erklären. [25]Da kam einer und berichtete: »Die Männer, die ihr ins Gefängnis gesperrt habt, stehen im Tempel und lehren das Volk!« [26]Der Befehlshaber ging mit der Tempelwache hin, um sie zu holen. Sie vermieden es aber, Gewalt anzuwenden; denn sie hatten Angst, das Volk würde sie steinigen.

[27]Sie brachten die Apostel vor den jüdischen Rat, und der Oberste Priester verhörte sie. [28]Er sagte: »Wir haben euch deutlich genug befohlen, nicht mehr unter Berufung auf diesen Namen vor dem Volk als Lehrer aufzutreten. Und was habt ihr getan? Ganz Jerusalem ist voll von dem, was ihr lehrt! Ihr macht uns für den Tod dieses Menschen verantwortlich und wollt die Strafe Gottes über uns bringen!«

²⁹Aber Petrus und die anderen Apostel antworteten: »Gott muß man mehr gehorchen als den Menschen. ³⁰Der Gott unserer Vorfahren hat Jesus vom Tod auferweckt, eben den, den ihr ans Kreuz gebracht und damit zu einem von Gott Verfluchten erklärt habt. ³¹Und er hat ihn als Bringer des Lebens und Retter der Menschen auf den Ehrenplatz an seiner rechten Seite erhoben. Damit gibt er dem Volk Israel die Gelegenheit umzukehren, damit ihm seine Schuld vergeben wird. ³²Das alles haben wir zu bezeugen, und durch uns bezeugt es der Heilige Geist, den Gott denen gegeben hat, die ihm gehorchen.«

Der Pharisäer Gamaliël rät zum Zuwarten

³³Als die Ratsmitglieder das hörten, wurden sie zornig und wollten die Apostel töten. ³⁴Da meldete sich im Rat ein Pharisäer namens Gamaliël zu Wort, ein Gesetzeslehrer, der beim ganzen Volk in hohem Ansehen stand. Er verlangte, daß die Angeklagten vorübergehend aus dem Saal gebracht werden, ³⁵und sagte dann zu dem versammelten Rat: »Ihr Männer aus Israel, seid vorsichtig und überlegt euch gut, wie ihr mit diesen Leuten verfahren wollt. ³⁶Vor einiger Zeit trat Theudas auf und behauptete, eine besondere Sendung zu haben. Etwa vierhundert Männer schlossen sich ihm an; aber dann fand er den Tod, seine Anhänger liefen auseinander, und alles war zu Ende. ³⁷Danach kam zur Zeit der Volkszählung der Galiläer Judas und rief zum Aufstand auf. Er brachte eine stattliche Schar von Anhängern zusammen; aber auch er kam um, und alle, die ihm gefolgt waren, wurden auseinandergetrieben. ³⁸Darum rate ich euch: Geht nicht gegen diese Leute vor! Laßt sie laufen! Wenn das, was sie wollen und was sie da angefangen haben, nur von Menschen kommt, löst sich alles von selbst wieder auf. ³⁹Kommt es aber von Gott, dann könnt ihr nichts gegen sie machen. Wollt ihr am Ende als Leute dastehen, die gegen *Gott* kämpfen?«

Die Ratsmitglieder gaben Gamaliël recht. ⁴⁰Sie riefen die Apostel wieder herein, ließen sie auspeitschen und verboten ihnen, weiterhin von Jesus zu sprechen und unter Berufung auf seinen Namen öffentlich aufzutreten. Dann ließen sie sie frei. ⁴¹Die Apostel gingen aus dem Rat weg und waren voller Freude, weil Gott sie für wert gehalten hatte, für den Namen von Jesus zu leiden. ⁴²Unbeirrt lehrten sie Tag für Tag im Tempel und in den Häusern und verkündeten die Gute Nachricht von Jesus, dem versprochenen Retter.

AUSBREITUNG DER GUTEN NACHRICHT IN JUDÄA UND SAMARIEN (6,1–9,31)

Sieben Helfer für die Apostel

6 Die Gemeinde wuchs, und die Zahl der Jünger und Jüngerinnen wurde immer größer. Da kam es – um eben diese Zeit – zu einem Streit zwischen den griechischsprechenden Juden in der Gemeinde und denen mit hebräischer Muttersprache. Die griechische Gruppe beschwerte sich darüber, daß ihre Witwen bei der täglichen Verteilung von Lebensmitteln benachteiligt würden.

² Da riefen die Zwölf die ganze Gemeinde zusammen und sagten: »Es geht nicht an, daß wir die Verkündigung der Botschaft Gottes vernachlässigen und uns um die Verteilung der Lebensmittel kümmern. ³ Darum, liebe Brüder, wählt aus eurer Mitte sieben Männer aus, die einen guten Ruf haben und vom Geist Gottes und von Weisheit erfüllt sind. Ihnen wollen wir diese Aufgabe übertragen. ⁴ Wir selbst werden uns auch weiterhin mit ganzer Kraft dem Gebet und der Verkündigung der Botschaft Gottes widmen.«

⁵ Alle waren mit dem Vorschlag einverstanden. Sie wählten Stephanus, einen Mann voll lebendigen Glaubens und erfüllt vom Heiligen Geist; außerdem Philippus, Prochorus, Nikanor, Timon, Parmenas und Nikolaus, einen Nichtjuden aus der Stadt Antiochia, der zum Judentum übergetreten war. ⁶ Diese sieben brachten sie zu den Aposteln. Die beteten für sie und legten ihnen die Hände auf.

⁷ Die Botschaft Gottes aber breitete sich weiter aus. Die Zahl der Glaubenden in Jerusalem stieg von Tag zu Tag. Auch viele Priester folgten dem Aufruf zum Glauben.

Stephanus wird verhaftet

⁸ In der Kraft, die Gott ihm schenkte, vollbrachte Stephanus große und staunenswerte Wundertaten. ⁹ Da traten Leute aus verschiedenen jüdischen Gemeinden gegen ihn auf und verwickelten ihn in ein Streitgespräch. Es waren Männer aus der Synagoge der Freigelassenen und den Synagogen der Juden aus Zyrene und Alexandria sowie derer aus Zilizien und der Provinz Asien. ¹⁰ Aber sie waren der Weisheit und dem Geist nicht gewachsen, die aus Stephanus sprachen.

¹¹ Darauf stifteten sie eine Anzahl Männer dazu an, daß sie überall verbreiten sollten: »Wir haben ihn Dinge sagen hören! Er hat Mose und Gott gelästert!« ¹² Damit brachten sie das Volk, die Ratsältesten und die Gesetzeslehrer gegen ihn auf.

Dann ergriffen sie Stephanus und schleppten ihn vor den jüdischen Rat. [13] In der Ratsversammlung ließen sie falsche Zeugen auftreten, die behaupteten: »Dieser Mann hält unterbrochen Reden gegen diese heilige Stätte und gegen das Gesetz. [14] Wir haben selbst gehört, wie er sagte: ›Jesus von Nazaret wird diesen Tempel niederreißen und die Ordnungen ändern, die Mose uns im Auftrag Gottes übergeben hat.‹«

[15] Alle im Rat blickten gespannt auf Stephanus. Sie sahen, daß sein Gesicht leuchtete wie das eines Engels.

Die Rede von Stephanus vor dem jüdischen Rat (7,1-53)

7 Der Oberste Priester fragte: »Stimmt das, was diese Männer gegen dich vorbringen?«

[2a] Stephanus antwortete:

Erinnerung an den Bund Gottes mit Abraham

[2b] »Brüder und Väter, hört mich an! Gott im Glanz seiner Herrlichkeit erschien unserem Ahnherrn Abraham, als er noch in Mesopotamien lebte und noch nicht nach Haran gezogen war. [3] Er sagte zu ihm: ›Verlaß deine Heimat und deine Sippe und zieh in das Land, das ich dir zeigen werde!‹ [4] Da verließ Abraham das Land der Chaldäer und zog nach Haran. Nachdem dann sein Vater gestorben war, brachte Gott ihn hierher in dieses Land, in dem ihr heute lebt. [5] Doch gab er ihm darin keinen Grundbesitz, nicht einen Fußbreit. Er versprach ihm nur, ihm das Land zum Besitz zu geben, ihm und seinen Nachkommen. Dabei war Abraham damals noch kinderlos!

[6] Über Abrahams Nachkommen aber sagte Gott: ›Sie werden als Fremde in einem Land leben, das ihnen nicht gehört; vierhundert Jahre lang wird man sie hart behandeln und zu Sklavendiensten zwingen. [7] Aber ich – sagte Gott – werde das Volk, das sie unterdrückt, bestrafen, und dann werden sie von dort wegziehen und mir hier an diesem Ort Opfer darbringen und mich anbeten.‹

[8] Gott schloß mit Abraham einen Bund, dessen Zeichen die Beschneidung ist. Auf der Grundlage dieses Bundes zeugte Abraham seinen Sohn Isaak und beschnitt ihn am achten Tag nach der Geburt; und so zeugte und beschnitt auch Isaak seinen Sohn Jakob und Jakob seine zwölf Söhne, unsere Stammväter.«

Josef und die Übersiedlung nach Ägypten

⁹»Jakobs Söhne, unsere Stammväter, waren jedoch eifersüchtig auf ihren Bruder Josef und verkauften ihn als Sklaven nach Ägypten. Aber Gott war mit Josef ¹⁰und half ihm aus allen Schwierigkeiten. Er schenkte ihm Weisheit und verschaffte ihm Ansehen beim Pharao, dem König von Ägypten. So vertraute der Pharao ihm die Verwaltung ganz Ägyptens und die Aufsicht über die königlichen Güter an.

¹¹Da kam eine Hungersnot und brachte große Bedrängnis über ganz Ägypten und über das Land Kanaan, und unsere Vorfahren hatten nichts mehr zu essen. ¹²Als Jakob hörte, daß es in Ägypten noch Getreide gab, schickte er seine Söhne, unsere Stammväter, dorthin. ¹³Als sie noch ein zweites Mal dorthin kamen, gab sich Josef seinen Brüdern zu erkennen, und der Pharao erfuhr, aus welcher Familie Josef stammte.

¹⁴Josef lud dann seinen Vater Jakob ein, mit der gesamten Familie, insgesamt 75 Personen, nach Ägypten überzusiedeln. ¹⁵So kam Jakob nach Ägypten. Dort starb er auch, er und seine Söhne, unsere Stammväter. ¹⁶Nach ihrem Tod wurden sie nach Sichem überführt und dort in dem Familiengrab bestattet, das Abraham von der Sippe Hamors durch Kauf erworben hatte.«

Moses Rettung und sein Einsatz für das unterdrückte Volk

¹⁷»Dann kam die Zeit, daß Gott das Versprechen einlösen wollte, das er einst Abraham gegeben hatte. Die Nachkommen Jakobs waren inzwischen in Ägypten zu einem großen Volk geworden. ¹⁸Da kam ein neuer König an die Macht, der von Josef nichts mehr wußte. ¹⁹Nach einem heimtückischen Plan wollte er unser Volk ausrotten. Er zwang unsere Vorfahren, ihre neugeborenen Kinder auszusetzen; keines sollte am Leben bleiben. ²⁰In dieser Zeit wurde Mose geboren, ein Kind, an dem Gott Gefallen hatte. Drei Monate lang konnte er in seinem Elternhaus verborgen gehalten werden. ²¹Als er dann ausgesetzt werden mußte, rettete ihn die Tochter des Pharaos und ließ ihn als ihren eigenen Sohn aufziehen. ²²Er studierte alle Wissenschaften der Ägypter und wurde ein wortmächtiger und tatkräftiger Mann.

²³Als Mose vierzig Jahre alt war, faßte er den Entschluß, sich um seine Brüder, die Israeliten, zu kümmern. ²⁴Er wurde Zeuge, wie ein Israelit von einem Ägypter geschlagen wurde. Da griff er ein, zahlte es dem Ägypter heim und schlug ihn tot.

²⁵ Er dachte, seine Brüder, die Israeliten, würden begreifen, daß Gott sie durch ihn befreien wollte; aber sie begriffen es nicht. ²⁶ Am nächsten Tag nämlich kam er gerade dazu, als zwei Israeliten miteinander stritten. Er wollte sie versöhnen und sagte: ›Hört her, ihr seid doch Brüder! Warum schlagt ihr einander?‹ ²⁷ Aber der eine, der angefangen hatte, stieß Mose beiseite und fragte: ›Wer hat dich zum Aufseher und Richter über uns eingesetzt? ²⁸ Willst du mich auch umbringen wie gestern den Ägypter?‹

²⁹ Als Mose das hörte, floh er aus Ägypten und lebte als Fremder im Land Midian. Dort wurden ihm zwei Söhne geboren.«

Moses Berufung und Auszug Israels aus Ägypten.
Hinweis auf Christus
und Offenbarung des Gesetzes

³⁰ »Wieder waren vierzig Jahre vergangen, und Mose war eines Tages in der Wüste am Berg Sinai. Da erschien ihm ein Engel in einem brennenden Dornbusch. ³¹ Mose wunderte sich über den brennenden Busch; er wollte hingehen und ihn genauer ansehen. Doch da hörte er die Stimme des Herrn: ³² ›Ich bin der Gott deiner Vorfahren, der Gott Abrahams, Isaaks und Jakobs.‹ Mose zitterte vor Angst und wagte nicht hinzuschauen. ³³ Der Herr aber sagte: ›Zieh deine Schuhe aus, denn du stehst auf heiligem Boden! ³⁴ Ich habe genau gesehen, wie mein Volk in Ägypten mißhandelt wird, und habe sein Stöhnen gehört; ich bin gekommen, um es zu retten. Deshalb geh jetzt, ich schicke dich nach Ägypten!‹

³⁵ Eben den Mose, den die Israeliten abgelehnt und zu dem sie gesagt hatten: ›Wer hat dich zum Aufseher und Richter eingesetzt?‹, eben den schickte Gott ihnen als Anführer und Befreier – durch den Engel, der ihm im Dornbusch erschienen war. ³⁶ Genau dieser Mose führte sie in die Freiheit. Er vollbrachte staunenswerte Wundertaten, zuerst in Ägypten, dann am Roten Meer und dann vierzig Jahre lang in der Wüste.

³⁷ Genau dieser Mose ist es auch, der zu den Israeliten sagte: ›Einen Propheten wie mich wird Gott aus euren Brüdern berufen.‹

³⁸ Er war es auch, der in der Wüste, als das Volk am Berg Sinai versammelt war, als Vermittler auftrat zwischen dem Engel, der auf dem Berg zu ihm sprach, und zwischen unseren Vorfahren. Er empfing Weisungen, die zum Leben führen, damit er sie an uns weitergebe.«

Ungehorsam des Volkes in der Wüste

³⁹»Aber unsere Vorfahren wollten Mose nicht gehorchen, sondern lehnten sich gegen ihn auf. Sie waren mit ihrem Herzen schon wieder auf dem Weg zurück nach Ägypten, ⁴⁰als sie zu Aaron sagten: ›Mach uns Götter, die uns voranziehen! Denn was aus diesem Mose geworden ist, der uns aus Ägypten herausgeführt hat – niemand weiß es.‹ ⁴¹So machten sie sich damals ein Stierbild, brachten ihm Opfer und feierten ein Fest zu Ehren ihres selbstgemachten Götzen.

⁴²Da wandte sich Gott von ihnen ab und lieferte sie noch anderen Götzen aus. Er ließ es zu, daß sie die Sterne am Himmel anbeteten, wie das im Buch der zwölf Propheten nachzulesen ist. Dort sagt Gott: ›Habt ihr Israeliten etwa *mir* zu Ehren Opfertiere geschlachtet und andere Opfer dargebracht die vierzig Jahre in der Wüste? ⁴³Nein, das Zelt des Götzen Moloch habt ihr mitgeführt und den Stern eures Götzen Räfan – Bilder, die ihr euch gemacht hattet, um sie anzubeten. Deshalb werde ich euch in die Verbannung führen, noch über Babylon hinaus!‹«

Der Irrtum des Tempelbaus

⁴⁴»Unsere Vorfahren hatten in der Wüste das Heilige Zelt; es war angefertigt aufgrund der Weisung Gottes an Mose und nach dem Modell, das Mose von Gott gezeigt worden war. ⁴⁵Die folgende Generation brachte dieses Zelt mit, als sie unter der Führung von Josua das Land in Besitz nahm, aus dem Gott die früheren Bewohner vor ihnen vertrieb. Jede neue Generation übernahm das Zelt von der vorhergehenden, bis zur Zeit Davids.

⁴⁶David gewann Gottes Gunst und bat Gott darum, ihn für das Zeltheiligtum der Nachkommen Jakobs einen festen Platz finden zu lassen. ⁴⁷Salomo aber maßte sich an, Gott ein *Haus* zu bauen.

⁴⁸Der höchste Gott wohnt jedoch nicht in Häusern, die von Menschen gemacht sind! Durch den Propheten Jesaja hat er gesagt: ⁴⁹›Der Himmel ist mein Thron, die Erde mein Fußschemel. Was für ein Haus wollt ihr da für mich bauen? Wo ist die Wohnung, in der ich Raum finden könnte? ⁵⁰Habe ich nicht mit eigener Hand Himmel und Erde geschaffen?‹«

Anklage gegen die Ankläger

⁵¹»Ihr widerspenstiges Volk, am Körper seid ihr beschnitten, aber euer Herz ist unbeschnitten, und eure Ohren sind verschlossen für Gottes Botschaft! Ständig widersetzt ihr euch

dem Geist Gottes, ihr genauso wie damals eure Vorfahren! [52]Gibt es einen einzigen Propheten, den sie nicht verfolgt haben? Sie haben die Boten Gottes umgebracht, die das Kommen des einzig Gerechten angekündigt hatten. Den habt ihr nun verraten und ermordet! [53]Gott hat euch durch Vermittlung von Engeln sein Gesetz gegeben; aber ihr habt es nicht befolgt!«

Stephanus wird gesteinigt

[54]Bei diesen Worten gerieten die Mitglieder des jüdischen Rates über Stephanus in solche Wut, daß sie mit den Zähnen knirschten. [55]Stephanus aber blickte zum Himmel empor, vom Heiligen Geist erfüllt; er sah Gott im Glanz seiner Herrlichkeit und Jesus an seiner rechten Seite [56]und rief: »Ich sehe den Himmel offen und den Menschensohn an der rechten Seite Gottes stehen!«

[57]Als sie das hörten, schrien sie laut auf und hielten sich die Ohren zu. Alle miteinander stürzten sich auf Stephanus [58]und schleppten ihn vor die Stadt, um ihn zu steinigen. Die Zeugen legten ihre Oberkleider vor einem jungen Mann namens Saulus ab, damit er sie bewachte.

[59]Während sie ihn steinigten, bekannte sich Stephanus zu Jesus, dem Herrn, und rief: »Herr Jesus, nimm meinen Geist auf!« [60]Dann fiel er auf die Knie und rief laut: »Herr, strafe sie nicht für diese Schuld!« Mit diesen Worten starb er.

8 [1a]Saulus aber war völlig einverstanden mit dieser Hinrichtung.

Die Gemeinde wird verfolgt

[1b]An diesem Tag begann für die Gemeinde in Jerusalem eine harte Verfolgung. Alle, die zu ihr gehörten, zerstreuten sich über Judäa und Samarien; nur die Apostel blieben in Jerusalem zurück. [2]Ein paar fromme Männer begruben Stephanus und hielten eine große Totenklage für ihn.

[3]Saulus aber wollte die Gemeinde vernichten. Er durchsuchte die Häuser und ließ Männer und Frauen ins Gefängnis werfen.

Die Botschaft kommt nach Samarien

[4]Die über das Land zerstreuten Christen zogen umher und verkündeten die Botschaft Gottes. [5]Unter ihnen war auch Philippus. Er kam nach Samaria, der Hauptstadt von Samarien, und verkündete, daß in Jesus der versprochene Retter gekommen sei. [6]Die Menge schenkte dem, was Philippus sagte, durchweg die größte Aufmerksamkeit; denn alle hörten

von den Wundern, die er vollbrachte, und wurden auch selbst Augenzeugen davon. [7] Mit lautem Geschrei fuhren aus vielen Besessenen böse Geister aus, und viele Gelähmte und Verkrüppelte wurden geheilt. [8] In der ganzen Stadt herrschte große Freude.

[9] Nun lebte dort in der Stadt seit einiger Zeit ein Mann namens Simon, der sich mit Magie befaßte und mit dem Anspruch auftrat, ein ganz Großer zu sein. Das ganze Volk von Samaria war von ihm hellauf begeistert. [10] Bis jetzt war *er* es gewesen, der alle Aufmerksamkeit auf sich gezogen hatte, und alle Leute, von den einfachsten bis zu den gebildetsten, sagten von ihm: »Er ist die Kraft Gottes, die die Große genannt wird!« [11] Daß er so im Mittelpunkt der Aufmerksamkeit stand, hatte seinen Grund; denn durch seine Zauberkünste hatte er die Menschen im Lauf der Zeit regelrecht um den Verstand gebracht.

[12] Als nun Philippus die Botschaft von der anbrechenden Herrschaft Gottes verkündete und von Jesus Christus und der Macht seines Namens, glaubten die Leute ihm und ließen sich taufen, Männer wie Frauen. [13] Auch Simon kam zum Glauben. Nach seiner Taufe schloß er sich eng an Philippus an und konnte nicht genug staunen über die großen, machtvollen Wunder, die durch ihn geschahen.

Die Getauften empfangen den Heiligen Geist

[14] Die Apostel in Jerusalem hörten, daß die Leute in Samarien die Botschaft Gottes angenommen hatten. Deshalb schickten sie Petrus und Johannes dorthin. [15] Die beiden kamen in die Stadt Samaria und beteten zu Gott, daß er den Getauften seinen Geist schenke. [16] Denn die Menschen waren zwar im Namen von Jesus, dem Herrn, getauft worden, aber der Heilige Geist war noch auf keinen von ihnen herabgekommen. [17] Nach dem Gebet legten Petrus und Johannes den Getauften die Hände auf, und sie wurden vom Heiligen Geist erfüllt.

Der Magier Simon wird zurechtgewiesen

[18] Als Simon sah, daß die Menschen den Heiligen Geist empfingen, wenn die Apostel ihnen die Hände auflegten, bot er Petrus und Johannes Geld an [19] und sagte: »Verleiht doch auch mir diese Fähigkeit! Ich möchte, daß jeder, dem ich die Hände auflege, den Heiligen Geist empfängt!« [20] Aber Petrus sagte zu ihm: »Zur Hölle mit dir und deinem Geld! Meinst du vielleicht, du könntest kaufen, was Gott schenkt? [21] Du gehörst nicht mehr zu uns, für dich ist kein Platz in der Ge-

meinde, weil du dich Gott nicht aufrichtig zuwendest. ²² Kehr um und gib deine Falschheit auf! Bete zum Herrn, daß er dir vielleicht deine bösen Absichten verzeiht! ²³ Ich sehe, du bist voller Verkehrtheit und ganz ins Böse verstrickt!« ²⁴ Da bat Simon die Apostel: »Betet *ihr* für mich zum Herrn, daß die Strafen nicht über mich kommen, die ihr mir angedroht habt!«

²⁵ Petrus und Johannes blieben noch in Samaria, bezeugten Jesus als den Herrn und sagten den Menschen die Botschaft Gottes; dann kehrten sie nach Jerusalem zurück. Unterwegs verkündeten sie in vielen Dörfern Samariens die Gute Nachricht.

Philippus und der Eunuch aus Äthiopien

²⁶ Der Engel des Herrn aber sagte zu Philippus: »Mach dich auf den Weg und geh nach Süden, zu der Straße, die von Jerusalem nach Gaza hinabführt!« Diese Straße wird kaum von jemand benutzt. ²⁷ Philippus machte sich auf den Weg und ging dorthin. Da kam in seinem Reisewagen ein Äthiopier gefahren. Es war ein hochgestellter Mann, der Finanzverwalter der äthiopischen Königin, die den Titel Kandake führt, ein Eunuch. Er war in Jerusalem gewesen, um den Gott Israels anzubeten. ²⁸ Jetzt befand er sich auf der Rückreise. Er saß in seinem Wagen und las im Buch des Propheten Jesaja.

²⁹ Der Geist Gottes sagte zu Philippus: »Lauf hin und folge diesem Wagen!« ³⁰ Philippus lief hin und hörte, wie der Mann laut aus dem Buch des Propheten Jesaja las. Er fragte ihn: »Verstehst du denn, was du da liest?« ³¹ Der Äthiopier sagte: »Wie kann ich es verstehen, wenn mir niemand hilft!« Und er forderte Philippus auf, zu ihm in den Wagen zu steigen. ³² Die Stelle, die er gerade gelesen hatte, lautete:

»Wie ein Lamm, wenn es zum Schlachten geführt wird, wie ein Schaf, wenn es geschoren wird, so duldete er alles schweigend, ohne zu klagen. ³³ Er wurde aufs tiefste erniedrigt; aber mitten in seiner Erniedrigung wurde das Urteil gegen ihn aufgehoben. Wer wird je seine Nachkommen zählen können? Denn von der Erde weg wurde sein Leben emporgehoben.«

³⁴ Der Mann aus Äthiopien fragte: »Bitte, sag mir doch: Um wen geht es hier eigentlich? Meint der Prophet sich selbst oder einen anderen?« ³⁵ Da ergriff Philippus die Gelegenheit und verkündete ihm, von dem Prophetenwort ausgehend, die Gute Nachricht von Jesus.

³⁶ Unterwegs kamen sie an einer Wasserstelle vorbei, und der Äthiopier sagte: »Hier gibt es Wasser! Spricht etwas dagegen, daß ich getauft werde?« [³⁷ Philippus sagte: »Du kannst

getauft werden, wenn du von ganzem Herzen glaubst.« »Ja«, antwortete er, »ich glaube, daß Jesus Christus der Sohn Gottes ist.«] ³⁸Er ließ den Wagen anhalten. Die beiden stiegen ins Wasser hinab, Philippus und der Äthiopier, und Philippus taufte ihn. ³⁹Als sie aus dem Wasser heraufstiegen, wurde Philippus vom Geist des Herrn gepackt und weggeführt, und der Äthiopier sah ihn nicht mehr. Von Freude erfüllt setzte er seine Reise fort.

⁴⁰Philippus tauchte danach in Aschdod auf. Von dort zog er nach Cäsarea und verkündete unterwegs in allen Städten, durch die er kam, die Gute Nachricht.

Die Bekehrung von Saulus

9 Saulus verfolgte die Jünger und Jüngerinnen des Herrn weiterhin voller Wut und mit schweren Drohungen. Er ging zum Obersten Priester ²und ließ sich Briefe an die jüdischen Gemeinden in Damaskus geben. Darin wurde ihm die Vollmacht erteilt, auch dort nach Anhängern der neuen Lehre zu suchen und sie gegebenenfalls – Männer wie Frauen – festzunehmen und nach Jerusalem zu schaffen.

³Auf dem Weg nach Damaskus, kurz vor der Stadt, umstrahlte ihn plötzlich ein Licht vom Himmel. ⁴Er stürzte zu Boden und hörte eine Stimme: »Saul, Saul, warum verfolgst du mich?« ⁵»Wer bist du, Herr?« fragte Saulus. Die Stimme sagte: »Ich bin Jesus, den du verfolgst! ⁶Aber steh auf und geh in die Stadt! Dort wirst du erfahren, was du tun sollst.«

⁷Den Männern, die Saulus begleiteten, verschlug es die Sprache. Sie hörten zwar die Stimme, aber sie sahen niemand. ⁸Saulus stand von der Erde auf und öffnete die Augen – aber er konnte nichts mehr sehen. Da nahmen sie ihn an der Hand und führten ihn nach Damaskus. ⁹Drei Tage lang war er blind und aß nichts und trank nichts.

¹⁰In Damaskus lebte ein Jünger namens Hananias. Dem erschien der Herr und sagte: »Hananias!« »Ja, Herr«, antwortete er. ¹¹Der Herr sagte: »Steh auf, geh in die Gerade Straße in das Haus von Judas und frag nach Saulus aus Tarsus. Er ist dort und betet. ¹²In einer Vision hat er gesehen, wie ein Mann namens Hananias zu ihm kommt und ihm die Hände auflegt, damit er wieder sehen kann.«

¹³Hananias antwortete: »Herr, ich habe von vielen Seiten gehört, wieviel Böses dieser Mann in Jerusalem deiner Gemeinde angetan hat. ¹⁴Und jetzt ist er hier und hat von den führenden Priestern die Vollmacht, alle zu verhaften, die sich zu deinem Namen bekennen.« ¹⁵Aber der Herr sagte: »Geh nur hin! Gerade ihn habe ich als mein Werkzeug ausgesucht.

Er wird meinen Namen den nichtjüdischen Völkern und ihren Herrschern bekanntmachen, und auch dem Volk Israel. [16] Und ich will ihm zeigen, wieviel nun *er* für das Bekenntnis zu meinem Namen leiden muß.«

[17] Da ging Hananias in jenes Haus. Er legte Saulus die Hände auf und sagte: »Bruder Saul, der Herr hat mich geschickt – Jesus, der dir unterwegs erschienen ist. Du sollst wieder sehen können und mit dem Heiligen Geist erfüllt werden.« [18] Im selben Augenblick fiel es Saulus wie Schuppen von den Augen, und er konnte wieder sehen. Er stand auf und ließ sich taufen. [19a] Dann aß er etwas und kam wieder zu Kräften.

Saulus verkündet Jesus in Damaskus

[19b] Saulus war erst ein paar Tage bei den Jüngern und Jüngerinnen in Damaskus, [20] da ging er auch schon in die Synagogen und verkündete dort Jesus als den Sohn Gottes. [21] Alle, die ihn hörten, waren außer sich und sagten: »Ist das nicht der, der in Jerusalem alle verfolgt hat, die sich zu Jesus bekannt haben? Er ist doch eigens hergekommen, um auch hier die Anhänger dieses Menschen festzunehmen und den führenden Priestern auszuliefern!« [22] Aber Saulus trat nur um so entschiedener auf und brachte die Juden in Damaskus völlig aus der Fassung, indem er aus den Heiligen Schriften nachwies, daß Jesus der versprochene Retter ist.

[23] Nach einiger Zeit beschlossen die Juden, Saulus zu töten; [24] aber er erfuhr davon. Um ihn in die Hand zu bekommen und beseitigen zu können, stellten sie sogar bei Tag und Nacht Wachen an die Stadttore. [25] Da ließen ihn seine Jünger eines Nachts in einem Korb die Stadtmauer hinunter und verhalfen ihm so zur Flucht.

Saulus in Jerusalem. Seine Abreise nach Tarsus

[26] Saulus kam nach Jerusalem und wollte sich dort den Jüngern und Jüngerinnen anschließen. Aber sie hatten noch immer Angst vor ihm; sie konnten es nicht glauben, daß er wirklich einer der Ihren geworden war. [27] Da nahm Barnabas die Sache in die Hand und brachte ihn zu den Aposteln. Er erzählte ihnen, wie Saulus auf dem Weg nach Damaskus den Herrn gesehen und der Herr zu ihm gesprochen hatte. Er schilderte ihnen auch, wie mutig Saulus dann in Damaskus im Namen von Jesus aufgetreten und für diesen Namen eingetreten war. [28] Von da an ging Saulus bei den Aposteln in Jerusalem aus und ein. Mit ihnen zusammen trat er offen und mutig für Jesus und seinen Namen ein. [29] Vor allem sprach

und diskutierte Saulus mit den griechischsprechenden Juden.
Die aber wollten ihn umbringen. ³⁰Als seine Glaubensbrüder
das erfuhren, brachten sie ihn in die Hafenstadt Cäsarea hinab, damit er von dort nach Tarsus fahren konnte.

Petrus besucht die Gemeinden
und kommt nach Lydda und Joppe

³¹ Die Gemeinde in ganz Judäa, Galiläa und Samarien erlebte
nun eine friedliche Zeit. Sie festigte sich und machte Fortschritte in einem gottgefälligen Leben. Der Heilige Geist
stand ihr bei und ließ die Zahl der Glaubenden ständig zunehmen.

³²Petrus durchzog das ganze Land und besuchte die einzelnen Gemeinden. Dabei kam er auch zu den Christen in
Lydda. ³³Dort sah er einen Menschen – er hieß Äneas –, der
seit acht Jahren das Bett nicht mehr verlassen konnte; er war
gelähmt. ³⁴»Äneas«, sagte Petrus zu ihm, »Jesus Christus hat
dich geheilt. Steh auf und mach dein Bett!« Im selben Augenblick konnte Äneas aufstehen. ³⁵Alle Bewohner von Lydda
und der ganzen Scharon-Ebene sahen ihn gesund umher-
gehen und nahmen Jesus als den Herrn an.

³⁶In Joppe wohnte eine Jüngerin mit Namen Tabita. Ihr
griechischer Name war Dorkas; beides bedeutet »Gazelle«.
Sie hatte viel Gutes getan und den Armen geholfen. ³⁷Nun
aber war sie krank geworden und gestorben. Sie wurde
gewaschen und im Obergemach aufgebahrt. ³⁸Von Joppe
war es nicht weit nach Lydda, und als sie in Joppe erfuhren,
daß Petrus gerade dort war, schickten sie zwei Männer
zu ihm und ließen ihn bitten, so schnell wie möglich zu
kommen.

³⁹Petrus ging sofort mit, und als er in Joppe ankam, führten
sie ihn in das Obergemach. Die Witwen der Gemeinde drängten sich um ihn und zeigten ihm unter Tränen die vielen Kleider und Mäntel, die Dorkas für sie gemacht hatte, als sie
noch unter ihnen lebte. ⁴⁰Petrus aber schickte sie alle aus
dem Zimmer, kniete nieder und betete. Dann wandte er sich
der Toten zu und sagte: »Tabita, steh auf!« Sie öffnete die
Augen, und als sie Petrus erblickte, setzte sie sich auf. ⁴¹Er
reichte ihr die Hand und half ihr auf die Füße. Dann rief er
die Witwen und die ganze Gemeinde herein und gab ihnen
Dorkas lebendig zurück.

⁴²Die Nachricht verbreitete sich im ganzen Ort, und viele
kamen zum Glauben an Jesus als den Herrn. ⁴³Petrus blieb
längere Zeit in Joppe; er wohnte bei einem Gerber namens
Simon.

DIE GUTE NACHRICHT
KOMMT ZU DEN NICHTJUDEN (10,1–15,35)

Kornelius in Cäsarea hat eine Vision

10 In Cäsarea lebte Kornelius, ein Hauptmann, der zum sogenannten Italischen Regiment gehörte. ²Er glaubte an Gott und hielt sich mit seiner ganzen Hausgemeinschaft zur jüdischen Gemeinde. Er tat viel für notleidende Juden und betete regelmäßig. ³An einem Nachmittag gegen drei Uhr hatte er eine Vision. Er sah deutlich, wie ein Engel Gottes bei ihm eintrat, und hörte, wie er zu ihm sagte: »Kornelius!« ⁴Erschrocken blickte er den Engel an und fragte: »Warum kommst du, Herr?« Der Engel antwortete: »Gott hat genau bemerkt, wie treu du betest und wieviel Gutes du den Armen tust, und er will dich dafür belohnen. ⁵Darum schicke jetzt Boten nach Joppe und laß einen gewissen Simon zu dir bitten, der den Beinamen Petrus trägt. ⁶Er ist zu Gast bei einem Gerber Simon, der sein Haus unten am Meer hat.«

⁷Als der Engel wieder fortgegangen war, rief Kornelius zwei Diener und einen frommen Soldaten aus seinem persönlichen Gefolge. ⁸Er erzählte ihnen, was er erlebt hatte, und schickte sie nach Joppe.

Petrus in Joppe hat eine Vision

⁹Am nächsten Tag, als die Boten von Kornelius Joppe schon fast erreicht hatten, begab sich Petrus um die Mittagszeit auf das flache Dach des Hauses, um zu beten. ¹⁰Da bekam er Hunger und wollte essen. Während das Essen zubereitet wurde, hatte er eine Vision. ¹¹Er sah den Himmel geöffnet, und es kam daraus etwas auf die Erde herab, das sah aus wie ein großes Tuch, das an vier Ecken gehalten wird. ¹²Darin befanden sich alle Arten von vierfüßigen Tieren, Kriechtieren und Vögeln.

¹³Eine Stimme rief: »Auf, Petrus, schlachte und iß!« ¹⁴Aber Petrus antwortete: »Auf keinen Fall, Herr! Noch nie habe ich etwas Verbotenes oder Unreines gegessen.« ¹⁵Doch die Stimme forderte ihn ein zweites Mal auf und sagte: »Was Gott für rein erklärt hat, das erkläre du nicht für unrein!« ¹⁶Und noch ein drittes Mal erging an Petrus dieselbe Aufforderung. Gleich danach wurde das Tuch samt Inhalt wieder in den Himmel hinaufgehoben.

Die Boten von Kornelius bei Petrus in Joppe

[17] Während Petrus noch ratlos darüber nachdachte, was die Vision bedeuten sollte, hatten sich schon die Boten aus Cäsarea zu Simons Haus durchgefragt und standen unten vor dem Tor. [18] »Ist hier ein Simon mit dem Beinamen Petrus zu Gast?« riefen sie.

[19] Petrus grübelte noch über den Sinn seiner Vision, da sagte ihm der Geist Gottes: »Drei Männer wollen zu dir! [20] Geh hinunter und folge ihnen ohne Bedenken; ich habe sie geschickt.« [21] Da ging er hinunter und sagte zu ihnen: »Ich bin der, den ihr sucht. Was führt euch zu mir?«

[22] »Wir kommen vom Hauptmann Kornelius«, sagten sie. »Er führt ein vorbildliches Leben und hält sich zur jüdischen Gemeinde; alle Juden bei uns reden nur das Beste über ihn. Ein heiliger Engel hat ihm aufgetragen, dich in sein Haus einzuladen und zu hören, was du zu sagen hast.« [23a] Darauf ließ Petrus die Männer herein, bewirtete sie und gab ihnen ein Nachtquartier.

Petrus bei Kornelius in Cäsarea

[23b] Am anderen Morgen machte sich Petrus mit ihnen auf den Weg; einige Brüder aus Joppe begleiteten ihn. [24] Am Tag darauf kamen sie in Cäsarea an. Kornelius hatte seine Verwandten und die engsten Freunde zusammengerufen und erwartete sie. [25] Als Petrus durchs Hoftor trat, kam ihm Kornelius entgegen und warf sich vor ihm nieder. [26] Doch Petrus zog ihn hoch und sagte: »Steh auf, ich bin auch nur ein Mensch!« [27] Er sprach noch weiter mit ihm und betrat dabei das Haus.

Als er die vielen Leute sah, [28] sagte er zu ihnen: »Ihr wißt, daß ein Jude nicht mit einem Nichtjuden verkehren und vollends nicht sein Haus betreten darf. Aber mir hat Gott gezeigt, daß ich keinen Menschen als unrein oder unberührbar betrachten soll. [29] Deshalb bin ich eurer Einladung ohne Widerrede gefolgt. Aber jetzt möchte ich doch gern erfahren, warum ihr mich gerufen habt!«

[30] Kornelius antwortete: »Es war vor drei Tagen, ungefähr zur selben Zeit wie jetzt. Ich betete hier im Haus zur Gebetszeit um drei Uhr nachmittags, als plötzlich ein Mann in leuchtendem Gewand vor mir stand [31] und sagte: ›Kornelius, Gott hat deine Gebete erhört, und er will dir das Gute vergelten, das du den Armen getan hast. [32] Schicke darum Boten nach Joppe und laß Simon mit dem Beinamen Petrus zu dir bitten! Er ist zu Gast beim Gerber Simon unten am Meer!‹ [33] Da habe ich sofort zu dir geschickt, und ich freue mich,

daß du gekommen bist. Nun sind wir alle hier vor Gott versammelt und bereit zu hören, was der Herr dir aufgetragen hat.«

Petrus predigt vor den Nichtjuden
im Haus von Kornelius

³⁴ Petrus begann zu sprechen: »Wahrhaftig, jetzt begreife ich, daß Gott keine Unterschiede macht! ³⁵ Er liebt alle Menschen, ganz gleich, zu welchem Volk sie gehören, wenn sie ihn nur ernst nehmen und tun, was vor ihm recht ist. ³⁶ Seinem Volk Israel hat er die Botschaft verkünden lassen, daß er Frieden gestiftet hat durch Jesus Christus – aber dieser Jesus Christus ist ja der Herr über *alle*!

³⁷ Ihr habt sicherlich erfahren, was sich im jüdischen Land zugetragen hat, beginnend in Galiläa, nachdem Johannes zur Taufe aufgerufen hatte. ³⁸ Ihr wißt von Jesus aus Nazaret, den Gott zum Retter bestimmt und mit seinem Geist und seiner Kraft erfüllt hat. Wo er hinkam, tat er Gutes und heilte alle, die der Teufel in seiner Gewalt hatte; denn Gott stand ihm bei. ³⁹ Wir können alles bezeugen, was er im jüdischen Land und in Jerusalem getan hat.

Die Juden töteten ihn, sie hängten ihn ans Kreuz, an das Fluchholz. ⁴⁰ Aber Gott hat ihn am dritten Tag vom Tod auferweckt und ihn sichtbar erscheinen lassen – ⁴¹ nicht vor dem ganzen Volk, sondern vor den Zeugen, die er im voraus dazu bestimmt hatte. Wir, die Apostel, sind diese Zeugen; wir haben mit Jesus gegessen und getrunken, nachdem er von den Toten auferstanden war. ⁴² Und uns gab Jesus den Auftrag, dem Volk Israel zu verkünden und zu bezeugen, daß er von Gott zum Richter über die Lebenden und die Toten eingesetzt ist.

⁴³ Alle Propheten haben von ihm gesprochen; sie bezeugen, daß durch die Macht seines Namens alle Menschen die Vergebung ihrer Schuld empfangen sollen, alle, die auf ihn vertrauen.«

Der Heilige Geist kommt noch vor der Taufe
auf die Nichtjuden herab

⁴⁴ Petrus hatte noch nicht zu Ende gesprochen, da kam der Heilige Geist auf alle herab, die bei Kornelius versammelt waren und die Botschaft hörten. ⁴⁵ Die Christen jüdischer Herkunft, die mit Petrus aus Joppe gekommen waren, gerieten außer sich vor Staunen, daß Gott nun auch über die Nichtjuden seinen Geist ausgegossen hatte. ⁴⁶ Sie hörten nämlich, wie die Versammelten in unbekannten Sprachen

redeten und Gott priesen. Darauf sagte Petrus zu seinen Begleitern: [47]»Diese Leute haben genau wie wir den Heiligen Geist empfangen. Wer kann ihnen da noch die Taufe verweigern?« [48]Und er befahl, sie im Namen von Jesus Christus zu taufen. Danach baten sie ihn, noch ein paar Tage bei ihnen zu bleiben.

Petrus rechtfertigt sich vor der Gemeinde in Jerusalem

11 Die Apostel und die Brüder in Judäa hörten, daß auch die Nichtjuden die Botschaft Gottes angenommen hatten. [2]Als nun Petrus nach Jerusalem zurückkehrte, machten sie ihm Vorwürfe: [3]»Du bist zu Leuten gegangen, die nicht zu unserem Volk gehören! Du hast sogar mit ihnen gegessen!«

[4]Da erzählte ihnen Petrus ausführlich, was geschehen war: [5]»Als ich eines Tages in Joppe betete, hatte ich eine Vision. Ich sah etwas vom Himmel herabkommen, das sah aus wie ein großes Tuch, das an den vier Ecken gehalten wird. Es kam bis zu mir herunter. [6]Als ich genau hinschaute, sah ich darin alle Arten von vierfüßigen und wilden Tieren, von Kriechtieren und Vögeln. [7]Dann hörte ich auch eine Stimme, die sagte: ›Auf, Petrus, schlachte und iß!‹ [8]Aber ich sagte: ›Auf gar keinen Fall, Herr! Ich habe noch nie in meinem Leben etwas Verbotenes oder Unreines gegessen.‹ [9]Doch die Stimme von oben forderte mich ein zweites Mal auf und sagte: ›Was Gott für rein erklärt, das erkläre du nicht für unrein!‹ [10]Und noch ein drittes Mal erging an mich dieselbe Aufforderung. Danach wurde alles wieder in den Himmel hinaufgezogen.

[11]In diesem Augenblick kamen drei Männer vor dem Haus an, in dem wir waren, Boten, die man aus Cäsarea zu mir geschickt hatte. [12]Der Geist Gottes befahl mir, ihnen ohne Widerrede zu folgen. So ging ich mit. Die sechs Brüder, die ich hierher mitgebracht habe, begleiteten mich. Wir kamen nach Cäsarea und betraten das Haus des Mannes, der nach mir geschickt hatte. [13]Er erzählte uns, er habe den Engel in seinem Haus stehen gesehen, der ihm sagte: ›Schick jemand nach Joppe und laß Simon zu dir bitten, den mit dem Beinamen Petrus! [14]Was er dir zu sagen hat, wird dir die Rettung bringen, dir und deiner ganzen Hausgemeinschaft.‹

[15]Ich hatte aber noch kaum begonnen, zu ihnen zu sprechen, da kam der Heilige Geist auf sie herab, genauso wie damals am Anfang auf uns. [16]Mir fiel sofort das Wort ein, das der Herr gesagt hatte: ›Johannes hat mit Wasser getauft, aber ihr werdet mit dem Geist Gottes getauft werden.‹ [17]Da war

mir klar: Gott hatte ihnen das gleiche Geschenk gegeben wie damals uns, als wir zum Glauben an Jesus Christus, den Herrn, gekommen waren. Wie hätte *ich* mich da Gott in den Weg stellen können?«

[18]Als die Apostel und die anderen das hörten, gaben sie ihren Widerstand auf. Sie priesen Gott und sagten: »Also hat Gott auch den Nichtjuden den Weg eröffnet, zu ihm umzukehren und das wahre Leben zu gewinnen.«

Die Gemeinde in Antiochia

[19]Die von der Gemeinde, die in der Verfolgungszeit nach der Ermordung von Stephanus aus Jerusalem geflohen waren, kamen zum Teil bis nach Phönizien, Zypern und Antiochia. Sie verkündeten die Botschaft Gottes zunächst nur unter den Juden. [20]Aber einige von ihnen, die aus Zypern und Zyrene stammten, kamen nach Antiochia und verkündeten dort auch den Nichtjuden die Gute Nachricht von Jesus, dem Herrn. [21]Gott stand ihnen zur Seite, so daß viele Menschen zum Glauben kamen und Jesus als den Herrn annahmen.

[22]Die Gemeinde in Jerusalem hörte davon, und die Apostel schickten Barnabas nach Antiochia. [23]Als er hinkam und sah, was Gott dort gewirkt hatte, freute er sich. Er machte allen Mut und bestärkte sie in ihrem Vorsatz, dem Herrn treu zu bleiben. [24]Denn Barnabas war ein tüchtiger Mann, erfüllt mit dem Heiligen Geist und mit lebendigem Glauben.

Gott führte der Gemeinde immer mehr Menschen zu. [25]Barnabas aber ging nach Tarsus, um Saulus zu suchen; [26]und als er ihn gefunden hatte, nahm er ihn mit nach Antiochia. Ein ganzes Jahr lang wirkten beide gemeinsam in der Gemeinde und unterwiesen viele Menschen im Glauben.

Hier in Antiochia kam für die Jünger und Jüngerinnen zum ersten Mal die Bezeichnung »Christen« auf.

Ihre Fürsorge für die Gemeinde in Jerusalem

[27]Während dieser Zeit kamen Propheten von Jerusalem nach Antiochia. [28]Einer von ihnen, Agabus, trat vor die versammelte Gemeinde und sagte auf Eingebung des Heiligen Geistes voraus, daß eine große Hungersnot über die ganze Erde kommen werde – wie sie dann auch tatsächlich unter der Regierung des Kaisers Klaudius eintraf. [29]Da beschloß die Gemeinde in Antiochia, den Brüdern und Schwestern in Judäa nach Kräften zu helfen – entsprechend dem, was die einzelnen in der Gemeinde erübrigen konnten. [30]Sie schickten ihre Spende durch Barnabas und Saulus an die Gemeindeältesten in Jerusalem.

Jakobus wird hingerichtet,
Petrus gefangengenommen

12 Um diese Zeit ließ König Herodes verschiedene Mitglieder der Gemeinde von Jerusalem festnehmen und schwer mißhandeln. ²Jakobus, den Bruder von Johannes, ließ er enthaupten. ³Als er merkte, daß dies den Juden gefiel, ging er noch einen Schritt weiter und ließ auch Petrus gefangennehmen – gerade in den Tagen des Passafestes.

⁴Petrus wurde ins Gefängnis gebracht; zu seiner Bewachung wurden vier Gruppen zu je vier Soldaten abgestellt, die einander ablösen sollten. Herodes wollte ihm nach dem Fest vor allem Volk den Prozeß machen.

⁵So saß Petrus also streng bewacht im Gefängnis. Die Gemeinde aber betete Tag und Nacht inständig für ihn zu Gott.

Petrus wird aus dem Gefängnis befreit

⁶In der Nacht, bevor Herodes ihn vor Gericht stellen wollte, schlief Petrus zwischen zwei der Wachsoldaten, mit Ketten an sie gefesselt. Vor der Tür der Zelle waren die zwei anderen als Wachtposten aufgestellt. ⁷Plötzlich stand da der Engel des Herrn, und die ganze Zelle war von strahlendem Licht erfüllt. Der Engel weckte Petrus durch einen Stoß in die Seite und sagte: »Schnell, steh auf!« Da fielen Petrus die Ketten von den Händen. ⁸Der Engel sagte: »Leg den Gürtel um und zieh die Sandalen an!« Petrus tat es, und der Engel sagte: »Wirf dir den Mantel um und komm mit!«

⁹Petrus folgte ihm nach draußen. Er wußte nicht, daß es Wirklichkeit war, was er da mit dem Engel erlebte; er meinte, er hätte eine Vision. ¹⁰Sie kamen ungehindert am ersten der Wachtposten vorbei, ebenso am zweiten, und standen schließlich vor dem eisernen Tor, das in die Stadt führte. Das Tor öffnete sich von selbst. Sie traten hinaus und gingen die Straße entlang, doch als Petrus in die nächste einbog, war der Engel plötzlich verschwunden. ¹¹Als Petrus zu sich kam, sagte er: »Es ist also wirklich wahr! Der Herr hat seinen Engel geschickt, um mich vor Herodes zu retten und vor dem zu bewahren, was das jüdische Volk sich erhofft hat!«

¹²Als ihm das klargeworden war, ging er zu dem Haus, das Maria gehörte, der Mutter von Johannes mit dem Beinamen Markus. Dort waren viele Christen versammelt und beteten immer noch für seine Freilassung. ¹³Petrus klopfte an das Hoftor, und die Dienerin Rhode kam, um zu hören, wer draußen sei. ¹⁴Als sie Petrus an der Stimme erkannte, vergaß sie vor Freude, das Tor zu öffnen; sie rannte ins Haus und

meldete, Petrus stehe draußen. [15]»Du bist nicht ganz bei Verstand!« sagten die im Haus. Und als Rhode darauf bestand, meinten sie: »Das ist sein Schutzengel!«

[16]Petrus aber klopfte und klopfte, bis sie schließlich aufmachten. Als sie ihn sahen, gerieten sie außer sich. [17]Er bat mit einer Handbewegung um Ruhe und erklärte ihnen, wie ihn Gott aus dem Gefängnis befreit hatte. »Berichtet das Jakobus und allen anderen Brüdern und Schwestern!« sagte er. Dann verließ er Jerusalem.

[18]Als es Tag wurde, gab es bei der Wachmannschaft eine große Aufregung, weil Petrus verschwunden war. [19]Herodes ließ überall nach ihm suchen, aber vergeblich. Darauf verhörte er die Soldaten. Er befand sie für schuldig und ließ sie hinrichten. Danach begab sich Herodes von Jerusalem hinab nach Cäsarea in seine Hauptresidenz.

Der Tod von Herodes Agrippa I.

[20]König Herodes lag im Streit mit den Bürgern von Tyrus und Sidon, und sein Zorn über sie war groß. Nun hatten sie eine Abordnung geschickt und um eine friedliche Beilegung des Konflikts gebeten. Den königlichen Palastverwalter Blastus hatten sie dafür gewonnen, beim König ein Wort für sie einzulegen. Die Bürger von Tyrus und Sidon waren nämlich für ihre Lebensmittelversorgung auf Lieferungen aus dem Gebiet des Königs angewiesen.

[21]An dem Tag, an dem die Beilegung des Streits feierlich verkündet werden sollte, nahm Herodes in der Pracht seiner königlichen Gewänder auf der Tribüne Platz und hielt in öffentlicher Volksversammlung eine Rede an die Abordnung aus Tyrus und Sidon. [22]Das Volk von Cäsarea aber rief laut: »So redet ein Gott, nicht ein Mensch!« [23]Im selben Augenblick schlug ihn der Engel des Herrn – weil er sich als einen Gott feiern ließ, anstatt dem wahren Gott die Ehre zu geben. Der König wurde von Würmern zerfressen und starb.

[24]Die Botschaft Gottes aber breitete sich aus, und die Zahl der Glaubenden nahm immer mehr zu.

Die erste Missionsreise von Paulus (12,25–14,28)

Barnabas und Saulus von der Gemeinde in Antiochia ausgesandt

[25]Nachdem Barnabas und Saulus die Geldspende in Jerusalem übergeben hatten, kehrten sie nach Antiochia zurück. Sie brachten Johannes mit dem Beinamen Markus aus Jerusalem mit.

13 In der Gemeinde von Antiochia gab es eine Reihe von Propheten und Lehrern; es waren Barnabas, Simeon, genannt »der Schwarze«, Luzius von Zyrene, Manaën, der zusammen mit dem Fürsten Herodes erzogen worden war, und Saulus. ²Als sie einmal für einige Zeit fasteten und sich ganz dem Gebet widmeten, sagte ihnen der Heilige Geist: »Gebt mir Barnabas und Saulus für die besondere Aufgabe frei, zu der ich sie berufen habe!« ³Nach einer weiteren Zeit des Fastens und Betens legten sie den beiden die Hände auf und ließen sie ziehen.

Barnabas und Saulus auf Zypern

⁴So wurden Barnabas und Saulus vom Heiligen Geist ausgesandt und auf den Weg geschickt. Sie gingen hinab nach Seleuzia und reisten von dort mit dem Schiff zur Insel Zypern. ⁵Als sie in die Stadt Salamis kamen, verkündeten sie die Botschaft Gottes in den jüdischen Synagogen. Als Helfer hatten sie noch Johannes Markus bei sich.

⁶Dann durchzogen sie die ganze Insel und kamen nach Paphos. Dort trafen sie einen Juden namens Barjesus, der war ein Magier und falscher Prophet. ⁷Er gehörte zum Gefolge des römischen Statthalters der Insel, Sergius Paulus, einem gebildeten Mann. Der Statthalter hatte Barnabas und Saulus rufen lassen und wollte die Botschaft Gottes hören. ⁸Aber Elymas, wie Barjesus sich auch nannte – das bedeutet »Magier« –, trat ihnen entgegen und suchte mit allen Mitteln zu verhindern, daß der Statthalter der Botschaft glaubte.

⁹Saulus – mit seinem römischen Namen heißt er übrigens Paulus – sah den Magier scharf an; erfüllt vom Heiligen Geist, ¹⁰sagte er zu ihm: »Du Sohn des Teufels, du bist voll List und Tücke und kämpfst gegen alles Gute. Willst du nicht endlich aufhören, die klaren Absichten Gottes zu durchkreuzen? ¹¹Der Herr wird dich dafür bestrafen: Du sollst blind sein und für einige Zeit das Sonnenlicht nicht mehr sehen!« Im selben Augenblick fand sich der Magier in die tiefste Dunkelheit getaucht. Er tappte umher und suchte einen, der ihn an der Hand führte.

¹²Als der Statthalter sah, was geschehen war, kam er zum Glauben; denn er war tief beeindruckt davon, wie mächtig sich die Lehre von Jesus, dem Herrn, erwiesen hatte.

Die Predigt in der Synagoge von Antiochia in Pisidien

¹³Paulus und seine Begleiter bestiegen in Paphos ein Schiff und fuhren nach Perge in Pamphylien. Dort trennte sich Johannes Markus von ihnen und kehrte nach Jerusalem zurück.

¹⁴Die beiden anderen zogen von Perge weiter nach Antiochia in Pisidien. Am Sabbat gingen sie dort in die Synagoge und setzten sich unter die Zuhörer. ¹⁵Nach der Lesung aus dem Gesetz und den Schriften der Propheten ließen die Synagogenvorsteher den Gästen sagen: »Brüder, wenn ihr dem Volk ein ermutigendes Wort zu sagen habt, dann sprecht!« ¹⁶Da stand Paulus auf, bat mit einer Handbewegung um Ruhe und begann:

»Ihr Männer aus dem Volk Israel und ihr anderen, die ihr den Glauben Israels teilt, hört mich an! ¹⁷Der Gott unseres Volkes, der Gott Israels, hat unsere Vorfahren erwählt und hat sie zu einem großen Volk gemacht, während sie als Fremde in Ägypten lebten. Mit hoch erhobenem Arm führte er sie aus Ägypten heraus, ¹⁸und vierzig Jahre lang ertrug er sie in der Wüste. ¹⁹Er vernichtete vor ihnen sieben Völker im Land Kanaan und gab ihnen ihr Land zum Besitz. ²⁰Das war etwa 450 Jahre, nachdem unsere Vorfahren nach Ägypten gekommen waren.

Dann gab er ihnen Richter bis zur Zeit des Propheten Samuel. ²¹Von da an wollten sie einen König haben, und Gott gab ihnen Saul, den Sohn von Kisch aus dem Stamm Benjamin. Nach vierzigjähriger Herrschaft aber ²²verstieß er Saul und erhob David zu ihrem König. Ihm stellte er das Zeugnis aus: ›David, den Sohn von Isai, habe ich erwählt, einen Mann, der mir gefällt. Er wird alles ausführen, was ich will.‹ ²³Und einen der Nachkommen von eben diesem David hat Gott nun seinem Volk Israel als Retter gesandt, wie er es versprochen hatte, nämlich Jesus.

²⁴Vor ihm her hatte Johannes alle im Volk Israel dazu aufgerufen, sie sollten umkehren und sich taufen lassen. ²⁵Als Johannes am Ende seines Wirkens stand, sagte er zu den Leuten: ›Ich bin nicht der, für den ihr mich haltet. Aber *nach* mir kommt der Erwartete; ich bin nicht einmal gut genug, ihm die Schuhe aufzubinden.‹

²⁶Liebe Brüder, ihr Nachkommen Abrahams, und ihr anderen hier, die ihr den Glauben Israels teilt: Jetzt hat Gott *uns*, die wir hier versammelt sind, die Botschaft von dieser Rettung gesandt! ²⁷Denn die Bewohner Jerusalems und ihre führenden Männer haben Jesus nicht erkannt. Sie haben ihn verurteilt, aber mit diesem Urteil haben sie nur die Ankündigungen der Propheten in Erfüllung gehen lassen, die jeden Sabbat vorgelesen werden. ²⁸Sie forderten nämlich von Pilatus seine Hinrichtung, obwohl sie kein todeswürdiges Verbrechen an ihm gefunden hatten. ²⁹Und nachdem sie alles getan hatten, was in den Heiligen Schriften über Jesus vorhergesagt

ist, nahmen sie ihn vom Kreuz und legten ihn ins Grab. ³⁰Aber Gott hat ihn vom Tod auferweckt, ³¹und als Auferstandener zeigte er sich während vieler Tage den Männern, die mit ihm von Galiläa nach Jerusalem gekommen waren. Diese sind heute seine Zeugen vor dem Volk Israel.

³²Und wir verkünden euch nun also die gute Nachricht, daß Gott seine Zusagen eingelöst hat! Was er unseren Vorfahren versprochen hatte, ³³das hat er für uns, die Nachkommen, in Erfüllung gehen lassen. Er hat Jesus vom Tod auferweckt, und damit ist eingetreten, was beispielsweise im zweiten Psalm geschrieben steht, wo Gott sagt: ›Du bist mein Sohn, heute habe ich dich dazu gemacht!‹

³⁴Daß er ihn mit der Auferweckung aber *für immer* dem Tod und der Verwesung entrissen hat – und mit ihm auch uns –, das stellt er klar mit den Worten: ›Ich gebe euch die heiligen und unvergänglichen Gaben, die ich David versprochen habe.‹ ³⁵Darum sagt auch David in einem anderen Psalm: ›Du gibst deinen Heiligen nicht der Verwesung preis.‹

³⁶David selbst hatte nur eine Aufgabe an seiner eigenen Generation zu erfüllen. Dann ist er nach Gottes Willen gestorben, wurde neben seinen Vorfahren beigesetzt und fiel der Verwesung anheim. ³⁷Doch der, den Gott vom Tod auferweckt hat, der fiel nicht der Verwesung anheim.

³⁸Und durch diesen Jesus – das sollt ihr wissen, Brüder – wird euch die Vergebung eurer Schuld angeboten! Das Gesetz Moses hatte nicht die Kraft, eure Schuld wegzunehmen; ³⁹aber wer von euch Jesus vertraut, wird vor Gott als gerecht bestehen können.

⁴⁰Gebt also acht, daß nicht eintrifft, was im Buch der zwölf Propheten gesagt wird: ⁴¹›Schaut her, ihr Verächter, wundert euch und geht zugrunde! Denn in euren Tagen werde ich etwas tun – wenn es euch jemand erzählte, ihr würdet es ihm nicht glauben!‹«

⁴²Als Paulus und Barnabas aus der Synagoge gingen, wurden sie gebeten, am folgenden Sabbat weiter über diese Sache zu sprechen. ⁴³Doch schon gleich nach dem Gottesdienst kamen viele mit Paulus und Barnabas mit, Juden und Leute, die zum Judentum übergetreten waren. Die beiden sprachen zu ihnen und redeten ihnen zu, die angebotene Gnade Gottes zu ergreifen und an ihr festzuhalten.

Konflikt mit den Juden, Hinwendung zu den Nichtjuden

⁴⁴Am nächsten Sabbat war fast die ganze Stadt in der Synagoge versammelt, um die Botschaft Gottes zu hören. ⁴⁵Als

die Juden den großen Andrang sahen, wurden sie eifersüchtig. Ständig widersprachen sie dem, was Paulus sagte, und
stießen Lästerungen gegen Jesus aus. 46 Schließlich erklärten
Paulus und Barnabas frei und offen: »Euch mußte als ersten
die Botschaft Gottes verkündet werden. Aber weil ihr nichts
davon wissen wollt und euch damit als unwürdig erweist, das
ewige Leben zu empfangen, wenden wir uns jetzt an die
Nichtjuden. 47 Dazu haben wir vom Herrn den Auftrag erhalten; denn er hat gesagt: ›Ich mache dich zum Licht für die
anderen Völker, damit alle bis ans Ende der Erde durch dich
meine rettende Hilfe erfahren.‹«

48 Als die Nichtjuden das hörten, brachen sie in Jubel aus.
Sie wollten gar nicht mehr aufhören, Gott für seine rettende
Botschaft zu preisen. Und alle, die für das ewige Leben bestimmt waren, kamen zum Glauben. 49 Die Botschaft Gottes
verbreitete sich in der ganzen Gegend. 50 Aber die Juden hetzten vornehme Frauen, die sich zur jüdischen Gemeinde hielten, und die führenden Männer der Stadt gegen Paulus und
Barnabas auf. Die beiden wurden festgenommen, aus der
Stadt ausgewiesen und mußten die Gegend verlassen. 51 Vor
der Stadt schüttelten sie den Staub von ihren Füßen, ihnen
zur Warnung, und gingen nach Ikonion. 52 Die neugewonne-
nen Jünger und Jüngerinnen in Antiochia aber wurden von
Freude und vom Heiligen Geist erfüllt.

Paulus und Barnabas in Ikonion

14 In Ikonion gingen Paulus und Barnabas wieder genauso in die Synagoge, und sie sprachen dort auch so, wie
sie es schon in Antiochia getan hatten. Eine große Zahl von
Menschen kam daraufhin zum Glauben, Juden wie Griechen.
2 Aber die übrigen Juden, die sich nicht überzeugen lassen
wollten, fingen an, die nichtjüdische Bevölkerung der Stadt
gegen die Christen aufzuhetzen. 3 Trotzdem konnten Paulus
und Barnabas noch längere Zeit in der Stadt bleiben. Im Vertrauen auf den Herrn verkündeten sie die Botschaft von der
rettenden Gnade frei und offen, und der Herr bestätigte die
Botschaft durch die wunderbaren Taten, die er durch Paulus
und Barnabas geschehen ließ.

4 So kam es, daß die Stadt schließlich in zwei Lager gespalten war: die einen hielten zu den Juden, die andern zu den
Aposteln. 5 Die feindlich gesinnte Gruppe – Nichtjuden ebenso wie Juden samt den beiderseitigen führenden Männern –
bereitete einen Anschlag gegen Paulus und Barnabas vor. Sie
wollten an den beiden ihre Wut auslassen und sie steinigen.

⁶Aber Paulus und Barnabas merkten, was sie vorhatten. Sie flohen nach Lystra und dann weiter nach Derbe, zwei Städten in Lykaonien. ⁷Dort und in der weiteren Umgebung verkündeten sie die Gute Nachricht.

Paulus und Barnabas in Lystra

⁸In Lystra sahen Paulus und Barnabas einen Mann sitzen, der seit seiner Geburt gelähmt war. Seine Füße waren kraftlos; er hatte in seinem ganzen Leben noch keinen Schritt getan. ⁹Er hörte zu, wie Paulus die Gute Nachricht verkündete. Paulus blickte ihn an, und als er merkte, daß der Gelähmte das feste Vertrauen hatte, geheilt zu werden, ¹⁰sagte er laut: »Steh auf, stell dich aufrecht auf deine Beine!« Da sprang der Mann auf und ging umher.

¹¹Als die Volksmenge sah, was Paulus getan hatte, riefen alle in ihrer lykaonischen Sprache: »Die Götter haben Menschengestalt angenommen und sind zu uns herabgestiegen!« ¹²Sie nannten Barnabas Zeus, und Paulus nannten sie Hermes – weil er das Wort geführt hatte. ¹³Der Priester aus dem Zeus-Tempel vor der Stadt brachte Stiere und Blumenkränze ans Stadttor und wollte zusammen mit der Menge den beiden Opfer darbringen.

¹⁴Als die Apostel merkten, was da vor sich ging, zerrissen sie ihre Kleider, stürzten sich in die Menge und riefen: ¹⁵»Ihr Männer, was macht ihr da? Wir sind doch Menschen genauso wie ihr! Mit unserer Botschaft wollen wir euch ja gerade dazu aufrufen, daß ihr euch *abwendet* von all diesen Göttern, die gar keine sind, und euch dem lebendigen Gott zuwendet – dem Gott, der Himmel, Erde, Meer und alles, was lebt, geschaffen hat! ¹⁶Bis jetzt hat er alle Völker außer den Juden ihre eigenen Wege gehen lassen. ¹⁷Und doch hat er sich auch ihnen schon immer zu erkennen gegeben: *Er* ist es doch, der euch Wohltaten erweist! *Er* gibt euch den Regen und läßt die Ernte reifen! *Er* gibt euch zu essen und macht euch froh und glücklich!« ¹⁸Doch auch damit konnten sie die Leute kaum davon abbringen, ihnen zu opfern.

¹⁹Aber dann kamen Juden aus Antiochia in Pisidien und aus Ikonion. Sie brachten die Menge auf ihre Seite und bewarfen Paulus mit Steinen. Darauf schleiften sie ihn aus der Stadt hinaus; denn sie hielten ihn für tot. ²⁰Doch als die Christen sich um ihn drängten, kam er wieder zu sich, stand auf und ging ganz offen in die Stadt zurück. Am nächsten Tag machte er sich mit Barnabas auf den Weg nach Derbe.

Besuch der Gemeinden
auf der Rückreise von Derbe aus

²¹ In Derbe verkündeten Paulus und Barnabas die Gute Nachricht und konnten viele Menschen als Jünger und Jüngerinnen für Jesus gewinnen. Dann traten sie die Rückreise an. Sie kamen wieder nach Lystra und dann nach Ikonion und schließlich nach dem pisidischen Antiochia. ²² Überall machten sie den Christen Mut und ermahnten sie, unbeirrt am Glauben festzuhalten. »Der Weg in Gottes neue Welt«, sagten sie zu ihnen, »führt uns durch viel Not und Verfolgung. So ist es der Wille Gottes.« ²³ In jeder Gemeinde setzten sie Gemeindeälteste ein und stellten sie und alle, die zum Glauben an den Herrn gekommen waren, mit Gebet und Fasten unter dessen Schutz.

²⁴ Sie zogen dann weiter durch Pisidien nach Pamphylien. ²⁵ Sie verkündeten die Botschaft Gottes in Perge und gingen hinunter ans Meer nach Attalia. ²⁶ Von dort kehrten sie mit dem Schiff zum Ausgangspunkt ihrer Reise, nach Antiochia in Syrien, zurück. Hier waren sie der Gnade Gottes anbefohlen worden für das Werk, das sie nun vollendet hatten. ²⁷ Nach ihrer Ankunft riefen sie die ganze Gemeinde zusammen und berichteten, was Gott alles durch sie getan hatte und daß er den Nichtjuden die Tür zum Glauben geöffnet habe.

²⁸ Paulus und Barnabas blieben nun für längere Zeit bei den Brüdern und Schwestern in Antiochia.

Das »Apostelkonzil« und seine Beschlüsse (15,1-35)

Müssen die Nichtjuden
auf das Gesetz verpflichtet werden?

15 Damals kamen einige Christen aus Judäa nach Antiochia und erklärten den Brüdern: »Ihr könnt nicht gerettet werden, wenn ihr euch nicht beschneiden laßt, wie es das Gesetz Moses vorschreibt!« ² Paulus und Barnabas bestritten das und hatten eine heftige Auseinandersetzung mit ihnen. Die Brüder beschlossen deshalb, Paulus und Barnabas und einige andere aus der Gemeinde nach Jerusalem zu senden. Sie sollten den Aposteln und Gemeindeältesten dort die Streitfrage vorlegen.

³ Paulus und Barnabas wurden von der Gemeinde feierlich verabschiedet. Sie zogen durch Phönizien und Samarien und erzählten überall in den Gemeinden, wie die Nichtjuden Jesus als den Herrn angenommen hatten. Bei allen Brüdern

und Schwestern lösten sie damit große Freude aus. ⁴Als sie
nach Jerusalem kamen, wurden sie von der ganzen Gemeinde
und den Aposteln und Gemeindeältesten freundlich aufgenommen. Sie berichteten ihnen, was Gott alles durch sie
unter den Nichtjuden getan hatte. ⁵Aber einige von der Richtung der Pharisäer, die Christen geworden waren, standen
auf und erklärten:»Man muß sie beschneiden und von ihnen
fordern, daß sie das Gesetz Moses befolgen!«

Petrus: Gott hat schon entschieden!

⁶Daraufhin fand eine weitere Versammlung statt: Die Apostel
und die Gemeindeältesten traten zusammen, um vor der gesamten Gemeinde die Frage zu erörtern. ⁷Als die Diskussion
heftig wurde, stand Petrus auf und sagte:
»Liebe Brüder, ihr wißt doch: Gott hat schon seit langem
unter euch seinen Willen kundgegeben. Er hat entschieden,
daß die Menschen der anderen Völker durch mich die Gute
Nachricht hören und zum Glauben kommen sollten. ⁸Und
er, der ins Herz sieht, hat diesen Menschen ein gutes Zeugnis
ausgestellt: Er hat ihnen genauso wie uns den Heiligen Geist
geschenkt. ⁹In keinem Punkt hat er einen Unterschied gemacht zwischen ihnen und uns. Sie sind rein, weil er sie
durch den Glauben im Herzen rein gemacht hat. ¹⁰Warum
also fordert ihr Gott heraus und wollt diesen Menschen eine
Last auferlegen, die weder unsere Vorfahren noch wir selbst
tragen konnten? ¹¹Es ist doch allein die Gnade Gottes, auf
die wir unser Vertrauen setzen und von der wir unsere Rettung erwarten – wir genauso wie sie!«
¹²Aus der ganzen Versammlung kam kein Wort des Wider-
spruchs, und alle hörten aufmerksam zu, als nun Paulus und
Barnabas noch eingehender berichteten, was für wunderbare Taten Gott durch sie unter den Nichtjuden vollbracht
hatte.

Jakobus macht sich zum Anwalt
der nichtjüdischen Christen

¹³Als die beiden geendet hatten, stand Jakobus auf und sagte:
»Hört mir zu, liebe Brüder! ¹⁴Simon hat uns gezeigt, wie
Gott selbst von Anfang an darauf bedacht war, aus den
Nichtjuden Menschen zu sammeln, die sein Volk sind und
ihn ehren. ¹⁵Das stimmt mit den Worten der Propheten überein, denn bei ihnen heißt es: ¹⁶›Danach werde ich mich euch
zuwenden, sagt der Herr, und die verfallene Hütte Davids
wieder aufbauen. Aus den Trümmern werde ich sie von
neuem errichten. ¹⁷Das werde ich tun, damit auch die übri-

gen Menschen nach mir fragen, alle Völker, die doch von
jeher mein Eigentum sind. Ich, der Herr, werde tun, [18]was
ich seit Urzeiten beschlossen habe.‹

[19]Darum bin ich der Ansicht, wir sollten den Menschen
aus den anderen Völkern, die sich Gott zuwenden, nicht eine
unnötige Last auferlegen. Wir sollten sie nicht dazu verpflich-
ten, das ganze jüdische Gesetz zu befolgen, [20]sondern sie nur
in einem Schreiben auffordern, daß sie kein Fleisch von Tieren essen, die als Opfer für die Götzen geschlachtet worden
sind, denn es ist unrein; weiter sollen sie sich vor Blutschande
hüten, kein Fleisch von Tieren essen, deren Blut nicht vollständig ausgeflossen ist, und kein Tierblut genießen. [21]Denn
diese Vorschriften Moses sind seit alten Zeiten in jeder Stadt
bekannt; jeden Sabbat wird ja überall in den Synagogen aus
dem Gesetz vorgelesen.«

Beschluß und Brief an die nichtjüdischen Christen

[22]Darauf beschlossen die Apostel und die Gemeindeältesten
zusammen mit der ganzen Gemeinde, Männer aus ihrer Mitte
auszuwählen und mit Paulus und Barnabas nach Antiochia
zu schicken. Sie bestimmten dafür Judas mit dem Beinamen
Barsabbas und Silas, zwei führende Leute der Gemeinde,
[23]und gaben ihnen folgendes Schreiben mit:

»Die Apostel und die Gemeindeältesten, eure Brüder, grüßen
ihre Brüder und Schwestern nichtjüdischer Abstammung in
Antiochia, Syrien und Zilizien. [24]Wir haben erfahren, daß
einige aus unserer Gemeinde mit ihren Äußerungen Verwirrung und Niedergeschlagenheit unter euch verbreitet haben.
Sie hatten aber keinerlei Auftrag von uns. [25]Nachdem wir
nun in dieser Frage zu einer einhelligen Auffassung gekommen sind, haben wir beschlossen, ausgewählte Männer unserer Gemeinde zu euch zu schicken. Sie kommen zusammen
mit unseren geliebten Brüdern Barnabas und Paulus, [26]die
im Dienst für Jesus Christus, unseren Herrn, ihr Leben aufs
Spiel gesetzt haben. [27]Unsere Abgesandten Judas und Silas
werden euch alles auch noch mündlich mitteilen und erläu-
tern.

[28]Vom Heiligen Geist geleitet, haben wir nämlich beschlossen, euch keine weitere Last aufzuladen außer den folgenden
Einschränkungen, die unbedingt von euch zu beachten sind:
[29]Eßt kein Fleisch von Tieren, die als Opfer für die Götzen
geschlachtet wurden; genießt kein Blut; eßt kein Fleisch von
Tieren, deren Blut nicht vollständig ausgeflossen ist; und
hütet euch vor Blutschande.

Wenn ihr euch vor diesen Dingen in acht nehmt, tut ihr recht. Lebt wohl!«

³⁰Die beiden Abgesandten gingen mit Paulus und Barnabas nach Antiochia. Vor der versammelten Gemeinde übergaben sie den Brief. ³¹Als er vorgelesen wurde, freuten sich alle über den ermutigenden Bescheid. ³²Judas und Silas, die selbst Propheten waren, sprachen lange mit den Brüdern und Schwestern, machten ihnen weiter Mut und stärkten sie. ³³Sie blieben noch einige Zeit dort; dann wurden sie von der Gemeinde herzlich verabschiedet, um nach Jerusalem zurückzukehren. [³⁴Silas beschloß dazubleiben, und Judas kehrte allein zurück.]

³⁵Paulus und Barnabas blieben in Antiochia. Zusammen mit vielen anderen unterwiesen sie die Gemeinde und verkündeten den Menschen in der Stadt die Botschaft Gottes.

PAULUS MISSIONIERT IN KLEINASIEN UND GRIECHENLAND (15,36–19,20)

Die zweite Missionsreise von Paulus (15,36–18,22)

Aufbruch und Trennung von Barnabas

³⁶Nach einiger Zeit sagte Paulus zu Barnabas: »Laß uns noch einmal alle die Orte besuchen, in denen wir die Botschaft Gottes verkündet haben! Wir wollen sehen, wie es den Brüdern und Schwestern geht!« ³⁷Barnabas wollte Johannes Markus mitnehmen, ³⁸aber Paulus lehnte es ab, noch einmal mit ihm zusammenzuarbeiten; denn er hatte sie auf der vorhergehenden Reise in Pamphylien im Stich gelassen und die Zusammenarbeit abgebrochen. ³⁹Es kam zu einer heftigen Auseinandersetzung, und Paulus und Barnabas trennten sich. Barnabas fuhr mit Markus nach Zypern, ⁴⁰Paulus aber wählte sich Silas als Begleiter.

Die Brüder und Schwestern beteten für Paulus, daß Gottes Gnade ihn begleite, und er machte sich auf den Weg. ⁴¹Er zog durch Syrien und Zilizien und stärkte die Gemeinden im Glauben.

Paulus gewinnt Timotheus. Bekanntgabe des Beschlusses von Jerusalem

16 Paulus kam auch wieder nach Derbe und nach Lystra. In Lystra lebte ein Jünger mit Namen Timotheus. Seine Mutter, selbst Christin, war jüdischer Herkunft, der

Vater dagegen Grieche. [2] Timotheus stand bei den Brüdern und Schwestern in Lystra und Ikonion in gutem Ruf. [3] Paulus wollte ihn gern als seinen Begleiter auf die Reise mitnehmen. Mit Rücksicht auf die Juden in der Gegend beschnitt er ihn; denn sie wußten alle, daß sein Vater ein Grieche war.

[4] In allen Städten, durch die sie kamen, übergaben sie den Gemeinden die Vorschriften, die die Apostel und Gemeindeältesten in Jerusalem erlassen hatten, und sie ermahnten sie, danach zu leben. [5] So wurden die Gemeinden in ihrem Glauben gefestigt, und täglich schlossen sich ihnen weitere Menschen an.

Paulus in Troas: Der Ruf nach Europa

[6] Danach zogen sie weiter durch Phrygien und die Landschaft Galatien; denn der Heilige Geist erlaubte ihnen nicht, in der Provinz Asien die Botschaft Gottes zu verkünden. [7] Als sie, westwärts ziehend, an die Grenze von Mysien kamen, wollten sie von dort in das nördlich gelegene Bithynien weiterziehen. Aber auch das ließ der Geist, durch den Jesus sie leitete, nicht zu. [8] So zogen sie an Mysien vorbei und gingen ans Meer hinunter nach Troas.

[9] Dort in Troas hatte Paulus in der Nacht eine Vision: Er sah einen Mann aus Mazedonien vor sich stehen, der bat ihn: »Komm zu uns herüber nach Mazedonien und hilf uns!« [10] Darauf suchten wir sofort nach einem Schiff, das uns nach Mazedonien mitnehmen konnte. Denn wir waren sicher, daß Gott uns gerufen hatte, den Menschen dort die Gute Nachricht zu bringen.

Paulus in Philippi: Die Bekehrung von Lydia

[11] Wir fuhren von Troas auf dem kürzesten Weg zur Insel Samothrake, und am zweiten Tag erreichten wir Neapolis. [12] Von dort gingen wir landeinwärts nach Philippi, einer Stadt im ersten Bezirk Mazedoniens, einer Ansiedlung von römischen Bürgern. Wir hielten uns einige Tage dort auf [13] und warteten auf den Sabbat. Am Sabbat gingen wir vor das Tor an den Fluß. Wir vermuteten dort eine jüdische Gebetsstätte und fanden sie auch. Wir setzten uns und sprachen zu den Frauen, die zusammengekommen waren.

[14] Auch eine Frau namens Lydia war darunter; sie stammte aus Thyatira und handelte mit Purpurstoffen. Sie hielt sich zur jüdischen Gemeinde. Der Herr öffnete ihr das Herz, so daß sie begierig aufnahm, was Paulus sagte. [15] Sie ließ sich mit ihrer ganzen Hausgemeinschaft, ihren Angehörigen und Dienstleuten, taufen. Darauf lud sie uns ein und sagte: »Wenn

ihr überzeugt seid, daß ich treu zum Herrn stehe, dann kommt in mein Haus und nehmt dort Quartier!« Sie drängte uns, die Einladung anzunehmen.

Paulus treibt einen Wahrsagegeist aus ...

16Auf dem Weg zur Gebetsstätte der Juden trafen wir eines Tages eine Sklavin, aus der redete ein Geist, der die Zukunft wußte. Mit ihren Prophezeiungen brachte sie ihren Besitzern viel Geld ein. 17 Die Frau lief hinter Paulus und uns anderen her und rief: »Diese Leute sind Diener des höchsten Gottes! Sie zeigen euch den Weg zur Rettung.« 18 Das ging viele Tage so, bis Paulus es nicht länger anhören konnte. Er drehte sich um und sagte zu dem Geist: »Ich befehle dir im Namen von Jesus Christus: Fahre von ihr aus!« Im gleichen Augenblick fuhr der Wahrsagegeist von ihr aus.

... und muß mit Silas ins Gefängnis

19 Die Besitzer der Sklavin sahen sofort, daß mit dem Geist auch ihre Hoffnung auf Gewinn ausgefahren war. Sie packten Paulus und Silas und schleppten sie zum Marktplatz vor das städtische Gericht. 20 Sie stellten sie vor die beiden Stadtobersten und erklärten: »Diese Menschen hier stiften Unruhe in unserer Stadt. Juden sind sie; 21 sie wollen Sitten einführen, die gegen unsere Ordnung sind und die wir als römische Bürger nicht annehmen dürfen.« 22 Auch die Volksmenge war aufgebracht und verlangte ihre Bestrafung. Die Stadtobersten ließen Paulus und Silas die Kleider vom Leib reißen und gaben Befehl, sie mit Stöcken zu prügeln. 23 Nachdem man ihnen viele Schläge verabreicht hatte, brachte man sie ins Gefängnis. Dem Gefängniswärter wurde eingeschärft, sie sicher zu verwahren. 24 Er sperrte sie darauf in die hinterste Zelle und schloß ihre Füße in den Block.

Befreiung der Gefangenen und Bekehrung des Gefängniswärters

25 Um Mitternacht beteten Paulus und Silas und priesen Gott in Lobgesängen. Die anderen Gefangenen hörten zu. 26 Da gab es plötzlich ein gewaltiges Erdbeben. Die Mauern des Gefängnisses schwankten, alle Türen sprangen auf, und die Ketten fielen von den Gefangenen ab.

27 Der Gefängniswärter fuhr aus dem Schlaf. Als er die Türen offenstehen sah, zog er sein Schwert und wollte sich töten; denn er dachte, die Gefangenen seien geflohen. 28 Aber Paulus rief, so laut er konnte: »Tu dir nichts an! Wir sind alle noch hier.« 29 Der Wärter rief nach Licht, stürzte in die Zelle

und warf sich zitternd vor Paulus und Silas nieder. ³⁰ Dann führte er sie hinaus und fragte: »Ihr Herren, Götter oder Boten der Götter! Was muß ich tun, um gerettet zu werden?« ³¹ Sie antworteten: »*Jesus* ist der Herr! Erkenne ihn als Herrn an und setze dein Vertrauen auf *ihn*, dann wirst du gerettet und die Deinen mit dir!« ³² Und sie verkündeten ihm und allen in seinem Haus die Botschaft Gottes.

³³ Der Gefängniswärter nahm Paulus und Silas noch in derselben Nachtstunde mit sich und wusch ihre Wunden. Dann ließ er sich mit seiner ganzen Hausgemeinschaft, seiner Familie und seinen Dienstleuten, taufen. ³⁴ Anschließend führte er die beiden hinauf ins Haus und lud sie zu Tisch. Er und alle die Seinen waren überglücklich, daß sie zum Glauben an Gott gefunden hatten.

Entschuldigung der Richter und Abschied von Philippi

³⁵ Als es Tag geworden war, schickten die Stadtobersten die Amtsdiener zum Gefängniswärter mit der Weisung: »Laß die beiden Männer frei und sorge dafür, daß sie das Stadtgebiet verlassen!« ³⁶ Der Gefängniswärter berichtete es Paulus und sagte: »Die Stadtobersten haben mir befohlen, euch freizulassen und wegzuschicken. Verlaßt also das Gefängnis und die Stadt; geht im Frieden Gottes!«

³⁷ Aber Paulus wandte sich an die Amtsdiener und sagte: »Die Stadtobersten haben uns öffentlich prügeln lassen, ohne Prozeß und richterliches Urteil. Dabei besitzen wir das römische Bürgerrecht! Auch noch ins Gefängnis haben sie uns gesteckt. Und jetzt wollen sie uns heimlich abschieben? Das kommt nicht in Frage! Sie sollen persönlich herkommen und uns freilassen.« ³⁸ Die Amtsboten meldeten das den Stadtobersten. Als diese hörten, daß Paulus und Silas römische Bürger seien, erschraken sie. ³⁹ Sie kamen selbst und entschuldigten sich. Dann führten sie die beiden aus dem Gefängnis und baten sie, die Stadt zu verlassen.

⁴⁰ Vom Gefängnis aus gingen Paulus und Silas zu Lydia. Dort trafen sie die Brüder und Schwestern und machten ihnen Mut. Danach verließen sie die Stadt.

Der Konflikt in Thessalonich

17 Über Amphipolis und Appollonia kamen Paulus und Silas nach Thessalonich.

Dort gab es eine jüdische Gemeinde, ² und nach seiner Gewohnheit ging Paulus in ihre Synagoge. An drei aufeinanderfolgenden Sabbaten sprach er zu den Versammelten. Er ging von den Heiligen Schriften aus, [3] half ihnen, sie zu verstehen, und wies ihnen daraus nach, daß der versprochene Retter leiden und sterben und danach vom Tod auferstehen mußte. »Und dieser versprochene Retter«, sagte Paulus, »ist Jesus. Den verkündige ich euch.«

[4] Von den Juden ließen sich nur wenige überzeugen; aber von den Griechen, die sich zur jüdischen Gemeinde hielten, schloß sich eine große Anzahl Paulus und Silas an, darunter auch viele einflußreiche Frauen. [5] Da wurden die Juden von Eifersucht gepackt. Sie holten sich ein paar Männer, die auf dem Markt herumlungerten und zu allem fähig waren, brachten mit ihrer Hilfe einen Volksauflauf zustande und versetzten die ganze Stadt in Aufregung. Mit der Volksmenge zogen sie vor das Haus Jasons und wollten Paulus und Silas herausholen, um sie vor die Volksversammlung zu stellen. [6] Als sie die beiden dort nicht fanden, schleppten sie Jason und einige andere Brüder vor die Stadtobersten und riefen: »Die Leute, die in der ganzen Welt Unruhe stiften, sind in unsere Stadt gekommen! [7] Jason hat sie in sein Haus aufgenommen. Allesamt verletzen sie die Gesetze des Kaisers und behaupten, ein anderer sei König, nämlich Jesus.« [8] Mit diesen Worten versetzten sie die Volksmenge und die Stadtobersten in große Aufregung. [9] Jason und die anderen Christen mußten eine Kaution stellen, bevor man sie wieder freiließ.

Kurzer Aufenthalt in Beröa

[10] Noch in der Nacht brachten die Brüder Paulus und Silas auf den Weg nach Beröa. Auch dort gingen die beiden bei der ersten Gelegenheit in die Synagoge. [11] Die Juden in Beröa waren aufgeschlossener als die in Thessalonich. Sie nahmen die Botschaft mit großer Bereitwilligkeit auf und studierten täglich die Heiligen Schriften, um zu sehen, ob das, was Paulus sagte, auch zutraf. [12] Viele von ihnen kamen zum Glauben, auch viele einflußreiche Griechen, Frauen wie Männer. [13] Als die Juden von Thessalonich erfuhren, daß Paulus auch in Beröa die Botschaft Gottes verkündete, kamen sie und brachten mit ihren Hetzreden auch hier die Volksmenge gegen ihn auf. [14] Deshalb schickten die Brüder Paulus schnell weiter, hinunter zur Küste. Silas und Timotheus blieben in Beröa.

[15] Die Brüder, die Paulus das Geleit gaben, brachten ihn bis nach Athen, dann kehrten sie zurück. Für Silas und Timotheus gab Paulus ihnen die Anweisung mit, sie sollten so bald wie möglich nachkommen.

Paulus in Athen

[16] Während Paulus in Athen auf die beiden wartete, war er im Innersten empört, weil die Stadt voll von Götzenbildern war. [17] Er redete in der Synagoge zu den Juden und zu denen, die sich zur jüdischen Gemeinde hielten, und er sprach jeden Tag mit den Leuten, die er auf dem Marktplatz antraf. [18] Darunter waren auch Philosophen der epikureischen und stoischen Richtung, die mit ihm diskutierten. Einige von ihnen meinten: »Was will dieser Schwätzer eigentlich?« Andere sagten: »Er scheint irgendwelche fremden Götter zu verkünden.« Paulus hatte ihnen nämlich die Gute Nachricht von Jesus und der Auferstehung verkündet. [19] Sie nahmen ihn mit sich zum Areopag und wollten Näheres erfahren. »Uns interessiert deine Lehre«, sagten sie. [20] »Manches klingt sehr fremdartig, und wir würden gerne genauer wissen, was es damit auf sich hat.« [21] Denn die Athener und die Fremden in Athen kennen keinen besseren Zeitvertreib, als stets das Allerneueste in Erfahrung zu bringen und es weiterzuerzählen.

Paulus spricht auf dem Areopag

[22] Paulus trat in die Mitte des Areopags und sagte: »Ihr Männer von Athen! Ich sehe, daß es euch mit der Religion sehr ernst ist. [23] Ich bin durch eure Stadt gegangen und habe mir eure heiligen Stätten angesehen. Dabei habe ich auch einen Altar entdeckt mit der Inschrift: ›Für einen unbekannten Gott‹. Was ihr da verehrt, ohne es zu kennen, das mache *ich* euch bekannt. [24] Es ist der Gott, der die Welt geschaffen hat und alles, was darin lebt. Als Herr über Himmel und Erde wohnt er nicht in Tempeln, die ihm die Menschen gebaut haben. [25] Er ist auch nicht darauf angewiesen, von den Menschen versorgt zu werden; denn er selbst gibt ihnen das Leben und alles, was sie zum Leben brauchen.

[26] Er hat aus einem einzigen Menschen die ganze Menschheit hervorgehen lassen, damit sie die Erde bewohnt. Für jedes Volk hat er im voraus bestimmt, wie lange es bestehen und in welchen Grenzen es leben soll. [27] Und er hat gewollt, daß die Menschen ihn suchen, damit sie ihn vielleicht ertasten und finden könnten. Denn er ist ja jedem von uns ganz nahe. [28] Durch ihn leben wir doch, regen wir uns, sind wir! Oder wie es einige eurer Dichter ausgedrückt haben: ›Wir sind sogar von seiner Art.‹ [29] Wenn wir Menschen aber von Gottes Art sind, dann dürfen wir nicht meinen, die Gottheit gleiche den Bildern aus Gold, Silber und Stein, die von Men-

schen mit ihrer Erfindungskraft und Kunstfertigkeit geschaffen wurden!

³⁰ Nun, Gott ist bereit, mit Nachsicht über das hinwegzusehen, was ihr bisher aus reiner Unwissenheit getan habt. Jetzt aber fordert er alle Menschen überall auf, umzudenken und einen neuen Anfang zu machen. ³¹ Denn er hat einen Tag festgesetzt, an dem er über die ganze Menschheit ein gerechtes Gericht halten will, und zwar durch den Mann, den er dazu bestimmt hat. Ihn hat er vor aller Welt dadurch ausgewiesen, daß er ihn vom Tod auferweckt hat.«

Geteiltes Echo auf die Rede

³² Als sie Paulus von der Auferstehung reden hörten, lachten ihn einige aus; andere sagten: »Darüber mußt du uns ein andermal mehr erzählen.« ³³ Als Paulus darauf die Versammlung verließ, ³⁴ schlossen sich ihm ein paar Männer an und kamen zum Glauben, darunter Dionysius, der dem Areopag angehörte, außerdem eine Frau namens Damaris.

Paulus in Korinth

18 Danach verließ Paulus Athen und ging nach Korinth. ² Dort traf er einen Christen jüdischer Abkunft aus Pontus. Er hieß Aquila und war mit seiner Frau Priszilla vor kurzem aus Italien angekommen; denn Kaiser Klaudius hatte alle Juden aus Rom ausweisen lassen. Paulus fand Aufnahme bei den beiden, ³ und weil er dasselbe Handwerk ausübte wie sie, blieb er bei ihnen und arbeitete dort. Sie waren nämlich Zeltmacher.

⁴ An jedem Sabbat sprach Paulus in der Synagoge und versuchte, Juden und Griechen zu überzeugen. ⁵ Als Silas und Timotheus aus Mazedonien nachkamen, konnte Paulus sich ganz seiner eigentlichen Aufgabe widmen. Er bezeugte den Juden, daß Jesus der versprochene Retter ist. ⁶ Als sie ihm aber widersprachen und Lästerungen gegen Jesus ausstießen, schüttelte er den Staub aus seinen Kleidern und sagte: »Ihr habt es euch selbst zuzuschreiben, wenn ihr verlorengeht. Mich trifft keine Schuld. Von jetzt ab werde ich mich an die Nichtjuden wenden.«

⁷ Er verließ die Synagoge und sprach von nun an im Haus von Titius Justus, einem Griechen, der sich zur jüdischen Gemeinde hielt; das Haus lag direkt neben der Synagoge. ⁸ Der Synagogenvorsteher Krispus kam zum Glauben an Jesus als den Herrn und mit ihm seine ganze Hausgemeinschaft. Viele

in Korinth, die davon erfuhren, kamen ebenfalls zum Glauben und ließen sich taufen.

[9] Der Herr sagte in einer nächtlichen Vision zu Paulus: »Hab keine Angst, sondern verkünde unbeirrt die Gute Nachricht! [10] Ich bin bei dir! Niemand kann dir etwas anhaben; denn mir gehört ein großes Volk in dieser Stadt.« [11] So blieb Paulus eineinhalb Jahre in Korinth, verkündete die Botschaft Gottes und sagte den Menschen, wie sie dieser Botschaft gemäß leben sollten.

Paulus vor dem Statthalter Gallio

[12] Damals war Gallio Statthalter der römischen Provinz Achaia. Die Juden rotteten sich zusammen und schleppten Paulus vor seinen Richterstuhl. [13] »Dieser Mann«, sagten sie, »überredet die Leute, Gott auf eine Weise zu verehren, die gegen das Gesetz verstößt.«

[14] Paulus wollte gerade mit seiner Verteidigung beginnen, da erklärte Gallio: »Wenn es sich um ein Verbrechen oder einen heimtückischen Anschlag handeln würde, wäre es meine Pflicht, euch Juden anzuhören. [15] Aber weil es hier um Streitfragen über religiöse Lehren und Autoritäten und um euer eigenes Gesetz geht, müßt ihr die Angelegenheit schon unter euch abmachen. Ich mag in solchen Fragen nicht den Richter spielen.« [16] Und er trieb sie von seinem Richterstuhl weg. [17] Das Volk aus Korinth aber, das dabeistand, packte den Synagogenvorsteher Sosthenes und verprügelte ihn unter Gallios Augen; doch der kümmerte sich überhaupt nicht darum.

Die dritte Missionsreise von Paulus
(18,23–21,16)

Reise nach Jerusalem,
Antiochia und wieder nach Kleinasien

[18] Paulus blieb noch eine Zeitlang bei den Brüdern und Schwestern in Korinth, dann verabschiedete er sich, um nach Syrien zu fahren. Priszilla und Aquila fuhren mit. Bevor sie in Kenchreä an Bord gingen, ließ sich Paulus wegen eines Gelübdes das Haar abschneiden.

[19] Sie kamen nach Ephesus; dort ließ Paulus Priszilla und Aquila zurück. Er selbst ging in die Synagoge und sprach zu den Juden. [20] Sie baten ihn, doch länger zu bleiben, aber er ging nicht darauf ein. [21] »Wenn Gott es will, werde ich zu euch zurückkommen«, sagte er und nahm Abschied. [22] Er fuhr mit dem Schiff bis Cäsarea und ging von dort zu Fuß nach Jeru-

salem hinauf. Nach einem kurzen Besuch bei der Gemeinde
reiste er weiter nach Antiochia. [23]Auch hier blieb er nicht
lange. Er zog durch Galatien und Phrygien und stärkte alle
Jünger und Jüngerinnen in ihrem Glauben.

Apollos in Ephesus und Korinth

[24]Inzwischen kam nach Ephesus ein Jude, der Apollos hieß
und aus Alexandria stammte. Er war ein gebildeter, wortge-
wandter Mann und kannte sich bestens in den Heiligen
Schriften aus. [25]Er war auch in der christlichen Lehre unterrichtet worden, sprach von Jesus mit großer innerer Begeisterung und unterrichtete zuverlässig über sein Leben und seine
Lehre; er kannte jedoch nur die Taufe, wie sie Johannes geübt
hatte. [26]Dieser Apollos nun trat in der Synagoge von Ephesus
auf und sprach dort frei und offen von Jesus. Priszilla und
Aquila hörten ihn, luden ihn zu sich ein und erklärten ihm
die christliche Lehre noch genauer.

[27]Als Apollos dann nach Achaia gehen wollte, bestärkten
ihn die Christen in Ephesus in diesem Vorsatz und gaben ihm
einen Empfehlungsbrief mit. Darin baten sie die Brüder und
Schwestern in Korinth, sie möchten ihn freundlich aufnehmen. Tatsächlich konnte er den Glaubenden dort mit seiner
besonderen Gabe viel helfen. [28]In öffentlichen Streitge-
sprächen widerlegte er die Juden mit schlagenden Argumen-
ten und bewies ihnen aus den Heiligen Schriften, daß Jesus
der versprochene Retter ist.

Paulus in Ephesus.
Begegnung mit Johannesjüngern

19 Während Apollos in Korinth war, kam Paulus auf dem
Weg über das kleinasiatische Hochland nach Ephesus.
Er traf dort einige Jünger [2]und fragte sie: »Habt ihr den Heiligen Geist empfangen, als ihr zum Glauben gekommen
seid?« Sie antworteten: »Nein. Wir haben noch nicht einmal
gehört, daß es so etwas wie einen Heiligen Geist gibt.« [3]»Was
für eine Taufe habt ihr denn empfangen?« »Die Taufe, die auf
Johannes zurückgeht«, sagten sie. [4]Daraufhin erklärte ihnen
Paulus: »Johannes hat das Volk zur Umkehr aufgefordert;
seine Taufe war das Siegel auf die Bereitschaft, ein neues
Leben anzufangen. Doch sagte er allen, sie müßten, um gerettet zu werden, ihr Vertrauen auf den setzen, der nach ihm
komme: auf Jesus.«

[5]Als sie das hörten, ließen sie sich im Namen von Jesus,
dem Herrn, taufen, zur Übereignung an ihn. [6]Dann legte
Paulus ihnen die Hände auf, und der Heilige Geist kam auf

sie herab. Sie redeten in unbekannten Sprachen und mit prophetischen Worten. [7] Es waren etwa zwölf Männer.

Paulus wirkt über zwei Jahre lang in Ephesus

[8] In den nächsten drei Monaten ging Paulus regelmäßig in die Synagoge. Dort verkündete er frei und offen, daß Gott schon angefangen hat, durch Jesus seine Herrschaft aufzurichten. Er setzte sich mit Einwänden auseinander und suchte die Zuhörenden zu überzeugen. [9] Aber einige verschlossen sich der Botschaft und wollten nichts von ihr wissen. Als sie die neue Lehre vor der ganzen Versammlung verspotteten, kehrte Paulus ihnen den Rücken und löste die Jünger und Jüngerinnen aus der Synagogengemeinde. Von nun an sprach er täglich im Lehrsaal eines Griechen namens Tyrannus. [10] Er tat dies zwei Jahre lang, so daß alle in der Provinz Asien, Juden und Griechen, die Botschaft Gottes hörten.

Überwindung von religiösen Scharlatanen, Befreiung aus magischen Bindungen

[11] Gott ließ durch Paulus ganz ungewöhnliche Dinge geschehen. [12] Die Leute nahmen sogar seine noch schweißfeuchten Kopf- und Taschentücher und legten sie den Kranken auf. Dann verschwanden die Krankheiten, und die bösen Geister fuhren von den Besessenen aus.

[13] Auch manche Juden, die als Dämonenbeschwörer durchs Land zogen, gebrauchten bei ihren Beschwörungen den Namen von Jesus, dem Herrn. Sie sagten zu den bösen Geistern: »Ich beschwöre euch bei dem Jesus, den Paulus verkündet!« [14] Das versuchten einmal auch die sieben Söhne eines gewissen Skevas, eines führenden jüdischen Priesters. [15] Aber der böse Geist in dem Kranken erwiderte: »Ich kenne Jesus und ich kenne auch Paulus. Aber wer seid ihr?« [16] Der Besessene fiel über sie her und schlug sie allesamt zu Boden. Blutend und halbnackt mußten sie aus dem Haus fliehen. [17] Die Geschichte wurde in ganz Ephesus bekannt. Juden wie Nichtjuden erschraken, und sie ehrten und priesen den Namen von Jesus, dem Herrn.

[18] Viele von denen, die zum Glauben gekommen waren, kamen jetzt und gaben offen zu, daß auch sie früher Zauberkünste getrieben hatten. [19] Eine beträchtliche Anzahl von ihnen brachte ihre Zauberbücher und verbrannte sie öffentlich. Man schätzte, daß die verbrannten Bücher 50 000 Silberstücke wert waren. [20] So erwies die Botschaft Gottes ihre Macht und breitete sich immer weiter aus.

PAULUS BEZEUGT DIE GUTE NACHRICHT IN JERUSALEM UND ROM (19,21–28,31)

Der Entschluß zur Reise

²¹ Nach all diesen Ereignissen entschloß sich Paulus, über Mazedonien und Griechenland nach Jerusalem zu reisen. »Danach«, sagte er, »muß ich auch Rom besuchen.« ²² Zwei seiner Helfer, Timotheus und Erastus, schickte er nach Mazedonien voraus. Er selbst blieb noch eine Weile in der Provinz Asien.

Gefährliche Unruhen in Ephesus

²³ In dieser Zeit kam es wegen der neuen Lehre zu schweren Unruhen in Ephesus. ²⁴ Es gab dort nämlich einen Silberschmied namens Demetrius, der silberne Nachbildungen vom Tempel der Göttin Artemis verkaufte; das brachte ihm und den Handwerkern, die er beschäftigte, einen schönen Gewinn. ²⁵ Dieser Demetrius rief alle, die in diesem Gewerbe tätig waren, zusammen und sagte:»Männer, ihr wißt: Unser ganzer Wohlstand hängt davon ab, daß wir diese Nachbildungen herstellen. ²⁶ Und ihr werdet erfahren haben, daß dieser Paulus den Leuten einredet: ›Götter, die man mit Händen macht, sind gar keine Götter.‹ Er hat mit seinen Reden nicht nur hier in Ephesus Erfolg, sondern fast überall in der Provinz Asien. ²⁷ Es besteht aber nicht nur die Gefahr, daß er unseren Geschäftszweig in Verruf bringt, nein, auch die Achtung vor dem Tempel der großen Göttin Artemis wird schwinden! Es wird noch dahin kommen, daß die Göttin ihr Ansehen vollständig einbüßt – sie, die heute in der ganzen Provinz Asien und überall in der Welt verehrt wird!«

²⁸ Als die Männer das hörten, wurden sie wütend und riefen:»Groß ist die Artemis von Ephesus!« ²⁹ Die ganze Stadt geriet in Aufruhr, und die Leute stürmten ins Theater. Gaius und Aristarch, Reisegefährten von Paulus aus Mazedonien, wurden von der Menge gepackt und mit dorthin geschleppt. ³⁰ Paulus selbst wollte sich der Menge stellen, aber die Jünger ließen ihn nicht aus dem Haus. ³¹ Auch einige hohe Beamte der Provinz, die ihm freundlich gesinnt waren, warnten ihn durch Boten davor, sich im Theater sehen zu lassen. ³² Unter den dort Zusammengeströmten herrschte die größte Verwirrung. Alle schrien durcheinander, und die meisten wußten nicht einmal, worum es ging. ³³ Die Juden schickten Alexander nach vorn, und einige aus der Menge erklärten ihm den Anlaß. Alexander winkte mit der Hand und wollte vor dem

Volk eine Verteidigungsrede für die Juden halten. ³⁴Aber als die Leute merkten, daß er Jude war, schrien sie ihn nieder und riefen zwei Stunden lang im Chor: »Groß ist die Artemis von Ephesus!«

³⁵Schließlich gelang es dem Verwaltungsdirektor der Stadt, die Menge zu beruhigen. »Männer von Ephesus«, rief er, »in der ganzen Welt weiß man doch, daß unsere Stadt den Tempel und das vom Himmel gefallene Standbild der großen Artemis hütet. ³⁶Das wird kein Mensch bestreiten! Beruhigt euch also und laßt euch zu nichts hinreißen! ³⁷Ihr habt diese Männer hergeschleppt, obwohl sie weder den Tempel beraubt noch unsere Göttin beleidigt haben. ³⁸Wenn Demetrius und seine Handwerker Anklage wegen Geschäftsschädigung gegen jemand erheben wollen, dann gibt es dafür Gerichte und Behörden. Dort können sie ihre Sache vorbringen. ³⁹Wenn ihr aber irgendwelche anderen Forderungen habt, muß das auf einer ordentlich einberufenen Volksversammlung geklärt werden. ⁴⁰Was heute geschehen ist, kann uns leicht als Rebellion ausgelegt werden. Es gibt keinen Grund für diesen Aufruhr; wir können ihn durch nichts rechtfertigen.«

Mit diesen Worten löste er die Versammlung auf.

Reise durch Mazedonien und Griechenland und Rückkehr nach Troas

20 Als der Tumult sich gelegt hatte, rief Paulus die Gemeinde zusammen. Er machte den Jüngern und Jüngerinnen noch einmal Mut und verabschiedete sich von ihnen, um nach Mazedonien zu reisen. ²Dort besuchte er überall die Gemeinden und stärkte sie durch seine Worte. Schließlich kam er nach Griechenland ³und blieb drei Monate dort. Dann wollte er mit einem Schiff nach Syrien fahren. Weil aber die Juden während der Schiffsreise einen Anschlag auf ihn machen wollten, entschloß er sich, wieder den Landweg über Mazedonien zu nehmen.

⁴Auf dieser Reise begleiteten ihn sieben Vertreter der Gemeinden: Sopater, der Sohn von Pyrrhus, aus Beröa, Aristarch und Sekundus aus Thessalonich, Gaius aus Derbe sowie Timotheus, und schließlich aus der Provinz Asien Tychikus und Trophimus. ⁵Diese beiden fuhren nach Troas voraus und erwarteten uns dort. ⁶Wir anderen bestiegen nach dem Passafest in Philippi ein Schiff und stießen nach fünftägiger Fahrt in Troas zu ihnen. Wir blieben dort eine Woche.

Sonntagsfeier in Troas

⁷Am Sonntagabend kamen wir zum Mahl des Herrn zusammen. Paulus sprach zu den Versammelten, und weil er zum letztenmal mit ihnen zusammen war – denn er wollte am nächsten Tag weiterreisen –, dehnte er seine Rede bis Mitternacht aus. ⁸In unserem Versammlungsraum im obersten Stock brannten zahlreiche Lampen. ⁹Auf der Fensterbank saß ein junger Mann mit Namen Eutychus. Als Paulus so lange sprach, schlief er ein und fiel drei Stockwerke tief aus dem Fenster. Als sie ihn aufhoben, war er tot. ¹⁰Paulus aber ging hinunter, legte sich auf ihn, umfaßte ihn und sagte: »Macht euch keine Sorgen, er lebt!« ¹¹Dann ging er wieder hinauf. Er brach das Brot, teilte es aus und aß es mit ihnen. Danach sprach er noch lange mit ihnen und verabschiedete sich erst, als die Sonne aufging. ¹²Den jungen Mann aber brachten sie gesund nach Hause, und alle waren von großer Freude erfüllt.

Von Troas nach Milet

¹³Wir alle außer Paulus bestiegen ein Schiff und fuhren nach Assos. Dort sollten wir Paulus an Bord nehmen. Er hatte es so angeordnet, weil er die Strecke zu Fuß gehen wollte. ¹⁴Als er in Assos zu uns stieß, fuhren wir gemeinsam nach Mitylene. ¹⁵Von da aus ging es am nächsten Tag weiter bis in die Nähe von Chios. Am Tag darauf legten wir in Samos an, und noch einen Tag später erreichten wir Milet.

Abschiedsrede an die Ältesten der Gemeinde von Ephesus

¹⁶Paulus hatte beschlossen, an Ephesus vorbeizufahren, um nicht zuviel Zeit zu verlieren. Er wollte so schnell wie möglich weiterkommen, um bis Pfingsten in Jerusalem zu sein. ¹⁷Von Milet aus schickte er jedoch den Ältesten der Gemeinde in Ephesus eine Nachricht und ließ sie bitten, zu ihm zu kommen. ¹⁸Als sie eingetroffen waren, sagte Paulus zu ihnen:

»Ihr wißt, wie ich von dem Tag an, als ich die Provinz Asien betrat, bei euch gelebt habe. ¹⁹Mit selbstloser Hingabe habe ich mich für den Herrn eingesetzt und ihm gedient, manchmal unter Tränen und unter schweren Prüfungen, die ich zu bestehen hatte, wenn die Juden mich verfolgten. ²⁰Ich habe euch nichts verschwiegen, was für euch wichtig ist, wenn ich in der Öffentlichkeit oder in euren Hausgemeinden sprach. ²¹Juden wie Nichtjuden habe ich beschworen, zu Gott umzukehren und ihr Vertrauen auf Jesus, unseren Herrn, zu setzen.

²²Seht, ich gehe jetzt nach Jerusalem – gefesselt vom Heiligen Geist und als sein Gefangener. Ich weiß nicht, wie es mir dort ergehen wird; ²³aber das weiß ich: In jeder Stadt, in die ich komme, kündigt der Heilige Geist mir an, daß in Jerusalem Verfolgung und Fesselung auf mich warten. ²⁴Doch was liegt schon an meinem Leben! Wichtig ist nur, daß ich bis zum Schluß den Auftrag erfülle, den mir Jesus, der Herr, übertragen hat: die Gute Nachricht zu verkünden, daß Gott sich über die Menschen erbarmt hat.

²⁵Seht, ich weiß, daß ich jetzt zum letztenmal unter euch bin. Ihr und alle, denen ich die Botschaft von der anbrechenden Herrschaft Gottes gebracht habe, ihr werdet mich nicht wiedersehen. ²⁶Deshalb erkläre ich heute feierlich vor euch: Mich trifft keine Schuld, wenn einer von euch verloren geht. ²⁷Ich habe euch nichts vorenthalten, sondern euch die Heilsabsicht Gottes unverkürzt verkündet.

²⁸Gebt acht auf euch selbst und auf die ganze Herde, die der Heilige Geist eurer Aufsicht und Leitung anvertraut hat! Seid treue Hirten der Gemeinde, die Gott durch das Blut seines eigenen Sohnes für sich erworben hat! ²⁹Denn ich weiß, wenn ich nicht mehr unter euch bin, werden gefährliche Wölfe bei euch eindringen und unter der Herde wüten. ³⁰Aus euren eigenen Reihen werden Männer auftreten und mit ihren verkehrten Lehren die Jünger und Jüngerinnen zu verführen suchen, so daß sie nicht mehr dem Herrn, sondern *ihnen* folgen. ³¹Darum gebt acht und denkt daran, daß ich mich drei Jahre lang bei Tag und Nacht, oft unter Tränen, um jeden und jede in der Gemeinde bemüht habe.

³²Nun stelle ich euch unter den Schutz Gottes und unter die Botschaft seiner rettenden Gnade. Durch sie wird er eure Gemeinde im Glauben reifen lassen und ihr das ewige Erbe schenken, gemeinsam mit allen anderen, die er zu seinem heiligen Volk gemacht hat.

³³⁻³⁴Noch etwas: Ihr wißt, daß ich nie Unterstützung angenommen habe. Weder Geld noch Kleider habe ich je von jemand erbeten. Mit diesen meinen Händen habe ich erarbeitet, was ich und meine Begleiter zum Leben brauchten. ³⁵Überhaupt habe ich euch mit meiner Lebensführung gezeigt, daß wir hart arbeiten müssen, um auch den Bedürftigen etwas abgeben zu können. Wir sollen uns immer an das erinnern, was Jesus, der Herr, darüber gesagt hat. Von ihm stammt das Wort: ›Auf dem Geben liegt mehr Segen als auf dem Nehmen.‹«

³⁶Nachdem Paulus geendet hatte, kniete er zusammen mit allen nieder und betete. ³⁷Als es an den Abschied ging,

brachen alle in lautes Weinen aus, umarmten und küßten ihn. [38]Am meisten bedrückten sie seine Worte: »Ihr werdet mich nicht wiedersehen.« Dann begleiteten sie ihn zum Schiff.

Von Milet nach Tyrus. Paulus wird gewarnt

21 Nachdem wir uns von ihnen losgerissen hatten, fuhren wir ab, kamen auf direktem Weg nach Kos, erreichten am nächsten Tag Rhodos und dann Patara. [2]Dort fanden wir ein Schiff, das nach Phönizien fuhr, und gingen an Bord. [3]Als Zypern in Sicht kam, steuerten wir südlich an der Insel vorbei mit Kurs auf Syrien. In Tyrus mußte das Schiff die Ladung löschen, und wir gingen an Land.

[4]Wir suchten die Jünger am Ort auf und blieben eine Woche bei ihnen. Vom Heiligen Geist getrieben, warnten sie Paulus vor der Reise nach Jerusalem. [5]Als unser vorgesehener Aufenthalt zu Ende ging, begleiteten sie uns mit ihren Frauen und Kindern bis vor die Stadt. Am Strand knieten wir mit ihnen nieder und beteten. [6]Dann verabschiedeten wir uns und bestiegen das Schiff, während sie nach Hause zurückkehrten.

Von Tyrus nach Cäsarea. Warnung durch den Propheten Agabus

[7]Von Tyrus fuhren wir nach Ptolemaïs; dort war unsere Schiffsreise zu Ende. Wir besuchten die Brüder und Schwestern am Ort und blieben einen Tag bei ihnen. [8]Am anderen Morgen gingen wir zu Fuß weiter und erreichten Cäsarea. Dort kehrten wir im Haus des Evangelisten Philippus ein. Er war einer aus dem Kreis der Sieben [9]und hatte vier Töchter, die ehelos geblieben waren und die Gabe hatten, prophetische Weisungen zu verkünden.

[10]Nach einigen Tagen kam aus Judäa ein Prophet namens Agabus. [11]Er trat in unsere Mitte, nahm Paulus den Gürtel ab, fesselte sich damit die Hände und die Füße und sagte: »So spricht der Heilige Geist: ›Den Mann, dem dieser Gürtel gehört, werden die Juden in Jerusalem genauso fesseln und ihn den Fremden ausliefern, die Gott nicht kennen.‹« [12]Als wir das hörten, flehten wir und ebenso die Brüder und Schwestern am Ort Paulus an, nicht nach Jerusalem zu gehen. [13]Er aber sagte: »Warum weint ihr und macht mir das Herz schwer? Ich bin bereit, mich in Jerusalem nicht nur fesseln zu lassen, sondern auch für Jesus, den Herrn, zu sterben.« [14]Da Paulus sich nicht umstimmen ließ, gaben wir nach und sagten: »Wie der Herr es will, so soll es geschehen!«

Empfang in Jerusalem. Rücksicht auf das Mißtrauen der gesetzestreuen Christen

[15] Nach diesen Tagen in Cäsarea machten wir uns wieder reisefertig und zogen hinauf nach Jerusalem. [16] Einige Jünger aus Cäsarea begleiteten uns. Sie brachten uns zu einem Mann namens Mnason aus Zypern, bei dem wir unterwegs ein Nachtquartier fanden; er war ein Jünger aus der Anfangszeit.

[17] Bei der Ankunft in Jerusalem wurden wir von den Brüdern und Schwestern herzlich aufgenommen. [18] Am nächsten Tag ging Paulus mit uns zu Jakobus. Auch alle Ältesten der Gemeinde waren versammelt. [19] Paulus begrüßte sie und gab einen ausführlichen Bericht über das, was Gott durch seinen Dienst als Verkünder der Guten Nachricht bei den Nichtjuden vollbracht hatte. [20] Als sie das hörten, priesen sie Gott. Doch dann sagten sie zu Paulus:

»Du siehst, lieber Bruder, wie es hier steht. Wir haben Tausende von Juden, die Jesus als den Herrn angenommen haben, und sie alle halten sich weiterhin streng an das Gesetz Moses. [21] Man hat ihnen erzählt, du würdest allen Juden, die unter den fremden Völkern leben, den Abfall von Mose predigen. Du würdest sie auffordern, ihre Kinder nicht mehr zu beschneiden und nicht länger nach den Vorschriften des Gesetzes zu leben.

[22] Was sollen wir machen? Sie werden sicher erfahren, daß du hier bist. [23] Deshalb solltest du unserem Rat folgen. Wir haben hier vier Männer, die das Gelübde auf sich genommen haben, eine Zeitlang keinen Wein zu trinken und sich das Haar nicht schneiden zu lassen. [24] Die Zeit ihres Gelübdes läuft in diesen Tagen aus. Kümmere dich um diese Männer, bereite dich mit ihnen zusammen auf die abschließende gottesdienstliche Feier im Tempel vor, und übernimm die anfallenden Kosten. Dann werden alle erkennen, daß die Berichte über dich falsch sind und daß auch du sehr wohl nach dem Gesetz Moses lebst.

[25] Was die Nichtjuden angeht, die Christen geworden sind, so haben wir ja schon eine Entscheidung getroffen. Wir haben ihnen geschrieben, sie sollen weder Fleisch vom Götzenopfer essen noch Blut genießen, kein Fleisch von Tieren essen, deren Blut nicht vollständig ausgeflossen ist, und sich vor Blutschande hüten.«

[26] Paulus folgte dem Rat, den Jakobus und die Ältesten ihm gegeben hatten. Er kümmerte sich um die vier Männer, begann gleich am nächsten Tag mit den Vorbereitungen und

ging zu den Priestern und meldete ihnen, daß die Zeit ihres
Gelübdes abgelaufen sei. Nach der üblichen Frist von sieben
Tagen sollte dann für jeden von ihnen das vorgeschriebene
Opfer dargebracht werden.

Paulus wird im Tempel verhaftet

27 Die sieben Tage waren fast vorüber, da sahen Juden aus der
Provinz Asien Paulus im Tempel. Sie hetzten das Volk auf,
packten Paulus 28 und schrien: »Männer von Israel, zu Hilfe!
Das ist der Verräter, der überall unter allen Menschen Lehren
verbreitet, die gegen unser Volk und gegen das Gesetz und
gegen diesen Tempel gerichtet sind! Jetzt hat er sogar Griechen in den Tempel mitgebracht und diesen heiligen Ort ent-
weiht!« 29 Sie hatten nämlich Paulus vorher in der Stadt mit
Trophimus aus Ephesus zusammen gesehen und dachten, er
hätte ihn auch in den Tempel mitgenommen. 30 In Windeseile
sprach es sich in der Stadt herum, und das Volk lief zusammen. Sie packten Paulus, zerrten ihn aus dem Heiligtum, aus
dem inneren Vorhof, hinaus, und sofort wurden die Tore hinter ihm geschlossen.

31 Die Menge stürzte sich auf Paulus und wollte ihn schon
umbringen, da wurde dem Kommandanten der römischen
Garnison gemeldet: »Ganz Jerusalem ist in Aufruhr!« 32 Sofort
nahm er seine Soldaten samt ihren Hauptleuten und eilte zu
der Volksmenge. Als die Leute den Kommandanten und die
Soldaten kommen sahen, ließen sie davon ab, auf Paulus ein-
zuschlagen. 33 Der Kommandant ging auf Paulus zu, nahm
ihn fest und ließ in mit zwei Ketten fesseln. Dann wollte er
von den Umstehenden wissen, wer der Mann sei und was er
getan habe. 34 Aber in der Menge schrien die einen dies, die
andern jenes. Weil der Kommandant bei dem Tumult nichts
Sicheres herausbekommen konnte, befahl er, Paulus in die
Kaserne zu bringen. 35 Am Aufgang zur Kaserne kam die
Menge Paulus gefährlich nahe, so daß die Soldaten ihn tragen mußten. 36 Denn das ganze Volk lief hinterher und schrie:
»Weg mit ihm!«

Paulus darf zum Volk sprechen

37 Bevor Paulus in die Kaserne geführt wurde, sagte er zu dem
Kommandanten: »Darf ich ein Wort mit dir reden?« »Du
sprichst griechisch?« erwiderte der Kommandant. 38 »Dann
bist du also nicht der Ägypter, der vor einiger Zeit den Aufstand angezettelt und die viertausend bewaffneten Terrori-
sten in die Wüste hinausgeführt hat?«

39 Paulus antwortete: »Ich bin ein Jude aus Zilizien, ein Bür-

ger der bekannten Stadt Tarsus. Ich habe eine Bitte an dich: Erlaube mir, zum Volk zu sprechen.« ⁴⁰Der Kommandant war einverstanden. Paulus stand auf der Freitreppe und bat die Menge mit einer Handbewegung um Ruhe. Es wurde sehr still, und er begann auf hebräisch zu reden.

Paulus schildert seine Vergangenheit als Christenverfolger

22 »Liebe Brüder und Väter, hört, was ich euch zu meiner Verteidigung zu sagen habe!« ²Als sie hörten, daß er auf hebräisch zu ihnen sprach, wurden sie noch stiller, und Paulus konnte weiterreden:

³»Ich bin ein Jude aus Tarsus in Zilizien, aber aufgewachsen bin ich hier in Jerusalem. Mein Lehrer war Gamaliël. Bei ihm erhielt ich eine sorgfältige Ausbildung im Gesetz unserer Vorfahren, und ich trat ebenso leidenschaftlich für den Gott Israels ein, wie ihr alle es heute tut. ⁴Ich bekämpfte die Lehre der Christen bis aufs Blut. Männer und Frauen nahm ich fest und ließ sie ins Gefängnis werfen. ⁵Der Oberste Priester und der ganze jüdische Rat können das bestätigen. Ich ließ mir von ihnen sogar Briefe an die jüdischen Brüder in den Synagogen von Damaskus geben. Darin wurde mir die Vollmacht erteilt, auch dort die Menschen, die zu Jesus hielten, festzunehmen und sie in Ketten nach Jerusalem zu bringen, damit sie dort bestraft würden.«

Paulus schildert seine Berufung durch Christus und seine Sendung zu den nichtjüdischen Völkern

⁶»Doch dann geschah es: Auf dem Weg nach Damaskus, kurz vor der Stadt, umstrahlte mich plötzlich gegen Mittag ein blendend helles Licht vom Himmel. ⁷Ich stürzte zu Boden und hörte eine Stimme zu mir sagen: ›Saul, Saul, warum verfolgst du mich?‹ ⁸›Wer bist du, Herr?‹ fragte ich, und die Stimme sagte: ›Ich bin Jesus von Nazaret, den du verfolgst!‹ ⁹Meine Begleiter sahen wohl das Licht, hörten aber nicht die Stimme, die mit mir redete. ¹⁰Ich fragte: ›Herr, was soll ich tun?‹ Der Herr sagte: ›Steh auf und geh nach Damaskus! Dort wirst du alles erfahren, was Gott dir zu tun bestimmt hat.‹

¹¹Von dem hellen Lichtstrahl war ich blind geworden und mußte mich von meinen Begleitern nach Damaskus führen lassen. ¹²Dort lebte ein frommer Mann, Hananias, der sich streng an das Gesetz hielt und bei allen Juden in der Stadt in gutem Ruf stand. ¹³Er suchte mich auf, trat zu mir und sagte: ›Bruder Saul, du sollst wieder sehen!‹ Im gleichen Augenblick wurden meine Augen geöffnet, und ich sah ihn vor mir ste-

hen. [14] Er sagte: ›Der Gott unserer Vorfahren hat dich dazu erwählt, seinen Heilsplan kennenzulernen und den einzig Gerechten zu sehen und aus seinem Mund das Wort zu hören, das dich auf den Weg weist. [15] Denn du sollst vor allen Menschen für ihn eintreten und allen bezeugen, was du gesehen und gehört hast. [16] Was zögerst du noch? Steh auf und laß dich taufen! Bekenne dich zum Namen von Jesus, und laß dir deine Sünden abwaschen!‹

[17] Als ich dann wieder nach Jerusalem zurückgekehrt war und hier im Tempel betete, hatte ich eine Vision. [18] Ich sah den Herrn, der sagte zu mir: ›Verlaß Jerusalem auf dem schnellsten Weg, denn die Leute hier werden dir nicht glauben, wenn du für mich eintrittst.‹ [19] ›Herr‹, sagte ich, ›aber gerade sie müßten mir doch glauben; denn sie wissen ja, wie ich früher in den Synagogen deine Anhänger festnehmen und auspeitschen ließ. [20] Auch als dein Zeuge Stephanus gesteinigt wurde, war ich dabei; ich war mit allem einverstanden und bewachte die Kleider seiner Mörder.‹ [21] Doch der Herr sagte: ›Geh, ich will dich weit hinaus zu fremden Völkern senden!‹«

Paulus löst einen Tumult aus und stellt sich unter den Schutz des römischen Bürgerrechts

[22] Bis dahin hatte die Menge Paulus ruhig zugehört. Aber jetzt, bei diesem letzten Satz, fingen sie alle an zu schreien: »Weg mit ihm! So einer muß von der Erde verschwinden! Es gehört sich nicht, daß er lebt!« [23] Sie tobten, rissen sich die Kleider vom Leib und warfen Staub in die Luft.

[24] Der Kommandant befahl, Paulus in die Kaserne zu bringen. Er wollte ihn unter Peitschenhieben verhören lassen, um herauszubringen, warum die Juden so wütend auf ihn waren. [25] Als die Soldaten ihn schon festbinden wollten, sagte Paulus zu dem Hauptmann, der die Ausführung überwachte: »Dürft ihr denn einen römischen Bürger auspeitschen, noch dazu ohne ein ordentliches Gerichtsverfahren?« [26] Der Hauptmann lief zum Kommandanten und sagte: »Weißt du, was du da tust? Der Mann hat das römische Bürgerrecht!«

[27] Der Kommandant ging selbst zu Paulus und fragte ihn: »Bist du wirklich römischer Bürger?« Paulus bestätigte es, [28] und der Kommandant sagte zu ihm: »Ich mußte für mein Bürgerrecht viel Geld bezahlen.« Paulus erwiderte: »Ich besitze es von Geburt an!« [29] Die Männer, die ihn verhören sollten, ließen sofort von ihm ab, und der Kommandant bekam es mit der Angst zu tun, weil er einen römischen Bürger hatte fesseln lassen.

Paulus vor dem jüdischen Rat

³⁰Am folgenden Tag machte der Kommandant einen weiteren Versuch herauszubringen, was die Juden so gegen Paulus aufgebracht hatte. Er ließ ihm die Ketten abnehmen, gab Befehl, die führenden Priester und den ganzen jüdischen Rat zusammenzurufen, und stellte Paulus vor die Versammlung.

23 Paulus richtete den Blick fest auf die Versammelten und erklärte: »Brüder, ich habe immer so gehandelt, daß ich mir vor Gott nicht das mindeste vorzuwerfen habe, und das bis zum heutigen Tag!«

²Der Oberste Priester Hananias befahl den dabeistehenden Dienern, Paulus auf den Mund zu schlagen. ³Da sagte Paulus zu ihm: »Dich wird *Gott* schlagen, du übertünchte Wand! Du willst nach dem Gesetz über mich richten und läßt mich *gegen* alles Gesetz schlagen?« ⁴Die Diener sagten: »Wie, du wagst den Obersten Priester Gottes zu beleidigen?« ⁵Paulus entschuldigte sich und sagte: »Ich habe nicht gewußt, Brüder, daß er der Oberste Priester ist. Ich weiß wohl, daß in den Heiligen Schriften steht: ›Ihr sollt ein Oberhaupt eures Volkes nicht verfluchen.‹«

⁶Da Paulus wußte, daß die Anwesenden teils Sadduzäer, teils Pharisäer waren, rief er in die Versammlung hinein: »Brüder, ich bin ein Pharisäer und komme aus einer Pharisäerfamilie. Ich stehe hier vor Gericht, nur weil ich daran glaube, daß die Toten auferstehen!« ⁷Damit spaltete er den Rat in zwei Lager, denn Sadduzäer und Pharisäer fingen sofort an, miteinander zu streiten. ⁸Die Sadduzäer leugnen nämlich die Auferstehung der Toten, und sie bestreiten auch, daß es Engel und andere unsichtbare Wesen gibt. Die Pharisäer dagegen bekennen sich zum Glauben an beides. ⁹So kam es zu einer lautstarken Auseinandersetzung. Schließlich traten einige Gesetzeslehrer aus der Gruppe der Pharisäer vor und erklärten: »Wir können dem Mann nichts vorwerfen. Vielleicht hat ja tatsächlich ein Geist zu ihm gesprochen oder ein Engel!« ¹⁰Der Tumult wurde am Ende so heftig, daß der Kommandant fürchtete, sie könnten Paulus in Stücke reißen. So ließ er aus der Kaserne eine Abteilung Soldaten kommen, die ihn herausholten und wieder dorthin zurückbrachten.

¹¹In der folgenden Nacht aber trat der Herr zu Paulus und sagte zu ihm: »Nur Mut! Wie du hier in Jerusalem für mich eingetreten bist, so mußt du es auch in Rom tun.«

Eine Verschwörung gegen Paulus

¹²Am nächsten Morgen taten sich eine Anzahl Juden zu einem Anschlag gegen Paulus zusammen. Sie schworen, nichts zu essen und zu trinken, bis sie ihn umgebracht hätten. ¹³Mehr als vierzig Männer beteiligten sich an dieser Verschwörung. ¹⁴Sie gingen zu den führenden Priestern und den Ratsältesten und weihten sie ein:»Wir haben feierlich geschworen, nichts zu essen und zu trinken, bis wir Paulus getötet haben. ¹⁵Geht also jetzt im Namen des ganzen jüdischen Rates zum Kommandanten und fordert ihn auf, euch Paulus noch einmal vorzuführen; ihr wollt seinen Fall noch genauer untersuchen. Wir halten uns dann bereit und bringen ihn um, noch bevor er hier eintrifft.«

¹⁶Aber ein Neffe von Paulus, der Sohn seiner Schwester, hörte von dem geplanten Anschlag. Er ging in die Kaserne und erzählte Paulus davon. ¹⁷Der rief einen von den Hauptleuten und sagte zu ihm:»Bring diesen jungen Mann zum Kommandanten! Er hat eine wichtige Nachricht für ihn.« ¹⁸Der Hauptmann brachte ihn zum Kommandanten und sagte:»Der Gefangene Paulus hat mich rufen lassen und mich gebeten, diesen jungen Mann zu dir zu führen. Er soll eine wichtige Nachricht für dich haben.«

¹⁹Der Kommandant nahm den jungen Mann beiseite und fragte ihn:»Was hast du mir zu berichten?« ²⁰Da erzählte er:»Die Juden wollen dich bitten, Paulus morgen noch einmal vor ihren Rat zu bringen, damit sie ihn noch genauer verhören können. ²¹Aber du darfst ihnen nicht glauben, denn mehr als vierzig Männer planen einen Anschlag. Sie alle haben geschworen, erst wieder zu essen und zu trinken, wenn sie Paulus getötet haben. Sie halten sich bereit und warten nur darauf, daß du ihn herausführen läßt.« ²²Der Kommandant sagte:»Verrate keinem, daß du mir davon erzählt hast!« Dann ließ er den jungen Mann gehen.

Paulus wird zum Statthalter nach Cäsarea gebracht

²³Der Kommandant rief zwei Hauptleute und befahl ihnen:»Sorgt dafür, daß zweihundert Soldaten sich für heute abend um neun Uhr zum Abmarsch nach Cäsarea bereit machen, dazu siebzig Reiter und noch zweihundert Leichtbewaffnete. ²⁴Besorgt ein paar Reittiere für Paulus und bringt ihn sicher zum Statthalter Felix!« ²⁵Dann schrieb er folgenden Brief:

²⁶»Klaudius Lysias grüßt den hochverehrten Statthalter Felix. ²⁷Den Mann, den ich dir sende, hatten die Juden ergriffen

und wollten ihn töten. Als ich erfuhr, daß er römischer Bürger ist, ließ ich ihn durch meine Soldaten in Sicherheit bringen. ²⁸Weil ich herausbekommen wollte, weshalb sie ihn verfolgen, brachte ich ihn vor ihren Rat. ²⁹Aber es stellte sich heraus, daß er nichts getan hat, worauf Todesstrafe oder Gefängnis steht. Ihre Vorwürfe beziehen sich nur auf strittige Fragen des jüdischen Gesetzes. ³⁰Nun wurde mir gemeldet, daß ein Anschlag gegen ihn geplant ist, deshalb schicke ich ihn umgehend zu dir. Ich habe auch die Kläger angewiesen, ihre Sache gegen ihn bei dir vorzutragen.«

³¹Die Soldaten übernahmen Paulus und brachten ihn befehlsgemäß noch in der Nacht bis nach Antipatris. ³²Am nächsten Tag kehrten die Fußtruppen nach Jerusalem in die Kaserne zurück, während die Reiter Paulus weitergeleiteten. ³³Sie brachten ihn nach Cäsarea und übergaben den Brief und den Gefangenen dem Statthalter Felix. ³⁴Der Statthalter las den Brief und fragte Paulus, aus welcher Provinz er stamme. »Aus Zilizien«, sagte Paulus. ³⁵Felix erklärte: »Ich werde dich verhören, sobald deine Ankläger auch hier sind.« Dann befahl er, Paulus an seinem Amtssitz, in dem von Herodes erbauten Palast, gefangenzuhalten.

Die führenden Juden klagen Paulus an

24 Nach fünf Tagen kam der Oberste Priester Hananias mit einigen Ratsältesten und dem Anwalt Tertullus nach Cäsarea. Sie erhoben beim Statthalter Felix Anklage gegen Paulus. ²⁻³Als man Paulus gerufen hatte, begann Tertullus seine Anklagerede:

»Hochverehrter Felix! Dein Verdienst ist es, daß wir schon so lange in Frieden leben. Deiner Umsicht verdanken wir auch eine ganze Reihe von wichtigen Reformen in unserem Land. Das erkennen wir in tiefer Dankbarkeit an, wo und wann immer sich die Gelegenheit bietet. ⁴Ich will aber jetzt deine kostbare Zeit nicht unnötig in Anspruch nehmen und bitte dich, uns für einen Augenblick freundlich anzuhören. ⁵Wir haben festgestellt, daß dieser Paulus so gefährlich ist wie die Pest. Als Hauptdrädelsführer der Nazarener-Sekte stiftet er die Juden in der ganzen Welt zum Aufruhr an. ⁶ᵃEr hat auch versucht, den Tempel zu entweihen. Dabei haben wir ihn festgenommen. [⁶ᵇWir wollten ihn nach unserem eigenen Gesetz aburteilen, ⁷aber der Kommandant Lysias hat ihn uns mit Gewalt entrissen ⁸ᵃund hat befohlen, wer eine Anklage gegen den Mann vorzubringen habe, solle damit zu dir gehen.]

8b Wenn du ihn verhörst, wird er dir gegenüber alles zugeben müssen, was wir ihm vorwerfen.«

9 Die anderen Juden schlossen sich der Anklage an und bestätigten alles.

Paulus verteidigt sich vor dem Statthalter

10 Mit einem Zeichen forderte der Statthalter Paulus zum Reden auf, und der begann: »Weil ich weiß, daß du seit vielen Jahren in diesem Land der oberste Richter bist, gehe ich voll Zuversicht daran, mich zu verteidigen. 11 Wie du leicht nachprüfen kannst, bin ich erst vor zwölf Tagen nach Jerusalem gekommen, um dort im Tempel anzubeten. 12 Niemand hat gesehen, daß ich diskutiert oder die Leute aufgehetzt hätte, weder im Tempel noch in den Synagogen, noch sonstwo in der Stadt. 13 Für das, was mir hier vorgeworfen wird, gibt es keinerlei Beweise.

14 Das allerdings bekenne ich offen vor dir: Ich diene dem Gott unserer Vorfahren in der Weise, wie es jener neuen Richtung entspricht, die sie als Sekte bezeichnen. Doch genau auf diese Weise diene ich ihm wirklich! Ich erkenne alles an, was im Gesetz Moses und in den Prophetenbüchern steht. 15 Ich habe die gleiche feste Hoffnung auf Gott wie sie, nämlich daß er die Toten auferwecken wird, die Guten wie die Bösen. 16 Und aus diesem Grund bemühe auch ich mich, immer ein reines Gewissen zu haben vor Gott und den Menschen.

17 Nach vielen Jahren im Ausland war ich nun nach Jerusalem zurückgekommen. Ich wollte Geldspenden für mein Volk übergeben und Gott Opfer darbringen. 18-19 Da sahen mich einige Juden aus der Provinz Asien im Tempel, als ich mich gerade auf ein Opfer vorbereitete; ich hatte keine Anhänger um mich gesammelt, es gab auch keinen Aufruhr. Diese Leute sollten jetzt eigentlich hier sein und ihre Klage vorbringen, wenn sie mir etwas vorzuwerfen haben! 20 Du kannst aber auch diese Männer hier fragen, was für ein Vergehen sie mir im Verhör vor dem Rat der Juden denn nachweisen konnten. 21 Es könnte höchstens der eine Satz sein, den ich dem versammelten Rat zurief: ›Ich stehe heute vor eurem Gericht, weil ich glaube, daß die Toten auferstehen.‹«

22 Felix, der über die christliche Lehre ziemlich genau Bescheid wußte, ließ die Verhandlung abbrechen und sagte: »Der Fall wird entschieden, sobald der Kommandant Lysias aus Jerusalem eintrifft.« 23 Er ließ Paulus wieder abführen, befahl aber dem Hauptmann, dem Gefangenen einige Erleichterungen zu gewähren. Seine Freunde sollten die Erlaubnis haben, ihn zu versorgen.

Felix und Drusilla bei Paulus.
Verschleppung des Prozesses

²⁴ Einige Tage später erschien Felix zusammen mit seiner Frau Drusilla, einer Jüdin, in seinem Amtssitz und ließ Paulus aus dem Gefängnis zu sich bringen; denn er wollte noch mehr über den Glauben an Jesus Christus erfahren. ²⁵ Als aber Paulus zuletzt von einem Leben nach Gottes Geboten, von der Zügelung der Leidenschaften und vom kommenden Gericht Gottes sprach, wurde es Felix unbehaglich, und er sagte: »Für diesmal ist es genug, du kannst jetzt gehen! Wenn ich wieder Zeit habe, lasse ich dich holen.« ²⁶ Er hoffte auch im stillen, von Paulus Bestechungsgelder zu bekommen. Darum ließ er ihn von Zeit zu Zeit rufen und unterhielt sich mit ihm. ²⁷ Als Felix zwei Jahre später durch Porzius Festus abgelöst wurde, wollte er den Juden noch einen Gefallen tun und ließ Paulus im Gefängnis.

Wiederaufnahme des Verfahrens unter Festus.
Paulus appelliert an den Kaiser in Rom

25 Drei Tage nach seinem Amtsantritt zog Festus von Cäsarea nach Jerusalem hinauf. ² Die führenden Priester und die angesehensten Männer des jüdischen Volkes erneuerten bei ihm ihre Anklage gegen Paulus, und sie erbaten sich von ihm ³ als besonderes Zeichen seiner Gunst, daß er den Gefangenen wieder nach Jerusalem verlegen lasse. Sie planten nämlich einen Anschlag und wollten ihn unterwegs töten. ⁴ Doch Festus erklärte, Paulus werde in Cäsarea bleiben. Er selbst kehre bald wieder dorthin zurück. ⁵ »Eure Bevollmächtigten«, sagte er, »können ja mitkommen und ihre Anklage vorbringen, wenn der Mann wirklich das Recht verletzt hat.«

⁶ Festus blieb noch eine gute Woche in Jerusalem und reiste dann nach Cäsarea zurück. Gleich am nächsten Tag eröffnete er die Gerichtsverhandlung und ließ Paulus vorführen. ⁷ Als er erschien, umstellten ihn die Juden aus Jerusalem und brachten viele schwere Anklagen gegen ihn vor, konnten sie aber nicht belegen. ⁸ Paulus verteidigte sich: »Ich habe mich weder gegen das Gesetz der Juden noch gegen den Tempel, noch gegen den Kaiser vergangen.«

⁹ Festus wollte den Juden nun doch den Gefallen tun und fragte Paulus: »Willst du nicht nach Jerusalem gehen, damit dort in meinem Beisein über diese Punkte verhandelt und entschieden werden kann?« ¹⁰ Aber Paulus erwiderte: »Ich stehe hier vor dem kaiserlichen Gericht, und vor ihm muß

mein Fall entschieden werden. Ich habe mich gegen die Juden in keiner Weise vergangen, wie du selbst genau weißt. [11] Wäre ich im Unrecht und hätte etwas getan, worauf die Todesstrafe steht, so wäre ich sofort bereit zu sterben. Da aber feststeht, daß ihre Anklagen falsch sind, kann mich niemand bloß aus Gefälligkeit an sie ausliefern. Ich verlange, daß mein Fall vor den Kaiser kommt!«

[12] Festus besprach sich mit seinen Beratern und entschied dann: »Du hast an den Kaiser appelliert, darum sollst du vor den Kaiser gebracht werden.«

Festus informiert König Agrippa über den Fall Paulus

[13] Einige Zeit später kamen König Agrippa und seine Schwester Berenike nach Cäsarea, um Festus zu besuchen. [14] Nach einigen Tagen brachte Festus den Fall Paulus zur Sprache: »Mein Vorgänger Felix hat mir hier einen Gefangenen hinterlassen. [15] Als ich nach Jerusalem kam, erhoben die führenden Priester und die jüdischen Ratsältesten Anklage gegen ihn und drängten mich, ihn zu verurteilen. [16] Aber ich machte ihnen klar, daß es bei uns Römern nicht üblich ist, einen Angeklagten – nur um jemand einen Gefallen zu tun – abzuurteilen, bevor er sich nicht persönlich gegenüber seinen Anklägern verteidigen konnte. [17] Als sie dann hierher kamen, habe ich sofort eine Verhandlung angesetzt und den Mann vorführen lassen. [18] Aber die Anklagen, die seine Gegner vorbrachten, gingen gar nicht auf irgendeinen Rechtsbruch, wie ich bis dahin vermuten mußte. [19] Alles drehte sich vielmehr um religiöse Streitfragen und um einen Toten namens Jesus, von dem Paulus behauptet, er lebe. [20] Da ich mich auf solche Fragen nicht genügend verstehe, fragte ich ihn, ob er nicht lieber nach Jerusalem gehen wolle, damit dort über diese Punkte verhandelt und entschieden wird. [21] Aber Paulus legte dagegen Beschwerde ein: Er wolle vor den Kaiser gebracht werden und bis dahin in Haft bleiben. Also gab ich Befehl, ihn weiter in Haft zu halten, bis ich ihn zum Kaiser schicken kann.«

[22] Agrippa sagte zu Festus: »Ich würde den Mann gern einmal kennenlernen.« »Morgen sollst du dazu Gelegenheit haben«, sagte Festus.

Paulus wird König Agrippa vorgeführt

[23] Agrippa und Berenike erschienen also am nächsten Tag in ihrer ganzen fürstlichen Pracht und betraten, begleitet von hohen römischen Offizieren und den maßgebenden Persön-

lichkeiten der Stadt, den Audienzsaal. Festus gab den Befehl, und Paulus wurde hereingeführt.

²⁴ Darauf sagte Festus: »König Agrippa! Meine verehrten Gäste! Hier seht ihr den Mann, dessentwegen mich alle Juden sowohl in Jerusalem als auch hier in dieser Stadt bestürmt haben. Sie schrien, er dürfe nicht länger am Leben bleiben. ²⁵ Ich mußte jedoch feststellen, daß er nichts getan hat, worauf die Todesstrafe steht. Da er selbst an den Kaiser appelliert hat, habe ich beschlossen, ihn nach Rom zu schicken. ²⁶ Ich habe allerdings kaum etwas Stichhaltiges, was ich meinem Herrn, dem Kaiser, schreiben könnte. Deshalb stelle ich euch den Mann vor, besonders dir, König Agrippa, damit ich durch ein neues Verhör einige Anhaltspunkte für meinen Brief bekomme. ²⁷ Denn es erscheint mir unsinnig, einen Gefangenen nach Rom zu schicken, ohne eine Aufstellung der Anklagepunkte mitzugeben.«

Die Rede von Paulus vor König Agrippa

26 Agrippa sagte zu Paulus: »Du hast die Gelegenheit, in eigener Sache zu sprechen.« Paulus machte eine Handbewegung und begann seine Verteidigungsrede:

² »König Agrippa! Ich freue mich, daß ich mich heute vor dir gegen die Angriffe der Juden verteidigen kann, ³ vor allem, weil du dich in ihren Gebräuchen und religiösen Streitfragen auskennst. Bitte, hör mich geduldig an! ⁴ Mein Leben, wie ich es seit meiner Jugend unter meinem Volk und in Jerusalem geführt habe, ist allen Juden von Anfang an bekannt. ⁵ Sie kennen mich von früher her und können, wenn sie wollen, bezeugen, daß ich nach der strengsten Richtung unserer Religion gelebt habe. Ich war nämlich Pharisäer. ⁶ Und wenn ich jetzt vor Gericht stehe, dann nur deshalb, weil ich fest auf die Zusage vertraue, die Gott unseren Vorfahren gegeben hat. ⁷ Unser Zwölfstämmevolk Israel dient Gott unablässig bei Tag und Nacht in der Hoffnung, endlich die Erfüllung dieser Zusage zu erleben. Und ich, König Agrippa, werde um derselben Hoffnung willen ausgerechnet von Juden angeklagt! ⁸ Warum wollt ihr Juden es denn nicht glauben, daß Gott tatsächlich einen Toten auferweckt hat?

⁹ Anfangs allerdings hatte auch ich gemeint, ich müßte dem Bekenntnis zu Jesus von Nazaret mit allen Mitteln entgegentreten. ¹⁰ Das habe ich in Jerusalem auch getan. Ausgestattet mit einer Vollmacht der führenden Priester brachte ich viele Christen ins Gefängnis und gab meine Stimme gegen sie ab, wenn sie zum Tod verurteilt wurden. ¹¹ In allen Synagogen habe ich immer wieder versucht, sie durch Auspeitschen da-

hin zu bringen, daß sie ihrem Glauben abschwören. Mein Haß war so groß, daß ich sie sogar noch über die Grenzen des Landes hinaus verfolgen wollte.

[12] In dieser Absicht reiste ich im Auftrag der führenden Priester und mit ihrer Vollmacht nach Damaskus. [13] Auf dem Weg dorthin, mein König, umstrahlte mich und meine Begleiter mitten am Tag ein Licht vom Himmel, heller als die Sonne. [14] Wir stürzten alle zu Boden, und ich hörte eine Stimme auf hebräisch rufen: ›Saul, Saul, warum verfolgst du mich? Es ist sinnlos, daß du gegen mich ankämpfst!‹ [15] ›Wer bist du, Herr?‹ fragte ich, und der Herr sagte: ›Ich bin Jesus, den du verfolgst. [16] Doch steh auf, denn ich bin dir erschienen, um dich in meinen Dienst zu stellen. Du sollst bezeugen, was du heute gesehen hast und was ich dir noch zeigen werde. [17] Ich werde dich beschützen vor den Juden und auch vor den Nichtjuden, zu denen ich dich sende. [18] Gerade ihnen sollst du die Augen öffnen, damit sie aus der Finsternis ins Licht kommen, aus der Gewalt des Satans zu Gott. Denn wenn sie auf mich vertrauen, wird ihnen ihre Schuld vergeben, und sie erhalten ihren Platz unter denen, die Gott zu seinem heiligen Volk gemacht hat.‹

[19] Ich habe mich, König Agrippa, dem nicht widersetzt, was diese Erscheinung vom Himmel mir befohlen hatte. [20] Zuerst in Damaskus und Jerusalem und später in ganz Judäa und bei den nichtjüdischen Völkern rief ich die Menschen dazu auf umzukehren, sich Gott zuzuwenden und durch ihre Lebensführung zu zeigen, daß es ihnen mit der Umkehr ernst ist. [21] Einzig deswegen haben mich die Juden im Tempel ergriffen und zu töten versucht. [22] Aber bis heute hat Gott mir geholfen, und so stehe ich als sein Zeuge vor den Menschen, den hochgestellten wie den ganz einfachen. Ich verkünde nichts anderes, als was die Propheten und Mose angekündigt haben: [23] Der versprochene Retter, sagten sie, muß leiden und sterben und wird als der erste unter allen Toten auferstehen, um dem jüdischen Volk und allen Völkern der Welt das rettende Licht zu bringen.«

Die Reaktion von Festus und Agrippa auf die Rede

[24] Als Paulus sich auf diese Weise verteidigte, rief Festus ihm zu: »Du bist verrückt geworden, Paulus! Das viele Studieren hat dich um den Verstand gebracht!« [25] Paulus aber antwortete: »Hochverehrter Festus, ich bin nicht verrückt. Was ich sage, ist wahr und vernünftig. [26] Der König weiß, wovon ich rede, und mit ihm kann ich frei und offen darüber sprechen. Ich bin überzeugt, daß ich ihm auch gar nichts Neues sage;

denn die Sache hat sich ja nicht irgendwo im Winkel abgespielt. 27 König Agrippa, glaubst du den Ankündigungen der Propheten? Ich weiß, du glaubst ihnen!«

28 Agrippa erwiderte: »Es dauert nicht mehr lange, und du überredest mich noch dazu, daß ich selber Christ werde!« 29 »Ob es nun kurz oder lang dauert«, sagte Paulus, »ich bete zu Gott, daß nicht nur du, sondern alle, die mich hier hören, mir gleich werden – die Fesseln natürlich ausgenommen.« 30 Darauf standen der König, der Statthalter, Berenike und die anderen auf 31 und gingen hinaus. »Der Mann verdient weder den Tod noch das Gefängnis«, war das einmütige Urteil. 32 Und Agrippa sagte zu Festus: »Der Mann könnte freigelassen werden, wenn er nicht an den Kaiser appelliert hätte.«

Paulus als Gefangener auf dem Weg nach Rom

27 Als unsere Abreise nach Italien beschlossen war, übergab man Paulus und einige andere Gefangene einem Hauptmann namens Julius aus einem syrischen Regiment, das den Ehrennamen ›Kaiserliches Regiment‹ trug. 2 Wir gingen an Bord eines Schiffes aus Adramyttion, das die Häfen an der Küste der Provinz Asien anlaufen sollte, und fuhren ab. Der Mazedonier Aristarch aus Thessalonich begleitete uns.

3 Am nächsten Tag erreichten wir Sidon. Julius war Paulus gegenüber sehr entgegenkommend und erlaubte ihm, seine Glaubensgenossen dort zu besuchen und sich bei ihnen zu erholen. 4 Als wir von dort weiterfuhren, hatten wir Gegenwind; darum segelten wir auf der Ostseite um Zypern herum. 5 Zilizien und Pamphylien ließen wir rechts liegen und erreichten schließlich Myra in Lyzien. 6 Dort fand der Hauptmann ein Schiff aus Alexandria, das nach Italien fuhr, und brachte uns an Bord.

7 Viele Tage lang machten wir nur wenig Fahrt und kamen mit Mühe bis auf die Höhe von Knidos. Dann zwang uns der Wind, den Kurs zu ändern. Wir hielten auf die Insel Kreta zu, umsegelten Kap Salmone 8 und erreichten mit knapper Not einen Ort, der Kaloi Limenes (Guthäfen) heißt, nicht weit von der Stadt Lasäa.

Paulus im Seesturm

9 Wir hatten inzwischen viel Zeit verloren. Das Herbstfasten war vorbei, und die Schiffahrt wurde gefährlich. Deshalb warnte Paulus seine Bewacher. 10 »Ich sehe voraus«, sagte er, »daß eine Weiterfahrt zu großen Schwierigkeiten führen wird.

Sie bringt nicht nur Ladung und Schiff in Gefahr, sondern auch das Leben der Menschen an Bord.« [11]Aber der Hauptmann hörte mehr auf den Steuermann und den Kapitän als auf das, was Paulus sagte. [12]Außerdem war der Hafen zum Überwintern nicht sehr geeignet. So waren die meisten dafür, wieder in See zu stechen und zu versuchen, noch bis nach Phönix zu kommen. Dieser ebenfalls auf Kreta gelegene Hafen ist nach Westen hin offen, und man konnte dort den Winter zubringen.

[13]Als ein leichter Südwind einsetzte, nahmen die Seeleute es für ein günstiges Zeichen. Die Anker wurden gelichtet, und das Schiff segelte so dicht wie möglich an der Küste Kretas entlang. [14]Aber bald brach aus der Richtung der Insel ein Sturm los, der gefürchtete Nordost, [15]und riß das Schiff mit. Da es unmöglich war, Kurs zu halten, ließen wir uns einfach treiben. [16]Im Schutz der kleinen Insel Kauda war der Sturm etwas weniger heftig, und wir konnten mit einiger Mühe das Beiboot einholen. [17]Danach legten die Seeleute zur Sicherung ein paar Taue fest um das ganze Schiff. Um nicht in die Große Syrte verschlagen zu werden, brachten sie den Treibanker aus und ließen das Schiff dahintreiben.

[18]Der Sturm setzte dem Schiff stark zu, deshalb warf man am nächsten Tag einen Teil der Ladung ins Meer. [19]Am Tag darauf warfen die Seeleute eigenhändig die Schiffsausrüstung über Bord. [20]Tagelang zeigten sich weder Sonne noch Sterne am Himmel. Der Sturm ließ nicht nach, und so verloren wir am Ende jede Hoffnung auf Rettung. [21]Niemand wollte mehr etwas essen.

Da erhob sich Paulus und sagte: »Ihr hättet auf meine Warnung hören und im Hafen bleiben sollen. Dann wäre uns dies erspart geblieben. [22]Doch jetzt bitte ich euch: Laßt den Mut nicht sinken! Alle werden am Leben bleiben, nur das Schiff geht verloren. [23]In der vergangenen Nacht erschien mir nämlich ein Engel des Gottes, dem ich gehöre und dem ich diene, [24]und sagte zu mir: ›Hab keine Angst, Paulus! Du mußt vor den Kaiser treten, und auch alle anderen, die mit dir auf dem Schiff sind, wird Gott deinetwegen retten.‹ [25]Also seid mutig, Männer! Ich vertraue Gott, daß alles so kommen wird, wie er es zu mir gesagt hat. [26]Wir werden an einer Insel stranden.«

[27]Wir trieben nun schon die vierzehnte Nacht im Sturm auf dem Mittelmeer. Gegen Mitternacht vermuteten die Seeleute Land in der Nähe. [28]Sie warfen ein Lot aus und kamen auf 37 Meter Wassertiefe. Etwas später waren es nur noch 28 Meter. [29]Sie fürchteten, auf ein Küstenriff aufzulaufen, darum warfen sie vom Heck vier Anker aus und wünschten

sehnlichst den Tag herbei. [30]Aber noch in der Dunkelheit versuchten die Seeleute, das Schiff zu verlassen. Unter dem Vorwand, auch vom Bug aus Anker auswerfen zu wollen, brachten sie das Beiboot zu Wasser. [31]Doch Paulus warnte den Hauptmann und die Soldaten: »Wenn die Seeleute das Schiff verlassen, habt ihr keine Aussicht auf Rettung mehr.« [32]Da hieben die Soldaten die Taue durch und ließen das Beiboot davontreiben.

[33]Noch bevor der Tag anbrach, forderte Paulus alle auf, doch etwas zu essen. »Ihr wartet nun schon vierzehn Tage auf Rettung«, sagte er, »und habt die ganze Zeit über nichts gegessen. [34]Ich bitte euch deshalb, eßt etwas; das habt ihr nötig, wenn ihr überleben wollt. Niemand von euch wird auch nur ein Haar von seinem Kopf verlieren.« [35]Dann nahm Paulus ein Brot, sprach darüber vor allen ein Dankgebet, brach das Brot in Stücke und fing an zu essen. [36]Da bekamen sie alle wieder Mut und aßen ebenfalls. [37]Wir waren insgesamt 276 Leute auf dem Schiff. [38]Als alle satt waren, warfen sie die Getreideladung über Bord, um das Schiff zu erleichtern.

Schiffbruch

[39]Bei Tagesanbruch sahen die Seeleute eine Küste, die ihnen unbekannt war. Doch entdeckten sie eine Bucht mit einem flachen Strand und wollten versuchen, das Schiff dort auf Grund zu setzen. [40]Sie kappten die Ankertaue, ließen die Anker im Meer zurück und machten zugleich die Steuerruder klar. Dann hißten sie das Vordersegel, und als das Schiff im Wind wieder Fahrt machte, hielten sie auf die Küste zu. [41]Sie liefen jedoch auf eine Sandbank auf. Der Bug rammte sich so fest ein, daß das Schiff nicht wieder flottzumachen war, und das Hinterdeck zerbrach unter der Wucht der Wellen.

[42]Da beschlossen die Soldaten, alle Gefangenen zu töten, damit keiner durch Schwimmen entkommen könne. [43]Aber der Hauptmann wollte Paulus retten und verhinderte es. Er befahl den Schwimmern, sie sollten als erste über Bord springen und das Land zu erreichen suchen; [44]die übrigen sollten sich Planken und anderen Wrackteilen anvertrauen. So kamen alle unversehrt an Land.

Auf der Insel Malta

28 Nach unserer Rettung erfuhren wir, daß die Insel Malta hieß. [2]Die Eingeborenen – keine Griechen – waren überaus freundlich zu uns. Sie machten ein offenes Feuer und holten uns alle dorthin; denn es hatte angefangen zu regnen, und es war kalt. ³Paulus raffte ein Bündel Reisig zusammen und warf es in die Flammen. Da schoß eine Schlange heraus und biß sich an seiner Hand fest; die Hitze hatte sie aufgescheucht. ⁴Die Eingeborenen sahen die Schlange an seiner Hand und sagten: »Der Mann muß ein Mörder sein: Aus dem Meer hat er sich gerettet, aber jetzt fordert die Rachegöttin sein Leben.« ⁵Doch Paulus schüttelte die Schlange ins Feuer, und es geschah ihm nichts. ⁶Die Leute warteten darauf, daß er langsam anschwellen oder plötzlich tot umfallen würde. Nachdem sie ihn aber eine Zeitlang beobachtet hatten und nichts dergleichen geschah, änderten sie ihre Meinung und sagten, er sei ein Gott.

⁷In der Nähe der Stelle, an der wir uns befanden, hatte der Angesehenste unter den Leuten der Insel, Publius, seine Besitzungen. Er nahm uns freundlich auf, und wir waren für drei Tage seine Gäste. ⁸Sein Vater hatte die Ruhr und lag mit Fieber im Bett. Paulus ging zu ihm ins Zimmer, betete über ihm, legte ihm die Hände auf und machte ihn gesund. ⁹Darauf kamen auch alle anderen Kranken der Insel und ließen sich heilen. ¹⁰Sie überschütteten uns mit ehrenvollen Geschenken, und bei der Abfahrt brachten sie uns alles, was wir für die Reise brauchten.

Von Malta nach Rom

¹¹Nach drei Monaten fuhren wir mit einem Schiff weiter, das in einem Hafen von Malta überwintert hatte. Es kam aus Alexandria und trug an seinem Bug als Schiffszeichen das Bild der Dioskuren. ¹²Wir kamen nach Syrakus, wo wir drei Tage blieben. ¹³Von dort ging es weiter nach Rhegion. Am Tag darauf kam Südwind auf, und wir brauchten nur zwei Tage bis Puteoli. ¹⁴In der Stadt fanden wir Christen, die uns einluden, eine Woche bei ihnen zu bleiben.

Und dann kamen wir nach Rom. ¹⁵Die Christen dort hatten von unserer Ankunft in Puteoli gehört und kamen uns bis Tres-Tabernae (Drei Tavernen) entgegen, einige sogar bis Forum Appii (Appiusmarkt). Als Paulus sie sah, dankte er Gott und wurde voller Zuversicht.

Paulus in Rom.
Begegnung mit den Juden der Stadt

¹⁶In Rom bekam Paulus die Erlaubnis, sich eine Privatunterkunft zu suchen. Er hatte nur einen Soldaten als Wache.

¹⁷Nach drei Tagen lud er die führenden Juden der Stadt ein. Als sie alle versammelt waren, sagte er: »Liebe Brüder! Obwohl ich nichts gegen unser Volk oder das Gesetz unserer

Vorfahren getan habe, wurde ich in Jerusalem festgenommen und an die Römer ausgeliefert. [18] Die Römer haben mich verhört und wollten mich freilassen, weil sie keinen Grund fanden, mich zum Tod zu verurteilen. [19] Doch weil die Juden dagegen protestierten, blieb mir nur der Ausweg, an den Kaiser zu appellieren. Ich hatte dabei aber nicht die Absicht, mein Volk anzuklagen. [20] Das wollte ich euch sagen, und darum habe ich euch hergebeten. Ich bin gefangen, weil ich das verkünde, worauf ganz Israel hofft.«

[21] Sie antworteten ihm: »Uns hat niemand aus Judäa über dich geschrieben; es ist auch kein Bruder gekommen, der uns offiziell oder privat etwas Belastendes über dich mitgeteilt hätte. [22] Wir würden aber gern deine Ansichten hören, denn wir haben erfahren, daß die Glaubensrichtung, zu der du gehörst, überall auf Widerspruch stößt.« [23] So verabredeten sie sich für ein andermal.

Am festgesetzten Tag kamen noch mehr von ihnen zu Paulus in seine Unterkunft. Er erklärte und bezeugte ihnen, daß Gott angefangen hat, seine Herrschaft aufzurichten. Er wies sie auf die Ankündigungen im Gesetz Moses und in den Schriften der Propheten hin, um sie für Jesus zu gewinnen – den ganzen Tag über, vom Morgen bis zum Abend. [24] Die einen ließen sich von seinen Worten überzeugen, die andern schenkten ihm keinen Glauben. [25] Sie konnten sich darüber nicht einig werden, und so gingen sie weg.

Paulus sagte noch zu ihnen: »Ich sehe, es ist wahr, was der Heilige Geist durch den Propheten Jesaja zu euren Vorfahren gesagt hat: [26] ›Geh zu diesem Volk und sage: Hört nur zu, ihr versteht doch nichts; seht hin, soviel ihr wollt, ihr erkennt doch nichts! [27] Denn dieses Volk ist im Innersten verstockt. Sie halten sich die Ohren zu und schließen die Augen, damit sie nur ja nicht sehen, hören und begreifen, sagt Gott. Sonst würden sie zu mir umkehren, und ich könnte sie heilen.‹«

[28] Paulus fügte hinzu: »Ich muß euch sagen, Gott hat dieses Heil jetzt den anderen Völkern angeboten. Und die werden hören!« [[29] Als Paulus das gesagt hatte, gingen die Juden weg und stritten heftig miteinander.]

Paulus verkündet die Botschaft Gottes ungehindert in der Hauptstadt der Welt

[30] Volle zwei Jahre lang blieb Paulus in seiner Mietwohnung und konnte dort alle empfangen, die ihn aufsuchen wollten. [31] Ihnen allen verkündete er, wie Gott jetzt seine Herrschaft aufrichtet, und lehrte sie alles über Jesus Christus, den Herrn – frei und offen und völlig ungehindert.

DER BRIEF DES APOSTELS PAULUS
AN DIE GEMEINDE IN ROM
(Römerbrief)

BRIEFEINGANG UND BRIEFTHEMA (1,1-17)

Paulus im Dienst der Guten Nachricht

1 Diesen Brief schreibt Paulus, der Jesus Christus dient, zum Apostel berufen und dazu erwählt, Gottes Gute Nachricht bekanntzumachen. ² Diese Gute Nachricht hat Gott durch seine Propheten in den Heiligen Schriften schon lange angekündigt. ³⁻⁴ Es ist die Botschaft von seinem Sohn, Jesus Christus, unserem Herrn.

Als Mensch geboren, ist er ein Nachkomme des Königs David.
Durch die Kraft des Heiligen Geistes als erster vom Tod erweckt, ist ihm die Macht übertragen, die ihm als Sohn Gottes zusteht.

⁵ Er hat mich bevollmächtigt, sein Apostel zu sein. Mein Auftrag ist es, zur Ehre seines Namens Menschen aus allen Völkern dafür zu gewinnen, daß sie sich Gott im Gehorsam unterstellen und ihm vertrauen. ⁶ Zu ihnen gehört auch ihr. Denn Gott hat euch in die Gemeinschaft mit Jesus Christus berufen.

⁷ Dieser Brief ist für alle in Rom, die Gott liebt und dazu berufen hat, ihm als sein heiliges Volk zu gehören. Gnade und Frieden sei mit euch von Gott, unserem Vater, und von Jesus Christus, dem Herrn!

Paulus möchte nach Rom kommen

⁸ Als erstes danke ich meinem Gott durch Jesus Christus für euch alle; denn in der ganzen Welt erzählen sie von eurem Glauben. ⁹ Gott selbst, dem ich durch die Verbreitung der Guten Nachricht von seinem Sohn mit ganzer Hingabe diene, kann mir bezeugen: In meinen Gebeten denke ich unablässig an euch ¹⁰ und bitte Gott ständig darum, daß er es mir doch endlich einmal erlaubt, euch zu besuchen. ¹¹ Ich sehne mich danach, bei euch zu sein und euch etwas von dem

weiterzugeben, was mir der Geist Gottes geschenkt hat. Ich möchte euch damit in eurem Glauben stärken. [12]Oder besser gesagt: Ich möchte in eurer Mitte zusammen mit euch ermutigt werden durch den gegenseitigen Austausch über unseren gemeinsamen Glauben.

[13]Ich kann euch versichern, liebe Brüder und Schwestern: Ich hatte schon oft einen Besuch bei euch geplant, nur bin ich bis jetzt immer daran gehindert worden. Wie bei den anderen Völkern wollte ich auch bei euch Menschen für Christus gewinnen. [14]Ich bin die Botschaft von Christus allen Menschen schuldig: solchen aus hochkultivierten wie aus unzivilisierten Völkern, Gebildeten wie Unwissenden. [15]Darum war ich schon immer bereit, auch euch in Rom die Gute Nachricht zu verkünden.

Die Gute Nachricht bringt allen Rettung

[16]Zur Guten Nachricht bekenne ich mich offen und ohne Scheu. In ihr ist die Kraft Gottes am Werk und rettet alle, die der Botschaft glauben und sie im Vertrauen annehmen – an erster Stelle die Glaubenden aus dem jüdischen Volk und dann auch die aus den anderen Völkern. [17]In der Guten Nachricht macht Gott seine Gerechtigkeit offenbar: seine rettende Treue, die selbst für das aufkommt, was er vom Menschen fordert. Nur auf den vertrauenden Glauben kommt es an, und alle sind zu solchem Glauben aufgerufen. So steht es ja in den Heiligen Schriften: »Wer durch vertrauenden Glauben vor Gott als gerecht gilt, wird leben.«

DIE GANZE MENSCHHEIT IST SCHULDIG
(1,18–3,20)

Die Menschen haben Gottes Strafgericht verdient

[18]Alle Menschen sind nämlich dem Gericht Gottes verfallen, und dieses Gericht beginnt schon offenbar zu werden. Es wird vom Himmel herab alle treffen, die Gott nicht ehren und seinen Willen mißachten. Mit ihrem verkehrten Tun verdunkeln sie die offenkundige Wahrheit Gottes. [19]Denn was Menschen von Gott wissen können, ist ihnen bekannt. Gott selbst hat ihnen dieses Wissen zugänglich gemacht. [20]Weil Gott die Welt geschaffen hat, können die Menschen sein unsichtbares Wesen, seine ewige Macht und göttliche Majestät mit ihrem Verstand an seinen Schöpfungswerken wahrnehmen.

Sie haben also keine Entschuldigung. [21]Obwohl sie Gott

kannten, ehrten sie ihn nicht als Gott und dankten ihm nicht. Ihre Gedanken liefen ins Leere, und in ihren unverständigen Herzen wurde es finster. ²²Sie gaben sich für besonders gescheit aus und wurden dabei zu Narren: ²³An die Stelle des ewigen Gottes in seiner Herrlichkeit setzten sie Bilder von sterblichen Menschen und von Vögeln und vierfüßigen und kriechenden Tieren. ²⁴Darum lieferte Gott sie ihren Begierden aus und gab sie der Ausschweifung preis, so daß sie ihre eigenen Körper schänden.

²⁵Sie tauschten den wahren Gott gegen ein Lügengespinst ein, sie haben die Geschöpfe geehrt und angebetet anstatt den Schöpfer – gepriesen sei er für immer und ewig, Amen! ²⁶Darum lieferte er sie schändlichen Leidenschaften aus. Ihre Frauen vertauschten den natürlichen Geschlechtsverkehr mit dem widernatürlichen. ²⁷Ebenso gaben die Männer den natürlichen Verkehr mit Frauen auf und entbrannten in Begierde zueinander. Männer treiben es schamlos mit Männern. So empfangen sie am eigenen Leib den gebührenden Lohn für die Verirrung ihres Denkens.

²⁸Weil sie es verwarfen, Gott zu erkennen, überließ er sie ihrem untauglichen Verstand, so daß sie alles Verwerfliche tun. ²⁹Es findet sich bei ihnen jede Art von Unrecht, Niedertracht, Gier, Gemeinheit. Sie sind voll Neid, sie morden, streiten, betrügen und stellen einander Fallen. Sie reden gehässig über andere ³⁰und verleumden sie. Sie verachten Gott, sind gewalttätig, überheblich und prahlerisch. Sie sind erfinderisch im Bösen. Sie wollen sich ihren Eltern nicht unterordnen. ³¹Unverständig sind sie und unzuverlässig, lieblos und ohne Erbarmen. ³²Dabei kennen sie genau den Willen Gottes und wissen, daß alle, die so etwas tun, vor seinem Gericht den Tod verdient haben. Trotzdem tun sie es und ermuntern mit ihrem Beifall auch noch andere, die so handeln.

Für alle gilt der gleiche Maßstab

2 Aber auch ihr, die ihr dieses Treiben mißbilligt, habt keine Entschuldigung. Wenn ihr solche Leute verurteilt, sprecht ihr damit euch selbst das Urteil; denn ihr handelt genauso wie sie. ²Wir wissen: Über die Menschen, die all dies Böse tun, wird Gott ein unbestechliches Gericht halten. ³Wie wollt ihr da der Strafe entgehen, wo ihr doch genau das tut, was ihr an den anderen verurteilt? ⁴Mißachtet ihr die große Güte, Nachsicht und Geduld, die Gott euch bis jetzt erwiesen hat? Seht ihr nicht, daß er euch durch seine Güte zur Umkehr bewegen will? ⁵Aber ihr kommt nicht zur Einsicht und wollt euch nicht ändern. Damit häuft ihr ständig noch

mehr Schuld auf und bereitet euch selbst das Verderben, das am Tag der Abrechnung über euch hereinbricht – an dem Tag, an dem Gott sich als Richter offenbart und gerechtes Gericht hält.

⁶ Dann wird Gott alle Menschen belohnen oder bestrafen, wie sie es mit ihren Taten verdient haben. ⁷ Den einen gibt er unvergängliches Leben in Ehre und Herrlichkeit – es sind die, die sich auf das ewige Ziel hin ausrichten und unermüdlich das Gute tun. ⁸ Die anderen trifft sein vernichtendes Gericht – es sind die, die nur an sich selbst denken, sich den Ordnungen Gottes widersetzen und dem Unrecht folgen. ⁹⁻¹⁰ Über alle, die Böses tun, läßt Gott Not und Verzweiflung hereinbrechen. Denen aber, die das Gute tun, wird Gott ewige Herrlichkeit, Ehre und Frieden schenken. Dies beides gilt in erster Linie für die Juden, aber ebenso auch für die Menschen aus den anderen Völkern. ¹¹ Denn Gott ist ein unparteiischer Richter.

¹² Da sind die einen, die das Gesetz Gottes nicht kennen: Wenn sie Unrecht tun, werden sie auch ohne dieses Gesetz verlorengehen. Und da sind die anderen, denen Gott sein Gesetz schriftlich gegeben hat: Wenn sie Unrecht tun, werden sie aufgrund eben dieses Gesetzes verurteilt werden. ¹³ Denn es genügt nicht, das Gesetz zu *hören*, um vor Gott als gerecht bestehen zu können. Nur wer auch *tut*, was das Gesetz verlangt, wird bei Gott Anerkennung finden.

¹⁴ Auch wenn die anderen Völker das Gesetz Gottes nicht haben, gibt es unter ihnen doch Menschen, die aus natürlichem Empfinden heraus tun, was das Gesetz verlangt. Ohne das Gesetz zu kennen, tragen sie es also in sich selbst. ¹⁵ Ihr Verhalten beweist, daß ihnen die Forderungen des Gesetzes ins Herz geschrieben sind, und das zeigt sich auch an der Stimme ihres Gewissens und an den Gedanken, die sich gegenseitig anklagen oder auch verteidigen. ¹⁶ Dies alles kommt ans Licht, wenn Gott durch Jesus Christus Gericht halten und das Innerste der Menschen aufdecken wird. So bezeugt es die Gute Nachricht, die mir anvertraut ist.

Das jüdische Volk macht keine Ausnahme

¹⁷ Wie steht es denn mit euch Juden? Ihr führt euren Namen als Ehrennamen, ihr gründet euer Vertrauen auf das Gesetz, und ihr seid stolz auf eure besondere Beziehung zu Gott. ¹⁸ Aus dem Gesetz kennt ihr seinen Willen und könnt beurteilen, was in jeder Lage das Rechte ist. ¹⁹ Ihr wißt euch berufen, die Blinden zu führen und denen, die im Dunkeln sind, das Licht zu bringen, ²⁰ die Unverständigen zu erziehen und die

Unwissenden zu belehren; denn mit dem Gesetz habt ihr in vollendeter Form alles, was der Mensch über Gott und seinen Willen wissen muß.

²¹ Ihr belehrt also andere – aber euch selbst belehrt ihr nicht. Ihr predigt: »Stehlt nicht« – und stehlt selbst. ²² Ihr sagt: »Brecht nicht die Ehe« – und tut es selbst. Ihr verabscheut die Götzenbilder – und bereichert euch am Handel mit ihnen. ²³ Ihr seid stolz auf das Gesetz; aber ihr lebt nicht danach und macht Gott Schande. ²⁴ So steht es in den Heiligen Schriften: »Durch euch kommt der Name Gottes bei den Völkern in Verruf.«

²⁵ Auch die Beschneidung nützt euch nur, wenn ihr das Gesetz befolgt. Wenn ihr es übertretet, steht ihr in Wahrheit den Unbeschnittenen gleich. ²⁶ Wenn aber nun Unbeschnittene nach den Vorschriften des Gesetzes leben – werden sie dann nicht von Gott den Beschnittenen gleichgestellt? ²⁷ So kommt es dahin, daß Unbeschnittene einst über euch Juden das Urteil sprechen werden. Solche nämlich, die das Gesetz Gottes befolgen, während ihr es übertretet, obwohl ihr es schriftlich habt und beschnitten seid.

²⁸ Beim Judesein geht es nicht um äußerliche Merkmale und bei der Beschneidung nicht um den äußeren, körperlichen Vollzug. ²⁹ Die wahren Juden sind die, die es innerlich sind, und die wahre Beschneidung ist die Beschneidung des Herzens, die nicht nach dem Buchstaben des Gesetzes erfolgt, sondern durch den Geist Gottes. Juden in diesem Sinn suchen nicht den Beifall der Menschen, aber sie werden bei Gott Anerkennung finden.

Auseinandersetzung mit Einwendungen

3 Was hat dann das jüdische Volk den anderen Völkern voraus? Bedeutet es überhaupt noch etwas, zum Volk der Beschneidung zu gehören? ² Doch, in jeder Hinsicht eine ganze Menge! Erstens hat Gott ihnen sein Wort anvertraut. ³ Es stimmt zwar, daß einige dieses Vertrauen enttäuscht haben. Aber kann das Gottes Treue aufheben? ⁴ Auf keinen Fall! Vielmehr wird sich am Ende herausstellen, daß Gott zuverlässig ist, die Menschen aber samt und sonders versagt haben. So steht es in den Heiligen Schriften: »Es wird sich erweisen, Herr, daß deine Worte zuverlässig sind; du wirst recht behalten, wenn dich jemand zur Rechenschaft ziehen will.«

⁵ Wenn aber unsere Untreue die Treue Gottes erst richtig ins Licht setzt, was dann? Ist Gott dann nicht ungerecht, wenn er uns vor sein Gericht stellt? Ich rede eben, wie Menschen reden. ⁶ Aber das kann nicht sein! Wie könnte er sonst

die ganze Welt richten? [7] Du sagst: »Wenn durch mein Versagen die Zuverlässigkeit Gottes erst voll zur Geltung kommt und sein Ruhm vergrößert wird, dann darf er mich doch nicht als Sünder verurteilen!« [8] Nun, dann könnten wir auch gleich sagen: »Tun wir doch Böses, damit Gutes dabei herauskommt!« Einige verleumden mich und unterstellen mir solche Grundsätze. Sie werden der verdienten Strafe nicht entgehen!

Das Ergebnis: Kein Mensch kann vor Gott bestehen

[9] Also wie steht es nun mit den Juden? Drücke ich mich um eine klare Auskunft? Durchaus nicht! Ich habe eindeutig klargestellt, daß die Menschen aus dem jüdischen Volk genauso wie die aus den anderen Völkern in der Gewalt der Sünde sind. [10] So heißt es auch in den Heiligen Schriften:

»Kein Mensch kann vor Gott als gerecht bestehen;
[11] kein Mensch hat Einsicht und fragt nach Gottes Willen.
[12] Alle haben den rechten Weg verlassen;
verdorben sind sie alle, ausnahmslos.
Niemand ist da, der Gutes tut, nicht einer.
[13] Ihre Worte bringen Tod und Verderben,
von ihren Lippen kommen böse Lügen,
tödlich wie Natterngift sind ihre Reden.
[14] Nur Fluch und Drohung quillt aus ihrem Mund.
[15] Rücksichtslos opfern sie Menschenleben.
[16] Wo sie gehen, hinterlassen sie Trümmer und Elend.
[17] Was zum Frieden führt, ist ihnen unbekannt.
[18] Sie wissen nichts von Gottesfurcht.«

[19] So steht es im Buch des Gesetzes. Wir wissen aber: Was das Gesetz sagt, das gilt für die, denen das Gesetz gegeben ist. Niemand kann sich also herausreden. Die ganze Menschheit ist vor Gott schuldig. [20] Denn das steht fest: Mit Taten, wie sie das Gesetz verlangt, kann kein Mensch vor Gott als gerecht bestehen. Durch das Gesetz lernen wir erst die ganze Macht der Sünde kennen.

GOTTES WEG ZUR RETTUNG: VERTRAUENDER GLAUBE (3,21–4,25)

Gott selbst hat eingegriffen

[21] Jetzt aber ist die Gerechtigkeit Gottes, nämlich seine rettende Treue, offenbar geworden: Er hat einen Weg zum Leben eröffnet, der nicht über das Gesetz führt und doch in

Übereinstimmung steht mit dem, was das Gesetz und die Propheten bezeugen. 22 Dieser Weg besteht im Glauben, das heißt im Vertrauen auf das, was Gott durch Jesus Christus getan hat.

Alle erfahren Gottes rettende Treue, die in diesem Glauben stehen. Es macht keinen Unterschied, ob jemand zum jüdischen Volk oder zu den anderen Völkern gehört. 23 Alle sind schuldig geworden und haben den Anteil an Gottes Herrlichkeit verloren. 24 Ganz unverdient, aus reiner Gnade, läßt Gott sie vor seinem Urteil als gerecht bestehen, aufgrund der Erlösung, die durch Jesus Christus geschehen ist.

25-26 Ihn hat Gott vor aller Welt als Sühnezeichen aufgerichtet. Durch sein Blut, das am Kreuz vergossen wurde, ist die Schuld getilgt. Das wird wirksam für alle, die es im Glauben annehmen. So erweist sich Gott als treu und gerecht und vergibt den Menschen in seiner großen Nachsicht die Verfehlungen, die sie bisher begangen haben.

Ja, in unserer gegenwärtigen Zeit erweist Gott seine Gerechtigkeit, nämlich seine Treue zu sich selbst und zu den Menschen: Er verschafft seinem Rechtsanspruch Geltung und schafft selber die von den Menschen schuldig gebliebene Gerechtigkeit, und das für alle, die einzig und allein auf das vertrauen, was er durch Jesus getan hat.

27 Gibt es da noch irgendeinen Grund, sich mit etwas zu rühmen? Nein, alles Rühmen ist ausgeschlossen! Durch welches Gesetz? Etwa durch das Gesetz der Werke, das vom Menschen Leistungen fordert? Nein, sondern durch das Gesetz des Glaubens, das den Menschen zum Vertrauen einlädt! 28 Denn für mich steht fest: Allein aufgrund des Glaubens nimmt Gott Menschen an und läßt sie vor seinem Urteil als gerecht bestehen. Er fragt dabei nicht nach Leistungen, wie das Gesetz sie fordert. 29 Oder ist Gott nur ein Gott für Juden? Ist er nicht auch für Menschen aus den anderen Völkern da? Ganz gewiß ist er das! 30 Gott ist doch der Eine und Einzige, darum gilt auch: Beschnittene wie Unbeschnittene nimmt er aufgrund des Glaubens an.

31 Setze ich etwa durch den Glauben das Gesetz außer Kraft? Im Gegenteil: Gerade so bringe ich es zur Geltung!

Das Beispiel Abrahams

4 Wie war es denn bei unserem leiblichen Ahnvater Abraham? Wird von ihm nicht gesagt, daß er »Gnade gefunden« hat? 2 Wenn er, wie man sagt, aufgrund seiner Gehorsamsleistungen als gerecht anerkannt wurde, hat er Grund, sich zu rühmen – aber nicht vor Gott! 3 Wie heißt es denn

in den Heiligen Schriften? »Abraham vertraute Gott und glaubte seiner Zusage, und dies rechnete Gott ihm als Gerechtigkeit an.«

⁴Nun, einem Arbeiter, der Leistungen erbracht hat, wird sein Lohn nicht als etwas Unverdientes angerechnet, sondern als etwas, worauf er Anspruch hat. ⁵Wenn dagegen ein Mensch vor Gott keine Leistungen vorzuweisen hat, aber er vertraut auf den, der die Gottlosen annimmt, dann wird ihm sein Glaube als Gerechtigkeit angerechnet.

⁶Im gleichen Sinn preist David die Menschen glücklich, denen Gott Gerechtigkeit anrechnet, obwohl sie keine guten Werke vorzuweisen haben:

⁷»Freuen dürfen sich alle,
denen der Herr ihr Unrecht vergeben
und ihre Verfehlungen zugedeckt hat!
⁸Freuen dürfen sich alle,
denen der Herr die Schuld nicht anrechnet!«

⁹Gilt das nur für Beschnittene oder auch für Unbeschnittene? Ich habe schon gesagt: Abrahams Glaube wurde ihm von Gott als Gerechtigkeit angerechnet. ¹⁰Unter welchen Umständen geschah dies? War er damals schon beschnitten, oder war er es noch nicht? Er war es noch nicht! ¹¹Die Beschneidung erhielt Abraham erst als Bestätigung. Durch sie wurde besiegelt, daß Gott ihn schon vor seiner Beschneidung um seines Glaubens willen angenommen hatte.

So ist Abraham der Vater aller geworden, die Gott vertrauen, ohne beschnitten zu sein – und denen dieses Vertrauen als Gerechtigkeit angerechnet wird. ¹²Er ist aber genauso der Vater der Beschnittenen, sofern sie nicht nur wie Abraham beschnitten sind, sondern auch in dessen Spuren gehen und Gott so vertrauen wie unser Vater Abraham, als er noch nicht beschnitten war.

Es kommt nur auf den vertrauensvollen Glauben an

¹³Dasselbe gilt für die Zusage, die Gott Abraham und seinen Nachkommen gab: sie sollten die ganze Erde zum Besitz erhalten. Diese Zusage erfolgte nicht auf der Grundlage des Gesetzes, sondern auf der Grundlage der Gerechtigkeit, die dem Glauben angerechnet wird. ¹⁴Wenn die Erde denen als Besitz zugesprochen wäre, die das Gesetz befolgen, wäre der Glaube entwertet, und die Zusage hätte ihren Sinn verloren. ¹⁵Das Gesetz führt aber in Wirklichkeit zu Gottes Strafgericht; denn nur wo kein Gesetz ist, gibt es auch keine Übertretungen.

¹⁶Deshalb hat Gott alles auf den Glauben gestellt, damit alles auf Gnade beruht. Auf diese Weise gilt die Zusage unverbrüchlich für alle Nachkommen Abrahams, nicht nur für die, die nach den Ordnungen des Gesetzes leben, sondern auch für alle, die wie Abraham der Zusage Gottes glauben. So ist Abraham der Vater von uns allen. ¹⁷Denn Gott hat zu ihm gesagt: »Ich habe dich zum Vater vieler Völker gemacht.«

Abraham hatte Gott vor Augen und glaubte ihm, der die Toten lebendig macht und das Nichtseiende ins Dasein ruft. ¹⁸Obwohl nichts mehr zu hoffen war, hielt er an der Hoffnung fest und vertraute darauf, daß Gott ihn zum Vater vieler Völker machen werde. Denn Gott hatte zu ihm gesagt: »Deine Nachkommen werden so zahlreich sein wie die Sterne.«

¹⁹Abraham, fast hundertjährig, wußte genau, daß seine Lebenskraft aufgezehrt und der Mutterschoß Saras erstorben war. Trotzdem wurde er nicht schwach im Glauben ²⁰und zweifelte nicht an der Zusage Gottes, vielmehr wurde sein Glaube nur um so fester. Er gab Gott die Ehre ²¹und war felsenfest davon überzeugt: Was Gott zusagt, das kann er auch tun. ²²Darum wurde ihm sein Glaube als Gerechtigkeit angerechnet.

²³Daß er angerechnet wurde, ist aber nicht nur wegen Abraham gesagt, ²⁴sondern auch wegen uns. Auch uns wird Gott einst den Glauben als Gerechtigkeit anrechnen, so gewiß wir auf Ihn vertrauen, der Jesus, unseren Herrn, aus dem Tod auferweckt hat. ²⁵Er gab ihn dahin, um unsere Vergehen zu sühnen, und hat ihn zum Leben erweckt, damit wir vor ihm als gerecht bestehen können.

ÜBERWINDUNG VON SÜNDE UND GESETZ. NEUES LEBEN AUS DEM GEIST (Kapitel 5–8)

Gottes Liebe als Grund unserer Hoffnung

5 Nachdem wir nun aufgrund des Glaubens bei Gott angenommen sind, haben wir Frieden mit Gott. Das verdanken wir Jesus Christus, unserem Herrn. ²Er öffnete uns den Weg des Vertrauens und damit den Zugang zur Gnade Gottes, in der wir jetzt festen Stand gewonnen haben. Nun haben wir Grund, uns zu rühmen, weil wir die gewisse Hoffnung haben, daß Gott uns an seiner Herrlichkeit teilnehmen läßt.

³Mehr noch: Wir rühmen uns sogar der Leiden, die wir für Christus auf uns nehmen müssen. Denn wir wissen: Durch

Leiden lernen wir Geduld, [4]durch Geduld kommt es zur
Bewährung, durch Bewährung festigt sich die Hoffnung.
[5]Unsere Hoffnung aber wird uns nicht enttäuschen. Denn
daß Gott uns liebt, ist uns unumstößlich gewiß. Seine Liebe
ist ja in unsere Herzen ausgegossen durch den Heiligen
Geist, den er uns geschenkt hat.

[6]Diese Liebe zeigt sich darin, daß Christus sein Leben für
uns hingegeben hat. Zur rechten Zeit, als wir noch in der Gewalt der Sünde waren, ist er für uns gottlose Menschen gestorben. [7]Nun wird sich kaum jemand finden, der für einen
Gerechten stirbt; allenfalls opfert sich jemand für eine gute
Sache. [8]Wie sehr Gott uns liebt, beweist er uns damit, daß
Christus für uns starb, als wir noch Sünder waren.

[9]Wenn wir aber jetzt bei Gott angenommen sind, weil
Christus sein Leben für uns gab, dann werden wir durch ihn
erst recht aus dem kommenden Strafgericht gerettet werden.
[10]Als wir Gott noch als Feinde gegenüberstanden, hat er uns
durch den *Tod* seines Sohnes mit sich versöhnt. Dann werden
wir als mit Gott Versöhnte nun erst recht durch das *Leben* seines Sohnes vor dem Verderben gerettet werden. [11]Darauf
hoffen wir – ja noch mehr: Wir rühmen uns damit, daß wir
Gott auf unserer Seite haben. Das verdanken wir Jesus Christus, unserem Herrn, der uns die Versöhnung mit Gott gebracht hat.

Christus überwindet die Sünde Adams
und ihre Folgen

[12]Deshalb gilt: Wie die Sünde durch einen einzigen Menschen in die Welt kam, so auch die Überwindung der Sünde.
Die Sünde dieses einen brachte den Tod mit sich, und alle
verfielen dem Tod, weil sie auch alle selbst sündigten. [13]Die
Sünde war schon in der Welt, bevor das Gesetz durch Mose
verkündet wurde; aber solange es kein Gesetz gibt, wird Sünde
nicht als Übertretung angerechnet. [14]Trotzdem herrschte der
Tod schon in der Zeit von Adam bis Mose über die Menschen, auch wenn sie nicht wie Adam gegen einen ausdrück-
lichen Befehl Gottes verstoßen hatten. Mit seinem Ungehorsam ist Adam das genaue Gegenbild zu dem anderen, der
kommen sollte.

[15]Doch die Begnadigung ist nicht einfach das Gegenstück
der Verfehlung. Die Sünde des *einen* Menschen hat allen übrigen den Tod gebracht. Das wird mehr als aufgewogen durch
die Gnade Gottes und das Geschenk, das allen durch die Lie-
bestat des *einen* Menschen Jesus Christus zuteil wird. [16]Die-
ses Gnadengeschenk und das Gericht über die Schuld des

einen sind überhaupt nicht vergleichbar. Das Gericht hat es mit der Verfehlung eines einzigen zu tun und führt zur Verurteilung. Die Gnade hat es mit einer Unzahl von Verfehlungen zu tun und führt zur Gerechtsprechung. [17] Durch die Verfehlung des *einen* kam – dieses *einen* wegen – der Tod zur Herrschaft über die Menschen. Um so mehr werden durch den *einen* Jesus Christus alle die im ewigen Leben zur Herrschaft gelangen, die die überreiche Gnade Gottes und das Geschenk der Gerechtsprechung empfangen!

[18] Also: Durch die Gebotsübertretung des *einen* Menschen kam es dazu, daß alle verurteilt wurden. Ebenso bewirkt die Gehorsamstat des *einen,* daß alle für gerecht erklärt werden und leben. [19] Weil ein einziger ungehorsam war, sind alle zu Sündern geworden. Ebenso werden alle vor Gott zu Gerechten, weil der *eine* gehorsam war.

[20] Das Gesetz ist nachträglich hinzugekommen, damit die Macht der Sünde sich in Gesetzesübertretungen entfalten sollte. Wo aber die Sünde ihr volles Maß erreicht hatte, da wuchs die Gnade über alles Maß hinaus. [21] Wie die Sünde ihre Macht ausübte, indem sie den Tod brachte, so wird die Gnade ihre Macht ausüben, indem sie uns vor Gott bestehen läßt und zum ewigen Leben führt. Das verdanken wir Jesus Christus, unserem Herrn.

Durch Christus befreit zu einem neuen Leben

6 Was folgt nun daraus? Sollen wir ruhig weitersündigen, damit die Gnade sich noch mächtiger entfalten kann? [2] Unmöglich! Die Sünde hat kein Anrecht mehr an uns, für sie sind wir tot – wie könnten wir dann noch weiter in der Sünde leben? [3] Ihr müßt euch doch darüber im klaren sein, was bei der Taufe mit euch geschehen ist. Wir alle, die »in Jesus Christus hinein« getauft wurden, sind damit in seinen Tod hineingetauft, ja hinein*getaucht* worden. [4] Durch diese Taufe wurden wir auch zusammen mit ihm begraben. Und wie Christus durch die Lebensmacht Gottes, des Vaters, vom Tod auferweckt wurde, so ist uns ein neues Leben geschenkt worden, in dem wir nun auch *leben* sollen.

[5] Denn wenn wir mit seinem Tod verbunden wurden, dann werden wir auch mit seiner Auferstehung verbunden sein. [6] Das gilt es also zu begreifen: Der alte Mensch, der wir früher waren, ist mit Christus am Kreuz gestorben. Unser von der Sünde beherrschtes Ich ist damit tot, und wir müssen nicht länger Sklaven der Sünde sein. [7] Denn wer gestorben ist, kann nicht mehr sündigen; er ist von der Herrschaft der Sünde befreit.

⁸Wenn wir nun mit Christus gestorben sind, werden wir auch zusammen mit ihm leben; das ist unser Glaube. ⁹Wir wissen ja, daß Christus vom Tod auferweckt wurde und nie mehr stirbt. Der Tod hat keine Macht mehr über ihn. ¹⁰Mit seinem Tod hat Christus der Sünde ein für allemal gegeben, was sie zu fordern hat; mit seinem Leben aber gehört er Gott. ¹¹Genauso müßt ihr von euch selbst denken: Ihr seid tot für die Sünde, aber weil ihr mit Jesus Christus verbunden seid, lebt ihr für Gott.

¹²Laßt also nicht zu, daß euer sterblicher Leib von der Sünde beherrscht wird. Gehorcht nicht seinen Begierden! ¹³Stellt eure Glieder und alle eure Fähigkeiten nicht länger in den Dienst der Sünde, die sie als Waffen gegen das Gute benutzt. Stellt euch vielmehr in den Dienst Gottes als Menschen, die gewissermaßen schon von den Toten auferstanden sind, damit Gott eure Glieder und Fähigkeiten als Waffen im Kampf für das Gute gebrauchen kann. ¹⁴Die Sünde *wird* nicht Herr werden über euch! Denn ihr lebt nicht mehr unter dem Gesetz, sondern unter der Gnade.

Entweder versklavt an die Sünde oder frei zum Tun des Guten

¹⁵Wie steht es nun also? Können wir ruhig sündigen, weil das Gesetz uns nicht mehr verurteilt, sondern die Gnade Gottes uns von unserer Schuld freispricht? Auf keinen Fall! ¹⁶Ihr wißt doch: Wem ihr euch als Sklaven unterstellt, dem müßt ihr dienen. Entweder ihr wählt die Sünde; dann werdet ihr sterben. Oder ihr wählt den Gehorsam; dann werdet ihr vor dem Gericht Gottes bestehen können. ¹⁷Gott sei gedankt! Früher wart ihr Sklaven der Sünde; aber jetzt gehorcht ihr von Herzen der Lehre, die für euch verbindlich geworden ist. ¹⁸Ihr seid vom Sklavendienst der Sünde befreit und als Sklaven in den Dienst der Gerechtigkeit gestellt, das heißt in den Dienst des Guten, das Gott will.

¹⁹Wenn ich vom *Sklaven*dienst der Gerechtigkeit rede, überziehe ich den Vergleich; aber ich will, daß ihr mit eurem begrenzten menschlichen Verstand erfassen könnt, worauf es ankommt. Früher hattet ihr eure Glieder und alle eure Fähigkeiten in den Dienst der Ausschweifung und Zügellosigkeit gestellt. Ihr führtet ein Leben, das Gott nicht gefallen konnte. So stellt jetzt umgekehrt eure Glieder und Fähigkeiten in den Dienst des Guten, und führt euer Leben als Menschen, die Gott gehören.

²⁰Solange ihr Sklaven der Sünde wart, wart ihr dem Guten gegenüber frei. ²¹Was kam dabei heraus? Ihr schämt euch

jetzt, wenn ihr daran denkt; denn was ihr damals getan habt, führt am Ende zum Tod. ²²Aber jetzt seid ihr vom Dienst der Sünde frei geworden und dient Gott. Was dabei herauskommt, ist eine Lebensführung, durch die ihr euch als Gottes heiliges Volk erweist, und am Ende erwartet euch ewiges Leben.

²³Der Lohn, den die Sünde zahlt, ist der Tod. Gott aber schenkt uns unverdient, aus reiner Gnade, ewiges Leben durch Jesus Christus, unseren Herrn.

Freiheit vom Gesetz

7 Brüder und Schwestern, ihr kennt doch das Gesetz und wißt: Es hat für einen Menschen nur Geltung, solange er lebt. ²Eine verheiratete Frau zum Beispiel ist durch das Gesetz an ihren Mann gebunden, solange er lebt. Wenn der Mann stirbt, gilt für sie das Gesetz nicht mehr, das sie an ihn bindet. ³Wenn sie sich also zu Lebzeiten ihres Mannes mit einem anderen einläßt, nennt man sie zu Recht eine Ehebrecherin. Stirbt aber der Mann, so ist sie frei von dem Gesetz, das sie an ihren Mann bindet. Sie begeht keinen Ehebruch, wenn sie sich einem anderen hingibt.

⁴So steht es auch mit euch, meine Brüder und Schwestern! Weil ihr mit Christus gestorben seid, seid ihr dem Gesetz gegenüber tot. Ihr gehört jetzt nicht mehr dem Gesetz, sondern Christus, der vom Tod erweckt worden ist. Darum können wir nun so leben, daß unser Tun für Gott Frucht bringt.

⁵Als wir noch unserer selbstsüchtigen Natur folgten, war unser ganzes Verhalten beherrscht von den sündigen Leidenschaften, die durch das Gesetz in uns geweckt wurden. Wir lebten so, daß unser Tun nur dem Tod Gewinn brachte. ⁶Aber jetzt stehen wir nicht mehr unter dem Gesetz; wir sind tot für das Gesetz, das uns früher gefangenhielt. So dienen wir Gott in einem neuen Leben, das sein Geist in uns schafft, und nicht mehr auf die alte Weise nach dem Buchstaben des Gesetzes.

Die Sünde mißbraucht das Gesetz

⁷Behaupte ich damit, daß Gesetz und Sünde dasselbe sind? Das ganz gewiß nicht! Aber ohne das Gesetz hätten wir Menschen die Sünde nie kennengelernt. Die Begehrlichkeit wäre nicht in uns erwacht, wenn das Gesetz nicht gesagt hätte: »Du sollst nicht begehren!« ⁸Die Sünde machte sich das Gebot zunutze und stachelte mit seiner Hilfe alle Begierden in uns an. Ohne das Gesetz ist die Sünde tot. ⁹Einst kannten wir das Gesetz noch nicht. Damals *lebten* wir; aber als das Gebot

kam, lebte die Sünde auf, [10] und wir mußten sterben. Das Gebot, das uns das Leben erhalten sollte, brachte uns den Tod. [11] Denn die Sünde benutzte es für ihre Zwecke: sie täuschte uns Leben vor und tötete uns – eben durch das von ihr mißbrauchte Gebot. [12] Es bleibt also dabei: Das Gesetz ist der heilige Wille Gottes, und die Gebote sind heilig, gerecht und gut.

[13] Hat dann etwa das Gute, das Gesetz, unseren Tod bewirkt? Auf keinen Fall! Die Sünde war schuld; sie hat das gute Gesetz benutzt, um uns den Tod zu bringen. So sollte sie ihr wahres Gesicht zeigen und sich durch den Mißbrauch des Gesetzes in ihrer ganzen Verworfenheit enthüllen.

Die Ohnmacht des guten Willens

[14] Es steht außer Frage: Das Gesetz ist »geistlich«, es kommt von Gott. Wir aber sind »fleischlich«, das heißt schwache Menschen, der Macht der Sünde ausgeliefert. [15] Wir sind uns nicht im klaren darüber, was wir anrichten. Wir tun nämlich nicht, was wir eigentlich wollen, sondern das, was wir verabscheuen. [16] Wenn wir aber das Böse, das wir tun, gar nicht tun wollen, dann beweist das, daß wir dem Gesetz zustimmen und seine Forderungen als berechtigt anerkennen. [17] Nicht wir sind es also, die das Böse tun, vielmehr tut es die Sünde, die sich in uns eingenistet hat.

[18] Wir wissen genau: In uns selbst, so wie wir der Sünde ausgeliefert sind, lebt nicht die Kraft zum Guten. Wir bringen es zwar fertig, uns das Gute vorzunehmen; aber wir sind zu schwach, es auszuführen. [19] Wir tun nicht das Gute, das wir wollen, sondern gerade das Böse, das wir nicht wollen. [20] Wenn wir aber tun, was wir gar nicht wollen, dann verfügen nicht wir selbst über uns, sondern die Sünde, die sich in uns eingenistet hat.

[21] Wir finden demnach unser Leben von folgender Gesetzmäßigkeit bestimmt: Ich will das Gute tun, bringe aber nur Böses zustande. [22] In meinem Innern stimme ich dem Gesetz Gottes freudig zu. [23] Aber in meinen Gliedern, in meinem ganzen Verhalten, sehe ich ein anderes Gesetz am Werk. Dieses Gesetz liegt im Streit mit dem Gesetz, das ich innerlich bejahe, und macht mich zu seinem Gefangenen. Es ist das Gesetz der Sünde, das in meinen Gliedern regiert und mir mein Verhalten diktiert.

[24] Ich unglückseliger Mensch! Wer rettet mich aus dieser tödlichen Verstrickung?

[25] Gott sei gedankt durch Jesus Christus, unseren Herrn: Er hat es getan!

Nun diene also ich, ein und derselbe Mensch, mit meinem bewußten Streben dem Gesetz Gottes, aber mit meinen Gliedern dem Gesetz der Sünde.

Der Geist Gottes überwindet die Sünde

8 Vor dem Gericht Gottes gibt es also keine Verurteilung mehr für die, die mit Jesus Christus verbunden sind. 2 Denn dort, wo Jesus Christus ist, gilt: Du bist befreit von dem Gesetz, das von der Sünde mißbraucht wird und zum Tod führt. Denn du stehst jetzt unter dem Gesetz, in dem der Geist Gottes wirkt, der zum Leben führt.

3 Das Gesetz konnte uns Menschen kein Leben bringen, weil es gegen unsere selbstsüchtige Natur nicht ankam. Deshalb sandte Gott seinen Sohn in der leiblichen Gestalt von uns selbstsüchtigen, der Sünde verfallenen Menschen und ließ ihn sterben als Opfer für die Sündenschuld. So machte er der Sünde den Prozeß eben dort, wo sie ihre Macht entfaltet hatte: in der menschlichen Natur. 4 Als Folge davon kann jetzt die Forderung des Gesetzes von uns erfüllt werden, so gewiß unser Leben nicht mehr von unserer selbstsüchtigen Natur bestimmt wird, sondern vom Geist Gottes.

5 Wenn wir von unserer selbstsüchtigen Natur bestimmt werden, liegt uns an dem, was unsere Natur will; wenn wir vom Geist Gottes bestimmt werden, liegt uns an dem, was der Geist Gottes will. 6 Was unsere selbstsüchtige Natur will, führt zum Tod. Was der Geist Gottes will, führt zum Leben, zu Heil und Frieden. 7 Denn unser selbstsüchtiger Wille lehnt sich gegen Gott auf. Er gehorcht seinen Geboten nicht; er kann es gar nicht. 8 An denen, die Gefangene ihrer selbstsüchtigen Natur sind, kann Gott unmöglich Gefallen finden.

9 Ihr aber seid nicht mehr von eurer eigenen Natur bestimmt, sondern vom Geist. Es will doch etwas besagen, daß der Geist Gottes in euch Wohnung genommen hat! Wer diesen Geist – den Geist von Christus – nicht hat, gehört auch nicht zu ihm.

10 Wenn nun also Christus durch den Geist in euch lebt, dann bedeutet das: Euer Leib ist zwar wegen der Sünde dem Tod verfallen, aber der Geist erfüllt euch mit Leben, weil Christus die Sünde besiegt hat und ihr deshalb bei Gott angenommen seid. 11 Mehr noch: Der Geist, der in euch lebt, ist ja der Geist dessen, der Jesus vom Tod auferweckt hat. Dann wird derselbe Gott, der Jesus Christus vom Tod auferweckt hat, auch euren todverfallenen Leib lebendig machen. Das bewirkt er durch seinen Geist, der schon jetzt in euch lebt.

Nicht mehr Sklaven, sondern Kinder

¹²Brüder und Schwestern! Wir stehen also nicht mehr unter dem Zwang, unserer selbstsüchtigen Natur zu folgen. ¹³Wenn ihr nach eurer eigenen Natur lebt, werdet ihr sterben. Wenn ihr aber in der Kraft des Geistes euren selbstsüchtigen Willen tötet, werdet ihr leben.

¹⁴Alle, die sich in dieser Weise vom Geist Gottes führen lassen, die sind Gottes Söhne und Töchter. ¹⁵Der Geist, den Gott euch gegeben hat, ist ja nicht ein Sklavengeist, so daß ihr wie früher in Angst leben müßtet. Es ist der Geist, den ihr als seine Söhne und Töchter habt. Von diesem Geist erfüllt rufen wir zu Gott: »Abba! Vater!« ¹⁶So macht sein Geist uns im Innersten gewiß, daß wir Kinder Gottes sind. ¹⁷Wenn wir aber Kinder sind, dann sind wir auch Erben, und das heißt: Wir bekommen Anteil am unvergänglichen Leben des Vaters, genauso wie Christus und zusammen mit ihm. Wie wir mit Christus leiden, sollen wir auch seine Herrlichkeit mit ihm teilen.

Die ganze Schöpfung wartet auf unsere endgültige Befreiung

¹⁸Ich bin überzeugt: Was wir in der gegenwärtigen Zeit noch leiden müssen, fällt überhaupt nicht ins Gewicht im Vergleich mit der Herrlichkeit, die Gott uns zugedacht hat und die er in der Zukunft offenbar machen wird. ¹⁹Die ganze Schöpfung wartet sehnsüchtig auf den Tag, an dem die Kinder Gottes vor aller Augen in dieser Herrlichkeit offenbar werden. ²⁰Denn alles Geschaffene ist der Sinnlosigkeit ausgeliefert, versklavt an die Vergänglichkeit, und das nicht durch eigene Schuld, sondern weil Gott es so verfügt hat. Er gab aber seinen Geschöpfen die Hoffnung, ²¹daß auch sie eines Tages von der Versklavung an die Vergänglichkeit befreit werden und teilhaben an der unvergänglichen Herrlichkeit, die Gott seinen Kindern schenkt.

²²Wir wissen, daß die ganze Schöpfung bis jetzt noch stöhnt und in Wehen liegt wie eine Frau bei der Geburt. ²³Aber auch wir selbst, die doch schon als Anfang des neuen Lebens – gleichsam als Anzahlung – den Heiligen Geist bekommen haben, stöhnen ebenso in unserem Innern. Denn wir warten sehnsüchtig auf die volle Verwirklichung dessen, was Gott uns als seinen Kindern zugedacht hat: daß unser Leib von der Vergänglichkeit erlöst wird.

²⁴Wir sind gerettet, aber noch ist alles Hoffnung. Eine Hoffnung, die sich schon sichtbar erfüllt hat, ist keine Hoff-

nung. Ich kann nicht erhoffen, was ich vor Augen habe.
²⁵Wenn wir aber auf etwas hoffen, das wir noch nicht sehen
können, dann heißt das, daß wir beharrlich danach Ausschau
halten.

Der Beistand des Geistes
und die Gewißheit unserer Rettung

²⁶Aber ebenso wie wir seufzt und stöhnt auch der Geist Gottes, der uns zu Hilfe kommt. Wir sind schwache Menschen
und unfähig, unsere Bitten in der rechten Weise vor Gott zu
bringen. Deshalb tritt sein Geist für uns ein mit einem Stöhnen, das sich nicht in Worte fassen läßt. ²⁷Und Gott, vor dem
unser Innerstes offenliegt, weiß, was sein Geist in unserem
Innern ihm sagen will. Denn so, wie es vor Gott angemessen
ist, legt er Fürsprache ein für die, die Gott als sein Eigentum
ausgesondert hat.

²⁸Was auch geschieht, das eine wissen wir: Für die, die
Gott lieben, muß alles zu ihrem Heil dienen. Es sind die
Menschen, die er nach seinem freien Entschluß berufen hat.
²⁹Sie alle, die Gott im voraus ausgewählt hat, die hat er auch
dazu bestimmt, seinem Sohn gleich zu werden. Nach dessen
Bild sollen sie alle gestaltet werden, damit er der Erstgeborene unter vielen Brüdern und Schwestern ist. ³⁰Und
wenn Gott sie dazu bestimmt hat, dann hat er sie auch berufen, und wenn er sie berufen hat, dann hat er sie auch für
gerecht erklärt, und wenn er sie für gerecht erklärt hat, dann
steht auch fest, daß sie an seiner Herrlichkeit teilhaben.

Nichts kann uns trennen von der Liebe Gottes

³¹Was bleibt zu alldem noch zu sagen? Gott selbst ist *für* uns,
wer will sich dann *gegen* uns stellen? ³²Er hat seinen eigenen
Sohn nicht verschont, sondern hat ihn für uns alle in den Tod
gegeben. Wenn er uns aber den Sohn geschenkt hat, wird er
uns dann noch irgend etwas vorenthalten? ³³Wer kann die
Menschen anklagen, die Gott erwählt hat? Gott selbst spricht
sie frei. ³⁴Wer kann sie verurteilen? Christus ist für sie gestorben, ja noch mehr: Er ist vom Tod erweckt worden. Er hat seinen Platz an Gottes rechter Seite. Dort tritt er für uns ein.

³⁵Kann uns noch irgend etwas von Christus und seiner
Liebe trennen? Etwa Leiden, Angst und Verfolgung, Hunger
oder Kälte, Gefahren für Leib und Leben oder gar die Hinrichtung? ³⁶Es ergeht uns wirklich so, wie es in den Heiligen
Schriften steht: »Weil wir zu dir, Herr, gehören, sind wir ständig in Todesgefahr. Wir werden angesehen wie Schafe, die
zum Schlachten bestimmt sind.«

[37]Aber mitten in all dem triumphieren wir als Sieger mit Hilfe dessen, der uns so sehr geliebt hat. [38]Ich bin ganz sicher, daß nichts uns von seiner Liebe trennen kann: weder Tod noch Leben, weder Engel noch Dämonen, noch andere gottfeindliche Mächte, weder Gegenwärtiges noch Zukünftiges, [39]weder Himmel noch Hölle. Nichts in der ganzen Welt kann uns jemals trennen von der Liebe Gottes, die uns verbürgt ist in Jesus Christus, unserem Herrn.

GOTTES WEG MIT SEINEM VOLK ISRAEL
(Kapitel 9–11)

Sind die Zusagen Gottes an sein Volk Israel ungültig geworden?

9 Für das, was ich jetzt sage, rufe ich Christus als Zeugen an. Es ist die Wahrheit; ich lüge nicht. Auch mein Gewissen bezeugt es, das vom Heiligen Geist bestätigt wird: [2]Ich bin tieftraurig, und es quält mich unablässig, [3]wenn ich an meine Brüder und Schwestern denke, die Menschen aus meinem Volk. Wenn es möglich wäre, würde ich es auf mich nehmen, selbst an ihrer Stelle verflucht und für immer von Christus getrennt zu sein. [4]Sie sind doch Israel, das von Gott erwählte Volk. Ihnen gehört das Vorrecht, Kinder Gottes zu sein. Ihnen offenbarte er seine Herrlichkeit. Mit ihnen hat er wiederholt seinen Bund geschlossen. Ihnen hat er sein Gesetz gegeben und die Ordnungen für den Opferdienst zu seiner Verehrung. Ihnen hat er das künftige Heil versprochen. [5]Sie sind die Nachkommen der von Gott erwählten Väter, und zu ihnen zählt nach seiner menschlichen Herkunft auch Christus, der versprochene Retter. Dafür sei Gott, der Herr über alles, für immer und ewig gepriesen! Amen.

Gott trifft eine Auswahl

[6]Es kann keine Rede davon sein, daß dies alles nicht mehr gilt und also das Wort Gottes ungültig geworden ist. Aber nicht alle Israeliten gehören wirklich zu Israel, [7]und nicht alle leiblichen Nachkommen Abrahams sind als solche schon Abrahams Kinder. Gott sagte zu Abraham: »Durch *Isaak* gebe ich dir die Nachkommen, die ich dir versprochen habe.« [8]Das heißt: Nicht die natürliche Abstammung von Abraham, sondern erst die göttliche Zusage macht zu echten Abrahamskindern und damit zu Kindern Gottes. [9]Denn es war eine göttliche Zusage, mit der die Geburt Isaaks angekündigt

wurde: »Nächstes Jahr um diese Zeit komme ich wieder, dann hat Sara einen Sohn.«

¹⁰ Das wird bestätigt durch ein zweites Beispiel: Rebekka war von unserem Vorfahren Isaak mit Zwillingen schwanger, mit Esau und Jakob. ¹¹⁻¹² Die beiden Kinder waren noch nicht geboren, und keines von beiden hatte irgend etwas Gutes oder Böses getan. Da sagte Gott zu ihrer Mutter Rebekka: »Der Ältere muß dem Jüngeren dienen.« Damit stellte er klar, daß es allein von seinem freien Entschluß abhängt, wenn er einen Menschen erwählt. Es kommt dabei nicht auf menschliche Leistungen, sondern nur auf den göttlichen Ruf an. ¹³ Dasselbe geht aus der anderen Stelle hervor, wo Gott sagt: »Jakob habe ich meine Liebe zugewandt, Esau aber hat meinen Haß zu spüren bekommen.«

Gott verteilt sein Erbarmen nach freiem Ermessen

¹⁴ Folgt daraus, daß Gott ungerecht ist? Keineswegs! ¹⁵ Er sagte ja zu Mose: »Es liegt in meiner freien Entscheidung, wem ich meine Gnade erweise; es ist allein meine Sache, wem ich mein Erbarmen schenke.« ¹⁶ Es kommt also nicht auf den Willen und die Anstrengung des Menschen an, sondern einzig auf Gott und sein Erbarmen. ¹⁷ So verfährt er auch mit dem Pharao, dem er seine Gunst entzieht, indem er zu ihm sagt: »Nur deshalb habe ich dich als König eingesetzt, um an dir meine Überlegenheit zu beweisen und meinen Namen in der ganzen Welt bekanntzumachen.« ¹⁸ Gott verfährt also ganz nach seinem freien Willen: Mit den einen hat er Erbarmen, die andern macht er starrsinnig, so daß sie ins Verderben laufen.

¹⁹ Vielleicht wird mir jemand entgegenhalten: »Warum zieht uns dann Gott für unser Tun zur Rechenschaft? Wenn er bestimmt, dann kann doch niemand dagegen ankommen!« ²⁰ Du Mensch, vergiß nicht, wer du bist! Du kannst dir doch nicht herausnehmen, Gott zu kritisieren! Sagt vielleicht ein Gebilde aus Ton zu seinem Bildner: »Warum hast du mich so gemacht?« ²¹ Und hat ein Töpfer nicht das Recht, aus einem Tonklumpen zwei ganz verschiedene Gefäße zu machen: eines, das auf der Festtafel zu Ehren kommt, und ein anderes als Behälter für den Abfall?

²² Du kannst also Gott nicht anklagen, wenn er an den Gefäßen seines Zorns sein Gericht vollstrecken und seine Macht erweisen will; aber selbst sie, die zum Untergang bestimmt waren, hat er mit großer Geduld ertragen. ²³ So handelt er, damit er an den Gefäßen seines Erbarmens zeigen kann, wie

unerschöpflich reich seine Herrlichkeit ist – an ihnen, die er im voraus zum Leben in seiner Herrlichkeit bestimmt hat. [24] Das sind wir, die er berufen hat – nicht nur aus dem jüdischen Volk, sondern auch aus den anderen Völkern.

[25] Das ist schon beim Propheten Hosea angekündigt, durch den Gott im Blick auf die anderen Völker sagt: »Ich werde die, die nicht mein Volk sind, ›mein Volk‹ nennen und die Ungeliebten ›Geliebte‹. [26] Und dieselben Leute, zu denen ich gesagt hatte: ›Ihr seid nicht mein Volk‹, werden dann ›Kinder des lebendigen Gottes‹ genannt werden.«

[27] Über das Volk Israel aber sagt Jesaja das prophetische Wort: »Selbst wenn die Israeliten so zahlreich wären wie der Sand am Meer, nur ein kleiner Rest wird gerettet. [28] Der Herr wird sein Rettungswerk auf der Erde endgültig und doch mit Einschränkung ausführen.« [29] Es ist so, wie Jesaja es vorausgesagt hat: »Hätte der Herr, der Herrscher der Welt, nicht einen kleinen Rest von uns Israeliten übriggelassen, so wäre es uns wie Sodom und Gomorra ergangen.«

An Jesus Christus scheiden sich die Wege

[30] Was folgt daraus? Es ist offenbar so: Menschen aus den anderen Völkern, die sich gar nicht darum bemüht hatten, haben das Ziel erreicht, vor Gott als gerecht zu bestehen. Sie haben es dadurch erreicht, daß sie in vertrauendem Glauben angenommen haben, was Gott für sie getan hat. [31] Das Volk Israel aber, das mit aller Kraft danach strebt, auf dem Weg der Gesetzeserfüllung vor Gott als gerecht zu bestehen, hat das vom Gesetz in Aussicht gestellte Ziel nicht erreicht. [32] Warum nicht? Weil sie den Weg des Glaubens abwiesen und meinten, ihre Gehorsamsleistungen müßten sie ans Ziel bringen. Sie kamen zu Fall an dem ›Stein des Anstoßes‹, [33] von dem Gott sagt: »Auf dem Zionsberg lege ich ein festes Fundament, einen Stein, an dem sie sich stoßen, einen Felsblock, an dem sie zu Fall kommen. Aber wer auf ihn vertraut, wird nicht zugrunde gehen.«

Der Glaube als Weg zur Rettung für alle

10 Liebe Brüder und Schwestern, mein Herzenswunsch und meine Bitte an Gott ist, daß die Angehörigen meines Volkes gerettet werden. [2] Ich kann ihnen bezeugen, daß sie sich mit brennendem Eifer für die Sache Gottes einsetzen. Aber ihr Eifer beruht nicht auf der richtigen Einsicht. [3] Sie begreifen nicht, daß Gott selbst eingegriffen hat, damit Menschen vor ihm als gerecht bestehen können. Deshalb suchen sie durch eigene Anstrengungen Gerechtigkeit zu erringen, anstatt sich Gott zu unterwerfen, der in *seiner* Gerechtigkeit, nämlich seiner heilschaffenden Treue, für sie gehandelt hat. [4] Denn seit Christus ist das Gesetz nicht mehr der Weg zum Heil. Vielmehr gilt jetzt: Alle, die im Glauben auf Christus vertrauen, werden vor dem Gericht Gottes als gerecht anerkannt werden.

[5] Wenn es darum geht, auf der Grundlage des Gesetzes vor Gott als gerecht zu bestehen, gilt, was Mose schreibt: »Wer die Gebote befolgt, gewinnt dadurch das Leben.« [6] Ganz anders spricht die Stimme, die dazu aufruft, auf der Grundlage vertrauenden Glaubens vor Gott als gerecht zu bestehen; sie sagt: »Ihr braucht nicht zu fragen: ›Wer steigt in den Himmel hinauf?‹« – als müßte man Christus erst von dort herabholen. [7] »Auch nicht: ›Wer steigt in die Totenwelt hinab?‹« – als müßte man Christus aus dem Tod zurückholen. [8] Nein, die Stimme sagt: »Das Wort, das von Gott kommt, ist euch ganz nahe; es ist in eurem Mund und in eurem Herzen.« Das ist das Wort vom Glauben, das wir verkünden.

[9] Wenn ihr also mit dem Mund bekennt: »Jesus ist der Herr«, und im Herzen glaubt, daß Gott ihn vom Tod auferweckt hat, werdet ihr gerettet. [10] Wer mit dem Herzen glaubt, wird von Gott als gerecht anerkannt; und wer mit dem Mund bekennt, wird im letzten Gericht gerettet. [11] So steht es ja in den Heiligen Schriften: »Wer ihm glaubt und auf ihn vertraut, wird nicht zugrunde gehen.« [12] Das gilt ohne Unterschied für Juden und Nichtjuden. Sie alle haben ein und denselben Herrn: Jesus Christus. Aus seinem Reichtum schenkt er allen, die sich zu ihm als ihrem Herrn bekennen, ewiges Leben. [13] Es heißt ja auch: »Alle, die sich zum Herrn bekennen und seinen Namen anrufen, werden gerettet.«

Israel hat die Botschaft gehört und abgelehnt

[14] Sie können sich aber nur zu ihm bekennen, wenn sie vorher zum Glauben gekommen sind. Und sie können nur zum Glauben kommen, wenn sie die Botschaft gehört haben. Die Botschaft aber können sie nur hören, wenn sie ihnen verkündet worden ist. [15] Und sie kann ihnen nur verkündet werden, wenn Boten mit der Botschaft ausgesandt worden sind.

Aber genau das ist geschehen! Es ist eingetroffen, was vorausgesagt war: »Welche Freude ist es, wenn die Boten kommen und die Gute Nachricht bringen!« [16] Doch nicht alle sind dem Ruf der Guten Nachricht gefolgt. Schon der Prophet Jesaja sagt: »Herr, wer hat schon unserer Botschaft Glauben geschenkt?«

[17] Der Glaube kommt also aus dem Hören der Botschaft;

die Botschaft aber gründet in dem Auftrag, den Christus gegeben hat. [18] Haben sie vielleicht die Botschaft nicht gehört?
Aber natürlich haben sie die Botschaft gehört; in den Heiligen Schriften heißt es ja: »Ihr Ruf ging über die ganze Erde,
bis hin zu ihren äußersten Grenzen war er zu hören.«

[19] Ich frage weiter: Hat vielleicht das Volk Israel die Botschaft nicht verstanden? O doch! Der erste Zeuge dafür ist
Mose, wenn er sagt: »Ich will euch Israeliten eifersüchtig
machen auf ein Un-Volk, sagt Gott. Ich reize euch zum Zorn
über ein Volk ohne Einsicht.« [20] Jesaja aber wagt sogar zu
sagen: »Ich ließ mich finden von denen, die mich nicht suchten, sagt Gott. Ich habe mich denen gezeigt, die nicht nach
mir fragten.« [21] Über Israel dagegen heißt es an derselben
Stelle: »Tag für Tag habe ich einladend die Hände ausge-
streckt nach einem Volk, das mir nicht gehorcht und mir ständig widerspricht.«

Nur ein Rest hat die Botschaft angenommen

11 Ich frage nun: Hat Gott sein eigenes Volk verstoßen?
Das kann nicht sein! Ich selbst bin ja ein Israelit, ein
Nachkomme Abrahams aus dem Stamm Benjamin. [2] Gott hat
das Volk, das er von Anfang an erwählt hatte, nicht verstoßen.
Ihr wißt doch, was in den Heiligen Schriften von Elija berichtet wird, der sich bei Gott über dieses Volk beklagte. [3] »Herr!«
sagte er, »sie haben deine Propheten umgebracht und deine
Altäre niedergerissen. Ich allein bin übriggeblieben, und nun
wollen sie mich auch noch töten!«

[4] Was gab Gott ihm zur Antwort? »Siebentausend Männer
habe ich mir übrigbehalten, die alle den Götzen Baal nicht
angebetet haben.« [5] So ist es auch jetzt: Aus Gnade hat Gott
einen Rest ausgewählt. [6] Wenn aber aus Gnade, dann gibt
nicht mehr das menschliche Tun den Ausschlag. Sonst wäre
die Gnade nicht wirklich Gnade.

[7] Wie steht es also? Das jüdische Volk als Ganzes hat nicht
erreicht, worum es sich so sehr abmüht: die Anerkennung
bei Gott. Nur die haben dieses Ziel erreicht, die Gott aus
seinem Volk ausgewählt hat. Die übrigen hat er starrsinnig gemacht, [8] wie es in den Heiligen Schriften vorhergesagt ist:
»Gott hat ihren Geist verdunkelt, so daß sie mit ihren Augen
nicht sehen und mit ihren Ohren nicht hören, bis zum heutigen Tag.« [9] Und David sagt: »Ihre Opfer sollen ihnen zur
Schlinge und zum Fallstrick werden, zum Verderben und zum
Strafgericht. [10] Laß sie blind werden, damit sie nichts mehr
sehen. Beuge ihren Rücken für immer unter das Sklavenjoch!«

Juden und Nichtjuden sollen gemeinsam zum Ziel kommen

[11] Ich frage nun: Haben die Juden sich an Christus gestoßen, um für immer zu Fall zu kommen? Gewiß nicht! Es ist vielmehr so: Weil sie Gottes Rettungsangebot ablehnten, wurde es den anderen Völkern gebracht, und das soll dazu führen, daß die Juden auf die anderen eifersüchtig werden und es ihnen gleichtun wollen. [12] Schon ihr Nein brachte der Welt reichen Gewinn, und daß sie bis auf den kleinen Rest ausgefallen sind, wurde für die anderen Völker eine Quelle des Segens. Wie groß wird dann erst der Segen für die Welt sein, wenn das Volk Israel in seiner Gesamtheit zu Gottes Rettungstat ja sagt!

[13] Den Nichtjuden unter euch aber sage ich: Es stimmt, daß mein Auftrag als Apostel den nichtjüdischen Völkern gilt, und ich danke Gott dafür, daß es so ist. [14] Denn vielleicht kann ich durch meine Missionsarbeit die Angehörigen meines eigenen Volkes eifersüchtig machen und so wenigstens einige von ihnen retten. [15] Schon ihre Verstoßung hat der übrigen Welt die Versöhnung mit Gott gebracht, was wird dann erst ihre Wiederannahme bringen? Nicht weniger als die Auferstehung der Toten!

Das Bild vom Ölbaum: Warnung an die Nichtjuden

[16] Wenn das erste Brot von der neuen Ernte Gott geweiht worden ist, gilt alles Brot von dieser Ernte als geweiht. Wenn die Wurzeln des Baumes Gott geweiht sind, sind es auch die Zweige.

[17] Nun sind einige Zweige an dem edlen Ölbaum ausgebrochen worden, und unter die übrigen wurdet ihr als neue Zweige eingepfropft. Obwohl ihr von einem wilden Ölbaum stammt, habt ihr jetzt Anteil an den guten Säften des edlen Ölbaums. [18] Darum überhebt euch nicht über die Zweige, die ausgebrochen wurden. Ihr habt keinen Grund, euch etwas einzubilden! Nicht ihr tragt die Wurzel, sondern die Wurzel trägt euch.

[19] Ihr werdet vielleicht sagen: »Die Zweige sind ausgebrochen worden, um uns Platz zu machen!« [20] Gewiß, aber sie wurden ausgebrochen, weil sie nicht glaubten. Und ihr gehört nur dazu, weil ihr glaubt – und wenn ihr im Glauben beharrt. Seid also nicht überheblich, sondern bedenkt, mit wem ihr es zu tun habt! [21] Wenn Gott schon die Juden nicht verschont hat, obwohl sie die natürlichen Zweige sind, dann wird er euch bestimmt nicht verschonen.

²²Ihr seht hier die Güte und zugleich die Strenge Gottes. Streng ist er zu denen, die sich von ihm abwenden. Gütig ist er zu euch – wenn ihr euch nur bewußt bleibt, daß ihr allein von seiner Güte lebt; sonst werdet ihr auch ausgehauen. ²³Aber auch die Juden werden wieder eingepfropft, wenn sie die Einladung zum Glauben nicht länger abweisen. Gott hat sehr wohl die Macht dazu. ²⁴Er hat euch als Zweige eines wilden Ölbaums ganz gegen die natürliche Ordnung in den edlen Ölbaum eingepfropft. Dann kann er erst recht die Juden als die natürlichen Zweige wieder in ihren eigenen Baum einpfropfen.

Zuletzt wird ganz Israel gerettet

²⁵Meine Brüder und Schwestern, ich muß euch jetzt mit Gottes geheimnisvollem Plan bekannt machen. Wenn ihr euch auf eure eigene Klugheit verlaßt, könnt ihr leicht zu falschen Schlüssen kommen. Gott hat verfügt, daß ein Großteil des jüdischen Volkes sich gegen die Einladung zum Glauben verhärtet. Aber das gilt nur so lange, bis alle, die er aus den anderen Völkern erwählt hat, den Weg zum Heil gefunden haben. ²⁶Wenn das geschehen ist, dann wird das ganze Volk Israel gerettet werden, wie es in den Heiligen Schriften vorhergesagt ist: »Vom Zionsberg wird der Retter kommen und alle Auflehnung gegen Gott von den Nachkommen Jakobs nehmen. ²⁷Dann werde ich ihnen ihre Verfehlungen vergeben, sagt Gott; und so erfüllt sich der Bund, den ich mit ihnen geschlossen habe.«

²⁸Im Blick auf die Gute Nachricht gilt: Sie sind Gottes Feinde geworden, damit die Botschaft zu euch kommen konnte. Im Blick auf ihre Erwählung gilt: Sie bleiben die von Gott Geliebten, weil sie die Nachkommen der erwählten Väter sind. ²⁹Denn Gott nimmt seine Gnadengeschenke nicht zurück, und eine einmal ausgesprochene Berufung widerruft er nicht. ³⁰Ihr aus den anderen Völkern habt Gott *früher* nicht gehorcht; aber weil *sie* ungehorsam waren, hat Gott jetzt *euch* sein Erbarmen geschenkt. ³¹Genau entsprechend gehorchen sie Gott *jetzt* nicht, weil er *euch* sein Erbarmen schenken wollte; und so werden künftig auch *sie* Erbarmen finden. ³²Gott hat alle ohne Ausnahme dem Ungehorsam ausgeliefert, weil er sich über alle erbarmen will.

Lobpreis der wunderbaren Weisheit Gottes

³³Wie unergründlich tief ist Gottes Reichtum,
wie tief seine Weisheit und seine Voraussicht!
Wie unerforschlich sind seine Gerichtsurteile,

wie unbegreiflich seine Führungen!
34 Denn wer hat die Gedanken des Herrn erkannt,
oder wer ist sein Ratgeber gewesen?
35 Wer hat ihm je ein Geschenk gemacht,
so daß er etwas dafür fordern könnte?
36 *Von* Gott kommt alles, *durch* Gott lebt alles,
 zu Gott geht alles.
Ihm sei Ehre, für immer und ewig! Amen.

FOLGERUNGEN AUS DEM GESCHENK DER GNADE FÜR DAS LEBEN DER CHRISTEN
(12,1–15,13)

Unser Leben als Gottesdienst

12 Brüder und Schwestern, weil Gott soviel Erbarmen mit euch gehabt hat, bitte und ermahne ich euch: Stellt euer ganzes Leben Gott zur Verfügung! Bringt euch Gott als lebendiges Opfer dar, ein Opfer völliger Hingabe, an dem er Freude hat. Das ist für euch der »vernunftgemäße« Gottesdienst. 2 Paßt euch nicht den Maßstäben dieser Welt an. Laßt euch vielmehr von Gott umwandeln, damit euer ganzes Denken erneuert wird. Dann könnt ihr euch ein sicheres Urteil bilden, welches Verhalten dem Willen Gottes entspricht, und wißt in jedem einzelnen Fall, was gut und gottgefällig und vollkommen ist.

Gaben und Dienste in der Gemeinde

3 In der Vollmacht, die Gott mir als Apostel gegeben hat, wende ich mich an jeden einzelnen von euch. Niemand soll sich über andere erheben und höher von sich denken, als es angemessen ist. Bleibt bescheiden und sucht das rechte Maß! Durch den Glauben hat jeder von euch seinen besonderen Anteil an den Gnadengaben bekommen. Daran hat jeder den Maßstab, nach dem er sich einschätzen soll.

4 Denkt an den menschlichen Leib: Er bildet ein lebendiges Ganzes und hat doch viele Teile, und jeder Teil hat seine besondere Funktion. 5 So ist es auch mit uns: Als Menschen, die zu Christus gehören, bilden wir alle ein unteilbares Ganzes; aber als einzelne stehen wir zueinander wie Teile mit ihrer besonderen Funktion.

6 Wir haben ganz verschiedene Gaben, so wie Gott sie uns in seiner Gnade zugeteilt hat. Einige sind befähigt, Weisungen für die Gemeinde von Gott zu empfangen; was sie sagen, muß dem gemeinsamen Bekenntnis entsprechen. 7 Andere

sind befähigt, praktische Aufgaben in der Gemeinde zu übernehmen; sie sollen sich treu diesen Aufgaben widmen. Wer die Gabe hat, als Lehrer die Gemeinde zu unterweisen, gebrauche sie. [8] Wer die Gabe hat, andere zu ermahnen und zu ermutigen, nutze sie. Wer Bedürftige unterstützt, soll sich dabei nicht in Szene setzen. Wer in der Gemeinde eine Verantwortung übernimmt, soll mit Hingabe bei der Sache sein. Wer sich um Notleidende kümmert, soll es nicht mit saurer Miene tun.

Weisungen für ein Leben aus der Liebe

[9] Die Liebe darf nicht geheuchelt sein. Verabscheut das Böse, tut mit ganzer Kraft das Gute! [10] Liebt einander von Herzen als Brüder und Schwestern, und ehrt euch gegenseitig in zuvorkommender Weise. [11] Werdet im Eifer nicht nachlässig, sondern laßt euch vom Geist Gottes entflammen. Dient in allem Christus, dem Herrn. [12] Seid fröhlich als Menschen der Hoffnung, bleibt standhaft in aller Bedrängnis, laßt nicht nach im Gebet. [13] Sorgt für alle in der Gemeinde, die Not leiden, und wetteifert in der Gastfreundschaft.

[14] Wünscht denen, die euch verfolgen, Gutes. Segnet sie, anstatt sie zu verfluchen. [15] Freut euch mit den Fröhlichen, und weint mit den Traurigen. [16] Seid alle miteinander auf Einigkeit bedacht. Strebt nicht hoch hinaus, sondern gebt euch für die undankbaren Aufgaben her. Verlaßt euch nicht auf eure eigene Klugheit.

[17] Wenn euch jemand Unrecht tut, dann zahlt es niemals mit gleicher Münze heim. Seid darauf bedacht, vor den Augen aller Menschen bestehen zu können. [18] Soweit es möglich ist und auf euch ankommt, lebt mit allen in Frieden. [19] Nehmt keine Rache, holt euch nicht selbst euer Recht, meine Lieben, sondern überlaßt das Gericht Gott. Er sagt ja in den Heiligen Schriften: »Ich bin der Rächer, ich habe mir das Gericht vorbehalten, ich selbst werde vergelten.« [20] Handelt vielmehr nach dem Wort: »Wenn dein Feind hungrig ist, dann gib ihm zu essen, und wenn er Durst hat, gib ihm zu trinken. Dann wird es ihm bald leid tun, dein Feind zu sein.« [21] Laß dich nicht vom Bösen besiegen, sondern überwinde es durch das Gute!

Weisungen für das Verhalten gegenüber staatlichen Organen

13 Alle ohne Ausnahme müssen sich den Trägern der Staatsgewalt unterordnen. Denn es gibt keine staatliche Macht, die nicht von Gott kommt. Die jeweiligen

Amtsträger sind von ihm eingesetzt. ²Wer sich also gegen die staatliche Ordnung auflehnt, widersetzt sich der Anordnung Gottes, und wer das tut, zieht sich damit die Verurteilung im Gericht Gottes zu.

³Vor den staatlichen Machthabern müssen sich nicht die fürchten, die Gutes tun, sondern nur die, die Böses tun. Wenn du also ohne Angst vor der Staatsgewalt leben willst, dann tu, was recht ist, und sie wird dich dafür loben. ⁴Denn die staatliche Macht steht im Dienst Gottes, um dich zum Tun des Guten anzuspornen. Wenn du aber Böses tust, mußt du dich vor ihr fürchten. Ihre Vertreter tragen nicht umsonst das Schwert. Sie stehen im Dienst Gottes und vollstrecken sein Urteil an denen, die Böses tun. ⁵Darum müßt ihr euch der Staatsgewalt unterordnen, nicht nur aus Furcht vor dem Gericht Gottes, sondern auch, weil euer Gewissen euch dazu anhält.

⁶Deshalb zahlt ihr ja auch Steuern. Denn die Staatsbeamten handeln als Beamte Gottes, wenn sie beharrlich darauf bestehen. ⁷Gebt also jedem, was ihr ihm schuldig seid! Wem Steuern zustehen, dem zahlt Steuern, wem Zoll zusteht, dem zahlt Zoll. Wem Respekt zusteht, dem erweist Respekt, und wem Ehre zusteht, dem erweist Ehre.

Das Liebesgebot als Summe der Gebote Gottes

⁸Bleibt niemand etwas schuldig – außer der Schuld, die ihr niemals abtragen könnt: der Liebe, die ihr einander erweisen sollt. Wer den Mitmenschen liebt, hat alles getan, was das Gesetz fordert. ⁹Ihr kennt die Gebote: »Brich nicht die Ehe, morde nicht, beraube niemand, blicke nicht begehrlich auf das, was anderen gehört.« Diese Gebote und alle anderen sind in dem *einen* Satz zusammengefaßt: »Liebe deinen Mitmenschen wie dich selbst.« ¹⁰Wer liebt, fügt seinem Mitmenschen nichts Böses zu. Also wird durch die Liebe das ganze Gesetz erfüllt.

Leben im Licht des kommenden Tages

¹¹Macht ernst damit – und das erst recht, weil ihr wißt, was die Stunde geschlagen hat! Es ist Zeit für euch, aus dem Schlaf aufzuwachen. Denn unsere endgültige Rettung ist nahe; sie ist uns jetzt näher als damals, als wir zum Glauben kamen. ¹²Die Nacht geht zu Ende, bald ist es Tag. Deshalb wollen wir alles ablegen, was zur Finsternis gehört, und wollen uns mit den Waffen des Lichtes rüsten. ¹³Wir wollen so leben, wie es zum hellen Tag paßt. Keine Sauf- und Freßgelage, keine sexuellen Ausschweifungen, keine Streitigkeiten

und Rivalitäten! [14]Laßt Jesus Christus, den Herrn, euer ganzes Leben bestimmen, und hätschelt nicht eure alte selbstsüchtige Natur, damit die Begierden keine Macht über euch gewinnen.

Die »Starken« und die »Schwachen« dienen demselben Herrn

14 Haltet Gemeinschaft mit denen, die einen schwachen Glauben haben! Streitet nicht mit ihnen über unterschiedliche Auffassungen! [2]Die einen sind überzeugt, daß ihr Glaube ihnen erlaubt, *alles* zu essen. Die anderen haben Angst, sich zu versündigen, und essen lieber nur Pflanzenkost. [3]Wer Fleisch ißt, soll die anderen nicht verachten; aber wer kein Fleisch ißt, soll die anderen auch nicht verurteilen, denn Gott hat sie ja in seine Gemeinschaft aufgenommen. [4]Wie kommst du dazu, den Sklaven oder die Sklavin eines anderen zur Rechenschaft zu ziehen? Es geht nur ihren Herrn etwas an, ob sie stehen oder fallen. Sie werden aber stehen bleiben; denn ihr Herr hat die Macht, sie aufrecht zu halten.

[5]Die einen beachten an bestimmten Tagen besondere Regeln; für die anderen sind alle Tage gleich. Es kommt nur darauf an, daß jeder nach seiner festen Überzeugung handelt. [6]Wer besondere Regeln beachtet, tut es für den Herrn, für Christus. Auch wer alles ißt, tut es für den Herrn; denn er dankt ja Gott für das, was er ißt. Und auch wer nur Pflanzenkost ißt, tut es für den Herrn und dankt Gott dafür.

[7]Niemand von uns lebt für sich selbst, und niemand stirbt für sich selbst. [8]Wenn wir leben, leben wir für den Herrn, und wenn wir sterben, sterben wir für den Herrn. Wir gehören dem Herrn im Leben und im Tod. [9]Denn Christus ist gestorben und wieder lebendig geworden, um Herr zu sein über alle, Tote wie Lebende.

[10]Warum verurteilst du dann deinen Bruder oder deine Schwester? Und du, warum verachtest du sie? Wir werden alle einmal vor Gott stehen und von ihm gerichtet werden. [11]In den Heiligen Schriften heißt es ja: »So gewiß ich, der Herr, lebe: Alle werden vor mir auf die Knie fallen, alle werden Gott die Ehre geben.« [12]So wird also jeder einzelne von uns sich für sein eigenes Tun verantworten müssen.

Rücksicht der »Starken« auf die »Schwachen«

[13]Hören wir also auf, uns gegenseitig zu verurteilen! Seid vielmehr kritisch gegen euch selbst, wenn ihr euch im Glauben stark fühlt, und vermeidet alles, was einem Bruder oder einer Schwester Anstoß bereiten oder sie zu Fall bringen

kann. [14] Gewiß, ich bin davon überzeugt und kann mich dafür auf Jesus, den Herrn, berufen: Es gibt nichts, was aus sich heraus unrein ist und deshalb nicht gegessen werden darf. Aber wenn jemand etwas für unrein hält, dann ist es für die betreffende Person tatsächlich unrein. [15] Wenn du also deinen Bruder oder deine Schwester bloß wegen einer Speise in Verwirrung stürzt und im Glauben irremachst, dann lebst du nicht mehr in der Liebe. Bring nicht durch dein Essen den Bruder oder die Schwester ins Verderben, für die Christus gestorben ist!

[16] Bringt das Gute, was Gott euch geschenkt hat, nicht in Verruf. [17] Denn wo Gott seine Herrschaft aufrichtet, geht es nicht um Essen und Trinken, sondern um ein Leben unter der rettenden Treue Gottes und in Frieden und Freude, wie es der Heilige Geist schenkt. [18] Wer Christus mit einem solchen Leben dient, gefällt Gott und wird von den Menschen geachtet.

[19] Wir wollen also alles daransetzen, daß wir in Frieden miteinander leben und einander in unserem Glauben fördern. [20] Ihr als Gemeinde seid Gottes Werk – zerstört es nicht wegen einer Essensfrage! Gewiß, alles ist rein; aber es ist schlimm, wenn jemand etwas mit schlechtem Gewissen ißt und dadurch zu Fall kommt. [21] Deshalb tust du gut daran, kein Fleisch zu essen und keinen Wein zu trinken und auch sonst alles zu unterlassen, was deinen Bruder oder deine Schwester zu Fall bringen könnte.

[22] Wenn du einen starken Glauben hast, dann habe ihn für dich selbst, als eine Sache zwischen dir und Gott. Freuen darf sich, wer sich so entscheidet, daß er sich nicht selbst verurteilen muß. [23] Wer aber beim Essen ein schlechtes Gewissen hat, *ist* schon verurteilt. Denn er handelt nicht so, wie es dem glaubenden Vertrauen auf Jesus Christus entspricht. Und alles Tun, das nicht aus diesem Vertrauen kommt, ist Sünde.

Dem Beispiel folgen, das Christus gegeben hat

15 Wenn wir einen starken Glauben haben, ist es unsere Pflicht, die anderen in ihren Schwächen mitzutragen, anstatt selbstgefällig nur an uns zu denken. [2] Jeder von uns soll seinem Mitmenschen zu Gefallen leben, natürlich im guten Sinn, und das heißt so, daß damit die Gemeinschaft gefördert und die Gemeinde aufgebaut wird. [3] Auch Christus hat ja nicht sich selbst zu Gefallen gelebt, sondern so, wie es in den Heiligen Schriften vorhergesagt war: »Die Schmähungen, mit denen man dich, Gott, lästert, sind auf mich gefallen.«

⁴Was in den Heiligen Schriften steht, wurde im voraus aufgeschrieben, damit wir den Nutzen davon haben. Es soll uns zum geduldigen Ertragen anleiten und uns Mut machen, an der gewissen Hoffnung auf die endgültige Erlösung festzuhalten. ⁵Gott, der Geduld und Mut schenkt, gebe euch, daß ihr alle in der gleichen Gesinnung miteinander verbunden seid, so wie es Jesus Christus gemäß ist. ⁶Dann werdet ihr alle einmütig und wie aus einem Mund den Gott und Vater unseres Herrn Jesus Christus preisen.

Alle werden gemeinsam Gott preisen

⁷Laßt einander also gelten und nehmt euch gegenseitig an, so wie Christus euch angenommen hat. Das dient zum Ruhm und zur Ehre Gottes.

⁸Denn das sage ich: Christus ist ein Diener der Juden geworden, um Gottes *Treue* zu bezeugen. Durch ihn hat Gott die Zusagen eingelöst, die er ihren Vorfahren gegeben hatte. ⁹Die anderen Völker aber haben Grund, Gott für sein *Erbarmen* zu rühmen, wie es schon in den Heiligen Schriften heißt: »Dafür will ich dich, Herr, preisen unter den Völkern und deinen Ruhm besingen.«

¹⁰Es heißt dort auch: »Jubelt, ihr Völker, zusammen mit Gottes erwähltem Volk!« ¹¹Und weiter: »Preist den Herrn, alle Völker; alle Nationen sollen ihn rühmen!« ¹²Und der Prophet Jesaja sagt: »Es kommt der Sproß aus der Wurzel Isais, er steht auf, um über die Völker zu herrschen. Auf ihn werden Menschen aller Völker ihre Hoffnung setzen.«

¹³Ich bitte Gott, auf den sich unsere Hoffnung gründet, daß er euch in eurem Glauben mit aller Freude und allem Frieden erfüllt, damit eure Hoffnung durch die Kraft des Heiligen Geistes immer stärker und unerschütterlicher wird.

REISEPLÄNE DES APOSTELS UND BRIEFSCHLUSS
(15,14–16,27)

Warum Paulus so offen schreibt

¹⁴Liebe Brüder und Schwestern, ich bin ganz sicher: Ihr seid von allem guten Willen erfüllt und seid euch voll bewußt, was Gott für euch getan hat. Darum könnt ihr euch auch selbst gegenseitig ermahnen.

¹⁵Ich habe in diesem Brief zum Teil sehr deutliche Worte gebraucht; aber ich habe den ganzen Brief nur geschrieben, um euch in Erinnerung zu rufen, was die Grundlagen unseres Glaubens sind. Und dazu bin ich bevollmächtigt durch

den Auftrag, den Gott mir gegeben hat. [16]Denn er hat mich dazu berufen, Jesus Christus zu dienen und ihn unter den nichtjüdischen Völkern zu verkünden. Gleichsam als Priester im Dienst der Guten Nachricht arbeite ich darauf hin, daß die Menschen dieser Völker eine Opfergabe für Gott werden – eine Gabe, die Gott Freude macht, weil sie durch den Heiligen Geist selbst heilig gemacht worden ist.

[17]Wenn ich darauf vor Gott stolz sein kann, dann nur, weil Jesus Christus mich in seinen Dienst genommen hat. [18]Ich nehme mir nicht heraus, die Botschaft auf eigene Verantwortung zu verkünden. Christus selbst hat durch mich, durch mein Reden und Tun, bewirkt, daß Menschen aus allen Völkern sich Gott im Gehorsam unterstellt haben. [19]Er selbst erwies hier seine Macht, in staunenswerten Wunderzeichen, durch das Wirken des Heiligen Geistes.

So war es mir möglich, von Jerusalem aus in weitem Bogen bis nach Illyrien die Gute Nachricht von Christus zu verbreiten. [20]Dabei war es mir stets eine Ehrensache, die Botschaft nur dort zu verkünden, wo man noch nichts von Christus gehört hatte. Ich wollte nicht auf einem Fundament aufbauen, das ein anderer gelegt hat. [21]Vielmehr richtete ich mich nach dem Wort in den Heiligen Schriften: »Gerade die sollen ihn kennenlernen, denen noch nichts von ihm gesagt worden ist. Eben die sollen zur Einsicht kommen, die noch nie etwas davon gehört haben.«

Paulus will nach Rom kommen

[22]Weil mich diese Aufgabe ganz ausgefüllt hat, war ich bisher immer verhindert, zu euch zu kommen. [23]Jetzt finde ich in diesen Gegenden kein neues Missionsfeld mehr; es ist aber seit vielen Jahren mein Wunsch, euch zu besuchen, [24]wenn ich nach Spanien reise. So hoffe ich nun, daß ich euch auf dem Weg dorthin sehen kann und von euch für die Weiterreise mit allem Nötigen ausgestattet werde. Doch vorher möchte ich mich eine Weile an eurer Gemeinschaft stärken.

[25]Zunächst gehe ich jetzt nach Jerusalem, um der Gemeinde dort Hilfe zu bringen. [26]Die Christen in Mazedonien und Achaia haben nämlich beschlossen, für die Armen der dortigen Gemeinde Geld zu sammeln. [27]Sie haben sich freiwillig dazu entschlossen, und sie stehen ja auch in deren Schuld. Als Angehörige der anderen Völker haben sie am geistlichen Reichtum der Christen in Jerusalem Anteil bekommen; dafür müssen sie ihnen nun auch mit irdischen Gütern aushelfen.

²⁸Wenn ich diese Angelegenheit zum Abschluß gebracht und ihnen den Ertrag der Sammlung ordnungsgemäß übergeben habe, möchte ich auf dem Weg über euch nach Spanien reisen. ²⁹Ich weiß, wenn ich zu euch komme, werde ich euch die ganze Fülle des Segens mitbringen, den Christus schenkt.

³⁰Brüder und Schwestern, im Namen unseres Herrn Jesus Christus und bei der Liebe, die der Heilige Geist schenkt, bitte ich euch inständig: Betet für mich zu Gott! Setzt euch in euren Gebeten zusammen mit mir dafür ein, ³¹daß ich vor den Nachstellungen der Ungläubigen in Judäa gerettet werde und daß meine Hilfe für Jerusalem von den Gläubigen dort gut aufgenommen wird. ³²Dann kann ich, wenn Gott es will, voll Freude zu euch kommen und mich bei euch von den Mühen erholen.

³³Gott, der Frieden schenkt, sei mit euch allen! Amen.

Persönliche Grüße

16 Ich empfehle euch unsere Schwester Phöbe; sie ist Diakonin der Gemeinde in Kenchreä. ²Nehmt sie auf im Namen des Herrn, wie es sich für Christen gehört. Gebt ihr jede Hilfe, die sie braucht. Sie selbst hat vielen geholfen, auch mir.

³Grüßt Priska und ihren Mann Aquila, meine Mitarbeiter im Dienst für Jesus Christus. ⁴Unter Einsatz ihres Lebens haben sie mich vor dem Tod gerettet. Nicht nur ich schulde ihnen dafür Dank, sondern auch alle nichtjüdischen Gemeinden. ⁵Grüßt auch die Gemeinde, die sich in ihrem Haus versammelt.

Grüßt meinen lieben Epänetus. Er war der erste, der in der Provinz Asien zum Glauben kam. ⁶Grüßt Maria, die sich soviel für euch abgemüht hat. ⁷Grüßt Andronikus und Junia, meine jüdischen Landsleute, die mit mir gefangen waren. Sie nehmen unter den Aposteln einen hervorragenden Platz ein und sind schon vor mir Christen geworden.

⁸Grüßt meinen lieben Ampliatus, mit dem ich durch den Herrn verbunden bin. ⁹Grüßt Urbanus, unseren Mitarbeiter im Missionsdienst, und meinen lieben Stachys. ¹⁰Grüßt Apelles, der sich als Christ bewährt hat. Grüßt die Leute im Haus von Aristobul. ¹¹Grüßt meinen Landsmann Herodion und die Christen im Haus von Narzissus. ¹²Grüßt Tryphäna und Tryphosa, die sich tatkräftig für die Gemeinde einsetzen, und die liebe Persis, die sich im Dienst des Herrn soviel abgemüht hat.

¹³Grüßt Rufus, den erwählten Christen, und seine Mutter,

die auch für mich zu einer Mutter geworden ist. [14]Grüßt Asynkritus, Phlegon, Hermes, Patrobas, Hermas und die Brüder und Schwestern bei ihnen. [15]Grüßt Philologus und Julia, Nereus und seine Schwester sowie Olympas und alle Christen, die sich bei ihnen versammeln.

[16]Grüßt euch gegenseitig mit dem Friedenskuß! Alle Gemeinden, die sich zu Christus bekennen, lassen euch grüßen.

Letzte Anweisungen

[17]Ich bitte euch sehr, meine Brüder und Schwestern: Nehmt euch in acht vor denen, die Spaltungen hervorrufen und etwas anderes lehren, als was ihr gelernt habt. Sie wollen euch von eurem Glauben abbringen. Geht ihnen aus dem Weg! [18]Solche Menschen dienen nicht Christus, unserem Herrn, sondern nur ihren rein menschlichen Neigungen. Mit schönen Worten und einschmeichelnden Reden führen sie arglose Menschen in die Irre. [19]Von euch hört man überall, daß ihr euch im Gehorsam Gott unterstellt habt. Deshalb freue ich mich über euch. Ich möchte aber, daß ihr mit Klugheit das Gute wählt und mit Entschiedenheit euch vom Bösen abwendet. [20]Es dauert nicht mehr lange, bis Gott, der uns Frieden schenkt, euch den endgültigen Sieg über den Satan geben wird.

Die Gnade unseres Herrn Jesus Christus sei mit euch!

Grüße aus der Umgebung von Paulus

[21]Mein Mitarbeiter Timotheus läßt euch grüßen, ebenso grüßen euch meine Landsleute Luzius, Jason und Sosipater.

[22]Ich, Tertius, der diesen Brief nach Diktat niedergeschrieben hat, grüße euch als einer, der mit euch durch den Herrn verbunden ist.

[23]Es grüßt euch Gaius, mein Gastgeber und der Gastgeber der ganzen Christenheit. Es grüßen euch Erastus, der Stadtkämmerer, und der Bruder Quartus. [[24]Die Gnade von Jesus Christus, unserem Herrn, sei mit euch allen! Amen.]

Abschließendes Lobgebet

[25]Preis und Dank sei Gott!
Er hat die Macht, euch in eurem Glaubensstand zu festigen.
So bezeugt es die Gute Nachricht, die ich verkünde,
die Botschaft von Jesus Christus.
Sie offenbart den geheimen Plan,
der seit Urzeiten verborgen gehalten,
[26]jetzt aber enthüllt worden ist.
Auf Befehl des ewigen Gottes

ist er in prophetischen Schriften bekanntgemacht worden,
damit alle Völker sich Gott im Gehorsam unterstellen
und ihm vertrauen.
²⁷ Ihm, dem allein weisen Gott,
gehört alle Ehre durch Jesus Christus
für immer und ewig! Amen.

DER ERSTE BRIEF
DES APOSTELS PAULUS
AN DIE GEMEINDE IN KORINTH
(1. Korintherbrief)

BRIEFEINGANG (1,1-9)

Eingangsgruß

1 Paulus, nach dem Willen Gottes zum Apostel von Jesus
Christus berufen, und der Bruder Sosthenes schreiben
diesen Brief ² an die Gemeinde Gottes in Korinth, an alle, die
durch die Verbindung mit Jesus Christus für Gott ausgesondert und zu seinem heiligen Volk berufen sind. Darüber hinaus gilt unser Brief allen, die sich zu Jesus Christus, unserem
gemeinsamen Herrn, bekennen und seinen Namen anrufen,
wo sie auch sind:
³ Gnade und Frieden sei mit euch von Gott, unserem Vater,
und von Jesus Christus, dem Herrn!

Dank für das Wirken des Geistes in der Gemeinde

⁴ Ich danke meinem Gott ständig dafür, daß er euch durch
Jesus Christus seine Gnade geschenkt hat. ⁵ Durch sie seid ihr
reich geworden an allem, was aus der Gemeinschaft mit Jesus
Christus erwächst, an jeder Art von geistgewirktem Wort und
von geistlicher Erkenntnis.
⁶ Weil die Botschaft von Christus zum festen Grund eures
Glaubens geworden ist, ⁷ fehlt euch keine von den Gaben, die
der Geist Gottes schenkt. Und so wartet ihr voll Zuversicht
darauf, daß Jesus Christus, unser Herr, kommt und vor aller
Welt offenbar wird.
⁸ Er wird euch auch helfen, bis zum Ende fest auf diesem
Grund zu stehen, so daß euch an seinem Gerichtstag niemand anklagen kann. ⁹ Gott selbst hat euch dazu berufen, für

immer mit seinem Sohn Jesus Christus, unserem Herrn, verbunden zu sein, und er ist treu: Er steht zu seinem Wort.

SPALTUNGEN IN DER GEMEINDE
(1,10–4,21)

Spaltungen in der Gemeinde durch Personenkult

¹⁰Brüder und Schwestern, im Namen von Jesus Christus, unserem Herrn, rufe ich euch auf: Seid einig! Bildet keine Gruppen, die sich gegenseitig bekämpfen! Haltet in gleicher Gesinnung und Überzeugung zusammen! ¹¹Durch Leute aus dem Haus von Chloë habe ich erfahren, daß es unter euch Auseinandersetzungen gibt. ¹²Ich meine damit, daß ihr euch alle irgendeiner Gruppe zurechnet. Die einen sagen: »Ich gehöre zu Paulus!« Die andern: »Ich gehöre zu Apollos!« oder auch: »Ich gehöre zu Petrus!« Und wieder andere erklären: »Ich gehöre zu Christus!«

¹³Christus läßt sich doch nicht zerteilen! Ist vielleicht Paulus für euch am Kreuz gestorben? Oder wurdet ihr auf seinen Namen getauft? ¹⁴Ich danke Gott, daß ich außer Krispus und Gaius niemand von euch getauft habe, ¹⁵sonst würdet ihr am Ende noch sagen, daß ihr auf *meinen* Namen getauft worden seid! ¹⁶Doch, ich habe auch noch Stephanas und seine Hausgemeinschaft getauft. Aber ich kann mich nicht erinnern, daß ich sonst noch irgend jemand getauft hätte. ¹⁷ᵃDenn Christus hat mich nicht beauftragt zu taufen, sondern die Gute Nachricht zu verkünden.

Der eine und einigende Grund:
die Botschaft vom Kreuz

¹⁷ᵇDie Gute Nachricht darf ich aber nicht mit Worten tiefsinniger Weisheit verkünden; denn sonst verliert der Tod, den Christus am Kreuz gestorben ist, seinen ganzen Sinn. ¹⁸Die Botschaft, daß für alle Menschen am Kreuz die Rettung vollbracht ist, muß denen, die verlorengehen, als barer Unsinn erscheinen. Wir aber, die gerettet werden, erfahren darin Gottes Kraft. ¹⁹Gott hat doch gesagt: »Ich will die Weisheit der Weisen zunichte machen und die Klugheit der Klugen verwerfen.«

²⁰Wo bleiben da die Weisen? Wo die Kenner der Heiligen Schriften? Wo die gewandten Diskussionsredner dieser Welt? Was für diese Welt als größter Tiefsinn gilt, das hat Gott als reinen Unsinn erwiesen. ²¹Denn obwohl die Weisheit Gottes sich in der ganzen Schöpfung zeigt, haben die Menschen mit

ihrer Weisheit Gott nicht erkannt. Darum beschloß er, durch die Botschaft vom Kreuzestod, die der menschlichen Weisheit als Torheit erscheint, alle zu retten, die diese Botschaft annehmen.

²² Die Juden fordern von Gott sichtbare Machterweise; die Griechen suchen in allen Dingen einen Sinn, den die Vernunft begreift. ²³ Wir aber verkünden den gekreuzigten Christus als den von Gott versprochenen Retter. Für Juden ist das eine Gotteslästerung, für die anderen barer Unsinn. ²⁴ Aber alle, die von Gott berufen sind, Juden wie Griechen, erfahren in dem gekreuzigten Christus Gottes Kraft und erkennen in ihm Gottes Weisheit. ²⁵ Gott erscheint töricht – und ist doch weiser als Menschenweisheit. Gott erscheint schwach – und ist doch stärker als Menschenkraft.

Nach welchem Maßstab Gott Menschen erwählt

²⁶ Schaut doch euch selbst an, Brüder und Schwestern! Wen hat Gott denn da berufen? Es gibt ja nicht viele unter euch, die nach menschlichen Maßstäben klug oder einflußreich sind oder aus einer angesehenen Familie stammen. ²⁷ Gott hat sich vielmehr in der Welt die Einfältigen und Machtlosen ausgesucht, um die Klugen und Mächtigen zu demütigen. ²⁸ Er hat sich die Geringen und Verachteten ausgesucht, die nichts gelten, denn er wollte die zu nichts machen, die in der Welt etwas ›sind‹. ²⁹ Niemand soll sich vor Gott rühmen können.

³⁰ Euch aber hat Gott zur Gemeinschaft mit Jesus Christus berufen. Mit ihm hat er uns alles geschenkt: Er ist unsere Weisheit – die wahre Weisheit, die von Gott kommt. Durch ihn können wir vor Gott als gerecht bestehen. Durch ihn hat Gott uns zu seinem heiligen Volk gemacht und von unserer Schuld befreit. ³¹ Es sollte so kommen, wie es in den Heiligen Schriften steht: »Wer sich mit etwas rühmen will, soll sich mit dem rühmen, was der Herr getan hat.«

Paulus erinnert an sein erstes Auftreten

2 Brüder und Schwestern, als ich zu euch kam und euch Gottes verborgenen Plan zur Rettung der Menschen verkündete, habe ich euch doch nicht mit tiefsinniger Weisheit und geschliffener Redekunst zu beeindrucken versucht. ² Ich hatte mir vorgenommen, unter euch nichts anderes zu kennen als Jesus Christus, und zwar Jesus Christus, den Gekreuzigten. ³ Als schwacher Mensch trat ich vor euch und zitterte innerlich vor Angst. ⁴ Mein Wort und meine Botschaft wirkten nicht durch Tiefsinn und Überredungskunst, sondern weil

Gottes Geist sich darin mächtig erwies. [5]Euer Glaube sollte sich nicht auf Menschenweisheit gründen, sondern auf die Kraft Gottes.

Die tiefe Weisheit in der Botschaft vom Kreuz

[6]Auch wir verkünden tiefsinnige Weisheit – für alle, die dafür reif sind. Aber das ist nicht die Weisheit dieser Welt und auch nicht die ihrer Machthaber, die zum Untergang bestimmt sind. [7]Vielmehr verkünden wir Gottes geheimnisvolle Weisheit, die bis jetzt verborgen war. Schon bevor Gott die Welt erschuf, hatte er den Plan gefaßt, uns an seiner Herrlichkeit Anteil zu geben. [8]Aber keiner von den Machthabern dieser Welt konnte Gottes weisheitsvollen Plan durchschauen. Sonst hätten sie den Herrn, der die Herrlichkeit Gottes teilt, nicht ans Kreuz gebracht. [9]Es heißt ja in den Heiligen Schriften: »Was kein Auge jemals gesehen und kein Ohr gehört hat, worauf kein Mensch jemals gekommen ist, das hält Gott bereit für die, die ihn lieben.«

[10]Uns hat Gott dieses Geheimnis enthüllt durch seinen Geist, den er uns gegeben hat. Denn der Geist erforscht alles, auch die geheimsten Absichten Gottes. [11]Wie die Gedanken eines Menschen nur seinem eigenen Geist bekannt sind, so weiß auch nur der Geist Gottes, was in Gott vorgeht. [12]Wir haben aber nicht den Geist dieser Welt erhalten, sondern den Geist, der von Gott kommt. Darum können wir erkennen, was Gott uns geschenkt hat.

[13]Davon reden wir nicht in Worten, wie sie menschliche Weisheit lehrt, sondern in Worten, die der Geist Gottes eingibt. Von dem, was Gott uns durch seinen Geist offenbart, reden wir so, wie sein Geist es uns lehrt. [14]Menschen, die sich auf ihre natürlichen Fähigkeiten verlassen, lehnen ab, was der Geist Gottes enthüllt. Es kommt ihnen unsinnig vor. Sie können nichts damit anfangen, weil es nur mit Hilfe des Geistes beurteilt werden kann. [15]Wer dagegen den Geist hat, kann über alles urteilen, aber nicht von jemand beurteilt werden, der den Geist nicht hat. [16]Es heißt ja in den Heiligen Schriften: »Wer kennt den Geist des Herrn? Wer will sich herausnehmen, ihn zu belehren?« Und das ist der Geist, den wir empfangen haben: der Geist von Christus, dem Herrn.

Der Personenkult beweist:
Die Gemeinde ist noch nicht reif

3 Zu euch, Brüder und Schwestern, konnte ich bisher nicht reden wie zu Menschen, die von Gottes Geist erfüllt sind. Ich mußte euch behandeln wie Menschen, die sich

von ihrer selbstsüchtigen Natur leiten lassen und im Glauben noch Kinder sind. ²Darum gab ich euch Milch, nicht feste Nahrung, weil ihr die noch nicht vertragen konntet. Auch jetzt könnt ihr das noch nicht; ³denn ihr steht immer noch im Bann eurer selbstsüchtigen Natur. Ihr rivalisiert miteinander und streitet euch. Das beweist doch, daß ihr nicht aus dem Geist Gottes lebt, sondern eurer selbstsüchtigen Natur folgt und so handelt wie alle anderen Menschen auch! ⁴Wenn die einen sagen: »Ich gehöre zu Paulus«, und die andern: »Ich gehöre zu Apollos« – seid ihr da nicht immer noch die ›alten‹ Menschen?

Alle arbeiten am gleichen Werk

⁵Nun, was ist denn Apollos? Und was ist Paulus? Gottes Helfer sind sie, durch die ihr zum Glauben gekommen seid. Jeder von uns beiden hat von Gott seine besondere Aufgabe bekommen. ⁶Ich habe gepflanzt, Apollos hat begossen; aber Gott hat es wachsen lassen. ⁷Es zählt also nicht, wer pflanzt oder wer begießt; es kommt alles auf Gott an, der es wachsen läßt. ⁸Wir beide arbeiten an demselben Werk: der, der pflanzt, und der, der begießt; doch wird Gott jeden nach seinem persönlichen Einsatz belohnen.

Die Gemeinde als Bau
und die Verantwortung der Bauleute

⁹Wir sind also Gottes Mitarbeiter, ihr aber seid Gottes Ackerland. Oder mit einem anderen Bild: Ihr seid Gottes Bau. ¹⁰Nach dem Auftrag, den Gott mir gegeben hat, habe ich wie ein umsichtiger Bauleiter das Fundament gelegt. Andere bauen nun darauf weiter. Aber jeder soll sehen, wie er weiterbaut! ¹¹Das Fundament ist gelegt: Jesus Christus. Niemand kann ein anderes legen. ¹²⁻¹³Es wird auch nicht verborgen bleiben, was jemand darauf baut, ob Gold, Silber oder wertvolle Steine, ob Holz, Schilf oder Stroh. Am Tag des Gerichts wird sich erweisen, ob es Bestand hat. Dann wird die Feuerprobe gemacht: Das Werk eines jeden wird im Feuer auf seinen Wert geprüft. ¹⁴Wenn das, was ein Mensch gebaut hat, die Probe besteht, wird er belohnt. ¹⁵Wenn es verbrennt, wird er bestraft. Er selbst wird zwar gerettet, aber so, wie jemand gerade noch aus dem Feuer gerissen wird.

¹⁶Wißt ihr nicht, daß ihr als Gemeinde der Tempel Gottes seid und daß der Geist Gottes in euch wohnt? ¹⁷Wer den Tempel Gottes zugrunde richtet, wird dafür von Gott zu-

grunde gerichtet. Denn der Tempel Gottes ist heilig, und dieser Tempel seid ihr.

Es gibt keinen Grund zur Verherrlichung von Menschen

[18] Niemand soll sich etwas vormachen! Wenn es welche unter euch gibt, die sich nach den Maßstäben dieser Welt für weise halten, müssen sie erst töricht werden nach diesen Maßstäben, um wirklich weise zu sein. [19] Was die Menschen für Tiefsinn halten, ist in den Augen Gottes Unsinn. In den Heiligen Schriften heißt es: »Gott fängt die Klugen im Netz ihrer eigenen Schlauheit.« [20] Und es heißt auch: »Der Herr kennt die Gedanken der Weisen und weiß, wie sinnlos sie sind.«

[21] Darum soll sich niemand etwas auf einen Menschen einbilden und mit dem von ihm bevorzugten Lehrer prahlen. Euch gehört doch alles, [22] ob es nun Paulus ist oder Apollos oder Petrus; euch gehört die ganze Welt, das Leben und der Tod, die Gegenwart und die Zukunft. Alles gehört euch, [23] ihr aber gehört Christus, und Christus gehört Gott.

Nur Christus steht ein Urteil über Paulus zu

4 Ihr seht also, wie ihr von uns denken müßt: Wir sind Menschen, die im Dienst von Christus stehen und Gottes Geheimnisse zu verwalten haben. [2] Von Verwaltern wird verlangt, daß sie zuverlässig sind. [3] Aber für mich zählt dabei nicht, wie ich von euch oder von irgendeinem menschlichen Gericht beurteilt werde. Auch ich selbst maße mir kein Urteil an. [4] Mein Gewissen ist zwar rein, aber damit bin ich noch nicht freigesprochen, denn mein Richter ist der Herr. [5] Urteilt also nicht vorzeitig, bevor Christus kommt, der das Verborgene ans Licht bringen und die geheimsten Gedanken enthüllen wird. Dann wird Gott das Lob austeilen, so wie jeder und jede es verdient.

Was Paulus erleiden muß, soll die Gemeinde zur Besinnung bringen

[6] Brüder und Schwestern, ich habe von Apollos und mir gesprochen. An unserem Beispiel wollte ich euch zeigen, was der Grundsatz bedeutet: »Nicht über das hinausgehen, was geschrieben steht!« Niemand soll sich wichtig machen und den von ihm bevorzugten Lehrer gegen den eines anderen ausspielen. [7] Wer gibt dir denn das Recht, dir etwas ein-

zubilden? Kommt nicht alles, was du hast, von Gott? Wie kannst du dann damit angeben, als hättest du es von dir selbst?

⁸Aber ihr seid ja schon satt. Ihr seid ja schon reich. Ihr seid schon mit Christus zur Herrschaft gelangt – ohne mich. Wenn es doch schon soweit wäre, dann könnte ich mit euch herrschen! ⁹Es kommt mir so vor, als hätte Gott uns Aposteln den allerletzten Platz angewiesen. Wir stehen da wie die Verbrecher, die zum Tod in der Arena verurteilt sind. Ein Schauspiel sind wir für die ganze Welt, für Engel und Menschen. ¹⁰Wir sind die Einfältigen, weil wir uns zu Christus halten, aber ihr seid durch Christus klug. Wir sind schwach, aber ihr seid stark. Ihr seid geehrt, und wir sind verachtet. ¹¹Bis zu diesem Augenblick leiden wir Hunger und Durst, wir gehen in Lumpen und werden geschlagen, heimatlos ziehen wir von Ort zu Ort. ¹²Wir arbeiten hart für unseren Unterhalt. Wir werden verflucht, aber wir segnen. Wir werden verfolgt, aber wir geben nicht auf. ¹³Wir werden beschimpft, aber wir antworten freundlich. Wir sind zum Abschaum der ganzen Welt geworden, zum Auswurf der Menschheit – bis zu dieser Stunde!

Paulus als Vater und Vorbild der Gemeinde

¹⁴Ich sage das nicht, um euch zu beschämen. Ich möchte euch nur auf den rechten Weg bringen. Ihr seid doch meine geliebten Kinder! ¹⁵Selbst wenn ihr in eurem Christenleben Tausende von Erziehenden hättet, so habt ihr doch nicht eine Vielzahl von Vätern. Als ich euch die Gute Nachricht brachte, habe ich euch gezeugt als Menschen, die zu Jesus Christus gehören, und bin so euer Vater geworden.

¹⁶Darum bitte ich euch: Folgt meinem Beispiel! ¹⁷Weil mir daran liegt, habe ich Timotheus zu euch geschickt. Als Christ ist er mein geliebtes Kind, und ich kann mich auf ihn verlassen. Er wird euch daran erinnern, wie ich selbst lebe und welche Weisungen ich euch für euer Leben mit Christus gegeben habe. Es sind dieselben, die ich überall den Gemeinden einpräge.

¹⁸Einige von euch machen sich wichtig und sagen: »Er selbst traut sich ja nicht her!« ¹⁹Aber ich werde sehr bald zu euch kommen, wenn der Herr es zuläßt. Dann werde ich sehen, was an den Worten dieser Wichtigtuer dran ist, ob auch Kraft dahintersteht. ²⁰Denn wo Gott seine Herrschaft aufrichtet, tut er das nicht durch Gerede, sondern durch den Erweis seiner Kraft. ²¹Was ist euch lieber? Soll ich mit dem Stock zu euch kommen oder mit Liebe und Nachsicht?

SCHWERE MISSSTÄNDE IN DER GEMEINDE
(Kapitel 5–6)

Ein beschämender Fall

5 Überhaupt hört man ganz schlimme Dinge von euch! Es soll da einen Fall von Unzucht geben, wie er nicht einmal unter den Menschen vorkommt, die Gott nicht kennen: daß nämlich einer mit seiner Stiefmutter zusammenlebt. ²Und darauf seid ihr noch stolz und gebt es als Zeichen eurer christlichen Freiheit aus! Ihr solltet vielmehr traurig sein und den, der so etwas getan hat, aus eurer Gemeinschaft ausstoßen! ³Ich selbst bin zwar körperlich fern, aber im Geist unter euch; und im Geist bei euch anwesend, habe ich schon das Urteil gesprochen über den, der so etwas Schlimmes getan hat. ⁴⁻⁵Wenn ihr zusammenkommt und ich im Geist dabei bin und auch Jesus, unser Herr, mit seiner Kraft gegenwärtig ist, dann soll dieser Mensch im Namen von Jesus, unserem Herrn, dem Satan übergeben werden. Der soll an seinem Körper die verdiente Strafe vollziehen, damit er als einer, der von Gott den Heiligen Geist empfangen hat, am Gerichtstag des Herrn doch noch gerettet wird.

⁶Euer Rühmen ist wahrhaftig unangebracht! Ihr wißt, daß ein klein wenig Sauerteig genügt, um den ganzen Teig sauer zu machen. ⁷Reinigt euch also! Entfernt den alten Sauerteig, damit ihr wieder ein frischer, ungesäuerter Teig seid! Denn das seid ihr doch, seit Christus als unser Passalamm geopfert wurde. ⁸Laßt uns darum auch entsprechend feiern: nicht mit Brot aus dem alten Sauerteig der Sünde und Schlechtigkeit, sondern mit dem ungesäuerten Brot der Reinheit und Rechtschaffenheit.

⁹In meinem früheren Brief habe ich euch geschrieben, ihr sollt nichts mit Menschen zu tun haben, die Unzucht treiben. ¹⁰Natürlich dachte ich dabei nicht an Menschen, die außerhalb der Gemeinde stehen, genausowenig, wenn ich euch vor dem Umgang mit Geldgierigen, Räubern und Götzenanbetern gewarnt habe. Sonst müßtet ihr ja diese Welt überhaupt verlassen. ¹¹Ich schreibe euch darum jetzt ausdrücklich: Ihr sollt mit niemand Umgang haben, der sich Bruder nennt und trotzdem Unzucht treibt oder am Geld hängt oder Götzen verehrt, der ein Verleumder, Trinker oder Räuber ist. Mit solch einem sollt ihr auch nicht zusammen essen. ¹²Warum sollen wir über die Außenstehenden zu Gericht sitzen? Eure Aufgabe ist es, die eigenen Leute zur Rechenschaft zu ziehen.

¹³Über die draußen wird Gott Gericht halten. Entfernt also den Bösen aus eurer Mitte!

Ebenso beschämend:
Gerichtsverfahren unter Christen

6 Wenn jemand von euch mit einem Mitchristen Streit hat, wie kann er da vor ungläubige Richter gehen, anstatt die Gemeinde entscheiden zu lassen? ²Ihr wißt doch, daß die Gemeinde Gottes einst die Welt richten wird. Und da seid ihr nicht fähig, Bagatellfälle zu entscheiden? ³Wißt ihr nicht, daß wir sogar über Engel zu Gericht sitzen werden? Dann werden wir doch auch Alltagsstreitigkeiten beurteilen können! ⁴Und ihr laßt solche Fälle von Außenstehenden entscheiden, die in der Gemeinde nichts zu sagen haben! ⁵Ich sage dies, damit ihr euch schämt. Hat denn unter euch niemand soviel Verstand und kann einen Streit zwischen Brüdern oder Schwestern schlichten? ⁶Müßt ihr wirklich gegeneinander prozessieren, und das auch noch vor Ungläubigen?

⁷Es ist schon schlimm genug, daß ihr überhaupt Prozesse gegeneinander führt. Warum laßt ihr euch nicht lieber Unrecht tun? Warum laßt ihr euch nicht lieber übervorteilen? ⁸Statt dessen tut ihr selbst Unrecht und übervorteilt andere, und das unter Brüdern und Schwestern!

⁹Denkt daran: Für Menschen, die Unrecht tun, ist kein Platz in Gottes neuer Welt! Täuscht euch nicht: Menschen, die Unzucht treiben oder Götzen anbeten, die die Ehe brechen oder als Männer mit Knaben oder ihresgleichen verkehren, ¹⁰Diebe, Wucherer, Trinker, Verleumder und Räuber werden nicht in Gottes neue Welt kommen. ¹¹Manche von euch gehörten früher dazu. Aber ihr seid reingewaschen, und Gott hat euch zu seinem heiligen Volk gemacht, zu Menschen, die vor seinem Urteil als gerecht bestehen können. Das ist geschehen, als ihr Jesus Christus, dem Herrn, übereignet worden seid und den Geist unseres Gottes empfangen habt.

Auch der Körper gehört Gott

¹²Ihr sagt: »Mir ist alles erlaubt!« Mag sein, aber nicht alles ist gut für euch. Alles ist mir erlaubt; aber das darf nicht dazu führen, daß ich meine Freiheit an irgend etwas verliere. ¹³Ihr sagt: »Die Nahrung ist für den Magen und der Magen für die Nahrung. Gott wird ja doch allen beiden ein Ende machen.« Aber unser Körper ist deshalb noch lange nicht für die Unzucht da, sondern für den Herrn, der auch der Herr über unseren Körper ist. ¹⁴Denn so wie Gott Christus, den Herrn,

vom Tod auferweckt hat, so wird er durch seine Kraft auch uns vom Tod auferwecken.

15 Wißt ihr nicht, daß ihr samt eurem Körper Glieder am Leib von Christus seid? Kann ich die Glieder von Christus einfach zu Gliedern von Prostituierten machen? Das darf nicht sein! 16 Ihr müßt doch wissen, daß jemand, der sich mit einer Prostituierten einläßt, mit ihr ein einziger Leib wird. In den Heiligen Schriften heißt es ja: »Die zwei sind dann *ein* Leib.« 17 Aber wer sich mit dem Herrn verbindet, ist mit ihm *ein Geist.*

18 Hütet euch vor der Unzucht! Alle anderen Sünden, die ein Mensch begehen kann, betreffen nicht seinen Körper. Wer aber Unzucht treibt, vergeht sich an seinem eigenen Leib. 19 Wißt ihr nicht, daß euer Leib ein Tempel des Heiligen Geistes ist, der in euch wohnt? Gott hat euch seinen Geist gegeben, und ihr gehört nicht mehr euch selbst. 20 Er hat euch freigekauft und als sein Eigentum erworben. Macht ihm also Ehre an eurem Leib!

ÜBER EHE UND EHELOSIGKEIT (Kapitel 7)

Ehe, Ehelosigkeit und Ehescheidung

7 Nun aber zu dem, was ihr geschrieben habt! Ihr sagt: »Das beste ist es, wenn ein Mann überhaupt keine Frau berührt.«

2 Ich dagegen sage: Damit ihr nicht der Unzucht verfallt, soll jeder Mann seine Ehefrau haben und jede Frau ihren Ehemann. 3 Der Mann soll der Frau die eheliche Pflicht leisten und ebenso die Frau dem Mann. 4 Die Frau verfügt nicht über ihren Körper, sondern der Mann; ebenso verfügt der Mann nicht über seinen Körper, sondern die Frau. 5 Entzieht euch einander nicht – höchstens wenn ihr euch einig werdet, eine Zeitlang auf den ehelichen Verkehr zu verzichten, um euch dem Gebet zu widmen. Aber danach sollt ihr wieder zusammenkommen; sonst verführt euch der Satan, weil ihr ja doch nicht enthaltsam leben könnt. 6 Was den zeitweisen Verzicht angeht, so sage ich das als Zugeständnis, nicht als bindende Vorschrift. 7 Allerdings wäre es mir lieber, wenn alle ehelos lebten wie ich. Aber Gott gibt jedem Menschen seine besondere Gnadengabe. Den einen gibt er diese, den andern eben andere.

8 Den Unverheirateten und den Verwitweten sage ich: Es ist am besten, wenn sie meinem Vorbild folgen und allein bleiben. 9 Aber wenn ihnen das zu schwer fällt, sollen sie heiraten.

Das ist besser, als wenn sie von unbefriedigtem Verlangen verzehrt werden.

[10] Für die Verheirateten dagegen habe ich eine verbindliche Vorschrift. Sie stammt nicht von mir, sondern von Christus, dem Herrn: Eine Frau darf sich von ihrem Mann nicht trennen. [11] Hat sie sich von ihm getrennt, so soll sie unverheiratet bleiben oder sich wieder mit ihrem Mann aussöhnen. Ebensowenig darf ein Mann seine Frau fortschicken.

[12] Im übrigen sage ich, nicht der Herr: Wenn ein Christ eine ungläubige Frau hat, die weiterhin bei ihm bleiben will, soll er sich nicht von ihr trennen. [13] Dasselbe gilt für eine Christin, die einen ungläubigen Mann hat: Wenn er bei ihr bleiben will, soll sie sich nicht von ihm trennen. [14] Sie wird durch die Ehe mit ihm nicht befleckt, denn der ungläubige Mann wird durch die Verbindung mit ihr rein. Das Entsprechende gilt für einen christlichen Mann mit einer ungläubigen Frau. Sonst müßtet ihr auch eure Kinder als befleckt betrachten, aber in Wirklichkeit sind sie doch rein. [15] Wenn aber der ungläubige Teil auf der Trennung besteht, dann gebt ihn frei. In diesem Fall ist der christliche Teil, Mann oder Frau, nicht an die Ehe gebunden. Gott hat euch zu einem Leben im Frieden berufen. [16] Weißt du denn, Frau, ob du deinen Mann zum Glauben führen und dadurch retten kannst? Oder weißt du, Mann, ob dir das bei deiner Frau gelingt?

Nicht nach Veränderungen streben

[17] Grundsätzlich sollen alle sich nach dem Maß richten, das der Herr ihnen zugeteilt hat; das will sagen: Alle sollen an dem Platz bleiben, an dem sie waren, als Gott sie berief. Diese Anweisung gebe ich in allen Gemeinden. [18] Wenn einer beschnitten war, als er berufen wurde, soll er nicht versuchen, die Beschneidung rückgängig zu machen. Wenn er unbeschnitten war, soll er sich nicht beschneiden lassen. [19] Es ist vor Gott völlig gleichgültig, ob einer beschnitten ist oder nicht. Es kommt nur darauf an, daß er nach Gottes Geboten lebt.

[20] Alle sollen Gott an dem Platz dienen, an dem sein Ruf sie erreicht hat. [21] Warst du Sklave oder Sklavin, als Gott dich rief, so mach dir nichts daraus! Wenn dir allerdings die Freilassung angeboten wird, dann nutze ruhig die Gelegenheit. [22] Grundsätzlich gilt: Die, die bei ihrer Berufung Sklaven oder Sklavinnen waren, sind Freigelassene des Herrn. Und entsprechend sind die, die bei ihrer Berufung Freie waren, Sklaven und Sklavinnen des Herrn. [23] Christus hat für euch

bezahlt und euch freigekauft, so daß ihr jetzt ihm gehört. Darum macht euch nicht zu Sklaven menschlicher Maßstäbe!

24 Ihr alle, Brüder und Schwestern, sollt also an dem Platz bleiben, an dem ihr wart, als Gott euch berief, und ihr sollt diesen Platz so ausfüllen, wie es Gott gefällt.

Besser ist es, frei zu sein für den Herrn

25 Wie sollen sich nun aber die unverheirateten jungen Leute verhalten? Ich habe dafür keine Anweisung des Herrn, doch sage ich euch meine Meinung als einer, den der Herr in seinem Erbarmen als vertrauenswürdig erachtet und in seinen Dienst genommen hat.

26 Ich meine also, daß es wegen der bevorstehenden Notzeit das beste ist, wenn jemand unverheiratet bleibt. 27 Wenn du eine Frau hast, dann versuche nicht, dich von ihr zu trennen. Aber wenn du keine hast, so bemühe dich auch nicht darum, eine zu finden. 28 Heiratest du trotzdem, so ist das keine Sünde, und wenn die junge Frau heiratet, sündigt sie nicht. Ich möchte euch nur die Belastungen ersparen, die jetzt in der Endzeit auf die Eheleute zukommen. 29 Denn ich mache euch darauf aufmerksam, Brüder und Schwestern: Die Tage dieser Welt sind gezählt. Darum gilt für die Zeit, die uns noch bleibt: Auch wer verheiratet ist, muß innerlich so frei sein, als wäre er unverheiratet. 30 Wer traurig ist, lasse sich nicht von seiner Trauer gefangennehmen, und wer fröhlich ist, nicht von seiner Freude. Kauft ein, als ob ihr das Gekaufte nicht behalten würdet, 31 und geht so mit der Welt um, daß ihr nicht darin aufgeht. Denn die gegenwärtige Welt wird nicht mehr lange bestehen.

32 Ich möchte, daß ihr frei seid von falschen Sorgen. Wenn einer unverheiratet ist, sorgt er sich, so zu leben, wie es dem Herrn gefällt. 33 Aber wenn einer verheiratet ist, sorgt er sich um die Dinge der Welt, nämlich wie er seiner Frau gefällt. 34 So zieht es ihn nach zwei Seiten. Ebenso ist es mit der Frau: Wenn sie unverheiratet ist, ist sie darum besorgt, mit ihrem ganzen Tun und Denken dem Herrn zu gehören. Wenn sie dagegen verheiratet ist, sorgt sie sich um die Dinge der Welt, nämlich wie sie ihrem Mann gefällt.

35 Ich sage das nicht, um euch zu bevormunden, sondern weil ich euch helfen will. Denn ich möchte, daß ihr ein anständiges Leben führt und beharrlich und ungeteilt dem Herrn dient.

Rat für Verlobte und Witwen

[36] Wenn nun einer meint, er begehe ein Unrecht an seiner Verlobten, wenn er sie nicht heiratet, und wenn sein Verlangen nach ihr zu stark ist, dann sollen die beiden ruhig heiraten. Es ist keine Sünde. [37] Wer aber innerlich so fest ist, daß er nicht vom Verlangen bedrängt wird und sich ganz in der Gewalt hat, der soll sich nicht von dem Entschluß abbringen lassen, seine Verlobte nicht zu berühren. [38] Wer seine Verlobte heiratet, handelt gut; aber wer sie nicht heiratet, handelt noch besser.

[39] Eine Frau ist gebunden, solange ihr Mann lebt. Wenn er stirbt, ist sie frei, und sie kann heiraten, wen sie will. Nur darf die neue Bindung ihrer Verbundenheit mit dem Herrn nicht im Weg stehen. [40] Sie wird jedoch glücklicher sein, wenn sie unverheiratet bleibt. Das ist kein Befehl, sondern nur ein Rat; aber ich glaube, daß auch ich den Geist Gottes habe.

ÜBER DEN UMGANG
MIT GÖTZENOPFERFLEISCH –
GRENZEN CHRISTLICHER FREIHEIT (8,1–11,1)

Liebe steht über Erkenntnis

8 Nun zur nächsten Frage! Was ist von dem Fleisch von Tieren zu halten, die als Opfer für die Götzen geschlachtet worden sind? Grundsätzlich ist es schon richtig: »Wir alle haben ›Erkenntnis‹.« Aber Erkenntnis allein macht überheblich. Nur Liebe baut die Gemeinde auf. [2] Wer meint, etwas ›erkannt‹ zu haben, hat noch lange nicht erkannt, worauf es bei der Erkenntnis ankommt. [3] Wer aber Gott liebt, ist von *ihm* erkannt, und *so* hat er die richtige Erkenntnis.

[4] Was also das Essen von Opferfleisch betrifft: Es ist ganz richtig, was ihr sagt: »Es gibt überhaupt keine Götzen«, und: »Es gibt keinen Gott außer dem Einen.« [5] Denn wenn es auch sogenannte Götter gibt im Himmel und auf der Erde – es gibt ja unzählige Götter, unzählige ›Herren‹ –, [6] so gilt doch für uns das Bekenntnis:

Einer ist Gott:

der Vater,
von dem alles kommt
und zu dem wir unterwegs sind.

Und *einer* ist der Herr:

Jesus Christus,
durch den alles geschaffen ist
und durch den wir das neue Leben erhalten.

7Aber nicht alle haben sich diese ›Erkenntnis‹ schon ganz zu eigen gemacht. Manche sind aus Gewohnheit noch in ihren alten Vorstellungen befangen. Wenn sie Opferfleisch essen, tun sie es in der Meinung, daß sie damit tatsächlich den Götzen anerkennen, dem das Opfer dargebracht wurde. Darum belastet es ihr schwaches Gewissen.

8Nun liegt es auf keinen Fall an einem Nahrungsmittel, wie wir vor Gott dastehen. Wenn wir Bedenken haben, davon zu essen, sind wir vor Gott nicht weniger wert; und wenn wir davon essen, sind wir vor ihm nicht mehr wert. 9Gebt aber acht, daß nicht die Freiheit, die euer Verhalten bestimmt, die Schwachen in der Gemeinde zu Fall bringt.

10Angenommen, du hast die ›Erkenntnis‹ und nimmst im Tempel eines Götzen an einem Opfermahl teil. Dort sieht dich jemand, der sich diese Erkenntnis noch nicht zu eigen gemacht hat. Wird das diesen Schwachen nicht ermutigen, gegen die Überzeugung seines Gewissens vom Opferfleisch zu essen? 11Der Schwache geht also durch deine Erkenntnis zugrunde. Dabei ist er doch dein Bruder, für den Christus gestorben ist!

12Ihr versündigt euch an Christus, wenn ihr euch so an euren Brüdern und Schwestern versündigt und ihr schwaches Gewissen mißhandelt. 13Wenn ein Nahrungsmittel dazu führt, daß jemand in der Gemeinde schuldig wird, will ich lieber überhaupt kein Fleisch mehr essen. Denn ich will nicht, daß mein Bruder oder meine Schwester verlorengeht!

Paulus als Vorbild:
Verzicht um der Liebe willen

9 Nehmt euch ein Beispiel an mir! Bin ich nicht frei? Bin ich nicht Apostel? Habe ich nicht Jesus, unseren Herrn, gesehen? Seid nicht ihr die Frucht meines Wirkens für den Herrn? 2Auch wenn andere mich nicht als Apostel anerkennen – für euch bin ich es! Meine Beglaubigung als Apostel seid ihr selbst, weil ihr zum Glauben an den Herrn gekommen seid.

3Hier ist meine Antwort an die Leute, die Kritik an mir üben: 4Hätte ich nicht Anspruch darauf, für meinen Dienst als Apostel Essen und Trinken zu bekommen? 5Hätte ich nicht das Recht, eine Christin als Ehefrau auf meine Reisen mitzunehmen, wie es die anderen Apostel tun und die Brüder des Herrn und auch Petrus? [6] Sind ich und Barnabas die einzigen, die mit ihrer Hände Arbeit für ihren Unterhalt aufkommen müssen? [7] Wer zieht denn schon auf eigene Kosten in den Krieg? Wer pflanzt einen Weinberg, ohne von seinen Trauben zu essen? Wer hütet Schafe, ohne von ihrer Milch zu trinken?

[8] Ich berufe mich nicht nur auf das, was allgemein üblich ist. Das Gesetz Gottes sagt dasselbe. [9] Im Gesetzbuch Moses steht geschrieben: »Einem dreschenden Ochsen darfst du das Maul nicht zubinden.« Geht es Gott vielleicht um die Ochsen, [10] oder meint er nicht vielmehr *uns* bei allem, was er sagt? So ist es: Von uns ist hier die Rede, um unseretwillen steht es geschrieben. Wer pflügt und erntet, muß damit rechnen können, selbst einen Teil vom Ertrag zu bekommen. [11] Ich habe geistliche Gaben, den Samen der Botschaft Gottes, unter euch ausgesät. Ist es zu viel verlangt, wenn ich dafür natürliche Gaben ernte, nämlich was ich zum Leben brauche? [12] Andere nehmen dieses Recht in Anspruch und lassen sich von euch versorgen. Habe ich nicht einen viel größeren Anspruch darauf?

Und doch habe ich von meinem Recht keinen Gebrauch gemacht. Ich nehme alle Mühen und Entbehrungen auf mich, um der Guten Nachricht von Christus kein Hindernis in den Weg zu legen. [13] Ihr wißt, daß die Priester, die im Tempel Dienst tun, ihren Lebensunterhalt von den Einkünften des Tempels bekommen; und wer am Altar den Opferdienst verrichtet, bekommt einen Teil von den Opfergaben. [14] Genauso hat es Jesus, der Herr, für uns angeordnet: Wer die Gute Nachricht verbreitet, soll davon leben können. [15] Aber ich habe von diesem Recht nie irgendwelchen Gebrauch gemacht.

Ich schreibe das auch nicht, damit ich künftig in den Genuß davon komme. Eher sterben als das! Meinen Ruhm soll mir niemand nehmen! [16] Denn wenn ich die Gute Nachricht verkünde, habe ich noch keinen Grund, mich zu rühmen. Ich kann ja gar nicht anders – weh mir, wenn ich sie nicht weitergebe! [17] Nur wenn ich sie aus eigenem Antrieb verkünden würde, könnte ich dafür einen Lohn erwarten. Aber ich tue es nicht freiwillig, sondern weil ich mit einem Amt betraut bin.

[18] Worin besteht also mein Lohn? Mein Lohn ist, daß ich die Gute Nachricht ohne Entgelt verbreite und auf das verzichte, was mir dafür zusteht.

Frei zum Dienst an allen

¹⁹Obwohl ich also frei und von niemand abhängig bin, habe ich mich zum Sklaven aller gemacht, um möglichst viele für Christus zu gewinnen. ²⁰Wenn ich mit Juden zu tun hatte, lebte ich wie ein Jude, um sie für Christus zu gewinnen. Unter ihnen, die von der Befolgung des Gesetzes das Heil erwarten, lebte auch ich nach den Vorschriften des Gesetzes, obwohl ich selbst das Heil nicht mehr vom Gesetz erwarte – und das nur, um sie für Christus zu gewinnen. ²¹Wenn ich dagegen mit Menschen zu tun hatte, die nichts vom Gesetz wissen, lebte auch ich nicht nach dem Gesetz, obwohl ich doch vor Gott nicht gesetzlos lebe; ich stehe ja unter dem Gesetz, das Christus gegeben hat – und auch das tat ich, um sie für Christus zu gewinnen. ²²Und wenn ich mit Menschen zu tun hatte, deren Glaube noch schwach war, wurde ich wie sie und machte von meiner Freiheit keinen Gebrauch – nur um sie für Christus zu gewinnen. Ich stellte mich allen gleich, um überall wenigstens einige zu retten. ²³Das alles tue ich für die Gute Nachricht, damit ich selbst Anteil bekomme an dem, was sie verspricht.

Verzicht für ein großes Ziel

²⁴Ihr wißt doch, daß an einem Wettlauf viele teilnehmen; aber nur einer bekommt den Preis, den Siegeskranz. Darum lauft so, daß ihr den Kranz gewinnt! ²⁵Alle, die an einem Wettkampf teilnehmen wollen, nehmen harte Einschränkungen auf sich. Sie tun es für einen Siegeskranz, der vergeht. Aber auf uns wartet ein Siegeskranz, der unvergänglich ist. ²⁶Darum laufe ich wie einer, der das Ziel erreichen will. Darum kämpfe ich wie ein Faustkämpfer, der nicht danebenschlägt. ²⁷Ich treffe mit meinen Schlägen den eigenen Körper, so daß ich ihn ganz in die Gewalt bekomme. Ich will nicht anderen predigen und selbst versagen.

Warnung vor Selbstsicherheit:
Taufe und Mahl des Herrn sind keine Garantie

10 Ich will, daß ihr euch klarmacht, Brüder und Schwestern, ²wie es unseren Vorfahren nach dem Auszug aus Ägypten ergangen ist. Sie waren alle unter der Wolke und gingen alle durch das Meer. Sie alle wurden durch die Wolke und das Wasser des Meeres auf Mose getauft. ³Alle aßen auch dieselbe geistliche Speise ⁴und tranken denselben geistlichen Trank. Sie tranken ja aus dem geistlichen Felsen, der mit ihnen ging, und dieser Felsen war Christus. ⁵Trotzdem verwarf Gott die meisten von ihnen und ließ sie in der Wüste sterben.

⁶Alle diese Ereignisse sind uns als warnendes Beispiel gegeben. Wir sollen unser Verlangen nicht auf das Böse richten, so wie sie es taten, als sie ihren Gelüsten folgten. ⁷Betet auch keine Götzen an, wie es ein Teil von ihnen getan hat – es heißt ja in den Heiligen Schriften: »Sie setzten sich zum Essen und Trinken nieder, und danach tanzten sie vor dem goldenen Stier.« ⁸Wir wollen auch nicht Unzucht treiben wie ein Teil von ihnen; damals starben an einem Tag dreiundzwanzigtausend. ⁹Wir wollen Christus nicht herausfordern wie ein Teil von ihnen; sie kamen durch Schlangen um. ¹⁰Murrt auch nicht wie ein Teil von ihnen, die Mose und Aaron Vorwürfe machten; der Todesengel vernichtete sie.

¹¹Dies alles geschah mit ihnen in vorausdeutender Weise. Es ist zu unserer Warnung aufgeschrieben worden; denn wir leben in der letzten Zeit. ¹²Du meinst sicher zu stehen? Gib acht, daß du nicht fällst! ¹³Die Proben, auf die euer Glaube bisher gestellt worden ist, sind über das gewöhnliche Maß noch nicht hinausgegangen. Aber Gott ist treu und wird nicht zulassen, daß die Prüfung über eure Kraft geht. Wenn er euch auf die Probe stellt, sorgt er auch dafür, daß ihr sie bestehen könnt.

Teilnahme am Götzenopfer und am Mahl des Herrn sind unvereinbar

¹⁴Meine Lieben, haltet euch also von Götzendienst fern! ¹⁵Ihr seid doch verständige Leute; beurteilt selbst, was ich sage. ¹⁶Denkt an den Becher, über dem wir beim Mahl des Herrn das Dankgebet sprechen: Gibt er uns nicht teil an dem Blut, das Christus für uns vergossen hat? Denkt an das Brot, das wir austeilen: Gibt es uns nicht teil an seinem Leib? ¹⁷Es ist nur ein einziges Brot. Darum bilden wir alle, auch wenn wir viele sind, einen einzigen Leib; denn wir essen alle von dem einen Brot.

¹⁸Seht doch, wie es bis heute beim Volk Israel ist! Alle, die vom Fleisch der Opfertiere essen, kommen in engste Verbindung mit Gott, dem das Opfer dargebracht wurde. ¹⁹Will ich damit sagen, daß das Opferfleisch etwas bedeutet? Oder daß der Götze, dem das Opfer dargebracht wurde, etwas bedeutet? ²⁰Nein! Aber was die Götzenverehrer opfern, das opfern sie nicht Gott, sondern den Dämonen. Ich möchte aber nicht, daß ihr euch mit Dämonen verbindet.

²¹Ihr könnt nicht aus dem Becher des Herrn trinken und zugleich aus dem Becher der Dämonen. Ihr könnt nicht am

Tisch des Herrn essen und am Tisch der Dämonen. ²²Oder wollen wir den Herrn herausfordern? Sind wir etwa stärker als er?

Abschließende Stellungnahme:
Liebe geht vor Freiheit

²³Ihr sagt: »Alles ist erlaubt!« Mag sein, aber nicht alles ist deshalb auch schon gut. Alles ist erlaubt, aber nicht alles fördert die Gemeinde. ²⁴Ihr sollt nicht an euch selbst denken, sondern an die anderen.

²⁵Ihr könnt jedes Fleisch essen, das auf dem Markt verkauft wird. Es ist nicht nötig, daß ihr eine Gewissenssache daraus macht und nachforscht, woher das Fleisch kommt. ²⁶Denn es heißt: »Dem Herrn gehört die ganze Erde mit allem, was darauf lebt.« ²⁷Auch wenn Ungläubige euch zum Essen einladen und ihr die Einladung annehmen wollt, könnt ihr essen, was euch angeboten wird. Es ist nicht nötig, daß ihr aus Gewissensgründen nachforscht, woher das Fleisch kommt. ²⁸Nur wenn euch dort jemand sagt: »Das Fleisch ist von einem Opfer«, dann eßt nicht davon. Unterlaßt es mit Rücksicht auf die Person, die euch darauf hingewiesen hat, und mit Rücksicht auf das Gewissen. ²⁹Ich meine nicht euer Gewissen, sondern das ihre.

Ein fremdes Gewissen darf sich allerdings nicht zum Richter über meine Freiheit machen. ³⁰Ich genieße das Opferfleisch mit Dank gegen Gott. Niemand hat das Recht, mich zu tadeln, wenn ich etwas esse, wofür ich Gott danke.

³¹Ich sage also: Ob ihr eßt oder trinkt oder sonst etwas tut, so tut alles zur Ehre Gottes. ³²Lebt so, daß ihr für niemand ein Glaubenshindernis seid, weder für Juden noch für Nichtjuden, noch für die Gemeinde Gottes. ³³Macht es so wie ich: Ich nehme in allem Rücksicht auf alle. Ich suche nicht meinen eigenen Vorteil, sondern den Vorteil aller anderen, damit sie gerettet werden.

11 Folgt meinem Beispiel, so wie ich dem Beispiel folge, das Christus uns gegeben hat!

MISSSTÄNDE IM GOTTESDIENST (11,2-34)

Vom Verhalten der Frauen beim Gottesdienst

²Ich muß euch dafür loben, daß ihr immer an mich denkt und die Anweisungen befolgt, die ich euch weitergegeben habe. ³Ich muß euch aber auch noch dies sagen:

Jeder Mann ist unmittelbar Christus unterstellt, die Frau

aber dem Mann; und Christus ist Gott unterstellt. [4]Ein Mann, der im öffentlichen Gottesdienst betet oder Weisungen Gottes verkündet, entehrt sich selbst, wenn er dabei seinen Kopf bedeckt. [5]Eine Frau, die im öffentlichen Gottesdienst betet oder Weisungen Gottes verkündet, entehrt sich selbst, wenn sie dabei ihren Kopf *nicht* bedeckt. Es ist genauso, als ob sie kahlgeschoren wäre. [6]Wenn sie keine Kopfbedeckung trägt, kann sie sich gleich die Haare abschneiden lassen. Es ist doch eine Schande für eine Frau, sich die Haare abschneiden oder den Kopf kahlscheren zu lassen. Dann soll sie auch ihren Kopf verhüllen.

[7]Der Mann dagegen soll seinen Kopf nicht bedecken; denn der Mann ist das Abbild Gottes und spiegelt die Herrlichkeit Gottes wider. In der Frau spiegelt sich die Herrlichkeit des Mannes. [8]Der Mann wurde nicht aus der Frau geschaffen, sondern die Frau aus dem Mann. [9]Der Mann wurde auch nicht für die Frau geschaffen, wohl aber die Frau für den Mann. [10]Deshalb muß die Frau ein Zeichen der Unterordnung und zugleich der Bevollmächtigung auf dem Kopf tragen. Damit genügt sie der Ordnung, über die die Engel wachen.

[11]Vor dem Herrn gibt es jedoch die Frau nicht ohne den Mann und den Mann nicht ohne die Frau. [12]Zwar wurde die Frau aus dem Mann geschaffen; aber der Mann wird von der Frau geboren. Und beide kommen von Gott, der alles geschaffen hat.

[13]Urteilt selbst: Gehört es sich für eine Frau, in einem öffentlichen Gottesdienst zu beten, ohne daß sie eine Kopfbedeckung trägt? [14]Schon die Natur lehrt euch, daß langes Haar für den Mann eine Schande ist, [15]aber eine Ehre für die Frau. Die Frau hat langes Haar erhalten, um sich zu verhüllen.

[16]Falls aber jemand mit mir darüber streiten möchte, kann ich nur eines sagen: Weder ich noch die Gemeinden Gottes kennen eine andere Sitte im Gottesdienst.

Wie das Mahl des Herrn gefeiert werden soll

[17]Wenn ich schon einmal Anweisungen gebe: Ich kann es nicht loben, daß eure Gemeindeversammlungen den Aufbau der Gemeinde nicht fördern, sondern beeinträchtigen. [18]Erstens wurde mir berichtet, daß es unter euch Spaltungen gibt, wenn ihr zusammenkommt. Ich glaube, daß dies mindestens teilweise zutrifft. [19]Es *muß* ja auch zu Spaltungen unter euch kommen, damit offenbar wird, wer sich bei euch im Glauben bewährt.

²⁰Wenn ihr zusammenkommt, feiert ihr in Wirklichkeit gar nicht das Mahl des Herrn. ²¹Denn bevor das gemeinsame Mahl beginnt, fängt jeder schon an zu essen, was er mitgebracht hat; und wenn dann später die anderen hungrig kommen, sind die einen schon betrunken. ²²Könnt ihr denn nicht zu Hause essen und trinken? Oder verachtet ihr die Gemeinde Gottes und wollt die unter euch beschämen, die nichts haben? Was soll ich dazu sagen? Soll ich euch loben? In diesem Punkt lobe ich euch nicht!

²³Ich nämlich habe als Überlieferung, die vom Herrn kommt, empfangen, was ich euch weitergegeben habe:

In der Nacht, in der Jesus, der Herr, ausgeliefert wurde, nahm er Brot, ²⁴sprach darüber das Dankgebet, brach es in Stücke und sagte: »Das ist mein Leib, der für euch geopfert wird. Tut das immer wieder, damit unter euch gegenwärtig ist, was ich für euch getan habe!«

²⁵Ebenso nahm er nach dem Essen den Becher und sagte: »Dieser Becher ist Gottes neuer Bund, der durch mein Blut in Kraft gesetzt wird. Tut das, sooft ihr von ihm trinkt, damit unter euch gegenwärtig ist, was ich für euch getan habe!«

²⁶Jedesmal also, wenn ihr dieses Brot eßt und von diesem Becher trinkt, verkündet ihr damit die Rettung, die durch den Tod des Herrn geschehen ist, bis er wiederkommt. ²⁷Wer daher auf unwürdige Weise das Brot des Herrn ißt und von seinem Becher trinkt, macht sich am Leib und am Blut des Herrn schuldig. ²⁸Darum sollt ihr euch prüfen, bevor ihr das Brot eßt und von dem Becher trinkt. ²⁹Denn wenn ihr eßt und trinkt ohne Rücksicht darauf, daß ihr es mit dem Leib des Herrn zu tun habt, zieht ihr euch durch euer Essen und Trinken Gottes Strafgericht zu. ³⁰Das ist ja auch der Grund, weshalb viele von euch schwach und krank sind, und nicht wenige sind sogar gestorben. ³¹Wenn wir uns selbst prüfen würden, würden wir nicht auf diese Weise bestraft. ³²Wenn aber der Herr uns bestraft, dann tut er es zu unserer Warnung, damit wir nicht im letzten Gericht zusammen mit den anderen verurteilt werden.

³³Meine Brüder und Schwestern, wenn ihr also zusammenkommt, um das Mahl des Herrn zu feiern, dann wartet aufeinander. ³⁴Wer zu großen Hunger hat, soll vorher zu Hause essen. Sonst bringen eure Versammlungen euch nur Bestrafung ein. Alles weitere werde ich regeln, wenn ich komme.

ÜBER DIE GABEN DES HEILIGEN GEISTES
(Kapitel 12–14)

Von den Fähigkeiten, die Gottes Geist schenkt

12 Brüder und Schwestern! Ich komme nun zu den Fähigkeiten, die der Geist Gottes schenkt, und sage euch, was ihr darüber wissen müßt.

²Ihr erinnert euch: Als ihr noch Ungläubige wart, seid ihr vor den stummen Götzen in Ekstase geraten. ³Darum muß ich euch vor allem eines sagen: Wenn Gottes Geist von einem Menschen Besitz ergriffen hat, kann dieser nicht sagen: »Jesus sei verflucht!« Umgekehrt kann niemand sagen: »Jesus ist der Herr!«, wenn nicht der Heilige Geist in ihm wirkt.

⁴Es gibt verschiedene Gaben, doch ein und derselbe Geist teilt sie zu. ⁵Es gibt verschiedene Dienste, doch ein und derselbe Herr macht dazu fähig. ⁶Es gibt verschiedene Wunderkräfte, doch ein und derselbe Gott schenkt sie – er, der alles in allen wirkt. ⁷Doch an jedem und jeder in der Gemeinde zeigt der Heilige Geist seine Wirkung in der Weise und mit dem Ziel, daß alle etwas davon haben.

⁸Die einen befähigt der Geist dazu, Gottes weisheitsvolle Pläne zu enthüllen; andere läßt er erkennen, was in einer schwierigen Lage getan werden soll. ⁹Derselbe Geist gibt den einen besondere Glaubenskraft und den anderen die Kraft zu heilen. ¹⁰Der Geist ermächtigt die einen, Wunder zu tun; andere macht er fähig, Weisungen Gottes zu verkünden. Wieder andere können unterscheiden, was aus dem Geist Gottes kommt und was nicht. Die einen befähigt der Geist, in unbekannten Sprachen zu reden; anderen gibt er die Fähigkeit, das Gesagte zu deuten. ¹¹Aber das alles bewirkt ein und derselbe Geist. So wie er es will, teilt er jedem und jeder in der Gemeinde die eigene Fähigkeit zu.

Das Bild vom Körper und seinen Teilen:
Niemand hat seine Fähigkeiten für sich allein

¹²Der Körper des Menschen ist einer und besteht doch aus vielen Teilen. Aber all die vielen Teile gehören zusammen und bilden einen unteilbaren Organismus. So ist es auch mit Christus: mit der Gemeinde, die sein Leib ist. ¹³Denn wir alle, Juden wie Griechen, Menschen im Sklavenstand wie Freie, sind in der Taufe durch denselben Geist in den einen Leib, in Christus, eingegliedert und auch alle mit demselben Geist erfüllt worden.

14 Ein Körper besteht nicht aus einem einzigen Teil, sondern aus vielen Teilen. 15 Wenn der Fuß erklärt: »Ich gehöre nicht zum Leib, weil ich nicht die Hand bin« – hört er damit auf, ein Teil des Körpers zu sein? 16 Oder wenn das Ohr erklärt: »Ich gehöre nicht zum Leib, weil ich nicht das Auge bin« – hört es damit auf, ein Teil des Körpers zu sein? 17 Wie könnte ein Mensch hören, wenn er nur aus Augen bestünde? Wie könnte er riechen, wenn er nur aus Ohren bestünde? 18 Nun aber hat Gott im Körper viele Teile geschaffen und hat jedem Teil seinen Platz zugewiesen, so wie er es gewollt hat. 19 Wenn alles nur ein einzelner Teil wäre, wo bliebe da der Leib? 20 Aber nun gibt es viele Teile, und alle gehören zu dem einen Leib.

21 Das Auge kann nicht zur Hand sagen: »Ich brauche dich nicht!« Und der Kopf kann nicht zu den Füßen sagen: »Ich brauche euch nicht!« 22 Gerade die Teile des Körpers, die schwächer scheinen, sind besonders wichtig. 23 Die Teile, die als unansehnlich gelten, kleiden wir mit besonderer Sorgfalt und die unanständigen mit besonderem Anstand. 24 Die edleren Teile haben das nicht nötig. Gott hat unseren Körper zu einem Ganzen zusammengefügt und hat dafür gesorgt, daß die geringeren Teile besonders geehrt werden. 25 Denn er wollte, daß es keine Uneinigkeit im Körper gibt, sondern jeder Teil sich um den anderen kümmert. 26 Wenn irgendein Teil des Körpers leidet, leiden alle anderen mit. Und wenn irgendein Teil geehrt wird, freuen sich alle anderen mit.

27 Ihr alle seid zusammen der Leib von Christus, und als einzelne seid ihr Teile an diesem Leib. 28 So hat Gott in der Gemeinde allen ihre Aufgabe zugewiesen. Da gibt es erstens die Apostel, zweitens die, die prophetische Weisungen erteilen, drittens die, die zum Lehren befähigt sind. Dann kommen die, die Wunder tun oder heilen können, die Dienste oder Leitungsaufgaben übernehmen oder in unbekannten Sprachen reden. 29 Nicht alle sind Apostel, nicht alle erteilen prophetische Weisungen, nicht alle sind zum Lehren befähigt. Nicht alle können Wunder tun, 30 nicht alle Kranke heilen, nicht alle in unbekannten Sprachen reden, nicht alle diese Sprachen deuten. 31a Bemüht euch aber um die höheren Geistesgaben!

Nichts geht über die Liebe
(Das »Hohelied der Liebe«)

31b Ich zeige euch jetzt etwas, das noch weit wichtiger ist als alle diese Fähigkeiten.

13

Wenn ich die Sprachen aller Menschen spreche und
sogar die Sprache der Engel,
aber ich habe keine Liebe –
dann bin ich doch nur ein dröhnender Gong
oder eine lärmende Trommel.
²Wenn ich prophetische Eingebungen habe
und alle himmlischen Geheimnisse weiß
und alle Erkenntnis besitze,
wenn ich einen so starken Glauben habe,
daß ich Berge versetzen kann,
aber ich habe keine Liebe –
dann bin ich nichts.
³Und wenn ich all meinen Besitz verteile
und den Tod in den Flammen auf mich nehme,
aber ich habe keine Liebe –
dann nützt es mir nichts.

⁴Die Liebe ist geduldig und gütig.
Die Liebe eifert nicht für den eigenen Standpunkt,
sie prahlt nicht und spielt sich nicht auf.
⁵Die Liebe nimmt sich keine Freiheiten heraus,
sie sucht nicht den eigenen Vorteil.
Sie läßt sich nicht zum Zorn reizen
und trägt das Böse nicht nach.
⁶Sie ist nicht schadenfroh,
wenn anderen Unrecht geschieht,
sondern freut sich mit,
wenn jemand das Rechte tut.
⁷Die Liebe gibt nie jemand auf,
in jeder Lage vertraut und hofft sie für andere;
alles erträgt sie mit großer Geduld.

⁸Niemals wird die Liebe vergehen.
Prophetische Eingebungen hören einmal auf,
das Reden in Sprachen des Geistes verstummt,
auch die Erkenntnis wird ein Ende nehmen.
⁹Denn unser Erkennen ist Stückwerk,
und unser prophetisches Reden ist Stückwerk.
¹⁰Wenn sich die ganze Wahrheit enthüllen wird,
ist es mit dem Stückwerk vorbei.

¹¹Einst, als ich noch ein Kind war,
da redete ich wie ein Kind,
ich fühlte und dachte wie ein Kind.
Als ich dann aber erwachsen war,

habe ich die kindlichen Vorstellungen abgelegt.
12 Jetzt sehen wir nur ein unklares Bild
wie in einem trüben Spiegel;
dann aber schauen wir Gott von Angesicht.
Jetzt kennen wir Gott nur unvollkommen;
dann aber werden wir Gott völlig kennen,
so wie *er* uns jetzt schon kennt.

13 Auch wenn alles einmal aufhört –
Glaube, Hoffnung und Liebe nicht.
Diese drei werden immer bleiben;
doch am höchsten steht die Liebe.

Zur Beurteilung des »Redens in unbekannten Sprachen« (Zungenreden)

14 Bemüht euch also darum, daß euch die Liebe geschenkt wird! Von den Gaben des Geistes wünscht euch besonders die Fähigkeit, prophetische Weisungen zu verkünden. 2 Wenn du in unbekannten Sprachen redest, sprichst du nicht zu Menschen, sondern zu Gott. Niemand versteht dich. Durch die Wirkung des Geistes redest du geheimnisvolle Worte. 3 Wenn du aber prophetische Weisungen empfängst, kannst du sie an andere weitergeben. Du kannst damit die Gemeinde aufbauen, ermutigen und trösten. 4 Wenn jemand in unbekannten Sprachen spricht, hat niemand sonst etwas davon. Wer prophetische Weisungen gibt, dient der ganzen Gemeinde. 5 Ich wünschte, daß ihr alle in Sprachen des Geistes reden könntet; aber noch lieber wäre es mir, ihr alle könntet prophetische Weisungen verkünden. Das hat mehr Gewicht, als in unbekannten Sprachen zu reden, außer es gibt jemand gleich die Deutung dazu, damit die Gemeinde etwas davon hat.

6 Was nützt es euch, Brüder und Schwestern, wenn ich zu euch komme und in unbekannten Sprachen rede? Ihr habt nur etwas davon, wenn ich euch göttliche Wahrheiten enthülle oder Erkenntnisse bringe oder Weisungen von Gott oder Lehren weitergebe. 7 Denkt an die Musikinstrumente, an die Flöte oder die Harfe. Wenn sich die einzelnen Töne nicht deutlich unterscheiden, ist keine Melodie zu erkennen. 8 Und wenn die Trompete kein klares Signal gibt, wird keiner zu den Waffen greifen. 9 Bei euch ist es genauso: Wenn ihr mit eurer Stimme undeutliche Laute von euch gebt, kann niemand verstehen, was ihr sagt. Ihr sprecht dann in den Wind.

¹⁰Oder denkt an die vielen Sprachen in der Welt! Jedes Volk hat seine eigene. ¹¹Wenn ich nun die Sprache eines anderen Menschen nicht kenne, kann er sich nicht mit mir verständigen, und mir geht es genauso mit ihm.

¹²Das gilt auch für euch. Wenn ihr schon so großen Wert auf die Gaben des Geistes legt, dann bemüht euch um die, die dem Aufbau der Gemeinde dienen. An solchen Gaben sollt ihr reich werden. ¹³Wer also in unbekannten Sprachen spricht, soll um die Gabe bitten, das Gesprochene auch deuten zu können. ¹⁴Wenn ich in solchen Sprachen rede, betet der Geist, der von mir Besitz ergriffen hat, aber mein Verstand ist untätig, und niemand hat etwas davon. ¹⁵Was folgt daraus? Ich will beides tun: mit dem Geist beten und mit dem Verstand beten. Ich will mit dem Geist singen und auch mit dem Verstand. ¹⁶Wenn du Gott nur in der Sprache des Geistes rühmst, wie können dann andere, die diese Sprache nicht verstehen, auf dein Gebet mit »Amen« antworten? Sie wissen ja gar nicht, was du gesagt hast. ¹⁷Die anderen werden nicht in ihrem Glauben gefördert, auch wenn du ein noch so schönes Gebet sprichst. ¹⁸Ich danke Gott, daß ich mehr als ihr alle in Sprachen des Geistes rede. ¹⁹Aber in der Gemeindeversammlung spreche ich lieber fünf verständliche Sätze, um die anderen im Glauben zu unterweisen, als zehntausend Wörter, die niemand versteht.

²⁰Brüder und Schwestern, seid nicht Kinder dem Verstand nach! In der Schlechtigkeit sollt ihr wie kleine Kinder sein, aber im Denken müßt ihr erwachsen sein. ²¹Im Buch des Gesetzes heißt es: »Ich werde zu diesem Volk in unbekannten Sprachen reden und in fremden Worten, sagt der Herr. Aber auch dann werden sie nicht auf mich hören.« ²²Das Reden in Sprachen des Geistes ist also gar nicht für die Glaubenden bestimmt, sondern für die Ungläubigen – es ist ein Zeichen des Gerichts über ihren Unglauben. Bei den prophetischen Botschaften ist es umgekehrt: Sie sind nicht für die Ungläubigen bestimmt, sondern für die Glaubenden oder die, die zum Glauben kommen sollen.

²³Stellt euch vor, die ganze Gemeinde versammelt sich, und alle fangen an, in unbekannten Sprachen zu reden. Wenn nun Neulinge oder Ungläubige hereinkommen, werden sie euch bestimmt für verrückt erklären. ²⁴Nehmt dagegen an, ihr alle verkündet prophetische Weisungen. Wenn dann ein Neuling, der noch nicht glaubt, hereinkommt, wird ihn alles, was er hört, von seiner Schuld überzeugen. Er wird sich von allen zur Rechenschaft gezogen sehen. ²⁵Seine geheimen Gedanken kommen ans Licht. Er wird sich niederwerfen, wird

Gott anbeten und bekennen: »Wahrhaftig, Gott ist mitten unter euch!«

Die Ordnung bei der Gemeindeversammlung

26 Was folgt daraus für euch, Brüder und Schwestern? Wenn ihr zum Gottesdienst zusammenkommt, kann jeder und jede etwas dazu beitragen: ein Lied vorsingen oder eine Lehre vortragen oder eine Offenbarung weitergeben oder in unbekannten Sprachen reden oder die Deutung dazu geben. Aber alles muß dem Aufbau der Gemeinde dienen.

27 In unbekannten Sprachen sollen zwei oder höchstens drei sprechen, aber der Reihe nach, und jemand soll die Deutung geben. 28 Wenn niemand da ist, der es deuten kann, sollen die Betreffenden schweigen. Sie sollen dann für sich zu Hause reden, wo nur sie selbst und Gott es hören.

29 Auch von denen, die prophetische Weisungen verkünden können, sollen nur zwei oder drei sprechen. Die andern, die diese Fähigkeit haben, sollen das Gesagte beurteilen. 30 Vielleicht erhält von diesen andern, die dabeisitzen, jemand eine Botschaft, während gerade einer spricht; dann soll der erste aufhören. 31 Ihr könnt doch alle der Reihe nach sprechen. Dann werden alle etwas lernen, und alle werden ermutigt werden. 32 Die prophetisch Begabten werden von ihren Eingebungen nicht überwältigt, sondern haben es selbst in der Hand, wann und wie sie sie weitergeben. 33 Gott liebt doch nicht die Unordnung, sondern er schafft Frieden!

Wie es bei allen christlichen Gemeinden üblich ist, 34 sollen die Frauen in euren Versammlungen schweigen. Sie dürfen nicht lehren, sondern sollen sich unterordnen, wie es auch das Gesetz vorschreibt. 35 Wenn sie etwas wissen wollen, sollen sie zu Hause ihren Ehemann fragen. Denn es schickt sich nicht für eine Frau, daß sie in der Gemeindeversammlung spricht. 36 Ist denn die Botschaft Gottes von euch in die Welt ausgegangen? Oder ist sie nur zu euch gekommen?

37 Wer von euch meint, die Prophetengabe zu besitzen oder vom Geist Gottes erfüllt zu sein, muß auch einsehen, daß meine Anweisungen vom Herrn kommen. 38 Wer das nicht anerkennt, wird auch von Gott nicht anerkannt. 39 Meine Brüder und Schwestern, bemüht euch also um die Gabe der prophetischen Rede, hindert aber auch niemand daran, in unbekannten Sprachen zu reden. 40 Nur soll alles anständig und geordnet zugehen.

ÜBER DIE AUFERSTEHUNG DER TOTEN
(Kapitel 15)

Christus wurde vom Tod auferweckt ...

15 Brüder und Schwestern, ich erinnere euch an die Gute Nachricht, die ich euch verkündet habe. Ihr habt sie angenommen; sie ist der Grund, auf dem ihr im Glauben steht. ²Durch sie werdet ihr gerettet, wenn ihr sie unverfälscht festhaltet – und zwar dem Wortlaut entsprechend, in dem ich sie euch übermittelt habe. Anderenfalls wärt ihr vergeblich zum Glauben gekommen! ³Ich habe an euch weitergegeben, was ich selbst als Überlieferung empfangen habe, nämlich als erstes und Grundlegendes:

Christus ist für unsere Sünden gestorben, wie es in den Heiligen Schriften vorausgesagt war, ⁴und wurde begraben.
Er ist am dritten Tag vom Tod auferweckt worden, wie es in den Heiligen Schriften vorausgesagt war, ⁵und hat sich Petrus gezeigt, danach dem ganzen Kreis der Zwölf.
⁶Später sahen ihn über fünfhundert Brüder auf einmal; einige sind inzwischen gestorben, aber die meisten leben noch.
⁷Dann erschien er Jakobus und schließlich allen Aposteln.

⁸Ganz zuletzt ist er auch mir erschienen, der »Fehlgeburt«. ⁹Ich bin der geringste unter den Aposteln, ich verdiene es überhaupt nicht, Apostel zu sein; denn ich habe die Gemeinde Gottes verfolgt. ¹⁰Aber durch Gottes Gnade bin ich es dennoch geworden, und sein gnädiges Eingreifen ist nicht vergeblich gewesen. Ich habe viel mehr für die Gute Nachricht gearbeitet als alle anderen Apostel. Doch nicht mir habe ich das zuzuschreiben – die Gnade Gottes hat durch mich gewirkt.

¹¹Mit den anderen Aposteln bin ich in dieser Sache völlig einig. Wir alle verkünden die Gute Nachricht genau so, wie ich es gerade angeführt habe, und genau so habt ihr sie auch angenommen.

... deshalb werden auch wir auferweckt werden

¹²Das also ist unsere Botschaft: Gott hat Christus vom Tod auferweckt. Wie können dann einige von euch behaupten, daß die Toten nicht auferstehen werden? ¹³Wenn es keine Auferstehung der Toten gibt, dann ist auch Christus nicht auferweckt worden. ¹⁴Und wenn Christus nicht auferweckt

worden ist, dann hat weder unsere Verkündigung einen Sinn noch euer Glaube. [15]Wir wären dann als falsche Zeugen für Gott entlarvt; denn wir hätten gegen die Wahrheit bezeugt, daß er Christus vom Tod auferweckt hat – den er doch gar nicht auferweckt hat, wenn wirklich die Toten nicht auferweckt werden.

[16]Wenn die Toten nicht auferweckt werden, ist auch Christus nicht auferweckt worden. [17]Ist aber Christus nicht auferweckt worden, so ist euer ganzer Glaube vergeblich. Eure Schuld ist dann nicht von euch genommen, [18]und wer im Vertrauen auf Christus gestorben ist, ist dann verloren. [19]Wenn wir nur für das jetzige Leben auf Christus hoffen, sind wir bedauernswerter als irgend jemand sonst auf der Welt.

[20]Nun aber *ist* Christus vom Tod auferweckt worden, und als der erste Auferweckte gibt er uns die Gewähr, daß auch die übrigen Toten auferweckt werden. [21]Durch einen Menschen kam der Tod. So kommt auch durch einen Menschen die Auferstehung vom Tod. [22]Alle Menschen gehören zu Adam, darum müssen sie sterben; aber durch die Verbindung mit Christus wird ihnen das neue Leben geschenkt werden.

Die Vollendung steht noch aus

[23]Doch das alles geschieht zu seiner Zeit und in seiner vorbestimmten Ordnung: Als erster wurde Christus vom Tod auferweckt. Wenn er wiederkommt, werden die auferweckt, die zu ihm gehören. [24]Dann ist das Ende da: Christus übergibt die Herrschaft Gott, dem Vater, nachdem er alles vernichtet hat, was sich gegen Gott erhebt und was Macht und Herrschaft beansprucht.

[25]Denn Christus muß so lange herrschen, bis er alle Feinde unter seinen Füßen hat. [26]Als letzten Feind vernichtet er den Tod. [27]Denn es heißt in den Heiligen Schriften: »Alles hat Gott ihm unterworfen.« Wenn hier gesagt wird, daß *alles* ihm unterworfen ist, dann ist natürlich der nicht eingeschlossen, der ihm alles unterworfen hat. [28]Wenn aber alles Christus unterworfen ist, dann unterwirft auch er selbst, der Sohn, sich dem Vater, der ihm alles unterworfen hat. Dann ist Gott allein der Herr – über alles und in allem.

Aufruf zur Besinnung

[29]Überlegt einmal: Was machen denn die unter euch, die sich für ungetauft Verstorbene taufen lassen? Wenn die Toten gar nicht auferweckt werden, welchen Sinn hat es dann, daß sie sich für sie taufen lassen? [30]Und warum begebe ich mich

stündlich in Lebensgefahr? ³¹Brüder und Schwestern, täglich
sehe ich dem Tod ins Auge. Das ist die Wahrheit, so gewiß ihr
durch Jesus Christus mein Ruhm seid vor Gott! ³²In Ephesus
habe ich mit wilden Tieren gekämpft. Wenn ich keine Hoffnung hätte, hätte ich mir das ersparen können! Wenn die
Toten nicht auferweckt werden, dann halten wir uns doch
lieber an das Sprichwort: »Laßt uns essen und trinken, denn
morgen sind wir tot!«

³³Macht euch nichts vor! »Schlechter Umgang verdirbt
gute Sitten.« ³⁴Werdet wieder nüchtern und lebt, wie es Gott
gefällt. Ich muß zu eurer Schande sagen: Einige von euch
kennen Gott nicht.

Wie sollen wir uns die Auferstehung vorstellen?

³⁵Aber vielleicht fragt jemand: »Wie soll denn das zugehen,
wenn die Toten auferweckt werden? Was für einen Körper
werden sie dann haben?« ³⁶Wie kannst du nur so fragen!
Wenn du einen Samen ausgesät hast, muß er zuerst sterben,
damit die Pflanze leben kann. ³⁷Du säst nicht die ausgewach-
sene Pflanze, sondern nur den Samen, ein Weizenkorn oder
irgendein anderes Korn. ³⁸Gott aber gibt jedem Samen,
wenn er keimt, den Pflanzenkörper, den er für ihn bestimmt
hat. Jede Samenart erhält ihre besondere Gestalt. ³⁹Auch die
Lebewesen haben ja nicht alle ein und dieselbe Gestalt. Menschen haben eine andere Gestalt als Tiere, Vögel eine andere
als Fische. ⁴⁰Außer den Körpern auf der Erde aber gibt es
auch noch solche am Himmel. Die Himmelskörper haben
eine andere Schönheit als die Körper auf der Erde, ⁴¹und
unter ihnen leuchtet die Sonne anders als der Mond, der
Mond wieder anders als die Sterne. Auch die einzelnen
Sterne unterscheiden sich voneinander durch ihren Glanz.

⁴²So könnt ihr euch auch ein Bild von der Auferstehung
der Toten machen. Was in die Erde gelegt wird, ist vergänglich; aber was zum neuen Leben erweckt wird, ist unvergänglich. ⁴³Was in die Erde gelegt wird, ist armselig; aber was zum
neuen Leben erweckt wird, ist voll Herrlichkeit. Was in die
Erde gelegt wird, ist hinfällig; aber was zum neuen Leben erweckt wird, ist voll Kraft. ⁴⁴Was in die Erde gelegt wird, war
von natürlichem Leben beseelt; aber was zu neuem Leben erwacht, wird ganz vom Geist Gottes beseelt sein.

Wenn es einen natürlichen Körper gibt, muß es auch einen
vom Geist beseelten Körper geben. ⁴⁵Es heißt ja in den Heiligen Schriften: »Der erste Mensch Adam wurde von natürlichem Leben beseelt.« Christus dagegen, der letzte Adam,
wurde zum Geist, der lebendig macht. ⁴⁶Aber zuerst kommt

die Natur, dann der Geist, nicht umgekehrt. [47] Der erste Adam wurde aus Erde gemacht; er ist Erde. Der zweite Adam stammt vom Himmel. [48] Die irdischen Menschen sind wie der irdische Adam, die himmlischen Menschen wie der himmlische Adam. [49] So wie wir jetzt dem Menschen gleichen, der aus Erde gemacht wurde, so werden wir künftig dem gleichen, der vom Himmel gekommen ist.

Die Verwandlung der Lebenden und der letzte Sieg

[50] Brüder und Schwestern, das ist ganz sicher: Menschen aus Fleisch und Blut können nicht in Gottes neue Welt gelangen. Ein vergänglicher Körper kann nicht unsterblich werden.

[51] Ich sage euch jetzt ein Geheimnis: Wir werden nicht alle sterben, wir werden aber alle verwandelt werden. [52] Das geschieht in einem Augenblick, so schnell, wie jemand mit der Wimper zuckt, sobald die Posaune das Ende ankündigt. Die Posaune gibt das Signal, dann werden die Verstorbenen zu unvergänglichem Leben erweckt, und wir, die dann noch am Leben sind, bekommen den neuen Körper. [53] Unser vergänglicher Körper, der dem Tod verfallen ist, muß in einen unvergänglichen Körper verwandelt werden, über den der Tod keine Macht hat. [54] Wenn das geschieht, wenn das Vergängliche mit Unvergänglichkeit überkleidet wird und das Sterbliche mit Unsterblichkeit, dann wird das Prophetenwort wahr:

»Der Tod ist vernichtet!
Der Sieg ist vollkommen!
[55] Tod, wo ist dein Sieg?
Tod, wo ist deine Macht?«

[56] Die Macht des Todes kommt von der Sünde. Die Sünde aber hat ihre Kraft aus dem Gesetz. [57] Dank sei Gott, daß er uns durch Jesus Christus, unseren Herrn, den Sieg schenkt!

[58] Darum, meine lieben Brüder und Schwestern, werdet fest und unerschütterlich in eurem Glauben und tut stets euer Bestes für die Sache des Herrn. Ihr wißt, daß der Herr euren Einsatz belohnen wird.

SAMMLUNG FÜR JERUSALEM UND BRIEFSCHLUSS (Kapitel 16)

Die Sammlung für die Urgemeinde

16 Ich komme jetzt zu der Geldsammlung für die Gemeinde in Jerusalem. Ihr müßt es so halten, wie ich es auch den Gemeinden in Galatien gesagt habe: [2] Jeden Sonntag legt ihr bei euch zu Hause etwas auf die Seite, soviel jeder oder jede entbehren kann. Bewahrt es auf; dann muß nicht erst gesammelt werden, wenn ich komme. ³Nach meiner Ankunft werde ich die Brüder, die ihr aussucht, mit Empfehlungsschreiben nach Jerusalem schicken, damit sie eure Spende übergeben. ⁴Wenn es sich empfiehlt, daß ich selbst mitkomme, werden wir gemeinsam reisen.

Die Pläne des Apostels

⁵Ich komme über Mazedonien zu euch. Dort werde ich nur durchreisen, ⁶bei euch dagegen möchte ich, wenn möglich, eine Zeitlang bleiben, vielleicht sogar den Winter über. Dann könnt ihr mich für die Weiterreise mit allem Nötigen ausstatten. ⁷Ich möchte euch diesmal nicht nur flüchtig auf der Durchreise besuchen. Ich hoffe, daß ich einige Zeit bei euch verbringen kann, wenn der Herr es erlaubt.

⁸Ich habe vor, noch bis Pfingsten in Ephesus zu bleiben. ⁹Hier steht mir die Tür weit offen für ein erfolgreiches Wirken, und ich muß mich mit vielen Gegnern auseinandersetzen.

¹⁰Wenn Timotheus zu euch kommt, dann seht darauf, daß ihr ihn nicht entmutigt. Denn er arbeitet genau wie ich für den Herrn. ¹¹Niemand soll ihn verachten. Verabschiedet ihn in gutem Einvernehmen und gebt ihm, was er braucht, damit er zu mir zurückkommen kann. Ich erwarte ihn zusammen mit den Brüdern, die bei ihm sind.

¹²Dem Bruder Apollos habe ich lange zugeredet, mit den Brüdern zusammen zu euch zu reisen, aber er wollte jetzt einfach nicht. Wenn es ihm besser paßt, wird er kommen.

Abschließende Ermahnungen und Grüße

¹³Seid wachsam! Steht im Glauben fest! Seid mutig und stark! ¹⁴Alles, was ihr tut, soll von der Liebe bestimmt sein.

¹⁵Ihr wißt, Brüder und Schwestern: Die Stephanas-Familie war die erste bei euch in Achaia, die zum Glauben kam, und sie hat sich ganz für den Dienst an der Gemeinde zur Verfügung gestellt. Ich bitte euch: ¹⁶Ordnet euch solchen Menschen unter! Begegnet allen mit Achtung, die in der Gemeinde mitarbeiten und Aufgaben übernehmen. ¹⁷Ich freue mich, daß Stephanas, Fortunatus und Achaikus bei mir sind. Sie haben mich dafür entschädigt, daß ihr nicht alle hier sein könnt. ¹⁸Sie haben mich aufgemuntert, so wie sie es auch mit euch getan haben. Solche Menschen sollt ihr achten.

¹⁹Die Gemeinden der Provinz Asien lassen euch grüßen. Das Ehepaar Aquila und Priska und die Gemeinde, die sich

in ihrem Haus versammelt, grüßen vielmals euch alle, mit denen sie durch den Herrn verbunden sind. [20]Alle Brüder und Schwestern lassen euch grüßen.

Grüßt euch gegenseitig mit dem Friedenskuß!

Eigenhändiges Schlußwort

[21]Zum Schluß mein persönlicher Gruß! Ich, Paulus, schreibe ihn mit eigener Hand. [22]Wer den Herrn verachtet, soll verflucht sein, dem Gericht Gottes übergeben! Maranata – Unser Herr, komm! [23]Die Gnade des Herrn Jesus sei mit euch! [24]Meine Liebe gilt euch allen. Durch Jesus Christus sind wir miteinander verbunden.

DER ZWEITE BRIEF
DES APOSTELS PAULUS
AN DIE GEMEINDE IN KORINTH
(2. Korintherbrief)

DER APOSTEL RECHTFERTIGT SEIN VERHALTEN
(1,1–2,13)

Eingangsgruß

1 Paulus, Apostel von Jesus Christus nach dem Willen Gottes, und der Bruder Timotheus schreiben diesen Brief an die Gemeinde Gottes in Korinth und zugleich an alle Christen in der Provinz Achaia:

[2]Gnade und Frieden sei mit euch von Gott, unserem Vater, und von Jesus Christus, dem Herrn!

Paulus dankt Gott für Trost und Ermutigung

[3]Gepriesen sei der Gott und Vater unseres Herrn Jesus Christus! Er ist ein Vater, dessen Erbarmen unerschöpflich ist, und ein Gott, der uns nie verzweifeln läßt. [4]Auch wenn ich viel durchstehen muß, gibt er mir immer wieder Mut. Darum kann ich auch anderen Mut machen, die ähnliches durchstehen müssen. Ich kann sie trösten und ermutigen, so wie Gott mich selbst getröstet und ermutigt hat.

[5]Ich leide mit Christus und in seinem Dienst in reichem Maß. Aber ebenso reich sind der Trost und die Ermutigung, die mir durch ihn geschenkt werden. [6]Wenn ich leide, so ge-

schieht es, damit ihr Mut bekommt und zur Rettung gelangt.
Und wenn ich getröstet werde, so geschieht es, damit ihr den
Mut bekommt, die gleichen Leiden wie ich geduldig zu ertragen. [7] Ich bin voller Zuversicht, wenn ich an euch denke;
denn ich weiß: Wie ihr meine Leiden teilt, so habt ihr auch
teil an dem Trost und der Ermutigung, die mir geschenkt
werden.

[8] Ihr sollt wissen, Brüder und Schwestern, daß ich in der
Provinz Asien in einer ausweglosen Lage war. Was ich zu
ertragen hatte, war so schwer, daß es über meine Kraft ging.
Ich hatte keine Hoffnung mehr, mit dem Leben davonzu-
kommen, [9] ja, ich war ganz sicher, daß das Todesurteil über
mich gesprochen war. Aber das geschah, damit ich nicht auf
mich selbst vertraue, sondern mich allein auf Gott verlasse,
der die Toten lebendig macht. [10] Und er hat mich ja auch
vor dem sicheren Tod gerettet – und wird es auch künftig tun.
Ich setze die feste Hoffnung auf ihn: Er wird mich auch
in Zukunft aus Todesgefahr retten. [11] Dazu helfen auch eure
Gebete für mich, und aus vielen Herzen wird dann der Dank
für meine gnädige Bewahrung vielstimmig zu Gott aufsteigen.

Warum Paulus nicht nach Korinth kam

[12] Wenn ich mich mit etwas rühme, dann mit dem, was mir
auch mein Gewissen bezeugt: Mein Verhalten überall in der
Welt und besonders bei euch war stets bestimmt von völliger
Ehrlichkeit und Selbstlosigkeit, wie es dem Willen Gottes entspricht. Ich ließ mich nicht von eigennütziger Klugheit leiten,
sondern vom Wirken der Gnade Gottes. [13] Auch was ich in
meinen Briefen schreibe, meine ich genau so, wie ihr es lesen
und verstehen könnt. Ich hoffe, daß ihr es vollends ganz verstehen werdet. [14] Zum Teil habt ihr mich ja schon verstanden,
nämlich daß ihr auf mich stolz sein dürft, so wie ich auf euch
– an dem Tag, an dem Jesus, unser Herr, kommt.

[15] Im Vertrauen auf all das hatte ich den Plan gefaßt, *zuerst*
zu euch zu kommen, damit ich euch zweimal besuchen und
euch zweimal die Gnade Gottes bringen könnte. [16] Ich wollte
über euch nach Mazedonien reisen und von dort wieder zu
euch zurückkehren, damit ihr mich für die Reise nach Judäa
mit allem Nötigen ausrüstet. [17] War ich leichtfertig, als ich
mir das vorgenommen habe? Oder mache ich meine Pläne
nach Menschenart, so daß mein Ja auch ein Nein sein kann?
[18] Gott ist mein Zeuge: Kein Wort, das ich euch sage, ist Ja
und Nein zugleich!

[19] Denn Jesus Christus, der Sohn Gottes, den Silvanus,

Timotheus und ich bei euch verkündet haben, war nicht Ja und Nein zugleich. In ihm ist das reine Ja Wirklichkeit geworden. ²⁰Mit ihm sagt Gott ja zu allen seinen Zusagen. Von ihm gedrängt und ermächtigt sprechen wir darum auch das Amen zur Ehre Gottes.

²¹Gott hat uns zusammen mit euch auf diesen festen Grund gestellt: auf Christus. Er hat uns gesalbt ²²und uns sein Siegel aufgedrückt. Er hat seinen Geist in unser Herz gegeben als Anzahlung auf das ewige Leben, das er uns schenken will. ²³Ich rufe Gott als Zeugen an; er soll mich zur Rechenschaft ziehen, wenn ich nicht die Wahrheit sage! Nur um euch zu schonen, bin ich nicht wieder nach Korinth gekommen. ²⁴Denn ich betrachte mich nicht als Richter über euren Glauben. Meine Aufgabe ist es doch, zu eurer Freude beizutragen! Im Glauben steht ihr ja fest.

Der »Tränenbrief« und seine Absicht

2 Ich war fest entschlossen: Ich wollte nicht noch einmal zu euch kommen und euch nur wieder traurig machen. ²Denn wenn ich euch traurig mache, bleibt mir ja niemand, der mich wieder froh machen kann. ³Genau das habe ich euch in meinem Brief geschrieben. Ich wollte nicht kommen und erleben, daß die mich traurig machen, die mir eigentlich Freude bereiten sollten. Denn ich bin ganz sicher: Euch allen macht es Freude, wenn ihr mir Freude machen könnt. ⁴Ich war sehr bedrückt und niedergeschlagen und habe euch unter vielen Tränen geschrieben. Aber ich wollte euch nicht betrüben. Ihr solltet vielmehr sehen, wie sehr ich gerade euch liebe.

Paulus bittet darum, dem Bestraften zu verzeihen

⁵Wenn einer von euch jemand Kummer bereitet hat, so hat er ihn nicht mir bereitet, sondern euch allen. Oder doch einem großen Teil von euch, damit ich nicht übertreibe. ⁶Er ist genug gestraft mit dem, was die Mehrheit von euch über ihn verhängt hat. ⁷Jetzt ist es an der Zeit, daß ihr ihm verzeiht und ihn ermutigt, damit er nicht in Verzweiflung getrieben wird. ⁸Ich bitte euch also: Beschließt, ihn wieder in Liebe anzunehmen! ⁹Mit meinem Brief wollte ich eure Treue erproben und sehen, ob ihr meinen Anweisungen in allem Folge leistet. ¹⁰Wem ihr verzeiht, dem verzeihe ich auch. Wenn ich hier überhaupt etwas zu verzeihen hatte, so habe ich es um euretwillen vor Christus getan. ¹¹Der Satan soll uns nicht überlisten. Wir wissen doch genau, was für Absichten er verfolgt!

Paulus wartete sehnlichst auf Nachricht

[12]Ich war bis nach Troas gekommen und verkündete dort die Gute Nachricht von Christus. Der Herr hatte mir die Tür geöffnet für ein erfolgreiches Wirken; [13]aber ich war unruhig, weil mein Mitarbeiter Titus nicht eintraf. Darum nahm ich Abschied und reiste nach Mazedonien.

DER GROSSARTIGE AUFTRAG DES APOSTELS
(2,14–7,16)

Paulus als Apostel im Dienst von Christus

[14]Ich danke Gott, daß er mich immer im Triumphzug von Christus mitführt und seine rettende Botschaft durch mich an allen Orten bekanntmacht, wie einen Wohlgeruch, der sich ausbreitet. [15]Von mir geht der Wohlgeruch der Botschaft von Christus aus, und das zur Ehre Gottes. Er erreicht die, die gerettet werden, und die, die verlorengehen. [16]Für die Verlorengehenden ist es ein tödlicher Duft, an dem sie sterben. Für die, die gerettet werden, ist es ein Duft, der sie zum Leben führt.

Wer ist einer solchen Aufgabe gewachsen? [17]Viele verbreiten die Botschaft Gottes, wie man ein Geschäft betreibt. Ich dagegen verkünde sie völlig uneigennützig. Ich rede als einer, der Christus dient. Was ich sage, kommt von Gott, dem ich mich verantwortlich weiß.

Die Gemeinde als Empfehlungsbrief für Paulus

3 Fange ich schon wieder an, mich selbst anzupreisen? Oder brauche ich vielleicht Empfehlungsschreiben an euch oder von euch, wie gewisse Leute sie nötig haben? [2]Ihr selbst seid mein Empfehlungsbrief! Er ist in mein Herz geschrieben, und alle können ihn sehen und lesen. [3]Für alle ist sichtbar: Ihr seid ein Brief von Christus, ausgefertigt und überbracht durch meinen Dienst als Apostel. Dieser Brief ist nicht mit Tinte geschrieben, sondern mit dem Geist des lebendigen Gottes. Er steht nicht auf Steintafeln, sondern in den Herzen von Menschen.

Paulus als Diener des neuen Bundes

[4]Soviel Selbstvertrauen habe ich vor Gott, weil Christus mich in seinen Dienst gestellt hat. [5]Ich meine nicht, daß ich einem solchen Auftrag aus eigener Kraft gewachsen bin und mir irgend etwas selbst zuschreiben kann. Gott ist es, der mir die

Fähigkeit dazu geschenkt hat. [6] Er hat mich fähig gemacht, ihm zu dienen durch die Bekanntmachung seines neuen Bundes. Dieser Bund unterscheidet sich dadurch von dem früheren Bund, daß Gott jetzt nicht ein geschriebenes Gesetz gibt, sondern seinen Geist. Der Buchstabe des Gesetzes führt zum Tod; der Geist aber führt zum Leben.

Der neue Bund führt zum Leben

[7] Der Dienst, der Mose übertragen wurde, galt dem Gesetz, das mit Buchstaben in steinerne Tafeln eingegraben war. Obwohl dieser Dienst den Menschen den Tod brachte, war der Glanz auf dem Gesicht Moses so stark, daß die Israeliten ihn nicht ertragen konnten. Und das war doch nur ein vergänglicher Glanz! Wenn also schon der Dienst, der den Menschen den Tod brachte, mit soviel Herrlichkeit ausgestattet gewesen ist, [8] wie herrlich muß dann erst der Dienst sein, der sie durch den Geist zum Leben führt! [9] Wenn schon der Dienst, der den Menschen die Verurteilung brachte, Gottes Herrlichkeit ausstrahlte, wieviel mehr wird dann der Dienst die Herrlichkeit Gottes ausstrahlen, der ihnen den Freispruch bringt! [10] Verglichen mit diesem überwältigenden Glanz ist jener andere Glanz gar nichts. [11] Schon das, was vergehen muß, hat Gottes Herrlichkeit ausgestrahlt. Wieviel mehr wird dann die Herrlichkeit Gottes von dem ausstrahlen, was für immer besteht!

Der neue Bund führt zur Freiheit

[12] Weil ich eine so große Hoffnung habe, kann ich frei und offen auftreten. [13] Ich brauche es nicht wie Mose zu machen, der sein Gesicht jedesmal mit einem Tuch bedeckte. Denn die Israeliten sollten nicht sehen, daß der Glanz wieder verschwand. [14] Aber sie wurden ja auch mit Blindheit geschlagen. Wenn sie die Schriften des Alten Bundes lesen, liegt für sie bis heute immer noch dieselbe Decke über deren Worten, und es wird ihnen nicht klar, daß dieser Bund durch Christus an sein Ende gekommen ist. [15] Auch über ihrem Verstand liegt bis heute eine Decke, wenn sie die Schriften Moses lesen. [16] Aber was für Mose galt, gilt auch für sie alle: »Wenn er sich dem Herrn zuwendet, wird die Verhüllung weggenommen.«

[17] Der Herr aber, von dem dieses Wort spricht, nämlich Jesus Christus, wirkt durch seinen Geist. Und wo der Geist des Herrn ist, da ist Freiheit. [18] Wir alle sehen mit unverhülltem Gesicht die Herrlichkeit des Herrn wie in einem Spiegel. Dabei werden wir selbst in sein Bild verwandelt und bekom-

men mehr und mehr Anteil an seiner Herrlichkeit. Das bewirkt der Herr durch seinen Geist.

Der Apostel hat nichts zu verbergen

4 Gott hat sich über mich erbarmt und mir diesen Dienst übertragen. Darum verliere ich nicht den Mut. ²Ich meide alle dunklen Machenschaften. Ich handle nicht hinterhältig und verdrehe nicht das Wort Gottes. Vielmehr verkünde ich offen die unverfälschte Wahrheit der Guten Nachricht in Verantwortung vor Gott. Das ist meine ›Empfehlung‹, und das werden alle erkennen, die ihr Gewissen prüfen.

³Wenn die Gute Nachricht, die ich verkünde, glanzlos und verhüllt erscheint, so ist sie das nur für die Menschen, die verlorengehen. ⁴Der Satan, der Herrscher dieser Welt, hat sie mit Blindheit geschlagen, so daß sie der Guten Nachricht nicht glauben. Und so können sie auch deren hellen Glanz nicht sehen – den Glanz, in dem Christus aufleuchtet, der das Bild Gottes ist.

⁵Denn ich verkünde nicht mich selbst, sondern Jesus Christus als den Herrn. Ich selbst komme nur als euer Diener in Betracht, und das bin ich, weil ich Christus diene. ⁶Gott hat einst gesagt: »Licht strahle auf aus der Dunkelheit!« So hat er auch sein Licht in meinem Herzen aufleuchten lassen und mich zur Erkenntnis seiner Herrlichkeit geführt, der Herrlichkeit Gottes, wie sie aufgestrahlt ist in Jesus Christus.

Der Dienst des Apostels in Schwachheit und Leiden

⁷Ich trage diesen Schatz in einem ganz gewöhnlichen, zerbrechlichen Gefäß. Denn es soll deutlich sichtbar sein, daß das Übermaß an Kraft, mit dem ich wirke, von Gott kommt und nicht aus mir selbst. ⁸Ich bin von allen Seiten bedrängt, aber ich werde nicht erdrückt. Ich weiß oft nicht mehr weiter, aber ich verzweifle nicht. ⁹Ich werde verfolgt, aber Gott läßt mich nicht im Stich. Ich werde niedergeworfen, aber ich komme wieder auf. ¹⁰Ich erleide fortwährend das Sterben, das Jesus durchlitten hat, an meinem eigenen Leib. Aber das geschieht, damit auch das Leben, zu dem Jesus auferweckt worden ist, an mir sichtbar wird. ¹¹Denn als Lebender bin ich ständig für Jesus dem Tod ausgeliefert, damit auch das Leben, das Jesus hat, an meinem todverfallenen Körper offenkundig wird. ¹²So wirkt nun also der Tod in mir, das Leben aber in euch.

¹³Ich bin erfüllt vom Geist des Vertrauens, von dem in den Heiligen Schriften gesagt wird: »Ich vertraute auf Gott, dar-

um redete ich.« Genauso vertraue auch ich auf Gott, und darum rede ich auch und verkünde die Gute Nachricht. ¹⁴Gott hat Jesus, den Herrn, vom Tod auferweckt, und ich weiß, daß er mich genauso wie Jesus auferwecken und zusammen mit euch vor seinen Thron stellen wird. ¹⁵Ich tue ja das alles für euch! Die Botschaft von Gottes Gnade soll immer mehr Menschen erreichen, und der Dank dafür soll überströmen zur Ehre Gottes.

Die Hoffnung des Apostels
auf die künftige Herrlichkeit

¹⁶Darum verliere ich nicht den Mut. Die Lebenskräfte, die ich von Natur aus habe, werden aufgerieben; aber das Leben, das Gott mir schenkt, erneuert sich jeden Tag. ¹⁷Die Leiden, die ich jetzt ertragen muß, wiegen nicht schwer und gehen vorüber. Sie werden mir eine Herrlichkeit bringen, die alle Vorstellungen übersteigt und kein Ende hat. ¹⁸Ich baue nicht auf das Sichtbare, sondern auf das, was jetzt noch niemand sehen kann. Denn was wir jetzt sehen, besteht nur eine gewisse Zeit. Das Unsichtbare aber bleibt ewig bestehen.

5 Wir wissen ja: Wenn das irdische Zelt, in dem wir jetzt leben, nämlich unser Körper, abgebrochen wird, hat Gott eine andere Behausung für uns bereit: ein Haus im Himmel, das nicht von Menschen gebaut ist und das in Ewigkeit bestehen bleibt. ²Weil wir das wissen, stöhnen wir und sehnen uns danach, mit dieser himmlischen Behausung umkleidet zu werden. ³Sonst würden wir ja nackt dastehen, wenn wir den irdischen Körper ablegen müssen. ⁴Ja, wir sind bedrückt und stöhnen, solange wir noch in diesem Körper leben, denn wir wollen ja nicht von unserem sterblichen Körper befreit werden, um dann nackt dazustehen; wir wollen in den unvergänglichen Körper hineinschlüpfen. Was an uns vergänglich ist, soll vom Leben verschlungen werden. ⁵Wir werden auch an dieses Ziel gelangen, denn Gott selbst hat in uns die Voraussetzung dafür geschaffen: Er hat uns ja schon als Anzahlung auf das ewige Leben seinen Geist gegeben.

⁶Deshalb bin ich in jeder Lage zuversichtlich. Ich weiß zwar: Solange ich in diesem Körper lebe, bin ich vom Herrn getrennt. ⁷Wir leben ja noch in der Zeit des Glaubens, noch nicht in der Zeit des Schauens. ⁸Ich bin aber voller Zuversicht und würde am liebsten sogleich von meinem Körper getrennt und beim Herrn zu Hause sein. ⁹Weil ich mich danach sehne, setze ich aber auch alles daran, zu tun, was ihm gefällt, ob ich nun in diesem Körper lebe oder zu Hause bin beim

Herrn. [10]Denn wir alle müssen vor Christus erscheinen, wenn er Gericht hält. Dann wird jeder Mensch bekommen, was er verdient, je nachdem, ob er in seinem irdischen Leben Gutes getan hat oder Schlechtes.

Gottes Friedensangebot in Christus

[11]Im Bewußtsein, daß ich dem Herrn Rechenschaft schuldig bin, suche ich Menschen zu gewinnen. Vor Gott habe ich nichts zu verbergen. Ich hoffe, daß auch ihr zu dieser Einsicht kommt, wenn ihr euer Gewissen befragt. [12]Ich preise mich nicht schon wieder selbst an. Vielmehr möchte ich euch zeigen, daß ihr Grund habt, auf mich stolz zu sein. Dann wißt ihr auch, wie ihr die zum Schweigen bringen könnt, die auf äußere Vorzüge stolz sind, aber im Innern haben sie nichts vorzuweisen.

[13]Wenn mich der Geist ergreift und in ekstatische Zustände versetzt – das gibt es auch bei mir –, dann geht das nur Gott etwas an. Wenn ich dagegen bei klarem Verstand bin, dann geht das *euch* an, und ich bin es *euch* zugute! [14]Denn die Liebe, die Christus uns erwiesen hat, bestimmt mein ganzes Handeln. Ich halte mir stets vor Augen: Einer ist für alle in den Tod gegangen, also sind sie alle gestorben. [15]Weil er für sie gestorben ist, gehört ihr Leben nicht mehr ihnen selbst, sondern dem, der für sie gestorben und zum Leben erweckt worden ist.

[16]Darum beurteile ich von jetzt an niemand mehr nach menschlichen Maßstäben. Auch Christus nicht, den ich einst so beurteilt habe. [17]Wenn also ein Mensch zu Christus gehört, ist er schon »neue Schöpfung«. Was er früher war, ist vorbei; etwas ganz Neues hat begonnen.

[18]Das alles aber kommt von Gott. Obwohl ich sein Feind war, hat er sich durch Christus mit mir ausgesöhnt und mir den Auftrag gegeben, seine Versöhnungsbotschaft zu verbreiten. [19]So lautet diese Botschaft: In Christus hat Gott selbst gehandelt und hat die Menschen mit sich versöhnt. Er hat ihnen ihre Verfehlungen vergeben und rechnet sie nicht an. Diese Versöhnungsbotschaft läßt er unter uns verkünden. [20]Uns Aposteln hat Christus den Auftrag und die Vollmacht gegeben, diese Botschaft überall bekanntzumachen. Ja, Gott selbst ist es, der durch uns die Menschen ruft. So bitten wir im Auftrag von Christus: »Bleibt nicht Gottes Feinde! Nehmt die Versöhnung an, die Gott euch anbietet!« [21]Gott hat Christus, der ohne Sünde war, an unserer Stelle als Sünder verurteilt, damit wir durch ihn vor Gott als gerecht bestehen können.

6 Als Gottes Mitarbeiter rufe ich euch also auf: Verspielt nicht die Gnade Gottes, die ihr empfangen habt! ²Gott sagt:»Wenn die Zeit kommt, daß ich mich über euch erbarme, erhöre ich euch; wenn der Tag eurer Rettung da ist, helfe ich euch.« Gebt acht: *Jetzt* ist die Zeit der Gnade! *Jetzt* ist der Tag der Rettung!

Der Apostel im Dienst der Versöhnungsbotschaft

³Ich sehe darauf, daß mein Verhalten in jeder Hinsicht einwandfrei ist; denn ich möchte nicht, daß der Dienst, der mir aufgetragen ist, in Verruf kommt. ⁴Meine »Empfehlung« ist es, daß ich mich in allem als Diener Gottes erweise:

Mit großer Geduld ertrage ich Sorgen, Nöte und Schwierigkeiten. ⁵Ich werde geschlagen, ich werde eingesperrt, sie hetzen das Volk gegen mich auf. Ich arbeite mich ab, ich verzichte auf Schlaf und Nahrung. ⁶Ich empfehle mich weiter durch ein einwandfreies Leben, durch Erkenntnis, durch Geduld und durch Freundlichkeit, durch Wirkungen des Heiligen Geistes und durch aufrichtige Liebe, ⁷durch das Verkünden der Wahrheit und durch die Kraft, die von Gott kommt. Meine Waffe für Angriff und Verteidigung ist, daß ich tue, was vor Gott und vor Menschen recht ist. ⁸Es macht mir nichts aus, ob ich geehrt oder beleidigt werde, ob man Gutes über mich redet oder Schlechtes. Ich werde als Betrüger verdächtigt und bin doch ehrlich. ⁹Ich werde verkannt und bin doch anerkannt. Ich bin ein Sterbender, und doch lebe ich. Ich werde mißhandelt, und doch komme ich nicht um. ¹⁰Ich erlebe Kummer und bin doch immer fröhlich. Ich bin arm wie ein Bettler und mache doch viele reich. Ich besitze nichts und habe doch alles.

Paulus wirbt um die Gemeinde

¹¹Meine Lieben in Korinth, ich habe kein Blatt vor den Mund genommen! Ich habe euch mein Herz weit geöffnet. ¹²Es stimmt nicht, daß ihr keinen Platz darin habt. Ihr habt nur euer eigenes Herz zugemacht. ¹³Ich spreche zu euch als zu meinen Kindern. Begegnet mir so, wie ich euch begegne! Öffnet auch ihr eure Herzen weit!

Warnung vor schädlichen Einflüssen

¹⁴Macht keine gemeinsame Sache mit Ungläubigen! Wie passen denn Gerechtigkeit und Ungerechtigkeit zusammen? Was hat das Licht mit der Finsternis zu tun? ¹⁵Ist Christus in Einklang zu bringen mit dem Teufel? Haben Glaubende etwas mit Ungläubigen gemeinsam? ¹⁶Haben Götzenbilder etwas

im Tempel Gottes zu suchen? Und das sind wir doch: der Tempel des lebendigen Gottes! Denn Gott hat gesagt: »Ich will bei ihnen wohnen und mitten unter ihnen leben. Ich will ihr Gott sein, und sie sollen mein Volk sein.« ¹⁷Deshalb sagt er auch: »Zieht weg von hier, trennt euch von ihnen! Berührt nichts Unreines! Dann werde ich euch meine Liebe zuwenden. ¹⁸Ich will euer Vater sein, und ihr sollt meine Söhne und Töchter sein. Das sagt der Herr, der Herrscher der ganzen Welt.«

7 Uns, meine Lieben, gelten diese Zusagen! Wir wollen uns darum von allem reinigen, was Körper und Geist beschmutzt. Wir wollen Gott ernst nehmen und uns bemühen, vollends ganz sein heiliges Volk zu werden.

Weiteres Werben um die Gemeinde

²Gebt mir Raum in euren Herzen! Ich habe doch keinem von euch Unrecht getan! Ich habe niemand zugrunde gerichtet oder ausgebeutet! ³Ich sage das nicht, um euch zu verurteilen. Ich habe euch ja schon gesagt, daß ich euch in meinem Herzen trage und ihr in Zeit und Ewigkeit mit mir verbunden seid. ⁴Ich habe volles Vertrauen zu euch, ich bin sogar stolz auf euch. Trotz aller Not bin ich zuversichtlich und voll überschwenglicher Freude.

Titus ist gekommen: Ende der Sorgen für Paulus

⁵Auch als ich nach Mazedonien kam, fand ich keine Ruhe. Von allen Seiten stürmte es auf mich ein: von außen Feinde, von innen Sorgen. ⁶Doch Gott, der die Niedergeschlagenen ermutigt, gab mir durch die Ankunft von Titus neuen Mut. ⁷Es war aber nicht nur seine Ankunft – noch viel mehr bedeutet es für mich, daß ihr Titus so ermutigt habt. Er hat mir erzählt, wie gern ihr mich sehen wollt, wie sehr ihr das Vorgefallene bedauert und wie rückhaltlos ihr bereit seid, euch auf meine Seite zu stellen. Das hat mich noch glücklicher gemacht.

Heilsamer Schmerz durch den »Tränenbrief«

⁸Ich habe euch durch meinen Brief weh getan; aber ich bedaure es nicht, daß ich ihn geschrieben habe. Als ich hörte, wie hart er euch zuerst getroffen hat, tat es mir zwar leid, ⁹aber jetzt freue ich mich darüber. Natürlich nicht deshalb, weil mein Brief euch Schmerz bereitet hat, sondern weil dieser Schmerz euch zur Besinnung gebracht hat. Es war ein Schmerz, wie Gott ihn haben will. Deshalb war es nicht zu eurem Schaden, daß ich euch so geschrieben habe. ¹⁰Denn

der Schmerz, wie Gott ihn haben will, ruft eine Reue hervor, die niemand je bereut; denn sie führt zur ewigen Rettung. Der Schmerz, wie ihn die Menschen dieser Welt empfinden, führt dagegen zum ewigen Tod.

11 Meine Worte haben euch einen Schmerz bereitet, wie Gott ihn haben will. Seht doch, welchen Gewinn euch das gebracht hat! Wieviel guten Willen zeigt ihr jetzt! Wie eifrig seid ihr bemüht, eure Unschuld zu beweisen! Der Unwille über den Schuldigen, die Furcht vor meinem Zorn, die Sehnsucht nach meiner Gegenwart und der Eifer, den Schuldigen zu bestrafen – das alles ist daraus erwachsen. Damit habt ihr gezeigt, daß ihr in dieser Sache unschuldig seid.

12 Es ging mir also bei meinem Brief nicht um den, der Unrecht getan hat, oder um den, dem Unrecht geschehen ist. Ihr solltet Gelegenheit bekommen, vor Gott zu beweisen, daß ihr voll zu mir steht. 13a So ist es geschehen, und das hat mir wieder Mut gegeben.

Paulus freut sich für und mit Titus

13b Aber noch viel mehr als über diese Ermutigung habe ich mich gefreut über die Freude, mit der Titus von euch zurückkam. Er war ganz glücklich, weil ihr alle so freundlich zu ihm gewesen seid. 14 Ich hatte euch vor ihm gerühmt, und ihr habt mich nicht enttäuscht. So wie ich euch gegenüber immer die Wahrheit gesagt habe, so hat sich nun auch das, was ich Titus gegenüber von euch gerühmt habe, als Wahrheit erwiesen. 15 Jetzt liebt er euch noch mehr als zuvor. Er hat ja erlebt, wie ihr ihn mit Angst und Bangen aufnahmt und wie bereitwillig ihr euch meinen Anordnungen gefügt habt. 16 Ich bin froh, daß ich mich in allem auf euch verlassen kann.

DIE SAMMLUNG FÜR DIE GEMEINDE
IN JERUSALEM (Kapitel 8–9)

Erinnerung und Ermunterung

8 Ich will euch berichten, Brüder und Schwestern, was Gottes Gnade in den Gemeinden in Mazedonien bewirkt hat. 2 Sie hatten viel zu leiden und haben es nicht nur standhaft ertragen; vielmehr wurde ihre Freude im Glauben nur um so stärker und führte trotz ihrer großen Armut zu einer erstaunlichen Hilfsbereitschaft. 3 Ihr könnt es mir glauben: Sie spendeten, soviel sie konnten, ja noch mehr, und sie taten es ohne Aufforderung. 4 Sie haben sich mir geradezu aufgedrängt und darum gebeten, sich an diesem Werk der Gnade

Gottes beteiligen zu dürfen – an dieser Hilfeleistung, in der die Verbundenheit mit der Gemeinde in Jerusalem zum Ausdruck kommt. 5 Sie taten dabei noch mehr, als ich gehofft hatte: Sie schenkten sich selbst, zuerst dem Herrn und dann, dem Willen Gottes gemäß, auch mir.

6 Deshalb habe ich Titus zugeredet, daß er sich bei euch um diese Sache kümmert. Er hat ja schon früher bei euch damit angefangen. Nun soll er euch helfen, dieses Werk der Gnade auch zu Ende zu bringen. 7 Ihr habt alles im Überfluß: Glauben, kraftvolles Wort, Erkenntnis, guten Willen und die gegenseitige Liebe, die ich euch vorgelebt und unter euch geweckt habe. Ich möchte, daß euer Beitrag zu diesem Gnadenwerk ebenso reich wird.

8 Ich gebe euch keinen Befehl. Ich sage euch nur, wie hilfsbereit andere sind, um euch dadurch anzuspornen. Ich möchte erproben, wie ernst es euch mit eurer Liebe ist. 9 Ihr wißt ja, was Jesus Christus, unser Herr, in seiner Liebe für euch getan hat. Er war reich und wurde für euch arm; denn er wollte euch durch seine Armut reich machen.

10 Ich gebe euch nur meinen Rat. Ich meine, es ist zu eurem eigenen Besten, daß ihr euch an der Sammlung beteiligt. Ihr habt euch ja schon im vorigen Jahr dazu entschlossen und habt auch schon damit angefangen. 11 Bringt das Begonnene jetzt zum guten Ende, damit die Ausführung nicht hinter dem Vorsatz zurückbleibt. Natürlich immer entsprechend dem, was ihr habt! 12 Wenn der gute Wille da ist, ist er willkommen mit dem, was jemand hat, nicht mit dem, was jemand nicht hat. 13 Ihr sollt nicht selbst Mangel leiden, damit andern geholfen wird. Vielmehr soll es zu einem Ausgleich kommen. 14 Im Augenblick habt ihr mehr als die andern. Darum ist es nur recht, daß ihr denen helft, die in Not sind. Wenn dann einmal ihr in Not seid und sie mehr haben als ihr, sollen sie euch helfen. So kommt es zu einem Ausgleich zwischen euch. 15 In den Heiligen Schriften heißt es: »Wer viel gesammelt hatte, hatte nicht zuviel, und wer wenig gesammelt hatte, hatte nicht zuwenig.«

Die Helfer bei der Sammlung

16 Ich danke Gott dafür, daß er Titus den gleichen Eifer für euch ins Herz gegeben hat, den ich für euch habe. 17 Titus hat nicht nur meinen Vorschlag angenommen; er war noch viel eifriger und hatte schon von sich aus beschlossen, zu euch zu reisen.

18 Mit ihm schicke ich den Bruder, der wegen seines Wirkens für die Gute Nachricht bei allen Gemeinden in hohem

Ansehen steht. ¹⁹Und nicht nur das: Die Gemeinden haben ihn auch dazu bestimmt, mich zu begleiten, wenn ich diese Liebesgabe überbringe – die Gabe, die ich jetzt einsammle zur Ehre Gottes und zum Zeichen meines guten Willens. ²⁰So soll vermieden werden, daß man mich verdächtigt, wenn ich eine so große Summe allein verwalte. ²¹Es liegt mir daran, daß alles einwandfrei zugeht, nicht nur vor dem Herrn, sondern auch vor den Menschen.

²²Ich schicke noch einen anderen Bruder mit ihnen. Ich habe ihn oft erprobt, und jedesmal war er sehr eifrig. Jetzt ist er noch viel eifriger als sonst, eine so hohe Meinung hat er von euch. ²³Titus ist mein Gefährte und mein Mitarbeiter im Dienst an euch. Die anderen Brüder kommen im Auftrag der Gemeinden und sind Menschen, die Christus Ehre machen. ²⁴Zeigt ihnen, daß eure Liebe echt ist, und beweist den anderen Gemeinden, daß ich euch zu Recht gelobt habe.

9 Ich brauche euch über den Liebesdienst für die Gemeinde in Jerusalem ja nicht mehr ausführlich zu schreiben. ²Ich weiß, daß ihr helfen wollt. Ich habe euch schon bei den Mazedoniern gelobt: »Die Brüder und Schwestern in Korinth und Umgebung sammeln seit dem vorigen Jahr!« Euer Eifer hat die meisten von ihnen angesteckt. ³Ich schicke jetzt die Brüder zu euch; denn ich will nicht enttäuscht werden, weil ich euch gelobt und erklärt habe: »Sie haben schon gesammelt.« ⁴Wie stehe ich da, wenn dann Leute von Mazedonien mit mir kommen und feststellen, daß es gar nicht so ist! Wie werde ich mich schämen müssen – und erst ihr selbst! ⁵Darum hielt ich es für nötig, die Brüder zu bitten, daß sie mir vorausreisen und die angekündigte Spende einsammeln, damit sie dann wirklich bereitliegt. Sie soll eine echte Spende sein: eine Gabe des Dankes und nicht eine Gabe des Geizes.

Gott gibt, damit wir geben können

⁶Denkt daran: Wer spärlich sät, wird nur wenig ernten. Aber wer mit vollen Händen sät, auf den wartet eine reiche Ernte. ⁷Jeder soll so viel geben, wie er sich in seinem Herzen vorgenommen hat. Es soll ihm nicht leid tun, und er soll es auch nicht nur geben, weil er sich dazu gezwungen fühlt. Gott liebt fröhliche Geber! ⁸Er hat die Macht, euch so reich zu beschenken, daß ihr nicht nur jederzeit genug habt für euch selbst, sondern auch noch anderen reichlich Gutes tun könnt. ⁹Dann gilt von euch, was in den Heiligen Schriften steht: »Großzügig gibt er den Bedürftigen; seine Wohltätigkeit wird in Ewigkeit nicht vergessen werden.« ¹⁰Gott, der dem Sämann Saatgut und Brot gibt, wird auch

euch Samen geben und ihn wachsen lassen, damit eure Wohltätigkeit eine reiche Ernte bringt. ¹¹Er wird euch so reich machen, daß ihr jederzeit freigebig sein könnt. Dann werden viele Menschen Gott wegen der Gaben danken, die wir ihnen von euch übergeben. ¹²Dieser Liebesdienst soll ja nicht nur die Not der Gemeinde in Jerusalem lindern, sondern darüber hinaus viele Menschen zum Dank gegen Gott bewegen. ¹³Wenn ihr euch in dieser Sache bewährt, werden die Brüder und Schwestern in Jerusalem Gott dafür preisen. Sie werden ihm danken, daß ihr so treu zur Guten Nachricht von Christus steht und so selbstverständlich mit ihnen und mit allen teilt. ¹⁴Und weil sie sehen, daß Gott euch in so überreichem Maß seine Gnade erwiesen hat, werden sie für euch beten und sich nach euch sehnen. ¹⁵Laßt uns Gott danken für sein unsagbar großes Geschenk!

DER APOSTEL WIRBT UM DIE GEMEINDE
(Kapitel 10–13)

Paulus verteidigt sich gegen Angriffe

10 Ich, Paulus, muß jetzt von mir selbst reden. Ich bin angeblich kleinlaut, wenn ich bei euch bin, aber aus der Ferne spiele ich den starken Mann. Ich bitte euch bei der Güte und Freundlichkeit, die Christus uns erwiesen hat: ²Zwingt mich nicht, meine Stärke zu zeigen, wenn ich komme! Ich habe keine Angst vor denen, die mir menschliche Schwächen und mangelnde geistliche Vollmacht vorwerfen. ³Ich bin zwar nur ein Mensch, aber ich kämpfe nicht nach Menschenart. ⁴Meine Waffen in diesem Kampf sind nicht die eines schwachen Menschen, sondern die mächtigen Waffen Gottes. Mit ihnen zerstöre ich feindliche Festungen: Ich bringe falsche Gedankengebäude zum Einsturz ⁵und reiße den Hochmut nieder, der sich der wahren Gotteserkenntnis entgegenstellt. Jeden Gedanken, der sich gegen Gott auflehnt, nehme ich gefangen und unterstelle ihn dem Befehl von Christus. ⁶Ich stehe bereit, alle Widersetzlichen zu bestrafen, sobald ihr als Gemeinde zum vollen Gehorsam gefunden habt.

⁷Seht doch den Tatsachen ins Auge! Wenn jemand von euch den Anspruch erhebt, Christus zu gehören, darf er nicht übersehen: Ich gehöre Christus ebenso wie er. ⁸Ich könnte sogar noch mehr für mich in Anspruch nehmen und die Vollmacht ausspielen, die der Herr mir gegeben hat. Damit würde ich mich bestimmt nicht übernehmen. Aber ich erhielt

meinen Auftrag, um euch als Gemeinde aufzubauen, und nicht, um euch zugrunde zu richten. [9]Es soll nicht so aussehen, als ob ich euch mit meinen Briefen einschüchtern wollte. [10]Sie sagen ja schon: »Die Briefe, die er schreibt, sind gewichtig und kraftvoll; aber wenn er persönlich bei uns ist, macht er eine erbärmliche Figur, und was er sagt, hat keine Kraft.« [11]Wer so denkt, dem sage ich: Genau so, wie meine Briefe auf euch wirken, werde ich handeln, wenn ich zu euch komme.

Gegen den Selbstruhm der eingedrungenen Missionare

[12]Ich wage allerdings nicht, mich mit denen in eine Reihe zu stellen, die sich selbst anpreisen. Ich kann mich selbstverständlich nicht mit ihnen messen. Sie sind so unverständig, daß sie ihre eigenen Maßstäbe aufrichten und sich an sich selbst messen. [13]Ich dagegen rühme mich nicht ohne Maß. Gott hat mich mit der Guten Nachricht bis zu euch gelangen lassen. Das ist der Maßstab, nach dem ich mich beurteile. [14]Ich brauche meine Leistung nicht zu übertreiben, denn ich bin ja tatsächlich mit der Guten Nachricht von Christus auch bis zu euch gekommen! [15]Ich verliere also nicht das Maß und prahle nicht mit der Arbeit, die andere getan haben. Ich hoffe vielmehr, daß euer Glaube wächst und ich dann noch weit mehr Ruhm ernten werde – und zwar nach dem Maßstab, der für *mich* gilt. [16]Statt nach einem fremden Maßstab mit einer Arbeit zu prahlen, die andere schon vor mir getan haben, werde ich dann die Gute Nachricht noch weit über Korinth hinaus verkünden. [17]In den Heiligen Schriften heißt es: »Wer sich mit etwas rühmen will, soll sich mit dem rühmen, was der Herr getan hat.« [18]Als bewährt gilt, wer vom Herrn gelobt wird, und nicht, wer sich selbst anpreist.

Paulus und die falschen Apostel

11 Wenn ihr mir doch erlauben würdet, einmal den Verrückten zu spielen – aber das erlaubt ihr ja gern – und mich selbst anzupreisen! [2]Wache ich doch ebenso eifersüchtig über euch wie Gott selbst. Ihr seid für mich wie eine Tochter, die ich für *einen* Mann bestimmt und mit ihm verlobt habe, um sie ihm unberührt zuzuführen, nämlich Christus. [3]Eva wurde durch die klugen Lügen der Schlange verführt. Ich fürchte, daß eure Gedanken genauso verwirrt werden und ihr Christus nicht mehr rein und ungeteilt liebt. [4]Ihr laßt es euch gefallen, wenn jemand kommt und euch einen anderen Jesus verkündet als den, den ich euch gebracht habe. Ihr

laßt euch gerne einen anderen Geist geben als den, den ihr
zuerst empfangen habt, und nehmt eine andere Gute Nachricht an als die, die ihr von mir gehört habt.

[5] Ich bin überzeugt, daß ich euren Überaposteln in nichts
nachstehe. [6] Vielleicht bin ich kein Meister im Reden, aber in
der Erkenntnis nehme ich es mit jedem auf. Das habe ich
euch gegenüber zu jeder Zeit und in jeder Lage bewiesen.

[7] Oder war es vielleicht unrecht von mir, daß ich euch die
Gute Nachricht ohne jede Gegenleistung verkündete? Ich
habe mich selbst erniedrigt, um euch zu erhöhen! [8] Für meinen Dienst an euch habe ich mich von anderen Gemeinden
bezahlen lassen; ich habe sie um euretwillen beraubt. [9] Solange ich bei euch war, bin ich niemand zur Last gefallen,
wenn ich in Not war. Denn die Brüder, die aus Mazedonien
kamen, brachten mir, was ich brauchte. Ich habe nichts von
euch in Anspruch genommen. So werde ich es auch in Zukunft halten. [10] Ich verspreche euch bei Christus, der die
Wahrheit ist und der in mir lebt: Meinen Ruhm in diesem
Punkt wird mir niemand in der ganzen Provinz Achaia nehmen! [11] Warum bestehe ich darauf? Etwa weil ich euch nicht
liebe? Gott weiß, wie es damit steht!

[12] Wenn ich auch in Zukunft nichts von euch annehme, so
hat das einen anderen Grund: Den Gefallen tue ich euren
Überaposteln nicht! Sie warten nur auf die Gelegenheit, mich
zu sich herabzuziehen und sich noch ungehinderter anpreisen zu können. [13] In Wirklichkeit sind sie falsche Apostel; sie
sind Betrüger, die sich nur für Apostel von Christus ausgeben. [14] Das braucht euch nicht zu wundern. Sogar der
Satan verstellt sich und gibt sich für einen Engel aus! [15] Es ist
also nichts Besonderes, wenn auch seine Helfer sich verstellen und sich als Diener Gottes ausgeben. Aber am Ende ergeht es ihnen, wie sie es mit ihren Taten verdient haben.

Was Paulus vorzuweisen hat

[16] Ich wiederhole: Niemand soll glauben, ich sei nicht ganz
bei Verstand! Aber wer es meint, soll mich dann eben so nehmen, damit ich mich auch ein klein wenig anpreisen kann.
[17] Was ich jetzt sage, ist nicht im Sinne des Herrn gesagt. Ich
spreche wie ein Unzurechnungsfähiger, wenn ich mich darauf
einlasse, mich zu rühmen. [18] Aber weil so viele sich auf ihre
Vorzüge berufen, will ich es auch einmal tun. [19] Ihr seid ja so
vernünftig, daß ihr die Verrückten gerne ertragt. [20] Ihr duldet
es, wenn euch jemand unterdrückt, euch ausbeutet und einfängt, euch verachtet und ins Gesicht schlägt. [21] Ich muß zu
meiner Schande gestehen: Dazu war ich zu schwach!

Ich rede jetzt wirklich wie ein Verrückter: Womit andere prahlen, damit kann ich auch prahlen. 22 Sie sind echte Hebräer? Das bin ich auch. Sie sind Israeliten? Das bin ich auch. Sie sind Nachkommen Abrahams? Das bin ich auch. 23 Sie dienen Christus? Ich rede im Wahnsinn: Ich diene ihm noch viel mehr! Ich habe härter für Christus gearbeitet. Ich bin öfter im Gefängnis gewesen, öfter geschlagen worden. Häufig war ich in Todesgefahr. 24 Fünfmal habe ich von den Juden die neununddreißig Schläge bekommen. 25 Dreimal wurde ich von den Römern mit Stöcken geprügelt, einmal wurde ich gesteinigt. Ich habe drei Schiffbrüche erlebt; das eine Mal trieb ich eine Nacht und einen Tag auf dem Meer. 26 Auf meinen vielen Reisen haben mich Hochwasser und Räuber bedroht. Juden und Nichtjuden haben mir nachgestellt. Es gab Gefahren in Städten und in Einöden, Gefahren auf hoher See und Gefahren bei falschen Brüdern. 27 Ich hatte Mühe und Not und oftmals schlaflose Nächte. Ich war hungrig und durstig, oft hatte ich tagelang nichts zu essen. Ich fror und hatte nichts Warmes anzuziehen. 28 Ich könnte noch vieles aufzählen; aber ich will nur noch eins nennen: die Sorge um alle Gemeinden, die mir täglich zu schaffen macht. 29 Wenn irgendwo jemand schwach ist, bin ich es mit ihm. Und wenn jemand an Gott irre wird, brennt es mich wie Feuer.

30 Wenn schon geprahlt werden muß, will ich mit meiner Schwäche prahlen. 31 Der Gott und Vater unseres Herrn Jesus weiß, daß ich nicht lüge. Gepriesen sei er für alle Zeiten!

32 Als ich in Damaskus war, stellte der Bevollmächtigte des Königs Aretas Wachen an die Stadttore, um mich zu verhaften. 33 Aber durch das Fenster eines an die Stadtmauer gebauten Hauses wurde ich in einem Korb hinuntergelassen und entkam.

Was wirklich zählt

12 Ihr zwingt mich dazu, daß ich mein Selbstlob noch weiter treibe. Zwar hat niemand einen Nutzen davon; trotzdem will ich jetzt von den Visionen und Offenbarungen sprechen, die vom Herrn kommen.

2 Ich kenne einen mit Christus verbundenen Menschen, der vor vierzehn Jahren in den dritten Himmel versetzt wurde. Ich bin nicht sicher, ob er körperlich dort war oder nur im Geist; das weiß nur Gott. 3-4 Jedenfalls weiß ich, daß diese Person ins Paradies versetzt wurde, ob körperlich oder nur im Geist, das weiß nur Gott. Dort hörte sie geheimnisvolle Worte, die kein Mensch aussprechen kann. 5 Im Blick auf

diese Person will ich prahlen. Im Blick auf mich selbst prahle
ich nur mit meiner Schwäche. ⁶Wollte ich aber für mich
selbst damit prahlen, so wäre das kein Anzeichen, daß ich den
Verstand verloren hätte; ich würde ja die reine Wahrheit
sagen. Trotzdem verzichte ich darauf; denn jeder soll mich
nach dem beurteilen, was er an mir sieht und mich reden
hört, und nicht höher von mir denken.

⁷Ich habe unbeschreibliche Dinge geschaut. Aber damit
ich mir nichts darauf einbilde, hat Gott mir einen ›Stachel ins
Fleisch‹ gegeben: Ein Engel des Satans darf mich mit Fäusten
schlagen, damit ich nicht überheblich werde. ⁸Dreimal habe
ich zum Herrn gebetet, daß der Satansengel von mir abläßt.
⁹Aber der Herr hat zu mir gesagt: »Du brauchst nicht mehr
als meine Gnade. Je schwächer du bist, desto stärker erweist
sich an dir meine Kraft.« Jetzt trage ich meine Schwäche
gern, ja, ich bin stolz darauf, weil dann Christus seine Kraft
an mir erweisen kann. ¹⁰Darum freue ich mich über meine
Schwächen, über Mißhandlungen, Notlagen, Verfolgungen
und Schwierigkeiten. Denn gerade wenn ich schwach bin,
dann bin ich stark.

Paulus sorgt sich um die Korinther

¹¹Jetzt habe ich mich wirklich wie ein Unzurechnungsfähiger
aufgeführt! Aber ihr habt mich ja dazu gezwungen. Es wäre
doch eigentlich *eure* Sache gewesen, meine Vorzüge herauszu-
streichen! Auch wenn ich nichts bin – euren Überaposteln
stehe ich in keiner Weise nach. ¹²In aller Geduld habe ich
mich bei euch als Apostel ausgewiesen, durch staunenswerte
Wunderzeichen und machtvolle Taten. ¹³Habe ich euch in
irgendeinem Punkt schlechter behandelt als die übrigen Gemeinden? Ich weiß nur, daß ich euch nicht mit der Forderung nach Unterhalt zur Last gefallen bin. Verzeiht mir dieses
Unrecht!

¹⁴Jetzt will ich zum drittenmal zu euch kommen, und auch
diesmal werde ich keine Ansprüche erheben. Euch selbst
möchte ich, nicht euer Geld! Schließlich sollen nicht die Kinder für ihre Eltern sorgen, sondern die Eltern für ihre Kinder.
¹⁵Euch zugute würde ich gerne alles hergeben, auch mein
eigenes Leben. Es kann doch nicht sein, daß ihr mich um so
weniger liebt, je mehr ich euch liebe!

¹⁶Nun gut, das gebt ihr zu, daß ich euch nicht zur Last gefallen bin. Aber vielleicht war ich listig und hinterhältig?
¹⁷Vielleicht habe ich euch durch einen meiner Boten ausgebeutet? ¹⁸Ich schickte euch Titus und den anderen Bruder.
Wollt ihr behaupten, daß Titus euch ausgebeutet hat? Han-

delten wir nicht beide im gleichen Geist? Gingen wir nicht in denselben Spuren?

19 Ihr denkt vielleicht schon lange, daß ich mich wie ein Angeklagter vor euch verteidige. Aber ich rede vor Gott als einer, der Christus gehört. Ich tue das alles zu eurem Besten, meine Lieben! 20 Denn ich habe Angst, daß ich euch bei meiner Ankunft nicht so antreffe, wie ich euch haben möchte – und daß dann auch ihr mich anders findet, als ihr mich haben wollt. Ich befürchte, daß ich Streit und Rivalität vorfinde, Wutausbrüche, Intrigen, Beleidigungen, Verleumdungen, Überheblichkeit und Unordnung. 21 Ich möchte nicht, daß mich Gott nochmals vor euch demütigt, wenn ich jetzt zu euch komme. Ich möchte nicht traurig sein müssen über die vielen, die früher gesündigt haben und die sich immer noch nicht abgekehrt haben von ihrem schmutzigen, unzüchtigen, ausschweifenden Leben.

Letzte Warnungen und Grüße

13 Ich besuche euch jetzt zum drittenmal. Denkt an den Grundsatz: »Aufgrund von zwei oder drei Zeugenaussagen wird der Schuldspruch gefällt.« 2 Für die von euch, die früher gesündigt haben, und für alle anderen wiederhole ich jetzt aus der Ferne, was ich schon während meines zweiten Besuches angekündigt habe: Wenn ich das nächste Mal komme, gibt es keine Schonung! 3 Da habt ihr dann den gewünschten Beweis dafür, daß Christus durch mich spricht. Christus ist euch gegenüber nicht schwach, sondern erweist unter euch seine Kraft. 4 Als er am Kreuz starb, war er schwach. Aber jetzt lebt er durch Gottes Kraft. Auch ich bin mit Christus schwach. Aber ich werde mit ihm leben und mich stark erweisen euch gegenüber aus Gottes Kraft.

5 Anstatt *mich* zu prüfen, prüft lieber euch selbst, ob ihr überhaupt noch im Glauben steht! Tretet *ihr* den Beweis an, daß ihr euch bewährt habt, statt von mir einen zu verlangen! Ihr müßt ja doch an euch selbst erkennen können, ob Jesus Christus noch in eurer Mitte ist. Wenn er es nicht ist, dann habt *ihr* versagt! 6 Ich hoffe nur, ihr werdet noch einsehen, daß *ich* jedenfalls *nicht* versagt habe.

7 Ich bete zu Gott, daß ihr keinerlei Böses und Verwerfliches tut. Nicht, damit ich dann dastehe als der, der recht behalten und sich durchgesetzt hat! Nein, wenn nur ihr das Gute tut, will ich gern auch weiterhin wie ein Schwächling und Versager dastehen. 8 Denn ich kann ja nichts *gegen* die Wahrheit der Guten Nachricht ausrichten, sondern nur *für* sie. 9 Deshalb freue ich mich, wenn ich schwach bin und ihr stark seid.

Genau darum bete ich zu Gott: Ich bitte ihn, daß er euch wieder zurechtbringt.

¹⁰ Dies alles schreibe ich euch, solange ich noch fern von euch bin. Ich möchte nicht streng mit euch umgehen müssen, wenn ich komme. Die Vollmacht, die der Herr mir gab, habe ich nicht bekommen, um die Gemeinde zu zerstören, sondern um sie aufzubauen.

¹¹ Ich komme zum Schluß, Brüder und Schwestern! Freut euch! Nehmt meine Worte zu Herzen und laßt euch wieder auf den rechten Weg bringen. Seid einer Meinung und lebt in Frieden miteinander. Dann wird Gott, der uns seine Liebe und seinen Frieden schenkt, bei euch sein.

¹² Grüßt einander mit dem Friedenskuß! Die ganze Gemeinde hier läßt euch grüßen.

¹³ Die Gnade unseres Herrn Jesus Christus und die Liebe Gottes und die gemeinschaftstiftende Kraft des Heiligen Geistes sei mit euch allen!

DER BRIEF DES APOSTELS PAULUS AN DIE GEMEINDEN IN GALATIEN
(Galaterbrief)

AUTORITÄT UND VERKÜNDIGUNG DES APOSTELS (Kapitel 1–2)

Briefeingang: Paulus kommt sofort zur Sache

1 Diesen Brief schreibt Paulus, der Apostel. Ich schreibe ihn als einer, der seinen Auftrag nicht von Menschen erhalten hat, auch nicht durch menschliche Vermittlung, sondern von Jesus Christus und von Gott, dem Vater, der Jesus vom Tod auferweckt hat. ²Zusammen mit allen Brüdern und Schwestern, die bei mir sind, grüße ich die Gemeinden in Galatien:

³Gnade und Frieden sei mit euch von Gott, unserem Vater, und von Jesus Christus, dem Herrn, ⁴der sein Leben für unsere Sünden hingegeben hat. Das tat er, um uns aus der gegenwärtigen Welt zu befreien, die vom Bösen beherrscht wird. So war es der Wille Gottes, unseres Vaters – ⁵er sei in alle Ewigkeit gepriesen! Amen.

Es gibt nur die eine Gute Nachricht

[6]Ich wundere mich über euch! Gott hat euch durch die Gute Nachricht dazu berufen, daß ihr unter der Gnade steht, die Christus gebracht hat. Und nun kehrt ihr ihm so schnell den Rücken und wendet euch einer *anderen* Guten Nachricht zu! [7]Es gibt in Wirklichkeit gar keine andere; es gibt nur gewisse Leute, die unter euch Verwirrung stiften. Sie wollen die Gute Nachricht von Christus in ihr Gegenteil verkehren. [8]Aber nicht einmal ich selbst oder ein Engel vom Himmel darf euch eine Gute Nachricht bringen, die der widerspricht, die ich euch gebracht habe. Wer es tut, soll verflucht sein, dem Gericht Gottes übergeben! [9]Ich habe es euch schon früher eingeschärft und wiederhole es jetzt: Wer euch eine andere Gute Nachricht bringt als die, die ihr angenommen habt, soll verflucht sein, dem Gericht Gottes übergeben!

[10]Will ich jetzt wieder Menschen beschwatzen – oder gar Gott selbst? Oder rede ich etwa Menschen nach dem Mund? Ich gehöre Christus und diene ihm – wie kann ich da noch den Beifall der Menschen suchen!

Die von Paulus verkündete Gute Nachricht kommt direkt von Christus

[11]Das müßt ihr wissen, Brüder und Schwestern: Die Gute Nachricht, die ich verkünde, ist kein Menschenwort. [12]Ich habe sie nicht von irgendeinem Menschen übernommen und bin auch von keinem Menschen darüber belehrt worden. Ich habe sie dadurch empfangen, daß Gott mich Jesus als den von ihm bestätigten Retter schauen ließ.

[13]Ihr habt doch gehört, wie entschieden ich früher für die jüdische Religion eingetreten bin. Über alles Maß hinaus verfolgte ich die Gemeinde Gottes und tat alles, um sie zu vernichten. [14]In meiner Treue zum Gesetz übertraf ich viele meiner Altersgenossen in meinem Volk. Leidenschaftlicher als die anderen setzte ich mich für die Befolgung der strengen Vorschriften ein, die die früheren Gesetzeslehrer aufgestellt haben.

[15]Aber dann kam es ganz anders. Gott hatte mich ja schon vom Mutterleib an ausgesondert und in seiner Gnade berufen. Und so gefiel es ihm jetzt, [16]mir seinen Sohn zu zeigen, damit ich ihn unter den nichtjüdischen Völkern bekanntmache. Als mir diese Offenbarung zuteil wurde, fragte ich nicht erst Menschen um Rat. [17]Ich ging auch nicht nach Jerusalem zu denen, die schon vor mir Apostel waren, sondern begab mich nach Arabien und kehrte dann wieder nach

Damaskus zurück. ¹⁸ Erst drei Jahre später ging ich nach Jerusalem, um Petrus kennenzulernen. Ich blieb zwei Wochen bei ihm. ¹⁹ Von den anderen Aposteln sah ich damals keinen, nur Jakobus, den Bruder des Herrn. ²⁰ Was ich euch hier schreibe, ist die reine Wahrheit; Gott weiß es. ²¹ Dann ging ich nach Syrien und Zilizien. ²² Den christlichen Gemeinden in Judäa blieb ich persönlich unbekannt. ²³ Sie hatten nur gehört: »Der Mann, der uns verfolgte, verkündet jetzt den Glauben, den er früher ausrotten wollte!« ²⁴ Und sie dankten Gott dafür, daß er dies an mir bewirkt hatte.

Die maßgebenden Leute in der Urgemeinde erkennen Paulus an

2 Erst vierzehn Jahre später ging ich wieder nach Jerusalem, diesmal mit Barnabas; auch Titus nahm ich mit. ² Ich ging aufgrund einer göttlichen Weisung und trug dort vor, was ich als Gute Nachricht bei den nichtjüdischen Völkern verkünde. Das tat ich vor der versammelten Gemeinde und auch noch in besonderen Zusammenkünften vor ihren maßgebenden Leuten. Denn ich war in Sorge, meine Missionsarbeit könnte nicht anerkannt werden und meine ganze Mühe vergeblich sein, die künftige wie die bisherige. ³ Aber nicht einmal mein Begleiter Titus, ein Grieche, wurde gezwungen, sich beschneiden zu lassen.

⁴ Es waren allerdings falsche Brüder eingedrungen, wie sie sich damals auch anderswo in den Gemeinden eingeschlichen hatten. Sie wollten sich zu Richtern über die Freiheit machen, die wir durch Jesus Christus haben, und uns wieder unter das Gesetz zwingen. ⁵ Aber ich habe ihnen nicht einen Augenblick nachgegeben. Die Gute Nachricht sollte euch unverfälscht erhalten bleiben!

⁶ Dagegen machten mir die maßgebenden Leute in der Gemeinde keinerlei Auflagen. – Was sie früher einmal waren, interessiert mich im übrigen nicht; bei Gott gibt es keine Rangunterschiede. – ⁷ Ganz im Gegenteil: Sie erkannten, daß Gott mich beauftragt hat, die Gute Nachricht den nichtjüdischen Völkern zu bringen, so wie er Petrus beauftragt hat, sie den Juden zu bringen. ⁸ Denn Gott wirkte durch Petrus bei seiner Missionsarbeit unter den Juden und hat ihn so als Apostel für die Juden bestätigt. Und er wirkte auch durch mich in meiner Missionsarbeit unter den Nichtjuden und hat mich so als Apostel für die anderen Völker bestätigt.

⁹ Die maßgebenden Leute, die als »die Säulen« gelten, Jakobus, Petrus und Johannes, erkannten, daß Gott mir diesen Auftrag anvertraut hat. So gaben sie mir und Barnabas die

Hand zum Zeichen der Gemeinschaft. Wir einigten uns, daß Barnabas und ich unter den anderen Völkern die Gute Nachricht verkünden sollten und sie unter den Juden. [10]Sie machten nur zur Bedingung, daß wir die verarmte Gemeinde in Jerusalem unterstützten. Darum habe ich mich auch wirklich bemüht.

Eine notwendige Klarstellung

[11]Als Petrus später in Antiochia war, stellte ich ihn öffentlich zur Rede, weil sein Verhalten unentschuldbar war. [12]Zuerst nämlich nahm er zusammen mit den nichtjüdischen Brüdern und Schwestern an den gemeinsamen Mahlzeiten teil. Aber dann kamen Leute aus dem Kreis um Jakobus, die das jüdische Gesetz streng befolgen. Da zog sich Petrus von den gemeinsamen Mahlzeiten zurück und aß aus Furcht vor ihnen nicht mehr mit den Nichtjuden. [13]Auch die anderen Juden in der Gemeinde blieben gegen ihre Überzeugung den gemeinsamen Mahlzeiten fern, so daß sogar Barnabas angesteckt wurde und genau wie sie seine Überzeugung verleugnete.

[14]Als ich sah, daß sie damit die Wahrheit der Guten Nachricht preisgaben, sagte ich zu Petrus vor der ganzen Gemeinde: »Obwohl du ein Jude bist, hast du bisher die Vorschriften des jüdischen Gesetzes nicht beachtet und hast wie ein Nichtjude gelebt. Warum zwingst du dann jetzt durch dein Verhalten die nichtjüdischen Brüder und Schwestern, so wie Juden nach den Vorschriften des Gesetzes zu leben?«

[15]Es stimmt, wir sind von Geburt Juden und nicht Sünder wie die Angehörigen der anderen Völker. [16]Aber wir wissen, daß kein Mensch deshalb vor Gott als gerecht bestehen kann, weil er das Gesetz befolgt. Nur die finden bei Gott Anerkennung, die in vertrauendem Glauben annehmen, was Gott durch Jesus Christus für uns getan hat. Deshalb haben auch wir unser Vertrauen auf Jesus Christus gesetzt, um durch das Vertrauen auf ihn bei Gott Anerkennung zu finden und nicht durch Erfüllung des Gesetzes; denn mit Taten, wie sie das Gesetz verlangt, kann kein Mensch vor Gott als gerecht bestehen.

Gesetz und Gnade

[17]Auch wir als Juden suchen also durch Christus vor Gott als gerecht zu bestehen, und damit geben wir zu, daß wir genauso Sünder sind wie die Menschen der anderen Völker. Soll das heißen, daß es nicht mehr auf gut und böse ankommt und demnach Christus der Sünde Vorschub leistet? Auf keinen Fall! [18]Vielmehr mache ich mich selbst zum Sünder,

nämlich zum Übertreter des Gesetzes, wenn ich durch mein Verhalten das Gesetz zuerst für ungültig erkläre und dann doch wieder in Geltung setze.

[19] In Wirklichkeit hat das Gesetz von mir nichts mehr zu fordern: Ich bin tot für das Gesetz, das Gesetz selbst hat mich dahin gebracht, und jetzt lebe ich für Gott. Ich bin mit Christus am Kreuz gestorben. [20] Darum lebe nun nicht mehr ich, sondern Christus lebt in mir. Das Leben, das ich jetzt noch in diesem vergänglichen Körper lebe, lebe ich im Vertrauen auf den Sohn Gottes, der mir seine Liebe erwiesen und sein Leben für mich gegeben hat.

[21] Ich weise die Gnade Gottes nicht zurück. Wenn wir vor Gott damit bestehen könnten, daß wir das Gesetz erfüllen, dann wäre ja Christus vergeblich gestorben!

GLAUBE ALS FREIHEIT VOM GESETZ (3,1–5,12)

Der unbegreifliche Rückfall der Gemeinde

3 Ihr unvernünftigen Galater! Welcher Dämon hat euch um den Verstand gebracht? Habe ich euch denn nicht Jesus Christus, den Gekreuzigten, in aller Deutlichkeit vor Augen gestellt? [2] Ich möchte euch nur eines fragen: Hat Gott euch seinen Geist gegeben, weil ihr das Gesetz befolgt habt oder weil ihr die Botschaft gehört und angenommen habt, daß es vor Gott allein auf den vertrauenden Glauben ankommt? [3] Warum begreift ihr denn nicht? Was der Geist Gottes in euch angefangen hat, das wollt ihr jetzt aus eigener Kraft zu Ende führen? [4] Ihr habt so große Dinge erlebt – war das alles vergeblich? Es kann nicht vergeblich gewesen sein! [5] Gott gibt euch seinen Geist und läßt Wunder bei euch geschehen – tut er das, weil ihr das Gesetz befolgt oder weil ihr die Botschaft vom Glauben gehört und angenommen habt?

Die Gute Nachricht gründet in der Zusage an Abraham

[6] Von Abraham heißt es doch in den Heiligen Schriften: »Er vertraute Gott und glaubte seiner Zusage, und dies rechnete Gott ihm als Gerechtigkeit an.« [7] Ihr seht also, wer die echten Nachkommen Abrahams sind: Es sind die Menschen, die der Zusage Gottes glauben. [8] In den Heiligen Schriften ist auch vorausgesehen, daß Gott die nichtjüdischen Völker aufgrund des Glaubens annehmen werde. Deshalb wird dort Abraham im voraus die Gute Nachricht verkündet: »Durch dich werden alle Völker der Erde gesegnet werden.« [9] Daraus geht her-

vor, daß alle, die Gott glauben und ihm vertrauen, zusammen mit dem glaubenden Abraham gesegnet werden.

Das Gesetz führt nicht zum Leben

[10] Die anderen dagegen, die durch Erfüllung des Gesetzes vor Gott als gerecht bestehen wollen, leben unter einem Fluch. Denn es heißt in den Heiligen Schriften: »Fluch über jeden, der nicht alle Bestimmungen im Buch des Gesetzes genau befolgt!« [11] Es ist offenkundig: Wo das Gesetz regiert, kann niemand vor Gott als gerecht bestehen. Denn es heißt ja auch: »Nur wer durch vertrauenden Glauben vor Gott als gerecht gilt, wird leben.« [12] Beim Gesetz jedoch geht es nicht um Glauben und Vertrauen; vom Gesetz gilt: »Wer *seine Vorschriften befolgt*, wird dadurch leben.«

[13] Christus hat uns von dem Fluch losgekauft, unter den uns das Gesetz gestellt hatte. Denn er hat an unserer Stelle den Fluch auf sich genommen. Es heißt ja in den Heiligen Schriften: »Wer am Holz hängt, ist von Gott verflucht.« [14] So sollte durch Jesus Christus der Segen, der Abraham zugesagt wurde, zu allen Völkern kommen, damit wir alle durch vertrauenden Glauben den Geist erhalten, den Gott versprochen hat.

Gottes Zusage ist älter als das Gesetz

[15] Brüder und Schwestern, ich nehme einen Vergleich aus dem täglichen Leben. Wenn ein Mensch ein Testament aufgesetzt hat und es rechtsgültig geworden ist, kann niemand sonst es für ungültig erklären oder etwas hinzufügen. [16] So ist es auch mit den Zusagen, die Gott Abraham und seinem Nachkommen gemacht hat. Er sagt übrigens nicht: »und dein*en* Nachkommen«, als ob viele gemeint wären, sondern er sagt ausdrücklich: »dein*em* Nachkommen«, und er meint damit Christus.

[17] Ich will damit folgendes sagen: Das Testament, das Gott rechtskräftig ausgefertigt hat, kann nicht außer Kraft gesetzt werden durch das Gesetz, das erst 430 Jahre später erlassen wurde. Es kann die Zusage nicht aufheben. [18] Gott hat ein großartiges Erbe ausgesetzt. Wenn sein Empfang von der Befolgung des Gesetzes abhinge, dann wäre es nicht mehr ein Geschenk der freien Zusage. Gott aber hat Abraham aus reiner Gnade diese Zusage gemacht.

Die Herrschaft des Gesetzes ist befristet

[19] Was für einen Sinn hat dann das Gesetz? Es ist hinzugefügt worden, damit die Macht der Sünde in den Gesetzesübertre-

tungen sichtbar wird. Es sollte auch nur so lange gelten, bis der Nachkomme Abrahams da wäre, an dem die Zusage in Erfüllung geht. Im übrigen ist das Gesetz durch Engel gegeben und von einem Vermittler überbracht. [20]Es braucht aber keinen Vermittler, wenn eine einzige Person handelt; und Gott ist doch Einer.

[21]Steht dann das Gesetz in Widerspruch zu den göttlichen Zusagen? Keineswegs! Es wurde ja nicht ein Gesetz erlassen, das zum Leben führen kann. Nur dann könnten die Menschen durch Erfüllung des Gesetzes vor Gott als gerecht bestehen. [22]In den Heiligen Schriften heißt es aber, daß die gesamte Menschheit in der Gewalt der Sünde ist. Was Gott zugesagt hat, sollten die Menschen geschenkt bekommen aufgrund des Glaubens, nämlich des Vertrauens auf das, was Gott durch Jesus Christus getan hat. Alle, die darauf vertrauen, sollen es bekommen.

[23]Bevor uns Gott diesen Weg des Glaubens geöffnet hat, waren wir unter der Aufsicht des Gesetzes in das Gefängnis der Sünde eingeschlossen. Das sollte so lange dauern, bis Gott den vertrauenden Glauben als Weg in die Freiheit bekanntmachen würde, [24]und das heißt: bis Christus kam. So lange war das Gesetz unser Aufseher; es war für uns wie der Sklave, der die Kinder mit dem Stock zur Ordnung anhält. Denn nicht durch das Gesetz, sondern einzig und allein durch vertrauenden Glauben sollten wir vor Gott als gerecht bestehen.

[25]Jetzt ist der Weg des Glaubens geöffnet; darum sind wir nicht mehr unter dem Aufseher mit dem Stock.

Statt Sklaven des Gesetzes Kinder Gottes

[26]Ihr alle seid jetzt mündige Söhne und Töchter Gottes – durch den Glauben und weil ihr in engster Gemeinschaft mit Jesus Christus verbunden seid. [27]Denn als ihr in der Taufe Christus übereignet wurdet, habt ihr Christus angezogen wie ein Gewand. [28]Es hat darum auch nichts mehr zu sagen, ob ein Mensch Jude ist oder Nichtjude, ob im Sklavenstand oder frei, ob Mann oder Frau. Durch eure Verbindung mit Jesus Christus seid ihr alle *ein* neuer Mensch geworden. [29]Wenn ihr aber zu Christus gehört, seid ihr auch Abrahams Nachkommen und bekommt das Erbe, das Gott Abraham versprochen hat.

4 Nun sage ich: Solange der rechtmäßige Erbe minderjährig ist, unterscheidet er sich in nichts von einem Sklaven, auch wenn ihm in Wirklichkeit alles gehört. [2]Bis zu dem Zeitpunkt, den der Vater im Testament festgelegt hat,

ist er von Vormündern und Vermögensverwaltern abhängig. ³So standen auch wir früher als Unmündige unter der Herrschaft der Mächte dieser Welt. ⁴Als aber die Zeit gekommen war, sandte Gott seinen Sohn. Der wurde als Mensch geboren und dem Gesetz unterstellt, ⁵um alle zu befreien, die unter der Herrschaft des Gesetzes standen. Durch ihn wollte Gott uns als seine mündigen Söhne und Töchter annehmen.

⁶Weil ihr nun Gottes Söhne und Töchter seid, gab Gott euch den Geist seines Sohnes ins Herz. Der ruft aus uns: »Abba! Vater!« ⁷Du bist also nicht länger Sklave, sondern mündiger Sohn und mündige Tochter, und wenn du das bist, dann bist du nach Gottes Willen auch Erbe: Du bekommst, was Gott Abraham versprochen hat.

Paulus sorgt sich um die Gemeinde

⁸Ganz anders war es damals, als ihr Gott noch nicht gekannt habt: Wie Sklaven dientet ihr Göttern, die gar keine sind. ⁹Jetzt habt ihr Gott erkannt, besser gesagt: Gott hat *euch* erkannt, und das heißt: euch erwählt. Wie könnt ihr dann wieder zu diesen schwachen und armseligen Mächten zurückkehren? Wollt ihr von neuem ihre Sklaven sein? ¹⁰Ihr meint, ihr müßt auf bestimmte Tage, Monate, Festzeiten, Jahre achten und euch danach richten. ¹¹Ihr macht mir Sorgen! Soll meine ganze Arbeit an euch vergeblich gewesen sein?

¹²Ich bitte euch, liebe Brüder und Schwestern: Werdet wie ich, weil ich ja auch wie ihr geworden bin – nämlich frei vom Gesetz. Ihr habt mir nie eine Kränkung zugefügt. ¹³Ihr wißt doch noch, wie ich zum erstenmal bei euch war und euch die Gute Nachricht brachte. Ich war krank, ¹⁴und mein Zustand stellte euch auf eine harte Probe. Trotzdem habt ihr mich nicht verachtet oder verabscheut. Im Gegenteil, ihr habt mich wie einen Engel Gottes aufgenommen, ja wie Jesus Christus selbst. ¹⁵Damals habt ihr euch glücklich gepriesen. Wo ist das nun geblieben? Ich kann euch bezeugen: Wenn es möglich gewesen wäre, hättet ihr euch sogar die Augen ausgerissen und sie mir gegeben. ¹⁶Bin ich jetzt euer Feind geworden, weil ich euch die Gute Nachricht unverfälscht bewahren will?

¹⁷Ihr werdet von Leuten umworben, die es nicht gut mit euch meinen. Sie wollen euch nur von mir und von Christus trennen, damit ihr *sie* umwerbt. ¹⁸Dagegen ist es gut, wenn ihr im guten Sinne *mich* umwerbt, und das nicht nur, wenn ich bei euch bin. ¹⁹Meine Kinder, ich leide noch einmal Geburtswehen um euch, bis Christus in eurer Mitte Gestalt angenommen hat! ²⁰Könnte ich nur bei euch sein und so zu

euch reden, daß es euch ins Herz dringt! Ich bin ratlos, was
ich mit euch machen soll.

Die beiden Söhne Abrahams

[21] Ihr wollt euch dem Gesetz unterwerfen. Ich frage euch:
Hört ihr nicht, was das Gesetz sagt? [22] Im Buch des Gesetzes
steht: Abraham hatte zwei Söhne, einen von der Sklavin
Hagar und einen von der freien Frau Sara. [23] Der Sohn der
Sklavin verdankte sein Leben den menschlichen Kräften, der
Sohn der Freien verdankte es der Zusage Gottes. [24] Diese
Erzählung hat einen tieferen Sinn: Die beiden Mütter bedeuten zwei verschiedene Ordnungen Gottes. Die eine Ordnung, für die Hagar steht, wurde am Berg Sinai erlassen und
bringt Sklaven hervor. [25] Das Wort Hagar bezeichnet nämlich
den Berg Sinai in Arabien. Er entspricht dem jetzigen Jerusalem; denn dies lebt mit seinen Kindern in der Sklaverei.
[26] Das Jerusalem dagegen, das im Himmel bereitsteht, ist
frei. Das ist unsere Mutter! [27] Von ihr heißt es: »Freu dich, du
Unfruchtbare, obwohl du keine Kinder zur Welt bringst!
Juble laut, obwohl du nicht in Wehen kommst! Denn die ver-
lassene Frau hat viele Kinder, mehr als die, die den Mann
hat.«
[28] Brüder und Schwestern, ihr verdankt wie Isaak euer
Leben der Zusage Gottes. [29] Aber schon damals verfolgte der
Sohn, der aus menschlichen Kräften geboren wurde, den
andern, der sein Leben vom Geist Gottes hatte. So ist es auch
jetzt. [30] Aber was steht in den Heiligen Schriften? »Jage die
Sklavin und ihren Sohn fort; denn der Sohn der Sklavin darf
nicht mit dem Sohn der Freien zusammen erben.« [31] Begreift
doch, Brüder und Schwestern: Wir sind nicht Kinder der
Sklavin, sondern der Freien!

Laßt euch eure Freiheit nicht nehmen!

5 Christus hat uns befreit; er will, daß wir jetzt auch frei
bleiben. Steht also fest und laßt euch nicht wieder ins
Sklavenjoch einspannen! [2] Ich, Paulus, sage euch mit aller
Deutlichkeit: Wenn ihr euch beschneiden laßt, dann wird
Christus und alles, was er gebracht hat, für euch nutzlos sein.
[3] Ich sage noch einmal mit Nachdruck jedem, der sich beschneiden läßt: Er verpflichtet sich damit, das ganze Gesetz
zu befolgen. [4] Wenn ihr wirklich vor Gott als gerecht bestehen
wollt, indem ihr das Gesetz befolgt, habt ihr euch von Christus losgesagt und die Gnade vertan.
[5] Wir dagegen leben aus der Kraft des Heiligen Geistes und
setzen alles auf Glauben und Vertrauen, und so erwarten wir

das Ziel, auf das wir hoffen dürfen: daß wir vor Gott als gerecht bestehen und das Heil erlangen werden. ⁶Wo Menschen mit Jesus Christus verbunden sind, zählt nicht, ob jemand beschnitten ist oder nicht. Es zählt nur der vertrauende Glaube, der sich in tätiger Liebe auswirkt.

⁷Ihr kamt so gut voran! Wer hat euch aufgehalten, daß ihr der Wahrheit nicht mehr folgen wollt? ⁸Das, was man euch da einreden will, kommt nicht von Gott, der euch berufen hat. ⁹Denkt daran: »Ein klein wenig Sauerteig macht den ganzen Teig sauer.« ¹⁰Weil ich mit Christus, dem Herrn, rechne, bin ich zuversichtlich, daß ihr zur gleichen Überzeugung kommen werdet. Die, die euch irremachen, werden ihr Urteil empfangen, ganz gleich, wer sie sind.

¹¹Meine Brüder und Schwestern, wenn ich selbst fordern würde, daß Christen sich beschneiden lassen müssen, wie manche mir unterstellen: Warum werde ich dann noch verfolgt? Dann wäre ja der Stein des Anstoßes beseitigt, daß wir allein durch das gerettet werden, was am Kreuz für uns geschehen ist. ¹²Wenn die Leute, die euch aufhetzen, schon so viel Wert aufs Beschneiden legen, dann sollen sie sich doch gleich kastrieren lassen!

BEFREIT ZUR LIEBE (5,13–6,10)

Leben in Liebe aus der Kraft des Geistes

¹³Gott hat euch zur Freiheit berufen, meine Brüder und Schwestern! Aber mißbraucht eure Freiheit nicht als Freibrief zur Befriedigung eurer selbstsüchtigen Wünsche, sondern dient einander in Liebe. ¹⁴Das ganze Gesetz ist erfüllt, wenn dieses eine Gebot befolgt wird: »Liebe deinen Mitmenschen wie dich selbst.« ¹⁵Wenn ihr einander wie wilde Tiere kratzt und beißt, dann paßt nur auf, daß ihr euch nicht gegenseitig verschlingt!

¹⁶Ich will damit sagen: Lebt aus der Kraft, die der Geist Gottes gibt; dann müßt ihr nicht euren selbstsüchtigen Wünschen folgen. ¹⁷Die menschliche Selbstsucht kämpft gegen den Geist Gottes und der Geist Gottes gegen die menschliche Selbstsucht: Die beiden liegen im Streit miteinander, so daß ihr von euch aus das Gute nicht tun könnt, das ihr doch eigentlich wollt. ¹⁸Wenn ihr euch aber vom Geist Gottes führen laßt, dann steht ihr nicht mehr unter dem Gesetz, das euch diesem Widerspruch ausliefert.

¹⁹Was die menschliche Selbstsucht hervorbringt, ist offenkundig, nämlich: Unzucht, Verdorbenheit und Ausschwei-

fung, [20] Götzenanbetung und magische Praktiken, Feindschaft, Streit und Rivalität, Wutausbrüche, Intrigen, Uneinigkeit und Spaltungen, [21] Neid, Trunk- und Freßsucht und
noch vieles dergleichen. Ich warne euch, wie ich es schon
früher getan habe: Menschen, die solche Dinge tun, werden
nicht erben, was Gott versprochen hat; für sie ist kein Platz in
Gottes neuer Welt.

[22] Der Geist Gottes dagegen läßt als Frucht eine Fülle von
Gutem wachsen, nämlich: Liebe, Freude und Frieden, Geduld, Freundlichkeit und Güte, Treue, [23] Bescheidenheit und
Selbstbeherrschung. Gegen all dies hat das Gesetz nichts ein-
zuwenden. [24] Menschen, die zu Jesus Christus gehören,
haben ja doch ihre selbstsüchtige Natur mit allen Leidenschaften und Begierden ans Kreuz genagelt.

Die Last teilen

[25] Wenn wir nun durch Gottes Geist ein neues Leben haben,
dann wollen wir auch aus diesem Geist unser Leben führen.
[26] Wir wollen nicht mit unseren vermeintlichen Vorzügen vor-
einander großtun, uns damit gegenseitig herausfordern oder
einander beneiden.

6 Brüder und Schwestern, auch wenn jemand unter euch
in Sünde fällt, müßt ihr zeigen, daß der Geist Gottes
euch leitet. Bringt einen solchen Menschen mit Nachsicht
wieder auf den rechten Weg. Paßt aber auf, daß ihr dabei
nicht selbst zu Fall kommt!

[2] Helft einander, eure Lasten zu tragen. So erfüllt ihr das
Gesetz, das Christus uns gibt. [3] Wer sich dagegen einbildet,
besser zu sein als andere, und es doch gar nicht ist, betrügt
sich selbst. [4] Jeder und jede von euch sollen das eigene Tun
überprüfen, ob es vor Gott bestehen kann. Ob sie etwas an
sich zu rühmen haben, das lesen sie dann an sich selber ab
und nicht an anderen, über die sie sich erheben. [5] Jeder wird
genug an dem zu tragen haben, was er selbst vor Gott verantworten muß.

[6] Wer im christlichen Glauben unterwiesen wird, soll dafür
seinem Lehrer von allem etwas abgeben, was zum Leben
nötig ist.

[7] Macht euch nichts vor! Gott läßt keinen Spott mit sich
treiben. Jeder Mensch wird ernten, was er gesät hat. [8] Wer auf
den Boden der menschlichen Selbstsucht sät, wird von ihr
den Tod ernten. Wer auf den Boden von Gottes Geist sät,
wird von ihm unvergängliches Leben ernten.

[9] Wir wollen nicht müde werden zu tun, was gut und recht
ist. Denn wenn die Zeit da ist, werden wir auch die Ernte ein-

bringen; wir dürfen nur nicht aufgeben. [10] Solange wir also noch Zeit haben, wollen wir allen Menschen Gutes tun, besonders denen, die mit uns durch den Glauben verbunden sind.

EIGENHÄNDIGER SCHLUSS (6,11-18)

Letzte Mahnung: Das Kreuz als Maßstab

[11] Ihr seht die großen Buchstaben, mit denen ich euch jetzt eigenhändig schreibe! [12] Diese Leute drängen euch zur Beschneidung, weil sie damit vor Menschen gut dastehen wollen. Sie tun es nämlich nur, damit sie für ihr Bekenntnis zum gekreuzigten Christus nicht von den Juden verfolgt werden. [13] Sie treten zwar für die Beschneidung ein und sind auch beschnitten, aber nicht einmal sie selbst befolgen das Gesetz in vollem Umfang. Ihr sollt euch nur deshalb beschneiden lassen, damit sie das vorweisen und sich damit rühmen können.

[14] Ich aber will sonst nichts vorweisen als allein das Kreuz unseres Herrn Jesus Christus und mich mit nichts anderem rühmen. Weil er am Kreuz gestorben ist, ist für mich die Welt gekreuzigt, und ich bin gekreuzigt für die Welt. [15] Darum hat es keine Bedeutung mehr, beschnitten zu sein, und auch keine, unbeschnitten zu sein. Was allein zählt, ist: durch Christus neu geschaffen sein.

[16] Allen bei euch, die sich an diesen Grundsatz halten, schenke Gott seinen Frieden und sein Erbarmen, ihnen und dem ganzen Israel Gottes. [17] Künftig soll mir niemand mehr in dieser Sache das Leben schwermachen! Durch die Wundnarben an meinem Körper bin ich als Eigentum von Jesus ausgewiesen.

[18] Die Gnade unseres Herrn Jesus Christus sei mit euch.

DER BRIEF DES APOSTELS PAULUS AN DIE GEMEINDE IN EPHESUS
(Epheserbrief)

DIE FÜLLE DER GNADE UND WEISHEIT IN CHRISTUS (Kapitel 1–3)

Eingangsgruß

1 Paulus, Apostel von Jesus Christus durch den Willen Gottes, schreibt diesen Brief an alle in Ephesus, die Gott für sich ausgesondert hat und die durch Jesus Christus zum Glauben an ihn gekommen sind:
²Gnade und Frieden sei mit euch von Gott, unserem Vater, und von Jesus Christus, dem Herrn!

Gottes Liebe in Christus

³Preis und Dank sei unserem Gott –
dem Gott und Vater unseres Herrn Jesus Christus!
Denn durch Christus hat er uns Anteil gegeben
an der Fülle der Gaben seines Geistes
in der himmlischen Welt.
⁴Schon bevor er die Welt erschuf,
hat er uns vor Augen gehabt
als Menschen, die zu Christus gehören;
in Christus hat er uns schon damals erwählt,
daß wir heilig und fehlerlos vor ihm stehen.
⁵Aus Liebe hat er uns dazu bestimmt,
seine Söhne und Töchter zu werden –
durch Jesus Christus und im Blick auf ihn.
So war es sein eigener gnädiger Wille,
⁶damit wir seine große Güte preisen,
die Gnade, die er uns erwiesen hat
durch Jesus Christus, seinen geliebten Sohn.

⁷Durch dessen Blut sind wir erlöst,
unsere ganze Schuld ist uns vergeben.
So zeigte Gott uns den Reichtum seiner Gnade.
⁸In seiner überströmenden Güte

schenkte er uns Einsicht
und ließ uns seine Wege erkennen.
[9] Er hielt sein Geheimnis vor allen verborgen;
niemand erfuhr etwas von seinem Plan,
den er durch Christus ausführen wollte.
Uns aber hat er bekanntgemacht,
[10] wie er nach seiner Absicht
die Zeiten zur Erfüllung bringt:
Alles im Himmel und auf der Erde
wollte er zur Einheit zusammenführen
unter Christus als dem Haupt.

[11] Durch Christus
haben wir Anteil bekommen am künftigen Heil.
Dazu hat Gott uns von Anfang an bestimmt
nach seinem Plan und Willen –
er, der alle Dinge bewirkt.
[12] Denn ein Lobpreis seiner Herrlichkeit
sollen wir sein – wir alle,
die wir durch Christus von Hoffnung erfüllt sind!

[13] Durch Christus
habt auch ihr das Wort der Wahrheit gehört,
die Gute Nachricht, die euch Rettung bringt,
und ihr habt es im Glauben angenommen.
Durch Christus hat Gott euch den Heiligen Geist gegeben,
den er den Seinen versprochen hatte;
damit hat er euch sein Siegel aufgedrückt.
[14] Dieser Geist ist das Angeld dafür,
daß wir auch alles andere erhalten,
alles, was Gott uns versprochen hat.
Gott will uns die Erlösung schenken,
das endgültige, volle Heil –
und das alles wird geschehen
zum Lobpreis seiner Herrlichkeit.

Dank und Bitte

[15] Weil das so ist und weil ich von eurem Glauben und eurer
Liebe gehört habe – dem Glauben an Gott, der durch Jesus,
den Herrn, in euch lebt, und der Liebe zu allen Christen –,
[16] darum danke ich Gott unermüdlich für euch, wenn ich in
meinen Gebeten an euch denke. [17] Und ich bitte den Gott
unseres Herrn Jesus Christus, den Vater, dem alle Macht und
Herrlichkeit gehört, euch durch seinen Geist Weisheit zu

geben, so daß ihr ihn und seine Heilsabsicht erkennen könnt.
[18] Er öffne euch das innere Auge, damit ihr seht, zu welch großartigem Ziel er euch berufen hat. Er lasse euch erkennen, wie reich er euch beschenken will und zu welcher Herrlichkeit er euch in der Gemeinschaft der Engel bestimmt hat.
[19] Ihr sollt begreifen, wie überwältigend groß die Kraft ist, mit der er an uns, den Glaubenden, wirkt.

Es ist dieselbe gewaltige Kraft, [20] mit der er an Christus gewirkt hat, als er ihn vom Tod auferweckte und in der himmlischen Welt an seine rechte Seite setzte. [21] Dort thront jetzt Christus über allen unsichtbaren Mächten und Gewalten, über allem, was irgend Rang und Namen hat, in dieser Welt und auch in der kommenden.

[22] Alles hat Gott ihm unterworfen; ihn aber, den Herrn über alles, gab er der Gemeinde zum Haupt. [23] Die Gemeinde ist sein Leib: Er, der alles zur Vollendung führen wird, lebt in ihr mit seiner ganzen Fülle.

Vom Tod zum Leben

2 Auch ihr habt an diesem Leben teil. In der Vergangenheit wart ihr tot; denn ihr wart Gott ungehorsam und habt gesündigt. [2] Ihr habt nach der Art dieser Welt gelebt und euch jener Geistesmacht unterworfen, die ihr Reich zwischen Himmel und Erde hat und von dort her ihre Herrschaft über diese Welt ausübt. Sie wirkt noch jetzt als Geist der Verführung in den Menschen, die sich Gott nicht unterstellen.
[3] So wie sie haben wir alle früher gelebt. Wir haben uns von unseren selbstsüchtigen Wünschen leiten lassen und getan, was unsere Triebe und Sinne verlangten. Darum waren wir wie alle anderen Menschen nach unserer ganzen Wesensart dem Strafgericht Gottes verfallen.

[4] Aber Gott ist reich an Erbarmen. Er hat uns seine ganze Liebe geschenkt. [5] Durch unseren Ungehorsam waren wir tot; aber er hat uns mit Christus zusammen lebendig gemacht. – Bedenkt: Aus reiner Gnade hat er euch gerettet! –
[6] Er hat uns mit Jesus Christus vom Tod auferweckt und zusammen mit ihm in die himmlische Herrschaft eingesetzt.
[7] In den kommenden Zeiten soll das enthüllt werden. Dann soll der unendliche Reichtum seiner Gnade sichtbar werden: die Liebe, die Gott uns durch Jesus Christus erwiesen hat.

[8] Eure Rettung ist wirklich reine Gnade, und ihr empfangt sie allein durch den Glauben. Ihr selbst habt nichts dazu getan, sie ist Gottes Geschenk. [9] Ihr habt sie nicht durch

irgendein Tun verdient; denn niemand soll sich mit irgend etwas rühmen können. [10] Wir sind ganz und gar Gottes Werk. Durch Jesus Christus hat er uns so geschaffen, daß wir nun Gutes tun können. Er hat sogar unsere guten Taten im voraus geschaffen, damit sie nun in unserem Leben Wirklichkeit werden.

Durch Christus geeint

[11] Denkt daran, was ihr früher gewesen seid! Ihr gehörtet ja zu den Völkern, die von den Juden die »Unbeschnittenen« genannt werden – dabei haben sie selbst doch nur die Beschneidung, die von Menschen vollzogen wird. [12] Jedenfalls wart ihr damals von Christus getrennt. Ihr wart Fremde und gehörtet nicht zur Gemeinde Israels. Die Zusagen, die Gott bei seinen Bundschließungen gemacht hatte, galten für euch nicht. Ohne Hoffnung und ohne Gott lebtet ihr in der Welt. [13] Damals wart ihr dem wahren Leben fern, jetzt aber seid ihr ihm nahe durch die Verbindung mit Jesus Christus, durch das Blut, das er vergossen hat.

[14] Christus ist es, der uns allen den Frieden gebracht und Juden und Nichtjuden zu einem einzigen Volk verbunden hat. Er hat die Mauer eingerissen, die die beiden trennte und zu Feinden machte. Denn durch sein Sterben [15] hat er das jüdische Gesetz mit seinen zur Trennung führenden Vorschriften beseitigt. So hat er Frieden gestiftet. Er hat die getrennten Teile der Menschheit mit sich verbunden und daraus den einen neuen Menschen geschaffen. [16] Durch seinen Tod am Kreuz hat er die beiden – als in *einem* Leib, der Gemeinde, vereinigte – zur Aussöhnung mit Gott gebracht. In seiner Person, durch seinen Tod, hat er alle Feindschaft für immer getötet. [17] Und dann kam er und hat diesen Frieden allen verkündet, euch, die ihr fern wart, und ebenso denen, die nahe waren. [18] Durch ihn dürfen wir beide, Juden und Nichtjuden, in *einem* Geist vor Gott, den Vater, treten.

[19] Ihr Menschen aus den anderen Völkern seid also nicht länger Fremde und Gäste. Ihr habt Bürgerrecht im Himmel zusammen mit den Engeln, ihr seid Gottes Hausgenossen. [20] Denn ihr seid ja in den Bau eingefügt, dessen Fundament die Apostel und Propheten bilden, und der Eckstein im Fundament ist Jesus Christus. [21] Durch ihn wird der ganze Bau zusammengehalten, durch ihn, den Herrn, wächst er auf zu einem heiligen Tempel. [22] Weil ihr zu Christus gehört, seid auch ihr als Bausteine in diesen Tempel eingefügt, in dem Gott durch seinen Geist wohnt.

Der besondere Auftrag des Apostels

3 Deshalb bete ich, Paulus, für euch zu Gott. Ich bin im Gefängnis, weil ich Jesus Christus diene. Für euch, die Menschen aus den anderen Völkern, leide ich dies alles. ²Ihr habt gehört, wie Gott mich für seinen Plan in Dienst genommen und mir den Auftrag gegeben hat, die Gute Nachricht euch, den Nichtjuden, zu verkünden. ³Durch Offenbarung hat er mir das Geheimnis enthüllt, von dem ich soeben schon in Kürze gesprochen habe. ⁴Wenn dieser Brief bei euch vorgelesen wird, könnt ihr aus ihm entnehmen, welch tiefe Einsicht Gott mir geschenkt hat – Einsicht in den geheimnisvollen Plan, den er mit Christus verfolgt. ⁵Frühere Generationen kannten dieses Geheimnis noch nicht; aber jetzt hat Gott es seinen Aposteln und Propheten durch seinen Geist enthüllt. ⁶Dies ist das Geheimnis: Durch Jesus Christus bekommen die nichtjüdischen Völker Anteil am Heil, sind ein Teil am Leib von Christus, sind mitgemeint bei den Zusagen, die seiner Gemeinde gelten.

Dies wird öffentlich bekanntgemacht durch die Gute Nachricht, ⁷in deren Dienst ich stehe. In seiner Gnade hat Gott mir meinen Auftrag gegeben und damit an mir seine Macht gezeigt. ⁸Gerade mir, dem geringsten von allen, die er in sein heiliges Volk berief, hat er diesen Auftrag anvertraut, den anderen Völkern die Gute Nachricht von dem unergründlichen Reichtum zu bringen, der uns durch Christus geschenkt wird. ⁹Ich sollte für alle ans Licht bringen, wie Gott seinen verborgenen Plan verwirklicht. Er, der alles geschaffen hat, hat diesen Plan vor aller Zeit gefaßt und als sein Geheimnis bewahrt. ¹⁰Jetzt macht er ihn den Mächten und Gewalten in der himmlischen Welt durch seine Gemeinde bekannt: An ihr und durch sie sollen sie seine Weisheit in ihrem ganzen Reichtum erkennen. ¹¹So entspricht es Gottes ewigem Plan, den er in Gemeinschaft mit Jesus Christus, unserem Herrn, vor aller Zeit gefaßt hatte.

¹²Weil wir uns auf diesen Herrn verlassen, dürfen wir zuversichtlich und vertrauensvoll vor Gott treten. ¹³Darum bitte ich euch: Laßt euch nicht irremachen durch das, was ich leiden muß. Es geschieht zu eurem Besten, damit ihr an der Herrlichkeit Anteil bekommt, die für euch bestimmt ist.

Paulus betet für die Gemeinde

¹⁴Deshalb knie ich vor Gott nieder und bete zu ihm. Er ist der Vater, ¹⁵der alle Wesen in der himmlischen und in der irdischen Welt beim Namen gerufen hat und am Leben er-

hält. ¹⁶Ich bitte ihn, daß er euch aus dem Reichtum seiner Herrlichkeit beschenkt und euch durch seinen Geist innerlich stark macht. ¹⁷Ich bitte ihn, daß Christus durch den Glauben in euch lebt und ihr fest in seiner Liebe wurzelt und auf sie gegründet seid. ¹⁸Ich bitte ihn, daß ihr zusammen mit der ganzen Gemeinschaft der Glaubenden begreifen lernt, wie unermeßlich reich euch Gott beschenkt. ¹⁹Ihr sollt erkennen, was alle Erkenntnis übersteigt, nämlich die unermeßliche Liebe, die Christus zu uns hat. Dann wird die göttliche Lebensmacht mit ihrer ganzen Fülle euch immer mehr erfüllen.

²⁰Gott kann unendlich viel mehr an uns tun, als wir jemals von ihm erbitten oder uns ausdenken können. So mächtig ist die Kraft, mit der er in uns wirkt. ²¹Ihm gehört die Ehre in der Gemeinde und durch Jesus Christus in allen Generationen, für Zeit und Ewigkeit! Amen.

DAS NEUE LEBEN AUS DER GNADE (Kapitel 4–6)

Die Einheit der Kirche

4 Nun bitte ich euch als einer, der für den Herrn im Gefängnis ist: Lebt so, wie es sich für Menschen gehört, die Gott in seine Gemeinde berufen hat. ²Erhebt euch nicht über andere, sondern seid immer freundlich. Habt Geduld und sucht in Liebe miteinander auszukommen. ³Bemüht euch darum, die Einheit zu bewahren, die der Geist Gottes euch geschenkt hat. Der Frieden, der von Gott kommt, soll euch alle miteinander verbinden! ⁴Ihr alle seid ja *ein* Leib, in euch allen lebt *ein* Geist, ihr alle habt die *eine* Hoffnung, die Gott euch gegeben hat, als er euch in seine Gemeinde berief. ⁵Es gibt für euch nur *einen* Herrn, nur *einen* Glauben und nur *eine* Taufe. ⁶Und ihr kennt nur den *einen* Gott, den Vater von allem, was lebt. Er steht über allen. Er wirkt durch alle und in allen.

⁷Jeder und jede von uns hat einen eigenen Anteil an den Gaben erhalten, die Christus in seiner Gnade ausgeteilt hat. ⁸Von ihm heißt es in den Heiligen Schriften:

»Er ist in den Himmel hinaufgestiegen
und hat Gefangene mit sich geführt.
Er hat den Menschen Gaben ausgeteilt.«

⁹Wenn es heißt: »Er ist hinaufgestiegen«, dann setzt das voraus, daß er zuerst herabgekommen ist. ¹⁰Er ist auf die Erde herabgekommen und dann wieder hinaufgestiegen. Dabei hat

er alle Himmel unter sich gelassen und durchdringt jetzt das ganze All samt allem, was darin lebt, mit seiner göttlichen Macht. ¹¹Und auch die versprochenen Gaben hat er ausgeteilt: Er hat die einen zu Aposteln gemacht, andere zu Propheten, andere zu Evangelisten, wieder andere zu Hirten und Lehrern der Gemeinde. ¹²Deren Aufgabe ist es, die Glaubenden zum Dienst bereitzumachen, damit die Gemeinde, der Leib von Christus, aufgebaut wird. ¹³So soll es dahin kommen, daß wir alle die einende Kraft des *einen* Glaubens und der *einen* Erkenntnis des Sohnes Gottes an uns zur Wirkung kommen lassen und darin eins werden – daß wir alle zusammen den vollkommenen Menschen bilden, der Christus ist, und hineinwachsen in die ganze Fülle, die Christus in sich umfaßt.

¹⁴Wir sind dann nicht mehr wie unmündige Kinder, die kein festes Urteil haben und auf dem Meer der Meinungen umhergetrieben werden wie ein Schiff von den Winden. Wir fallen nicht auf das falsche Spiel herein, mit dem betrügerische Menschen andere zum Irrtum verführen. ¹⁵Vielmehr stehen wir fest zu der Wahrheit, die Gott uns bekanntgemacht hat, und halten in Liebe zusammen. So wachsen wir in allem zu Christus empor, der unser Haupt ist. ¹⁶Von ihm her wird der ganze Leib zu einer Einheit zusammengefügt und durch verbindende Glieder zusammengehalten und versorgt. Jeder einzelne Teil erfüllt seine Aufgabe, und so wächst der ganze Leib und baut sich durch die Liebe auf.

Das neue Leben der Christen

¹⁷Das aber sage ich euch im Auftrag des Herrn mit allem Nachdruck: Ihr dürft nicht mehr wie die Menschen leben, die Gott nicht kennen und deshalb von ihrem verkehrten Denken in die Irre geführt werden. ¹⁸Ihr Verstand ist verdunkelt, und sie haben keinen Zugang mehr zum wahren Leben, zu Gott. Das kommt von ihrer Unwissenheit und ihrem verhärteten Herzen. ¹⁹Aus ihrer inneren Leere heraus überlassen sie sich dem Laster. Sie treiben jede Art von Unzucht und sind von unersättlicher Habgier.

²⁰Ihr wißt, daß sich ein solches Leben nicht mit dem verträgt, was ihr über Christus gelernt habt. ²¹Ihr habt doch von ihm gehört, ihr seid über ihn unterrichtet worden und habt an Jesus den Maßstab für euer eigenes Leben. ²²Legt also eure frühere Lebensweise ab! Ja, legt den ganzen alten Menschen ab, der seinen Begierden folgt! Die betrügen ihn nur und führen ihn ins Verderben. ²³Laßt euch in eurem Denken erneuern durch den Geist, der euch geschenkt ist. ²⁴Zieht

den neuen Menschen an, den Gott nach seinem Bild geschaffen hat und der gerecht und heilig lebt aus der Wahrheit Gottes, an der nichts trügerisch ist.

25 Was bedeutet das im einzelnen? Legt das Lügen ab und sagt zueinander die Wahrheit; denn wir sind alle Glieder am Leib von Christus. 26 Versündigt euch nicht, wenn ihr in Zorn geratet! Versöhnt euch wieder und laßt die Sonne nicht über eurem Zorn untergehen. 27 Gebt dem Versucher keine Chance! 28 Wer vom Diebstahl gelebt hat, muß jetzt damit aufhören. Er soll seinen Lebensunterhalt durch eigene Arbeit verdienen und zusehen, daß er auch noch etwas für die Armen übrig hat. 29 Laßt ja kein giftiges Wort über eure Lippen kommen! Seht lieber zu, daß ihr für die anderen, wo es nötig ist, ein gutes Wort habt, das weiterhilft und denen wohltut, die es hören. 30 Beleidigt nicht durch euer Verhalten den Heiligen Geist! Er ist wie ein Siegel, das Gott euch aufgedrückt hat, und er verbürgt euch die endgültige Erlösung. 31 Weg also mit aller Verbitterung, mit Aufbrausen, Zorn und jeder Art von Beleidigung! Schreit einander nicht an! Legt jede feindselige Gesinnung ab! 32 Seid freundlich und hilfsbereit zueinander und vergebt euch gegenseitig, was ihr einander angetan habt, so wie Gott euch durch Christus vergeben hat, was ihr *ihm* angetan habt.

Leben im Licht

5 Nehmt also Gott zum Vorbild! Ihr seid doch seine geliebten Kinder! 2 Euer ganzes Leben soll von der Liebe bestimmt sein. Denkt daran, wie Christus uns geliebt und sein Leben für uns gegeben hat, als eine Opfergabe, an der Gott Gefallen hatte.

3 Weil ihr Gottes heiliges Volk seid, schickt es sich nicht, daß bei euch von Unzucht, Ausschweifung und Habgier auch nur gesprochen wird. 4 Es paßt auch nicht zu euch, gemeine, dumme oder schlüpfrige Reden zu führen. Benutzt eure Zunge lieber, um Gott zu danken! 5 Ihr müßt wissen: Wer Unzucht treibt, ein ausschweifendes Leben führt oder von Habgier erfüllt ist – und Habgier ist eine Form von Götzendienst –, für den ist kein Platz in der neuen Welt, in der Christus zusammen mit Gott herrschen wird. 6 Laßt euch nicht durch leeres Geschwätz verführen! Genau diese Dinge sind es, mit denen die Menschen, die Gott nicht gehorchen wollen, sich sein Strafgericht zuziehen. 7 Mit solchen Leuten dürft ihr nichts zu tun haben!

8 Auch ihr gehörtet einst zur Finsternis, ja, ihr wart selbst Finsternis, aber jetzt seid ihr Licht, weil ihr mit dem Herrn

verbunden seid. Lebt nun auch als Menschen des Lichts!
[9]Aus dem Licht erwächst als Frucht jede Art von Güte,
Rechtschaffenheit und Treue. [10]Fragt immer, was dem Herrn
gefällt! [11]Beteiligt euch nicht an dem finsteren Treiben, das
keine Frucht hervorbringt. Im Gegenteil, deckt es auf! [12]Man
muß sich schämen, auch nur zu nennen, was manche heimlich tun. [13]Wenn es aber vom Licht, das ihr ausstrahlt, aufge-
deckt wird, kommt es ans Licht. [14]Und was ans Licht
kommt, wird selbst Licht. Darum singen wir:

»Wach auf, du Schläfer!
Steh auf vom Tod!
Und Christus, deine Sonne,
geht für dich auf.«

[15]Darum achtet genau auf eure Lebensweise! Lebt nicht wie
Unwissende, sondern wie Menschen, die wissen, worauf es
ankommt. [16]Nutzt die Zeit; denn wir leben in einer bösen
Welt. [17]Seid also nicht uneinsichtig, sondern begreift, was der
Herr von euch erwartet.

[18]Betrinkt euch nicht; denn zuviel Wein verführt zu einem
liederlichen Lebenswandel. Laßt euch lieber vom Geist Gottes erfüllen! [19]Ermuntert einander mit Psalmen und Lob-
liedern, wie der Geist sie euch eingibt. Singt und spielt dem
Herrn von ganzem Herzen. [20]Dankt Gott, dem Vater, zu
jeder Zeit für alles im Namen unseres Herrn Jesus Christus.

Gegenseitige Unterordnung: Männer und Frauen

[21]Ordnet euch einander unter, wie es die Ehrfurcht vor Christus verlangt.

[22]Ihr Frauen, ordnet euch euren Männern unter, so wie ihr
euch dem Herrn unterordnet. [23]Denn der Mann steht über
der Frau, so wie Christus über der Gemeinde steht. Christus
als dem Haupt verdankt die Gemeinde, die sein Leib ist, ihre
Rettung. [24]Wie nun die Gemeinde Christus untergeordnet
ist, so müssen auch die Frauen sich ihren Männern in allem
unterordnen.

[25]Ihr Männer, liebt eure Frauen so, wie Christus die Gemeinde geliebt hat! Er hat sein Leben für sie gegeben, [26]um
sie rein und heilig zu machen im Wasser der Taufe und durch
das dabei gesprochene Wort. [27]Denn er wollte sie als seine
Braut in makelloser Schönheit vor sich stellen, ohne Flecken
und Falten oder einen anderen Fehler, heilig und vollkommen.

[28]So müssen auch die Männer ihre Frauen lieben wie ihren
eigenen Körper. Denn ein Mann, der seine Frau liebt, liebt

sich selbst. 29Niemand haßt doch seinen Körper; im Gegenteil, er ernährt und pflegt ihn. So tut es auch Christus mit der Gemeinde. 30Wir alle sind ja zusammen sein Leib.

31Ihr kennt das Wort: »Deshalb verläßt ein Mann Vater und Mutter, um mit seiner Frau zu leben. Die zwei sind dann eins, mit Leib und Seele.« 32In diesem Wort liegt ein tiefes Geheimnis. Ich beziehe die Aussage auf Christus und die Gemeinde. 33Es gilt aber auch für euch: Jeder von euch muß seine Frau so lieben wie sich selbst. Die Frau aber soll ihren Mann achten.

Kinder und Eltern

6 Ihr Kinder, gehorcht euren Eltern! So ist es recht vor dem Herrn. 2»Du sollst deinen Vater und deine Mutter ehren« ist das erste Gebot, dem eine Zusage folgt: 3»Dann wird es dir gutgehen, und du wirst lange leben auf dieser Erde.«

4Ihr Väter, behandelt eure Kinder nicht so, daß sie widerspenstig werden! Erzieht sie mit Wort und Tat so, wie es dem Herrn gemäß ist.

Sklaven und Herren

5Ihr Sklaven und Sklavinnen, gehorcht euren irdischen Herren und Herrinnen! Ehrt und fürchtet sie. Dient ihnen so aufrichtig, als dientet ihr Christus. 6Tut es nicht nur äußerlich, um euch bei ihnen einzuschmeicheln. Betrachtet euch vielmehr als Sklaven von Christus, die den Willen Gottes gerne tun. 7Tut eure Arbeit mit Lust und Liebe, als Leute, die nicht Menschen dienen, sondern dem Herrn. 8Denkt daran: Der Herr wird jeden für seine guten Taten belohnen, gleichgültig ob jemand Sklave ist oder frei.

9Ihr Herren und Herrinnen, behandelt eure Sklaven und Sklavinnen im gleichen Geist! Laßt das Schelten und Drohen! Denkt daran, daß sie einen Herrn im Himmel haben, der auch euer Herr ist. Und der ist ein unparteiischer Richter.

Die Waffen Gottes

10Noch ein letztes Wort: Werdet stark durch die Verbindung mit dem Herrn! Laßt euch stärken von seiner Kraft! 11Legt die Waffen an, die Gott euch gibt, dann können euch die Schliche des Teufels nichts anhaben. 12Denn wir kämpfen nicht gegen Menschen. Wir kämpfen gegen unsichtbare Mächte und Gewalten, gegen die bösen Geister, die diese finstere Welt beherrschen. 13Darum greift zu den Waffen Gottes!

Wenn dann der schlimme Tag kommt, könnt ihr Widerstand leisten, jeden Feind niederkämpfen und siegreich das Feld behaupten.

¹⁴Seid also bereit! Legt die Wahrheit als Gürtel um und die Gerechtigkeit als Panzer an. ¹⁵Bekleidet euch an den Füßen mit der Bereitschaft, die Gute Nachricht vom Frieden mit Gott zu verkünden. ¹⁶Haltet das Vertrauen auf Gott als den Schild vor euch, mit dem ihr alle Brandpfeile des Satans abfangen könnt. ¹⁷Die Gewißheit eurer Rettung sei euer Helm und das Wort Gottes das Schwert, das der Geist euch gibt.

¹⁸Betet dabei zu jeder Zeit und bittet Gott in der Kraft seines Geistes. Seid wach und hört nicht auf, für alle Gläubigen zu beten. ¹⁹Betet auch für mich, daß Gott mir die rechten Worte in den Mund legt und ich das Geheimnis der Guten Nachricht freimütig bekanntmachen kann. ²⁰Auch jetzt im Gefängnis bin ich ein Botschafter in ihrem Dienst. Betet darum, daß ich aus ihr die Kraft gewinne, sie mutig und offen zu verkünden, wie es mein Auftrag ist.

Grüße und Wünsche

²¹Ihr sollt aber auch etwas über mich erfahren, damit ihr wißt, wie es mit mir steht. Tychikus, der geliebte Bruder und treue Sachwalter im Dienst des Herrn, wird euch alles erzählen. ²²Ich schicke ihn eben deshalb zu euch, damit er euch von mir berichtet und euch Mut macht.

²³Allen Brüdern und Schwestern wünsche ich den Frieden und die Liebe und das unerschütterliche Vertrauen, die von Gott, dem Vater, kommen und von Jesus Christus, dem Herrn. ²⁴Die Gnade Gottes sei mit allen, die unseren Herrn Jesus Christus lieben, und schenke ihnen unvergängliches Leben!

DER BRIEF DES APOSTELS PAULUS AN DIE GEMEINDE IN PHILIPPI
(Philipperbrief)

Eingangsgruß

1 Paulus und Timotheus, die Jesus Christus dienen, schreiben diesen Brief an alle in Philippi, die Gott durch Jesus Christus für sich ausgesondert hat, an die ganze Gemeinde mit ihren leitenden Mitgliedern und den Diakonen.

[2] Gnade und Frieden sei mit euch von Gott, unserem Vater, und von Jesus Christus, dem Herrn.

Paulus, im Gefängnis für die Gute Nachricht, betet für die Gemeinde

[3-4] In allen meinen Gebeten denke ich an euch alle und danke dabei meinem Gott. Jedes Gebet für euch wird mir zum Dank, und ich bin voll Freude darüber, [5] daß ihr euch so eifrig für die Gute Nachricht einsetzt, seit dem Tag, an dem ihr sie angenommen habt, und bis heute. [6] Ich bin ganz sicher: Gott wird das gute Werk, das er bei euch angefangen hat, auch vollenden bis zu dem Tag, an dem Jesus Christus kommt.

[7] Ich kann gar nicht anders, als so über euch denken; denn ich trage euch alle in meinem Herzen, gerade jetzt, da ich für die Gute Nachricht im Gefängnis bin und sie vor Gericht verteidige und ihre Wahrheit bezeuge. Ihr alle habt ja teil an der Gnade, die Gott mir damit erweist. [8] Er weiß auch, wie sehr ich mich nach euch allen sehne mit der herzlichen Liebe, die Jesus Christus in mir geweckt hat.

[9] Ich bete zu Gott, daß eure Liebe immer reicher wird an Einsicht und Verständnis. [10] Dann könnt ihr in jeder Lage entscheiden, was das Rechte ist, und werdet an dem Tag, an dem Christus Gericht hält, rein und ohne Fehler dastehen, [11] reich an guten Taten, die Jesus Christus zum Ruhm und zur Ehre Gottes durch euch gewirkt hat.

Die Gefangenschaft des Apostels dient der Verbreitung der Guten Nachricht

[12] Ihr sollt wissen, Brüder und Schwestern, daß meine Gefangenschaft sogar zur Verbreitung der Guten Nachricht beigetragen hat. [13] Die Beamten am Sitz des Statthalters und alle, die meinen Prozeß verfolgt haben, wissen jetzt, daß ich angeklagt bin, weil ich Christus diene. [14] Und gerade weil ich im Gefängnis sitze, sind die meisten Brüder und Schwestern hier am Ort durch den Beistand des Herrn voller Zuversicht und getrauen sich, die Botschaft Gottes nun erst recht und ohne Furcht weiterzusagen.

[15] Manche tun es zwar, weil sie neidisch sind und mich ›ausstechen‹ wollen; aber andere verkünden Christus in der besten Absicht. [16] Sie tun es aus Liebe zu mir; denn sie wissen, daß Gott mich dazu bestimmt hat, vor Gericht die Gute Nachricht zu verteidigen. [17] Die anderen allerdings verbreiten die Botschaft von Christus in unehrlicher und eigennütziger Absicht. Sie wollen mir in meiner Gefangenschaft Kummer bereiten.

[18a]Aber was macht das? Auch wenn sie es mit Hintergedanken tun und nicht aufrichtig – die Hauptsache ist, daß Christus auf jede Weise verkündet wird.

Wie es auch ausgeht: die Zukunft heißt Christus

[18b]Darüber freue ich mich; aber auch künftig werde ich Grund haben, mich zu freuen. [19]Denn ich weiß, daß meine Gefangenschaft – gleichgültig, wie sie endet – zu meiner Rettung führt. Das verbürgen mir eure Gebete und Jesus Christus, der mir durch seinen Geist beisteht. [20]Ich hoffe und erwarte voller Zuversicht, daß Gott mich nicht im Stich läßt. Ich vertraue darauf, daß auch jetzt, so wie bisher stets, Christus *an mir* und *durch mich* groß gemacht wird, ob ich nun am Leben bleibe oder sterbe.

[21]Denn Leben, das ist für mich Christus; darum bringt Sterben für mich nur Gewinn. [22]Aber wenn ich am Leben bleibe, kann ich noch weiter für Christus wirken. Deshalb weiß ich nicht, was ich wählen soll. [23]Es zieht mich nach beiden Seiten: Ich möchte am liebsten aus diesem Leben scheiden und bei Christus sein; das wäre bei weitem das beste. [24]Aber es ist wichtiger, daß ich noch hier ausharre, weil ihr mich braucht.

[25]Darauf baue ich und bin deshalb ganz sicher, daß ich euch allen erhalten bleibe. Dann kann ich euch helfen, daß ihr weiterkommt und die volle Freude erlebt, die der Glaube schenkt. [26]Und ihr werdet euch noch viel zuversichtlicher dessen rühmen können, was Jesus Christus durch mich an euch getan hat, wenn ich wieder bei euch bin und unter euch wirken kann.

Für Christus kämpfen und leiden

[27]Das wichtigste ist: Lebt als Gemeinde so, daß ihr der Guten Nachricht von Christus Ehre macht, ob ich euch nun besuchen und sehen kann oder ob ich nur aus der Ferne von euch höre. Steht alle fest zusammen in derselben Gesinnung! Kämpft einmütig für den Glauben und für die Gute Nachricht. [28]Laßt euch von den Gegnern in keiner Weise einschüchtern! Gott will ihnen durch eure Standhaftigkeit zeigen, daß sie verloren sind, ihr aber gerettet werdet.

[29]Gott hat euch die Gnade erwiesen, daß ihr etwas für Christus tun dürft – nicht nur ihm vertrauen, sondern auch für ihn leiden. [30]Ihr habt jetzt denselben Kampf zu bestehen wie ich. Was für ein Kampf das ist, habt ihr früher an mir erlebt und hört es jetzt von mir aus der Ferne.

Der Weg, den Christus ging,
als Maßstab für das Leben der Christen

2 Bei euch gibt es doch das ermutigende Wort im Auftrag von Christus; es gibt den tröstenden Zuspruch, der aus der Liebe kommt; es gibt Gemeinschaft durch den Heiligen Geist; es gibt herzliches Erbarmen. ²Dann macht mich vollends glücklich und habt alle dieselbe Gesinnung, dieselbe Liebe und Eintracht! Verfolgt alle dasselbe Ziel! ³Handelt nicht aus Selbstsucht oder Eitelkeit! Seid bescheiden und achtet den Bruder oder die Schwester mehr als euch selbst. ⁴Denkt nicht an euren eigenen Vorteil, sondern an den der anderen, jeder und jede von euch!

⁵Habt im Umgang miteinander stets vor Augen, was für einen Maßstab Jesus Christus gesetzt hat:

⁶Er war in allem Gott gleich,
und doch hielt er nicht gierig daran fest,
so wie Gott zu sein.
⁷Er gab alle seine Vorrechte auf
und wurde einem Sklaven gleich.
Er wurde ein Mensch in dieser Welt
und teilte das Leben der Menschen.
⁸Im Gehorsam gegen Gott
erniedrigte er sich so tief,
daß er sogar den Tod auf sich nahm,
ja, den Verbrechertod am Kreuz.

⁹Darum hat Gott ihn auch erhöht
und ihm den Rang und Namen verliehen,
der ihn hoch über alle stellt.
¹⁰Vor Jesus müssen alle auf die Knie fallen –
alle, die im Himmel sind,
auf der Erde und unter der Erde;
¹¹alle müssen feierlich bekennen:
»Jesus Christus ist der Herr!«
Und so wird Gott, der Vater, geehrt.

Bewährung der Gemeinde auf dem Weg zur Vollendung

¹²Meine Lieben! Ihr habt doch immer auf mich gehört. Tut es nicht nur, wenn ich unter euch anwesend bin, sondern jetzt erst recht, da ich fern von euch bin. Arbeitet an euch selbst mit Furcht und Zittern, damit ihr gerettet werdet! ¹³Ihr könnt es, denn Gott selbst bewirkt in euch nicht nur das Wollen, sondern auch das Vollbringen, so wie es ihm gefällt.

¹⁴Tut das alles ohne Murren und ohne Zweifel! ¹⁵Ihr sollt
ja rein und fehlerlos werden und euch als Gottes vollkom-
mene Kinder erweisen mitten unter verirrten und verdorbe-
nen Menschen; ihr sollt leuchten unter ihnen wie die Sterne
am nächtlichen Himmel. ¹⁶Dazu müßt ihr an der Botschaft
festhalten, die euch das ewige Leben verspricht. Dann werdet
ihr mein Ruhm sein an dem Tag, an dem Christus kommt,
weil meine Arbeit und Mühe nicht vergeblich gewesen sind.
¹⁷Aber auch wenn ich bei meinem Dienst – diesem Opfer-
dienst, in dem ich Gott euren Glauben darbringe – mein Blut
wie ein dazugehöriges Trankopfer vergießen muß: Ich freue
mich und freue mich mit euch allen. ¹⁸Freut ihr euch ebenso,
und freut euch mit mir!

Timotheus und Epaphroditus

¹⁹Ich hoffe im Vertrauen auf Jesus, den Herrn, daß ich Timo-
theus bald zu euch schicken kann. Ich möchte auch von euch
etwas erfahren, damit ich nicht mehr beunruhigt bin. ²⁰Ich
habe sonst niemand, der so zuverlässig ist und sich so selbst-
los wie er um euch kümmern wird. ²¹Die andern kümmern
sich alle nur um ihre eigenen Angelegenheiten und nicht um
Jesus Christus und seine Sache. ²²Ihr wißt, wie bewährt er ist.
Ihr habt selbst erlebt, wie er sich mit mir zusammen für die
Gute Nachricht eingesetzt hat – so wie ein Sohn dem Vater
zur Hand geht. ²³Ihn also hoffe ich euch schicken zu können,
sobald ich sehe, wie mein Prozeß ausgehen wird. ²⁴Aber im
Vertrauen auf den Herrn rechne ich sogar damit, daß ich
euch in Kürze selbst besuchen kann.

²⁵Es erschien mir notwendig, Epaphroditus zu euch
zurückzuschikken, meinen Bruder, Mitarbeiter und Mitstreiter. Ihr hattet ihn zu mir geschickt als Überbringer eurer
Gabe, mit der ihr meinem Mangel abhelfen wolltet. ²⁶Jetzt
aber sehnte er sich so sehr nach euch allen und war in Sorge,
weil ihr von seiner Krankheit gehört hattet. ²⁷Es stand
tatsächlich schlimm um ihn; er war dem Tode nah. Aber Gott
hat sich über ihn erbarmt – und nicht nur über ihn, sondern
auch über mich. Habe ich doch schon Kummer genug! ²⁸Um
so schneller schicke ich jetzt Epaphroditus zu euch zurück,
damit ihr euch freut, ihn wohlbehalten wiederzusehen, und
ich selbst eine Sorge weniger habe. ²⁹Empfangt ihn als Bruder und nehmt ihn voll Freude auf. Solchen Menschen müßt
ihr Achtung entgegenbringen. ³⁰Denn beim Einsatz für Christus wäre er fast zu Tode gekommen. Er hat sein Leben gewagt, um mir den Dienst zu leisten, den ihr selbst mir nicht
leisten konntet.

Aufruf zur Freude

3 Ich komme zum Schluß, meine Brüder und Schwestern. Freut euch mit Freude, die vom Herrn kommt! Ich schreibe euch immer wieder dasselbe; aber mir ist das keine Last, und euch macht es noch sicherer.

Menschliche Vorzüge und Leistungen zählen nicht

[2] Nehmt euch in acht vor diesen elenden Hunden, diesen falschen Missionaren, diesen Zerschnittenen! [3] Ich nenne sie so, denn die wirklich Beschnittenen sind wir, die der Geist Gottes befähigt, Gott in der rechten Weise zu dienen. Denn wir bauen nicht auf Vorzüge, die nur irdisch-menschlich sind, sondern rühmen uns allein damit, daß wir zu Jesus Christus gehören.

[4] Auch ich könnte mich auf solche Vorzüge berufen. Wenn andere meinen, sie könnten mit irdischen Vorzügen großtun – ich hätte viel mehr Grund dazu. [5] Ich wurde beschnitten, als ich eine Woche alt war. Ich bin von Geburt ein Israelit aus dem Stamm Benjamin, ein Hebräer von reinster Abstammung. Was die Stellung zum Gesetz angeht, so gehörte ich zur strengen Richtung der Pharisäer. [6] Mein Eifer ging so weit, daß ich die christliche Gemeinde verfolgte. Gemessen an dem, was das Gesetz vorschreibt, stand ich vor Gott ohne Tadel da.

[7] Aber dies alles, was mir früher als großer Vorzug erschien, habe ich durch Christus als Nachteil und Schaden erkannt. [8] Ich betrachte überhaupt alles andere als Verlust im Vergleich mit dem überwältigenden Gewinn, daß ich Jesus Christus als meinen Herrn kenne. Durch ihn hat für mich alles andere seinen Wert verloren, ja, ich halte es für bloßen Dreck. Nur noch Christus besitzt für mich einen Wert.

[9] Zu ihm möchte ich um jeden Preis gehören. Deshalb will ich nicht mehr durch mein eigenes Tun vor Gott als gerecht bestehen. Ich suche nicht meine eigene Gerechtigkeit, die aus der Befolgung des Gesetzes kommt, sondern die Gerechtigkeit, die von Gott kommt und denen geschenkt wird, die glauben. Ich möchte vor Gott als gerecht bestehen, indem ich mich in vertrauendem Glauben auf das verlasse, was er durch Christus für mich getan hat.

[10] Ich möchte nichts anderes mehr kennen als Christus, damit ich die Kraft seiner Auferstehung erfahre. Ich teile mit ihm sein Leiden und seinen Tod, [11] in der Hoffnung, daß ich wie er zur Auferstehung der Toten gelange.

Wir sind noch nicht am Ziel!

[12] Ich meine nicht, daß ich schon vollkommen bin und das Ziel erreicht habe. Ich laufe aber auf das Ziel zu, um es zu ergreifen, nachdem Jesus Christus von mir Besitz ergriffen hat. [13] Ich bilde mir nicht ein, Brüder und Schwestern, daß ich es schon geschafft habe. Aber die Entscheidung ist gefallen! Ich lasse alles hinter mir und sehe nur noch, was vor mir liegt. [14] Ich halte geradewegs auf das Ziel zu, um den Siegespreis zu gewinnen. Dieser Preis ist das ewige Leben, zu dem Gott mich durch Jesus Christus berufen hat.

[15] So wollen wir denken – wenn wir uns zu den ›Vollkommenen‹ zählen. Wenn ihr in irgendeiner Einzelheit anderer Meinung seid, wird euch Gott auch das noch offenbaren. [16] Aber laßt uns auf jeden Fall auf dem Weg bleiben, den wir als richtig erkannt haben.

[17] Haltet euch an mein Vorbild, Brüder und Schwestern, und nehmt euch ein Beispiel an denen, die so leben, wie ihr es an mir seht. [18] Ich habe euch schon oft gewarnt und wiederhole es jetzt unter Tränen: Es gibt viele, die die Botschaft vom gekreuzigten Christus bekämpfen. [19] Ihr Ende ist die ewige Vernichtung. Sie dienen nicht Gott, sondern ihren rein menschlich-irdischen Neigungen. Statt der Herrlichkeit bei Gott warten auf sie Spott und Schande.

[20] Wir dagegen haben schon jetzt Bürgerrecht im Himmel, bei Gott. Von dort her erwarten wir auch unseren Retter, Jesus Christus, den Herrn. [21] Er wird unseren schwachen, vergänglichen Körper verwandeln, so daß er genauso herrlich und unvergänglich wird wie der Körper, den er selber seit seiner Auferstehung hat. Denn er hat die Macht, alles seiner Herrschaft zu unterwerfen.

Ermahnung zu Eintracht, Freude und Streben nach dem Guten. Friedenswunsch

4 Also, meine geliebten Brüder und Schwestern, nach denen ich mich sehne, meine Freude und mein Siegeskranz: Steht fest in der Kraft, die der Herr euch schenkt, meine Lieben!

[2] Ich ermahne Evodia und ich ermahne Syntyche, daß sie sich als Schwestern im Glauben vertragen. [3] Dich aber, mein bewährter Syzygus, bitte ich, daß du ihnen dabei hilfst. Die beiden haben sich mit mir für die Verbreitung der Guten Nachricht eingesetzt, zusammen mit Klemens und meinen anderen Mitarbeitern, deren Namen im Buch des Lebens stehen.

⁴Freut euch immerzu, mit der Freude, die vom Herrn kommt! Und noch einmal sage ich: Freut euch! ⁵Alle sollen sehen, wie freundlich und gütig ihr zueinander seid. Der Herr kommt bald! ⁶Macht euch keine Sorgen, sondern wendet euch in jeder Lage an Gott und bringt eure Bitten vor ihn. Tut es mit Dank für das, was er euch geschenkt hat. ⁷Dann wird der Frieden Gottes, der alles menschliche Begreifen weit übersteigt, euer Denken und Wollen im Guten bewahren, geborgen in der Gemeinschaft mit Jesus Christus.

⁸Im übrigen, meine Brüder und Schwestern: Richtet eure Gedanken auf das, was schon bei euren Mitmenschen als rechtschaffen, ehrbar und gerecht gilt, was rein, liebenswert und ansprechend ist, auf alles, was Tugend heißt und Lob verdient. ⁹Lebt so, wie ich es euch gelehrt und euch als verbindliche Weisung weitergegeben habe und wie ihr es von mir gehört und an mir gesehen habt. Gott, der Frieden schenkt, wird euch beistehen!

Dank für die Unterstützung

¹⁰Es war für mich eine große Freude und ein Geschenk vom Herrn, daß eure Fürsorge für mich wieder einmal zum Aufblühen kam. Ihr wolltet ja schon die ganze Zeit etwas für mich tun, aber es ergab sich keine Gelegenheit. ¹¹Ich sage das nicht, weil ich in Not war. Ich habe gelernt, in jeder Lage zurechtzukommen und nicht von äußeren Umständen abhängig zu sein:

¹²Ich kann Not leiden,
ich kann im Wohlstand leben;
mit jeder Lage bin ich vertraut.
Ich kenne Sattsein und Hungern,
ich kenne Mangel und Überfluß.
¹³Allem bin ich gewachsen
durch den, der mich stark macht.

¹⁴Aber es war freundlich von euch, daß ihr an meiner Notlage Anteil genommen und mir geholfen habt. ¹⁵Ihr wißt ja, ihr in Philippi: Am Anfang meiner Missionstätigkeit, als ich die Gute Nachricht von Mazedonien aus weitertrug, wart ihr die einzige Gemeinde, von der ich als Gegenleistung für meinen Dienst etwas annahm. ¹⁶Schon nach Thessalonich habt ihr mir etwas für meinen Unterhalt geschickt und auch später bei der einen oder andern Gelegenheit. ¹⁷Denkt nicht, daß es mir auf euer Geld ankommt! Mir liegt daran, daß sich euer eigenes Guthaben vermehrt – ich meine: daß euer Glaube einen Ertrag bringt, der euch bei Gott gutgeschrieben wird.

¹⁸Ich bestätige, daß ich durch Epaphroditus den ganzen Betrag erhalten habe. Es ist mehr als genug; ich habe nun wirklich alles, was ich brauche. Diese Gabe ist wie ein Opfer, dessen Duft zu Gott aufsteigt und an dem er seine Freude hat.

¹⁹Gott, dem ich diene, wird euch alles geben, was ihr braucht, so gewiß er euch durch Jesus Christus am Reichtum seiner Herrlichkeit teilhaben läßt. ²⁰Gott, unser Vater, sei gepriesen für immer und ewig! Amen.

Grüße und Schlußwunsch

²¹Grüßt alle, die zur Gemeinde gehören – alle, die mit Jesus Christus verbunden sind! Die Brüder, die bei mir sind, lassen euch grüßen. ²²Es grüßen euch alle Christen hier am Ort, die ganze hiesige Gemeinde, besonders die, die im kaiserlichen Dienst stehen.

²³Die Gnade des Herrn Jesus Christus sei mit euch!

DER BRIEF DES APOSTELS PAULUS AN DIE GEMEINDE IN KOLOSSÄ
(Kolosserbrief)

Eingangsgruß

1 Paulus, Apostel von Jesus Christus nach dem Willen Gottes, und der Bruder Timotheus schreiben diesen Brief. ²Er richtet sich an alle in Kolossä, die Gott für sich ausgesondert hat, die Brüder und Schwestern, die durch Christus zum Glauben an Gott gekommen sind.

Gnade und Frieden sei mit euch von Gott, unserem Vater!

Dank des Apostels
für den lebendigen Glauben der Gemeinde

³Immer, wenn wir für euch beten, danken wir Gott, dem Vater unseres Herrn Jesus Christus. ⁴Wir haben von eurem Glauben gehört, der durch Jesus Christus in euch lebt, und von eurer Liebe zu allen Christen. ⁵Sie beide erwachsen aus eurer festen Hoffnung auf das Leben, das Gott im Himmel für euch bereithält. Er hat es euch durch das Wort der Wahrheit, die Gute Nachricht, zugesichert. ⁶Diese Gute Nachricht ist nicht nur bei euch, sondern in der ganzen Welt bekannt.

Überall breitet sie sich aus und bringt Frucht. Sie tut es auch bei euch, seit dem Tag, an dem euch Gottes Gnade verkündet worden ist und ihr von der Wahrheit der euch verkündeten Botschaft überzeugt worden seid.

7 Unser geliebter Epaphras, der zusammen mit uns Christus dient, hat euch diese Botschaft zuerst bekanntgemacht. Er ist treu in seinem Dienst für Christus, den er an euch tut. 8 Durch ihn haben wir auch von der Liebe gehört, die der Geist Gottes in euch geweckt hat.

Das Leben der Christen im Licht

9 Deshalb hören wir auch nicht auf, für euch zu beten, seit wir von euch gehört haben. Wir bitten Gott, daß er euch durch seinen Geist mit aller Weisheit und Einsicht erfüllt und euch erkennen läßt, was sein Wille ist. 10 Denn ihr sollt ja so leben, wie es dem Herrn Ehre macht, und stets tun, was ihm gefällt. Euer Leben soll als Frucht gute Taten aller Art hervorbringen, und ihr sollt immer besser verstehen, was Gott von euch will. 11-12 Gott möge euch stärken mit seiner ganzen Kraft und göttlichen Macht, damit ihr alles geduldig und standhaft ertragen könnt und ihm, dem Vater, voll Freude dankt. Denn er hat euch befähigt, teilzuhaben am Leben seiner heiligen Engel im Reich des Lichtes. 13 Er hat uns aus der Gewalt der dunklen Mächte gerettet und uns unter die Herrschaft seines geliebten Sohnes gestellt. 14 Durch seinen Sohn und mit ihm verbunden sind wir aus der Macht des Bösen befreit und haben die Vergebung für unsere Schuld.

Christus, Bild Gottes und Bringer des Friedens

15 Er ist das Bild des unsichtbaren Gottes,
der erstgeborene Sohn des Vaters,
aller Schöpfung voraus und ihr weit überlegen.
16 Denn in ihm ist alles erschaffen worden,
was im Himmel und auf der Erde lebt,
die sichtbaren Geschöpfe auf der Erde
und die unsichtbaren im Himmel –
die Thronenden, die Herrschenden,
die Mächte, die Gewalten.
Alles hat Gott durch ihn geschaffen,
und alles findet in ihm sein letztes Ziel.
17 Er steht über allem,
und alles besteht durch ihn.
18 Er ist das Haupt des kosmischen Leibes,
das heißt: der Gemeinde.

Er ist der Anfang der neuen Schöpfung,
der Erstgeborene aller Toten,
der zuerst zum neuen Leben gelangt ist,
damit er in jeder Hinsicht der Erste sei.
[19] Denn Gott gefiel es,
in ihm die ganze Fülle des Heils
Wohnung nehmen zu lassen.
[20] Durch ihn wollte Gott alles versöhnen
und zu neuer, heilvoller Einheit verbinden.
Alles, was gegeneinander streitet,
wollte er zur Einheit zusammenführen,
nachdem er Frieden gestiftet hat
durch das Blut, das Jesus am Kreuz vergoß;
alles, was auf der Erde und im Himmel lebt,
sollte geeint werden durch ihn
und in ihm als dem letzten Ziel.

Lebenswende durch die Gute Nachricht

[21] Das gilt auch für euch. Einst standet ihr Gott fremd und
feindlich gegenüber und habt das durch eure bösen Taten gezeigt. [22] Aber weil Christus in seinem menschlichen Leib den
Tod auf sich nahm, hat Gott jetzt mit euch Frieden gemacht.
Als sein heiliges Volk steht ihr jetzt rein und fehlerlos vor ihm
da. [23] Ihr müßt nur im Glauben fest und unerschütterlich
bleiben und dürft euch nicht von der Hoffnung abbringen
lassen, die euch durch die Gute Nachricht gegeben ist. Ihr
habt sie gehört, und sie ist in der ganzen Welt verkündet worden. Mich, Paulus, hat Gott in seinen Dienst genommen, damit ich sie überall bekanntmache.

Der Dienst des Apostels

[24] Ich freue mich, daß ich jetzt für euch leiden darf. An den
Leiden von Christus würde noch etwas fehlen, wenn ich sie
nicht durch das, was ich selbst körperlich leide, ergänzen
würde – seinem Leib zugute, der Gemeinde. [25] Zu ihrem
Dienst bin ich bestellt durch das Amt, das Gott mir zu eurem
Besten übertragen hat. Seine Botschaft soll ich überall verbreiten. [26] Ich soll das Geheimnis enthüllen, das er seit Urzeiten allen Generationen verborgen gehalten hatte, jetzt aber
denen offenbart hat, die er in seine Gemeinschaft rief.
[27] Ihnen wollte er zeigen, welch herrlichen Reichtum dieses
Geheimnis für euch, die nichtjüdischen Völker, in sich birgt:
Christus mitten unter euch, gerade euch! Das bedeutet die
sichere Hoffnung, daß Gott euch Anteil gibt an seiner Herrlichkeit!

²⁸ Diesen Christus verkünden wir. Und wir hören nicht auf, jeden einzelnen in der Gemeinde zu ermahnen und jedem einzelnen in der Gemeinde den Weg zu zeigen, den uns Christus gewiesen hat. Das tun wir mit der ganzen Weisheit, die uns gegeben ist. Denn wir möchten jeden und jede in der Gemeinde dahin bringen, daß sie vor Gott dastehen in der Vollkommenheit, die aus der Verbindung mit Christus erwächst.

²⁹ Eben dafür kämpfe ich und mühe mich ab, und Christus selbst wirkt durch mich mit seiner Kraft, die sich in mir als mächtig erweist.

Sorge um die Empfänger des Briefs

2 Es liegt mir daran, daß ihr wißt, wie sehr es bei diesem meinem Kampf um euch in Kolossä geht und auch um die Gemeinde in Laodizea und überhaupt um alle, die mich persönlich nicht kennengelernt haben. ² Ich möchte, daß sie alle Mut bekommen und in Liebe zusammenhalten und daß sie zur ganzen reichen Fülle des Verstehens gelangen und Gottes Geheimnis begreifen, nämlich Christus. ³ In ihm sind alle Schätze der Weisheit und Erkenntnis verborgen.

⁴ Ich sage das, damit euch niemand durch Überredungskünste hinters Licht führt. ⁵ Obwohl ich fern von euch bin, bin ich im Geist bei euch und freue mich zu sehen, wie fest ihr zusammenhaltet und wie unerschütterlich euer Vertrauen auf Christus ist.

⁶ Ihr habt Jesus Christus als den Herrn angenommen; darum lebt nun auch in der Gemeinschaft mit ihm und nach seiner Art! ⁷ Seid in ihm verwurzelt und baut euer Leben ganz auf ihn. Bleibt im Glauben fest und laßt euch nicht von dem abbringen, was euch gelehrt worden ist. Hört nicht auf zu danken für das, was Gott euch geschenkt hat.

Christus muß die Mitte bleiben

⁸ Gebt acht, daß euch niemand mit der leeren Vorspiegelung einfängt, euch die wahre Religion zu bringen. Das beruht doch alles auf Menschenlehren und hat nur mit den kosmischen Mächten zu tun, aber nicht mit Christus. ⁹ In Christus allein wohnt wirklich und wahrhaftig die Heilsmacht Gottes in ihrer ganzen Fülle, ¹⁰ und durch ihn allein wird euch die Fülle des Heils zuteil, nicht durch irgendwelche anderen Mächte. Denn Christus ist das Oberhaupt jeder Macht und Gewalt im ganzen Kosmos.

¹¹ Durch Christus seid ihr auch beschnitten worden – nicht am Körper, sondern so, daß ihr den ganzen Körper, sofern er

unter der Herrschaft der Sünde steht, abgelegt habt. Dies geschah in der Christus-Beschneidung, [12] der Taufe. Als ihr getauft wurdet, seid ihr mit Christus begraben worden, und durch die Taufe seid ihr auch mit ihm zusammen auferweckt worden. Denn als ihr euch taufen ließt, habt ihr euch ja im Glauben der Macht Gottes anvertraut, der Christus vom Tod auferweckt hat. [13] Einst wart ihr tot, denn ihr wart unbeschnitten, das heißt in ein Leben voller Schuld verstrickt. Aber Gott hat euch mit Christus zusammen lebendig gemacht. Er hat uns unsere ganze Schuld vergeben. [14] Den Schuldschein, der uns wegen der nicht befolgten Gesetzesvorschriften belastete, hat er für ungültig erklärt. Er hat ihn ans Kreuz genagelt und damit für immer beseitigt. [15] Die Mächte und Gewalten, die diesen Schuldschein gegen uns geltend machen wollten, hat er entwaffnet und vor aller Welt zur Schau gestellt, er hat sie in seinem Triumphzug mitgeführt – und das alles in und durch Christus.

Über Christus hinaus brauchen wir nichts

[16] Darum soll euch niemand verurteilen wegen eurer Eß- und Trinkgewohnheiten oder weil ihr bestimmte Festtage oder den Neumondstag oder den Sabbat nicht beachtet. [17] Das alles ist nur ein Schatten der kommenden neuen Welt; doch die Wirklichkeit ist Christus, und die ist schon zugänglich in seinem Leib, der Gemeinde. [18] Niemand soll euch das Heil absprechen, der sich in Demutsübungen und Engelverehrung gefällt und das mit irgendwelchen visionären Erlebnissen begründet. Solche Menschen blähen sich grundlos auf in ihrer rein irdischen Gesinnung, [19] statt sich an Christus zu halten, der doch der Herr über alles ist und das Haupt des Leibes, der Gemeinde. Von ihm her wird der ganze Leib zusammengehalten und versorgt, damit er zur vollen Größe emporwächst, wie es Gott gefällt.

[20] Wenn ihr mit Christus gestorben seid, seid ihr den kosmischen Mächten weggestorben. Warum tut ihr dann so, als ob ihr noch unter ihrer Herrschaft lebtet? Ihr laßt euch vorschreiben: [21] »Dies sollst du nicht anfassen, das sollst du nicht kosten, jenes sollst du nicht berühren!« [22] Alle diese Dinge sind doch zum Gebrauch und Verzehr bestimmt! Warum laßt ihr euch dann von Menschen darüber Vorschriften machen? [23] Es sieht nur so aus, als ob diese selbstgewählte Verehrung, die Demutsübungen und die Kasteiung des Körpers Zeichen besonderer Weisheit seien. In Wirklichkeit bringt das alles uns Gott nicht näher, sondern dient nur der Befriedigung menschlicher Selbstsucht und Eitelkeit.

Ein neues Leben durch Christus

3 Wenn ihr nun mit Christus auferweckt seid, dann orientiert euch nach oben, wo Christus ist! Gott hat ihm den Ehrenplatz an seiner rechten Seite gegeben. ²Richtet also eure Gedanken nach oben und nicht auf die irdischen Dinge! ³Ihr seid ja schon gestorben, und euer Leben ist mit Christus bei Gott verborgen. ⁴Wenn einmal Christus, euer Leben, allen sichtbar wird, dann werdet ihr mit ihm zusammen in der ganzen Herrlichkeit sichtbar werden, die euch jetzt schon geschenkt ist.

⁵Darum tötet alles, was an euch noch irdisch ist: Unzucht, Ausschweifung, Leidenschaft, böse Lust und die Habsucht. Habsucht ist soviel wie Götzendienst. ⁶Wegen dieser Dinge kommt das Gericht Gottes [über die Menschen, die Gott nicht gehorchen]. ⁷Auch ihr habt früher entsprechend gelebt, als ihr noch ganz dem Irdischen verhaftet wart. ⁸Aber jetzt müßt ihr das alles ablegen, auch Zorn und Aufbrausen, Boshaftigkeit, Beleidigung und Verleumdung. ⁹Belügt einander nicht mehr! Ihr habt doch den alten Menschen mit seinen Gewohnheiten ausgezogen ¹⁰und habt den neuen Menschen angezogen: den Menschen, der in der Weise erneuert ist, daß er nun Gott erkennt und weiß, was Gott will – der erneuert ist nach dem Bild dessen, der ihn am Anfang nach seinem Bild geschaffen hat!

¹¹Wo diese Erneuerung geschehen ist, da zählt es nicht mehr, ob jemand zu den Griechen gehört oder zu den Juden, ob jemand beschnitten ist oder unbeschnitten, ob jemand zu einem unzivilisierten Volk gehört oder gar zu einem Stamm von Wilden, ob jemand im Sklavenstand ist oder frei. Was einzig noch zählt, ist Christus, der in allen lebt und der alles wirkt.

Anweisungen für alle

¹²Ihr seid von Gott erwählt, der euch liebt und zu seinem heiligen Volk gemacht hat. Darum zieht nun wie eine neue Bekleidung alles an, was den neuen Menschen ausmacht: herzliches Erbarmen, Freundlichkeit, Bescheidenheit, Milde, Geduld. ¹³Ertragt einander! Seid nicht nachtragend, wenn euch jemand Unrecht getan hat, sondern vergebt einander, so wie der Herr euch vergeben hat. ¹⁴Und über das alles darüber zieht die Liebe an, die alles andere in sich umfaßt. Sie ist das Band, das euch zu vollkommener Einheit zusammenschließt. ¹⁵Der Frieden, den Christus schenkt, soll euer ganzes Denken und Tun bestimmen. In diesen Frieden hat Gott euch alle

miteinander gerufen, denn ihr seid ja durch Christus *ein* Leib. Dankt Gott dafür!

16 Gebt dem Wort Raum, in dem Christus bei euch gegenwärtig ist. Laßt es seinen ganzen Reichtum unter euch entfalten. Unterweist und ermahnt einander mit aller Weisheit. Singt Gott aus vollem Herzen Psalmen, Hymnen, Loblieder, wie seine Gnade sie schenkt und sein Geist sie euch eingibt. 17 Alles, was ihr tut und was ihr sagt, soll zu erkennen geben, daß ihr Jesus, dem Herrn, gehört. Euer ganzes Leben soll ein einziger Dank sein, den ihr Gott, dem Vater, durch Jesus Christus darbringt.

Anweisungen für einzelne Gruppen

18 Ihr Frauen, ordnet euch euren Männern unter! So ist es der Gemeinschaft mit dem Herrn angemessen.

19 Ihr Männer, liebt eure Frauen und seid nicht rücksichtslos gegen sie.

20 Ihr Kinder, gehorcht euren Eltern in allem! So verlangt es die Gemeinschaft mit dem Herrn.

21 Ihr Väter, behandelt eure Kinder nicht zu streng, damit sie nicht entmutigt werden!

22 Ihr Sklaven und Sklavinnen, gehorcht in allem euren irdischen Herren und Herrinnen! Tut es nicht nur äußerlich, um euch bei ihnen einzuschmeicheln. Dient ihnen aufrichtig, als Menschen, die Christus als Herrn ernst nehmen. 23 Alles, was ihr tut, tut von Herzen, als etwas, das ihr für den Herrn tut und nicht für Menschen. 24 Seid euch bewußt, daß ihr dafür vom Herrn das ewige Leben als Lohn bekommt. Dient mit eurem Tun Christus, dem Herrn! 25 Denn wer Unrecht tut, wird dafür bestraft werden. Gott ist ein unparteiischer Richter.

4 Ihr Herren und Herrinnen, behandelt eure Sklaven und Sklavinnen, wie es recht und billig ist! Seid euch bewußt, daß auch ihr einen Herrn im Himmel habt!

Weitere Ermahnungen

2 Laßt nicht nach im Beten und werdet nicht müde, Gott unablässig zu danken! 3 Betet auch für uns, daß Gott uns eine Tür öffnet und wir sein Geheimnis bekanntmachen können: die Botschaft von der Rettung durch Christus, für die ich jetzt im Gefängnis bin. 4 Bittet Gott darum, daß ich dieses Geheimnis offenbar machen kann, wie es mein Auftrag ist.

5 Im Blick auf die, die nicht zur Gemeinde gehören, und im Unterschied zu ihnen sollt ihr leben wie Menschen, die wissen, worauf es ankommt, und sollt die Zeit, die euch noch

verbleibt, gut ausnutzen. [6]Wenn ihr Außenstehenden über euren Glauben Auskunft gebt, so tut es immer freundlich und in ansprechender Weise. Bemüht euch, für jeden und jede die treffende Antwort zu finden.

Empfehlungen, Grüße und Anweisungen

[7]Über mein Ergehen wird euch Tychikus ausführlich berichten, der geliebte Bruder und treue Sachwalter, der mit mir zusammen im Dienst für den Herrn steht. [8]Ich schicke ihn gerade deshalb zu euch, damit er euch von uns berichtet und euch Mut macht. [9]Mit ihm zusammen schicke ich den treuen und geliebten Bruder Onesimus, der ja zu euch gehört. Die beiden werden euch alles erzählen, was hier vorgeht.

[10]Es grüßt euch Aristarch, der mit mir im Gefängnis ist, ebenso Markus, der Vetter von Barnabas. Seinetwegen habe ich euch ja schon Anweisungen gegeben. Nehmt ihn freundlich auf, wenn er zu euch kommt! [11]Auch Jesus mit dem Beinamen Justus läßt euch grüßen. Diese drei sind die einzigen aus dem Judentum, die noch mit mir zusammen für die Aufrichtung der Herrschaft Gottes arbeiten. Sie sind mir ein wirklicher Trost geworden.

[12]Es grüßt euch Epaphras, der zu euch gehört und im Dienst von Jesus Christus steht. Ständig kämpft er in seinen Gebeten für euch, daß ihr euch als reife Christen bewährt und ganz davon erfüllt seid, in allem den Willen Gottes zu tun. [13]Ich kann bezeugen, wieviel Mühe und Plage er für euch auf sich nimmt und ebenso für die Glaubenden in Laodizea und Hiërapolis.

[14]Es grüßen euch unser lieber Lukas, der Arzt, und Demas.

[15]Grüßt die Brüder und Schwestern in Laodizea, besonders Nympha und die Gemeinde in ihrem Haus.

[16]Wenn dieser Brief bei euch vorgelesen worden ist, dann schickt ihn nach Laodizea, damit er auch dort verlesen wird. Und lest auch den Brief, den ich nach Laodizea geschrieben habe.

[17]Sagt Archippus: Sei treu im Dienst für den Herrn und erfülle den Auftrag, den du erhalten hast!

[18]Mit eigener Hand schreibe ich, Paulus, hier meinen Gruß. Vergeßt meine Ketten nicht! Die Gnade sei mit euch!

DER ERSTE BRIEF DES APOSTELS
PAULUS AN DIE GEMEINDE
IN THESSALONICH
(1. Thessalonicherbrief)

Eingangsgruß

1 Paulus, Silvanus und Timotheus schreiben diesen Brief an die Gemeinde in Thessalonich, die Gott, dem Vater, und Jesus Christus, dem Herrn, gehört:
Gnade und Frieden sei mit euch!

Die Gemeinde in Thessalonich als Vorbild

2 Wir danken Gott immerzu für euch alle, wenn wir in unseren Gebeten an euch denken. 3 Vor Gott, unserem Vater, erinnern wir uns stets voll Dank daran, was als Frucht eurer Gemeinschaft mit Jesus Christus, unserem Herrn, bei euch herangereift ist: wie bewährt euer Glaube ist und wie aufopfernd eure Liebe und wie unerschütterlich eure Hoffnung. 4 Gott liebt euch, Brüder und Schwestern, und wir wissen, daß er euch dazu erwählt hat, ihm zu gehören. 5 Denn als wir euch die Gute Nachricht verkündeten, geschah das nicht nur mit dem Wort, sondern zugleich mit Taten, in denen sich die Macht Gottes zeigte, mit dem Beistand des Heiligen Geistes und mit großer Überzeugungskraft. Ihr wißt ja, wie wir unter euch gelebt und gewirkt haben, um euch die Rettung zu bringen.

6 Ihr aber seid unserem Beispiel gefolgt und damit dem Beispiel unseres Herrn. Obwohl ihr schwere Anfeindungen ertragen mußtet, habt ihr die Botschaft mit der Freude angenommen, die der Geist Gottes schenkt. 7 So seid ihr ein leuchtendes Vorbild für alle Glaubenden in Mazedonien und Achaia geworden. 8 Und nicht nur dorthin ist die Botschaft des Herrn von euch aus gelangt; es hat sich auch überall sonst herumgesprochen, daß ihr euch Gott zugewandt habt. Wir brauchen niemand etwas davon zu erzählen. 9 Wo wir auch hinkommen, sprechen sie davon, was für ein segensreiches Wirken wir unter euch entfalten konnten. Überall erzählen sie, wie ihr euch von den Götzen abgewandt habt und dem

wahren und lebendigen Gott dient – [10]und wie ihr nun vom Himmel her seinen Sohn erwartet, den er vom Tod auferweckt hat: Jesus, der uns vor dem bevorstehenden Gericht rettet.

Die Glaubwürdigkeit der Verkündiger

2 Aber auch ihr selbst, Brüder und Schwestern, erinnert euch ja noch genau an das Wirken, das wir unter euch entfaltet haben: daß es von Gott gesegnet und nicht vergeblich war. [2]Wie ihr wißt, hatten wir zuvor in Philippi viel ausstehen müssen und waren mißhandelt worden. Trotzdem faßten wir im Vertrauen auf unseren Gott den Mut, euch ungescheut seine Gute Nachricht zu verkünden, obwohl es auch bei euch zu harten Auseinandersetzungen kam. [3]Ihr könnt daran sehen: Wenn wir zum Glauben rufen, folgen wir nicht irgendwelchen Hirngespinsten. Wir tun es auch nicht in eigennütziger und betrügerischer Absicht. [4]Nein, Gott hat uns geprüft und für würdig befunden, mit dem Dienst an der Guten Nachricht betraut zu werden – deshalb und nur deshalb verkünden wir sie! Wir wollen nicht Menschen gefallen, sondern ihm, der unsere geheimsten Gedanken kennt.

[5]Ich habe euch nie nach dem Mund geredet – ihr wißt es. Genausowenig ging es mir jemals insgeheim um den eigenen Vorteil – Gott kann es bezeugen! [6]Ich wollte auch nicht von Menschen geehrt werden, weder von euch noch von irgend jemand sonst.

[7]Als Apostel von Christus hätte ich meine Autorität hervorkehren können; aber statt dessen war ich sanft und freundlich zu euch, wie eine stillende Mutter zu ihren Kindern. [8]Ich hatte eine solche Zuneigung zu euch, daß ich bereit war, nicht nur Gottes Gute Nachricht mit euch zu teilen, sondern auch mein eigenes Leben. So lieb hatte ich euch gewonnen.

[9]Ihr erinnert euch doch, Brüder und Schwestern, daß ich keine Mühe gescheut habe. Während ich euch Gottes Gute Nachricht verkündete, habe ich Tag und Nacht für meinen Lebensunterhalt gearbeitet, um niemand von euch zur Last zu fallen. [10]Ich rufe euch selbst und Gott als Zeugen an: Mein Verhalten gegen euch, die ihr die Gute Nachricht annahmt, war gottgefällig, redlich und untadelig. [11]Ihr wißt selbst: Ich war zu euch allen, zu jedem einzelnen, wie ein Vater zu seinen Kindern. [12]Ich habe euch ermutigt und angespornt und euch beschworen, ein Leben zu führen, das Gott Ehre macht. Er hat euch doch dazu berufen, in seiner neuen Welt zu leben und seine Herrlichkeit mit ihm zu teilen.

Dank an Gott für die Annahme der Verkündigung in Thessalonich

[13] Darum danke ich Gott auch unaufhörlich dafür, daß ihr die Botschaft, die wir euch brachten, nicht als Menschenwort aufgenommen habt, sondern als Wort Gottes, das sie tatsächlich ist. Und als Wort Gottes erweist sie sich auch wirksam unter euch, die ihr dieser Botschaft glaubt. [14] Das zeigt sich daran, Brüder und Schwestern, daß es euch ebenso ergangen ist wie den christlichen Gemeinden in Judäa. Ihr habt von euren Landsleuten dasselbe erduldet, was sie von ihren jüdischen Landsleuten erdulden mußten. [15] Diese haben schon Jesus, den Herrn, getötet und ebenso die Propheten, und auch uns haben sie verfolgt. Sie mißfallen Gott und sind allen Menschen feindlich gesinnt. [16] Denn sie wollen verhindern, daß wir den anderen Völkern die Gute Nachricht verkünden, die sie retten kann. So machen sie fortgesetzt das Maß ihrer Sünden voll. Aber das Strafgericht Gottes hat sie schon in vollem Umfang erreicht.

Paulus in Sorge um die Gemeinde

[17] Brüder und Schwestern! Wir sind richtig verwaist, wenn auch nur vorübergehend, seit wir von euch getrennt sind. Wir sind es auch nur äußerlich, nicht in unseren Herzen; aber wir sehnen uns so sehr nach euch, daß wir nach einer Möglichkeit suchten, euch wiederzusehen. [18] Wir hatten die feste Absicht, zu euch zu kommen. Ich, Paulus, versuchte es mehrere Male; aber der Satan hinderte uns daran. [19] Ihr seid doch unsere Hoffnung und unsere Freude und unser Siegeskranz, auf den wir stolz sein können, wenn Jesus, unser Herr, kommt. Ja, gerade auch ihr! [20] Ihr seid doch unsere Ehre und unsere Freude!

3 Schließlich hielt ich es nicht länger aus. Ich beschloß, mit Silvanus in Athen zu bleiben, [2] und schickte Timotheus zu euch, unseren Bruder und Gottes Mitarbeiter bei der Verbreitung der Guten Nachricht von Christus. Er sollte euch in eurem Glauben stärken und ermutigen, [3] damit niemand von euch durch die Verfolgungen in seinem Glauben wankend wird. Ihr wißt ja selbst, daß wir Verfolgung erleiden müssen. [4] Schon als ich noch bei euch war, habe ich euch vorausgesagt, daß sie uns verfolgen werden. Das ist nun eingetreten, und ihr habt es an euch selbst erlebt.

[5] Darum hielt ich es nicht mehr aus und schickte Timotheus zu euch, um zu erfahren, wie es um euren Glauben steht. Ich war in Sorge, der Versucher könnte euch zu Fall ge-

bracht haben und meine ganze Arbeit könnte vergeblich gewesen sein.

Beruhigung durch Nachrichten aus Thessalonich

⁶Aber soeben ist nun Timotheus von euch zurückgekehrt und hat uns gute Nachrichten über euren Glauben und eure Liebe gebracht. Er hat uns erzählt, daß ihr euch oft und gern an uns erinnert und euch ebensosehr nach uns sehnt, wie wir uns nach euch sehnen. ⁷Ihr habt euren Glauben bewahrt, Brüder und Schwestern, und das hat uns mitten in unserer Angst und Sorge neuen Mut gegeben. ⁸Jetzt leben wir wieder auf, weil wir wissen, daß ihr feststeht in der Verbundenheit mit dem Herrn. ⁹Wir können unserem Gott nicht genug für euch danken und für die große Freude, die er uns an euch erleben läßt. ¹⁰Tag und Nacht bitten wir ihn von ganzem Herzen, daß wir euch wiedersehen dürfen. Denn wir möchten euch gerne helfen, daß an eurem Glauben nichts mehr fehlt.

¹¹Wir bitten Gott, unseren Vater, und Jesus, unseren Herrn, uns den Weg zu euch zu ebnen. ¹²Der Herr lasse eure Liebe zueinander und zu allen Menschen wachsen und überströmen, so daß sie so stark wird wie unsere Liebe zu euch. ¹³Er mache euch innerlich stark, damit ihr vor Gott, unserem Vater, in untadeliger Heiligkeit dasteht, wenn Jesus, unser Herr, mit allen seinen Engeln kommt. Amen.

Ein Leben, das Gott gefällt

4 Brüder, ihr habt von uns gelernt, wie ihr leben sollt, um Gott zu gefallen; und ihr lebt auch schon so. Nun bitten und ermahnen wir euch im Namen von Jesus, dem Herrn, daß ihr darin auch weiterhin Fortschritte macht.

²Ihr wißt, welche Anweisungen wir euch in seinem Auftrag gegeben haben. ³Gott will, daß ihr heilig seid: daß ihm euer ganzes Leben gehört. Das bedeutet, daß ihr euch von Unzucht fernhalten sollt. ⁴Jeder von euch Männern soll lernen, mit seiner Frau so zusammenzuleben, wie es Gott und den Menschen gefällt. ⁵Ihr sollt nicht blind eurer Leidenschaft folgen, wie die Menschen, die Gott nicht kennen. ⁶Es soll sich auch keiner Übergriffe erlauben und seinen Bruder bei Geschäften übervorteilen. Wir haben euch das schon früher gesagt, und wir haben euch nachdrücklich gewarnt: Wer so etwas tut, den wird der Herr bestrafen. ⁷Gott hat uns nicht dazu berufen, daß wir ein zuchtloses Leben führen, sondern daß wir sein heiliges Volk sind und ihm Ehre machen. ⁸Wer also diese Anweisungen in den Wind schlägt, lehnt sich nicht gegen einen Menschen auf, sondern gegen Gott, der euch

seinen Heiligen Geist gegeben hat, damit ihr so leben könnt, wie es ihm gefällt.

⁹ Über die Liebe zu den Brüdern und Schwestern brauchen wir euch nichts zu schreiben. Gott selbst hat es euch ins Herz gegeben, einander zu lieben. ¹⁰ Ihr erweist solche Liebe ja auch allen Glaubensgeschwistern in ganz Mazedonien. Wir bitten euch, daß ihr darin noch vollkommener werdet!

¹¹ Betrachtet es als Ehrensache, ein geregeltes Leben zu führen. Kümmert euch um eure eigenen Angelegenheiten, und arbeitet für euren Lebensunterhalt, wie wir euch das gesagt haben. ¹² Lebt so, daß ihr denen, die nicht zur Gemeinde gehören, keinen Anstoß gebt und niemand zur Last fallt.

Was ist mit denen in der Gemeinde, die sterben, bevor Jesus wiederkommt?

¹³ Wir wollen euch nicht im unklaren lassen, liebe Brüder und Schwestern, wie es mit denen aus eurer Gemeinde steht, die schon gestorben sind. Dann braucht ihr nicht traurig zu sein wie die übrigen Menschen, die keine Hoffnung haben. ¹⁴ Wir glauben doch, daß Jesus gestorben und auferstanden ist. Ebenso gewiß wird Gott auch die Verstorbenen durch Jesus und mit ihm zusammen zum ewigen Leben führen.

¹⁵ Mit einem Wort des Herrn sage ich euch: Die Brüder und Schwestern, die schon gestorben sind, werden gegenüber uns, die beim Kommen des Herrn noch am Leben sind, nicht benachteiligt sein. ¹⁶ Wenn Gottes Befehl ergeht, der oberste Engel ruft und die himmlische Posaune ertönt, wird Christus, der Herr, selbst vom Himmel kommen. Zuerst werden dann alle, die im Vertrauen auf ihn gestorben sind, aus dem Grab auferstehen. ¹⁷ Danach werden wir, die noch am Leben sind, mit ihnen zusammen auf Wolken in die Luft gehoben und dem Herrn entgegengeführt werden, um ihn zu empfangen. Dann werden wir für immer mit ihm zusammensein. ¹⁸ Macht euch also damit gegenseitig Mut!

Jederzeit bereit sein!

5 Über die Frage, wann das geschehen wird, Brüder und Schwestern, zu welchem näheren Zeitpunkt es eintreten wird, brauchen wir euch nichts zu schreiben. ² Ihr wißt selbst ganz genau, daß der Herr so unvorhergesehen kommt wie ein Dieb in der Nacht. ³ Wenn die Menschen sagen werden: »Alles ist ruhig und sicher«, wird plötzlich Gottes vernichtendes Strafgericht über sie hereinbrechen, so wie die Wehen über eine schwangere Frau. Da gibt es kein Entrinnen.

⁴ Ihr aber lebt ja nicht in der Dunkelheit, Brüder und

Schwestern, so daß euch der Tag des Herrn wie ein Dieb überraschen könnte. ⁵Ihr alle seid vielmehr Menschen, die dem Licht und dem Tag gehören. Und weil wir nicht mehr der Nacht und der Dunkelheit gehören, ⁶wollen wir auch nicht schlafen wie die anderen, sondern wach und nüchtern sein. ⁷Wer schläft, tut es in der Nacht, und wer sich betrinkt, tut es in der Nacht. ⁸Wir aber gehören dem Tag und wollen deshalb nüchtern sein. Wir wollen Glauben und Liebe als Panzer anlegen und die Hoffnung auf Rettung als Helm. ⁹Denn Gott hat uns nicht dazu bestimmt, daß wir seinem Gericht verfallen, sondern daß wir durch Jesus Christus, unseren Herrn, gerettet werden.

¹⁰Er, unser Herr, ist für uns gestorben, damit wir zusammen mit ihm leben. Das gilt für uns alle, ob wir noch am Leben sind, wenn er kommt, oder ob wir schon vorher gestorben sind. ¹¹Macht also einander Mut und helft euch gegenseitig weiter, wie ihr es ja schon tut.

Abschließende Anweisungen

¹²Brüder und Schwestern, wir bitten euch: Erkennt die an, die sich für euch abmühen und in der Gemeinde des Herrn Verantwortung übernehmen, um euch den rechten Weg zu zeigen. ¹³Wegen des Dienstes, den sie an euch tun, sollt ihr ihnen mit Hochachtung und Liebe begegnen. Lebt in Frieden und Eintracht miteinander!

¹⁴Wir bitten euch weiter, liebe Brüder und Schwestern: Weist die zurecht, die ein ungeregeltes Leben führen. Ermutigt die Ängstlichen. Helft den Schwachen und habt Geduld mit allen. ¹⁵Achtet darauf, daß niemand von euch Böses mit Bösem heimzahlt. Bemüht euch vielmehr stets, das Gute zu tun, im Umgang miteinander und mit allen Menschen.

¹⁶Freut euch immerzu! ¹⁷Laßt nicht nach im Beten! ¹⁸Dankt Gott in jeder Lebenslage! Das will Gott von euch als Menschen, die mit Jesus Christus verbunden sind.

¹⁹Unterdrückt nicht das Wirken des Heiligen Geistes. ²⁰Verachtet nicht die Weisungen, die er euch gibt. ²¹Prüft aber alles, und nehmt nur an, was gut ist. ²²Von jeder Art des Bösen haltet euch fern!

Schlußwort und Grüße

²³Gott selbst aber, der uns seinen Frieden schenkt, vollende euch als sein heiliges Volk und bewahre euch im Innersten unversehrt, fehlerlos an Seele und Leib, für den Tag, an dem Jesus Christus, unser Herr, kommt. ²⁴Gott ist treu, der euch berufen hat; er wird euch auch vollenden.

²⁵Betet auch ihr für uns, Brüder und Schwestern! ²⁶Grüßt alle in der Gemeinde mit dem Friedenskuß. ²⁷Ich beschwöre euch bei dem Herrn, diesen Brief vor allen Brüdern und Schwestern zu verlesen.

²⁸Die Gnade unseres Herrn Jesus Christus sei mit euch.

DER ZWEITE BRIEF DES APOSTELS PAULUS AN DIE GEMEINDE IN THESSALONICH
(2. Thessalonicherbrief)

Eingangsgruß

1 Paulus, Silvanus und Timotheus schreiben diesen Brief an die Gemeinde in Thessalonich, die Gott, unserem Vater, und dem Herrn Jesus Christus gehört:

²Gnade und Frieden sei mit euch von Gott, unserem Vater, und von Jesus Christus, dem Herrn.

Christus kommt zum Gericht

³Wir müssen Gott immerzu für euch danken, Brüder und Schwestern! Wir haben allen Grund dazu, denn euer Glaube wächst, und die gegenseitige Liebe nimmt bei allen, bei jedem einzelnen von euch, zu. ⁴Mit Stolz erzählen wir in den Gemeinden Gottes von eurer Standhaftigkeit und Treue in all den Verfolgungen und Leiden, die ihr zu ertragen habt. ⁵Diese Verfolgungen beweisen euch, daß Gott ein gerechtes Gericht halten wird und euch ehrenvoll in seine neue Welt aufnehmen will, für die ihr ja leidet. ⁶Denn es entspricht der Gerechtigkeit Gottes, daß er die, die euch Leiden bereiten, selbst leiden läßt ⁷und daß er euch, die ihr jetzt leiden müßt, mit uns zusammen von allen Leiden befreit.

Das wird geschehen, wenn Jesus, der Herr, vom Himmel kommt und alle ihn sehen werden. Er kommt mit den Engeln, die seine Befehle vollstrecken, ⁸und in loderndem Feuer, um Vergeltung zu üben an allen, die Gott nicht ehren und die Gute Nachricht von Jesus, unserem Herrn, nicht gehorsam annehmen. ⁹Als Strafe verhängt der Herr in seiner Macht und Herrlichkeit ewiges Verderben über sie. ¹⁰Das geschieht an dem Tag, an dem er kommt, um von allen, die ihm gehören, von allen, die zum Glauben an ihn gekommen sind, geehrt und umjubelt zu werden – auch von euch, denn ihr habt ja der Botschaft geglaubt, die wir euch gebracht haben. [11] Im Blick darauf beten wir auch immerzu für euch. Wir bitten unseren Gott, euch würdig zu machen für das ewige Leben, zu dem er euch berufen hat. Durch seine Macht führe er alle eure guten Vorsätze und euer Wirken aus dem Glauben heraus zur Vollendung. [12] So soll der Name unseres Herrn Jesus durch euch zu Ehren kommen – und ebenso auch ihr durch ihn. Die Gnade unseres Gottes und des Herrn Jesus Christus wird euch dazu verhelfen!

Was zuvor noch geschehen muß:
Das Auftreten des Antichrist

2 Ihr wartet darauf, Brüder und Schwestern, daß Jesus Christus, unser Herr, kommt und wir mit ihm vereinigt werden. Wir bitten euch aber: [2] Laßt euch nicht so rasch verwirren oder erschrecken durch die Behauptung, der Tag, an dem der Herr kommt, stehe unmittelbar bevor. Glaubt es nicht, auch wenn sich jemand auf eine Eingebung des Heiligen Geistes beruft oder auf irgendeinen Ausspruch oder auf einen Brief von mir. [3] Laßt euch durch nichts und niemand täuschen: Erst muß es dahin kommen, daß viele ihrem Glauben untreu werden. Der Feind Gottes muß auftreten, der alles Böse in sich vereint und der zum Untergang bestimmt ist. [4] Er wird sich gegen alles auflehnen und sich über alles erheben, was als göttlich und verehrungswürdig gilt. Ja, er wird seinen Thron im Tempel Gottes aufstellen und wird behaupten, er sei Gott!

[5] Erinnert ihr euch nicht, daß ich euch dies angekündigt habe, als ich noch bei euch war? [6] Inzwischen wißt ihr aber auch, wodurch das noch aufgehalten wird. Der Feind Gottes kann erst hervortreten, wenn die Zeit dafür reif ist. [7] Im verborgenen ist die Macht der Auflehnung zwar schon am Werk; doch der, der sie bisher noch zurückhält, muß ihr erst noch den Weg freigeben.

[8] Dann erst wird der Feind Gottes offen hervortreten. Aber Jesus, der Herr, wird ihn mit dem bloßen Hauch seines Mundes töten, wenn er in seiner Herrlichkeit kommt.

Die Gefährdung durch den Antichrist

[9] Der Feind Gottes wird bei seinem Auftreten vom Satan unterstützt, so daß er aufsehenerregende Wunder vollbringen und die Menschen damit blenden kann. [10] Alle, die verlorengehen, wird er durch seine bösen Künste täuschen. Sie erlie-

gen ihnen, weil sie ihr Herz nicht der Wahrheit geöffnet haben, die sie retten könnte. [11]Deshalb liefert Gott sie dem Irrtum aus, so daß sie der Lüge Glauben schenken. [12]Alle, die der Wahrheit nicht geglaubt haben, sondern am Bösen Gefallen hatten, werden so ihre Strafe finden.

Aufruf zur Standhaftigkeit an die Erwählten

[13]Doch für euch, Brüder und Schwestern, müssen wir Gott immerzu danken. Ihr seid von Jesus, dem Herrn, geliebt. Von allem Anfang an hat Gott euch dazu erwählt, daß ihr gerettet werdet. Und das werdet ihr, weil Gottes Geist euer Leben bestimmt und euch heilig macht und weil ihr der Wahrheit Gottes glaubt. [14]Durch die Gute Nachricht, die wir euch gebracht haben, hat Gott euch dazu berufen, an der Herrlichkeit unseres Herrn Jesus Christus teilzuhaben.

[15]Steht also fest, Brüder und Schwestern, und haltet euch an die Überlieferungen, an alles, was ich euch mündlich oder brieflich gelehrt habe. [16]Gott, unser Vater, hat uns seine Liebe erwiesen und uns in seiner Gnade einen ewig gültigen Trost und eine sichere Hoffnung geschenkt. Wir bitten ihn und unseren Herrn Jesus Christus, [17]euch getrost und mutig zu machen und euch Kraft zu geben zu allem Guten, in Wort und Tat.

Abschließende Bitten und Wünsche

3 Im übrigen: Betet für mich, Brüder und Schwestern! Bittet darum, daß die Botschaft des Herrn sich rasch verbreitet und überall so wie bei euch mit Dank gegen Gott angenommen wird. [2]Bittet auch darum, daß Gott mich vor den Anschlägen böser und schlechter Menschen rettet. Denn nicht alle nehmen den Glauben an. [3]Doch der Herr ist treu. Er wird euch stärken und vor dem Bösen beschützen. [4]Er gibt mir auch das Vertrauen zu euch, daß ihr jetzt und in Zukunft meinen Anweisungen folgen werdet. [5]Der Herr richte euer ganzes Denken und Wollen darauf, daß ihr Gott liebt und standhaft zu Christus haltet.

Spezielle Mahnung: Die Pflicht zur Arbeit

[6]Brüder und Schwestern! Wir befehlen euch im Namen unseres Herrn Jesus Christus: Meidet den Umgang mit allen in der Gemeinde, die ihre täglichen Pflichten vernachlässigen und den Anweisungen nicht folgen, die sie von uns erhalten haben. [7]Ihr wißt selbst, wie ich bei euch gelebt habe. Das muß euch ein Vorbild sein. Ich habe mich nicht vor der Arbeit gedrückt [8]und bei niemand umsonst mitgegessen. Ich habe

keine Mühe gescheut und habe Tag und Nacht für meinen Lebensunterhalt gearbeitet, um keinem von euch zur Last zu fallen. [9]Dabei hätte ich sehr wohl das Recht gehabt, Unterstützung von euch zu verlangen. Aber ich wollte euch ein Beispiel geben, dem ihr nachleben sollt. [10]Ich habe es euch ja auch ausdrücklich gesagt, als ich bei euch war: Wer nicht arbeiten will, soll auch nicht essen.

[11]Nun höre ich, daß es einige unter euch gibt, die ein ungeregeltes Leben führen. Sie arbeiten nicht, sondern treiben sich unnütz herum. [12]Ich ermahne sie im Namen des Herrn Jesus Christus mit allem Nachdruck, daß sie einer geregelten Arbeit nachgehen und ihren Lebensunterhalt selbst verdienen.

[13]Brüder und Schwestern, werdet nicht müde, das Gute zu tun! [14]Wenn jemand meinen Anweisungen in diesem Brief nicht folgen will, so merkt ihn euch und geht ihm aus dem Weg, damit er sich schämt. [15]Behandelt ihn aber nicht wie einen Feind, sondern ermahnt ihn als Bruder oder Schwester.

[16]Der Herr selbst aber, von dem aller Frieden kommt, schenke euch jederzeit und auf jede Weise seinen Frieden. Der Herr stehe euch allen bei!

Eigenhändiger Gruß

[17]Zum Schluß mein persönlicher Gruß! Ich, Paulus, schreibe ihn mit eigener Hand. Dies ist meine Handschrift. Daran sind alle meine Briefe zu erkennen. [18]Die Gnade unseres Herrn Jesus Christus sei mit euch allen.

DER ERSTE BRIEF
DES APOSTELS PAULUS
AN TIMOTHEUS
(1. Timotheusbrief)

GEFAHR DURCH FALSCHE LEHREN
UND AUFTRAG AN TIMOTHEUS (Kapitel 1)

Eingangsgruß

1 Diesen Brief schreibt Paulus, Apostel von Jesus Christus durch einen Auftrag von Gott, der unser Retter ist, und von Jesus Christus, auf den wir hoffen. [2]Ich, Paulus, schreibe an Timotheus, der mir ein richtiger Sohn geworden ist, weil ich ihn zum Glauben geführt habe:

Gnade, Erbarmen und Frieden sei mit dir von Gott, dem Vater, und von Jesus Christus, unserem Herrn!

Die Irrlehrer in Ephesus und der Auftrag an Timotheus

[3] Es gilt noch, Timotheus, was ich dir aufgetragen habe, als ich nach Mazedonien abreiste! Damals habe ich dich gebeten, in Ephesus zurückzubleiben und dafür zu sorgen, daß bestimmte Leute dort keine falschen Lehren verbreiten. [4] Sie sollten sich nicht mit uferlosen Spekulationen über die Anfänge der Welt und die ersten Geschlechterfolgen befassen; denn das führt nur zu unfruchtbaren Spitzfindigkeiten, anstatt dem Heilsplan Gottes zu dienen, der auf den Glauben zielt. [5] Jede Unterweisung der Gemeinde muß zur Liebe hinführen, die aus einem reinen Herzen, einem guten Gewissen und einem aufrichtigen Glauben kommt. [6] Davon haben sich einige abgewandt und haben sich in leeres Gerede verloren. [7] Sie wollen Lehrer des göttlichen Gesetzes sein; aber sie wissen nicht, was sie sagen, und haben keine Ahnung von dem, worüber sie so selbstsicher ihre Behauptungen aufstellen.

[8] Wir dagegen wissen: Das Gesetz, das Gott gegeben hat, ist gut, wenn es in der rechten Weise gebraucht wird. [9] Wir dürfen nämlich eines nicht vergessen: Das Gesetz ist nicht für Menschen da, die tun, was Gott will, sondern für solche, die sich um Recht und Ordnung nicht kümmern. Es ist für Sünder bestimmt, die Gott und seine Gebote verachten, für Leute, die Vater und Mutter töten, Mord [10] und Unzucht begehen und als Männer mit Knaben oder ihresgleichen verkehren, für Menschenhändler und solche, die lügen und falsche Eide schwören oder sonst etwas tun, was im Widerspruch zur gesunden Lehre steht. [11] Diese Lehre entspricht der Guten Nachricht, die mir anvertraut worden ist – der Botschaft von der Herrlichkeit, die der ewige und in sich vollkommene Gott uns geben will.

Dank für Gottes Erbarmen

[12] Ich bin voll Dank gegenüber Jesus Christus, unserem Herrn, der mir für meinen Auftrag die Kraft gegeben hat. Denn er hat mich für vertrauenswürdig erachtet und in seinen Dienst genommen, [13] obwohl ich ihn doch früher beschimpft, verfolgt und verhöhnt habe. Aber er hat mit mir Erbarmen gehabt, weil ich nicht wußte, was ich tat. Ich kannte

ihn ja noch nicht. [14] Er, unser Herr, hat mir seine Gnade im Überfluß geschenkt und mit ihr den Glauben und die Liebe, die aus der Verbindung mit ihm erwachsen.

[15] Es ist ein wahres Wort und verdient volles Vertrauen: Jesus Christus ist in die Welt gekommen, um die Sünder zu retten. Unter ihnen bin ich selbst der schlimmste. [16] Deshalb hatte er gerade mit mir Erbarmen und wollte an mir als erstem seine ganze Geduld zeigen. Er wollte mit mir ein Beispiel aufstellen, was für Menschen künftig durch den Glauben – das Vertrauen auf ihn – zum ewigen Leben kommen können. [17] Gott, der ewige König, der unsterbliche, unsichtbare und einzige Gott, sei dafür in alle Ewigkeit geehrt und gepriesen! Amen.

[18] Mein Sohn Timotheus, ich lege dir den Auftrag, mit dem ich dich zurückließ, erneut ans Herz. Er entspricht den prophetischen Worten, die über dich ergangen waren. Erinnere dich an sie und schöpfe aus ihnen Kraft für den guten Kampf, den du zu kämpfen hast. [19] Bewahre den Glauben und ein reines Gewissen! Manche haben in ihrem Glauben Schiffbruch erlitten, weil sie nicht auf die Stimme ihres Gewissens gehört haben. [20] Hymenäus und Alexander gehören zu ihnen. Ich habe sie dem Satan übergeben, damit er sie bestraft. So sollen sie lernen, Gott nicht mehr mit ihrer Lebensführung zu beleidigen.

WEISUNGEN FÜR DAS LEBEN DER GEMEINDE
(Kapitel 2–3)

Das Gebet für alle Menschen, besonders die Regierenden

2 Das Erste und Wichtigste, wozu ich die Gemeinde aufrufe, ist das Gebet, und zwar für alle Menschen. Bringt Bitten und Fürbitten und Dank für sie alle vor Gott! [2] Betet für die Regierenden und für alle, die Gewalt haben, damit wir in Ruhe und Frieden leben können, in Ehrfurcht vor Gott und in Rechtschaffenheit. [3] So ist es gut und gefällt Gott, unserem Retter. [4] Er will, daß alle Menschen zur Erkenntnis der Wahrheit kommen und gerettet werden. [5] Denn dies ist ja unser Bekenntnis:

Einer ist Gott,
und einer ist der Vermittler
zwischen Gott und den Menschen:
der Mensch Jesus Christus.

⁶Er gab sein Leben,
um die ganze Menschheit
von ihrer Schuld loszukaufen.

Das gilt es zu bezeugen in dieser von Gott vorherbestimmten
Zeit. ⁷Um es öffentlich zu verkünden, hat Gott mich zum
Apostel eingesetzt. So ist es; ich sage die reine Wahrheit. Er
hat mich zum Lehrer berufen, damit ich die nichtjüdischen
Völker zum Glauben und zur Wahrheit führe.

Das Verhalten von Männern und Frauen im Gottesdienst

⁸Ich will, daß überall in den Gottesdiensten die Männer reine
Hände zu Gott erheben, im Herzen frei von Zorn oder Streit-
sucht. ⁹Ebenso will ich, daß die Frauen im Gottesdienst passend
angezogen sind. Sie sollen sich mit Anstand und Schamge-
fühl schmücken anstatt mit auffallenden Frisuren, goldenem
Schmuck, Perlen oder teuren Kleidern. ¹⁰Gute Taten sollen
ihre Zierde sein. So gehört es sich für Frauen, die zeigen wollen, daß sie Gott ehren. ¹¹Die Frauen sollen still zuhören und
das Gehörte in sich aufnehmen; sie müssen sich völlig unterordnen. ¹²Ich lasse nicht zu, daß sie vor der Gemeinde sprechen oder sich über die Männer erheben. Sie sollen sich ruhig
und still verhalten. ¹³Denn zuerst wurde Adam geschaffen,
dann erst Eva. ¹⁴Es war auch nicht Adam, der vom Verführer
getäuscht wurde; die Frau ließ sich täuschen und übertrat das
Gebot Gottes. ¹⁵Eine Frau soll Kinder zur Welt bringen;
dann wird sie gerettet. Sie muß aber auch an Glauben und
Liebe festhalten und in aller Besonnenheit ein Leben führen,
wie es Gott gefällt.

Voraussetzungen für das Amt des Gemeindeleiters

3 Es ist ein wahres Wort: »Wenn jemand die Leitung einer
Gemeinde erstrebt, dann sucht er eine große und schöne
Aufgabe.«

²Ein Gemeindeleiter soll ein Mann sein, an dem es nichts
auszusetzen gibt. Er darf nur einmal verheiratet sein. Er muß
nüchtern, besonnen und charakterfest sein. Er muß gastfreundlich und ein guter Lehrer sein. ³Er soll kein Trinker
oder gewalttätiger Mensch sein, sondern ein freundlicher und
friedliebender Mann. Er darf auch nicht am Geld hängen.
⁴Er muß die Pflichten eines Familienoberhaupts vorbildlich
erfüllen und Kinder haben, die ihn achten und ihm gehorchen. ⁵Denn wenn jemand seine eigene Familie nicht zu lei-

ten versteht, wie kann er dann die Sorge für die Gemeinde Gottes übernehmen? 6 Er darf nicht erst vor kurzem Christ geworden sein; sonst wird er stolz, und der Teufel bringt ihn so weit, daß Gott ihn verurteilen muß. 7 Auch außerhalb der Gemeinde muß er in gutem Ruf stehen; es darf nichts Belastendes gegen ihn vorgebracht werden können. Sonst kann ihm der Teufel daraus einen Strick drehen.

Anforderungen an die Diakone

8 Auch die Diakone müssen ehrbare Männer sein. Auf ihr Wort muß man sich verlassen können. Sie dürfen nicht übermäßig Wein trinken und nicht darauf aus sein, sich zu bereichern. 9 Sie sollen durch ein untadeliges Leben dem Geheimnis des Glaubens Ehre machen. 10 Zuerst ist zu prüfen, ob sie auch geeignet sind. Nur wenn ihnen niemand etwas nachsagen kann, dürfen sie zum Dienst zugelassen werden.

11 Auch die Diakoninnen müssen ehrbar sein, nicht klatschsüchtig, sondern nüchtern und in allem zuverlässig.

12 Ein Diakon darf nur einmal verheiratet sein. Er muß seine Kinder zum Guten anhalten und sein Hauswesen ordentlich führen. 13 Wer seinen Diakonendienst gut versieht, verschafft sich damit Ansehen in der Gemeinde. Er kann im Umgang mit ihr offen und freimütig auftreten als einer, dessen Glaube an Jesus Christus sich in der Ausübung seines Dienstes bewährt hat.

Die Gemeinde als Zeugin für Gottes Geheimnis

14 Dies alles schreibe ich dir, obwohl ich hoffe, dich bald besuchen zu können. 15 Aber für den Fall, daß mein Kommen sich hinauszögert, sagt dir dieser Brief, wie wir uns in Gottes Hausgemeinschaft verhalten sollen. Diese Hausgemeinschaft ist die Gemeinde des lebendigen Gottes, der Pfeiler und das Fundament der Wahrheit. 16 Niemand kann es bestreiten: Groß und einzigartig ist die geheimnisvolle Wahrheit unseres Glaubens:

In der Welt erschienen als schwacher Mensch,
im Himmel in seiner göttlichen Würde bestätigt –
so wurde Christus den Engeln gezeigt
und den Völkern der Erde verkündet.
Überall in der Welt fand er Glauben,
und im Himmel erhielt er die höchste Ehre.

WEISUNGEN FÜR DIE AMTSFÜHRUNG VON TIMOTHEUS (4,1–6,10)

Abwehr falscher Lehren

4 Der Geist Gottes sagt durch den Mund von Propheten klar und deutlich voraus, daß in den letzten Tagen dieser Welt manche den Glauben preisgeben werden. Sie werden sich Leuten anschließen, die sie mit ihren Eingebungen betrügen, und werden den Lehren dunkler Mächte folgen. ² Diese Leute sind scheinheilige Lügner, die ein schuldbeladenes Gewissen haben. ³ Sie lehren, daß Christen nicht heiraten dürfen, und verbieten ihnen, bestimmte Speisen zu essen – während doch Gott diese Speisen geschaffen hat! Wer Christus angenommen und die Wahrheit erkannt hat, darf sie essen, nachdem er das Dankgebet darüber gesprochen hat. ⁴ Denn alles, was Gott geschaffen hat, ist gut. Wir brauchen nichts davon abzulehnen, sondern dürfen alles essen, nachdem wir Gott dafür gedankt haben. ⁵ Es wird durch das Wort Gottes und durch das Gebet rein.

⁶ Wenn du den Brüdern und Schwestern diese Anweisungen gibst, bist du ein guter Diener von Jesus Christus. Als ein solcher nährst du dich vom Wort Gottes und von der wahren Lehre, die du dir zur Richtschnur genommen hast. ⁷ Gottlose und kindische Spekulationen über die Anfänge der Welt dagegen mußt du ablehnen.

Übe dich darin, Gott zu gehorchen! ⁸ Sich in körperlichen Entbehrungen zu üben bringt nur wenig Nutzen. Aber sich im Gehorsam gegen Gott zu üben ist für alles gut; denn es bringt Gottes Segen für dieses und für das zukünftige Leben. ⁹ Dies ist ein wahres Wort und verdient volles Vertrauen. ¹⁰ Auf dieses Ziel hin mühen wir uns und setzen unsere Kräfte ein; denn wir haben unsere Hoffnung auf den lebendigen Gott gesetzt. Er ist der Retter aller Menschen, und besonders derer, die im Glauben mit Jesus Christus verbunden sind.

Timotheus als Vorbild, Lehrer und Seelsorger

¹¹ Das sollst du allen gut einschärfen. ¹² Niemand soll dich verachten, weil du noch jung bist. Sei allen Glaubenden ein Beispiel mit deinem Reden und Tun, deiner Liebe, deinem Glauben und deiner Reinheit. ¹³ Bis ich komme, lies wie bisher aus den Heiligen Schriften vor, predige und unterrichte. ¹⁴ Vernachlässige nicht die Gabe, die Gott dir geschenkt hat, als die Ältesten dir aufgrund prophetischer Weisungen die Hände auflegten. ¹⁵ Mühe dich um das, was dir aufgetragen

ist, damit deine Fortschritte allen sichtbar werden. [16]Achte auf dein Leben und auf deine Lehre; überprüfe sie beide ständig. Dann wirst du dich selbst retten und die, die dir zuhören.

5 Fahre einen Älteren nicht hart an. Wenn du ihn zurechtweisen mußt, dann sprich zu ihm, als ob er dein Vater wäre. Ebenso sollst du die jungen Männer ermahnen wie Brüder, [2]die älteren Frauen wie Mütter und die jungen Frauen wie Schwestern, mit der gebotenen Zurückhaltung.

Die Witwen in der Gemeinde – ihre Versorgung und ihr Dienst

[3]Begegne den Witwen mit Achtung, wenn es sich um echte Witwen handelt, die niemand unterstützt. [4]Wenn jedoch eine Witwe Kinder oder Enkel hat, sollen die sich zuerst einmal darum bemühen, ihre Pflichten gegenüber der Familie zu erfüllen, und ihrer Mutter oder Großmutter vergelten, was sie an ihnen getan hat. So gefällt es Gott.

[5]Eine echte Witwe dagegen, die ganz allein steht, hat gelernt, ihre Hoffnung einzig auf Gott zu setzen, und hört nicht auf, Tag und Nacht zu ihm zu beten. [6]Wenn sich eine dem Vergnügen hingibt, ist sie schon tot, auch wenn sie noch lebt. [7]Schärfe das allen Witwen ein, damit ihre Lebensführung zu keinem Tadel Anlaß gibt.

[8]Kümmert sich aber jemand nicht um die notleidenden Witwen der eigenen Familie, besonders wenn sie im selben Haus wohnen, dann verleugnet dieser Mensch den Glauben und ist schlimmer als ein Ungläubiger.

[9]Eine Frau soll erst dann in das Verzeichnis der Witwen eingetragen werden, wenn sie über sechzig Jahre alt ist. Außerdem darf sie nur einmal verheiratet gewesen sein. [10]Sie muß für ihre guten Taten bekannt sein: daß sie ihre Kinder ordentlich erzogen hat und gastfrei gewesen ist, daß sie den Mitchristen, die sie besuchten, die Füße gewaschen und denen geholfen hat, die in Schwierigkeiten waren; kurz, daß sie sich auf jede Weise bemüht hat, Gutes zu tun.

[11]Die jüngeren Witwen nimm nicht in das Verzeichnis auf. Ihr sinnliches Verlangen kann sie dazu treiben, daß sie sich von Christus abwenden und wieder heiraten wollen. [12]Dann machen sie sich schuldig, weil sie das Versprechen nicht halten, das sie Christus gegeben haben. [13]Außerdem gewöhnen sie sich ans Nichtstun und gehen von Haus zu Haus – und nicht nur das: Sie werden geschwätzig, mischen sich in fremde Angelegenheiten und reden Dinge, die sich nicht gehören. [14]Deshalb möchte ich, daß die jüngeren Witwen wieder hei-

raten, Kinder haben und sich um ihren Haushalt kümmern. Dann geben sie unseren Gegnern keine Gelegenheit, schlecht über uns zu reden. [15]Denn schon haben sich einige von Christus abgewandt und folgen dem Satan.

[16]Wenn eine Christin Witwen in ihrer Familie hat, muß sie selbst für sie sorgen und darf diese Last nicht der Gemeinde aufbürden. Die Unterstützung der Gemeinde soll ganz den alleinstehenden Witwen zugute kommen.

Die Ältesten der Gemeinde

[17]Älteste, die ihren Dienst gut versehen, haben doppelten Lohn verdient, besonders wenn sie als Prediger und Lehrer arbeiten. [18]In den Heiligen Schriften heißt es: »Einem Rind, das zum Dreschen eingespannt wird, darfst du das Maul nicht zubinden.« Es heißt auch: »Wer arbeitet, hat ein Anrecht auf seinen Lohn.«

[19]Eine Klage gegen einen Ältesten höre nur an, wenn sie von zwei oder drei Zeugen bestätigt wird. [20]Wenn einer sich wirklich etwas zuschulden kommen ließ, dann sollst du ihn vor den anderen Ältesten zurechtweisen, damit auch sie gewarnt sind. [21]Ich beschwöre dich bei Gott, bei Jesus Christus und bei den heiligen Engeln, daß du in solch einem Fall völlig unparteiisch vorgehst. Sei nicht voreingenommen gegen irgend jemand, aber begünstige auch keinen.

[22]Lege niemand zu schnell die Hände auf, um ihn in das Ältestenamt einzusetzen; sonst machst du dich mitschuldig, wenn er sich verfehlt. Sieh zu, daß du nicht in so etwas verstrickt wirst.

[23]Trinke nicht nur Wasser! Nimm ein wenig Wein dazu, um deinen Magen zu stärken; du bist ja so oft krank.

[24]Die Sünden mancher Menschen sind allen sichtbar und laufen ihnen gleichsam voraus zum Gericht Gottes; bei anderen sind sie schwerer zu erkennen – sie laufen ihnen dann eben hinterher. [25]Ebenso ist es auch mit den guten Taten: Sie sind allen sichtbar, und wenn es einmal nicht der Fall ist, können sie doch nicht auf die Dauer verborgen bleiben.

Die Sklaven und Sklavinnen

6 Sklaven oder Sklavinnen, die nichtchristlichen Herren oder Herrinnen dienen müssen, sollen diesen mit aller schuldigen Achtung begegnen. Sie sollen niemand Anlaß geben, schlecht über Gott und unsere Lehre zu reden. [2a]Wenn ein Sklave einen Christen zum Herrn hat – und dasselbe gilt für eine Sklavin gegenüber ihrer Herrin –, darf er ihn deshalb nicht weniger achten, weil er sein Bruder ist. Er

muß ihm sogar noch besser dienen, weil ein Herr, der Christ ist und sich von Gott geliebt weiß, ihm ja auch viel Gutes tut.

Gewinnsucht als Beweggrund der Irrlehrer

2b So sollst du lehren, in diesem Sinn sollst du alle ermahnen. 3 Wenn jemand etwas anderes lehrt und sich nicht an die gesunden Worte unseres Herrn Jesus Christus und die allgemeine christliche Lehre hält, 4 dann ist er eingebildet und unwissend. Er hat einen krankhaften Hang zu spitzfindigen Untersuchungen und Wortgefechten. Daraus entstehen Neid und Streit, Beleidigungen, böse Verdächtigungen 5 und fortwährender Zank. Solche Menschen haben ihren gesunden Verstand verloren. Sie sind so weit von der Wahrheit abgeirrt, daß sie meinen, Gott zu dienen sei ein Mittel, sich zu bereichern.

6 Gewiß bringt es großen Gewinn, Gott zu dienen, wenn jemand nur sein Herz nicht an irdischen Besitz hängt. 7 Was haben wir in die Welt mitgebracht? Nichts! Was können wir aus der Welt mitnehmen? Nichts! 8 Wenn wir also Nahrung und Kleidung haben, soll uns das genügen. 9 Wer unbedingt reich werden möchte, gerät in Versuchung. Er verfängt sich in unsinnigen und schädlichen Wünschen, die ihn zugrunde richten und ins ewige Verderben stürzen. 10 Denn Geldgier ist eine Wurzel alles Bösen. Manche sind ihr so verfallen, daß sie dem Herrn untreu wurden und sich selbst die schlimmsten Qualen bereiteten.

ERMAHNUNG ZUR TREUE IM AUFGETRAGENEN DIENST (6,11-21)

Treue zum übernommenen Auftrag

11 Du aber gehörst Gott, deshalb fliehe vor alldem! Jage dagegen der Gerechtigkeit nach, der Gottesfurcht, dem Glauben, der Liebe, der Geduld und der Freundlichkeit! 12 Kämpfe den guten Kampf des Glaubens, damit du das ewige Leben gewinnst, zu dem Gott dich berufen hat. Zu diesem Kampf hast du dich in besonderer Weise verpflichtet, als du vor vielen Zeugen das gute Bekenntnis abgelegt hast. 13 Ich befehle dir vor Gott, von dem alles Leben kommt, und vor Jesus Christus, der vor Pontius Pilatus für das gute Bekenntnis eingetreten ist: 14 Erfülle den Auftrag, der dir gegeben ist, so zuverlässig, daß dich kein Tadel trifft, und bleibe darin treu, bis Jesus Christus, unser Herr, kommt. 15 Wann das geschieht, das bestimmt Gott selbst, der in sich vollkom-

mene und alleinige Herrscher, der König der Könige und
Herr aller Herren. [16]Er allein ist unsterblich. Er lebt in unzu-
gänglichem Licht; kein Mensch hat ihn je gesehen, und keiner kann ihn jemals sehen. Ihm gehört Ehre und ewige
Macht! Amen.

Mahnung an die Reichen in der Gemeinde

[17]Ermahne die, die im Sinne dieser Welt reich sind, nicht
überheblich zu werden. Sie sollen ihr Vertrauen nicht auf
etwas so Unsicheres wie den Reichtum setzen, der wieder
zerrinnen kann; vielmehr sollen sie auf Gott vertrauen, der
uns alles reichlich gibt, wenn wir es brauchen. [18]Sie sollen
Gutes tun, freigebig sein und ihren Reichtum gerne mit
anderen teilen. Wenn sie an guten Taten reich werden,
[19]schaffen sie sich einen sicheren Grundstock für die Zukunft, damit sie das wirkliche Leben gewinnen.

Letzte Mahnung an Timotheus

[20]Lieber Timotheus, bewahre unverfälscht, was dir anvertraut
worden ist! Wende dich ab von dem gottlosen Geschwätz dieser Leute und von den fragwürdigen Behauptungen, die sie
im Namen einer fälschlich so genannten ›Erkenntnis‹ aufstellen. [21]Schon manche, die sich darauf eingelassen haben, sind
vom Weg des Glaubens abgekommen.

Die Gnade sei mit euch allen!

DER ZWEITE BRIEF
DES APOSTELS PAULUS
AN TIMOTHEUS
(2. Timotheusbrief)

TREUE ZUR GUTEN NACHRICHT
AUCH IN VERFOLGUNG (1,1–2,13)

Eingangsgruß

1 Diesen Brief schreibt Paulus, zum Apostel von Jesus Christus bestimmt durch den Willen Gottes und dazu beauftragt, das Leben zu verkünden, das uns durch Jesus Christus
versprochen ist. [2]Ich schreibe an Timotheus, meinen lieben
Sohn:

Gnade, Erbarmen und Frieden sei mit dir von Gott, dem Vater, und von Jesus Christus, unserem Herrn!

Dank des Apostels für Timotheus

3 Wenn ich an dich denke, bin ich voll Dank gegen Gott, dem ich mit reinem Gewissen diene, wie es schon meine Vorfahren taten. Tag und Nacht denke ich unablässig an dich in meinen Gebeten. 4 Ich erinnere mich an deine Abschiedstränen und sehne mich danach, dich wiederzusehen, damit ich mich so recht von Herzen freuen kann. 5 Ich habe deinen aufrichtigen Glauben vor Augen, denselben Glauben, der schon in deiner Großmutter Loïs und deiner Mutter Eunike lebte und der nun – da bin ich ganz sicher – auch in dir lebt.

Ermahnung zur Treue

6 Darum ermahne ich dich: Laß die Gabe wieder aufleben, die Gottes Geist in dich gelegt hat und die dir geschenkt wurde, als ich dir die Hände auflegte! 7 Denn Gott hat uns nicht einen Geist der Feigheit gegeben, sondern den Geist der Kraft und der Liebe und der Besonnenheit.

8 Bekenne dich also offen und ohne Scheu zur Botschaft von unserem Herrn! Schäme dich nicht meinetwegen, weil ich für ihn im Gefängnis sitze, sondern sei bereit, mit mir für die Gute Nachricht zu leiden. Gott gibt dir die Kraft dazu.

9 Er hat uns gerettet und uns dazu berufen,
ihm ganz als sein Eigentum zu gehören –
nicht wegen unserer guten Taten,
sondern aus seinem eigenen freien Entschluß.
Ihm gehören wir aus reiner Gnade,
wie er sie uns durch Jesus Christus geschenkt hat schon vor
    aller Zeit.
10 Jetzt aber ist diese Gnade offenbar geworden,
als Jesus Christus, unser Retter, auf der Erde erschien.
Er hat dem Tod die Macht genommen
und das unvergängliche Leben ans Licht gebracht.

Darum geht es in der Guten Nachricht, 11 die ich als Apostel und Lehrer öffentlich bekanntzumachen habe. 12 Darum muß ich auch dies alles erleiden. Aber ich stehe dazu; denn ich weiß, wem ich Glauben geschenkt habe, und bin überzeugt, daß er die Macht hat, bis zum Tag des Gerichts sicher zu bewahren, was er mir anvertraut hat.

13 Halte dich an die gesunden Worte, die du von mir gehört hast. Nimm dir daran ein Beispiel, wie du selber reden sollst.

So hast du teil an dem Glauben und der Liebe, wie sie durch Jesus Christus in uns leben. [14]Bewahre die Lehre, die dir anvertraut worden ist! Der Geist Gottes, der uns geschenkt wurde, wird dir die Kraft dazu geben.

Schlechte und gute Erfahrungen mit Mitarbeitern

[15]Du weißt ja, daß alle in der Provinz Asien mich im Stich gelassen haben, auch Phygelus und Hermogenes. [16]Der Herr schenke den Angehörigen von Onesiphorus sein Erbarmen. Er hat mich oft ermutigt. Daß ich im Gefängnis bin, hat ihn nicht abgeschreckt, er hat sich nicht ängstlich von mir zurückgezogen. [17]Sobald er hier in Rom ankam, hat er nach mir gesucht, bis er mich fand. [18]Und was er in Ephesus alles für die Gemeinde getan hat, weißt du besser als ich. Unser Herr möge ihm helfen, am Tag des Gerichts bei Gott Erbarmen zu finden!

Aufforderung zu ganzem Einsatz in der Weitergabe des Glaubens

2 Du aber, mein Sohn, werde stark durch die Gnade, die dir durch Jesus Christus geschenkt ist! [2]Was ich dir vor vielen Zeugen als die Lehre unseres Glaubens übergeben habe, das gib in derselben Weise an zuverlässige Menschen weiter, die imstande sind, es anderen zu vermitteln.

[3]Nimm es auf dich, als treuer Soldat im Dienst von Jesus Christus zusammen mit mir für ihn zu leiden. [4]Niemand, der in den Krieg zieht, kümmert sich noch um seine Alltagsgeschäfte, sondern es geht ihm einzig darum, die Anerkennung seines Befehlshabers zu finden. [5]Ein Sportler, der an einem Wettkampf teilnimmt, kann den Preis nur gewinnen, wenn er sich streng den Regeln unterwirft. [6]Der Bauer, der sich müht und plagt, hat auch als erster das Anrecht, vom Ertrag des Feldes zu essen. [7]Du verstehst, was ich damit sagen will. Der Herr wird dir in allem das rechte Verständnis geben.

Zusage für treues Aushalten in Kampf und Leiden

[8]Halte dir Jesus Christus vor Augen, auferweckt vom Tod, aus der Nachkommenschaft Davids, wie es der Guten Nachricht entspricht, die ich verkünde! [9]Um ihretwillen leide ich; sie haben mich sogar wie einen Verbrecher in Fesseln gelegt – aber das Wort Gottes kann nicht in Fesseln gelegt werden. [10]Ich ertrage das alles für die Menschen, die Gott erwählt

hat, damit auch sie durch Jesus Christus gerettet werden und die ewige Herrlichkeit erhalten. ¹¹Es ist ein wahres Wort:

Wenn wir mit Christus gestorben sind,
werden wir auch mit ihm leben.
¹²Wenn wir mit ihm geduldig leiden,
werden wir auch mit ihm herrschen.
Wenn wir aber nicht zu ihm halten,
wird auch er nicht zu uns halten.
¹³Und doch bleibt er treu,
auch wenn wir ihm untreu sind;
denn er kann sich selbst nicht untreu werden.

ZUR AUSEINANDERSETZUNG MIT DER IRRLEHRE
(2,14–3,9)

Vom Verhalten gegenüber den Irrlehrern

¹⁴Erinnere alle, die in der Gemeinde Verantwortung tragen, an dieses Wort und beschwöre sie bei Gott, daß sie sich vor der Gemeinde nicht in fruchtlose Diskussionen einlassen, die den Zuhörenden nur Schaden bringen. ¹⁵Bemühe dich, daß du vor Gott bestehen kannst – mit deiner Lebensführung und deinem unbeirrbaren Wirken, als einer, der das Wort der Wahrheit, die Gute Nachricht von Jesus Christus, klar und unverkürzt verkündet. ¹⁶Auf das gottlose Geschwätz gewisser Leute laß dich nicht ein! Sie werden sich immer noch weiter von Gott entfernen, ¹⁷und ihre Lehre wird wie ein Krebsgeschwür um sich fressen. Ich denke zum Beispiel an Hymenäus und Philetus, ¹⁸die von der Wahrheit der Guten Nachricht abgeirrt sind, wenn sie behaupten, unsere Auferstehung sei bereits geschehen. Damit bringen sie manche vom wahren Glauben ab.

¹⁹Aber das sichere Fundament, das Gott gelegt hat, ist unverrückbar. Es trägt den Abdruck von Gottes Siegel, auf dem zu lesen ist: »Der Herr kennt die, die zu ihm gehören.« Und: »Wer sich zum Namen des Herrn bekennt, muß aufhören, Unrecht zu tun.«

²⁰In einem großen Haushalt gibt es eben nicht nur Gefäße aus Gold und Silber, sondern auch solche aus Holz oder Ton. Die einen sind für ehrenvolle Anlässe bestimmt, die andern dienen als Behälter für den Abfall. ²¹Wer sich von solchen Lehren fern- und reinhält, wird ein Gefäß zu ehrenvollem Gebrauch, ein heiliges Gefäß, dem Hausherrn von Nutzen und fähig zu jeder guten Tat.

Vom Verhalten gegenüber denen, die der Irrlehre verfallen sind

²² Hüte dich vor den Leidenschaften, die einen jungen Menschen in Gefahr bringen. Bemühe dich um Gerechtigkeit, Glauben, Liebe und Frieden, zusammen mit allen, die sich mit reinem Gewissen zum Herrn bekennen. ²³ Laß dich nicht auf die unsinnigen und fruchtlosen Spitzfindigkeiten dieser Leute ein; du weißt, daß das nur zu Streitigkeiten führt. ²⁴ Ein Mensch, der dem Herrn dient, soll aber nicht streiten, sondern allen freundlich begegnen. Er muß in der Lage sein, ihnen die wahre Lehre zu vermitteln. Er darf sich nicht provozieren lassen, ²⁵ sondern muß die Gegner verständnisvoll auf den rechten Weg weisen. Vielleicht gibt Gott ihnen die Gelegenheit zur Umkehr und läßt sie zur Besinnung kommen, so daß sie die Wahrheit erkennen. ²⁶ Dann können sie sich aus der Schlinge befreien, in der sie der Teufel gefangen hatte, um sie für seine Absichten zu mißbrauchen.

Die Zeit vor dem Ende der Welt und das Treiben der Irrlehrer

3 Du mußt wissen: In der letzten Zeit vor dem Ende der Welt stehen uns schlimme Zustände bevor. ² Die Menschen werden selbstsüchtig, geldgierig, prahlerisch und eingebildet sein. Sie werden Gott lästern, ihren Eltern nicht gehorchen und vor nichts mehr Ehrfurcht haben. Sie sind undankbar, ³ lieblos und unversöhnlich, verleumderisch, unbeherrscht und gewalttätig, sie hassen das Gute, ⁴ sind untreu und unzuverlässig und aufgeblasen vor Überheblichkeit. Sie kümmern sich nicht um das, was Gott Freude macht, sondern suchen nur, was ihre eigene Lust vermehrt. ⁵ Sie geben sich zwar den Anschein der Frömmigkeit, aber von der wahren Lehre, von der Kraft, aus der echte Frömmigkeit lebt, wollen sie nichts wissen. Halte dich von diesen Menschen fern!

⁶ Aus diesen Kreisen kommen nämlich die Leute, die sich in die Häuser einschleichen. Sie suchen gewisse Frauen für sich zu gewinnen, die mit Sünden beladen sind und von allen möglichen Leidenschaften umgetrieben werden, ⁷ solche, die immerzu lernen wollen und doch nie zur Erkenntnis der Wahrheit durchdringen können. ⁸ So wie die ägyptischen Zauberer Jannes und Jambres sich Mose widersetzten, so widersetzen sich diese Verführer der Wahrheit. ⁹ Aber sie werden keinen großen Erfolg haben; es wird noch allen offenbar

werden, daß sie im Unverstand handeln, genauso wie sich das
bei den Ägyptern gezeigt hat.

DAS VORBILD DES APOSTELS (3,10–4,8)

Orientierung am Vorbild des Apostels,
an der überlieferten Lehre
und an den Heiligen Schriften

[10] Du aber hast dich an meiner Lehre, meiner Lebensführung
und meinem Lebensziel ausgerichtet. Du hast dich an das
Vorbild meines Glaubens, meiner Geduld und meiner Liebe
gehalten. Du kennst meine Standhaftigkeit [11] in allen Verfolgungen und Leiden; du hast es in Antiochia, Ikonion und
Lystra miterlebt und weißt, was ich dort alles durchstehen
mußte – und aus all diesen Gefahren und Leiden hat mich
der Herr gerettet.

[12] Alle, die in der Bindung an Jesus Christus ein Leben
führen wollen, das Gott gefällt, werden Verfolgungen erleiden. [13] Die Verführer und Schwindler dagegen bringen es
noch weit – auf dem Weg ins Verderben! Betrüger sind sie und
selbst Betrogene! [14] Du aber bleibe bei dem, was du gelernt
und worauf du dein Vertrauen gesetzt hast. Du weißt, wer
deine Lehrer waren, [15] und du kennst auch seit deiner Kindheit die Heiligen Schriften. Sie können dich den Weg zur Rettung lehren, die dir zuteil wird durch den Glauben, der sich
auf Jesus Christus gründet. [16] Sie dienen dir aber auch bei
deiner Aufgabe als Lehrer der Gemeinde. Denn jede Schrift,
die von Gottes Geist eingegeben wurde, ist nützlich für die
Unterweisung im Glauben, für die Zurechtweisung und Bes-
serung der Irrenden, für die Erziehung zu einem Leben, das
Gott gefällt. [17] Mit den Heiligen Schriften in der Hand ist der
Mensch, der sich Gott zur Verfügung gestellt hat, ausgerüstet
für alle Aufgaben seines Dienstes.

Das Testament des Apostels

4 Ich ermahne dich nachdrücklich vor Gott und vor Jesus
Christus, der alle Menschen richten wird, die Lebenden
und die Toten! Ich beschwöre dich, so gewiß Christus erscheinen und seine Herrschaft aufrichten wird: [2] Verkünde
den Menschen die Botschaft Gottes, gleichgültig, ob es ihnen
paßt oder nicht! Rede ihnen ins Gewissen, weise sie zurecht
und ermutige sie! Werde nicht müde, ihnen den rechten Weg
zu zeigen! [3] Denn es wird eine Zeit kommen, da werden sie
die gesunde Lehre unerträglich finden und sich Lehrer nach

ihrem Geschmack aussuchen, die sagen, was ihnen die Ohren kitzelt. [4]Sie werden nicht mehr auf die Wahrheit hören, sondern sich fruchtlosen Spekulationen zuwenden. [5]Du aber mußt in jeder Hinsicht ein klares Urteil behalten. Mach dir nichts daraus, wenn du dafür leiden mußt. Erfülle deinen Auftrag als Verkünder der Guten Nachricht; tu deinen Dienst mit ganzer Hingabe.

[6]Für mich ist nun die Zeit gekommen, daß mein Blut wie ein Trankopfer ausgegossen wird und ich aus diesem Leben scheide. [7]Ich habe den guten Kampf des Glaubens gekämpft. Ich bin am Ziel des Wettlaufs, zu dem ich angetreten bin. Ich habe den Glauben unversehrt bewahrt und weitergegeben. [8]Nun wartet auf mich der Siegeskranz, mit dem der Herr, der gerechte Richter, mich an seinem Gerichtstag belohnen wird – und nicht nur mich, sondern alle, die sehnlich darauf gewartet haben, daß er kommt.

PERSÖNLICHE MITTEILUNGEN (4,9-22)

Anweisungen und Mitteilungen.
Der Apostel vor Gericht

[9]Komm so bald wie möglich zu mir! [10]Demas hat mich verlassen und ist nach Thessalonich gegangen, weil ihm mehr an dieser Welt gelegen ist als an der kommenden; Kreszens ging nach Galatien und Titus nach Dalmatien. [11]Nur Lukas ist noch bei mir. Bring Markus mit; er kann mir gute Dienste leisten. [12]Tychikus habe ich nach Ephesus geschickt. [13]Bring, wenn du kommst, meinen Mantel mit, den ich in Troas bei Karpus zurückgelassen habe. Bring auch die Buchrollen mit, vor allem die aus Pergament.

[14]Alexander, der Schmied, hat mir viel Böses angetan. Der Herr wird ihm nach seinen Taten das Urteil sprechen. [15]Nimm auch du dich vor ihm in acht; er hat sich unserer Lehre und Weisung besonders hartnäckig widersetzt.

[16]Als ich mich das erste Mal vor Gericht verteidigte, hat niemand zu mir gehalten. Alle haben mich im Stich gelassen – Gott möge es ihnen nicht anrechnen! [17]Doch der Herr stand mir bei und gab mir Kraft. Denn durch mich soll ja die Verkündigung seiner Botschaft zum Ziel kommen: Alle Völker sollen sie hören: Und so hat er mich noch einmal aus dem Rachen des Löwen gerettet. [18]Der Herr wird mich auch künftig vor allen bösen Anschlägen retten und mich sicher in sein himmlisches Reich bringen. Gepriesen sei er für immer und ewig! Amen.

Schlußgrüße und Segenswünsche

¹⁹Grüße das Ehepaar Priska und Aquila und die Angehörigen von Onesiphorus. ²⁰Erastus blieb in Korinth, Trophimus habe ich in Milet gelassen, weil er krank war. ²¹Sieh zu, daß du noch vor Anbruch des Winters hier bist.

Eubulus, Pudens, Linus und Klaudia lassen grüßen, ebenso alle anderen Brüder und Schwestern.

²²Der Herr sei mit dir! Die Gnade sei mit euch allen!

DER BRIEF DES APOSTELS PAULUS AN TITUS
(Titusbrief)

Paulus im Dienst der Guten Nachricht

1 Diesen Brief schreibt Paulus, ein Diener Gottes und Apostel von Jesus Christus.

Ich, Paulus, soll die Menschen, die Gott erwählt hat, zum Glauben und zur wahren Gottesverehrung führen. ²Sie sollen wissen, daß sie auf ein ewiges Leben hoffen dürfen. Das hat Gott, der nicht lügt, schon vor unendlich langer Zeit versprochen; ³jetzt aber, zum vorherbestimmten Zeitpunkt, hat er seine Zusage öffentlich bekanntmachen lassen. Mit ihrer Bekanntmachung bin ich durch einen Auftrag von Gott, unserem Retter, betraut. ⁴Ich schreibe an Titus, der im Glauben wie ein echter Sohn mit mir verbunden ist:

Gnade und Frieden sei mit dir von Gott, dem Vater, und von Jesus Christus, unserem Retter!

Die Einsetzung von Ältesten

⁵Ich habe dich, Titus, in Kreta zurückgelassen, damit du tust, was ich selbst nicht mehr ausführen konnte: In jeder Stadt solltest du Älteste einsetzen. Denk dabei an meine Anweisungen! ⁶Einem Ältesten darf niemand etwas nachsagen können. Er darf nur einmal verheiratet sein. Auch seine Kinder sollen sich zur Gemeinde halten; sie dürfen nicht in dem Ruf stehen, liederlich oder ungehorsam zu sein. ⁷Denn ein Gemeindeleiter darf als Hausverwalter Gottes keinerlei Anlaß zum Tadel geben. Er soll nicht anmaßend oder jähzornig sein, auch kein Trinker oder gewalttätiger Mensch. Er darf nicht

darauf aus sein, sich zu bereichern, [8]sondern soll gastfreundlich sein und das Gute lieben. Er soll besonnen sein, gerecht, untadelig und beherrscht. [9]Er muß sich an die zuverlässige Botschaft halten, wie sie ihn gelehrt worden ist. Dann wird er in der Lage sein, die Gemeinde auf dem rechten Weg zu halten und den Gegnern ihren Irrtum nachzuweisen.

Gegen das Treiben der Irrlehrer

[10]Es gibt viele Schwätzer und Verführer, die sich der Wahrheit nicht unterordnen wollen, besonders unter den bekehrten Juden. [11]Du mußt ihnen das Wort verbieten; denn durch ihre verwerflichen Lehren bringen sie ganze Familien vom rechten Weg ab, und das nur in der schändlichen Absicht, sich zu bereichern. [12]Einer von ihren eigenen Landsleuten hat als Prophet über sie gesprochen, als er sagte: »Die Kreter lügen immer. Sie sind Raubtiere, liegen auf der faulen Haut und denken nur ans Fressen.« [13]Er hat die Wahrheit gesagt. Darum mußt du diese Leute hart anfassen, damit ihr Glaube wieder gesund wird.

[14]Sie sollen sich nicht mit jüdischen Spekulationen über die Anfänge der Welt beschäftigen und sich nicht von Leuten, die der Wahrheit den Rücken gekehrt haben, vorschreiben lassen, was rein und was unrein ist. [15]Für die, die ein reines Gewissen haben, ist alles rein. Für die dagegen, die durch Schuld befleckt sind und den Glauben aufgegeben haben, ist nichts rein; ihr ganzes Denken und Fühlen ist beschmutzt. [16]Diese Leute behaupten, Gott zu kennen, aber durch ihre Taten beweisen sie das Gegenteil. Sie sind zu verabscheuen, denn sie wollen nicht hören und sind unfähig, irgend etwas Gutes zu tun.

Die Pflichten von Männern, Frauen und Sklaven

2 Du aber lehre alle in der Gemeinde, so wie es der gesunden Lehre entspricht!

[2]Die älteren Männer fordere auf, nüchtern, ehrbar und besonnen zu sein, gesund im Glauben, in der Liebe und in der Standhaftigkeit.

[3]Ebenso sage den älteren Frauen, daß ihre Lebensführung der Würde des Christenstandes entsprechen muß. Sie sollen nicht andere verleumden oder dem Trunk verfallen sein. Als Lehrmeisterinnen eines guten Lebenswandels [4]müssen sie die jüngeren Frauen dazu anleiten, daß sie ihre Männer und Kinder lieben, [5]besonnen und zuchtvoll leben, ihren Haushalt ordentlich führen und ihren Männern gehorchen, damit Gottes Botschaft nicht in Verruf kommt.

⁶⁻⁷ Entsprechend fordere die jungen Männer auf, in allem besonnen und beherrscht zu sein. Sei du selbst ihnen ein Vorbild im Tun des Guten. Lehre die Wahrheit unverfälscht und mit gebührendem Ernst, ⁸ in gesunden und unanfechtbaren Worten. Dann können unsere Gegner uns nichts Schlechtes nachsagen und müssen sich beschämt zurückziehen.

⁹ Die Sklaven und Sklavinnen sollen ihren Herren oder Herrinnen in allem gehorchen und ihnen zu Willen sein. Sie sollen ihnen nicht widersprechen ¹⁰ und nichts unterschlagen, sondern ihnen treu und zuverlässig dienen. Mit allem, was sie tun, sollen sie der Lehre Gottes, unseres Retters, Ehre machen.

Die Rettung gilt allen Menschen
und verpflichtet die Gemeinde zu vorbildlichem Leben

¹¹ Denn die rettende Gnade Gottes ist offenbar geworden, und sie gilt allen Menschen. ¹² Sie bringt uns dazu, daß wir dem Ungehorsam gegen Gott den Abschied geben, den Begierden, die uns umstricken, und besonnen, gerecht und fromm in dieser Welt leben, ¹³ als Menschen, die auf die beseligende Erfüllung ihrer Hoffnung warten und darauf, daß unser großer Gott und Retter Jesus Christus in seiner Herrlichkeit erscheint. ¹⁴ Er hat sein Leben für uns gegeben, um uns von aller Schuld zu befreien und sich so ein reines Volk zu schaffen, das nur ihm gehört und alles daransetzt, das Gute zu tun.

¹⁵ In diesem Sinn sollst du lehren, ermahnen und zurechtweisen. Tu es mit allem Nachdruck! Niemand darf deine Autorität anzweifeln.

Das Verhalten zu Staat und Mitmenschen
und seine Begründung

3 Erinnere alle in der Gemeinde daran, sich der Regierung und den staatlichen Behörden unterzuordnen. Sie sollen ihnen gehorchen und darüber hinaus bereit sein, bei allem Guten mitzuwirken. ² Ermahne sie, über niemand schlecht zu reden und nicht zu streiten, sondern friedfertig zu sein und allen Menschen freundlich zu begegnen.

³ Wir wollen nicht vergessen, daß wir selbst früher unverständig und ungehorsam waren. Wir waren vom rechten Weg abgeirrt und wurden von allen möglichen Wünschen und Leidenschaften beherrscht. Wir lebten in Bosheit und Neid, waren hassenswert und haßten uns gegenseitig.

⁴ Aber dann erschien die Freundlichkeit und Menschenliebe Gottes, unseres Retters. ⁵ Wir selbst hatten keine guten

Taten vorzuweisen, mit denen wir vor ihm hätten bestehen
können. Nein, aus reinem Erbarmen hat er uns gerettet
durch das Bad der Taufe – das Bad, in dem wir zu einem
neuen Leben geboren wurden, erneuert durch den Heiligen
Geist. [6] Ihn hat er in reichem Maß über uns ausgegossen
durch Jesus Christus, unseren Retter. [7] Durch dessen Gnade
können wir vor Gott als gerecht bestehen, und darum sind
wir auch eingesetzt zu Erben des ewigen Lebens, auf das wir
nun hoffen dürfen.

Zusammenfassender Appell an Titus

[8] Diese Botschaft ist wahr und vertrauenswürdig. Ich erwarte,
daß du mit Nachdruck für sie eintrittst und sie weitergibst.
Du mußt darauf hinwirken, daß alle, die zum Glauben an
Gott gekommen sind, sich ernsthaft darum bemühen, das
Gute zu tun. Das ist recht und bringt den Menschen Nutzen.
[9] Dagegen beteilige dich nicht an den sinnlosen Untersuchungen über die Geschlechterfolgen der Urväter und an
Streitigkeiten über das jüdische Gesetz. Das ist nutzlos und
führt zu nichts. [10] Wer solche Irrlehren verbreitet, den sollst
du zurechtweisen, einmal und noch ein zweites Mal. Hört er
dann immer noch nicht auf dich, so mußt du ihn aus der Gemeinde ausschließen. [11] Du siehst ja, daß ihm nicht mehr zu
helfen ist. Wenn er weiter auf dem falschen Weg bleibt, dann
tut er es bewußt und spricht sich selbst das Urteil.

Persönliche Aufträge und Briefschluß

[12] Sobald ich Artemas oder Tychikus zu dir schicke, komm
möglichst schnell zu mir nach Nikopolis. Ich habe beschlossen, den Winter dort zu verbringen. [13] Sorge gut für Zenas,
den Rechtskundigen, und für Apollos, damit sie alles bekommen, was sie für ihre Weiterreise brauchen. [14] Auch unsere
Gemeinden müssen lernen, Gutes zu tun, wo es nötig ist,
sonst bringt ihr Glaube keine Frucht.

[15] Alle, die bei mir sind, lassen dich grüßen. Grüße die, die
durch den Glauben in Liebe mit uns verbunden sind.
Die Gnade sei mit euch allen!

DER BRIEF DES APOSTELS PAULUS
AN PHILEMON
(Philemonbrief)

Eingangsgruß

Paulus, der für Jesus Christus im Gefängnis ist, und der Bruder Timotheus schreiben diesen Brief. Er richtet sich an Philemon, der von Gott und von uns geliebt und unser Mitarbeiter ist, ²sowie an unsere Schwester Aphia, unseren Mitstreiter Archippus und die Gemeinde in Philemons Haus:

³Gnade und Frieden sei mit euch von Gott, unserem Vater, und von Jesus Christus, dem Herrn.

Glaube und Liebe Philemons

⁴Ich danke meinem Gott jedesmal, Philemon, wenn ich in meinen Gebeten an dich denke. ⁵Denn ich höre von deiner Liebe und deinem Glauben: dem Glauben an Jesus, den Herrn, und der Liebe, die du allen Christen erweist. ⁶Und meine Bitte an Gott ist: Der Glaube, an dem du Anteil hast, möge sich bei dir dahin auswirken, daß du all das Gute erkennst, das unter uns im Blick auf Christus und zu seiner Ehre zu tun ist.

⁷Es war mir wirklich eine große Freude und hat mir Mut gemacht, von der Liebe zu hören, die du den Brüdern und Schwestern erweist. Du hast ihren Herzen wohlgetan, lieber Bruder!

Paulus verwendet sich für Onesimus

⁸Deshalb möchte ich auch nicht von meiner Vollmacht Gebrauch machen. Ich könnte dir ja unter Berufung auf Christus einfach befehlen, was du zu tun hast; ⁹aber um der Liebe Raum zu geben, bitte ich dich nur. Ich, Paulus, als ein Mann von Alter und Autorität, dazu jetzt auch noch ein Gefangener für Jesus Christus, ¹⁰ich bitte dich für meinen Sohn, den ich hier im Gefängnis gezeugt, das heißt zum Glauben geführt habe: für Onesimus! ¹¹Früher hattest du an ihm nur einen Nichtsnutz, aber jetzt kann er dir und mir von Nutzen sein.

¹²Ich schicke ihn hiermit zu dir zurück – was sage ich: Ich schicke dir mein eigenes Herz! ¹³Ich hätte ihn gerne bei mir

behalten, damit er mir an deiner Stelle Dienste leistet, jetzt, da ich für die Gute Nachricht im Gefängnis sitze. [14]Aber ohne deine Zustimmung wollte ich nichts entscheiden. Du sollst die gute Tat ja nicht unter Zwang, sondern aus freiem Willen tun! [15]Vielleicht ist er ja nur deshalb eine Zeitlang von dir getrennt worden, damit du ihn nun für alle Zeiten zurück hast, [16]und das nicht als Sklaven, sondern als viel mehr: als geliebten Bruder. Das ist er jedenfalls für mich in höchstem Maße; aber wieviel mehr muß er es dann für dich sein, im täglichen Leben und in der Gemeinde des Herrn!

[17]Wenn es stimmt, daß wir beide für Christus arbeiten und ich also gewissermaßen dein »Geschäftspartner« bin, dann nimm ihn auf, als ob ich es selber wäre. [18]Wenn er dich geschädigt hat oder dir etwas schuldet, dann rechne es *mir* an. [19]Ich, Paulus, schreibe hier mit eigener Hand: Ich werde es dir erstatten. Ich könnte auch sagen: Rechne es *dir* an; denn du bist mir ja schließlich dich selber schuldig! [20]Ja, lieber Bruder, ich möchte gerne, daß du mir eine Freude machst, so gewiß wir durch den Herrn verbunden sind! Tu meinem Herzen wohl durch die Liebe, die von Christus kommt!

[21]Ich schreibe dir im Vertrauen darauf, daß du dich mir nicht widersetzen wirst. Ich bin sicher, du wirst sogar noch mehr tun, als ich erbitte. [22]Halte auch schon ein Quartier für mich bereit! Denn ich rechne zuversichtlich damit, daß Gott eure Gebete erhört und ich euch wiedergeschenkt werde.

Grüße

[23]Epaphras läßt dich grüßen, der hier mit mir für Jesus Christus im Gefängnis sitzt; [24]ebenso grüßen meine Mitarbeiter Markus, Aristarch, Demas und Lukas.

[25]Die Gnade unseres Herrn Jesus Christus sei mit euch!

DER BRIEF AN DIE HEBRÄER
(Hebräerbrief)

GOTTES OFFENBARUNG IN SEINEM SOHN
(1,1–4,13)

Gott hat durch seinen Sohn gesprochen

1 In der Vergangenheit hat Gott in vielfältigster Weise durch die Propheten zu unseren Vorfahren gesprochen. ²Aber jetzt, am Ende der Zeit, hat er zu uns gesprochen durch den Sohn.

Ihn hat Gott dazu bestimmt,
daß ihm am Ende alles als sein Erbbesitz gehören soll.
Durch ihn hat er auch am Anfang die Welt geschaffen.
³ Die ganze Herrlichkeit Gottes leuchtet in ihm auf;
in ihm hat Gott sein innerstes Wesen sichtbar gemacht.
Durch sein machtvolles Wort
  sichert er den Bestand des Weltalls.
Nachdem er sein Leben zum Opfer gebracht hat,
um uns von unseren Sünden zu reinigen,
hat er sich im Himmel an die rechte Seite der göttlichen
  Majestät gesetzt.
⁴ Er steht so hoch über den Engeln,
wie der Sohnesname, den Gott ihm verliehen hat,
den Engelnamen an Würde übertrifft.

Der Sohn steht über den Engeln
(Sieben Belege aus den Heiligen Schriften)

⁵ Hat Gott etwa je zu einem Engel gesagt:

»Du bist mein Sohn,
heute habe ich dich dazu gemacht«?

Oder auch:

»Ich will sein Vater sein,
und er soll mein Sohn sein«?

⁶ Und er sagt doch auch, wenn er ihn mit allen Rechten des

Erstgeborenen in die Welt einführt – in die himmlische und zugleich die künftige irdische:

»Alle Engel Gottes sollen sich vor ihm niederwerfen.«

[7] Von den Engeln heißt es:

»Gott macht seine Engel zu Stürmen
und seine Diener zu flammendem Feuer.«

[8] Aber zum Sohn sagt er:

»Gott, dein Thron bleibt bestehen für Zeit und Ewigkeit!
Dein königliches Zepter bürgt für gerechte Herrschaft.
[9] Du hast das Recht geliebt und das Unrecht gehaßt;
darum, Gott, hat dein Gott dich erwählt
und dir Ehre und Freude gegeben,
mehr als allen, die zu dir gehören.«

[10] Von ihm heißt es auch:

»Am Anfang hast du, Herr, die Erde gegründet
und die Himmel mit eigenen Händen geformt.
[11] Sie werden vergehen, du aber bleibst.
Sie werden alt und zerfallen wie Kleider.
[12] Du wirst sie zusammenrollen wie einen Mantel;
sie werden ausgewechselt wie ein Gewand.
Du aber bleibst derselbe,
und deine Jahre enden nicht.«

[13] Niemals hat Gott zu einem Engel gesagt:

»Setze dich an meine rechte Seite!
Ich will dir deine Feinde unterwerfen,
sie als Schemel unter deine Füße legen.«

[14] Die Engel sind doch alle nur Geister, die Gott geschaffen hat zum Dienst an den Seinen. Er schickt sie denen zu Hilfe, die Anteil an der endgültigen Rettung haben sollen.

Die große Rettungstat nicht mißachten!

2 Darum müssen wir uns erst recht nach dem richten, was wir gehört haben, damit wir nicht am Ziel vorbeitreiben. [2] Schon die Botschaft, die einst Mose von Engeln überbracht wurde, war verbindlich, und wer nicht auf sie hörte und gegen sie verstieß, erhielt die verdiente Strafe. [3] Wie sollten dann *wir* heil davonkommen, wenn wir jetzt das große Rettungswerk Gottes mißachten? Dieses Rettungswerk hat damit angefangen, daß der Herr es verkündet hat, und es ist uns bestätigt worden von denen, die ihn gehört haben. [4] Gott selbst

hat dazu seine Beglaubigung gegeben durch staunenswerte Wunderzeichen und machtvolle Taten und durch die Gaben des Heiligen Geistes, die er nach seinem Willen ausgeteilt hat.

Jesus als Retter der Menschen mußte den Menschen gleich werden

⁵ Die kommende Welt, von der ich spreche, hat Gott nicht der Herrschaft von Engeln unterstellt. ⁶ Vielmehr heißt es an einer Stelle in den Heiligen Schriften:

»Was ist der Mensch, daß du an ihn denkst?
Was der Sohn eines Menschen, daß du dich um ihn
    kümmerst?
⁷ Du hast ihn – den Menschensohn – für eine kurze Zeit
    erniedrigt,
ihn tiefer gestellt als die Engel.
Dann aber hast du ihn gekrönt mit Ruhm und Ehre
⁸ und hast ihm alles unterworfen.«

Obwohl es heißt, daß Gott ihm alles unterworfen hat und nichts davon ausgenommen ist, sehen wir jetzt noch nicht, daß er über alles herrscht. ⁹ Aber wir sehen, wie Jesus, der für kurze Zeit tiefer gestellt war als die Engel, wegen seines Sterbens mit Ruhm und Ehre gekrönt worden ist. Denn Gott hat in seiner Gnade gewollt, daß er allen Menschen zugute den Tod erlitten.

¹⁰ Weil Gott wollte, daß viele Kinder Gottes in sein herrliches Reich aufgenommen werden, hat er den, der sie zur Rettung führen sollte, durch Leiden zur Vollendung gebracht. Das war der angemessene Weg für Gott, den Ursprung und das Ziel von allem. ¹¹ Denn der Sohn, der die Menschen Gott weiht, und die Menschen, die von ihm Gott geweiht werden, stammen alle von demselben Vater. Darum schämt der Sohn sich nicht, sie seine Brüder zu nennen. ¹² Er sagt zu Gott:

»Ich will dich meinen Brüdern bekanntmachen;
in der Gemeinde will ich dich preisen.«

¹³ Er sagt auch:

»Ich will mein Vertrauen auf Gott setzen!«

und fährt fort:

»Hier bin ich mit den Kindern, die Gott mir gegeben hat.«

¹⁴ Weil diese Kinder Menschen von Fleisch und Blut sind, wurde der Sohn ein Mensch wie sie, um durch seinen Tod den zu vernichten, der über den Tod verfügt, nämlich den

Teufel. [15] So hat er die Menschen befreit, die durch ihre Angst vor dem Tod das ganze Leben lang Sklaven gewesen sind. [16] Nicht für die Engel setzt er sich ein, sondern für die Nachkommen Abrahams. [17] Deshalb mußte er in jeder Beziehung seinen Brüdern und Schwestern gleich werden. So konnte er ein barmherziger und treuer Oberster Priester für sie werden, um vor Gott Sühne zu leisten für die Sünden des Volkes. [18] Weil er selbst gelitten hat und dadurch auf die Probe gestellt worden ist, kann er nun den Menschen helfen, die ebenfalls auf die Probe gestellt werden.

Jesus steht über Mose

3 Darum, meine Brüder und Schwestern, die ihr Gott geweiht und zur Teilhabe an der himmlischen Welt berufen seid, schaut auf Jesus, den bevollmächtigten Gesandten Gottes und Obersten Priester, zu dem wir uns bekennen.

[2] Er war dem, der ihn eingesetzt hat, genauso treu wie Mose, von dem gesagt wird: »Er war Gott treu in seinem ganzen Haus« – nämlich dem »Haus« Gottes, dem Volk Israel. [3] Doch wie der Erbauer eines Hauses mehr geehrt wird als das Haus selbst, so verdient Jesus viel größere Ehre als Mose. [4] Jedes Haus wird von jemand erbaut. Der aber, der alles erbaut hat, ist Gott.

[5] Mose war ein Hinweis auf Dinge, die erst in Zukunft verkündet werden sollten. Er war treu »in seinem ganzen Haus«, als *Diener*. [6] Christus aber ist der *Sohn*, der *über* Gottes Haus gestellt ist. Sein »Haus«, Gottes Haus, sind wir, die Gemeinde, wenn wir mit Zuversicht und freudigem Stolz an dem festhalten, worauf wir hoffen.

Die Ruhe Gottes für sein Volk

[7] Darum gilt, was Gott durch den Heiligen Geist sagt:

»Seid heute, wenn ihr *seine* Stimme hört,
[8] nicht so verstockt wie damals eure Vorfahren,
die sich gegen mich, Gott, auflehnten
an jenem Tag der Prüfung in der Wüste.
[9-10] Sie haben mich herausgefordert
und mich auf die Probe gestellt,
nachdem sie vierzig Jahre lang gesehen hatten, was ich tat.
Diese Generation hat mich angewidert;
ich sagte: ›Alles, was sie wollen, ist verkehrt;
nie haben sie meine Wege verstanden.‹
[11] Schließlich schwor ich in meinem Zorn:
›In meine Ruhe nehme ich sie niemals auf!«

¹²Achtet darauf, liebe Brüder und Schwestern, daß niemand von euch ein widerspenstiges, ungehorsames Herz hat und sich von dem lebendigen Gott abwendet. ¹³Ermahnt euch gegenseitig jeden Tag, solange jenes »Heute« gilt, damit niemand von euch dem Betrug der Sünde erliegt und sich dem Ruf dieser Stimme verschließt. ¹⁴Wir gehören erst wirklich zu Christus, wenn wir die Zuversicht, die uns am Anfang geschenkt wurde, bis zum Ende unerschütterlich festhalten!

¹⁵Wenn es heißt:

»Seid heute, wenn ihr seine Stimme hört,
nicht so verstockt wie damals eure Vorfahren,
die sich gegen Gott aufgelehnt haben«,

¹⁶so stellt sich doch die Frage: Wer waren denn die, die einstmals »die Stimme gehört« und sich dann »gegen Gott aufgelehnt« haben? Es waren alle, die Mose aus Ägypten geführt hatte! ¹⁷Wer waren denn die, die Gott »vierzig Jahre lang angewidert« haben? Es waren die, die gesündigt hatten und dann tot in der Wüste lagen! ¹⁸Wer waren denn die, denen Gott »schwor«: »In meine Ruhe nehme ich sie niemals auf!«? Es waren die, die sich ihm widersetzt hatten! ¹⁹Wir sehen: Sie konnten nicht in die Ruhe Gottes gelangen, weil sie Gott das Vertrauen verweigert hatten.

4 Darum dürfen wir nicht leichtfertig sein, sondern müssen darauf achten, daß nicht womöglich jemand von uns zurückbleibt. Denn Gottes Zusage, Menschen in seine Ruhe aufzunehmen, gilt ja weiter. ²Genauso wie den Leuten damals in der Wüste ist auch uns die Gute Nachricht verkündet worden, die Botschaft, daß wir in Gottes Ruhe aufgenommen werden sollen. Aber denen hat diese Botschaft nichts genützt; sie ist ihnen nicht in Fleisch und Blut übergegangen – was durch die Kraft ihres Vertrauens hätte geschehen müssen.

³ᵃSo werden auch wir nur in die Ruhe Gottes hineinkommen, wenn wir im Vertrauen festbleiben; sonst gilt, was Gott von den anderen gesagt hat:

»Ich schwor in meinem Zorn:
›In meine Ruhe nehme ich sie niemals auf!‹«

Gottes Ruhe – die Zusage, die weiterhin offensteht

³ᵇDabei stehen doch Gottes Werke schon seit Vollendung der Weltschöpfung fertig da – auch seine Ruhe! ⁴Es heißt vom siebten Schöpfungstag: »Am siebten Tag ruhte Gott

von aller seiner Arbeit aus.« ⁵An der vorher genannten Stelle
heißt es jedoch: »In meine Ruhe nehme ich sie niemals
auf!« ⁶Dann muß es also noch Leute geben, die aufgenommen werden, nachdem die anderen, die die Gute Nachricht
zuerst gehört haben, durch ihren Ungehorsam ausgeschlossen blieben. ⁷Deshalb setzt Gott aufs neue einen Tag fest, ein
neues »Heute«! Nach so langer Zeit läßt er – ich habe es
schon angeführt – durch David ausrufen:

»Seid heute, wenn ihr seine Stimme hört,
nicht so verstockt!«

⁸Denn hätte schon Josua das Volk in die Ruhe hineingeführt,
dann würde Gott nicht noch von einem anderen Tag *danach*
sprechen. ⁹Folglich steht die versprochene Ruhe, der große
Sabbat, dem Volk Gottes erst noch bevor. ¹⁰Denn wer in die
Ruhe Gottes gelangt ist, ruht auch selbst aus von seiner
Arbeit, so wie Gott ausruht von der seinen.

¹¹Wir wollen also alles daransetzen, zu dieser Ruhe zu gelangen! Niemand soll – nach dem abschreckenden Beispiel,
das damals das Volk in der Wüste gab – durch Ungehorsam
zu Fall kommen und von ihr ausgeschlossen bleiben.

¹²Das Wort Gottes ist lebendig, es ist eine wirkende Macht.
Es ist schärfer als das schärfste beidseitig geschliffene
Schwert. So wie ein Schwert tief einschneidet, die Gelenke
durchtrennt und das Mark der Knochen freilegt, so dringt
das Wort Gottes ins Innerste von Seele und Geist. Es deckt
die geheimen Wünsche und Gedanken des Menschenherzens
auf und hält über sie Gericht. ¹³Es gibt niemand, dessen
Inneres vor Gott verborgen wäre. Alles liegt nackt und bloß
vor den Augen dessen da, dem wir Rechenschaft schuldig
sind.

JESUS ALS UNSER OBERSTER PRIESTER
(4,14–10,18)

Jesus, unser Oberster Priester,
tritt bei Gott für uns ein

¹⁴Laßt uns also festhalten an der Hoffnung, zu der wir uns
bekennen. Wir haben doch einen unvergleichlichen Obersten
Priester, der alle Himmel durchschritten hat und sich schon
bei Gott, im himmlischen Heiligtum, befindet: Jesus, den
Sohn Gottes. ¹⁵Trotzdem ist er nicht jemand, der kein Mitgefühl für unsere Schwächen haben könnte. Er wurde ja genau
wie wir auf die Probe gestellt – aber er blieb ohne Sünde.

¹⁶Darum wollen wir mit Zuversicht vor den Thron unseres gnädigen Gottes treten. Dort werden wir, wenn wir Hilfe brauchen, stets Liebe und Erbarmen finden.

5 Jeder Oberste Priester wird *aus* den Menschen genommen und *für* die Menschen eingesetzt, um ihre Angelegenheiten vor Gott zu vertreten: Er soll Gaben und Opfer für ihre Sünden darbringen. ²Weil er selbst ein schwacher Mensch ist, kann er mitfühlen mit den Unwissenden und Irrenden. ³Weil er in seiner Schwachheit selber sündigt, muß er sogar für sich selbst Opfer darbringen, nicht nur für das Volk. ⁴Auch nimmt sich niemand selbst die Würde, Oberster Priester zu sein. Er erhält sie vielmehr durch Gottes Berufung, so wie Aaron. ⁵So hat sich auch Christus nicht selbst die Würde des Obersten Priesters genommen, sondern Gott hat sie ihm gegeben, der zu ihm sagte:

»Du bist mein Sohn,
heute habe ich dich dazu gemacht.«

⁶Und an einer anderen Stelle sagt Gott:

»Du bist Priester auf ewig,
nach der Art Melchisedeks.«

⁷Als er noch auf der Erde lebte, hat Jesus sich im Gebet mit Bitten und Flehen an Gott gewandt, der ihn vom Tod retten konnte; mit lautem Rufen und unter Tränen hat er seine Not vor ihn gebracht. Weil er treu zu Gott hielt, ist er schließlich auch erhört worden. ⁸Und doch: Obwohl er Gottes Sohn war, hat er zunächst durch das, was er durchmachen mußte, Gehorsam gelernt. ⁹Nachdem er nun das Ziel erreicht hat, ist er für alle, die ihm gehorchen, zum Begründer ihrer endgültigen Rettung geworden. ¹⁰Denn Gott hat ihn zum Obersten Priester ernannt – und zwar zum Obersten Priester »nach der Art Melchisedeks«.

Der Zustand der Angeschriebenen und die Größe des Themas

¹¹Hierüber muß ich nun einiges sagen. Das ist nicht leicht, zumal ihr stumpf geworden seid und Mühe habt, zuzuhören und mitzudenken. ¹²Ihr solltet inzwischen längst andere unterrichten können; statt dessen habt ihr wieder jemand nötig, der euch ganz von vorne das ABC der Botschaft Gottes erklärt. Ihr braucht wieder Milch statt fester Nahrung.

¹³Wer Milch braucht, ist ein kleines Kind, das die Sprache der Erwachsenen noch nicht versteht. ¹⁴Erwachsene aber brauchen feste Nahrung – solche Leute nämlich, die durch

beharrliche Übung ihr Wahrnehmungsvermögen geschärft haben, um Gut und Böse zu unterscheiden.

6 Deshalb wollen wir jetzt die Anfangslektionen der christlichen Botschaft hinter uns lassen und uns dem zuwenden, was für die im Glauben Erwachsenen bestimmt ist. Ich will mich also nicht noch einmal mit den grundlegenden Themen befassen wie der Abkehr vom Götzendienst und der Hinwendung zum wahren, lebendigen Gott, ²der Taufe und der Handauflegung, der Auferstehung der Toten und dem letzten Gericht. ³Ich werde jetzt vielmehr weitergehen, und wenn Gott will, wird es euch von Nutzen sein.

⁴⁻⁶Denn es ist unmöglich, Menschen, die Gott *einmal* mit seinem Licht erfüllt hat und die ihm dann den Rücken kehren, dahin zu bringen, daß sie sich Gott wieder zuwenden. Sie haben doch schon die Gaben des Himmels gekostet und den Heiligen Geist empfangen. Sie haben erfahren, wie zuverlässig Gottes Wort ist, und haben schon die Kräfte der kommenden Welt gespürt. Und dann haben sie trotzdem Gott den Rücken gekehrt und haben damit den Sohn Gottes noch einmal ans Kreuz genagelt, sich selbst zum Gericht, und ihn öffentlich zum Gespött gemacht.

⁷Gott segnet den Boden, der den reichlich auf ihn fallenden Regen aufnimmt und Pflanzen wachsen läßt für die, die den Boden bebauen. ⁸Aber der Boden, der nur Dornen und Disteln trägt, ist nichts wert. Ihm droht, daß er von Gott verflucht und zum Schluß verbrannt wird.

Ermutigung zum Durchhalten

⁹Aber auch wenn ich so hart rede, meine Lieben, bin ich doch überzeugt, daß es um euch so schlimm nicht steht und daß ihr gerettet werdet. ¹⁰Denn Gott ist nicht ungerecht. Er vergißt nicht, was ihr getan habt. Ihr habt anderen Christen geholfen und tut es noch. Damit beweist ihr eure Liebe zu ihm. ¹¹Ich wünsche nur sehnlichst, daß jeder und jede von euch genau denselben Eifer auch an den Tag legt, wenn es darum geht, die Hoffnung auf das, was Gott uns versprochen hat, mit voller Kraft bis zum Ende durchzuhalten. ¹²Ihr dürft darin nicht nachlassen! Nehmt euch ein Beispiel an denen, die Vertrauen und Ausdauer bewahrt und darum empfangen haben, was Gott versprochen hat.

Gott ist zuverlässig und treu

¹³Gott machte Abraham eine Zusage und schwor bei seinem eigenen Namen, da er bei nichts Höherem schwören konnte als bei sich selbst. ¹⁴Er sagte: »Ich gebe dir mein Wort, daß

ich dich überaus segnen und dir viele Nachkommen geben werde.« [15]Und so wartete Abraham beharrlich und erhielt, was Gott ihm versprochen hatte.

[16]Menschen schwören beim Namen eines Größeren, und der Eid dient dazu, die Aussage zu bekräftigen und jeden Zweifel zu beseitigen. [17]So bekräftigte auch Gott seine Zusage mit einem Eid. Damit wollte er den Menschen, denen die Zusage galt, die feste Gewißheit geben, daß seine Absicht unumstößlich ist. [18]Er wollte uns doppelte Sicherheit geben: durch die Zusage und durch den Eid; und da Gott nicht lügen kann, ist auf beide unbedingt Verlaß.

Das soll uns einen starken Ansporn geben, daß wir unsere Zuversicht nicht preisgeben und an der Hoffnung auf die uns zugesagte Erfüllung festhalten. [19]Diese Hoffnung ist für uns wie ein sicherer und fester Anker, der hineinreicht bis ins innerste Heiligtum, in das Allerheiligste hinter dem Vorhang im himmlischen Tempel. [20]Dorthin ist Jesus uns vorausgegangen, um uns den Weg zu bereiten; denn so wurde er zum Obersten Priester nach der Art Melchisedeks, und das heißt: auf ewig.

Jesus Christus,
Priester auf ewig nach der Art Melchisedeks
(7,1–10,18)

Melchisedek, das Bild des Sohnes Gottes

7 Dieser Melchisedek nämlich war König von Salem und Priester des höchsten Gottes. Er ging Abraham entgegen, als der vom Sieg über die Könige heimkehrte, und segnete ihn. [2]Ihm gab Abraham den zehnten Teil von allem, was er erbeutet hatte. Sein Name bedeutet »König der Gerechtigkeit«; er heißt aber auch »König von Salem«, und das bedeutet »König des Friedens«. [3]Er hat weder Vater noch Mutter; einen Stammbaum von ihm gibt es nicht. Seine Lebenszeit hat weder Anfang noch Ende – darin gleicht er dem Sohn Gottes. Dieser Melchisedek also bleibt Priester auf ewig.

Melchisedek steht über Abraham
und den Priestern aus dessen Nachkommenschaft

[4]Wie groß dieser Melchisedek ist, seht ihr daran, daß sogar der Stammvater Abraham ihm den zehnten Teil von allen wertvollen Stücken seiner Beute gab. [5]Nun sammeln ja die unter den Nachkommen von Levi, denen das Priestertum übertragen wurde, den Zehnten vom Volk Israel ein. Sie erheben den Zehnten von ihren Brüdern, obwohl diese genau

wie sie selbst Nachkommen Abrahams sind; sie haben durch das Gesetz den Auftrag dazu. 6Aber Melchisedek, der abstammungsmäßig überhaupt nichts mit Levi zu tun hat, nimmt sogar von Abraham den Zehnten! Und er *segnet* Abraham, dem doch Gott seine Zusagen gegeben hat. 7Wer segnet, ist ohne Zweifel größer als der, der gesegnet wird. 8Und hier, im Fall der Nachkommen von Levi, sind es sterbliche Menschen, die den Zehnten entgegennehmen. Dort aber, im Fall von Melchisedek, ist es einer, von dem in den Heiligen Schriften bezeugt wird, daß er ewig lebt!

9Um es geradeheraus zu sagen: Als Abraham Melchisedek den Zehnten gab, da gab ihn zugleich auch Levi, dessen Nachkommen in Israel den Zehnten einsammeln. 10Denn Levi war damals schon im Samen seines Ahnherrn Abraham gegenwärtig, als der mit Melchisedek zusammentraf.

Das Priestertum der Nachkommen Levis abgelöst durch das Priestertum nach der Art Melchisedeks

11Dem Volk Israel wurde das Priestertum der Nachkommen Levis gegeben; es wurde durch das Gesetz angeordnet, und das Gesetz steht und fällt mit ihm. Hätte nun durch dieses Priestertum die Vollendung des Volkes vor Gott erreicht werden können, dann wäre es ja nicht nötig gewesen, noch einen anderen Priester aufzustellen, einen »nach der Art Melchisedeks« und nicht nach der Art Aarons! 12Wenn aber das Priestertum sich ändert, bedeutet das notwendig, daß auch das Gesetz sich ändert. 13Und in der Tat: Der, auf den sich dies alles bezieht, gehört einem anderen Stamm an als dem Stamm Levi, einem Stamm, aus dem noch nie jemand als Priester am Altar gestanden hat. 14Unser Herr ist bekanntlich aus dem Stamm Juda hervorgegangen, den Mose nie erwähnt hat, wenn er vom Priestertum sprach.

15Aber noch viel deutlicher zeigt sich die Veränderung an folgendem: Es wird ein Priester aufgestellt, der wie Melchisedek von ganz anderer Art ist – 16der nicht Priester ist aufgrund einer menschlich-irdischen Bestimmung des Gesetzes, sondern aufgrund der Macht seines unvergänglichen Lebens. 17In den Heiligen Schriften heißt es: »Du bist Priester auf ewig, nach der Art Melchisedeks«! 18Die frühere Bestimmung wird außer Kraft gesetzt, weil sie schwach und nutzlos war. 19Denn in keiner Hinsicht hat das Gesetz es geschafft, daß die Menschen vor Gott vollkommen und untadelig dastehen können. An die Stelle des vom Gesetz verordneten Priestertums tritt deshalb eines, das eine bessere Hoffnung begründet: das uns die Möglichkeit eröffnet, *wirklich* Gott nahen und vor ihm bestehen zu können.

Das neue Priestertum – eidlich bestätigt und von ewigem Bestand

20 Das neue Priestertum ist außerdem durch einen Eid eingeführt worden. Als die anderen zu Priestern eingesetzt wurden, hat Gott nicht geschworen. 21 Jesus aber wurde mit einem Schwur zum Priester eingesetzt; ihm gilt das Wort:

»Der Herr hat geschworen,
und er wird es nicht zurücknehmen:
›Du bist Priester auf ewig.‹«

22 Deshalb ist Jesus auch der Garant für einen besseren Bund.

23 Es gibt noch einen weiteren Unterschied: Von den anderen Priestern gab es viele, weil sie sterben mußten und der Tod sie hinderte, Priester zu bleiben. 24 Jesus aber lebt für immer, und sein Priestertum ist deshalb unvergänglich. 25 Darum kann er auch vollständig und für immer alle retten, die sich durch ihn an Gott wenden. Er lebt für immer, um bei Gott für sie einzutreten.

Lobpreis auf Jesus als Obersten Priester

26 Jesus ist der Oberste Priester, den wir brauchen: Er ist heilig, an ihm ist nichts Verwerfliches, er hat keinen Fehler. Er ist ganz anders als wir sündigen Menschen und wurde über alle Himmel erhoben. 27 Er muß nicht wie die Obersten Priester vor ihm täglich zuerst für die eigenen Sünden und dann für die des Volkes opfern. Er sühnte die Sünden aller ein für allemal, als er sich selbst zum Opfer brachte. 28 Das Gesetz Moses machte Menschen voller Fehler zu Priestern; der göttliche Schwur, der *nach* dem Gesetz ergangen ist, ernannte dazu den Sohn, der für ewig zur Vollendung gelangt ist.

Alter und neuer Priesterdienst

8 Dies ist der Punkt, auf den alles ankommt: Wir haben einen Obersten Priester, der Platz genommen hat zur rechten Seite Gottes auf dem Thron der göttlichen Majestät im Himmel. 2 Dort versieht er den priesterlichen Dienst im himmlischen Allerheiligsten, in dem einzig wahren Heiligen Zelt, das von Gott und nicht von einem Menschen errichtet worden ist.

3 Jeder Oberste Priester wird dazu eingesetzt, Gott Gaben und Opfer darzubringen. Auch unser Oberster Priester muß

darum etwas zu opfern haben. ⁴Wäre er nun auf der Erde, so
könnte er nicht einmal Priester sein, denn hier gibt es ja Priester, die nach den Vorschriften des Gesetzes Opfergaben darbringen. ⁵Sie verrichten ihren Dienst allerdings in einem Heiligtum, das nur einen Schatten, nur eine unvollkommene
Nachbildung des wahren Heiligtums darstellt, das im Himmel ist. Denn als Mose daranging, das Heilige Zelt zu errichten, erhielt er von Gott die Weisung: »Gib acht, daß alles genau nach dem Urbild angefertigt wird, das ich dir hier auf
dem Berg gezeigt habe.«

⁶Nun ist aber Jesus zu einem viel höheren Priesterdienst
berufen worden als die Priester auf der Erde. Sein Priesterdienst ist um soviel höher, als der Bund besser ist, der durch
Vermittlung von Jesus zwischen Gott und den Menschen geschlossen wurde. Dieser Bund gründet auf besseren Zusagen
als der erste.

Alter und neuer Bund

⁷Wäre am ersten Bund nichts auszusetzen gewesen, so hätte
es keinen zweiten gebraucht. ⁸Aber Gott mußte sein Volk
tadeln; er sagte ja zu ihnen: »Die Zeit kommt, da werde ich
mit dem Volk von Israel und dem Volk von Juda einen neuen
Bund schließen. ⁹Er wird nicht dem Bund gleichen, den ich
mit ihren Vorfahren geschlossen habe, als ich sie bei der Hand
nahm und aus Ägypten herausführte. Sie haben sich nicht an
diesen Bund gehalten; darum habe ich sie sich selbst überlassen.«

Und weiter sagte der Herr: ¹⁰»Der neue Bund, den ich
dann mit dem Volk Israel schließen will, wird völlig anders
sein: Ich werde ihnen meine Gesetze nicht auf Steintafeln,
sondern in Herz und Gewissen schreiben. Ich werde ihr Gott
sein, und sie werden mein Volk sein. ¹¹Niemand muß dann
noch seinen Mitbürger belehren oder zu seinem Bruder
sagen: ›Lerne den Herrn kennen!‹ Denn alle werden dann
wissen, wer ich bin, von den Geringsten bis zu den Vornehm-
sten. ¹²Ich will ihnen ihren Ungehorsam vergeben und will
nie mehr an ihre Sünden denken.«

¹³Wenn Gott von einem »neuen Bund« spricht, dann hat er
damit den ersten für veraltet erklärt. Was aber veraltet und
verbraucht ist, wird bald verschwinden.

Der Gottesdienst des alten Bundes

9 Nun hatte auch schon der erste Bund Vorschriften für
den Gottesdienst, und er hatte das irdische Heiligtum.
²Da war ein Zelt aufgerichtet mit zwei Räumen: Der vordere

Raum hieß »das Heilige«; in ihm befanden sich der Leuchter und der Tisch und auf dem Tisch die geweihten Brote. ³Hinter dem zweiten Vorhang lag der andere Raum, genannt »das Allerheiligste«. ⁴Darin standen der goldene Altar, auf dem Weihrauch verbrannt wurde, und die Bundeslade, die ganz mit Gold überzogen war. In ihr befanden sich der goldene Krug mit dem Manna, der Stab Aarons, an dem Blüten gewachsen waren, und die Steintafeln mit dem Bundesgesetz. ⁵Über der Lade waren die Keruben, die auf die Gegenwart Gottes hinwiesen. Sie breiteten ihre Flügel aus über der Deckplatte, auf der die Sünden gesühnt wurden. Aber davon soll jetzt nicht im einzelnen die Rede sein.

⁶Das Heiligtum besteht also aus zwei Teilen. In den vorderen Teil des Zeltes gehen die Priester jeden Tag und verrichten dort ihren Dienst. ⁷Den hinteren Teil darf nur der Oberste Priester betreten, und das auch nur einmal im Jahr. Dabei nimmt er Blut mit und opfert es für sich und für die Menschen, die ohne bösen Willen schuldig geworden sind.

⁸Der Heilige Geist weist mit alldem auf folgendes hin: Solange noch der vordere Teil des Zeltes besteht und der Zugang zum hinteren Teil den genannten Einschränkungen unterliegt, ist dies ein Zeichen dafür, daß der Zugang zum eigentlichen – himmlischen – Allerheiligsten noch nicht eröffnet worden ist. ⁹Der vordere Teil des Zeltes ist ein Sinnbild für die gegenwärtige Zeit und den in ihr herrschenden Zustand: Da werden Opfer und Gaben dargebracht, die nicht die Kraft haben, die Menschen, die sie darbringen, in ihrem Innern vollkommen zu machen, so daß ihr Gewissen sie nicht mehr anklagt. ¹⁰Da geht es allein um Vorschriften über Essen und Trinken und über religiöse Waschungen, also um äußerliche, irdisch-vergängliche Vorschriften, die nur auferlegt waren bis zu dem Zeitpunkt, an dem Gott die wahre Ordnung aufrichten würde.

Der Gottesdienst des neuen Bundes

¹¹Jetzt aber ist Christus gekommen als der Oberste Priester, dessen Opfer uns in Gottes Augen wirklich vollkommen gemacht hat. Er ist durch den vorderen Teil des Zeltes hindurchgegangen – des Zeltes, das größer und vollkommener ist, weil es nicht von Menschen errichtet wurde, und das heißt: nicht zu dieser Welt gehört. ¹²Und er ist ein für allemal hineingegangen in das eigentliche, das himmlische Allerheiligste. Das tat er nicht mit dem Blut von Böcken und jungen Stieren, sondern mit seinem eigenen Blut. Und so hat er uns für immer von unserer Schuld befreit.

¹³ Menschen, die im Sinn der religiösen Vorschriften unrein geworden sind, werden durch Besprengung mit dem Blut von Böcken und Stieren und der Asche einer Kuh äußerlich von ihrer Befleckung gereinigt. Wenn das Blut der Tiere diese Kraft hat, ¹⁴ um wieviel mehr wird dann das Blut von Christus uns im Innern reinigen von den Folgen unseres Götzendienstes, so daß wir dem lebendigen Gott dienen können! Denn in der Kraft des ewigen göttlichen Geistes hat Christus sich selbst als fehlerloses Opfer Gott dargebracht.

Der neue Bund –
rechtskräftig durch Tod und Blut von Jesus

¹⁵ Deshalb kommt auch durch Christus der neue Bund zustande, damit alle, die Gott berufen hat, das zugesagte ewige Erbe empfangen. Christus ist in den Tod gegangen, um sie von den Folgen ihres Ungehorsams unter dem ersten Bund zu erlösen.

¹⁶ Wenn ein Testament wirksam werden soll, muß erst der Tod dessen nachgewiesen werden, der es aufgesetzt hat. ¹⁷ Denn erst durch seinen Tod tritt es in Kraft; solange er lebt, hat es keine Bedeutung. ¹⁸ So wurde ja auch schon der erste Bund durch Blut in Kraft gesetzt. ¹⁹ Mose teilte zunächst dem ganzen Volk die einzelnen Gebote mit, wie sie im Gesetz festgelegt sind. Dann vermischte er das Blut der Jungstiere und Böcke mit Wasser, tat Ysop und rote Wolle hinzu und besprengte damit zuerst das Gesetzbuch und dann das ganze Volk. ²⁰ Dabei sagte er: »Durch dieses Blut wird der Bund besiegelt, den Gott mit euch geschlossen hat.« ²¹ Ebenso besprengte Mose mit dem Blut auch das Zelt und alle Geräte, die beim Gottesdienst gebraucht werden. ²² Nach dem, was im Gesetz steht, gibt es fast nichts, was nicht durch Blut gereinigt werden muß. Und es gilt in der Tat: Schuld wird nicht vergeben, wenn nicht Blut dafür fließt.

Christus das einmalige und endgültige Opfer

²³ Alle Nachbildungen der himmlischen Wirklichkeit müssen auf solche Weise gereinigt werden; aber für die himmlischen Urbilder selbst sind bessere Opfer nötig. ²⁴ Christus ging nicht in ein Allerheiligstes, das Menschen errichtet haben und das doch nur eine unvollkommene Nachbildung des wirklichen Allerheiligsten ist. Er ging in den Himmel selbst, um von jetzt an ständig in der Gegenwart Gottes zu verweilen und bei ihm für uns einzutreten.

²⁵ Der Oberste Priester des jüdischen Volkes muß Jahr für

Jahr aufs neue in das Allerheiligste hineingehen, mit fremdem Blut, dem Blut von Böcken und Jungstieren. Doch Christus ist nicht in den Himmel gegangen, um sich immer wieder selbst zu opfern; ²⁶ er hätte dann ja seit Anfang der Welt schon viele Male den Tod erleiden müssen. Nein, jetzt, am Ende der Zeiten, ist er erschienen, um ein für allemal die Sünde der Welt dadurch fortzuschaffen, daß er sich selbst zum Opfer brachte.

²⁷ So wie jeder Mensch nur einmal sterben muß, danach kommt er vor Gottes Gericht, ²⁸ so wurde auch Christus nur einmal geopfert, um die Sünden aller Menschen wegzuschaffen. Wenn er zum zweitenmal erscheint, dann nicht nochmals wegen der Sünde, sondern nur noch, um alle, die auf ihn warten, endgültig zu retten.

Die endgültige Sündenvergebung

10 Im Gesetz zeigt sich nur ein Schatten von dem, was Gott künftig schenken will – ein Schatten, nicht die eigentliche Gestalt. Deshalb kann das Gesetz die Menschen, die im irdischen Heiligtum vor Gott treten, auch niemals zur Vollendung führen – obwohl nach Anordnung des Gesetzes Jahr für Jahr immer wieder dieselben Opfer für sie dargebracht werden. ²Wenn die Menschen durch das Gesetz und die von ihm vorgeschriebenen Opfer ein für allemal von ihren Sünden gereinigt werden könnten, dann hätten sie doch einmal mit dem Opfern aufhören müssen, weil sie sich nicht mehr schuldig gefühlt hätten. ³Doch durch diese Opfer werden sie nur Jahr für Jahr aufs neue an ihre Sünden erinnert! ⁴Denn das Blut von Stieren und Böcken kann niemals die Schuld beseitigen.

⁵Darum sagte Christus, als er in die Welt kam, zu Gott:

»Opfer und Gaben hast du nicht verlangt;
aber du hast mir einen Leib gegeben.
⁶Über Brandopfer und Sühneopfer freust du dich nicht.
⁷Da habe ich gesagt: ›Hier bin ich, Gott!
Ich will tun, was du von mir verlangst,
wie es in den Heiligen Schriften über mich vorausgesagt ist!‹«

⁸Zuerst sagte er: »Opfer und Gaben hast du nicht verlangt, über Brandopfer und Sühneopfer freust du dich nicht«, obwohl alle diese Opfer vom Gesetz vorgeschrieben sind. ⁹Dann aber hat er gesagt: »Hier bin ich, Gott! Ich will tun, was du von mir verlangst.«

So hebt Christus die alte Ordnung auf und setzt die neue in Kraft. ¹⁰Durch das, was Gott »verlangt« hat, nämlich da-

durch, daß Jesus Christus seinen eigenen »Leib« zum Opfer
brachte, sind wir nun ein für allemal von jeder Schuld gereinigt und zu Gottes Eigentum geworden.

[11] Jeder Priester verrichtet Tag für Tag seinen Dienst und
bringt wieder und wieder die gleichen Opfer, die doch niemals die Sünden wegschaffen können. [12] Christus dagegen
hat nur ein einziges Opfer für die Sünden gebracht und dann
für immer den Platz an Gottes rechter Seite eingenommen.
[13] Dort wartet er nur noch darauf, daß Gott ihm seine Feinde
als Schemel unter die Füße legt. [14] Denn mit einem einzigen
Opfer hat er alle, die Gottes Eigentum werden sollen, für
immer zur Vollendung geführt.

[15] Auch der Heilige Geist bezeugt uns das. Nachdem es
zunächst in den Heiligen Schriften heißt:

[16] »Der Bund, den ich dann mit ihnen schließen werde, wird
völlig anders sein, sagt der Herr. Ich werde ihnen meine
Gesetze nicht auf Steintafeln, sondern in Herz und Gewissen schreiben«,

[17] heißt es dann:

»Ich will nie mehr an ihre Sünden und an ihre bösen Taten
denken.«

[18] Wenn aber die Sünden vergeben sind, ist ein Opfer nicht
mehr nötig.

DAS GOTTESVOLK
AUF DEM WEG DES GLAUBENS (10,19–13,17)

Die Hoffnung nicht aufgeben
und Gemeinschaft halten!

[19] Liebe Brüder und Schwestern! Wir haben also freien Zutritt
zum Allerheiligsten! Jesus hat sein Blut geopfert [20] und uns
den Weg durch den Vorhang hindurch frei gemacht, diesen
neuen Weg, der zum Leben führt. Der »Vorhang« aber, das ist
er selbst, so wie er in einem irdischen Leib gelebt hat. [21] Wir
haben also einen ganz unvergleichlichen Obersten Priester,
der über das Haus Gottes gesetzt ist.

[22] Darum wollen wir vor Gott hintreten mit offenem Herzen und in festem *Glauben*; unser Gewissen wurde ja von
aller Schuld gereinigt und unser Leib in reinem Wasser gewaschen. [23] Wir wollen an der *Hoffnung* festhalten, zu der wir
uns bekennen, und wollen nicht schwanken; denn Gott, der
die Zusagen gegeben hat, steht zu seinem Wort. [24] Und wir

wollen aufeinander achtgeben und uns gegenseitig zur *Liebe* und zu guten Taten anspornen.

25 Einige haben sich angewöhnt, den Gemeindeversammlungen fernzubleiben. Das ist nicht gut; vielmehr sollt ihr einander Mut machen. Und das um so mehr, als ihr doch merken müßt, daß der Tag näher rückt, an dem der Herr kommt!

Warnung vor der Abkehr von der erkannten Wahrheit

26 Wir haben die Wahrheit kennengelernt. Wenn wir jetzt wieder vorsätzlich sündigen, gibt es kein Opfer mehr, um unsere Sünden gutzumachen. 27 Wir müssen dann ein schreckliches Gericht fürchten; denn wie ein Feuer wird Gottes Zorn alle vernichten, die sich gegen ihn auflehnen. 28 Wer gegen das Gesetz Moses verstößt, wird ohne Mitleid getötet, wenn seine Schuld durch zwei oder drei Zeugenaussagen festgestellt ist. 29 Um wieviel schlimmer wird dann bestraft werden, wer den Sohn Gottes mit Füßen tritt und das Blut des Bundes, das ihn rein und heilig gemacht hat, wie eine gewöhnliche Sache abtut und den Geist beleidigt, dem er die Gnade verdankt! 30 Wir kennen doch den, der gesagt hat: »Ich werde Vergeltung üben und sie für alle Bosheit hart bestrafen.« Es heißt an derselben Stelle auch: »Der Herr wird seinem Volk das Urteil sprechen.« 31 Dem lebendigen Gott in die Hände zu fallen ist schrecklich!

Beispiele tapferen Vertrauens aus der Anfangsgeschichte der eigenen Gemeinde

32 Erinnert euch doch an die Zeiten, als ihr gerade mit dem göttlichen Licht erleuchtet worden wart und dann sogleich einen harten, leidvollen Kampf durchstehen mußtet! 33 Die einen wurden öffentlich beleidigt und mißhandelt, die andern standen denen treu zur Seite, die dies ertragen mußten. 34 Ihr habt mit den Gefangenen gelitten, und wenn euch euer Eigentum weggenommen wurde, habt ihr das mit Freude ertragen; denn ihr wußtet, daß ihr einen viel besseren Besitz habt, der euch nicht genommen werden kann.

35 Werft nur jetzt eure Zuversicht nicht weg, die doch so reich belohnt werden soll! 36 Ihr braucht Kraft zum Durchhalten, damit ihr weiterhin tut, was Gott von euch will, und so auch bekommt, was er versprochen hat. 37 Es heißt ja in den Heiligen Schriften: »Noch eine kurze, ganz kurze Zeit, dann kommt der, den Gott angekündigt hat. Er wird sich nicht verspäten. 38 Wer mir im Glauben vertraut und das Rechte tut, wird durch sein Vertrauen am Leben bleiben. Wer aber mutlos aufgibt, mit dem will ich nichts zu tun haben.«

³⁹ Wir gehören doch nicht zu den Menschen, die den Mut verlieren und deshalb zugrunde gehen! Vielmehr gehören wir zu denen, die Gott im Glauben vertrauen und das Leben gewinnen.

Beispiele vorbildlichen Vertrauens
aus der Geschichte des Gottesvolkes

11 Glauben heißt Vertrauen, und im Vertrauen bezeugt sich die Wirklichkeit dessen, worauf wir hoffen. Das, was wir jetzt noch nicht sehen: im Vertrauen beweist es sich selbst. ² In diesem Vertrauen haben unsere Vorfahren gelebt und dafür bei Gott Anerkennung gefunden.

³ Durch solches Vertrauen gelangen wir zu der Einsicht, daß die ganze Welt durch das Wort Gottes geschaffen wurde und alle sichtbaren Dinge aus Unsichtbarem entstanden sind.

⁴ Aus solchem Vertrauen brachte *Abel* Gott ein besseres Opfer als sein Bruder Kain. Denn weil Abel Gott vertraute, nahm Gott sein Opfer an und bestätigte damit, daß Abel vor ihm als gerecht bestehen konnte. Durch sein Vertrauen spricht er noch heute zu uns, obwohl er doch längst gestorben ist.

⁵ In solchem Vertrauen lebte *Henoch*; deshalb wurde er zu Gott entrückt und mußte nicht sterben. In den Heiligen Schriften heißt es von ihm: »Niemand konnte ihn finden, weil Gott ihn weggeholt hatte.« Und bevor dies berichtet wird, wird ihm das Zeugnis ausgestellt, daß Gott an ihm Gefallen hatte. ⁶ Es ist aber unmöglich, daß Gott an jemand Gefallen hat, der ihm nicht vertraut. Wer zu Gott kommen will, muß ja fest damit rechnen, daß es ihn gibt und daß er die Menschen belohnt, die ihn suchen.

⁷ In solchem Vertrauen befolgte *Noach* die Anweisungen Gottes, obwohl von der angekündigten Katastrophe noch nichts zu sehen war. Er gehorchte Gott und baute die Arche, in der er mit seiner ganzen Familie gerettet wurde. Durch sein Vertrauen sprach er der Welt und ihrem Unglauben das Urteil und erhielt dafür von Gott den Lohn, der den Gerechten für ihr Vertrauen zugesagt ist.

⁸ In solchem Vertrauen gehorchte *Abraham*, als Gott ihn rief. Er brach auf in das Land, das er als Erbbesitz bekommen sollte, und verließ seine Heimat, ohne zu wissen, wohin er kommen würde. ⁹ Und in solchem Vertrauen lebte er in dem Land, das Gott ihm zugesagt hatte, als ein Fremder und in Zelten, zusammen mit Isaak und Jakob, die dieselbe Zusage bekommen hatten. ¹⁰ Denn er wartete auf die Stadt mit festen Grundmauern, die Gott selbst entworfen und gebaut hat.

¹¹ In solchem Vertrauen bekam Abraham die Kraft, mit *Sara*, seiner unfruchtbaren Frau, einen Nachkommen zu zeugen, obwohl beide schon sehr alt waren. Er hielt Gott, der ihm einen Sohn versprochen hatte, für vertrauenswürdig. ¹² So bekam dieser eine Mann, der fast schon tot war, so viele Nachkommen, wie es Sterne am Himmel oder Sandkörner am Meeresstrand gibt.

¹³ In solchem Vertrauen sind sie alle gestorben – Abraham, Isaak und Jakob. Sie haben zu Lebzeiten nicht bekommen, was Gott ihnen versprochen hatte. Doch sie sahen es aus der Ferne und freuten sich darauf. Sie bekannten sich offen dazu, daß sie Gäste und Fremde auf der Erde waren.

¹⁴ Wenn sie so etwas sagen, bringen sie damit zum Ausdruck, daß sie ihre wahre Heimat erst noch suchen. ¹⁵ Wenn sie nämlich unter »Heimat« das Land verstanden hätten, aus dem sie weggezogen waren, dann hätten sie Gelegenheit gehabt, dorthin zurückzukehren. ¹⁶ Doch sie sehnten sich nach einer besseren Heimat, nach der himmlischen, und deshalb schämt Gott sich auch nicht, ihr Gott – der Gott Abrahams, Isaaks und Jakobs – zu heißen. Er hatte ja auch schon eine Stadt für sie gebaut.

¹⁷ In solchem Vertrauen brachte Abraham, als Gott ihn auf die Probe stellte, seinen Sohn Isaak zum Opfer. Er war bereit, Gott seinen einzigen Sohn zu geben, obwohl ihm Gott doch die Zusage gemacht ¹⁸ und gesagt hatte: »Durch Isaak wirst du Nachkommen haben.« ¹⁹ Denn Abraham rechnete fest damit, daß Gott auch Tote zum Leben erwecken kann. Darum bekam er auch seinen Sohn lebendig zurück – als bildhaften Hinweis auf die künftige Auferweckung.

²⁰ In solchem Vertrauen segnete *Isaak* seine Söhne Jakob und Esau. Er rechnete fest damit, daß die Segensworte einst in Erfüllung gehen würden.

²¹ In solchem Vertrauen segnete *Jakob* vor seinem Tod die beiden Söhne Josefs und gab jedem seinen besonderen Segen. Gestützt auf seinen Wanderstab neigte er sich vor Gott und betete ihn an.

²² In solchem Vertrauen erinnerte *Josef* vor seinem Tod an den von Gott angekündigten Auszug der Israeliten aus Ägypten und gab Anweisungen, was dann mit seinen Gebeinen geschehen sollte.

²³ In solchem Vertrauen hielten die *Eltern von Mose* ihr Kind nach dessen Geburt drei Monate lang versteckt. Sie sahen seine Schönheit und ahnten, daß Gott Großes mit ihm vorhatte. So hatten sie keine Angst, dem Befehl des Königs zu trotzen.

²⁴ In solchem Vertrauen wehrte sich *Mose*, als er erwachsen war, dagegen, daß die Leute ihn »Sohn der Königstochter« nannten. ²⁵ Er zog es vor, mit dem Volk Gottes mißhandelt zu werden, anstatt für kurze Zeit gut zu leben und dabei Schuld auf sich zu laden. ²⁶ Er war sicher, daß alle Schätze Ägyptens nicht so viel wert waren wie die Schande, die wir zusammen mit Christus ertragen. Denn er blickte auf die künftige Belohnung.

²⁷ In solchem Vertrauen verließ Mose Ägypten und fürchtete sich nicht vor dem Zorn des Königs. Er hatte den unsichtbaren Gott vor Augen, als ob er ihn wirklich sehen würde, und das gab ihm Mut und Ausdauer.

²⁸ In solchem Vertrauen führte Mose das Passafest ein und befahl, die Türpfosten und Türbalken mit Blut zu bestreichen, damit der Todesengel die erstgeborenen Söhne der Israeliten verschone.

²⁹ In solchem Vertrauen konnten *die Israeliten* das Rote Meer durchqueren wie trockenes Land. Als die Ägypter das auch versuchten, ertranken sie.

³⁰ Solches Vertrauen brachte die Mauern von Jericho zum Einsturz, nachdem die Israeliten sieben Tage lang um die Stadt gezogen waren.

³¹ Solches Vertrauen rettete der Hure *Rahab* das Leben. Sie hatte die israelitischen Kundschafter freundlich aufgenommen; deshalb wurde sie nicht zusammen mit den anderen getötet, die sich Gott widersetzten.

³² Soll ich noch mehr aufzählen? Die Zeit würde nicht ausreichen, um von *Gideon* und *Barak* und *Simson* und *Jiftach*, von *David* und *Samuel* und den *Propheten* zu erzählen. ³³ In solchem Vertrauen kämpften sie gegen Königreiche und trugen den Sieg davon. Sie sorgten für Recht und durften erleben, daß Gott seine Zusagen erfüllt. Sie verschlossen den Rachen von Löwen ³⁴ und löschten glühendes Feuer. Sie entrannen dem Tod durch das Schwert. Sie waren schwach und wurden stark. Im Kampf wuchsen ihnen Heldenkräfte zu, sie trieben fremde Heere zurück.

³⁵ In solchem Vertrauen bekamen Frauen ihre Toten als Auferstandene lebendig zurück. Doch andere in Israel ließen sich zu Tode foltern, sie weigerten sich, die angebotene Freilassung anzunehmen; denn sie wollten zu einer weit besseren Auferstehung gelangen.

³⁶ Andere wiederum wurden verspottet und ausgepeitscht, gefesselt und ins Gefängnis geworfen. ³⁷ Sie wurden gesteinigt, zersägt und mit dem Schwert hingerichtet. Sie zogen in Schaf- und Ziegenfellen umher, notleidend, bedrängt,

mißhandelt. ³⁸Wie Flüchtlinge irrten sie durch Wüsten und Gebirge und lebten in Höhlen und Erdlöchern. Die Welt war es nicht wert, daß solche Menschen in ihr lebten.

³⁹Diese alle fanden durch ihr Vertrauen bei Gott Anerkennung, und doch haben sie bis heute noch nicht bekommen, was Gott den Seinen versprochen hat. ⁴⁰Gott hatte für uns noch etwas Besseres vorgesehen, deshalb sollten sie erst zusammen mit uns zur Vollendung gelangen.

Das Vertrauen auch im Leiden nicht aufgeben: Das Beispiel von Jesus

12 Alle diese Zeugen, die uns wie eine Wolke umgeben, spornen uns an. Darum laßt uns durchhalten in dem Wettlauf, zu dem wir angetreten sind, und alles ablegen, was uns dabei hindert, vor allem die Sünde, die uns so leicht umgarnt! ²Wir wollen den Blick auf Jesus richten, der uns auf dem Weg vertrauenden Glaubens vorausgegangen ist und uns auch ans Ziel bringt. Er hat das Kreuz auf sich genommen und die Schande des Todes für nichts gehalten, weil eine so große Freude auf ihn wartete. Jetzt hat er den Platz an der rechten Seite Gottes eingenommen.

³Denkt daran, welche Anfeindung er von den sündigen Menschen erdulden mußte! Das wird euch helfen, mutig zu bleiben und nicht aufzugeben.

Das Vertrauen auch im Leiden nicht aufgeben: Gott erzieht uns

⁴In eurem Kampf gegen die Sünde ist es bis jetzt noch nicht auf Leben und Tod gegangen. ⁵Und da habt ihr schon die ermutigenden Worte vergessen, die Gott an euch, seine Kinder gerichtet hat: »Nimm es an, mein Sohn, wenn der Herr dich hart anfaßt! Verlier nicht den Mut, wenn er dich schlägt! ⁶Denn wen der Herr liebt, den erzieht er mit Strenge; und wen er als seinen Sohn annimmt, dem gibt er auch Schläge.«

⁷Ertragt also die Schläge! Gott behandelt euch als seine Kinder! Gibt es einen Sohn, der von seinem Vater nicht mit Strenge erzogen wird? ⁸Alle seine Kinder hat Gott so erzogen. Wenn es euch anders erginge, dann wärt ihr ja sozusagen unehelich geboren und nicht seine rechtmäßigen Kinder. ⁹Unsere leiblichen Väter erzogen uns mit Strafen, und wir hatten Respekt vor ihnen. Erst recht sollen wir uns unserem himmlischen Vater unterordnen, damit wir das ewige Leben gewinnen. ¹⁰Unsere leiblichen Väter straften uns eine Zeitlang, wie es ihnen gerade gut schien. Aber Gott handelt an uns zu unserem Besten, damit wir an seiner Heiligkeit

Anteil bekommen. ¹¹ In dem Augenblick, in dem wir gestraft werden, bereitet uns das nicht Freude, sondern Schmerz. Aber später bringt es denen, die durch diese Schule gegangen sind, als Frucht Frieden und die Annahme bei Gott.

Aufruf zu ernsthaftem Neubeginn

¹² Macht also die erschlafften Hände wieder stark, die zitternden Knie wieder fest! ¹³ Geht auf rechten Wegen, damit die lahm gewordenen Füße nicht auch noch verrenkt, sondern wieder heil werden! ¹⁴ Bemüht euch um Frieden mit allen in der Gemeinde und darum, daß ihr heilig seid und euer ganzes Leben Gott gehört.

¹⁵ Gebt aufeinander acht, daß niemand die Gnade Gottes verscherzt und daß nicht jemand unter euch wie eine giftige Wurzel ausschlägt und viele vergiftet. ¹⁶ Keiner von euch soll ein ausschweifendes Leben führen wie Esau. Weil er Gott nicht ehrte, verkaufte er das Vorrecht des Erstgeborenen für eine einzige Mahlzeit. ¹⁷ Und ihr wißt, als er später den Segen seines Vaters und damit sein Erbe haben wollte, wurde er abgewiesen. Es war zu spät zur Umkehr, auch wenn er noch so sehr und unter Tränen nach einer Möglichkeit dazu suchte.

Noch einmal: Die Größe und der Ernst der Berufung

¹⁸ Ihr seid nicht zu dem Berg Sinai gekommen, den man berühren konnte. Ihr seid nicht zum lodernden Feuer gekommen, zur Dunkelheit und schwarzen Nacht, zum Sturm, ¹⁹ zum Schall der Posaune und zu der donnernden Stimme. Als das Volk Israel diese Stimme hörte, bat es darum, kein weiteres Wort hören zu müssen. ²⁰ Denn sie konnten den Befehl nicht ertragen, der lautete: »Auch kein Tier darf den Berg berühren, sonst muß es gesteinigt werden.« ²¹ Ja, so furchtbar war der Anblick, daß sogar Mose sagte: »Ich zittere vor Angst!«

²² Ihr seid vielmehr zum Berg Zion gekommen und zur Stadt des lebendigen Gottes. Diese Stadt ist das himmlische Jerusalem mit seinen vielen tausend Engeln. ²³ Ihr seid zu einer festlichen Versammlung gekommen, zur Gemeinde von Gottes erstgeborenen Söhnen und Töchtern, deren Namen im Himmel aufgeschrieben sind. Ihr seid zu Gott gekommen, der alle Menschen richtet, und zu den seligen Geistern: den Menschen, die den Willen Gottes getan haben und schon vollendet sind. ²⁴ Ihr seid zu Jesus gekommen, der als Mittler den neuen Bund in Kraft gesetzt hat, und zu dem reinigenden Blut, das – anders als Abels Blut – Vergebung zuspricht, nicht nach Vergeltung ruft.

25 Gebt also acht und verweigert euch dem nicht, der jetzt spricht! Das Volk, das am Berg Sinai den nicht hören wollte, der auf der Erde sprach, ist der Strafe nicht entgangen. Wieviel weniger werden wir ungestraft davonkommen, wenn wir den zurückweisen, der vom Himmel spricht! 26 Damals erschütterte seine Stimme die Erde, aber jetzt hat er angekündigt: »Noch einmal werde ich die Erde zum Beben bringen, und den Himmel dazu!« 27 Die Worte »noch einmal« weisen darauf hin, daß bei dieser Erschütterung die ganze Welt, die Gott geschaffen hat, umgewandelt werden soll. Nur das bleibt unverändert, was nicht erschüttert werden kann. 28 Wir wollen dankbar sein, weil wir schon jetzt Anteil an jener neuen Welt bekommen, die durch nichts erschüttert werden kann. Laßt uns Gott in heiliger Scheu und Ehrfurcht danken und ihm dienen, wie es ihm gefällt! 29 Denn auch *unser* Gott ist ein verzehrendes Feuer!

Einzelne Ermahnungen

13 Hört nicht auf, einander als Brüder und Schwestern zu lieben. 2 Vergeßt nicht, Gastfreundschaft zu üben, denn auf diese Weise haben einige, ohne es zu wissen, Engel bei sich aufgenommen. 3 Denkt an die Gefangenen, als ob ihr selbst mit ihnen im Gefängnis wärt! Denkt an die Mißhandelten, als ob ihr die Mißhandlungen am eigenen Leib spürt würdet!

4 Die Ehe soll von allen geachtet werden. Ihr dürft das Ehebett nicht durch Untreue beflecken; denn Gott wird alle verurteilen, die Unzucht treiben und Ehebruch begehen.

5 Seid nicht hinter dem Geld her, sondern seid zufrieden mit dem, was ihr habt. Gott hat doch gesagt: »Niemals werde ich dir meine Hilfe entziehen, nie dich im Stich lassen.« 6 Wir dürfen also getrost sagen: »Der Herr steht mir bei; nun fürchte ich nichts mehr. Was könnte ein Mensch mir schon tun?«

7 Haltet das Andenken der Gemeindeleiter lebendig, die euch in der Anfangszeit die Botschaft Gottes verkündet haben. Erinnert euch daran, wie sie gelebt haben und wie sie gestorben sind. Folgt dem Beispiel, das sie euch mit ihrer Glaubenstreue gegeben haben.

8 Jesus Christus ist derselbe gestern und heute und für alle Zeiten! 9 Laßt euch nicht durch alle möglichen fremden Lehren verführen. Gottes Gnade wird euch innerlich fest machen. Speisen können das nicht bewirken. Sie haben denen nichts genützt, die sich mit ihnen befaßten. 10 Wir haben einen Altar, von dem die, die noch dem alten Heiligtum dienen, nicht essen dürfen.

11 Die Leiber der Tiere, deren Blut der Oberste Priester ins Allerheiligste bringt, werden außerhalb des Lagers verbrannt. 12 So ist auch Jesus außerhalb der Stadt gestorben, um durch sein Blut das Volk von aller Schuld zu reinigen. 13 Also laßt uns zu ihm vor das Lager hinausgehen und die Schande mit ihm teilen. 14 Denn auf der Erde gibt es keine Stadt, in der wir bleiben können. Wir sind unterwegs zu der Stadt, die kommen wird.

15 Durch Jesus wollen wir Gott jederzeit und in jeder Lebenslage Dankopfer darbringen; das heißt: Wir wollen uns mit unserem Beten und Singen zu ihm bekennen und ihn preisen. 16 Vergeßt nicht, Gutes zu tun und mit anderen zu teilen. Das sind die Opfer, an denen Gott Gefallen hat.

17 Gehorcht euren Gemeindeleitern und folgt ihren Anweisungen. Ihre Aufgabe ist es, über euch zu wachen, und sie werden über ihren Dienst Rechenschaft geben müssen. Das sollen sie mit Freude tun können anstatt mit Seufzen und Stöhnen; denn das würde für euch böse Folgen haben.

BRIEFSCHLUSS (13,18-25)

Abschließende Bitten, Gebetswünsche, Mitteilungen und Grüße

18 Betet für mich! Ich bin sicher, daß ich ein reines Gewissen habe; denn ich will ja stets in allem das Rechte tun. 19 Um so mehr bitte ich euch: Betet zu Gott, daß ich euch möglichst bald wiedergegeben werde.

20 Gott ist es, der Frieden bringt. Er hat den großen Hirten der Schafe aus dem Reich der Toten heraufgeführt, Jesus, unseren Herrn, durch dessen Blut er den ewigen Bund in Kraft gesetzt hat. 21 Er mache euch fähig, all das Gute zu tun, das er haben will; er schaffe in uns durch Jesus Christus, was ihm gefällt. Ihm gehört die Ehre für immer und ewig! Amen.

22 Ich bitte euch, liebe Brüder und Schwestern, nehmt dieses Wort der Ermahnung und Ermutigung bereitwillig an; ich habe mich ja so kurz wie möglich gefaßt.

23 Ihr sollt noch wissen, daß unser Bruder Timotheus aus dem Gefängnis freigelassen wurde. Wenn er rechtzeitig hierherkommt, werde ich ihn mitbringen, wenn ich euch besuche.

24 Grüßt alle eure Gemeindeleiter und alle, die zur Gemeinde gehören! Die Brüder aus Italien lassen euch grüßen.

25 Die Gnade sei mit euch allen!

DER BRIEF VON JAKOBUS
(Jakobusbrief)

Briefeingang

1 Jakobus, der Gott und dem Herrn Jesus Christus dient, grüßt das Volk Gottes, das über die ganze Welt zerstreut ist und dort in der Fremde lebt.

Glaube und Zweifel

² Meine Brüder und Schwestern, nehmt es als Grund zur Freude, wenn ihr in vielfältiger Weise auf die Probe gestellt werdet. ³ Denn ihr wißt: Wenn euer Glaube erprobt wird, führt euch das zur Standhaftigkeit; ⁴ die Standhaftigkeit aber soll zum Tun des Rechten und Guten führen, damit ihr in jeder Hinsicht untadelig seid und euch zur Vollkommenheit nichts mehr fehlt.

⁵ Wenn aber jemand von euch nicht weiß, was er in einem bestimmten Fall tun muß, soll er Gott um Weisheit bitten, und Gott wird sie ihm geben. Denn er gibt sie allen gerne und hält niemand seine Unwissenheit vor. ⁶ Er muß Gott aber in festem Vertrauen bitten und darf nicht zweifeln. Wer zweifelt, gleicht den Meereswogen, die vom Wind gepeitscht und hin und her getrieben werden. ⁷ Solch ein Mensch kann nicht erwarten, daß er vom Herrn etwas empfängt; ⁸ denn er ist in sich gespalten und unbeständig in allem, was er unternimmt.

Armut und Reichtum

⁹ Wenn ein Bruder arm und unterdrückt ist, soll er sich damit rühmen, daß er bei Gott hochangesehen ist. ¹⁰ Wer dagegen reich und mächtig ist, soll sich bewußt sein, daß er Gott damit keinen Eindruck machen kann; denn wie eine Blume auf der Wiese wird er vergehen. ¹¹ Wenn die Sonne mit ihren sengenden Strahlen emporsteigt, verdorren die Blätter, und die Blüte fällt ab; ihre ganze Schönheit ist dahin. Genauso werden die Reichen zugrunde gehen, und mit all ihren Unternehmungen hat es ein Ende.

Woher die Versuchungen kommen

¹²Freuen darf sich, wer auf die Probe gestellt wird und sie besteht; denn Gott wird ihm den Siegeskranz geben, das ewige Leben, das er allen versprochen hat, die ihn lieben.

¹³Wenn ein Mensch in Versuchung gerät, soll er nicht sagen: »Gott hat mich in Versuchung geführt.« So wie Gott nicht zum Bösen verführt werden kann, so verführt er auch niemand dazu. ¹⁴Es ist die eigene Begehrlichkeit, die den Menschen ködert und einfängt. ¹⁵Wenn jemand ihr nachgibt, wird die Begehrlichkeit gleichsam schwanger und gebiert die Sünde. Und wenn die Sünde ausgewachsen ist, bringt sie den Tod hervor.

¹⁶Meine lieben Brüder und Schwestern, täuscht euch nicht! ¹⁷Lauter gute Gaben, nur vollkommene Gaben kommen von oben, von dem Schöpfer der Gestirne. Bei ihm gibt es kein Zu- und Abnehmen des Lichtes und keine Verfinsterung. ¹⁸Aus seinem freien Willen hat er uns durch das Wort der Wahrheit, durch die Gute Nachricht, ein neues Leben geschenkt. So sind wir gleichsam die Erstgeborenen seiner neuen Schöpfung.

Hören und Handeln

¹⁹Denkt daran, liebe Brüder und Schwestern: Jeder soll stets bereit sein zu hören, aber sich Zeit lassen, bevor er redet, und noch mehr, bevor er zornig wird. ²⁰Denn im Zorn tut niemand, was vor Gott recht ist. ²¹Legt also alles Gemeine und Schlechte ab und nehmt bereitwillig das Wort an, das Gott euch ins Herz gepflanzt hat. Denn sein Wort hat die Macht, euch zu retten.

²²Es genügt nicht, dieses Wort nur anzuhören. Ihr müßt es in die Tat umsetzen, sonst betrügt ihr euch selbst! ²³Wer die Botschaft Gottes nur hört, aber nicht danach handelt, ist wie ein Mensch, der in einen Spiegel blickt: ²⁴Er sieht sich, wie er ist, und betrachtet sich kurz. Aber dann geht er weg und vergißt sofort, wie er aussah. ²⁵Anders der Mensch, der tief und anhaltend in das vollkommene Gesetz Gottes blickt, das uns frei macht. Er hört nicht nur hin, um es gleich wieder zu vergessen, sondern handelt danach. Er darf sich freuen; denn Gott segnet sein Tun.

²⁶Wenn jemand sich einbildet, Gott zu ehren, aber seine Zunge nicht im Zaum halten kann, ist seine ganze Gottesverehrung wertlos, und er betrügt sich selbst. ²⁷Ihr ehrt Gott, den Vater, auf die rechte Weise, wenn ihr den Waisen und Wit-

wen in ihrer Not beisteht und euch nicht an dem ungerechten Treiben dieser Welt beteiligt.

Warnung vor Vorurteilen

2 Meine Brüder, ihr glaubt an Jesus Christus, unseren Herrn, der Gottes Herrlichkeit teilt und dem alle Ehre zusteht. Dann dürft ihr unter euren Glaubensbrüdern nicht Unterschiede machen, je nachdem, ob jemand in der sozialen Rangordnung hoch oder niedrig steht!

² Nehmt einmal an, ihr seid zum Gottesdienst versammelt, und es kommt ein reicher Mann mit goldenen Ringen und in vornehmer Kleidung herein und ebenso ein armer Mann in Lumpen. ³ Und ihr sagt zu dem gutgekleideten Mann respektvoll: »Bitte, hier ist noch ein bequemer Platz!« Aber zu dem Armen sagt ihr: »Du kannst dort hinten stehen«, oder auch: »Setz dich hier neben meinen Stuhl auf den Boden!« ⁴ Trefft ihr da nicht höchst fragwürdige Unterscheidungen und urteilt nach verwerflichen Maßstäben?

⁵ Hört gut zu, meine lieben Brüder! Hat Gott nicht gerade die erwählt, die in den Augen dieser Welt arm sind, um sie aufgrund ihres Glaubens reich zu machen? Sie sollen in Gottes neue Welt kommen, die er denen versprochen hat, die ihn lieben. ⁶ Ihr aber verachtet die Armen! Und wer unterdrückt euch und bringt euch vor Gericht? Die Reichen! ⁷ Sind sie es nicht, die den hohen Namen lästern, der bei der Taufe über euch ausgerufen wurde?

⁸ Handelt nach dem wahrhaft königlichen Gesetz: »Liebe deinen Mitmenschen wie dich selbst!« Dann tut ihr recht. ⁹ Wenn ihr aber dabei Unterschiede macht, begeht ihr eine Sünde und steht vor dem Gesetz als Übertreter da. ¹⁰ Denn wer das gesamte Gesetz befolgt, aber gegen ein einziges Gebot verstößt, hat gegen alle verstoßen und ist vor dem ganzen Gesetz schuldig geworden. ¹¹ Derselbe Gott, der gesagt hat: »Brich nicht die Ehe!«, hat auch gesagt: »Morde nicht!« Wenn du also keinen Ehebruch begehst, aber jemand tötest, bist du ein Übertreter des Gesetzes.

¹² Redet und handelt als Menschen, die einst vor Gott nach dem Gesetz beurteilt werden sollen, das wahrhaft frei macht. ¹³ Wer selbst kein Erbarmen gehabt hat, über den wird auch Gott erbarmungslos Gericht halten. Wenn aber jemand barmherzig war, dann gilt: Das Erbarmen triumphiert über das Gericht.

Glaube und Liebe

[14] Meine Brüder und Schwestern, was hat es für einen Wert, wenn jemand behauptet: »Ich vertraue auf Gott, ich habe Glauben!«, aber er hat keine guten Taten vorzuweisen? Kann der bloße Glaube ihn retten? [15] Nehmt einmal an, bei euch gibt es einen Bruder oder eine Schwester, die nichts anzuziehen haben und hungern müssen. [16] Was nützt es ihnen, wenn dann jemand von euch zu ihnen sagt: »Ich wünsche euch das Beste; ich hoffe, daß ihr euch warm anziehen und satt essen könnt!« –, aber er gibt ihnen nicht, was sie zum Leben brauchen? [17] Genauso ist es auch mit dem Glauben: Wenn er allein bleibt und aus ihm keine Taten hervorgehen, ist er tot.

[18] Aber vielleicht wendet jemand ein: »Hast du überhaupt Glauben?« Darauf antworte ich: »Ich habe die Taten! Zeig mir doch einmal *deinen* Glauben, wenn du mir nicht die entsprechenden Taten zeigen kannst! Aber ich will dir *meinen* Glauben aus meinen Taten beweisen. [19] Du glaubst, daß nur *einer* Gott ist? Gut! Das glauben die bösen Geister auch – und zittern vor Angst.

[20] Du gedankenloser Mensch! Willst du nicht einsehen, daß ein Glaube, der nicht zu Taten führt, nutzlos ist? [21] Wurde nicht unser Ahnherr Abraham aufgrund seines Tuns vor Gott als gerecht anerkannt – nämlich weil er seinen Sohn Isaak als Opfer auf den Altar legte? [22] Du siehst also: Sein Glaube und seine Taten wirkten zusammen; sein Glaube wurde durch sein Tun vollkommen.

[23] Auf diese Weise bestätigte sich das Wort in den Heiligen Schriften: »Abraham glaubte Gott, und dies rechnete Gott ihm als Gerechtigkeit an.« Er wird sogar Freund Gottes genannt. [24] Ihr seht also, daß ein Mensch aufgrund seiner Taten von Gott als gerecht anerkannt wird und nicht schon durch bloßen Glauben.

[25] War es nicht ebenso bei der Hure Rahab? Auch sie wurde doch aufgrund ihrer Taten als gerecht anerkannt – weil sie die Kundschafter bei sich aufnahm und auf einem geheimen Fluchtweg aus der Stadt entkommen ließ. [26] Genauso wie der menschliche Leib ohne den Lebensgeist tot ist, so ist auch der Glaube ohne entsprechende Taten tot.

Die gefährliche Macht der Zunge

3 Meine Brüder, nicht zu viele von euch sollten Lehrer der Gemeinde werden wollen. Ihr wißt ja, daß wir Lehrer vor Gottes Gericht strenger beurteilt werden als die anderen.

²Wir alle sind in vieler Hinsicht fehlerhafte Menschen. Wer nie ein verkehrtes Wort redet, ist ein vollkommener Mensch; er ist fähig, auch seinen ganzen Leib im Zaum zu halten. ³Wir legen den Pferden das Zaumzeug ins Maul, damit sie uns gehorchen; so lenken wir das ganze Tier. ⁴Oder denkt an ein Schiff: Es ist groß und wird von starken Winden getrieben; trotzdem wird es mit einem winzigen Ruder gesteuert, wohin der Steuermann es haben will. ⁵Ebenso ist es mit der Zunge: Sie ist nur klein und bringt doch gewaltige Dinge fertig.

Denkt daran, wie klein die Flamme sein kann, die einen großen Wald in Brand setzt! ⁶Auch die Zunge ist ein Feuer. Sie ist eine Welt voller Unrecht und beschmutzt den ganzen Menschen. Sie setzt unser Leben von der Geburt bis zum Tod in Brand mit einem Feuer, das aus der Hölle selbst kommt. ⁷Der Mensch hat es fertiggebracht, alle Tiere zu bändigen: Raubtiere, Vögel, Schlangen und Fische. ⁸Aber die Zunge hat noch niemand bändigen können; sie läßt sich nicht unter Kontrolle bringen.

Die Zunge ist voll von tödlichem Gift. ⁹Mit ihr loben wir Gott, unseren Herrn und Vater – und mit ihr verfluchen wir unsere Mitmenschen, die nach Gottes Bild geschaffen sind. ¹⁰Aus demselben Mund kommen Segen und Fluch. Meine Brüder und Schwestern, das darf nicht sein! ¹¹Eine Quelle läßt doch nicht aus der gleichen Öffnung genießbares und ungenießbares Wasser fließen. ¹²Meine Brüder und Schwestern, auf einem Feigenbaum wachsen doch keine Oliven, an einem Weinstock hängen keine Feigen, und eine salzige Quelle kann niemals Süßwasser hervorbringen!

Die Weisheit, die von Gott kommt

¹³Will jemand unter euch als klug und weise gelten? Dann zeige er das in der ganzen Lebensführung, mit der Bescheidenheit, die den Weisen ansteht! ¹⁴Wenn ihr dagegen bittere Eifersucht und Streit in euren Herzen hegt, dann rühmt euch nicht eurer Weisheit und verdreht damit die Wahrheit! ¹⁵Diese Art von Weisheit kommt nicht von oben, sie ist irdisch, sinnlich und teuflisch. ¹⁶Wo Eifersucht und Streit herrschen, gibt es Unordnung und jede Art von Gemeinheit. ¹⁷Aber die Weisheit von oben ist zuerst einmal rein und klar; sodann ist sie freundlich, nachgiebig, zum Frieden bereit. Sie ist voller Erbarmen und bringt viele gute Taten hervor. Sie kennt weder Vorurteil noch Verstellung. ¹⁸Die Saat der Gerechtigkeit geht nur bei denen auf, die auf Frieden aus sind, und bei ihnen bringt sie Frucht.

Warnung vor Untreue gegen Gott

4 Woher kommen denn die Kämpfe und Streitigkeiten zwischen euch? Doch nur aus den Leidenschaften, die ständig in eurem Innern toben! ²Ihr verzehrt euch nach etwas, was ihr gerne hättet. Ihr mordet und seid eifersüchtig, aber das bringt euch dem ersehnten Ziel nicht näher. Ihr versucht es mit Kampf und Gewalt; aber ihr bekommt trotzdem nicht, was ihr wollt, weil ihr Gott nicht darum bittet. ³Und wenn ihr ihn bittet, bekommt ihr es nicht, weil ihr nur in der Absicht bittet, eure unersättliche Genußsucht zu befriedigen.

⁴Eure Liebe gehört nicht Gott, ihr handelt an ihm wie Ehebrecher! Wißt ihr denn nicht: Freundschaft mit dieser Welt bedeutet Feindschaft gegen Gott. Wer sich also mit der Welt befreunden will, verfeindet sich mit Gott. ⁵Es heißt nicht umsonst in den Heiligen Schriften: »Mit Leidenschaft erhebt Gott Anspruch auf den Geist, den er, der Schöpfer, in uns wohnen ließ.« ⁶Aber in seiner Gnade will er uns noch viel mehr schenken; denn es heißt auch: »Gott widersetzt sich den Überheblichen, aber denen, die gering von sich denken, wendet er seine Liebe zu.«

⁷Deshalb ordnet euch Gott unter! Leistet dem Teufel Widerstand, und er wird vor euch fliehen. ⁸Nähert euch Gott, und er wird sich euch nähern. Reinigt eure Hände von Schuld, ihr Sünder! Gebt eure Herzen Gott hin, ihr Zwiespältigen! ⁹Klagt über euren Zustand, trauert und weint! Nicht mehr lachen sollt ihr, sondern weinen. Euer Jubel soll sich in Jammer verkehren und eure Freude in Trauer. ¹⁰Beugt euch tief vor dem Herrn, dann wird er euch groß machen!

Nicht verurteilen

¹¹Liebe Brüder und Schwestern, verleumdet einander nicht! Wer seinen Bruder oder seine Schwester verleumdet oder verurteilt, verleumdet und verurteilt damit das Gesetz Gottes, das ein solches Verhalten untersagt. Anstatt das Gesetz zu befolgen, wirft er sich zum Richter auf. ¹²Aber nur Gott, der das Gesetz gegeben hat, darf richten. Er allein kann verurteilen oder freisprechen. Für wen hältst du dich, daß du deinen Mitmenschen verurteilst!

Nicht überheblich sein

¹³Nun aber zu euch, die ihr sagt: »Heute oder morgen werden wir in die und die Stadt reisen! Dort werden wir ein Jahr lang Geschäfte machen und viel Geld verdienen.« ¹⁴Woher wißt ihr denn, was morgen sein wird? Was ist euer

Leben? Es gleicht einem Dampfwölkchen, das aufsteigt und sich sogleich wieder auflöst. 15 Sagt lieber: »Wenn der Herr es will, werden wir noch leben und dies oder jenes tun.« 16 Ihr aber seid stolz und überheblich; und ein solcher Stolz ist verwerflich.

17 Im übrigen gilt: Wer die Zeit und die Mittel hat, Gutes zu tun, und es nicht tut, macht sich schuldig.

Warnung an die Reichen

5 Hört zu, ihr Reichen! Weint und jammert über das Elend, das auf euch zukommt! 2 Euer Reichtum verfault, eure Kleider werden von den Motten zerfressen, 3 und eure Schätze setzen Rost an. Dieser Rost wird euch anklagen und euer Fleisch wie Feuer verzehren.

Ihr habt in den letzten Tagen der Welt Reichtümer angehäuft. 4 Ihr habt den Leuten, die auf euren Feldern gearbeitet haben, den verdienten Lohn vorenthalten. Das schreit zum Himmel! Eure Erntearbeiter klagen, und ihre Klage ist bis zu den Ohren des Herrn, des Herrschers der Welt, gedrungen.

5 Euer Leben auf der Erde war mit Luxus und Vergnügen ausgefüllt. Während der Schlachttag schon vor der Tür stand, habt ihr euch noch gemästet. 6 Ihr habt den Schuldlosen verurteilt und umgebracht, der sich nicht gegen euch gewehrt hat!

Geduldig warten

7 Liebe Brüder und Schwestern, haltet geduldig aus, bis der Herr kommt! Seht, wie der Bauer voller Geduld auf die kostbare Frucht der Erde wartet. Er weiß, daß sie zum Wachsen den Herbstregen und den Frühjahrsregen braucht.

8 Auch ihr müßt geduldig ausharren! Faßt Mut; denn der Tag, an dem der Herr kommt, ist nahe. 9 Klagt nicht übereinander, sonst muß Gott euch verurteilen. Der Richter steht schon vor der Tür.

10 Liebe Brüder und Schwestern, denkt an die Propheten, die im Auftrag des Herrn geredet haben. Nehmt euch ein Beispiel daran, wie standhaft sie ihre Leiden ertrugen! 11 Allen, die durchhalten, ist unvergängliche Freude gewiß. Ihr habt gehört, wie geduldig Ijob die Proben ertrug, die ihm auferlegt wurden, und wißt, wie der Herr ihn am Ende belohnt hat. Der Herr ist voller Liebe und Erbarmen.

12 Vor allem laßt das Schwören, wenn ihr irgend etwas beteuern wollt, meine Brüder! Schwört weder beim Himmel noch bei der Erde, noch bei sonst etwas. Euer Ja muß ein Ja

sein und euer Nein ein Nein. Wenn ihr es anders haltet, verfallt ihr dem Gericht Gottes.

Das Gebet für die Kranken

¹³ Wer von euch Schweres zu ertragen hat, soll beten. Wer von euch glücklich ist, soll Loblieder singen. ¹⁴ Wer von euch krank ist, soll die Ältesten der Gemeinde rufen, damit sie für ihn beten und ihn im Namen des Herrn mit Öl salben. ¹⁵ Ihr vertrauensvolles Gebet wird den Kranken retten. Der Herr wird die betreffende Person wieder aufrichten und wird ihr vergeben, wenn sie Schuld auf sich geladen hat.

¹⁶ Überhaupt sollt ihr einander eure Verfehlungen bekennen und füreinander beten, damit ihr geheilt werdet. Das inständige Gebet eines Menschen, der so lebt, wie Gott es verlangt, kann viel bewirken. ¹⁷ Elija war ein Mensch wie wir. Er flehte zu Gott, es nicht regnen zu lassen, da fiel dreieinhalb Jahre kein Tropfen auf das Land. ¹⁸ Dann betete er nochmals; da schenkte der Himmel Regen, und die Erde brachte wieder ihre Früchte hervor.

¹⁹ Meine Brüder, wenn jemand unter euch vom rechten Weg abirrt und ein anderer bringt ihn zur Umkehr, ²⁰ dann soll der wissen: Wer einen Menschen, der sündigt, von seinem Irrweg abbringt, rettet ihn vor dem Tod und macht viele eigene Sünden gut.

DER ERSTE BRIEF
DES APOSTELS PETRUS
(1. Petrusbrief)

LEBEN IN DER HOFFNUNG (1,1–2,10)

Eingangsgruß

1 Diesen Brief schreibt Petrus, der Apostel von Jesus Christus, nach Pontus, Galatien, Kappadozien, Asien und Bithynien.

Ich schreibe an die Erwählten Gottes, die dort als Fremde in dieser Welt leben, mitten unter Ungläubigen. ² Gott, der Vater, hat euch erwählt, wie er es von Anfang an beschlossen hatte. Er hat euch durch den Heiligen Geist ausgesondert und zubereitet, damit ihr euch Jesus Christus im Gehorsam unterstellt und durch sein Blut rein gemacht werdet.

Gnade und Frieden sei mit euch in immer reicherem Maß!

Hoffnung auf eine herrliche Zukunft

³ Gepriesen sei der Gott und Vater unseres Herrn Jesus Christus! In seinem großen Erbarmen hat er uns neu geboren und mit einer lebendigen Hoffnung erfüllt. Diese Hoffnung gründet sich darauf, daß Jesus Christus vom Tod auferstanden ist. ⁴ Sie richtet sich auf das neue Leben, das Gott schon jetzt im Himmel für euch bereithält als einen Besitz, der niemals vergeht oder verdirbt oder aufgezehrt wird. ⁵ Wenn ihr Gott fest vertraut, wird er euch durch seine Macht bewahren, so daß ihr die volle Rettung erlangt, die am Ende der Zeit offenbar wird.

⁶ Deshalb seid ihr voll Freude, auch wenn ihr jetzt – wenn Gott es so will – für kurze Zeit leiden müßt und auf die verschiedensten Proben gestellt werdet. ⁷ Das geschieht nur, damit euer Glaube sich bewähren kann, als festes Vertrauen auf das, was Gott euch geschenkt und noch versprochen hat. Wie das vergängliche Gold im Feuer auf seine Echtheit geprüft wird, so wird euer Glaube, der viel kostbarer ist als Gold, im Feuer des Leidens geprüft. Wenn er sich als echt erweist, wird Gott euch mit Ehre und Herrlichkeit belohnen an dem Tag, an dem Jesus Christus sich in seiner Herrlichkeit offenbart.

⁸ Ihn liebt ihr, obwohl ihr ihn nie gesehen habt. Auf ihn setzt ihr euer Vertrauen, obwohl ihr ihn jetzt noch nicht sehen könnt. Und darum jubelt ihr mit unaussprechlicher und herrlicher Freude. ⁹ Denn ihr wißt, daß euer Vertrauen, euer Glaube, euch die endgültige Rettung bringen wird.

¹⁰ Nach dieser Rettung schauten schon die Propheten aus. Sie haben euch angekündigt, welches Gnadengeschenk Gott euch zugedacht hat, ¹¹ und sie haben eifrig gesucht und geforscht, um herauszufinden, wann und wie dies alles eintreffen sollte. Der Geist, den wir durch Christus empfangen haben, war schon in ihnen wirksam und zeigte ihnen im voraus die Leiden, die Christus erdulden mußte, und die Herrlichkeit, die ihm daraufhin zuteil wurde.

¹² Gott ließ sie erkennen, daß sie ihre Offenbarungen nicht für sich selbst empfangen hatten, sondern für euch, denen dies alles jetzt verkündet worden ist. Die Boten der Guten Nachricht haben es euch bekanntgemacht, ausgerüstet mit dem Heiligen Geist, den Gott ihnen vom Himmel gesandt hat. Sogar die Engel brennen darauf, etwas davon zu erfahren.

Aufruf zu einem Leben, das Gott gefällt

¹³Darum seid wach und haltet euch bereit! Bleibt nüchtern und setzt eure ganze Hoffnung auf die Gnade, die Gott euch schenken wird, wenn Jesus Christus in seiner Herrlichkeit erscheint. ¹⁴Lebt als gehorsame Kinder Gottes und nicht mehr nach euren selbstsüchtigen Wünschen wie damals, als ihr die Wahrheit noch nicht kanntet. ¹⁵Euer ganzes Tun soll ausgerichtet sein an dem heiligen Gott, der euch berufen hat. ¹⁶In den Heiligen Schriften heißt es ja: »Ihr sollt heilig sein, denn ich bin heilig.«

¹⁷Ihr ruft Gott im Gebet als »Vater« an – ihn, der jeden Menschen als unbestechlicher Richter für seine Taten zur Rechenschaft ziehen wird. Führt darum, solange ihr noch hier in der Fremde seid, ein Leben, mit dem ihr vor ihm bestehen könnt!

¹⁸Ihr wißt, um welchen Preis ihr freigekauft worden seid, damit ihr nun nicht mehr ein so sinn- und nutzloses Leben führen müßt, wie ihr es von euren Vorfahren übernommen habt. Nicht mit Silber und Gold seid ihr freigekauft worden – sie verlieren ihren Wert –, ¹⁹sondern mit dem kostbaren Blut eines reinen und fehlerlosen Opferlammes, dem Blut von Christus. ²⁰Ihn hatte Gott schon zu diesem Opfer bestimmt, bevor er die Welt schuf. Jetzt aber, am Ende der Zeit, hat er ihn euretwegen in die Welt gesandt. ²¹Durch ihn habt ihr zum Glauben gefunden an den Vater, der ihn von den Toten auferweckt und ihm göttliche Herrlichkeit gegeben hat. Darum setzt ihr nun euer Vertrauen und eure Hoffnung auf Gott.

²²Ihr habt die rettende Wahrheit im Gehorsam angenommen und dadurch euer Denken und Fühlen gereinigt, um eure Brüder und Schwestern aufrichtig lieben zu können. Liebt einander nun auch von ganzem Herzen! ²³Ihr seid doch als neue Menschen wiedergeboren worden, aber diesmal nicht gezeugt durch den Samen von sterblichen Menschen, sondern durch das Wort Gottes, das lebt und für immer bestehen bleibt.

²⁴Ihr wißt ja: »Alle Menschen sind vergänglich wie das Gras; mit all ihrer Herrlichkeit ergeht es ihnen wie den Blumen auf der Wiese. Das Gras verdorrt, die Blumen verwelken; ²⁵aber das Wort des Herrn bleibt für immer in Kraft.«

Und eben dieses Wort ist euch als die Gute Nachricht verkündet worden.

Der lebendige Stein und das heilige Volk

2 Macht darum Schluß mit allem, was unrecht ist! Hört auf zu lügen und euch zu verstellen, andere zu beneiden oder schlecht über sie zu reden. ²Wie neugeborene Kinder nach Milch schreien, so sollt ihr nach dem unverfälschten Wort Gottes verlangen, um im Glauben zu wachsen und das Ziel, eure Rettung, zu erreichen. ³Ihr habt doch schon gekostet, wie gütig Christus, der Herr, ist.

⁴Kommt zu ihm! Er ist der lebendige Stein, den die Menschen als unbrauchbar weggeworfen haben; aber bei Gott ist er ausgesucht und wertvoll. ⁵Laßt euch selbst als lebendige Steine zu einem geistigen Haus erbauen, zu einer Priesterschaft, die Gott geweiht ist und die ihm, vermittelt durch Jesus Christus, Opfer darbringt, Opfer geistiger Art, an denen er Gefallen hat, nämlich den Opferdienst des ganzen Lebens.

⁶In den Heiligen Schriften heißt es: »Seht her, ich lege auf dem Zionsberg einen Stein, einen ausgesuchten, wertvollen Grundstein. Wer sich auf ihn verläßt, wird nicht zugrunde gehen.«

⁷Wertvoll ist dieser Stein für euch, die ihr euch auf Jesus Christus verlaßt. Aber für die, die ihn ablehnen, gilt:

»Der Stein, den die Bauleute als wertlos weggeworfen haben, ist zum Eckstein geworden.
⁸An ihm stoßen sich die Menschen.
Er ist zum Felsblock geworden,
an dem sie zu Fall kommen.«

An ihm stoßen sich alle, die dem Wort Gottes nicht gehorchen. Doch so hatte es Gott für sie bestimmt.

⁹Ihr aber seid das erwählte Volk, das Haus des Königs, die Priesterschaft, das heilige Volk, das Gott selbst gehört. Er hat euch aus der Dunkelheit in sein wunderbares Licht gerufen, damit ihr seine machtvollen Taten verkündet. ¹⁰Früher wart ihr nicht sein Volk; aber jetzt seid ihr das Volk, das Gott gehört. Früher galt euch nicht sein Erbarmen; aber jetzt habt ihr sein Erbarmen erfahren.

VORBILDLICHES VERHALTEN IN DER WELT
(2,11–4,11)

Frei zum Tun des Guten

¹¹Ihr wißt, meine Lieben, daß ihr Gäste und Fremde in dieser Welt seid. Darum ermahne ich euch: Gebt den Leidenschaf-

ten nicht nach, die aus eurer selbstsüchtigen Natur aufsteigen und die ständig mit eurem guten Willen im Streit liegen. 12 Euer Leben mitten unter den Menschen, die Gott nicht kennen, muß einwandfrei sein. Wenn sie euch alles mögliche Böse nachsagen, sollen sie eure guten Taten sehen und von ihren eigenen Augen eines Besseren belehrt werden. Vielleicht kommen sie dann zur Besinnung und preisen Gott für ihre Rettung am Tag seines Gerichts.

13 Fügt euch um des Herrn willen jeder von Menschen gesetzten Ordnung. Ordnet euch dem Kaiser unter, der an höchster Stelle steht. 14 Ordnet euch seinen Vertretern unter, die er eingesetzt hat, um alle zu bestrafen, die Unrecht tun, und alle mit Anerkennung zu belohnen, die das Rechte tun.

15 Denn Gott will, daß ihr durch eure guten Taten alle zum Schweigen bringt, die aus Dummheit und Unwissenheit gegen euch reden. 16 Handelt als freie Menschen; aber mißbraucht eure Freiheit nicht, um ein zuchtloses Handeln damit zu entschuldigen. Denkt daran, daß ihr nur frei seid, weil Gott euer Herr geworden ist. 17 Ehrt alle Menschen, liebt die Gemeinschaft der Brüder und Schwestern, fürchtet Gott, ehrt den Kaiser!

Christus als Beispiel

18 Ihr Sklaven und Sklavinnen, ordnet euch euren Herren und Herrinnen unter, und erweist ihnen den schuldigen Respekt, nicht nur den guten und freundlichen, sondern auch den launischen. 19 Es ist eine Gnade Gottes, wenn jemand ohne Schuld nur deshalb Kränkungen erfährt und leiden muß, weil er im Gewissen an Gott gebunden ist. 20 Habt ihr etwa Grund, euch zu rühmen, wenn ihr ein Unrecht begangen habt und dafür geschlagen werdet? Aber wenn ihr das Rechte getan habt und dafür leiden müßt, ist das eine Gnade von Gott. 21 Und eben dazu hat er euch berufen. Ihr wißt doch:

Christus hat für euch gelitten
und euch ein Beispiel gegeben,
damit ihr seinen Spuren folgt.
22 Ihr wißt: »Er hat kein Unrecht getan;
nie ist ein unwahres Wort aus seinem Mund gekommen.«
23 Wenn er beleidigt wurde,
gab er es nicht zurück.
Wenn er leiden mußte,
drohte er nicht mit Vergeltung,
sondern überließ es Gott,

ihm zum Recht zu verhelfen.
24 Unsere Sünden hat er ans Kreuz hinaufgetragen,
mit seinem eigenen Leib.
Damit sind wir für die Sünden tot
und können nun für das Gute leben.
Durch seine Wunden seid ihr geheilt worden!
25 Ihr wart wie Schafe, die sich verlaufen haben;
jetzt aber seid ihr auf den rechten Weg zurückgekehrt
und folgt dem Hirten, der euch leitet und schützt.

Anweisungen für Eheleute

3 Für euch Frauen gilt dieselbe Regel: Ihr müßt euch euren Männern unterordnen, damit die von ihnen, die das Wort nicht hören wollen, durch eure Lebensführung auch ohne Wort für den Glauben gewonnen werden. 2 Das kann geschehen, wenn sie sehen, daß ihr ihnen Respekt erweist und ein vorbildliches Leben führt.

3 Putzt euch nicht äußerlich heraus mit aufwendigen Frisuren, kostbarem Schmuck oder prächtigen Kleidern. 4 Eure Schönheit soll von innen kommen! Freundlichkeit und ein ausgeglichenes Wesen sind der unvergängliche Schmuck, der in Gottes Augen Wert hat.

5 Auf diese Weise haben sich auch früher die frommen Frauen geschmückt, die ihre Hoffnung auf Gott setzten. Sie haben sich ihren Männern untergeordnet, 6 wie zum Beispiel Sara, die Abraham gehorchte und ihn ihren »Herrn« nannte. Ihre Töchter seid ihr, wenn ihr das Rechte tut und euch davon durch keine Drohung abbringen laßt.

7 Ihr Männer müßt euch entsprechend verhalten. Seid rücksichtsvoll zu euren Frauen! Bedenkt, daß sie der schwächere Teil sind. Achtet und ehrt sie; denn sie haben mit euch am ewigen Leben teil, das Gott schenkt. Handelt so, daß nichts euren Gebeten im Weg steht.

Für die Gerechtigkeit leiden

8 Euch allen schließlich sage ich: Haltet in derselben Gesinnung zusammen und habt Mitgefühl füreinander! Liebt euch gegenseitig als Brüder und Schwestern! Seid gütig und zuvorkommend zueinander!

9 Vergeltet Böses nicht mit Bösem, und gebt Beleidigungen nicht wieder zurück! Im Gegenteil, segnet eure Beleidiger; denn Gott hat euch dazu berufen, seinen Segen zu empfangen. 10 Ihr wißt ja:

»Wer nach dem wahren Leben verlangt
und glückliche Tage sehen will,
der nehme seine Zunge gut in acht,
daß er nichts Schlechtes und Hinterhältiges sagt.
[11] Er kehre sich vom Bösen ab und tue das Gute.
Er mühe sich mit ganzer Kraft darum,
mit allen Menschen in Frieden zu leben.
[12] Denn der Herr hat ein offenes Auge für die,
die das Rechte tun,
und ein offenes Ohr für ihre Bitten.
Aber er wendet sich gegen alle, die Böses tun.«

[13] Kann euch überhaupt jemand Böses antun, wenn ihr euch mit ganzer Hingabe darum bemüht, das Gute zu tun? [14] Wenn ihr aber trotzdem leiden müßt, weil ihr tut, was Gott will, dann dürft ihr euch glücklich preisen. Habt keine Angst vor Menschen; laßt euch nicht erschrecken! [15] Christus allein ist der Herr; haltet ihn heilig in euren Herzen und weicht vor niemand zurück!

Seid immer bereit, Rede und Antwort zu stehen, wenn jemand fragt, warum ihr so von Hoffnung erfüllt seid. [16] Antwortet taktvoll und bescheiden und mit dem gebotenen Respekt – in dem Bewußtsein, daß ihr ein reines Gewissen habt. Dann werden alle beschämt sein, die euch verleumden, wenn sie sehen, was für ein einwandfreies Leben ihr in Verbindung mit Christus führt. [17] Wenn Gott es aber anders beschlossen hat und es auf sie keinen Eindruck macht, ist es auf jeden Fall besser, für gute Taten zu leiden als für schlechte.

[18] Auch Christus hat ja für die Sünden der Menschen gelitten, der Gerechte für die Schuldigen, ein für allemal. Damit hat er euch den Zugang zu Gott eröffnet. Als Mensch wurde er getötet, aber durch den Geist Gottes wurde er zum Leben erweckt.

[19] In diesem Zusammenhang geschah es auch, daß er zu den Geistern ging, die in der Totenwelt gefangengehalten werden, und ihnen seinen Sieg verkündete. [20] Sie waren ungehorsam gewesen zur Zeit Noachs, als Gott in seiner Geduld mit der Strafe noch wartete, solange Noach die Arche baute. Nur wenige Menschen, nämlich acht, wurden damals in die Arche aufgenommen und durch das Wasser gerettet, das die Arche trug.

[21] Das ist ein Hinweis auf das Wasser der Taufe, die euch jetzt rettet. Denn der Sinn der Taufe ist ja nicht, daß der Körper vom Schmutz gereinigt wird. Wer sich taufen läßt, bittet

damit Gott, sein Gewissen von aller Schuld zu reinigen. Das ist möglich, weil Jesus Christus von den Toten auferstanden [22] und zum Himmel aufgestiegen ist. Dort hat er den Ehrenplatz an Gottes rechter Seite eingenommen, und die Engel und alle überirdischen Mächte und Gewalten sind ihm unterworfen.

Ein neues Leben

4 Christus also hat gelitten, und zwar körperlich. Darum rüstet auch ihr euch mit seiner Gesinnung aus, wenn ihr seinetwegen leiden müßt! [2]Denn wer einmal wegen Christus körperlich zu leiden hatte, in dem ist die Sünde abgestorben, und er wird sich für den Rest seines Lebens in dieser Welt nicht mehr von menschlichen Leidenschaften fortreißen lassen, sondern nur noch tun, was Gott will.

[3]Ihr habt euch ja lange genug an dem Treiben der Menschen beteiligt, die Gott nicht kennen; ihr habt euch hemmungsloser Gier und Ausschweifung hingegeben, habt an wüsten Freß- und Saufgelagen teilgenommen und an einem abscheulichen Götzendienst. [4]Jetzt wundern sich die anderen, daß ihr bei ihrem zügellosen Treiben nicht mehr mitmacht, und beschimpfen euch deswegen. [5]Aber sie werden sich vor dem verantworten müssen, der schon bereitsteht, um über die Lebenden und die Toten das Urteil zu sprechen.

[6]Deshalb wurde sogar den schon Verstorbenen die Gute Nachricht verkündet, damit sie wie alle Menschen für ihre Taten zur Rechenschaft gezogen werden können, aber auch die Möglichkeit erhalten, zum Leben bei Gott zu gelangen.

Gute Verwalter der Gaben Gottes

[7]Das Ende der Welt ist nahe. Seid besonnen und nüchtern, damit nichts euch am Beten hindert. [8]Vor allem laßt nicht nach in der Liebe zueinander! Denn die Liebe macht viele Sünden wieder gut. [9]Nehmt einander gastfreundlich auf, ohne zu murren. [10]Dient einander mit den Fähigkeiten, die Gott euch geschenkt hat – jeder und jede mit der eigenen, besonderen Gabe! Dann seid ihr gute Verwalter der vielfältigen Gnade Gottes. [11]Wenn jemand die Gabe der Rede hat, soll Gott durch ihn zu Wort kommen. Wenn jemand die Gabe der helfenden Tat hat, soll er aus der Kraft handeln, die Gott ihm verleiht. Alles, was ihr tut, soll durch Jesus Christus zur Ehre Gottes geschehen. Ihm gehört die Herrlichkeit und die Macht für alle Zeiten! Amen.

BEWÄHRUNG IM LEIDEN (4,12–5,14)

Mit Christus leiden

¹²Meine Lieben, wundert euch nicht über die harte Probe, die wie ein Feuersturm über euch gekommen ist. Sie kann euch nicht unerwartet treffen; ¹³denn ihr leidet ja nur etwas von dem mit, was Christus gelitten hat. Freut euch vielmehr darüber, denn wenn er in seiner Herrlichkeit erscheint, werdet ihr erst recht von Freude und Jubel erfüllt sein. ¹⁴Ihr könnt euch glücklich preisen, wenn ihr beschimpft werdet, nur weil ihr euch zu Christus bekennt; denn dann ist der Geist Gottes bei euch, in dem Gottes Herrlichkeit gegenwärtig ist.

¹⁵Natürlich darf es nicht sein, daß jemand von euch als Verbrecher leidet, als Mörder oder Dieb oder Aufrührer. ¹⁶Aber wer einzig wegen Christus leidet, soll sich nicht schämen, sondern sich ohne Scheu zum Christennamen bekennen und Gott dadurch ehren.

¹⁷Denn jetzt ist die Zeit, in der das Gericht Gottes bei seiner Gemeinde den Anfang nimmt. Wenn es aber bei uns anfängt, wie wird es dann am Ende denen ergehen, die Gottes Gute Nachricht ablehnen? ¹⁸Ihr wißt doch: »Sogar wer Gott gehorcht, wird nur mit knapper Not gerettet. Was wird dann aus dem Sünder, der Gott verachtet?« ¹⁹Darum sollen alle, die nach dem Willen Gottes zu leiden haben, sich ganz ihrem Schöpfer anvertrauen und nicht davon ablassen, das Rechte zu tun.

Vom Zusammenleben in der Gemeinde

5 Ich wende mich nun an die Ältesten unter euch. Ich bin selbst Ältester der Gemeinde, und ich habe teil an den Leiden von Christus wie an seiner Herrlichkeit, die bald offenbar werden wird. Deshalb ermahne ich euch: ²Leitet die Gemeinde, die Herde Gottes, die euch anvertraut ist, als rechte Hirten! Kümmert euch um sie, nicht weil es eure Pflicht ist, sondern aus innerem Antrieb, so wie es Gott gefällt. Tut es nicht, um euch zu bereichern, sondern aus Hingabe. ³In eurem Verantwortungsbereich führt euch nicht als Herren auf, sondern gebt euren Gemeinden ein Vorbild. ⁴Dann werdet ihr, wenn der oberste Hirt kommt, den Siegeskranz erhalten, der nie verwelkt.

⁵Euch Jüngeren aber sage ich: Ordnet euch den Ältesten unter! Überhaupt müßt ihr – das sage ich allen – im Umgang miteinander jede Überheblichkeit ablegen. Ihr wißt doch:

»Gott widersetzt sich den Überheblichen, aber denen, die gering von sich denken, wendet er seine Liebe zu.«

⁶Beugt euch also unter Gottes starke Hand, damit er euch erhöhen kann, wenn die Zeit gekommen ist. ⁷Alle eure Sorgen werft auf ihn, denn er sorgt für euch. ⁸Seid wachsam und nüchtern! Euer Feind, der Teufel, schleicht um die Herde wie ein hungriger Löwe. Er wartet nur darauf, daß er jemand von euch verschlingen kann. ⁹Leistet ihm Widerstand und haltet unbeirrt am Glauben fest. Denkt daran, daß die Gemeinschaft eurer Brüder und Schwestern in der ganzen Welt die gleichen Leiden durchzustehen hat.

¹⁰Ihr müßt jetzt für eine kurze Zeit leiden. Aber Gott hat euch in seiner großen Gnade dazu berufen, in Gemeinschaft mit Jesus Christus für immer in seiner Herrlichkeit zu leben. Er wird euch Kraft geben, so daß euer Glaube stark und fest bleibt und ihr nicht zu Fall kommt. ¹¹Ihm gehört die Macht für alle Zeiten. Amen!

Abschließende Grüße

¹²Ich habe euch diesen kurzen Brief mit Hilfe von Silvanus geschrieben, den ich als treuen Bruder schätze. Ich wollte euch ermutigen und euch bezeugen, daß ihr gerade in eurem Leiden die wahre Gnade Gottes erlebt. Bleibt fest in dieser Gnade!

¹³Eure Schwestergemeinde hier in Babylon, die so wie ihr von Gott erwählt wurde, grüßt euch; ebenso mein Sohn Markus. ¹⁴Grüßt einander mit dem heiligen Kuß, dem Zeichen eurer Verbundenheit als Brüder und Schwestern!

Frieden sei mit euch allen, die ihr mit Christus verbunden seid!

DER ZWEITE BRIEF DES APOSTELS PETRUS
(2. Petrusbrief)

Eingangsgruß

1 Simon Petrus, der als Apostel Jesus Christus dient, schreibt diesen Brief an alle, die aufgrund der Gerechtigkeit unseres Gottes und Retters Jesus Christus den gleichen kostbaren Glauben empfangen haben wie wir Apostel selbst:

² Gnade und Frieden werde euch in reichem Maß zuteil durch die Erkenntnis Gottes und unseres Herrn Jesus!

Ein Ziel, das jede Mühe wert ist

³ Ja, so ist es: Gott in seiner Macht hat uns alles geschenkt, was wir zu einem Leben in wahrer Frömmigkeit brauchen. Er hat es dadurch getan, daß er uns Jesus Christus erkennen ließ, ihn, der uns in seiner Herrlichkeit und Kraft berufen hat. ⁴ Durch ihn haben wir wertvolle, unüberbietbare Zusagen erhalten: Wir sollen der Vernichtung entrinnen, der diese Welt durch ihre Leidenschaften verfallen ist, und an der göttlichen Unsterblichkeit teilhaben.

⁵ Setzt deshalb alles daran, daß aus eurem Glauben sittliche Bewährung erwächst, aus der sittlichen Bewährung Erkenntnis, ⁶ aus der Erkenntnis Selbstbeherrschung, aus der Selbstbeherrschung Standhaftigkeit, aus der Standhaftigkeit echte Frömmigkeit, ⁷ aus der Frömmigkeit Liebe zu den Glaubensgeschwistern, aus der Liebe zu den Glaubensgeschwistern Liebe zu allen Menschen.

⁸ Wenn ihr dies alles habt und ständig darin zunehmt, wird sich das auswirken und Frucht bringen in einer vertieften Erkenntnis unseres Herrn Jesus Christus. ⁹ Wer dagegen all das nicht hat, ist kurzsichtig und geistlich blind. Ein solcher Mensch hat völlig vergessen, was es bedeutet, daß er von seinen früheren Sünden gereinigt worden ist.

¹⁰ Deshalb, meine Brüder und Schwestern, setzt alles daran, so zu leben, daß eure Berufung und Erwählung gefestigt wird. Dann werdet ihr niemals zu Fall kommen, ¹¹ und Gott bereitet euch einen herrlichen Einzug in das ewige Reich unseres Herrn und Retters Jesus Christus.

Der Brief als Testament des Apostels

¹² Darum werde ich euch immer wieder an diese Zusammenhänge erinnern. Ihr wißt zwar Bescheid und seid fest in der Wahrheit gegründet, die euch bekanntgemacht worden ist. ¹³ Aber ich halte es für meine Pflicht, euch zu erinnern und euch wach zu halten, solange ich noch bei euch lebe. ¹⁴ Ich weiß allerdings, daß das Zelt meines Körpers bald abgebrochen wird; unser Herr Jesus Christus hat es mir angekündigt. ¹⁵ Darum schreibe ich dies für euch nieder, damit ihr auch nach meinem Tod jederzeit die Möglichkeit habt, euch alles in Erinnerung zu rufen.

Unsere Hoffnung auf das Kommen des Herrn ist fest gegründet

[16] Wir haben uns keineswegs auf geschickt erfundene Märchen gestützt, als wir euch ankündigten, daß Jesus Christus, unser Herr, wiederkommen wird, ausgestattet mit Macht. Vielmehr haben wir ihn mit eigenen Augen in der hohen Würde gesehen, in der er künftig offenbar werden soll. [17] Denn er empfing von Gott, seinem Vater, Ehre und Herrlichkeit – damals, als Gott, der die höchste Macht hat, das Wort an ihn ergehen ließ: »Dies ist mein Sohn, ihm gilt meine Liebe, ihn habe ich erwählt.« [18] Als wir mit ihm auf dem heiligen Berg waren, haben wir diese Stimme vom Himmel gehört.

[19] Dadurch wissen wir nun noch sicherer, daß die Voraussagen der Propheten zuverlässig sind, und ihr tut gut daran, auf sie zu achten. Ihre Botschaft ist für euch wie eine Lampe, die in der Dunkelheit brennt, bis der Tag anbricht und das Licht des Morgensterns eure Herzen hell macht. [20] Ihr müßt aber vor allem folgendes bedenken: Keine Voraussage in den Heiligen Schriften darf eigenwillig gedeutet werden; [21] sie ist ja auch nicht durch menschlichen Willen entstanden. Die Propheten sind vom Geist Gottes ergriffen worden und haben verkündet, was Gott ihnen aufgetragen hatte.

Falsche Lehrer und ihre Bestrafung

2 Aber genauso wie im Volk Israel falsche Propheten aufgetreten sind, werden auch unter euch falsche Lehrer auftreten, die gefährliche Irrlehren verkünden. Durch ihre Lebensführung werden sie den erhabenen Herrn verleugnen, der sie freigekauft hat. Damit werden sie sehr schnell ihren eigenen Untergang herbeiführen. [2] Viele werden dem Beispiel ihres ausschweifenden Lebens folgen, und so wird ihretwegen die wahre Glaubenslehre in Verruf geraten. [3] In ihrer Habgier werden sie euch mit erfundenen Geschichten einzufangen suchen. Aber ihre Bestrafung ist bei Gott schon seit langem beschlossene Sache; ihr Untergang wird nicht auf sich warten lassen.

[4] Gott hat ja auch die Engel, die sich gegen ihn vergangen hatten, nicht geschont, sondern sie in den tiefsten Abgrund geworfen. Dort liegen sie gefesselt in der Finsternis und warten auf den Tag des Gerichts. [5] Er hat auch die frühere Welt zur Zeit Noachs nicht geschont, sondern hat die große Flut über die Welt der gottlosen Menschen kommen lassen. Nur acht hat er gerettet: Noach, der die Menschen zum Gehor-

sam gegen Gott aufgerufen hatte, und sieben andere mit ihm.
⁶Auch die Städte Sodom und Gomorra hat Gott verurteilt
und sie in Schutt und Asche sinken lassen. Er hat an diesem
Beispiel gezeigt, wie es allen ergehen wird, die Gott nicht
ernst nehmen. ⁷Nur einen hat er gerettet: den rechtschaffenen Lot, der unter dem zügellosen Leben der anderen zu leiden hatte. ⁸Denn täglich mußte er unter seinen Mitbürgern
Dinge sehen und hören, die ihm Qualen bereiteten.

⁹Der Herr weiß, wie er die, die ihn ehren, aus der Bedrängnis herausreißt. Aber alle, die Unrecht tun, läßt er warten, bis
sie am Tag des Gerichts ihre Strafe bekommen. ¹⁰ᵃBesonders
hart werden die bestraft, die ihren schmutzigen Begierden
folgen und den Gedanken frech von sich weisen, daß Gott ihr
Herr und Richter ist.

Abrechnung mit den falschen Lehrern

¹⁰ᵇDiese falschen Lehrer sind frech und anmaßend. Sie
haben keine Hemmungen, überirdische Mächte zu lästern.
¹¹Sogar hohe Engel, die noch stärker und mächtiger sind als
diese Mächte, bringen vor Gott keine beleidigenden Anklagen gegen sie vor. ¹²Aber diese falschen Lehrer handeln un-
vernünftig wie die wilden Tiere, die nur geboren werden, damit man sie fängt und tötet. Sie beschimpfen das, wovon sie
keine Ahnung haben. Sie werden auch wie wilde Tiere vernichtet werden. ¹³Für das Unrecht, das sie tun, bekommen
sie den verdienten Lohn.

Sie lieben es, schon am hellen Tag zu schlemmen. Als
Schmutz- und Schandflecken schwelgen sie in Täuscherei,
wenn sie es sich an euren Tischen wohl sein lassen. ¹⁴Ihre
Augen halten ständig Ausschau nach einer Frau, die bereit
ist, sich mit ihnen einzulassen; ständig sind sie auf der Suche
nach Gelegenheiten zu sündigen. Wohltrainiert in Besitzgier,
suchen sie Menschen zu ködern, die im Glauben nicht gefestigt sind – die Strafe ist ihnen sicher!

¹⁵Sie haben sich vom geraden Weg abgewendet und die
Richtung verloren; sie sind dem Weg gefolgt, den Bileam, der
Sohn Beors, gegangen ist. Er liebte das Geld, das er als Lohn
für seine böse Tat erhalten sollte; ¹⁶aber er mußte sich sein
Unrecht vorhalten lassen: Ein Esel, der doch eigentlich nicht
reden kann, sprach mit menschlicher Stimme und hinderte
den Propheten daran, sein unsinniges Vorhaben auszuführen.

¹⁷Diese Menschen sind wie Quellen, die kein Wasser
geben, wie Nebelschwaden, die der Sturm vor sich hertreibt.
Gott hat ihnen einen Platz in der tiefsten Finsternis bestimmt. ¹⁸Sie reden hochtrabende, leere Worte und ziehen

durch die Verlockungen eines ausschweifenden Lebens Menschen an sich, die eben erst mit knapper Not dem Leben im Irrtum entkommen sind.

[19] Freiheit versprechen sie ihnen – wo sie doch selbst Sklaven der Vergänglichkeit sind. Denn jeder ist ein Sklave dessen, der ihn besiegt hat. [20] Sie haben unseren Herrn und Retter Jesus Christus kennengelernt und waren dadurch schon einmal aus der Verstrickung in den Schmutz der Welt freigekommen. Aber dann sind sie wieder von ihren alten Gewohnheiten eingefangen und besiegt worden. Darum sind sie am Ende schlimmer dran als am Anfang.

[21] Es wäre besser gewesen, sie hätten den rechten Weg nie kennengelernt, anstatt ihn kennenzulernen und sich danach wieder von der verbindlichen göttlichen Weisung abzuwenden, die ihnen übergeben wurde. [22] Es ist ihnen ergangen, wie das Sprichwort sagt: »Der Hund frißt wieder, was er erbrochen hat.« Oder wie ein anderes Sprichwort sagt: »Die gebadete Sau wälzt sich wieder im Dreck.«

Christus wird wiederkommen

3 Meine Lieben, dies ist schon der zweite Brief, den ich euch schreibe. Mit beiden rufe ich euch längst Bekanntes ins Gedächtnis, aber ich will euch dadurch wachhalten und in eurer unverdorbenen Gesinnung bestärken. [2] Erinnert euch an das, was die heiligen Propheten vorausgesagt haben, und ebenso an die verbindliche Weisung unseres Herrn und Retters, die euch die Apostel übergeben haben!

[3] Ihr müßt euch vor allem darüber im klaren sein: In der letzten Zeit werden Menschen auftreten, die nur ihren eigenen selbstsüchtigen Wünschen folgen. Sie werden sich über euch lustig machen [4] und sagen: »Er hat doch versprochen wiederzukommen! Wo bleibt er denn? Inzwischen ist die Generation unserer Väter gestorben; aber alles ist noch so, wie es seit der Erschaffung der Welt war!«

[5] Sie wollen nicht wahrhaben, daß es schon einmal einen Himmel und eine Erde gab. Gott hatte sie durch sein Wort geschaffen. Die Erde war aus dem Wasser aufgestiegen, und auf dem Wasser ruhte sie. [6] Durch das Wort und das Wasser wurde sie auch zerstört, bei der großen Flut. [7] Ebenso ist es mit dem jetzigen Himmel und der jetzigen Erde: Sie sind durch dasselbe Wort Gottes für das Feuer bestimmt worden. Wenn der Tag des Gerichts da ist, werden sie untergehen und mit ihnen alle, die Gott nicht gehorcht haben.

[8] Meine Lieben, eines dürft ihr dabei nicht übersehen: Beim Herrn gilt ein anderes Zeitmaß als bei uns Menschen.

Ein Tag ist für ihn wie tausend Jahre, und tausend Jahre wie ein einziger Tag. [9] Der Herr erfüllt seine Zusagen nicht zögernd, wie manche meinen. Im Gegenteil: Er hat Geduld mit euch, weil er nicht will, daß einige zugrunde gehen. Er möchte, daß alle Gelegenheit finden, von ihrem falschen Weg umzukehren.

Ein neuer Himmel und eine neue Erde

[10] Doch der Tag des Herrn kommt unvorhergesehen wie ein Dieb. Dann wird der Himmel unter tosendem Lärm vergehen, die Himmelskörper verglühen im Feuer, und die Erde und alles, was auf ihr ist, wird zerschmelzen. [11] Wenn ihr bedenkt, daß alles auf diese Weise vergehen wird, was für ein Ansporn muß das für euch sein, ein heiliges Leben zu führen, das Gott gefällt! [12] Lebt in der Erwartung des großen Tages, den Gott heraufführen wird! Tut das Eure dazu, daß er bald kommen kann. Der Himmel wird dann in Flammen vergehen, und die Himmelskörper werden zerschmelzen. [13] Aber Gott hat uns einen neuen Himmel und eine neue Erde versprochen. Dort wird es kein Unrecht mehr geben, weil Gottes Wille regiert. Auf diese neue Welt warten wir.

Ermutigung und Warnung

[14] Meine Lieben, weil ihr darauf wartet, darum setzt auch alles daran, daß eure Gemeinschaft mit dem Herrn durch nichts beeinträchtigt wird. Bemüht euch, rein und fehlerlos vor ihm zu stehen, wenn er kommt. [15] Begreift doch: Unser Herr zögert nur aus Geduld, damit ihr gerettet werdet! Genau das hat euch auch unser lieber Bruder Paulus geschrieben, dem Gott viel Weisheit gegeben hat. [16] Er sagt das in allen seinen Briefen, wenn er über dieses Thema schreibt. Es gibt in ihnen allerdings einige schwierige Stellen. Die werden von unverständigen Leuten mißdeutet, die im Glauben nicht gefestigt sind. Aber so verfahren diese Leute ja auch mit den übrigen Heiligen Schriften. Sie verurteilen sich damit selbst zum Untergang.

[17] Ihr, meine Lieben, wißt das jetzt alles im voraus. Seid auf der Hut und laßt euch nicht von denen in die Irre führen, die jede Ordnung verachten. Sonst verliert ihr den festen Stand und kommt zu Fall. [18] Lebt immer mehr aus der Gnade unseres Herrn und Retters Jesus Christus und lernt ihn immer tiefer erkennen. Ihm gehört die Ehre, jetzt und in Ewigkeit! Amen.

DER ERSTE BRIEF VON JOHANNES
(1. Johannesbrief)

GEMEINSCHAFT MIT GOTT,
SÜNDENVERGEBUNG UND GEGENSEITIGE LIEBE
(1,1–2,17)

Das lebenbringende Wort

1 Was von allem Anfang an da war,
was wir gehört haben,
was wir mit eigenen Augen gesehen haben,
was wir angeschaut haben
und betastet haben mit unseren Händen,
nämlich das Wort, das Leben bringt –
davon schreiben wir euch.
2 Das Leben ist offenbar geworden,
und wir haben es gesehen;
wir sind Zeugen dafür
und berichten euch von dem unvergänglichen Leben,
das beim Vater war
und sich uns offenbart hat.
3 Was wir so gesehen und gehört haben,
das verkünden wir euch,
damit ihr in Gemeinschaft mit uns verbunden seid.
Und die Gemeinschaft, die uns miteinander verbindet,
ist zugleich Gemeinschaft mit dem Vater
und mit Jesus Christus, seinem Sohn.
4 Das erfüllt uns mit großer Freude.
Und wir schreiben euch diesen Brief,
damit unsere Freude vollkommen wird.

Gott ist Licht

5 Von ihm, dem offenbar gewordenen Wort, haben wir die
Botschaft gehört, die wir euch weitersagen: Gott ist Licht, in
ihm gibt es keine Spur von Finsternis. 6 Wenn wir behaupten,
Gemeinschaft mit Gott zu haben, und gleichzeitig im Dunkeln leben, dann lügen wir und tun nicht, was der Wahrheit
entspricht. 7 Leben wir aber im Licht, so wie Gott im Licht

ist, dann haben wir Gemeinschaft miteinander, und das Blut, das sein Sohn Jesus für uns vergossen hat, reinigt uns von jeder Schuld.

⁸Wenn wir behaupten, ohne Schuld zu sein, betrügen wir uns selbst, und die Wahrheit lebt nicht in uns. ⁹Wenn wir aber unsere Verfehlungen eingestehen, können wir damit rechnen, daß Gott treu und gerecht ist: Er wird uns dann unsere Verfehlungen vergeben und uns von aller Schuld reinigen, die wir auf uns geladen haben. ¹⁰Wenn wir behaupten, nie Unrecht getan zu haben, machen wir Gott zum Lügner, und sein Wort lebt nicht in uns.

Christus ist unser Helfer

2 Meine lieben Kinder, ich schreibe euch dies, damit ihr kein Unrecht tut. Sollte aber jemand schuldig werden, so haben wir einen, der beim Vater für uns eintritt: Jesus Christus, den Gerechten, der ohne Schuld ist. ²Durch seinen Tod hat er Sühne für unsere Schuld geleistet, ja sogar für die Schuld der ganzen Welt.

³Ob wir Gott wirklich kennen, erkennen wir daran, daß wir auf seine Befehle hören. ⁴Wer behauptet, ihn zu kennen, ihm aber nicht gehorcht, ist ein Lügner, und die Wahrheit lebt nicht in ihm. ⁵Wer aber Gottes Wort befolgt, bei dem hat die göttliche Liebe ihr Ziel erreicht. Und daran erkennen wir, daß wir Gemeinschaft mit ihm haben. ⁶Wer behauptet, ständig Gemeinschaft mit ihm zu haben, muß so leben, wie Jesus gelebt hat.

Das neue Gebot

⁷Ihr Lieben, was ich euch schreibe, ist kein neues Gebot, sondern das alte, das ihr von Anfang an kennt. Es ist die Botschaft, die ihr gehört habt. ⁸Und doch ist es das stets neue Gebot – so wie Christus es verkündet und selbst erfüllt hat und wie er es euch gegeben und euch zu seiner Erfüllung befähigt hat. Denn die Dunkelheit weicht zurück, und das wahre Licht leuchtet schon.

⁹Wer behauptet, im Licht zu leben, aber seinen Bruder nicht liebt, ist immer noch im Dunkeln. ¹⁰Nur wer seinen Bruder liebt, lebt wirklich im Licht. Und im Licht gibt es nichts, wodurch er zu Fall kommen könnte. ¹¹Wer aber seinen Bruder nicht liebt, lebt in der Dunkelheit. Er tappt im Dunkeln und weiß nicht, wo sein Weg endet; denn die Dunkelheit hat ihn blind gemacht.

¹²Meine lieben Kinder, ich schreibe euch, um euch daran zu erinnern, daß eure Verfehlungen vergeben sind. Das ver-

bürgt der Name Jesus Christus. [13] Ihr Väter, ich erinnere euch daran, daß ihr den erkannt habt, der von Anfang an da ist. Ihr jungen Leute, ich erinnere euch daran, daß ihr den Teufel besiegt habt.

[14] Ihr Kinder, ich erinnere euch daran, daß ihr den Vater erkannt habt. Ihr Väter, ich erinnere euch daran, daß ihr den kennt, der von Anfang an da ist. Ihr jungen Leute, ich erinnere euch daran, daß ihr stark seid; denn das Wort Gottes ist in euch lebendig, und ihr habt den Teufel besiegt.

[15] Liebt nicht die Welt und das, was zu ihr gehört! Wer die Welt liebt, in dessen Herz gibt es keine Liebe zum Vater. [16] Die Welt ist erfüllt von der Gier der Triebe und Sinne, von der Gier der Augen, vom Prahlen mit Geld und Macht. Das alles kommt nicht vom Vater, sondern gehört zur Welt. [17] Die Welt vergeht, und mit ihr die ganze Lust und Gier. Wer aber tut, was Gott will, wird ewig leben.

WARNUNG VOR IRRLEHRERN (2,18–4,6)

Der Christusfeind

[18] Meine Kinder, die letzte Stunde ist da! Ihr habt gehört, daß der Antichrist kommen wird, und er ist schon da: Viele ›Antichristen‹ sind aufgetreten, und daran erkennen wir, daß es die letzte Stunde ist. [19] Sie waren früher mit uns zusammen; aber sie gehörten nicht wirklich zu uns, sonst wären sie bei uns geblieben. Sie haben sich von uns getrennt, damit sie allesamt bloßgestellt würden als solche, die nie zu uns gehört haben.

[20] Ihr aber habt von Christus den Heiligen Geist empfangen, und ihr alle habt die wahre Erkenntnis. [21] Ich schreibe euch also nicht, weil ich meine, daß ihr die Wahrheit noch nicht kennt! Ihr kennt sie sehr wohl und wißt deshalb auch, daß aus der Wahrheit keinerlei Lüge kommen kann.

[22] Wer ist der Lügner? Der, der verneint, daß Jesus der versprochene Retter ist. Das ist der Antichrist; er verneint mit dem Sohn auch den Vater. [23] Wer den Sohn leugnet, hat auch keine Verbindung mit dem Vater. Wer sich aber zum Sohn bekennt, ist auch mit dem Vater verbunden.

[24] Bewahrt also in eurem Herzen die Botschaft, die ihr von Anfang an gehört habt. Wenn das, was ihr von Anfang an gehört habt, in eurem Herzen bleibt, dann werdet auch ihr stets mit dem Sohn und dem Vater verbunden bleiben. [25] Und das ist es auch, was Christus uns versprochen hat: ewiges Leben.

²⁶Soviel über die Leute, die euch irreführen wollen. ²⁷Ihr aber habt von Christus den Heiligen Geist empfangen. Solange dieser Geist in euch bleibt, habt ihr keinen anderen Lehrer nötig. Denn er belehrt euch über alles. Was er sagt, ist wahr und keine Lüge. Tut darum, was der Geist euch lehrt: Bleibt mit Christus vereint!

Kinder Gottes und Kinder des Teufels

²⁸Bleibt also mit ihm vereint, meine Kinder! Dann werden wir voll Zuversicht sein, wenn er erscheint, und müssen nicht als Schuldige vor ihm stehen, wenn er kommt. ²⁹Ihr wißt doch, daß Christus nie etwas Unrechtes getan hat. Dann wißt ihr auch, daß jeder, der das Rechte tut, genau wie Christus Gott zum Vater hat.

3 Seht doch, wie sehr uns der Vater geliebt hat! Seine Liebe ist so groß, daß er uns seine Kinder nennt. Und wir sind es wirklich: Gottes Kinder! Deshalb kennt uns die Welt nicht; sie hat ja auch ihn nicht erkannt. ²Ihr Lieben, wir sind schon Kinder Gottes. Was wir einmal sein werden, ist jetzt noch nicht sichtbar. Aber wir wissen, wenn es offenbar wird, werden wir Gott ähnlich sein; denn wir werden ihn sehen, wie er wirklich ist.

³Alle, die das voller Zuversicht von ihm erwarten, halten sich von allem Unrecht fern, so wie Christus es getan hat. ⁴Wer sündigt, lehnt sich gegen Gott auf, denn Sünde ist nichts anderes als Auflehnung gegen Gott. ⁵Ihr wißt doch, daß Christus auf die Erde gekommen ist, um die Sünden der Menschen wegzuschaffen. In ihm gibt es keine Spur von Sünde. ⁶Wer mit ihm verbunden bleibt, sündigt nicht mehr. Wer aber sündigt, hat ihn nie gesehen und kennt ihn nicht.

⁷Laßt euch von niemand irreführen, meine lieben Kinder! Wer das Rechte tut, kann wie Christus vor dem Urteil Gottes bestehen. ⁸Wer sündigt, stammt vom Teufel, denn der Teufel hat von Anfang an gesündigt. Der Sohn Gottes aber ist auf die Erde gekommen, um die Werke des Teufels zu zerstören. ⁹Wer Gott zum Vater hat, sündigt nicht, weil das Erbgut seines Vaters in ihm wirkt. Ein solcher Mensch kann gar nicht sündigen, weil er von Gott stammt. ¹⁰Aber wer Unrecht tut oder seinen Bruder nicht liebt, stammt nicht von Gott. Daran sind die Kinder Gottes und die Kinder des Teufels zu erkennen.

Ihr sollt einander lieben!

¹¹Die Botschaft, die ihr von Anfang an gehört habt, lautet: Wir sollen einander lieben! ¹²Wir sollen nicht sein wie Kain,

der vom Teufel stammte und seinen Bruder ermordete. Warum hat er ihn ermordet? Weil seine eigenen Taten schlecht waren, aber die seines Bruders gut.

[13] Wundert euch also nicht, meine Brüder, wenn die Welt euch haßt. [14] Wir wissen, daß wir den Tod hinter uns gelassen und das unvergängliche Leben erreicht haben. Wir erkennen es daran, daß wir unsere Brüder lieben. Wer dagegen nicht liebt, bleibt im Tod. [15] Wer seinen Bruder haßt, ist ein Mörder, und ihr wißt, daß in keinem Mörder ewiges Leben sein und bleiben kann. [16] Christus gab sein Leben für uns hin; daran haben wir erkannt, was Liebe ist. Auch wir müssen deshalb unser Leben für unsere Brüder einsetzen. [17] Angenommen, jemand hat alles, was er in der Welt braucht. Nun sieht er seinen Bruder Not leiden, verschließt aber sein Herz vor ihm. Wie kann er dann behaupten, er liebe Gott?

Wer liebt, darf auf Erbarmen hoffen

[18] Meine lieben Kinder, unsere Liebe darf nicht nur aus schönen Worten bestehen. Sie muß sich in Taten zeigen, die der Wahrheit entsprechen: der Liebe, die Gott uns erwiesen hat. [19] Daran werden wir erkennen, daß die Wahrheit Gottes unser Leben bestimmt. Damit werden wir auch unser Herz vor Gott beruhigen können, [20] wenn es uns anklagt, weil unsere Liebe doch immer Stückwerk bleibt. Denn wir dürfen wissen: Gott ist größer als unser Herz und weiß alles, er kennt unser Bemühen wie unsere Grenzen.

[21] Ihr Lieben, wenn unser Herz uns nicht mehr anklagt, dann können wir mit Zuversicht zu Gott aufschauen. [22] Wir erhalten von ihm, worum wir bitten, weil wir seine Gebote befolgen und tun, was ihm gefällt. [23] Sein Gebot ist: Wir sollen uns zu seinem Sohn Jesus Christus bekennen und einander so lieben, wie er es uns befohlen hat. [24] Wer Gottes Gebot befolgt, bleibt mit Gott verbunden und Gott mit ihm. Durch den Geist, den er uns gegeben hat, wissen wir, daß Gott in uns lebt.

Der wahre und der falsche Geist

4 Ihr Lieben, glaubt nicht allen, die vorgeben, Botschaften des Geistes zu verkünden! Prüft sie, ob der Geist Gottes aus ihnen redet. Denn diese Welt ist voll von falschen Propheten. [2] An folgendem Merkmal könnt ihr erkennen, ob es sich um den Geist Gottes handelt: Wer bekennt, daß Jesus Christus ein Mensch von Fleisch und Blut wurde, hat den Geist Gottes. [3] Wer das leugnet, aus dem redet nicht der Geist Got-

tes, sondern der Geist des Antichrists. Ihr habt gehört, daß er
in die Welt kommen soll, und er ist schon da.

⁴Aber ihr, meine lieben Kinder, stammt von Gott und habt
die falschen Propheten besiegt. Er, der in euch wirkt, ist
mächtiger als der, der diese Welt regiert. ⁵Sie stammen aus
der Welt und reden die Sprache der Welt. Deshalb hört die
Welt auf sie. ⁶Aber wir stammen von Gott, und wer Gott
kennt, hört auf uns. Wer nicht von Gott stammt, hört nicht
auf uns. So können wir den Geist der Wahrheit vom Geist des
Irrtums unterscheiden.

GLAUBE UND LIEBE (4,7–5,21)

Gott ist Liebe

⁷Ihr Lieben, wir wollen einander lieben, denn die Liebe
kommt von Gott! Wer liebt, hat Gott zum Vater und kennt
ihn. ⁸Wer nicht liebt, kennt Gott nicht; denn Gott ist Liebe.
⁹Gottes Liebe zu uns hat sich darin gezeigt, daß er seinen einzigen Sohn in die Welt sandte. Durch ihn wollte er uns das
neue Leben schenken. ¹⁰Das Einzigartige an dieser Liebe ist:
Nicht wir haben Gott geliebt, sondern er hat uns geliebt. Er
hat seinen Sohn gesandt, damit er durch seinen Tod Sühne
leiste für unsere Schuld. ¹¹Ihr Lieben, wenn Gott uns so sehr
geliebt hat, dann müssen auch wir einander lieben. ¹²Nie-
mand hat Gott je gesehen. Aber wenn wir einander lieben,
lebt Gott in uns. Dann hat seine Liebe bei uns ihr Ziel erreicht.

¹³Gott hat uns Anteil an seinem Geist gegeben. Daran können wir erkennen, daß wir mit ihm verbunden sind und er
mit uns. ¹⁴Wir haben es selbst gesehen und sind Zeugen
dafür, daß der Vater seinen Sohn als Retter in die Welt gesandt hat. ¹⁵Wer sich zu Jesus als dem Sohn Gottes bekennt,
in dem lebt Gott, und er lebt in Gott. ¹⁶Wir jedenfalls haben
erkannt und halten im Glauben daran fest, daß Gott uns
liebt. Gott ist Liebe. Wer in der Liebe lebt, lebt in Gott, und
Gott lebt in ihm.

¹⁷Auch darin hat die Liebe Gottes bei uns ihr Ziel erreicht,
daß wir dem Tag des Gerichts voller Zuversicht entgegen-
sehen; denn so wie Christus mit dem Vater verbunden ist, so
sind ja auch wir es in dieser Welt. Die Liebe kennt keine
Angst. ¹⁸Wahre Liebe vertreibt die Angst. Wer Angst hat und
vor der Strafe zittert, bei dem hat die Liebe ihr Ziel noch
nicht erreicht.

¹⁹Wir lieben, weil Gott uns zuerst geliebt hat. ²⁰Wenn

jemand behauptet: »Ich liebe Gott«, und dabei seinen Bruder haßt, dann lügt er. Wenn er seinen Bruder, den er sieht, nicht liebt, dann kann er Gott, den er nicht sieht, erst recht nicht lieben. 21 Christus gab uns dieses Gebot: Wer Gott liebt, muß auch seinen Bruder lieben.

Der Sieg über die Welt

5 Wer glaubt, daß Jesus der versprochene Retter ist, hat Gott zum Vater. Und wer den Vater liebt, der ihn gezeugt hat, wird auch alle anderen lieben, die vom selben Vater stammen. 2 Doch ob wir die Kinder Gottes auch wirklich lieben, das erkennen wir daran, daß wir *Gott* lieben, und das heißt: seine Gebote befolgen. 3 Die Liebe zu Gott ist nur echt, wenn wir nach seinen Geboten leben. Und seine Gebote sind nicht schwer zu befolgen; 4 denn alle, die Gott zum Vater haben, siegen über die Welt. Der Sieg über die Welt ist schon errungen – unser Glaube ist dieser Sieg! 5 Denn wer kann die Welt besiegen? Nur wer im Glauben daran festhält, daß Jesus der Sohn Gottes ist!

Die Zeugen für Jesus Christus

6 Jesus Christus kam zu uns mit dem Wasser seiner Taufe und mit dem Blut seines Todes. Er kam nicht allein mit dem Wasser, sondern mit Wasser und mit Blut. Der Geist bezeugt dies, und der Geist sagt die Wahrheit. 7 Es gibt also drei Zeugen: 8 den Geist, das Wasser und das Blut. Die Aussagen dieser drei Zeugen stimmen überein. 9 Wenn wir schon die Zeugenaussage von Menschen annehmen, dann hat die Zeugenaussage Gottes noch viel mehr Gewicht. Es ist die Aussage, mit der Gott für seinen Sohn eingetreten ist.

10 Wer den Sohn Gottes anerkennt, trägt dieses Zeugnis in seinem Herzen. Wer Gott nicht glaubt, macht ihn zum Lügner; denn er verwirft die Aussage, die Gott über seinen Sohn gemacht hat. 11 Diese besagt: Gott hat uns ewiges Leben gegeben, und wir erhalten dieses Leben durch seinen Sohn. 12 Wer den Sohn Gottes hat, hat auch das Leben. Wer aber den Sohn nicht hat, hat auch das Leben nicht.

Briefschluß und Nachschrift

13 Ich habe euch diesen Brief geschrieben, damit euch aufs neue bewußt wird: Ihr habt das ewige Leben, so gewiß ihr euch zu seinem Sohn Jesus Christus bekennt.

14 Wir sind voller Zuversicht, daß Gott uns hört, wenn wir ihn um etwas bitten, das seinem Willen entspricht. 15 Und

wenn wir wissen, daß er uns hört, wissen wir auch, daß wir schon haben, worum wir ihn bitten.

[16] Wenn jemand sieht, daß sein Bruder eine Sünde tut, die nicht zum Tod führt, soll er zu Gott beten, und Gott wird dem Bruder das Leben geben. Das betrifft die, deren Sünden nicht zum Tod führen. Es gibt aber eine Sünde, die den Tod bringt. In einem solchen Fall sage ich nicht, daß ihr beten sollt. [17] Jedes Unrecht ist Sünde. Aber nicht jede Sünde führt zum Tod.

[18] Wir wissen: Wer Gott zum Vater hat, sündigt nicht; denn der Sohn des Vaters schützt ihn, und der Teufel kann ihm nicht schaden. [19] Wir wissen, daß wir von Gott stammen; doch die ganze Welt ist in der Gewalt des Teufels.

[20] Wir wissen aber: Der Sohn Gottes ist gekommen und hat uns die Augen geöffnet, damit wir den einzig wahren Gott erkennen. Wir sind mit dem einzig wahren Gott verbunden, so gewiß wir verbunden sind mit seinem Sohn Jesus Christus. Der ist der einzig wahre Gott, der ist das ewige Leben.

[21] Meine lieben Kinder, hütet euch vor den falschen Göttern!

DER ZWEITE BRIEF VON JOHANNES
(2. Johannesbrief)

Eingangsgruß

Vom Ältesten an die von Gott erwählte Herrin und ihre Kinder: an die Gemeinde, die ich liebe, weil wir miteinander verbunden sind durch die Wahrheit, die von Gott kommt. Und nicht nur ich allein liebe sie, sondern alle, die Gottes Wahrheit kennen. [2] Denn diese Wahrheit bleibt in uns und wird bei uns sein in Ewigkeit.

[3] Gnade, Erbarmen und Frieden werden mit uns sein von Gott, dem Vater, und von Jesus Christus, dem Sohn des Vaters, so daß wir auch untereinander in der Wahrheit und in der Liebe verbunden bleiben.

Aufruf zur gegenseitigen Liebe

[4] Ich habe mich sehr gefreut, unter deinen Kindern einige zu finden, die in der Wahrheit leben, nämlich nach dem Gebot, das wir vom Vater empfangen haben. [5] Deshalb bitte ich dich,

liebe Herrin, dieses Gebot auch weiterhin zu befolgen. Ich schreibe dir damit nicht ein neues Gebot; es ist ja dasselbe, das wir von Anfang an gehabt haben, und es lautet: Wir sollen einander lieben! [6] Darin besteht die Liebe, daß wir nach den Geboten des Vaters leben, und sein Gebot ist dasselbe, das ihr von Anfang an gehört habt; danach sollt ihr nun auch leben.

Kein »Fortschritt« über Christus hinaus!

[7] In der Welt sind nämlich neuerdings viele Verführer unterwegs. Sie leugnen, daß Jesus Christus ein Mensch von Fleisch und Blut wurde. In ihnen ist der große Verführer, der Antichrist, schon erschienen.

[8] Nehmt euch in acht, damit ihr nicht verliert, was ihr erarbeitet habt, sondern den vollen Lohn bekommt. [9] Wer nicht bei dem bleibt, was Christus gelehrt hat, sondern darüber hinausgeht, hat keine Verbindung mit Gott. Wer sich aber an das hält, was Christus gelehrt hat, hat den Vater und auch den Sohn.

[10] Wenn also jemand zu euch kommt und euch etwas anderes lehrt, dann laßt ihn nicht in euer Haus. Ihr sollt ihn nicht einmal grüßen; [11] denn wer ihn grüßt, ist an seinen schlechten Taten mitbeteiligt.

Briefschluß

[12] Ich hätte euch noch viel zu sagen, aber ich möchte es nicht schriftlich tun. Ich hoffe, euch zu besuchen und persönlich mit euch zu sprechen. Dann wird an unserer gemeinsamen Freude nichts mehr fehlen.

[13] Die Kinder eurer von Gott erwählten Schwester lassen euch grüßen.

DER DRITTE BRIEF VON JOHANNES
(3. Johannesbrief)

Eingangsgruß

Vom Ältesten an den geliebten Gaius, den ich liebe, weil wir miteinander verbunden sind durch die Wahrheit, die von Gott kommt.

[2] Mein Lieber! Ich wünsche dir, daß es dir in jeder Hinsicht gut geht und du gesund bist, so wie ich das von deinem inne-

ren Leben weiß. ³Als unsere Brüder zurückkamen, haben sie bezeugt, wie treu du zur Wahrheit stehst und in ihr lebst. Darüber habe ich mich sehr gefreut. ⁴Nichts macht mich glücklicher, als zu hören, daß meine Kinder der Wahrheit gemäß leben.

Aufnahme und Unterstützung wandernder Glaubensboten

⁵Mein Lieber, du bist sehr treu in deinen Bemühungen für die Brüder, auch wenn sie aus fremden Gemeinden kommen. ⁶Die Brüder aus der unseren haben vor versammelter Gemeinde von deiner Liebe berichtet. Wenn sie nun erneut zu euch kommen, dann hilf ihnen, daß sie ihre Reise so fortsetzen können, wie es Gottes würdig ist, in dessen Dienst sie stehen. ⁷Sie haben sich auf den Weg gemacht, um die Botschaft von Christus zu verkünden, und nehmen von den Ungläubigen keine Unterstützung an. ⁸Darum sind wir verpflichtet, solche Menschen zu unterstützen. So helfen wir mit, die Wahrheit zu verbreiten, die von Gott kommt.

Harte Kritik an Diotrephes und Empfehlung für Demetrius

⁹Ich habe der Gemeinde einen Brief geschrieben. Aber Diotrephes, der sich für den Wichtigsten hält, verweigert die Annahme und verhindert, daß er vorgelesen wird. ¹⁰Wenn ich komme, werde ich ihm alles vorhalten, was er getan hat. Er lügt und erzählt unglaubliche Dinge über uns. Aber das ist noch nicht alles. Er nimmt die durchreisenden Brüder nicht auf! Und wenn andere sie aufnehmen wollen, verbietet er es ihnen und schließt sie aus der Gemeinde aus.

¹¹Mein Lieber, nimm dir nicht das Schlechte zum Vorbild, sondern das Gute! Wer Gutes tut, stammt von Gott. Wer Schlechtes tut, hat ihn nie gesehen.

¹²Demetrius stellen alle ein gutes Zeugnis aus; die Wahrheit selbst empfiehlt ihn. Auch ich kann nur das Beste über ihn sagen, und du weißt, daß meine Empfehlungen immer wahrheitsgemäß sind.

Briefschluß

¹³Ich hätte dir noch viel zu sagen, aber ich will es nicht schriftlich tun. ¹⁴Ich hoffe, dich bald zu sehen, und dann werden wir uns persönlich über alles aussprechen.

¹⁵Ich wünsche dir Frieden! Die Freunde hier lassen grüßen. Grüße die Freunde dort, jeden persönlich!

DER BRIEF VON JUDAS
(Judasbrief)

Eingangsgruß

Judas, der Jesus Christus dient, ein Bruder von Jakobus, schreibt diesen Brief an alle, die Gott, der Vater, berufen hat und liebt und die er bewahrt für den Tag, an dem Jesus Christus wiederkommt.

2 Erbarmen und Frieden und Liebe mögen euch in reichem Maß von Gott zuteil werden!

Falsche Lehrer

3 Meine Lieben, eigentlich drängt es mich, euch etwas über die Rettung zu schreiben, auf die wir gemeinsam hoffen. Doch ich sehe, es ist dringlicher, daß ich euch ermahne und euch aufrufe: Tretet entschieden für den überlieferten Glauben ein, der dem heiligen Volk Gottes ein für allemal anvertraut worden ist. 4 Denn gewisse Leute haben sich bei euch eingeschlichen, Menschen, die Gott nicht ernst nehmen. Sie deuten die Botschaft von der Gnade unseres Gottes als Freibrief für ein zügelloses Leben und verraten damit Jesus Christus, der allein unser Herr und Herrscher ist. Gott hat schon längst die Strafe für sie festgesetzt.

5 Obwohl ihr über alles Bescheid wißt, möchte ich euch daran erinnern, daß der Herr zwar zuerst sein Volk aus Ägypten gerettet hat, danach aber hat er alle vernichtet, die ihm nicht glaubten. 6 Denkt auch an die Engel, die ihre Herrscherwürde preisgegeben und den Wohnsitz verlassen haben, den Gott ihnen angewiesen hatte. Gott hält sie mit dauerhaften Fesseln in tiefer Finsternis gefangen bis zum großen Tag des Gerichts. 7 Und vergeßt nicht Sodom und Gomorra und die umliegenden Städte! Ihre Bewohner haben sich auf ganz ähnliche Weise vergangen wie jene Engel und wollten mit Wesen anderer Art geschlechtlich verkehren. Als warnendes Beispiel für alle sind sie mit ewigem Feuer bestraft worden.

8 Ebenso schänden auch diese Träumer ihre eigenen Körper. Sie wollen nichts davon wissen, daß Gott ihr Herr und Richter ist, und lästern die überirdischen Mächte. 9 Das tat nicht einmal der Engelfürst Michael, als er dem Teufel gegen-

überstand, der ihm den Leichnam Moses streitig machen wollte. Er wagte es nicht, ihn mit beleidigenden Worten zu verurteilen, sondern sagte nur: »Der Herr soll dich strafen!« [10]Aber diese Menschen lästern über alles, wovon sie nichts verstehen – und wovon sie allein etwas verstehen, das bringt ihnen den Untergang: die naturhaften Triebe und Instinkte, die sie mit den vernunftlosen Tieren teilen!

[11]Weh ihnen! Sie haben den Weg Kains eingeschlagen. Des Geldes wegen sind sie auf denselben Abweg geraten wie Bileam. Wie Korach haben sie sich durch ihre Auflehnung zugrunde gerichtet. [12]Sie sind ein Schandfleck für eure Liebesmähler, an denen sie unverfroren teilnehmen und es sich wohl sein lassen. Sie sind wie Hirten, die nur für sich selber sorgen, wie Wolken, die vom Wind vorbeigeweht werden und keinen Regen bringen. Sie sind wie Bäume, die zur Erntezeit ohne Früchte dastehen, Bäume, die abgestorben sind und auch noch umgehauen werden, völlig entwurzelte Bäume! [13]Sie gleichen den Wogen auf dem Meer: Ihre schändlichen Taten treten hervor wie der Schaum auf der Brandung. Sie sind wie aus der Bahn geratene Sterne. Gott hält ihnen einen Platz in der tiefsten Finsternis bereit, wo sie für immer bleiben müssen.

[14]Henoch, der siebte Nachkomme Adams, hat auch ihnen die Strafe angekündigt, als er sagte: »Gebt acht! Der Herr kommt mit vielen tausend heiligen Engeln, [15]um über alle Menschen Gericht zu halten. Alle, die nicht nach Gott gefragt haben, werden dann verurteilt für die Taten, mit denen sie sich gegen ihn aufgelehnt, und für die frechen Reden, mit denen sie ihn beleidigt haben.«

[16]Diese Menschen haben ständig etwas zu murren und sind unzufrieden mit ihrem Schicksal. Sie folgen ihren Begierden, machen große Worte und sagen den Menschen Schmeicheleien, um sich Vorteile zu verschaffen.

Ermahnung zur Treue und Verhaltensregeln

[17]Ihr aber, meine Lieben, sollt euch daran erinnern, was euch die Apostel unseres Herrn Jesus Christus im voraus gesagt haben. [18]Sie haben euch immer wieder eingeschärft: »In der letzten Zeit werden Spötter auftreten, denen nichts heilig ist und die nur ihren eigenen schlimmen Begierden folgen.« [19]Diese Leute sind es, die Spaltungen hervorrufen. »Sinnesmenschen« sind sie, den Geist Gottes haben sie bestimmt nicht! [20]Ihr aber, meine Lieben, gründet euch auf den hochheiligen Glauben, den ihr angenommen habt. Baut auf diesem Fundament weiter! Betet in der Kraft des Heiligen

Geistes! [21] Bleibt im Schutz der Liebe Gottes und wartet geduldig darauf, daß Jesus Christus, unser Herr, wiederkommt und euch in seinem Erbarmen das ewige Leben schenkt.

[22] Mit denen, die im Glauben unsicher geworden sind, habt Erbarmen und kümmert euch um sie. [23] Andere könnt ihr vielleicht gerade noch aus dem Feuer des Gerichts retten. Mit wieder anderen sollt ihr zwar Erbarmen haben und für sie beten, nehmt euch aber in acht und meidet jeden Kontakt mit ihnen, selbst mit der von ihrer sündigen Natur infizierten Kleidung.

Abschließender Lobpreis

[24] Gott hat die Macht, euch vor dem Versagen zu bewahren und dahin zu bringen, wo ihr fehlerlos und voll Freude seine Herrlichkeit sehen werdet. [25] Ihm, dem einzigen Gott, der uns rettet durch Jesus Christus, unseren Herrn, gehören Herrlichkeit, Hoheit, Macht und Herrschaft von Ewigkeit her, jetzt und in alle Ewigkeit! Amen.

DIE OFFENBARUNG AN JOHANNES
(Offenbarung)

DER AUFTRAG AN DEN SEHER JOHANNES
(Kapitel 1)

Über dieses Buch

1 In diesem Buch steht die Offenbarung, die Jesus Christus von Gott anvertraut worden ist, damit er seinen Dienern zeigt, was sich in Kürze ereignen muß. Jesus Christus sandte seinen Engel zu seinem Diener Johannes und machte ihm dies alles bekannt. ²Johannes bezeugt die Botschaft, die von Gott kommt und für die Jesus Christus als Zeuge eingetreten ist – alles das, was er selbst gesehen hat.

³Dem, der die prophetischen Worte in diesem Buch anderen vorliest, und denen, die sie hören und sie beherzigen, ist Freude ohne Ende gewiß; denn die Zeit ist nahe, daß alles hier Angekündigte eintrifft.

Grüße an die sieben Gemeinden

⁴Johannes schreibt an die sieben Gemeinden in der Provinz Asien:

Gnade und Frieden sei mit euch von Gott
– von ihm, der *ist* und der *war* und der *kommt* –
und von den sieben Geistern vor seinem Thron
⁵und von Jesus Christus, dem treuen Zeugen,
der als erster von allen Toten
zu neuem Leben geboren worden ist
und über die Könige der Erde herrscht.
Ihm, der uns liebt,
ihm, der sein Blut für uns vergossen hat,
um uns von unseren Sünden freizukaufen,
⁶der uns zu Königen gemacht hat
und zu Priestern,
die seinem Gott und Vater dienen dürfen:
Ihm gehört die Ehre und die Macht
für alle Zeiten! Amen.

⁷Gebt acht, er kommt mit den Wolken! Alle werden ihn sehen, auch die, die ihn durchbohrt haben. Alle Völker der Erde werden seinetwegen jammern und klagen; das ist gewiß. Amen! ⁸»Ich bin der Erste und der Letzte – der *ist* und der *war* und der *kommt*, der Herrscher der ganzen Welt«, sagt Gott, der Herr.

Christus erscheint Johannes

⁹Ich, Johannes, schreibe euch von der Insel Patmos. Ich bin euer Bruder und teile mit euch die Bedrängnis und die Hoffnung auf Gottes neue Welt und die Standhaftigkeit im Ausharren bei Jesus. Ich bin hierher verbannt worden, weil ich öffentlich verkündet habe, was Gott gesagt hat und wofür Jesus als Zeuge eingetreten ist. ¹⁰Am Tag des Herrn nahm der Geist Gottes von mir Besitz. Ich hörte hinter mir eine laute Stimme, die wie eine Posaune klang. ¹¹Sie sagte: »Schreib das, was du siehst, in ein Buch, und schicke es an die sieben Gemeinden in Ephesus, Smyrna, Pergamon, Thyatira, Sardes, Philadelphia und Laodizea!«

¹²Ich wandte mich um und wollte sehen, wer zu mir sprach. Da erblickte ich sieben goldene Leuchter. ¹³In ihrer Mitte stand jemand, der wie ein Mensch aussah. Er trug ein langes Gewand und hatte ein breites goldenes Band um die Brust. ¹⁴Sein Kopf und sein Haar strahlten wie weiße Wolle, ja wie Schnee. Seine Augen brannten wie Flammen. ¹⁵Seine Füße glänzten wie gleißendes Gold, das im Schmelzofen glüht, und seine Stimme klang wie die Brandung des Meeres. ¹⁶Er hielt sieben Sterne in seiner rechten Hand, und aus seinem Mund kam ein scharfes, beidseitig geschliffenes Schwert. Sein Gesicht leuchtete wie die strahlend aufgehende Sonne.

¹⁷Als ich ihn sah, fiel ich wie tot vor seinen Füßen zu Boden. Er legte seine rechte Hand auf mich und sagte: »Hab keine Angst! Ich bin der Erste und der Letzte. ¹⁸Ich bin der Lebendige! Ich war tot, doch nun lebe ich in alle Ewigkeit. Ich habe Macht über den Tod und die Totenwelt. ¹⁹Schreib alles auf, was du siehst – was die Gegenwart und was die Zukunft betrifft. ²⁰Du siehst die Sterne in meiner rechten Hand und die sieben goldenen Leuchter. Ich sage dir, was sie bedeuten: Die sieben Sterne sind die Engel der sieben Gemeinden, und die sieben Leuchter sind die Gemeinden selbst.«

SENDSCHREIBEN AN DIE SIEBEN GEMEINDEN
(Kapitel 2–3)

Die Botschaft an Ephesus

2 »Schreibe an den Engel der Gemeinde in Ephesus:
Er, der die sieben Sterne in seiner rechten Hand hält und zwischen den sieben goldenen Leuchtern einhergeht, läßt euch sagen:

²Ich weiß von allem Guten, das ihr tut, und ich kenne euren Einsatz und eure Ausdauer. Euren Einsatz: Ihr duldet niemand unter euch, der Böses tut; und die Leute, die sich als Apostel ausgeben, aber keine sind, habt ihr geprüft und als Lügner entlarvt. ³Und eure Ausdauer: Um meinetwillen habt ihr gelitten und doch nicht aufgegeben. ⁴Aber etwas habe ich an euch auszusetzen: Eure Liebe ist nicht mehr so wie am Anfang. ⁵Denkt darüber nach, von welcher Höhe ihr herabgestürzt seid! Kehrt um und handelt wieder so wie zu Beginn! Wenn ihr euch nicht ändert, werde ich zu euch kommen und euren Leuchter von seinem Platz stoßen. ⁶Doch eins spricht für euch: Ihr haßt das Treiben der Nikolaïten genauso wie ich.

⁷Wer Ohren hat, soll hören, was der Geist den Gemeinden sagt!

Allen, die durchhalten und den Sieg erringen, gebe ich vom Baum des Lebens zu essen, der im Garten Gottes steht.«

Die Botschaft an Smyrna

⁸»Schreibe an den Engel der Gemeinde in Smyrna:

Er, der der Erste und der Letzte ist, der tot war und wieder lebt, läßt euch sagen:

⁹Ich weiß, daß ihr unterdrückt werdet und daß ihr arm seid. Aber in Wirklichkeit seid ihr reich! Ich kenne die üblen Nachreden, die von Leuten über euch verbreitet werden, die sich als Angehörige des Gottesvolkes ausgeben. Aber das sind sie nicht, sondern sie gehören zum Satan. ¹⁰Habt keine Angst wegen der Dinge, die ihr noch erleiden müßt. Der Teufel wird einige von euch ins Gefängnis werfen, um euch auf die Probe zu stellen. Zehn Tage lang werden sie euch verfolgen. Haltet in Treue durch, auch wenn es euch das Leben kostet. Dann werde ich euch als Siegespreis ewiges Leben schenken.

¹¹Wer Ohren hat, soll hören, was der Geist den Gemeinden sagt!

Allen, die durchhalten und den Sieg erringen, wird der zweite und endgültige Tod nichts anhaben.«

Die Botschaft an Pergamon

12 »Schreibe an den Engel der Gemeinde in Pergamon:

Er, der das scharfe, beidseitig geschliffene Schwert hat, läßt euch sagen:

13 Ich weiß, daß ihr dort wohnt, wo der Thron des Satans steht. Ihr habt euch zu meinem Namen bekannt und euer Vertrauen zu mir nicht widerrufen, nicht einmal, als mein treuer Zeuge Antipas bei euch getötet wurde, dort, wo der Satan wohnt. 14 Trotzdem habe ich einiges an euch auszusetzen: Bei euch gibt es Anhänger der Lehre Bileams. Der stiftete Balak an, die Israeliten zur Sünde zu verführen. Da aßen sie Fleisch vom Götzenopfer und trieben Unzucht. 15 Solche Leute gibt es auch bei euch – solche, die der Lehre der Nikolaïten folgen. 16 Kehrt um! Sonst komme ich in Kürze über euch und werde gegen diese Leute mit dem Schwert aus meinem Mund Krieg führen.

17 Wer Ohren hat, soll hören, was der Geist den Gemeinden sagt!

Allen, die durchhalten und den Sieg erringen, werde ich von dem verborgenen Manna zu essen geben. Auch einen weißen Stein werden sie alle bekommen; darauf steht für jeden ein neuer Name, den nur jeder selbst kennt.«

Die Botschaft an Thyatira

18 »Schreibe an den Engel der Gemeinde in Thyatira:

Der Sohn Gottes, dessen Augen wie Feuer glühen und dessen Füße wie gleißendes Gold glänzen, läßt euch sagen:

19 Ich kenne euer Tun. Ich kenne eure Liebe, eure Glaubenstreue, euren Dienst füreinander und eure Standhaftigkeit. Ich weiß, daß dies alles jetzt noch mehr bei euch zu finden ist als früher. 20 Aber eins habe ich an euch auszusetzen: Ihr duldet diese Isebel, die sich als Prophetin ausgibt. Mit ihrer Lehre verführt sie meine Diener, Unzucht zu treiben und Fleisch von Tieren zu essen, die als Götzenopfer geschlachtet worden sind. 21 Ich habe ihr Zeit gelassen, sich zu ändern; aber sie will ihr zuchtloses Leben nicht aufgeben. 22 Darum werde ich sie aufs Krankenbett werfen. Alle, die sich mit ihr eingelassen haben, werden Schlimmes durchmachen müssen, wenn sie nicht den Verkehr mit dieser Frau abbrechen. 23 Ich werde auch ihre Kinder durch eine Seuche töten. Dann werden alle Gemeinden wissen, daß ich die geheimsten Gedanken und Wünsche der Menschen kenne. Ich werde mit jedem von euch nach seinen Taten verfahren. 24 Aber ihr anderen in Thyatira seid dieser falschen Lehre nicht gefolgt. Ihr habt die

sogenannten ›Tiefen des Satans‹ nicht kennengelernt. Dafür will ich euch keine weitere Prüfung auferlegen. 25Aber haltet fest, was ihr habt, bis ich komme!

26Allen, die den Sieg erringen und sich bis zuletzt an das halten, was ich gelehrt und vorgelebt habe, werde ich Macht über die Völker geben; 27sie werden die Völker mit eisernem Zepter regieren und zerschlagen wie Tontöpfe. 28Es ist dieselbe Macht, die ich von meinem Vater bekommen habe, und als Zeichen dafür werde ich ihnen den Morgenstern geben.

29Wer Ohren hat, soll hören, was der Geist den Gemeinden sagt!«

Die Botschaft an Sardes

3 »Schreibe an den Engel der Gemeinde in Sardes:
Er, dem die sieben Geister Gottes dienen und der die sieben Sterne in der Hand hält, läßt euch sagen:
Ich kenne euer Tun. Ich weiß, daß ihr in dem Ruf steht, eine lebendige Gemeinde zu sein; aber eigentlich seid ihr tot. 2Werdet wach und stärkt den Rest, der noch Leben hat, bevor er vollends stirbt. Was ich bei euch an Taten vorgefunden habe, kann in den Augen meines Gottes noch nicht bestehen. 3Erinnert euch daran, wie ihr die Botschaft anfangs gehört und aufgenommen habt! Richtet euch doch nach ihr und lebt wieder wie damals! Wenn ihr nicht wach seid, werde ich euch wie ein Dieb überraschen; ihr werdet nicht wissen, in welcher Stunde ich komme. 4Aber einige von euch in Sardes haben sich nicht beschmutzt. Sie werden weiße Kleider tragen und immer bei mir sein; denn sie sind es wert.

5Alle, die durchhalten und den Sieg erringen, werden solch ein weißes Kleid tragen. Ich will ihren Namen nicht aus dem Buch des Lebens streichen. Vor meinem Vater und seinen Engeln werde ich mich offen zu ihnen bekennen.

6Wer Ohren hat, soll hören, was der Geist den Gemeinden sagt!«

Die Botschaft an Philadelphia

7»Schreibe an den Engel der Gemeinde in Philadelphia:
Er, der heilig ist und Treue hält, er, der den Schlüssel Davids hat – wo er öffnet, kann niemand zuschließen, und wo er zuschließt, kann niemand öffnen –, er läßt euch sagen:
8Ich kenne euer Tun. Ich habe euch eine Tür geöffnet, die niemand zuschließen kann. Eure Kraft ist nur klein. Trotzdem habt ihr euch nach meinem Wort gerichtet und das Bekenntnis zu mir nicht widerrufen. 9Hört gut zu! Ich werde

Menschen zu euch schicken, die zum Satan gehören. Sie werden behaupten, daß sie zum Volk Gottes gehören; aber das ist nicht wahr, sie lügen. Ich werde dafür sorgen, daß sie sich vor euch niederwerfen und euch ehren. Sie werden erkennen, daß ich euch erwählt habe und liebe. ¹⁰Ihr habt mein Wort beherzigt, mit dem ich euch zum Durchhalten aufrief. Darum werde ich euch in der Zeit der Versuchung bewahren, die demnächst über die ganze Erde kommen und alle Menschen auf die Probe stellen wird. ¹¹Ich komme bald! Haltet fest, was ihr habt, sonst bekommen andere den Siegeskranz!

¹²Alle, die durchhalten und den Sieg erringen, werde ich zu einer Säule im Tempel meines Gottes machen, und sie werden immer darin bleiben. Ich werde den Namen meines Gottes auf sie schreiben und den Namen der Stadt meines Gottes. Diese Stadt ist das neue Jerusalem, das von meinem Gott aus dem Himmel herabkommen wird. Ich werde auch meinen eigenen neuen Namen auf sie schreiben.

¹³Wer Ohren hat, soll hören, was der Geist den Gemeinden sagt!«

Die Botschaft an Laodizea

¹⁴»Schreibe an den Engel der Gemeinde in Laodizea:

Er, der Amen heißt, der wahrhaftige und treue Zeuge, der vor allem da war, was Gott geschaffen hat, läßt euch sagen:

¹⁵Ich kenne euer Tun und sehe, daß ihr weder warm noch kalt seid. Wenn ihr wenigstens eins von beiden wärt! ¹⁶Aber ihr seid weder warm noch kalt; ihr seid lauwarm. Darum werde ich euch aus meinem Mund ausspucken. ¹⁷Ihr sagt: ›Wir sind reich und gut versorgt; uns fehlt nichts.‹ Aber ihr wißt nicht, wie unglücklich und bejammernswert ihr seid. Ihr seid arm, nackt und blind. ¹⁸Ich rate euch, von mir Gold zu kaufen, das im Feuer gereinigt wurde; dann werdet ihr reich. Ihr solltet euch auch weiße Kleider kaufen, damit ihr nicht nackt dasteht und euch schämen müßt. Kauft Salbe und streicht sie auf eure Augen, damit ihr sehen könnt! ¹⁹Alle, die ich liebe, weise ich zurecht und erziehe sie. Macht also Ernst und kehrt um! ²⁰Gebt acht, ich stehe vor der Tür und klopfe an! Wenn jemand meine Stimme hört und öffnet, werde ich bei ihm einkehren. Ich werde mit ihm das Mahl halten und er mit mir.

²¹Allen, die durchhalten und den Sieg erringen, werde ich das Vorrecht geben, mit mir auf meinem Thron zu sitzen, so wie ich selbst den Sieg errungen habe und nun mit meinem Vater auf seinem Thron sitze.

²²Wer Ohren hat, soll hören, was der Geist den Gemeinden sagt!«

DIE SIEBEN SIEGEL (Kapitel 4–7)

Gottesdienst im Himmel

4 Danach blickte ich auf und sah im Himmel eine offene Tür. Die Stimme, die vorher zu mir gesprochen hatte und die wie eine Posaune klang, sagte: »Komm herauf! Ich werde dir zeigen, was nach diesen Ereignissen geschehen muß.«

²Sofort nahm der Geist von mir Besitz, und ich sah: Im Himmel stand ein Thron, und auf dem Thron saß einer. ³Er strahlte wie die Edelsteine Jaspis und Karneol. Über dem Thron stand ein Regenbogen, der leuchtete wie ein Smaragd. ⁴Um den Thron standen im Kreis vierundzwanzig andere Throne, darauf saßen vierundzwanzig Älteste. Sie trugen weiße Kleider und goldene Kronen. ⁵Von dem Thron gingen Blitze, Rufe und Donnerschläge aus. Vor dem Thron brannten sieben Fackeln, das sind die sieben Geister Gottes. ⁶Im Vordergrund war etwas wie ein gläsernes Meer, so klar wie Kristall.

In der Mitte, im inneren Kreis um den Thron, waren vier mächtige Gestalten, die nach allen Seiten voller Augen waren. ⁷Die erste sah aus wie ein Löwe, die zweite wie ein Stier, die dritte hatte ein Gesicht wie ein Mensch, und die vierte glich einem fliegenden Adler. ⁸Jede der vier Gestalten hatte sechs Flügel, die innen und außen mit Augen bedeckt waren. Tag und Nacht rufen sie unaufhörlich:

»Heilig, heilig, heilig ist der Herr,
der Gott, der die ganze Welt regiert,
der war und der ist und der kommt!«

⁹Die vier mächtigen Gestalten rufen Preis, Ehre und Dank aus für den, der auf dem Thron sitzt und in alle Ewigkeit lebt. ¹⁰Jedesmal, wenn sie das tun, werfen sich die vierundzwanzig Ältesten nieder vor dem, der auf dem Thron sitzt, und beten den an, der ewig lebt. Sie legen ihre Kronen vor dem Thron nieder und sagen:

¹¹»Würdig bist du,
unser Herr und Gott,
daß alle dich preisen und ehren
und deine Macht anerkennen.

Denn du hast die ganze Welt geschaffen;
weil du es gewollt hast, ist sie entstanden.«

Das Lamm und das Buch

5 In der rechten Hand dessen, der auf dem Thron saß, sah ich eine Buchrolle. Sie war innen und außen beschrieben und mit sieben Siegeln verschlossen. ²Und ich sah einen mächtigen Engel, der mit lauter Stimme fragte: »Wer ist würdig, die Siegel aufzubrechen und das Buch zu öffnen?« ³Aber es gab niemand, der es öffnen und hineinsehen konnte, weder im Himmel noch auf der Erde, noch unter der Erde.

⁴Ich weinte sehr, weil niemand würdig war, das Buch zu öffnen und hineinzusehen. ⁵Da sagte einer der Ältesten zu mir: »Hör auf zu weinen! Der Löwe aus dem Stamm Juda und Nachkomme Davids hat den Sieg errungen. Er ist würdig; er wird die sieben Siegel aufbrechen und das Buch öffnen.«

⁶Da sah ich direkt vor dem Thron, umgeben von den vier mächtigen Gestalten und vom Kreis der Ältesten, ein Lamm stehen. Es sah aus, als ob es geschlachtet wäre. Es hatte sieben Hörner und sieben Augen; das sind die sieben Geister Gottes, die in die ganze Welt gesandt worden sind.

⁷Das Lamm ging zu dem, der auf dem Thron saß, und nahm die Buchrolle aus seiner rechten Hand. ⁸Und als es sie genommen hatte, warfen sich die vier mächtigen Gestalten und die vierundzwanzig Ältesten vor dem Lamm nieder. Jeder Älteste hatte eine Harfe und eine goldene Schale mit Weihrauch; das sind die Gebete der Menschen, die zu Gottes heiligem Volk gehören. ⁹Sie sangen ein neues Lied:

»Du bist würdig, das Buch zu nehmen
und seine Siegel aufzubrechen!
Denn du wurdest als Opfer geschlachtet,
und mit deinem vergossenen Blut
hast du Menschen für Gott erworben,
Menschen aus allen Sprachen und Stämmen,
aus allen Völkern und Nationen.
¹⁰Zu Königen hast du sie gemacht
und zu Priestern für unseren Gott;
und sie werden über die Erde herrschen.«

¹¹Dann sah und hörte ich Tausende und aber Tausende von Engeln, eine unübersehbare Zahl. Sie standen mit den vier mächtigen Gestalten und den Ältesten um den Thron ¹²und riefen mit lauter Stimme:

»Würdig ist das geopferte Lamm,
Macht zu empfangen, Reichtum und Weisheit,
Kraft und Ehre, Ruhm und Preis!«

[13] Und ich hörte alle Geschöpfe im Himmel, auf der Erde,
unter der Erde und im Meer laut mit einstimmen:

»Preis und Ehre, Ruhm und Macht
gehören ihm, der auf dem Thron sitzt,
und dem Lamm, für immer und ewig.«

[14] Die vier mächtigen Gestalten antworteten: »Amen!« Und
die Ältesten fielen nieder und beteten an.

Die Siegel

6 Dann sah ich, wie das Lamm das erste von den sieben
Siegeln aufbrach. Und ich hörte, wie eine der vier mächtigen Gestalten mit Donnerstimme sagte: »Komm!« [2] Da erblickte ich ein weißes Pferd. Sein Reiter hatte einen Bogen
und erhielt eine Krone. Als Sieger zog er aus, um zu siegen.

[3] Dann brach das Lamm das zweite Siegel auf. Ich hörte,
wie die zweite der mächtigen Gestalten sagte: »Komm!« [4] Da
kam wieder ein Pferd hervor, ein rotes. Sein Reiter wurde ermächtigt, den Frieden von der Erde zu nehmen, damit sich
die Menschen gegenseitig töteten. Dazu wurde ihm ein
großes Schwert gegeben.

[5] Dann brach das Lamm das dritte Siegel auf. Ich hörte,
wie die dritte der mächtigen Gestalten sagte: »Komm!« Da erblickte ich ein schwarzes Pferd. Sein Reiter hielt eine Waage
in der Hand. [6] Aus dem Kreis der vier mächtigen Gestalten
hörte ich eine Stimme rufen: »Eine Ration Weizen oder drei
Rationen Gerste für den Lohn eines ganzen Tages. Nur Öl
und Wein zum alten Preis!«

[7] Dann brach das Lamm das vierte Siegel auf. Ich hörte,
wie die vierte der mächtigen Gestalten sagte: »Komm!« [8] Da
erblickte ich ein leichenfarbenes Pferd. Sein Reiter hieß Tod,
und die Totenwelt folgte ihm auf den Fersen. Ein Viertel der
Erde wurde in ihre Macht gegeben. Durch das Schwert,
durch Hunger, Seuchen und wilde Tiere sollten sie die Menschen töten.

[9] Dann brach das Lamm das fünfte Siegel auf. Da sah ich
unterhalb des Altars die Seelen der Menschen, die man umgebracht hatte, weil sie an Gottes Wort festgehalten hatten
und als seine Zeugen treu geblieben waren. [10] Sie riefen mit
lauter Stimme: »Herr, du bist heilig und hältst, was du versprichst! Wie lange willst du noch warten, bis du die Bewoh-

ner der Erde vor Gericht rufst und Vergeltung an ihnen übst, weil sie unser Blut vergossen haben?« [11] Sie alle erhielten lange weiße Gewänder, und es wurde ihnen gesagt: »Gebt noch für kurze Zeit Ruhe, denn eure Zahl ist noch nicht voll. Von euren Brüdern, die Gott dienen genau wie ihr, müssen noch so viele getötet werden, wie Gott bestimmt hat.«

[12] Ich sah, wie das Lamm das sechste Siegel aufbrach. Da gab es ein gewaltiges Erdbeben. Die Sonne wurde so dunkel wie ein Trauerkleid, und der Mond wurde blutrot. [13] Wie unreife Feigen, die ein starker Wind vom Baum schüttelt, fielen die Sterne vom Himmel auf die Erde. [14] Der Himmel verschwand wie eine Buchrolle, die zusammengerollt wird. Weder Berg noch Insel blieben an ihren Plätzen. [15] Alle Menschen versteckten sich in Höhlen und zwischen den Felsen der Berge: die Könige und Herrscher, die Heerführer, die Reichen und Mächtigen und alle Sklaven und Freien. [16] Sie riefen den Bergen und Felsen zu: »Fallt auf uns und verbergt uns vor dem Blick dessen, der auf dem Thron sitzt, und vor dem Zorn des Lammes! [17] Der große Tag, an dem sie Gericht halten, ist gekommen. Wer kann da bestehen?«

Die 144000 mit dem Siegel auf der Stirn

7 Danach sah ich an den äußersten Enden der Erde vier Engel stehen, in jeder Himmelsrichtung einen. Sie hielten die vier Winde zurück, damit kein Wind auf der Erde, auf dem Meer und in den Bäumen wehte.

[2] Von dorther, wo die Sonne aufgeht, sah ich einen anderen Engel emporsteigen, er hatte das Siegel des lebendigen Gottes in der Hand. Mit lauter Stimme wandte er sich an die vier Engel, denen Gott die Macht gegeben hatte, dem Land und dem Meer Schaden zuzufügen, [3] und sagte: »Verwüstet weder das Land noch das Meer, noch die Bäume! Erst müssen wir die Diener unseres Gottes mit dem Siegel auf der Stirn kennzeichnen.«

[4] Und ich hörte, wie viele mit dem Siegel gekennzeichnet wurden. Es waren hundertvierundvierzigtausend aus allen Stämmen des Volkes Israel:

[5-8] Zwölftausend vom Stamm Juda wurden gekennzeichnet, zwölftausend vom Stamm Ruben, zwölftausend vom Stamm Gad, zwölftausend vom Stamm Ascher, zwölftausend vom Stamm Naftali, zwölftausend vom Stamm Manasse, zwölftausend vom Stamm Simeon,

zwölftausend vom Stamm Levi,
zwölftausend vom Stamm Issachar,
zwölftausend vom Stamm Sebulon,
zwölftausend vom Stamm Josef
und zwölftausend vom Stamm Benjamin
wurden mit dem Siegel gekennzeichnet.

Die große Menge aus allen Völkern

⁹ Danach sah ich eine große Menge Menschen, so viele, daß niemand sie zählen konnte. Es waren Menschen aus allen Nationen, Stämmen, Völkern und Sprachen. Sie standen in weißen Kleidern vor dem Thron und dem Lamm und hielten Palmzweige in den Händen.

¹⁰ Mit lauter Stimme riefen sie: »Der rettende Sieg gehört unserem Gott, der auf dem Thron sitzt, und dem Lamm!«

¹¹ Alle Engel standen im Kreis um den Thron und um die Ältesten und um die vier mächtigen Gestalten. Sie warfen sich vor dem Thron zu Boden, beteten Gott an ¹² und sprachen: »Das ist gewiß: Preis und Herrlichkeit, Weisheit und Dank, Ehre, Macht und Stärke gehören unserem Gott für immer und ewig. Amen!«

¹³ Einer der Ältesten fragte mich: »Wer sind diese Menschen in weißen Kleidern? Woher kommen sie?« ¹⁴ Ich antwortete: »Herr, *du* mußt es wissen!« Er sagte zu mir: »Diese Menschen haben die große Verfolgung durchgestanden. Sie haben ihre Kleider gewaschen und im Blut des Lammes weiß gemacht. ¹⁵ Darum stehen sie vor dem Thron Gottes und dienen ihm Tag und Nacht in seinem Tempel. Er, der auf dem Thron sitzt, wird bei ihnen wohnen. ¹⁶ Sie werden keinen Hunger oder Durst mehr haben; weder die Sonne noch irgendeine Glut wird sie versengen. ¹⁷ Das Lamm in der Mitte des Thrones wird ihr Hirt sein und sie an die Quellen führen, deren Wasser Leben spendet. Und Gott wird alle ihre Tränen abwischen.«

DIE SIEBEN POSAUNEN (Kapitel 8–11)

Das siebte Siegel

8 Als das Lamm das siebte Siegel aufbrach, wurde es im Himmel ganz still, etwa eine halbe Stunde lang.

² Dann sah ich, wie die sieben Engel, die immer vor Gott stehen, sieben Posaunen erhielten.

³ Ein anderer Engel kam mit einer goldenen Räucherpfanne und stellte sich an den Altar. Er erhielt eine große

Menge Weihrauch, um ihn auf dem Altar vor Gottes Thron als Opfer darzubringen, zusammen mit den Gebeten aller Menschen in Gottes heiligem Volk. ⁴Aus der Hand des Engels, der vor Gott stand, stieg der Weihrauch in die Höhe, zusammen mit den Gebeten der Menschen. ⁵Dann nahm der Engel die Räucherpfanne, füllte sie mit Feuer vom Altar und warf es auf die Erde. Da blitzte und donnerte und dröhnte es heftig, und die Erde bebte.

Die ersten vier Posaunen

⁶Darauf machten sich die sieben Engel bereit, die sieben Posaunen zu blasen.

⁷Der erste Engel blies seine Posaune. Hagel und Feuer, mit Blut gemischt, fiel auf die Erde. Ein Drittel der Erde und ein Drittel aller Bäume verbrannten, auch alles Gras verbrannte.

⁸Dann blies der zweite Engel seine Posaune. Etwas, das wie ein großer brennender Berg aussah, wurde ins Meer geworfen. Ein Drittel des Meeres wurde zu Blut. ⁹Ein Drittel aller Meerestiere starb, und ein Drittel aller Schiffe wurde vernichtet.

¹⁰Dann blies der dritte Engel seine Posaune. Ein großer Stern, der wie eine Fackel brannte, stürzte vom Himmel. Er fiel auf ein Drittel der Flüsse und auf die Quellen. ¹¹Der Stern heißt »Wermut«. Ein Drittel des Wassers wurde bitter. Viele Menschen starben an diesem Wasser, weil es vergiftet war.

¹²Dann blies der vierte Engel seine Posaune. Ein Drittel der Sonne, des Mondes und der Sterne wurden durch Schläge getroffen. Ihr Licht verlor ein Drittel seiner Helligkeit, und ein Drittel des Tages und der Nacht wurden finster.

¹³Dann sah ich einen Adler, der hoch in der Luft flog, und hörte ihn mit lauter Stimme rufen: »Schrecken, Schrecken, Schrecken! Wenn erst die anderen drei Engel ihre Posaunen blasen, wird es denen, die auf der Erde leben, schrecklich ergehen!«

Die fünfte Posaune

9 Dann blies der fünfte Engel seine Posaune. Ich sah einen Stern, der vom Himmel auf die Erde gestürzt war. Dieser Stern erhielt die Schlüssel zu dem Schacht, der in den Abgrund führt. ²Er öffnete den Schacht, da quoll Rauch daraus hervor wie aus einem großen Ofen und verdunkelte die Sonne und die Luft. ³Aus dem Rauch kamen Heuschrecken auf die Erde, denen die Kraft von Skorpionen gegeben war. ⁴Sie durften weder dem Gras noch den Bäumen, noch anderen Pflanzen Schaden zufügen; sie sollten nur die Menschen

quälen, die nicht mit dem Siegel Gottes auf der Stirn gekennzeichnet waren. [5] Es war ihnen verboten, diese Menschen zu töten; sie durften sie nur fünf Monate lang quälen. Die Menschen sollten solche Schmerzen leiden, wie wenn ein Skorpion sie gestochen hätte. [6] Während dieser fünf Monate werden die Menschen den Tod suchen, ihn aber nicht finden. Sie möchten dann gerne sterben, aber der Tod wird vor ihnen fliehen.

[7] Die Heuschrecken sahen aus wie Pferde, die in die Schlacht ziehen. Auf ihren Köpfen trugen sie goldene Kronen, und sie hatten Gesichter wie Menschen. [8] Ihr Haar war wie Frauenhaar und ihre Zähne wie Löwenzähne. [9] Ihre Brust war wie mit einem eisernen Panzer bedeckt. Ihre Flügel machten einen Lärm, als ob viele mit Pferden bespannte Wagen in die Schlacht rollten. [10] Sie hatten Schwänze und Stacheln wie Skorpione. In ihren Schwänzen steckte die Kraft, die Menschen fünf Monate lang zu quälen. [11] Der Engel, der für den Abgrund zuständig ist, herrscht als König über sie. Auf hebräisch heißt sein Name Abaddon, auf griechisch Apollyon; das bedeutet: der Zerstörer.

[12] Diesem ersten Schrecken werden noch zwei weitere folgen.

Die sechste Posaune

[13] Dann blies der sechste Engel seine Posaune. Ich hörte eine Stimme, die von den vier Hörnern des goldenen Altars kam, der vor Gott steht. [14] Die Stimme sagte zu dem sechsten Engel mit der Posaune: »Laß die vier Engel frei, die am Eufrat, dem großen Strom, in Fesseln liegen!«

[15] Die vier Engel wurden freigelassen. Sie waren auf das Jahr, den Monat, den Tag und die Stunde genau für diesen Zeitpunkt dazu bereitgestellt, um ein Drittel der Menschheit zu töten. [16] Man nannte mir die Anzahl ihrer berittenen Truppen; es waren Millionen und aber Millionen. [17] Ich sah die Reiter mit ihren Pferden: Ihr Brustpanzer war feuerrot, blau und schwefelgelb. Die Pferde hatten Köpfe wie Löwen, und aus ihren Mäulern kamen Feuer, Rauch und Schwefel. [18] Feuer, Rauch und Schwefel sind die drei Katastrophen, durch die ein Drittel der Menschen vernichtet wurde. [19] Die tödliche Wirkung der Pferde geht von ihren Mäulern und von ihren Schwänzen aus. Ihre Schwänze sehen aus wie Schlangen mit Köpfen. Mit ihnen fügen sie den Menschen Schaden zu.

[20] Aber die Menschen, die nicht durch diese Katastrophen getötet wurden, änderten sich nicht. Sie hörten nicht auf, die Dämonen und Götzen aus Gold, Silber, Bronze, Stein und

Holz anzubeten, diese selbstgemachten Götter, die weder sehen noch hören, noch gehen können. 21 Nein, sie änderten sich nicht; sie hörten nicht auf zu morden, Zauberei und Unzucht zu treiben und zu stehlen.

Der Engel und das kleine Buch

10 Dann sah ich einen anderen mächtigen Engel vom Himmel auf die Erde herabsteigen. Er war von einer Wolke umgeben, und ein Regenbogen stand über seinem Kopf. Sein Gesicht war wie die Sonne, und seine Beine glichen Säulen aus Feuer. 2 Er hielt ein kleines Buch geöffnet in der Hand. Seinen rechten Fuß setzte er auf das Meer und seinen linken Fuß auf das Land. 3 Er rief mit einer lauten Stimme, die sich wie Löwengebrüll anhörte, und auf seinen Ruf antworteten die sieben Donner mit Gebrüll. 4 Ich wollte aufschreiben, was sie sagten; aber ich hörte eine Stimme vom Himmel: »Was die sieben Donner gesagt haben, sollst du geheimhalten! Schreib es nicht auf!«

5 Dann hob der Engel, den ich auf dem Meer und dem Land stehen sah, seine rechte Hand zum Himmel. 6 Er schwor bei dem, der in alle Ewigkeit lebt, der den Himmel, die Erde, das Meer und alle ihre Bewohner geschaffen hat, und sagte: »Die Frist ist abgelaufen! 7 Wenn der Tag gekommen ist, daß der siebte Engel seine Posaune bläst, wird Gott seinen geheimen Plan ausführen, so wie er es seinen Dienern, den Propheten, angekündigt hat.«

8 Dann sprach die Stimme aus dem Himmel noch einmal zu mir: »Geh und nimm das offene Buch aus der Hand des Engels, der auf dem Meer und dem Land steht!« 9 Ich ging zu dem Engel und bat ihn, mir das Buch zu geben. Er sagte zu mir: »Nimm und iß es! Es wird dir bitter im Magen liegen, aber in deinem Mund wird es süß sein wie Honig.« 10 Ich nahm das kleine Buch aus seiner Hand und aß es. Es schmeckte wie Honig. Aber als ich es hinuntergeschluckt hatte, lag es mir bitter im Magen.

11 Dann sagte mir jemand: »Du mußt noch ein weiteres Mal als Prophet verkünden, was Gott mit den Völkern, Nationen, Stämmen und Königen vorhat.«

Die zwei Zeugen

11 Dann erhielt ich ein Rohr, das wie ein Meßstab war, und jemand sagte: »Steh auf und miß den Tempel Gottes aus und den Altar darin. Zähle, wie viele Menschen dort beten. 2 Aber den äußeren Vorhof des Tempels laß weg! Dort brauchst du nicht zu messen, weil er den Fremden preisge-

geben wird. Zweiundvierzig Monate lang werden sie die Heilige Stadt verwüsten. ³Ich werde meine zwei Zeugen beauftragen. Sie sollen Trauerkleidung tragen und während dieser zwölfhundertsechzig Tage prophetisch reden.«

⁴Diese beiden Zeugen sind die zwei Ölbäume und die zwei Leuchter, die vor dem Herrn der Erde stehen. ⁵Wenn jemand versucht, sie zu verletzen, kommt Feuer aus ihrem Mund und vernichtet ihre Feinde. Auf diese Weise werden alle getötet, die ihnen Schaden zufügen wollen. ⁶Sie haben die Macht, den Himmel zu verschließen, so daß es nicht regnet, solange sie ihre prophetische Botschaft ausrichten. Sie haben auch die Macht, alle Gewässer in Blut zu verwandeln und die Erde mit allen möglichen Katastrophen zu erschüttern, sooft sie wollen.

⁷Wenn sie ihre Botschaft vollständig ausgerichtet haben, wird ein Tier aus dem Abgrund kommen und gegen sie kämpfen. Es wird sie besiegen und sie töten. ⁸Ihre Leichen werden auf dem Platz mitten in der großen Stadt liegen, in der ihr Herr gekreuzigt wurde. Geistlich gesprochen heißt diese Stadt »Sodom« und »Ägypten«. ⁹Menschen aus aller Welt, aus allen Völkern, Stämmen und Sprachen werden sich dreieinhalb Tage lang die beiden Toten ansehen. Man wird nicht zulassen, daß die Toten beerdigt werden. ¹⁰Die Menschen auf der Erde werden sich über den Tod dieser beiden freuen, sie werden jubeln und sich gegenseitig Geschenke schicken; denn diese Propheten haben die Menschen gequält.

¹¹Nach dreieinhalb Tagen kam der Lebensgeist Gottes wieder in die beiden Propheten, und sie standen auf. Alle, die das sahen, erschraken sehr. ¹²Dann hörten die zwei Propheten eine mächtige Stimme vom Himmel, die ihnen befahl: »Kommt herauf!« Ihre Feinde sahen zu, wie sie in einer Wolke zum Himmel hinaufstiegen. ¹³In diesem Augenblick gab es ein heftiges Erdbeben. Ein Zehntel der Stadt wurde zerstört; siebentausend Menschen kamen bei dem Erdbeben ums Leben. Die Überlebenden waren zu Tode erschrocken und erwiesen Gott im Himmel Ehre.

¹⁴Das war der zweite Schrecken. Aber gebt acht, der dritte Schrecken wird bald folgen!

Die siebte Posaune

¹⁵Dann blies der siebte Engel seine Posaune. Da erhoben sich im Himmel laute Stimmen, die sagten: »Jetzt gehört die Herrschaft über die Erde unserem Gott und seinem gesalbten König, und sie werden für immer und ewig regieren.«

¹⁶ Die vierundzwanzig Ältesten, die vor Gott auf ihren Thronen sitzen, warfen sich zu Boden und beteten Gott an. ¹⁷ Sie sagten:

»Wir danken dir, Herr, unser Gott,
du Herrscher der ganzen Welt,
der du bist und der du warst!
Du hast deine große Macht gebraucht
und die Herrschaft angetreten!
¹⁸ Die Völker haben sich aufgelehnt;
darum bist du zornig geworden.
Jetzt ist die Zeit gekommen,
Gericht zu halten über die Toten.
Nun ist die Zeit der Belohnung
für deine Diener, die Propheten,
und für dein heiliges Volk,
alle, die deinen Namen ehren,
Hohe und Niedrige.
Nun ist die Zeit der Bestrafung
für alle, die die Erde zugrunde richten:
Jetzt werden sie selbst zugrunde gerichtet.«

¹⁹ Gottes Tempel im Himmel wurde geöffnet, und man konnte die Lade mit den Zeichen des Bundes sehen. Dann blitzte es und donnerte und dröhnte; die Erde bebte und schwerer Hagel fiel nieder.

DER DRACHE UND SEINE ÜBERWINDUNG
(Kapitel 12–14)

Die Frau und der Drache

12 Darauf sah man am Himmel eine gewaltige Erscheinung: Es war eine Frau, die war mit der Sonne bekleidet und hatte den Mond unter ihren Füßen und trug auf dem Kopf eine Krone von zwölf Sternen. ²Sie stand kurz vor der Geburt, und die Wehen ließen sie vor Schmerz aufschreien.

³ Dann zeigte sich am Himmel eine andere Erscheinung: ein großer, roter Drache mit sieben Köpfen und zehn Hörnern. Jeder Kopf trug eine Krone. ⁴Mit seinem Schwanz fegte der Drache ein Drittel der Sterne vom Himmel und schleuderte sie auf die Erde. Er stand vor der Frau, die ihr Kind gebären sollte, und wollte es verschlingen, sobald es geboren wäre. ⁵Die Frau brachte einen Sohn zur Welt, der alle Völker der Erde mit eisernem Zepter regieren wird. Das Kind

wurde sofort nach der Geburt entrückt und zum Thron Gottes gebracht. ⁶Die Frau aber flüchtete in die Wüste; dort hatte Gott ihr einen Zufluchtsort geschaffen, an dem sie zwölfhundertsechzig Tage lang mit Nahrung versorgt werden sollte.

⁷Dann brach im Himmel ein Krieg aus. Michael mit seinen Engeln kämpfte gegen den Drachen. Der Drache mit seinen Engeln wehrte sich; ⁸aber er konnte nicht standhalten. Er und seine Engel durften nicht länger im Himmel bleiben. ⁹Der große Drache wurde hinuntergestürzt! Er ist die alte Schlange, die auch Teufel oder Satan genannt wird und die ganze Welt verführt. Er wurde auf die Erde hinuntergestürzt mit allen seinen Engeln.

¹⁰Dann hörte ich eine mächtige Stimme im Himmel sagen:

»Jetzt ist es geschehen: Unser Gott hat gesiegt!
Jetzt hat er seine Gewalt gezeigt
und seine Herrschaft angetreten!
Jetzt liegt die Macht in den Händen des Königs,
den er gesalbt und eingesetzt hat!
Der Ankläger unserer Brüder ist gestürzt;
er, der sie Tag und Nacht vor Gott beschuldigte,
ist nun aus dem Himmel hinausgeworfen.
¹¹Unsere Brüder haben ihn besiegt
durch das Blut des Lammes
und durch die Botschaft,
die sie empfangen und bezeugt haben.
Sie waren bereit, ihr Leben zu opfern
und den Tod auf sich zu nehmen.
¹²Darum freue dich, Himmel,
mit allen, die in dir wohnen!
Ihr aber, Land und Meer, müßt zittern,
seit der Teufel dort unten bei euch ist!
Seine Wut ist ungeheuer groß;
denn er weiß, er hat nur noch wenig Zeit!«

¹³Als der Drache sah, daß er auf die Erde geworfen war, begann er, die Frau zu verfolgen, die den Sohn geboren hatte. ¹⁴Aber die Frau erhielt die beiden Flügel des großen Adlers, um an ihren Zufluchtsort in der Wüste zu fliehen. Dort sollte sie dreieinhalb Jahre mit Nahrung versorgt werden und vor der Schlange sicher sein. ¹⁵Die Schlange schickte aus ihrem Rachen einen Wasserstrom hinter der Frau her, um sie fortzuschwemmen. ¹⁶Aber die Erde kam der Frau zu Hilfe: Sie öffnete sich und schluckte den Strom auf, den der Drache aus seinem Rachen ausstieß. ¹⁷Da wurde der Drache wütend

über die Frau und ging fort, um ihre übrigen Nachkommen zu bekämpfen. Das sind die Menschen, die Gottes Gebote befolgen und als Zeugen für Jesus treu bleiben.

Die zwei Tiere

18 Dann trat der Drache ans Ufer des Meeres.

13 Und ich sah ein Tier aus dem Meer heraufsteigen, das hatte zehn Hörner und sieben Köpfe. Auf jedem Horn trug es eine Krone, und auf seine Köpfe waren Herrschertitel geschrieben, die Gott beleidigten. 2 Das Tier, das ich sah, war wie ein Leopard, hatte Füße wie Bärentatzen und einen Rachen wie ein Löwe. Der Drache verlieh dem Tier seine eigene Befehlsgewalt, seinen Thron und seine große Macht. 3 Einer der Köpfe des Tieres sah aus, als hätte er eine tödliche Wunde erhalten; aber die Wunde wurde geheilt. Die ganze Erde lief dem Tier staunend nach. 4 Alle Menschen beteten den Drachen an, weil er seine Macht dem Tier verliehen hatte. Sie beteten auch das Tier an und sagten: »Wer kommt diesem Tier gleich? Wer kann es mit ihm aufnehmen?«

5 Das Tier durfte unerhörte Reden halten, mit denen es Gott beleidigte, und es konnte zweiundvierzig Monate lang seinen Einfluß ausüben. 6 Es öffnete sein Maul und lästerte Gott und seinen Namen, ebenso sein Heiligtum und alle, die im Himmel wohnen. 7 Gott ließ zu, daß es mit seinem heiligen Volk Krieg führte und es besiegte; es bekam Macht über alle Völker und Nationen und über Menschen aller Sprachen. 8 Alle auf der Erde werden es anbeten, alle, deren Namen nicht seit Beginn der Welt im Lebensbuch des geopferten Lammes stehen.

9 Wer Ohren hat, soll gut zuhören: 10 Wer dazu bestimmt ist, gefangen zu werden, kommt in Gefangenschaft. Wer dazu bestimmt ist, mit dem Schwert getötet zu werden, wird mit dem Schwert getötet. Dann braucht Gottes heiliges Volk Standhaftigkeit und Treue!

11 Dann sah ich ein anderes Tier aus der Erde heraufsteigen. Es hatte zwei Hörner wie ein Lamm, aber es redete wie ein Drache. 12 Unter den Augen des ersten Tieres übte es dessen ganze Macht aus. Es brachte die Erde und alle ihre Bewohner dazu, das erste Tier mit der verheilten Wunde anzubeten. 13 Das zweite Tier tat große Wunder: Vor allen Menschen ließ es Feuer vom Himmel auf die Erde regnen. 14 Durch die Wunder, die es im Auftrag des ersten Tieres tun konnte, täuschte es alle Menschen, die auf der Erde lebten. Es überredete sie, ein Standbild zu errichten zu Ehren des

ersten Tieres, das mit dem Schwert tödlich verwundet worden und wieder ins Leben zurückgekehrt war. ¹⁵ Das zweite Tier bekam sogar die Macht, das Standbild des ersten Tieres zu beleben, so daß dieses Bild sprechen konnte und dafür sorgte, daß alle getötet wurden, die es nicht anbeteten. ¹⁶ Dieses Tier hatte alle Menschen in seiner Gewalt: Hohe und Niedrige, Reiche und Arme, Sklaven und Freie. Sie mußten sich ein Zeichen auf ihre rechte Hand oder ihre Stirn machen. ¹⁷ Nur wer dieses Zeichen hatte, konnte kaufen oder verkaufen. Das Zeichen bestand aus dem Namen des ersten Tieres oder der Zahl für diesen Namen.

¹⁸ Hier geht es um Weisheit. Wer Verstand hat, kann herausfinden, was die Zahl des Tieres bedeutet, denn sie steht für den Namen eines Menschen. Es ist die Zahl sechshundertsechsundsechzig.

Der Gesang der Freigekauften

14 Dann sah ich etwas ganz anderes: Das Lamm stand auf dem Zionsberg. Bei ihm waren hundertvierundvierzigtausend Menschen. Sie trugen seinen Namen und den Namen seines Vaters auf ihrer Stirn.

² Dann hörte ich einen Schall aus dem Himmel. Es klang wie das Rauschen eines mächtigen Wasserfalls und wie lautes Donnerrollen, aber zugleich hörte es sich an wie Musik von Harfenspielern. ³ Vor dem Thron und vor den vier mächtigen Gestalten und den Ältesten sangen die Engel ein neues Lied. Dieses Lied konnten nur die hundertvierundvierzigtausend Menschen lernen, die von der Erde losgekauft worden sind. ⁴ Sie haben sich rein gehalten vom Verkehr mit Frauen und folgen dem Lamm überallhin. Sie sind aus der übrigen Menschheit losgekauft worden als Eigentum für Gott und das Lamm. ⁵ Nie hat jemand aus ihrem Mund eine Lüge gehört, es ist kein Fehler an ihnen.

Die drei Engel

⁶ Dann sah ich einen anderen Engel hoch am Himmel fliegen. Er hatte eine Botschaft, die niemals ihre Gültigkeit verlieren wird. Die sollte er allen Bewohnern der Erde verkünden, allen Völkern und Nationen, den Menschen aller Sprachen. ⁷ Er rief mit lauter Stimme: »Nehmt Gott ernst und erweist ihm Ehre! Die Zeit ist gekommen: Jetzt hält er Gericht! Betet ihn an, der den Himmel, die Erde, das Meer und die Quellen geschaffen hat!«

⁸ Dem ersten Engel folgte ein zweiter und sagte: »Gefallen! Gefallen ist das mächtige Babylon, das alle Völker ge-

zwungen hatte, den todbringenden Wein seiner Unzucht zu trinken!«

⁹ Ein dritter Engel folgte ihnen. Er rief mit lauter Stimme: »Wer das Tier und sein Standbild verehrt und das Zeichen des Tieres auf seiner Stirn oder seiner Hand anbringen läßt, ¹⁰ wird den Wein Gottes trinken müssen. Es ist der Wein seiner Entrüstung, den er unverdünnt in den Becher seines Zornes gegossen hat. Wer das Tier verehrt, wird vor den Augen des Lammes und der heiligen Engel mit Feuer und Schwefel gequält. ¹¹ Der Rauch von diesem quälenden Feuer steigt für alle Zeiten zum Himmel. Alle, die das Tier und sein Standbild verehren und das Kennzeichen seines Namens tragen, werden Tag und Nacht keine Ruhe finden. ¹² Hier muß Gottes heiliges Volk Standhaftigkeit beweisen, alle, die Gottes Gebote befolgen und in Treue zu Jesus halten.«

¹³ Dann hörte ich eine Stimme vom Himmel, die sagte: »Schreib auf: Freuen dürfen sich alle, die für ihr Bekenntnis zum Herrn sterben müssen – von jetzt an!« »So ist es«, antwortet der Geist, »sie werden sich von ihrer Mühe ausruhen; denn ihre Taten gehen mit ihnen und sprechen für sie.«

Die Erde ist reif für die Ernte

¹⁴ Ich sah eine weiße Wolke; darauf saß einer, der wie ein Mensch aussah. Er hatte eine goldene Krone auf dem Kopf und eine scharfe Sichel in der Hand. ¹⁵ Dann kam wieder ein Engel aus dem Tempel. Er rief dem, der auf der Wolke saß, mit lauter Stimme zu: »Laß deine Sichel schneiden, und bring die Ernte ein! Die Stunde für die Ernte ist gekommen, die Erde ist reif!« ¹⁶ Da warf der, der auf der Wolke saß, seine Sichel über die Erde, und die Ernte wurde eingebracht.

¹⁷ Ich sah einen anderen Engel aus dem Tempel im Himmel kommen; auch er hatte eine scharfe Sichel. ¹⁸ Ein weiterer Engel kam vom Altar. Es war der Engel, der für das Feuer zuständig ist. Er rief dem mit der scharfen Sichel mit lauter Stimme zu: »Laß deine scharfe Sichel schneiden, und schneide die Trauben am Weinstock der Erde ab! Sie sind reif!« ¹⁹ Der Engel warf seine Sichel über die Erde, die schnitt die Trauben vom Weinstock. Er warf die Trauben in die Weinpresse, die den Zorn Gottes bedeutet. ²⁰ Außerhalb der Stadt wurden sie in der Presse ausgedrückt. Da kam ein Blutstrom aus der Weinpresse, der stieg so hoch, daß er den Pferden bis an die Zügel reichte, und floß sechzehnhundert Wegmaße weit.

DIE SIEBEN ZORNSCHALEN
UND DER UNTERGANG BABYLONS (Kapitel 15–18)

Die Engel mit den letzten Katastrophen

15 Dann sah ich eine weitere große und staunenerregende Erscheinung am Himmel: sieben Engel, die sieben Katastrophen bringen. Dies sind die letzten Katastrophen, denn mit ihnen geht Gottes Zorn zu Ende. ²Ich sah etwas wie ein gläsernes Meer, das mit Feuer vermischt war. Auf diesem Meer sah ich alle die stehen, die den Sieg über das Tier erlangt hatten und über sein Standbild und die Zahl seines Namens. Sie hielten Harfen in den Händen, die Gott ihnen gegeben hatte. ³Sie sangen das Lied, das Mose, der Diener Gottes, verfaßt hatte, und das Lied des Lammes:

»Herr, unser Gott, du Herrscher der ganzen Welt,
wie groß und wunderbar sind deine Taten!
In allem, was du planst und ausführst,
bist du vollkommen und gerecht,
du König über alle Völker!
⁴Wer wollte dich, Herr, nicht fürchten
und deinem Namen keine Ehre erweisen?
Alle Völker werden kommen
und sich vor dir niederwerfen;
denn deine gerechten Taten
sind nun für alle offenbar geworden.«

⁵Danach sah ich, wie im Himmel der Tempel, das Heilige Zelt, geöffnet wurde. ⁶Die sieben Engel mit den sieben Katastrophen kamen aus dem Tempel. Sie waren in reines, weißes Leinen gekleidet und trugen ein breites goldenes Band um die Brust. ⁷Eine von den vier mächtigen Gestalten gab den sieben Engeln sieben goldene Schalen. Sie waren bis an den Rand gefüllt mit dem Zorn des Gottes, der in alle Ewigkeit lebt. ⁸Der Tempel war voller Rauch, der von der Herrlichkeit und Macht Gottes ausging. Keiner konnte den Tempel betreten, solange nicht die sieben Katastrophen zu Ende waren, die von den sieben Engeln gebracht wurden.

Die Schalen mit dem Zorn Gottes

16 Dann hörte ich eine mächtige Stimme aus dem Tempel, die sagte zu den sieben Engeln: »Geht und gießt die sieben Schalen mit dem Zorn Gottes über die Erde aus!«

²Der erste Engel ging und goß seine Schale auf die Erde. Da bekamen alle, die das Kennzeichen des Tieres trugen und sein Standbild anbeteten, ein schmerzhaftes und schlimmes Geschwür.

³Der zweite Engel goß seine Schale ins Meer. Da wurde das Wasser zu Blut wie von Toten, und alle Lebewesen im Meer gingen zugrunde.

⁴Der dritte Engel goß seine Schale in die Flüsse und Quellen, da wurden sie zu Blut. ⁵Ich hörte, wie der Engel, der für das Wasser zuständig ist, sagte: »Du Heiliger, der du bist und warst, in diesen Urteilen hast du dich als gerechter Richter erwiesen. ⁶Allen, die das Blut des heiligen Gottesvolkes und seiner Propheten vergossen haben, hast du Blut zu trinken gegeben. Sie haben es verdient!« ⁷Dann hörte ich eine Stimme vom Altar her sagen: »So ist es, Herr, unser Gott, du Herrscher der ganzen Welt; deine Urteile sind wahr und gerecht!«

⁸Der vierte Engel goß seine Schale auf die Sonne. Da wurde der Sonne erlaubt, die Menschen mit ihren glühenden Feuerstrahlen zu quälen. ⁹Und die Menschen wurden von glühender Hitze versengt. Sie verfluchten den Namen Gottes, der Verfügungsgewalt hat über solche Katastrophen; aber sie änderten sich nicht und wollten Gott nicht die Ehre geben.

¹⁰Der fünfte Engel goß seine Schale auf den Thron des Tieres. Da wurde es im ganzen Herrschaftsbereich des Tieres dunkel. Die Menschen zerbissen sich vor Schmerzen die Zunge. ¹¹Sie verfluchten den Gott des Himmels wegen ihrer Qualen und ihrer Geschwüre; aber sie hörten nicht auf mit ihren schändlichen Taten.

¹²Der sechste Engel goß seine Schale in den Eufrat, den großen Strom; da trocknete er aus. So wurde den Königen, die von Osten her einbrechen, ein Weg gebahnt. ¹³Dann sah ich, wie aus den Mäulern des Drachen, des Tieres und des falschen Propheten drei unreine Geister hervorkamen, die aussahen wie Frösche. ¹⁴Es sind dämonische Geister, die Wunder tun. Sie suchen alle Könige der Erde auf, um sie zum Kampf zu sammeln für den großen Tag Gottes, des Herrschers der ganzen Welt.

¹⁵»Gebt acht, ich werde wie ein Dieb kommen! Wer wach bleibt und seine Kleider anbehält, darf sich freuen. Sonst müßte er nackt umherlaufen, und seine Schande würde für alle sichtbar.«

¹⁶Die drei Geister versammelten die Könige an einem Ort, der auf hebräisch Harmagedon heißt.

¹⁷ Der siebte Engel goß seine Schale in die Luft. Da kam eine mächtige Stimme von dem Thron im Tempel, die sagte: »Es ist ausgeführt!« ¹⁸ Es blitzte und donnerte und dröhnte, und die Erde bebte heftig. Seit es Menschen auf der Erde gibt, hat man ein so schweres Erdbeben noch nicht erlebt. ¹⁹ Die große Stadt wurde in drei Teile gespalten, und die Städte aller Völker wurden zerstört. Gott rechnete ab mit dem großen Babylon: Es mußte den Wein aus dem Becher trinken, der mit seinem glühenden Zorn gefüllt war. ²⁰ Alle Inseln verschwanden, und die Berge wurden nicht mehr gesehen. ²¹ Es hagelte zentnerschwere Eisbrocken vom Himmel auf die Menschen. Sie verfluchten Gott wegen dieses Hagels, denn er war schrecklich.

Die große Hure

17 Einer der sieben Engel, die die sieben Schalen trugen, kam zu mir und sagte: »Tritt her! Ich werde dir zeigen, wie die große Hure bestraft wird, die Stadt, die an vielen Wasserarmen erbaut ist! ² Die Könige der Erde haben sich mit ihr eingelassen. Alle Menschen sind betrunken geworden, weil sie sich am Wein ihrer Unzucht berauscht haben.«

³ Der Geist Gottes nahm Besitz von mir, und der Engel trug mich in die Wüste. Dort sah ich eine Frau. Sie saß auf einem scharlachroten Tier, das über und über mit Namen beschrieben war, die Gott beleidigten. Das Tier hatte sieben Köpfe und zehn Hörner. ⁴ Die Frau trug ein purpur- und scharlachrotes Gewand und war mit Gold, kostbaren Steinen und Perlen geschmückt. In ihrer Hand hielt sie einen goldenen Becher. Er war mit unanständigen und schmutzigen Dingen gefüllt, den Zeichen ihrer Zuchtlosigkeit. ⁵ Auf ihrer Stirn stand ein geheimnisvoller Name: »Babylon, die Große, die Mutter aller Hurerei und aller Greuel auf der Erde.« ⁶ Ich sah, daß die Frau betrunken war vom Blut der Menschen aus Gottes heiligem Volk. Sie hatte das Blut aller getrunken, die als Zeugen für Jesus getötet worden waren. Ich war starr vor Entsetzen, als ich sie sah.

⁷ »Warum bist du so entsetzt?« fragte mich der Engel. »Ich verrate dir das Geheimnis dieser Frau und das Geheimnis des Tieres mit den sieben Köpfen und den zehn Hörnern, auf dem sie sitzt. ⁸ Das Tier, das du gesehen hast, war früher einmal und ist jetzt nicht mehr. Und es wird wieder aus dem Abgrund auftauchen – um in seinen Untergang zu rennen. Die Menschen auf der Erde – alle, deren Namen nicht seit Beginn der Welt im Buch des Lebens stehen – werden staunen, wenn

sie das sehen: Das Tier, das früher da war und jetzt nicht mehr ist, das ist wiedergekommen!

⁹Hier braucht es einen Verstand, der deuten kann. Die sieben Köpfe bedeuten sieben Hügel. Das sind die Hügel, auf denen die Frau sitzt. Sie stehen außerdem für sieben Könige. ¹⁰Davon sind fünf gefallen, einer herrscht noch, und der letzte ist noch nicht erschienen. Wenn er kommt, darf er nur kurze Zeit bleiben. ¹¹Das Tier, das war und nicht mehr ist, ist ein achter König. Es ist aber auch einer von den sieben Königen und rennt in seinen Untergang.

¹²Die zehn Hörner, die du gesehen hast, sind zehn Könige, deren Herrschaft noch nicht begonnen hat. Eine Stunde lang werden sie zusammen mit dem Tier königliche Macht bekommen. ¹³Diese zehn verfolgen dasselbe Ziel und übergeben ihre Macht und ihren Einfluß dem Tier. ¹⁴Sie werden gegen das Lamm kämpfen. Aber das Lamm wird sie besiegen. Denn es ist der Herr über alle Herren und der König über alle Könige, und bei ihm sind seine treuen Anhänger, die es erwählt und berufen hat.«

¹⁵Der Engel sagte weiter zu mir: »Du hast das Wasser gesehen, an dem die Hure sitzt. Das sind Völker und Menschenmassen aller Sprachen. ¹⁶Die zehn Hörner, die du gesehen hast, und das Tier werden die Hure verabscheuen. Sie werden ihr alles fortnehmen, so daß sie nackt ist. Sie werden ihr Fleisch fressen und sie verbrennen. ¹⁷Denn Gott hat ihr Herz so gelenkt, daß sie seine Absichten ausführen. Sie handeln gemeinsam und überlassen dem Tier ihre Herrschaftsgewalt, bis sich Gottes Voraussagen erfüllen.

¹⁸Die Frau, die du gesehen hast, ist die große Stadt, die die Könige der Erde in ihrer Gewalt hat.«

Der Untergang Babylons

18 Danach sah ich einen anderen Engel aus dem Himmel herabkommen. Er hatte große Macht, und sein Glanz erhellte die ganze Erde. ²Er rief mit starker Stimme: »Gefallen! Gefallen ist Babylon, die große Stadt! Jetzt wird sie von Dämonen und unreinen Geistern bewohnt. Alle Arten von unreinen und abscheulichen Vögeln hausen in ihren Mauern. ³Alle Völker haben von ihrem Wein getrunken, dem schweren Wein ausschweifender Unzucht. Die Könige der Erde haben es mit ihr getrieben. Die Kaufleute der Erde sind durch ihren ungeheuren Wohlstand reich geworden.«

⁴Dann hörte ich aus dem Himmel eine andere Stimme, die sagte: »Auf, mein Volk! Verlaßt diese Stadt! Sonst werdet ihr

mitschuldig an ihren Sünden und bekommt Anteil an ihren Strafen. 5 Denn Gott hat ihr schändliches Tun nicht vergessen. Ihre Sünden häufen sich bis an den Himmel! 6 Behandelt sie so, wie sie es mit euch getan hat; zahlt ihr alles zweifach heim. Gießt ein Getränk in ihren Becher, das doppelt so stark ist wie das, was sie für euch bereithielt. 7 Gebt ihr soviel Schmerzen und Trauer, wie sie sich Glanz und Luxus geleistet hat. Sie sagt zu sich selbst: ›Als Königin sitze ich hier! Ich bin keine Witwe, und Trauer werde ich niemals kennenlernen!‹ 8 Deshalb werden an einem einzigen Tag alle Katastrophen über sie hereinbrechen, Krankheit, Unglück und Hunger, und sie wird im Feuer umkommen. Denn Gott, der Herr, der sie verurteilt hat, ist mächtig.«

9 Wenn die Könige der Erde, die mit ihr Unzucht getrieben und im Luxus gelebt haben, den Rauch der brennenden Stadt sehen, werden sie ihretwegen jammern und klagen. 10 Sie werden sich in weiter Entfernung halten, weil sie Angst vor den Qualen der Stadt haben. Sie werden klagen: »Wie schrecklich! Wie furchtbar! Das große und mächtige Babylon! Innerhalb einer Stunde ist das Gericht über dich hereingebrochen!«

11 Auch die Kaufleute auf der Erde werden um sie weinen und trauern; denn niemand kauft mehr ihre Waren: 12 Gold und Silber, kostbare Steine und Perlen, feinstes Leinen, Seide, purpur- und scharlachrote Stoffe; seltene Hölzer, Gegenstände aus Elfenbein, Edelholz, Bronze, Eisen und Marmor; 13 Zimt, Salbe, Räucherwerk, Myrrhe und Weihrauch; Wein, Öl, feines Mehl und Weizen, Rinder und Schafe, Pferde und Wagen, und sogar lebende Menschen.

14 »Das Obst, das du über alles liebtest, gibt es nicht mehr. Dein Reichtum und dein verführerischer Glanz sind vergangen, beides wird sich nicht mehr wiederfinden!«

15 Die Kaufleute, die durch ihre Geschäfte in dieser Stadt reich geworden sind, werden sich in weiter Entfernung aufhalten, weil sie Angst haben vor den Qualen der Stadt. Sie werden trauern und klagen 16 und sagen: »Wie schrecklich! Wie furchtbar für diese mächtige Stadt! Sie war es gewohnt, sich in feinstes Leinen, in Purpur- und Scharlachstoffe zu kleiden. Sie schmückte sich mit Gold, kostbaren Steinen und Perlen. 17 Und innerhalb einer einzigen Stunde hat sie den ganzen Reichtum verloren!«

Die Kapitäne und die Reisenden, die Matrosen und alle, die ihren Unterhalt auf See verdienen, hielten sich in weiter Entfernung. 18 Als sie den Rauch der brennenden Stadt sahen, riefen sie: »An diese großartige Stadt kam keine heran!« ¹⁹Sie streuten Staub auf ihre Köpfe, weinten und jammerten laut: »Wie schrecklich! Wie furchtbar für diese große Stadt! Durch ihre Schätze sind alle reich geworden, die Schiffe auf dem Meer haben. Und innerhalb einer einzigen Stunde ist sie vernichtet worden!«

²⁰»Himmel, freu dich über ihren Untergang! Freu dich, heiliges Gottesvolk; freut euch, ihr Apostel und Propheten! Gott hat sie verurteilt für alles, was sie euch angetan hat.«

²¹Dann hob ein starker Engel einen Stein auf, der war so groß wie ein Mühlstein. Der Engel warf ihn ins Meer und sagte: »Babylon, du mächtige Stadt! Genauso wirst du mit aller Kraft hinuntergeworfen, nichts wird von dir übrigbleiben! ²²Die Harfenspieler und Sänger, die Flötenspieler und Trompetenbläser werden nie mehr in dir zu hören sein. Kein Handwerker, der irgendein Handwerk betreibt, wird jemals wieder in dir leben. Das Geräusch der Mühle wird verstummen. ²³Niemals mehr wird in dir eine Lampe brennen. Der Jubel von Braut und Bräutigam wird in dir nicht mehr zu hören sein. Deine Kaufleute waren die einflußreichsten der Erde, und mit deiner Zauberei hast du alle Völker verführt! ²⁴Das Blut der Propheten und der Menschen aus Gottes heiligem Volk ist in dieser Stadt geflossen. Sie ist für das Blut aller Menschen verantwortlich, die auf der Erde ermordet worden sind.«

DIE HOCHZEIT DES LAMMES
UND DIE NEUE SCHÖPFUNG (Kapitel 19–22)

Jubel über den Untergang Babylons

19 Danach hörte ich im Himmel das laute Rufen einer großen Menge:

»Halleluja – Preist den Herrn!
Heil, Herrlichkeit und Macht gehören unserem Gott!
²Seine Urteile sind wahr und gerecht.
Er hat die große Hure verurteilt,
die mit ihrer Unzucht die Erde zugrunde gerichtet hat.
Er hat das Blut seiner Diener gerächt,
das an ihren Händen klebte.«

³Und wieder riefen sie: »Halleluja – Preist den Herrn! Der Rauch der brennenden Stadt steigt für alle Zeiten zum Himmel!« ⁴Die vierundzwanzig Ältesten und die vier mächtigen Gestalten warfen sich nieder und beteten Gott an, der auf dem Thron saß. Sie riefen: »Amen! Halleluja!«

Die Hochzeit des Lammes

⁵Dann sprach eine Stimme vom Thron her:

»Preist unseren Gott, ihr seine Diener
und ihr alle, die ihr ihn verehrt,
Hohe und Niedrige miteinander!«

⁶Dann hörte ich das Rufen einer großen Menge. Es klang wie die Brandung des Meeres und wie lautes Donnerrollen. Sie riefen:

»Halleluja – Preist den Herrn!
Der Herr hat nun die Herrschaft angetreten,
er, unser Gott, der Herrscher der ganzen Welt!
⁷Wir wollen uns freuen und jubeln
und ihm die Ehre geben!
Der Hochzeitstag des Lammes ist gekommen;
seine Braut hat sich bereitgemacht.
⁸Ihr wurde ein herrliches Kleid gegeben
aus reinem, leuchtendem Leinen!«

Das Leinen steht für die gerechten Taten der Menschen in Gottes heiligem Volk.

⁹Dann sagte der Engel zu mir: »Schreib auf: Freuen darf sich, wer zum Hochzeitsmahl des Lammes eingeladen ist.« Und er fügte hinzu: »Dies alles sind zuverlässige Worte Gottes.« ¹⁰Ich warf mich vor ihm nieder, um ihn anzubeten. Aber er sagte zu mir: »Tu das nicht! Ich bin nur ein Diener wie du und wie deine Brüder, die als Zeugen durch Jesus bestätigt sind. Bete Gott an!« Die Bestätigung durch Jesus ist der Geist, der ihnen prophetische Worte eingibt.

Der Reiter auf dem weißen Pferd und das Gericht über das Tier

¹¹Dann sah ich den Himmel weit geöffnet. Da stand ein weißes Pferd. Auf ihm saß einer, der heißt der Treue und Wahrhaftige. Er urteilt und kämpft gerecht. ¹²Seine Augen waren wie Flammen, und auf dem Kopf trug er viele Kronen. Ein Name stand auf ihm geschrieben, den nur er selbst kennt. ¹³Sein Mantel war voller Blut, und sein Name ist »Das Wort Gottes«. ¹⁴Die Heere des Himmels folgten ihm. Alle ritten auf weißen Pferden und waren in reines weißes Leinen gekleidet. ¹⁵Aus seinem Mund kam ein scharfes Schwert, mit dem er die Völker besiegen wird. Er wird sie mit eisernem Zepter regieren und sie zertreten, wie man die Trauben in der Weinpresse zertritt. So vollstreckt er den heftigen Zorn

Gottes, des Herrschers der ganzen Welt. [16]Auf seinem Mantel und auf seinem Schenkel stand sein Name: »König der Könige und Herr der Herren«.

[17]Dann sah ich einen Engel, der stand in der Sonne. Er rief allen Vögeln, die hoch am Himmel flogen, mit lauter Stimme zu: »Kommt, versammelt euch für Gottes großes Festmahl! [18]Kommt und freßt das Fleisch von Königen, Heerführern und Kriegern! Freßt das Fleisch der Pferde und ihrer Reiter, das Fleisch von allen Menschen, von Sklaven und Freien, von Hohen und Niedrigen!«

[19]Dann sah ich das Tier zusammen mit den Königen der Erde. Ihre Heere waren angetreten, um gegen den Reiter und sein Heer zu kämpfen. [20]Das Tier wurde gefangengenommen und auch der falsche Prophet, der unter den Augen des Tieres die Wunder getan hatte. Durch diese Wunder hatte er alle verführt, die das Zeichen des Tieres angenommen und das Standbild des Tieres angebetet hatten. Das Tier und der falsche Prophet wurden bei lebendigem Leib in einen See von brennendem Schwefel geworfen. [21]Alle übrigen wurden durch das Schwert vernichtet, das aus dem Mund dessen kommt, der auf dem Pferd reitet. Alle Vögel wurden satt von ihrem Fleisch.

Die tausend Jahre

20 Danach sah ich einen Engel aus dem Himmel herabkommen, der hatte den Schlüssel zum Abgrund und eine starke Kette in der Hand. [2]Er packte den Drachen, die alte Schlange, die auch Teufel und Satan genannt wird, und fesselte ihn für tausend Jahre. [3]Der Engel warf ihn in den Abgrund, schloß den Eingang ab und versiegelte ihn. So konnte der Drache die Völker tausend Jahre lang nicht mehr verführen. Wenn sie um sind, muß er für eine kurze Zeit freigelassen werden.

[4]Dann sah ich Thronsessel. Alle, die auf ihnen Platz nahmen, wurden ermächtigt, Gericht zu halten. Ich sah auch die Seelen der Menschen, die enthauptet worden sind, weil sie öffentlich für Jesus und das Wort Gottes eintraten. Sie hatten weder das Tier noch sein Standbild angebetet und trugen auch nicht das Kennzeichen des Tieres auf ihrer Stirn oder ihrer Hand. Sie wurden wieder lebendig und herrschten zusammen mit Christus tausend Jahre lang. [5]Die übrigen Toten wurden erst wieder lebendig, als die tausend Jahre um waren.

Dies ist die erste Auferstehung. [6]Freuen dürfen sich die Auserwählten, die an der ersten Auferstehung teilhaben. Der zweite Tod, der endgültige, kann ihnen nichts anhaben. Sie werden Gott und Christus als Priester dienen und tausend Jahre lang mit Christus herrschen.

Die Niederlage des Satans

[7] Wenn die tausend Jahre um sind, wird der Satan aus seinem Gefängnis freigelassen. [8] Er wird ausziehen, um die Völker an allen vier Enden der Erde zu überreden – das sind Gog und Magog. Sie sind so zahlreich wie der Sand am Meer, und der Satan wird sie alle zum Kampf sammeln. [9] Sie ergossen sich über die ganze Erde und umstellten das Lager des heiligen Gottesvolkes und die von Gott geliebte Stadt. Aber es regnete Feuer vom Himmel, das sie vernichtete. [10] Dann wurde der Teufel, der sie verführt hatte, in den See von brennendem Schwefel geworfen, in dem schon das Tier und der falsche Prophet waren. Dort werden sie für alle Zeiten Tag und Nacht gequält.

Das abschließende Gericht. Der Tod des Todes

[11] Dann sah ich einen großen weißen Thron und den, der darauf sitzt. Die Erde und der Himmel flüchteten bei seinem Anblick und verschwanden für immer. [12] Ich sah alle Toten, Hohe und Niedrige, vor dem Thron stehen. Die Bücher wurden geöffnet, in denen alle Taten aufgeschrieben sind. Dann wurde noch ein Buch aufgeschlagen: das Buch des Lebens. Den Toten wurde das Urteil gesprochen; es richtete sich nach ihren Taten, die in den Büchern aufgeschrieben waren. [13] Auch das Meer gab seine Toten heraus, und der Tod und die Totenwelt gaben ihre Toten heraus. Alle empfingen das Urteil, das ihren Taten entsprach. [14] Der Tod und die Totenwelt wurden in den See von Feuer geworfen. Dieser See von Feuer ist der zweite, der endgültige Tod. [15] Alle, deren Namen nicht im Buch des Lebens standen, wurden in den See von Feuer geworfen.

Der neue Himmel und die neue Erde

21 Dann sah ich einen neuen Himmel und eine neue Erde. Der erste Himmel und die erste Erde waren verschwunden, und das Meer war nicht mehr da. [2] Ich sah, wie die Heilige Stadt, das neue Jerusalem, von Gott aus dem Himmel herabkam. Sie war festlich geschmückt wie eine Braut, die auf den Bräutigam wartet. [3] Vom Thron her hörte ich eine starke Stimme: »Jetzt wohnt Gott bei den Menschen! Er wird bei ihnen bleiben, und sie werden seine Völker sein. Gott selbst wird als ihr Gott bei ihnen sein. [4] Er wird alle ihre Tränen abwischen. Es wird keinen Tod mehr geben und keine

Traurigkeit, keine Klage und keine Quälerei mehr. Was einmal war, ist für immer vorbei.« [5] Dann sagte der, der auf dem Thron saß: »Jetzt mache ich alles neu!«

Zu mir sagte er: »Schreib diese Worte auf, denn sie sind wahr und zuverlässig.« [6] Und er fuhr fort: »Ja, sie sind in Erfüllung gegangen! Ich bin der Erste und der Letzte, der Anfang und das Ende. Wer durstig ist, dem gebe ich umsonst zu trinken. Ich gebe ihm Wasser aus der Quelle des Lebens. [7] Alle, die durchhalten und den Sieg erringen, werden dies als Anteil von mir erhalten. Ich werde ihr Gott sein, und sie werden meine Söhne und Töchter sein. [8] Aber die Feiglinge und Treulosen, die Abgefallenen, Mörder und Ehebrecher, die Zauberer, die Götzenverehrer und alle, die sich nicht an die Wahrheit halten, finden ihren Platz in dem See von brennendem Schwefel. Das ist der zweite, der endgültige Tod.«

Das neue Jerusalem

[9] Einer von den sieben Engeln, die die sieben Schalen mit den sieben letzten Katastrophen getragen hatten, näherte sich mir und sagte: »Komm her! Ich werde dir die Braut zeigen, die Frau des Lammes!« [10] Der Geist nahm von mir Besitz, und in der Vision trug mich der Engel auf die Spitze eines sehr hohen Berges. Er zeigte mir die Heilige Stadt Jerusalem, wie sie von Gott aus dem Himmel herabkam. [11] Sie strahlte die Herrlichkeit Gottes aus und glänzte wie ein kostbarer Stein, wie ein kristallklarer Jaspis. [12] Sie war von einer sehr hohen Mauer mit zwölf Toren umgeben. Die Tore wurden von zwölf Engeln bewacht, und die Namen der zwölf Stämme Israels waren an die Tore geschrieben. [13] Nach jeder Himmelsrichtung befanden sich drei Tore, nach Osten, nach Süden, nach Norden und nach Westen. [14] Die Stadtmauer war auf zwölf Grundsteinen errichtet, auf denen die Namen der zwölf Apostel des Lammes standen.

[15] Der Engel, der zu mir sprach, hatte einen goldenen Meßstab, um die Stadt, ihre Tore und ihre Mauern auszumessen. [16] Die Stadt war viereckig angelegt, ebenso lang wie breit. Der Engel maß die Stadt mit seinem Meßstab. Sie war zwölftausend Wegmaße lang und ebenso breit und hoch. [17] Er maß auch die Stadtmauer. Nach dem Menschenmaß, das der Engel gebrauchte, war sie hundertvierundvierzig Ellen hoch.

[18] Die Mauer bestand aus Jaspis. Die Stadt selbst war aus reinem Gold erbaut, das so durchsichtig war wie Glas. [19] Die Fundamente der Stadtmauer waren mit allen Arten von kostbaren Steinen geschmückt. Der erste Grundstein ist ein Jaspis, der zweite ein Saphir, der dritte ein Chalzedon, der

vierte ein Smaragd, [20] der fünfte ein Sardonyx, der sechste ein Karneol, der siebte ein Chrysolith, der achte ein Beryll, der neunte ein Topas, der zehnte ein Chrysopras, der elfte ein Hyazinth und der zwölfte ein Amethyst. [21] Die zwölf Tore waren zwölf Perlen. Jedes Tor bestand aus einer einzigen Perle. Die Hauptstraße war aus reinem Gold, so durchsichtig wie Glas.

[22] Einen Tempel sah ich nicht in der Stadt. Gott, der Herrscher der ganzen Welt, ist selbst ihr Tempel, und das Lamm mit ihm. [23] Die Stadt braucht weder Sonne noch Mond, damit es hell in ihr wird. Die Herrlichkeit Gottes strahlt in ihr, und das Lamm ist ihre Leuchte. [24] In dem Licht, das von der Stadt ausgeht, werden die Völker leben. Die Könige der Erde werden ihren Reichtum in die Stadt tragen. [25] Ihre Tore werden den ganzen Tag offenstehen, mehr noch: Sie werden nie geschlossen, weil es dort keine Nacht gibt. [26] Pracht und Reichtum der Völker werden in diese Stadt gebracht. [27] Aber nichts Unwürdiges wird Einlaß finden. Wer Schandtaten verübt und lügt, kann die Stadt nicht betreten. Nur wer im Lebensbuch des Lammes aufgeschrieben ist, wird in die Stadt eingelassen.

22 Der Engel zeigte mir auch den Strom mit dem Wasser des Lebens, der wie Kristall funkelt. Der Strom entspringt am Thron Gottes und des Lammes [2] und fließt in der Mitte der Hauptstraße durch die Stadt. An beiden Seiten des Flusses wachsen Bäume: der Baum des Lebens aus dem Paradies. Sie bringen zwölfmal im Jahr Frucht, jeden Monat einmal. Mit ihren Blättern werden die Völker geheilt. [3] In der Stadt wird es nichts mehr geben, was unter dem Fluch Gottes steht.

Der Thron Gottes und des Lammes wird in der Stadt stehen. Alle, die dort sind, werden Gott als Priester dienen, [4] sie werden ihn sehen, und sein Name wird auf ihrer Stirn stehen. [5] Es wird keine Nacht mehr geben, und sie brauchen weder Lampen- noch Sonnenlicht. Gott, der Herr, wird über ihnen leuchten, und sie werden für immer und ewig als Könige herrschen.

Jesus, der Herr, kommt

[6] Jesus sagte zu mir: »Diese Worte sind wahr und zuverlässig. Gott, der Herr, der den Propheten seinen Geist gibt, hat seinen Engel gesandt, um seinen Dienern zu zeigen, was sich in Kürze ereignen muß. [7] Gebt acht! Ich komme bald! Freude ohne Ende ist allen gewiß, die die prophetischen Worte dieses Buches beherzigen.«

⁸Ich, Johannes, habe das alles gehört und gesehen. Als es vorüber war, warf ich mich vor dem Engel, der mir diese Dinge gezeigt hatte, nieder, um ihn anzubeten. ⁹Er aber sagte: »Tu das nicht! Ich bin ein Diener Gottes wie du und deine Brüder, die Propheten, und wie alle, die sich nach den Worten dieses Buches richten. Bete Gott an!«

¹⁰Dann sagte Jesus zu mir: »Du mußt das Buch, in dem diese prophetischen Worte stehen, nicht für später versiegeln; denn die Zeit ihrer Erfüllung ist nahe. ¹¹Wer Unrecht tut, mag es weiterhin tun. Wer den Schmutz liebt, mag sich weiter beschmutzen. Wer aber recht handelt, soll auch weiterhin recht handeln. Und wer heilig ist, soll weiter nach Heiligkeit streben. ¹²Gebt acht, ich komme bald, und euren Lohn bringe ich mit. Jeder empfängt das, was seinen Taten entspricht. ¹³Ich bin der, der alles erfüllt, der Erste und der Letzte, der Anfang und das Ende.

¹⁴Freude ohne Ende erwartet alle, die ihre Kleider reinwaschen. Sie empfangen das Recht, die Frucht vom Baum des Lebens zu essen und durch die Tore in die Stadt hineinzugehen. ¹⁵Aber die Verworfenen, die Zauberer, die Ehebrecher und die Mörder müssen draußen vor der Stadt bleiben. Dort sind auch die Götzenanbeter und alle, die das Falsche lieben und tun.

¹⁶Ich, Jesus, habe meinen Engel gesandt, um euch dies alles mitzuteilen; die Gemeinden sollen es zuverlässig wissen. Ich bin der Wurzelsproß und Nachkomme Davids. Ich bin der leuchtende Morgenstern.«

¹⁷Der Geist und die Braut antworten: »Komm!« Wer dies hört, soll sagen: »Komm!« Wer durstig ist, soll kommen, und wer von dem Wasser des Lebens trinken will, wird es geschenkt bekommen.

Warnung und Zusage

¹⁸Ich, Johannes, warne jeden, der die prophetischen Worte aus diesem Buch hört: Wer diesen Worten etwas hinzufügt, dem wird Gott die Qualen zufügen, die in diesem Buch beschrieben sind. ¹⁹Wenn aber jemand von diesen Worten etwas wegnimmt, wird Gott ihm seinen Anteil an der Frucht vom Baum des Lebens und an der Heiligen Stadt wegnehmen, die in diesem Buch beschrieben sind.

²⁰Der aber, der dies alles bezeugt, sagt: »Ganz gewiß, ich komme bald!«

Amen, komm doch, Herr Jesus!

²¹Die Gnade unseres Herrn Jesus sei mit allen!

DAS BUCH
DER SPRICHWÖRTER
(SPRÜCHE)

KURZE EINFÜHRUNG IN DAS BUCH DER

Sprichwörter

(Sprüche)

ZUM WESEN DES MENSCHEN gehört das Bedürfnis, etwas zu lernen und zu verstehen. Deshalb hat man Schulen, Institute und Universitäten eingerichtet, wo gelehrte Leute ihr Wissen über die Welt und über das Leben an andere weitergeben. Wissen ist gut und wichtig, aber es besteht doch ein gewaltiger Unterschied zwischen Wissen (der Kenntnis von Tatsachen) und Weisheit (der Fähigkeit, das Wissen im Leben richtig anzuwenden). Ein Mensch mag zwar Wissen anhäufen, doch ohne Weisheit bleibt es für ihn nutzlos. Wir müssen also lernen, unser Wissen ins praktische Leben umzusetzen.

SALOMO WAR NACH BIBLISCHER Überlieferung der weiseste Mensch, der je gelebt hat, und das Buch der Sprichwörter (Sprüche) gilt als sein schriftliches Vermächtnis. Das wichtigste Thema, um das es zunächst in den Kapiteln 1–9 geht, ist die Frage nach dem Wesen der Weisheit. Wie wird ein Mensch weise? Dazu heißt es kurz und bündig: „Den HERRN ernst nehmen ist der Anfang aller Erkenntnis. Wer ihn missachtet, verachtet auch Weisheit und Lebensklugheit." (1,7).

DANACH FOLGEN ab Kapitel 10 hunderte von praktischen Beispielen für ein weises Verhalten in allen möglichen Lebenssituationen. Die Themen reichen von Jugend, Freundschaft, Ehe und Familie über Erziehung, Selbstbeherrschung, Moral und Wahrheit bis hin zu Reichtum, Armut, Politik und Geschäftsleben. Meist sind die Ratschläge in die Form eines prägnanten zweigliedrigen Sprichworts gebracht. Sie enthalten eine anregende, zuweilen aber auch provozierende Mischung aus gesundem Menschenverstand, hintersinnigem Humor und einem tiefen moralischen Ernst. Wer die Sprichwörter Salomos nicht nur liest, sondern ihren Rat auch beherzigt, wird erfahren, wie heilvoll und hilfreich wahre Weisheit wirkt.

(Deutsche Bibelgesellschaft, Stuttgart)

DAS BUCH DER SPRICHWÖRTER (SPRÜCHE)

ÜBER WEISHEIT UND TORHEIT (Kapitel 1–9)

Was aus diesem Buch zu lernen ist

1 Dieses Buch enthält in Sprüche gefaßte Ratschläge fürs Leben von Salomo, dem Sohn Davids und König von Israel. ²Sie zeigen uns, was Weisheit und echte Bildung ist, damit wir merken können, wo mit Einsicht über etwas geredet wird. ³Mit ihrer Hilfe kommen wir zu einer guten Bildung und lernen, wie wir unser Leben richtig führen und immer auf dem geraden Weg bleiben. ⁴So können wir auch junge und unerfahrene Menschen zu Klugheit und Besonnenheit führen. ⁵⁻⁶Sie werden dann verstehen, was weise Lehrer sagen: ihre Sprüche, Bilder, Gleichnisse und Rätsel. Auch Erfahrene lernen aus diesem Buch noch dazu und machen Fortschritte in der Kunst, die Aufgaben des Lebens zu bewältigen.

⁷Den HERRN ernst nehmen ist der Anfang aller Erkenntnis. Wer ihn mißachtet, verachtet auch Weisheit und Lebensklugheit.

Warnung vor schlechtem Umgang

⁸Mein Sohn, höre auf deinen Vater und deine Mutter und folge ihrem Rat! ⁹Das schmückt dich wie ein prächtiger Kranz auf dem Kopf oder wie eine Halskette. ¹⁰Laß dich nicht von gewissenlosen Menschen verführen, ¹¹die zu dir sagen: »Komm, geh mit uns! Wir legen uns auf die Lauer! Wenn Leute vorbeikommen, schlagen wir sie tot, einfach so! ¹²Wir machen es wie der Tod: Wir reißen sie mitten aus dem Leben heraus und befördern sie, so wie sie sind, ins Grab. ¹³Ihr Hab und Gut nehmen wir und füllen unsere Häuser damit. ¹⁴Die Beute teilen wir miteinander. Komm, mach mit!«

¹⁵Mein Sohn, mach nicht gemeinsame Sache mit diesen Verbrechern, ¹⁶denn auf Schritt und Tritt haben sie nichts als Bosheit und Mord im Sinn! ¹⁷Die Vögel beachten das ausge-

spannte Netz nicht und fliegen hinein. ¹⁸Genauso machen es
diese Verbrecher: Sie lauern sich selbst auf und stellen dem
eigenen Leben nach. ¹⁹Alle, die auf krummen Wegen reich
werden wollen, nehmen ein solches Ende: Dem Räuber raubt
sein Raub das Leben!

Die Weisheit mahnt

²⁰Die Weisheit ruft auf den Straßen,
auf den Plätzen erschallt ihre Stimme;
²¹wo die Leute sich treffen, hört man sie,
am Stadttor trägt sie ihre Rede vor:

²²»Wann werdet ihr endlich reif und erwachsen,
unreife Grünschnäbel, die ihr seid?
Ihr unverbesserlichen Schwätzer,
wie lange wollt ihr euch nicht bessern?
Wann kommt ihr endlich zur Einsicht,
ihr alle, die ihr mich mißachtet?
²³Nehmt euch doch meine Mahnung zu Herzen!
Dann öffne ich euch den Schatz meines Wissens
und gebe euch davon, soviel ihr wollt.

²⁴Ich habe immer wieder geredet,
doch ihr habt gar nicht zugehört.
Mit erhobener Hand habe ich gerufen,
und niemand hat darauf geachtet.
²⁵Ihr habt euch nicht zurechtweisen lassen
und jeden Rat in den Wind geschlagen.
²⁶Wartet ab, das Unglück kommt bestimmt!
Dann werde ich es sein, die lacht!
Dann ist die Reihe an mir, zu spotten,
²⁷wenn Angst und Schrecken über euch kommen
wie ein fürchterlicher Gewittersturm,
²⁸Dann schreit ihr nach mir, doch ich antworte nicht,
ihr werdet mich suchen und nirgends finden.

²⁹Wenn ihr euch jeder Einsicht verschließt
und euch weigert, den HERRN ernst zu nehmen,
³⁰wenn ihr meine Ratschläge von euch weist
und auf keine von meinen Warnungen hört,
³¹dann müßt ihr die Folgen tragen
und auslöffeln, was ihr euch eingebrockt habt.
³²Alle, die sich nichts sagen lassen,
gehen an ihrer Halsstarrigkeit zugrunde;

und die Sorglosen und Selbstsicheren
bringt ihr Eigensinn ums Leben.
[33]Doch alle, die auf mich hören,
haben nichts zu befürchten,
Not und Unglück bleiben ihnen erspart.«

Die Weisheit:
ein Schatz und ein Schutz

2 Mein Sohn, nimm meine Worte in dich auf! Verwahre sie wie einen Schatz. [2]Verschließ die Ohren nicht für die Lehren der Weisheit, und bemühe dich, alles zu verstehen! [3]Rufe Verstand und Einsicht zu Hilfe! [4]Suche nach der Weisheit wie nach Silber, wie nach vergrabenen Schätzen. [5]Wenn du das alles tust, wirst du auch lernen, Gott zu erkennen und ihn ernst zu nehmen. [6]Der HERR ist es, der Weisheit gibt, von ihm kommen Wissen und Verständnis. [7]Menschen, die ihm mit redlichem Herzen folgen, finden bei ihm Schutz und Hilfe. [8]Er bewahrt alle, die auf dem rechten Weg bleiben und ihm die Treue halten.

[9]Wenn du auf mich hörst, wirst du erkennen, was vor Gott recht und gut und geradlinig ist. Dann wirst du ein Leben führen können, das er gutheißt. [10]Du erlangst Weisheit und Erfahrung und hast deine Freude daran. [11]Einsicht und Besonnenheit beschützen dich, [12]sie bewahren dich davor, etwas Falsches zu tun. Sie halten dich fern von denen, die die Wahrheit verdrehen, [13]die den geraden Weg verlassen haben und auf finsteren Abwegen sind. [14]Es macht ihnen Spaß, Unrecht zu tun, über die schlimmsten Verirrungen anderer freuen sie sich. [15]Unzuverlässige Menschen sind sie, denen niemand trauen kann.

[16]Einsicht und Besonnenheit helfen dir auch, der fremden Frau zu widerstehen, die dich mit ihren schmeichelnden Worten verführen will. [17]Ihren eigenen Mann hat sie verlassen und damit auch Gott die Treue gebrochen. [18]Wer zu ihr geht, der geht in den Tod; denn von ihrem Haus führt der Weg steil hinunter in die Totenwelt. [19]Wer sie aufsucht, kommt nicht mehr zurück; denn von ihrem Haus führt kein Weg zum Leben.

[20]In jeder Hinsicht helfen dir Einsicht und Besonnenheit, dein Leben so zu führen, wie Menschen es tun, die Gott die Treue halten. [21]Redliche, rechtschaffene Menschen dürfen im Land bleiben und darin wohnen. [22]Die Treulosen aber, die nicht nach Gott fragen, werden weggefegt und ausgerottet.

Anerkennung bei Gott und Menschen

3 Mein Sohn, vergiß nicht, was ich dir beigebracht habe; behalte meine Anweisungen im Gedächtnis! ²Dadurch sicherst du dir ein langes, erfülltes Leben. ³An Liebe und Treue zu anderen soll es bei dir niemals fehlen. Schmücke dich damit wie mit einer Halskette! ⁴So findest du Beifall und Anerkennung bei Gott und den Menschen.

⁵Verlaß dich nicht auf deinen Verstand, sondern setze dein Vertrauen ungeteilt auf den HERRN! ⁶Denk an ihn bei allem, was du tust; er wird dir den richtigen Weg zeigen. ⁷Halte dich nicht selbst für klug und erfahren, sondern nimm den HERRN ernst und bleib allem Unrecht fern! ⁸Das ist eine Medizin, die dich rundum gesund erhält und deinen Körper erfrischt. ⁹Ehre den Herrn mit deinen Opfergaben; bringe ihm das Beste vom Ertrag deiner Arbeit. ¹⁰Dann werden deine Kornspeicher sich füllen und deine Weinfässer überlaufen.

¹¹Mein Sohn, wehre dich nicht, wenn der HERR dich hart anfaßt; werde nicht unwillig, wenn er dich ermahnt. ¹²Denn wenn der HERR jemand liebt, dann erzieht er ihn mit Strenge, genauso wie ein Vater seinen Sohn.

Vom Wert der Weisheit

¹³Wie glücklich ist ein Mensch, der die Weisheit gefunden und Erkenntnis erlangt hat! ¹⁴Weisheit besitzen ist besser als Silber, wertvoller als das reinste Gold. ¹⁵Sie ist kostbarer als Edelsteine; nichts, was man sich wünschen könnte, ist mit ihr vergleichbar. ¹⁶Mit der rechten Hand bietet sie dir langes Leben und mit der linken Wohlstand und Ansehen. ¹⁷Sie erfüllt dein Leben mit Glück und Sicherheit. ¹⁸Sie ist der wahre »Baum des Lebens«; wer sie erlangt und festhält, kann sich glücklich preisen!

¹⁹Mit Weisheit hat Gott die Erde gegründet,
mit Verstand das Himmelsgewölbe gebaut.
²⁰Sein Können ließ Flüsse aus der Tiefe quellen
und Regen aus den Wolken rieseln.

²¹Mein Sohn, laß dich stets von der Weisheit leiten, trenne dich nie von Besonnenheit und Klugheit! ²²Sie geben dir ein glückliches Leben und schmücken dich wie eine Halskette. ²³Durch sie gehst du deinen Weg in Sicherheit und stolperst über kein Hindernis. ²⁴Abends legst du dich ohne Angst zu Bett und schläfst die ganze Nacht hindurch fest und ruhig. ²⁵Katastrophen brauchst du nicht zu fürchten, wie sie

plötzlich über Menschen kommen, die Gott mißachten. ²⁶Denn der HERR ist dein sicherer Schutz, er läßt dich nicht in eine Falle laufen.

Richtiges Verhalten unter Menschen

²⁷Wenn ein Mitmensch Hilfe braucht und du ihm helfen kannst, dann weigere dich nicht, es zu tun. ²⁸Und wenn du ihm sofort helfen kannst, dann sage nicht, er soll morgen wiederkommen. ²⁹Schmiede keine bösen Pläne gegen deinen Nachbarn, der dir vertraut. ³⁰Streite dich nicht grundlos mit jemand, der dir gar nichts getan hat.

³¹Beneide keinen gewalttätigen Menschen um seine Erfolge, und nimm ihn nicht zum Vorbild! ³²Denn der HERR verabscheut alle, die krumme Wege gehen; aber die Rechtschaffenen macht er zu seinem Vertrauten. ³³Auf dem Haus der Unheilstifter liegt der Fluch des HERRN; aber sein Segen kommt über die Wohnstätte der Menschen, die ihm die Treue halten. ³⁴Die überheblichen Spötter trifft sein Spott; aber denen, die gering von sich denken, wendet er seine Liebe zu. ³⁵Weise kommen zu Ehren, aber Narren ernten nichts als Schande.

Weisheit – der beste Erwerb

4 Ihr jungen Leute, hört auf das, was ich wie ein Vater zu euch sage. Achtet darauf, damit ihr verständig werdet! ²Es ist etwas Gutes, was ich euch beibringen will; deshalb schiebt es nicht von euch weg! ³Als ich noch ein kleiner Junge war, zärtlich geliebt von meiner Mutter wie ein einziges Kind, da hat mein Vater mich schon unterwiesen. ⁴Er sagte zu mir:

»Präge dir meine Worte ein, vergiß sie nicht! Wenn du tust, was ich dir sage, wirst du leben. ⁵Erwirb Weisheit und Einsicht! Vergiß meine Worte nicht, sondern richte dich nach ihnen! ⁶Trenne dich nie von der Weisheit, sie wird dich beschützen. Liebe sie, dann lebst du in Sicherheit. ⁷Weisheit ist das Allerwichtigste; darum gib notfalls alles hin, um sie zu erwerben. ⁸Halte sie in Ehren, dann wird sie dich zu Ehren bringen. Wende ihr deine Liebe zu, und sie wird dir Ansehen verschaffen. ⁹Sie wird ein Schmuck für dich sein, genauso wie ein prächtiger Kranz auf deinem Kopf.«

Weisheit – der sicherste Weg

¹⁰Mein Sohn, achte genau auf das, was ich dir sage. Dadurch verlängerst du dein Leben. ¹¹Ich will dich auf den Weg der Weisheit und Lebensklugheit bringen; es ist ein gerader Weg.

¹²Wenn du diesen Weg gehst, wird kein Hindernis deinen Schritt hemmen; selbst wenn du läufst, wirst du nicht stolpern. ¹³Bleibe bei dem, was du gelernt hast, verleugne es nicht! Halte an den Lehren der Weisheit fest, dein Leben hängt davon ab!

¹⁴Richte dich nicht nach dem Vorbild gewissenloser Menschen, folge nicht dem Beispiel der Unheilstifter! ¹⁵Hab nichts mit ihnen zu tun, geh nicht auf ihren Wegen! Wende dich vom Unrecht ab, laß dich nicht darauf ein! ¹⁶Schlechte Menschen können nicht einschlafen, wenn sie nicht vorher etwas angestellt haben. Sie finden erst Ruhe, wenn sie jemand zu Schaden gebracht haben. ¹⁷Unrecht ist ihr tägliches Brot und Gewalttätigkeit der Wein, an dem sie sich berauschen.

¹⁸Das Leben der Menschen, die auf Gott hören, gleicht dem Sonnenaufgang: es wird heller und heller, bis es völlig Tag geworden ist. ¹⁹Aber das Leben derer, die Gott mißachten, ist wie die finstere Nacht: sie kommen zu Fall und wissen nicht, worüber sie gestolpert sind.

Weisheit – Hilfe zum Leben

²⁰Mein Sohn, hör mir gut zu, achte auf meine Worte! ²¹Präge sie dir ein, damit du sie in Herz und Sinn behältst und nie verlierst. ²²Sie erhalten den Menschen, der sie befolgt, bei Leben und Gesundheit. ²³Mehr als auf alles andere achte auf deine Gedanken, denn sie entscheiden über dein Leben. ²⁴Laß deinen Mund keine Unwahrheit aussprechen; über deine Lippen soll keine Verleumdung oder Täuschung kommen.

²⁵Laß deine Augen geradeaus schauen, richte deine Blicke genau auf deinen Weg! ²⁶Überlege, was du tun willst, und dann tu es entschlossen! ²⁷Laß dich von der richtigen Entscheidung nicht abbringen, damit deine Füße nicht auf Abwege geraten.

Warnung vor Ehebruch

5 Mein Sohn, hör mir zu und beherzige, was ich dir als Weisheit und Einsicht weitergebe. ²Dann wirst du gescheit und redest, was Hand und Fuß hat.

³Die fremde Frau lockt dich mit honigsüßen Worten, glatt wie Öl fließen sie von ihren Lippen. ⁴Doch am Ende ist sie bitter wie Galle und tödlich wie ein beidseitig geschliffenes Schwert. ⁵Sie reißt dich mit in den Tod, ihre Schritte führen geradewegs ins Grab. ⁶Damit du den Weg zum Leben nicht siehst, lenkt sie dich ab, ohne daß du es merkst.

⁷Hört mir jetzt gut zu, ihr jungen Männer, und schlagt meine Warnungen nicht in den Wind!

⁸Geh dieser Frau aus dem Weg! Komm der Tür ihres Hauses nicht zu nahe! ⁹Sonst bist du deine Ehre los, und ein erbarmungsloser Rächer bringt dich um alles, was du in langen Jahren erworben hast. ¹⁰Dann leben Fremde von deinem Vermögen, und der Ertrag deiner Mühe kommt einem Unbekannten zugute. ¹¹Wenn du schließlich bis auf die Knochen abgemagert bist, dann stöhnst du ¹²und jammerst: »Hätte ich mir nur etwas sagen lassen! Warum habe ich mich gegen jede Ermahnung gesträubt? ¹³Hätte ich doch besser aufgepaßt und auf meine Lehrer gehört! ¹⁴Um ein Haar wäre ich in aller Öffentlichkeit bloßgestellt worden!«

¹⁵Du hast doch deinen eigenen Brunnen, deine Quelle, die klares Wasser sprudelt. Trink aus dieser Quelle! ¹⁶Willst du, daß ihr Wasser auf die Straße fließt? ¹⁷Willst du es etwa mit anderen teilen? Für dich allein soll es sprudeln! ¹⁸Freue dich an der Frau, die du jung geheiratet hast. Sie soll dir viele Kinder schenken! ¹⁹Anmutig wie eine Gazelle ist sie. Ihre Brüste sollen dich immer berauschen, in ihren Armen kannst du dich selbst vergessen!

²⁰Mein Sohn, willst du wirklich dein Glück bei einer anderen suchen und dich an den Brüsten einer Fremden berauschen? ²¹Bedenke: Der HERR sieht alles, was du tust, und prüft alle deine Wege. ²²Deine Untaten werden dich einholen; deine Sünde wird dir zur Schlinge, in der du dich selber fängst. ²³Wer keine Selbstbeherrschung hat, kommt um. Seine bodenlose Dummheit bringt ihn ins Grab.

Vier Warnungen

6 Mein Sohn, hast du für einen anderen Bürgschaft übernommen? Hast du dich durch Handschlag verpflichtet, für seine Schulden aufzukommen? ²Sind deine eigenen Worte dir zur Schlinge geworden? Bist du durch deine Versprechungen in eine Falle geraten? ³Dann hat der andere dich in seiner Gewalt, mein Sohn, und dir bleibt nur noch ein Ausweg: Geh zu ihm, bestürme ihn mit Bitten, laß nicht nach, damit er dich freigibt. ⁴Gönne dir keine Ruhe, gönne deinen Augen keinen Schlaf, ⁵bis du ihm entronnen bist wie eine Gazelle aus der Hand des Fallenstellers oder ein Vogel aus dem Netz.

⁶Sieh dir die Ameise an, du Faulpelz! Nimm dir ein Beispiel an ihr, damit du weise wirst! ⁷Sie hat keinen Aufseher und keinen Antreiber. ⁸Und doch sorgt sie im Sommer für ihre Nahrung und sammelt zur Erntezeit ihre Vorräte. ⁹Wie

lange willst du noch liegen bleiben, du Faulpelz? Wann geruhst du endlich aufzustehen? ¹⁰»Nur ein kurzes Nickerchen«, sagst du, »nur einen Moment die Augen zumachen und die Hände in den Schoß legen.« ¹¹Und während du das tust, kommt die Armut zu dir wie ein Landstreicher, und die Not überfällt dich wie ein Einbrecher.

¹²Nichtsnutzige, heimtückische Menschen laufen umher und verbreiten Lügen. ¹³Sie zwinkern mit den Augen, um andere zu täuschen, und geben Zeichen mit den Händen oder Füßen. ¹⁴Ihr Herz ist falsch; immerzu schmieden sie böse Pläne und zetteln Streitereien an. ¹⁵Darum nehmen sie ein schreckliches Ende. Unerwartet wird das Verderben sie treffen, und nichts wird es abwenden können.

¹⁶Sechs Dinge verabscheut der HERR, und das siebte kann er erst recht nicht ausstehen:

¹⁷überhebliche Augen,
eine lügnerische Zunge,
Hände, die schuldlose Menschen töten,
¹⁸einen Kopf, der böse Pläne ausheckt,
Füße, die auf verbrecherischen Wegen laufen,
¹⁹einen Zeugen, der nicht die Wahrheit sagt,
und einen Menschen, der Brüder gegeneinander aufhetzt.

Ehebruch bleibt nicht ohne Folgen

²⁰Mein Sohn, halte dich an die Weisungen deines Vaters! Vergiß nicht, was deine Mutter dich gelehrt hat! ²¹Laß dir die Worte deiner Eltern am Herzen liegen, so nahe wie das Schmuckstück, das du an einer Schnur um den Hals trägst. ²²Diese Worte werden dich bei deiner Arbeit leiten, dich beschützen, während du schläfst, und dich beraten, sobald du wieder aufgewacht bist.

²³Was Vater und Mutter dir beibringen, ist wie eine helle Lampe für deinen Weg. Wenn sie dich ermahnen und zurechtweisen, leiten sie dich an zu einem erfüllten Leben. ²⁴Sie schützen dich vor der schlechten Frau, vor der Frau eines anderen, die dich mit Schmeichelworten lockt. ²⁵Laß dich nicht von ihren Reizen verführen, und wenn sie dir schöne Augen macht, fall nicht darauf herein! ²⁶Für eine Prostituierte zahlst du nicht mehr als für einen Laib Brot, aber für die Frau eines anderen mußt du mit deinem Leben bezahlen.

²⁷Kann man Feuer in der Tasche seines Gewandes tragen, ohne das Gewand in Brand zu setzen? ²⁸Kann man über glühende Kohlen laufen, ohne sich die Füße zu verbrennen?

²⁹Ebensowenig kann man mit der Frau eines anderen schlafen, ohne die Strafe dafür zu bekommen.

³⁰Einen Dieb verachtet man, auch wenn er nur stiehlt, weil der Hunger ihn treibt. ³¹Wird er ertappt, so muß er es siebenfach bezahlen und schlimmstenfalls alles hergeben, was er besitzt. ³²Aber wer mit der Frau eines anderen Ehebruch begeht, muß den Verstand' verloren haben. So etwas tut nur einer, der sein Leben leid ist!

³³Schläge bekommt er und dazu Schmach und Schande, die er nie wieder los wird. ³⁴Eifersucht steigert die Wut eines Ehemannes bis zum Äußersten; und wenn die Gelegenheit sich bietet, wird er sich rächen ohne jedes Mitleid. ³⁵Mit Sühnegeld läßt er sich nicht besänftigen. Du magst ihm noch so viele Geschenke anbieten, er bleibt hart.

Laß dich nicht verführen!

7 Mein Sohn, denk an meine Worte! Hüte meine Anweisungen wie einen Schatz! ²Wenn du leben willst, dann gib auf sie acht wie auf dein eigenes Auge. ³Behalte meine Weisungen immer bei dir, wie einen Ring an deinem Finger, schreibe sie dir tief ins Herz! ⁴Betrachte die Weisheit als deine Schwester und die Einsicht als deine beste Freundin. ⁵Sie werden dich fernhalten von der Frau eines anderen, von der Fremden, die so schmeichelhaft reden kann.

⁶Eines Tages stand ich am Fenster meines Hauses und schaute hinaus. ⁷Auf der Straße sah ich viele junge, noch unerfahrene Leute. Unter ihnen fiel mir ein Bursche auf, der gänzlich ohne Verstand sein mußte. ⁸Er ging die Gasse entlang, an deren Ecke eine gewisse Frau wohnte, und näherte sich ihrem Haus. ⁹Der Abend war schon der Nacht gewichen, es war dunkel geworden.

¹⁰Da sah ich sie, sie ging auf ihn zu, gekleidet wie eine Prostituierte. Sie wußte genau, was sie wollte. ¹¹Sie war so waghalsig und hemmungslos, daß es sie nicht im Hause hielt. ¹²Mal sah man sie auf dem Marktplatz, mal auf den Straßen, dann wieder stand sie an irgendeiner Ecke und wartete.

¹³Sie ging also auf den jungen Mann zu, legte ihm die Arme um den Hals, küßte ihn, blickte ihm herausfordernd in die Augen und sagte: ¹⁴»Ich mußte Gott heute ein Dankopfer bringen, das ich ihm versprochen hatte; das Fleisch für das Opfermahl habe ich mit nach Hause gebracht. ¹⁵Deshalb bin ich herausgekommen. Ich wollte dich immer schon kennenlernen. Da bist du nun! ¹⁶Ich habe mein Bett mit weichen, bunten Tüchern aus Ägypten bezogen, ¹⁷mit Essenzen von Myrrhe, Aloë und Zimt habe ich es besprengt. ¹⁸Komm mit!

Wir lieben uns die ganze Nacht bis morgen früh, wir wollen einander genießen! [19] Der Mann ist nicht zu Hause, er macht gerade eine lange Reise. [20] Er hat genug Geld mitgenommen und kommt frühestens in vierzehn Tagen wieder.«

[21] Mit solchen Worten redet sie auf ihn ein, und schließlich hat sie ihn überredet. [22] Er folgt ihr – wie ein Ochse, der zum Schlachtplatz geführt wird. Mit Ketten an den Füßen geht er seiner Strafe entgegen, dieser unverbesserliche Narr! [23] Er weiß nicht, daß es um sein Leben geht – bis ein Pfeil ihm die Leber durchbohrt, bis er gefangen im Netz hängt wie ein Vogel.

[24] Deshalb hört mir jetzt zu, ihr jungen Männer! Merkt euch, was ich euch sage: [25] Laßt euch nicht von einer solchen Frau den Kopf verdrehen, folgt ihr nicht auf ihren schlimmen Wegen! [26] Sie hat schon viele Männer ruiniert, und nicht wenige sind ihretwegen ums Leben gekommen. [27] Ihr Haus ist ein Zugang zur Totenwelt. Wer zu ihr geht, betritt den kürzesten Weg ins Grab.

Die Weisheit stellt sich vor

8 Hört doch, die Weisheit ruft,
die Einsicht läßt ihre Stimme erschallen!
[2] Erhöht und weithin sichtbar steht sie an den Straßen
und da, wo sich Wege kreuzen.
[3] Sie stellt sich an die Tore der Stadt,
an den Toreingängen ruft sie aus:
[4] »Leute, ich habe euch etwas zu sagen!
An alle Menschen wende ich mich.
[5] Ihr Grünschnäbel, lernt reif zu werden!
Ihr Unverständigen, werdet klug!
[6] Hört zu, ich gebe euch wertvollen Rat!
Ihr könnt euch auf meine Worte verlassen.
[7] Aus meinem Mund hört ihr die Wahrheit;
Böses auszusprechen, ist mir verhaßt.
[8] Meine Worte sind alle wahr und ehrlich,
es ist keine Falschheit und Hinterlist darin.
[9] Sie sind klar und eindeutig für alle,
die Einsicht haben und ihren Verstand gebrauchen.
[10] Sucht meine Unterweisung, nicht Silberschmuck!
Strebt nach Erkenntnis statt nach Schmuck aus Gold!
[11] Ihr wißt doch: ›Weisheit ist besser als Juwelen,
sie ist mit nichts vergleichbar,
was ein Mensch sich wünschen könnte!‹

¹²Ich bin die Weisheit.
Ich bin vertraut mit der Klugheit
und weiß umsichtig zu überlegen.
¹³Dem HERRN gehorchen heißt: das Böse hassen.
Ich verabscheue Überheblichkeit und Hochmut,
unrechtes Tun und lügnerisches Reden.
¹⁴Ich mache Pläne und führe sie auch aus;
ich habe die Einsicht und auch die Macht.
¹⁵Mit meiner Hilfe regieren die Könige
und treffen die Herrscher gerechte Entscheidungen.
¹⁶Mit meiner Hilfe regieren die Mächtigen,
die Großen, die für das Recht zu sorgen haben.
¹⁷Alle, die mich lieben, die liebe ich auch.
Wer mich sucht, wird mich finden.
¹⁸Reichtum und Ehre habe ich zu bieten,
bleibenden Besitz und gerechten Lohn.
¹⁹Was ihr von mir bekommt,
ist besser als das feinste Gold,
wertvoller als das reinste Silber.
²⁰Wo Menschen nach Gottes Willen fragen
und einander gerecht behandeln,
dort bin ich mit Sicherheit zu finden,
²¹um denen, die mich lieben, Besitz zu geben
und ihre Häuser mit Schätzen zu füllen.

²²Am Anfang hat der HERR mich geschaffen,
ich war sein erstes Werk vor allen anderen.
²³In grauer Vorzeit hat er mich gemacht,
am Anfang, vor Beginn der Welt.
²⁴Als ich geboren wurde, gab es noch kein Meer,
und keine Quelle brach aus der Tiefe hervor.
²⁵Der Grund der Berge war noch nicht gelegt,
die Hügel waren noch nicht entstanden.
²⁶Gott hatte noch nicht die Erde gemacht,
vom festen Land und seinen Feldern
war noch nicht das geringste zu sehen.
²⁷Ich war dabei, als er den Himmel wölbte
und den Kreis des Horizonts festlegte
über den Tiefen des Ozeans,
²⁸als er die Wolken hoch oben zusammenzog
und die Quellen aus der Tiefe sprudeln ließ,
²⁹als er dem Meer die Grenze bestimmte,
die seine Fluten nicht überschreiten dürfen,
als er die Fundamente der Erde abmaß –
³⁰da war ich als Kind an seiner Seite,

ich freute mich an jedem Tag
und spielte unter seinen Augen.
31 Ich spielte auf dem weiten Rund der Erde
und hatte meine Freude an den Menschen.

32 Deshalb, ihr jungen Leute, hört auf mich!
Wie glücklich sind alle, die mir folgen!
33 Schlagt meine Unterweisung nicht in den Wind,
hört darauf und werdet klug!
34 Wie glücklich sind alle, die mir zuhören,
die jeden Tag vor meinem Haus stehen
und an meinem Tor auf mich warten.
35 Alle, die mich finden, finden das Leben,
und der HERR hat Freude an ihnen.
36 Doch wer mich verfehlt, schadet sich selbst.
Alle, die mich hassen, lieben den Tod.«

Weisheit und Torheit laden ein

9 Frau Weisheit hat sich ein Haus gebaut
mit sieben prächtigen Säulen.
2 Zum Fest hat sie Rinder schlachten lassen,
den Wein mit feinen Gewürzen vermischt
und ihren Tisch für das Mahl gedeckt.
3 Nun schickt sie ihre Dienerinnen;
sie gehen auf den Marktplatz der Stadt
und rufen in ihrem Auftrag aus:
4 »Wer unerfahren ist, soll zu mir kommen!
Wer etwas lernen will, ist eingeladen!
5 Kommt in mein Haus, eßt und trinkt,
was ich für euch zubereitet habe!
6 Wer unwissend bleiben will, den laßt stehen!
Kommt, betretet den Weg zur Einsicht!
Der Lohn dafür ist ein erfülltes Leben.«

7 Wer einen Eingebildeten belehren will, macht sich lächer-
lich. Und wer einen Unheilstifter zurechtweist, tut es zu seinem eigenen Schaden. 8 Tadle keinen Eingebildeten, er wird
dich hassen. Zeige dem Gebildeten seine Fehler, und er wird
dich dafür lieben. 9 Belehre den Klugen, dann wird er noch
klüger. Unterweise den, der nach Gott fragt, und sein Wissen
wird zunehmen.

10 Den HERRN ernst nehmen ist der Anfang aller Weisheit.
Gott, den Heiligen, kennen ist Einsicht. 11 Durch die Weisheit
wird dein Leben verlängert. 12 Wenn du weise bist, hast du

selber den Nutzen davon. Wenn du aber ein eingebildeter
Spötter bist, mußt du selber die Folgen tragen.

¹³ Frau Torheit ist eine schamlose Dirne,
eine vorlaute, aufdringliche Schwätzerin.
¹⁴ Vor ihrem Haus am Marktplatz der Stadt
sitzt sie an der Tür auf hohem Stuhl.
¹⁵ Sie sagt zu jedem, der vorübergeht
und einen geraden Weg verfolgt:
¹⁶ »Wer unerfahren ist, komme zu mir!
Wer etwas lernen will, ist eingeladen!
¹⁷ Verbotenes Wasser ist süß!
Heimlich gegessenes Brot schmeckt am allerbesten!«
¹⁸ Doch wer ihrer Einladung Folge leistet,
weiß nicht, daß drinnen an ihrem Tisch
die Geister der Toten sitzen.
Wer die Schwelle ihres Hauses überschreitet,
betritt damit schon die Totenwelt.

DIE ERSTE SAMMLUNG
VON RATSCHLÄGEN SALOMOS (10,1–22,16)

10
¹ᵃ Die folgenden Sprüche sind von Salomo:

Wohlstand kommt durch Gottes Segen

¹ᵇ Ein kluger Sohn ist Vaters Glück, doch ein dummer ist
Mutters Kummer.
² Durch Unrecht reich werden bringt keinen Nutzen, aber
Gott gehorchen rettet vom Tod.
³ Gott läßt niemand verhungern, der nach ihm fragt; aber
wer ihn mißachtet, dessen Gier bleibt ungestillt.
⁴ Untätige Hände bringen Armut, fleißige Hände Reichtum.
⁵ Wer gescheit ist, erntet, wenn das Korn reif ist; wer die
Erntezeit verschläft, verdient Verachtung.
⁶ Wer Gott gehorcht, empfängt Segen; wer Gott mißachtet,
hinter dessen Worten versteckt sich seine Gewalttätigkeit.
⁷ An einen guten Menschen erinnert man sich in Dankbarkeit, von einem schlechten vergißt man sogar den Namen.
⁸ Ein weiser Mensch nimmt Weisungen an, ein uneinsichtiger Schwätzer rennt in sein Verderben.
⁹ Wer geradlinig lebt, lebt ohne Angst; wer krumme Wege
geht, wird irgendwann ertappt.

¹⁰Wer jemand mit den Augen zuzwinkert, will andere in Schwierigkeiten bringen; aber ein uneinsichtiger Schwätzer bringt sich selbst ins Verderben.

¹¹Wer mit Gott lebt, dessen Mund ist eine Quelle des Lebens; wer ohne Gott lebt, hinter dessen Worten versteckt sich seine Gewalttätigkeit.

¹²Haß sucht Streit, Liebe sucht Verständigung.

¹³Von den Lippen des Verständigen hört man kluge Worte, aber auf den Rücken des Unverständigen gehört der Stock.

¹⁴Weise reden nicht von ihrem Wissen, aber Unverständige reden plötzliches Unheil herbei.

¹⁵Für den Reichen ist sein Vermögen eine sichere Burg, für die Armen ist ihre Armut der sichere Untergang.

¹⁶Wer Gott gehorcht, bekommt zum Lohn das Leben. Wer Gott mißachtet, verfehlt es durch Unrecht.

¹⁷Wenn du dich willig ermahnen läßt, gehst du den Weg zum Leben; wenn du keine Warnung hören willst, gehst du in die Irre.

¹⁸Wer Haß geheimhalten will, muß lügen; wer alles ausposaunt, muß verrückt sein!

¹⁹Ein Mensch, der viel redet, versündigt sich leicht; wer seine Zunge im Zaum hält, zeigt Verstand.

²⁰Was ein Mensch sagt, der Gott gehorcht, ist wertvoll wie reinstes Silber; was sich jemand ausdenkt, der Gott mißachtet, ist völlig wertlos.

²¹Menschen, die Gott gehorchen, erhalten mit ihren Worten viele am Leben; aber unverbesserliche Narren sterben aus Mangel an Verstand.

²²Wohlstand kommt durch Gottes Segen, eigene Mühe macht ihn nicht größer.

²³Für Unverständige ist es ein Vergnügen, Schandtaten zu verüben; Verständige haben ihre Freude daran, sich mit der Weisheit zu befassen.

²⁴Wer Gott mißachtet, dem stößt zu, was er befürchtet; wer Gott gehorcht, bekommt, was er wünscht.

²⁵Wenn der Sturm vorüber ist, sind die Unheilstifter nicht mehr da; aber ein Mensch, der nach Gott fragt, steht immer auf festem Grund.

²⁶Wie Essig für die Zähne und Rauch für die Augen, so ist ein Faulpelz für seinen Arbeitgeber.

²⁷Wer Gott ernst nimmt, vermehrt die eigenen Lebensjahre; wer ihn mißachtet, verkürzt sie.

²⁸Wenn du Gott gehorchst, erwartet dich Freude; wenn du ihn mißachtest, hast du nichts Gutes zu erwarten.

²⁹Wer sich an Gott hält, hat in ihm eine feste Burg; aber allen, die Unrecht tun, bringt er den Untergang.

³⁰Wer Gott gehorcht, bleibt für immer fest gegründet; doch wer ihn mißachtet, darf nicht im Land bleiben.

³¹Aus dem Mund eines rechtschaffenen Menschen kommen Worte der Weisheit; aber eine lügnerische Zunge wird abgeschnitten.

³²Die Worte eines Menschen, der Gott gehorcht, tun wohl; was die Ungehorsamen sagen, tut weh.

Freigebige werden immer reicher

11 Falsche Waage kann Gott nicht ausstehen; nur richtiges Gewicht ist ihm recht.

²Überheblichkeit bringt Schande; ein weiser Mensch ist bescheiden.

³Aufrichtige werden von ihrer Redlichkeit geleitet; Hinterhältige von ihrer Falschheit umgebracht.

⁴Reich sein bewahrt nicht vor Gottes Strafe; aber Gott gehorchen rettet vor dem Tod.

⁵Den Rechtschaffenen ebnet ihr Gehorsam den Weg; aber die Bösen bringt ihre Bosheit zu Fall.

⁶Die Aufrichtigen rettet ihre Treue; aber den Treulosen wird ihre Habsucht zur Schlinge.

⁷Wenn ein schlechter Mensch stirbt, dann stirbt auch seine Hoffnung; was er vom Reichtum erhoffte, erweist sich als Täuschung.

⁸Wer Gott gehorcht, wird aus Not errettet; an seiner Stelle gerät der hinein, der Gott mißachtet.

⁹Menschen, die Gott verachten, schaden anderen mit ihren Worten; Menschen, die Gott die Treue halten, retten andere durch ihr Wissen.

¹⁰Wenn es den Guten gutgeht, freut sich die ganze Stadt; und wenn die Verbrecher umkommen, jubeln alle ihre Bewohner.

¹¹Durch die Rechtschaffenen kommt Segen über die Stadt und baut sie auf; doch die Worte der Unheilstifter reißen sie nieder.

¹²Wer verächtlich über andere redet, hat keinen Verstand; Verständige halten den Mund.

¹³Ein Mensch, der jedes Gerücht weiterträgt, plaudert auch Geheimnisse aus; ein vertrauenswürdiger Mensch behandelt sie vertraulich.

¹⁴Ohne Führung ist ein Volk verloren; aber wo viele Ratgeber sich einig werden, da ist Sicherheit.

¹⁵Wer für die Schulden eines Fremden Bürgschaft leistet,

ist übel dran. Wer den bürgenden Handschlag ausschlägt, hat einen ruhigen Schlaf.

[16] Eine Frau kommt durch Liebenswürdigkeit zu Ansehen; Männer kommen durch Tatkraft zu Vermögen.

[17] Wenn du zu anderen gütig bist, tust du dir selber wohl; wenn du grausam bist, tust du dir selber weh.

[18] Wer nicht nach Gott fragt, sammelt unsicheren Gewinn; wer tut, was Gott will, bekommt sicheren Lohn.

[19] Entschieden das Rechte tun führt zum Leben, beharrlich Unrecht tun führt zum Tod.

[20] Gott verabscheut die Unzuverlässigen; aber alle, die geradlinig leben, liebt er.

[21] Verlaß dich darauf: wer Unrecht tut, entgeht der Strafe nicht; aber alle, die Gott gehorchen, werden freigesprochen.

[22] Ein goldener Ring im Rüssel einer Wildsau? So ist eine schöne Frau ohne Benehmen!

[23] Wenn du Gott gehorchst, hast du nur Gutes zu erwarten; wenn du Gott mißachtest, wird deine Hoffnung grausam enttäuscht.

[24] Freigebige werden immer reicher, der Geizhals spart sich arm.

[25] Wenn du mit anderen teilst, wirst du selbst beschenkt; wenn du den Durst anderer stillst, läßt man dich auch nicht verdursten.

[26] Wer in Notzeiten sein Korn im Speicher behält, den verfluchen die Leute; aber sie preisen den, der es verkauft.

[27] Wer danach trachtet, Gutes zu tun, findet Zustimmung bei Gott. Wer danach trachtet, Unheil zu stiften, den überfällt es.

[28] Ein Mensch, der sich auf seinen Reichtum verläßt, kommt zu Fall. Aber alle, die sich an Gott halten, sprossen wie frisches Laub.

[29] Wer Haus und Familie nicht in Ordnung hält, dessen Besitz löst sich in Luft auf. Wenn du so dumm bist, wirst du schließlich zum Sklaven eines Klügeren.

[30] Wer Gott gehorcht, dessen Tun hilft anderen zum Leben. Wer klug und weise ist, gewinnt Menschen für sich.

[31] Menschen, die Gott gehorchen, bekommen hier auf der Erde ihren Lohn – und die erst recht, die Gott mißachten und Unrecht tun!

Gott gehorchen ist ein Weg zum Leben

12 Wer lernen will, läßt sich gern zurechtweisen; wer keinen Tadel erträgt, bleibt dumm.

[2] Ein guter Mensch findet Zustimmung bei Gott; aber den Ränkeschmied verurteilt er.

³Wer sich über Gottes Gebote hinwegsetzt, hat keinen sicheren Halt; aber alle, die Gott gehorchen, stehen fest wie Bäume mit starken Wurzeln.

⁴Eine tüchtige Frau bringt ihren Mann zu höchsten Ehren; aber eine Schlampe bringt ihn um wie eine langsam fressende Krankheit.

⁵Ein Mensch, der Gott gehorcht, denkt stets an das Recht; ein Mensch, der Gott mißachtet, plant nichts als Betrug.

⁶Was Unheilstifter sagen, ist ein tödlicher Hinterhalt; aber die Worte redlicher Menschen retten aus Todesgefahr.

⁷Wer Gott mißachtet, wird gestürzt und verschwindet für immer; wer ihm gehorcht, dessen Familie bleibt bestehen.

⁸Wenn einer Verstand hat, lobt man ihn; aber einen Wirrkopf lacht man aus.

⁹Nicht angesehen sein und einen Diener haben ist besser als berühmt sein und nichts zu essen haben.

¹⁰Ein Mensch, der mit Gott rechnet, kümmert sich um das Wohl seiner Tiere; wer Gott mißachtet, hat kein Herz für sie.

¹¹Wenn du deine Felder bestellst, hast du Brot genug; wenn du dich mit windigen Geschäften abgibst, hast du den Verstand verloren.

¹²Wer Gott mißachtet, beneidet die Verbrecher um ihren Gewinn; wer Gott gehorcht, hat alle Voraussetzungen zum Erfolg.

¹³Die Worte eines Schurken sind eine tödliche Falle; aber wer Gott gehorcht, entgeht dieser Gefahr.

¹⁴Wer Gutes sagt, lebt auch gut davon; wer Gutes tut, dem bringt es etwas ein.

¹⁵Ein Narr hält alles, was er tut, für richtig; Weise hören auf klugen Rat.

¹⁶Wenn ein Dummkopf gekränkt wird, zeigt er seinen Ärger sofort; Kluge beherrschen ihre Gefühle.

¹⁷Wer die Wahrheit aussagt, hilft dem Recht zum Sieg; ein falscher Zeuge bringt es zu Fall.

¹⁸Die Worte mancher Leute sind wie Messerstiche; die Worte weiser Menschen bringen Heilung.

¹⁹Wahrheit besteht für immer, Lüge nur einen Augenblick.

²⁰Wer böse Pläne schmiedet, betrügt sich selbst; wer anderen hilfreichen Rat erteilt, macht sich selber Freude.

²¹Wenn du Gott gehorchst, dann stößt dir nichts Böses zu; wenn du Gott mißachtest, kannst du dich vor Plagen nicht retten.

²²Lügner sind Gott zuwider; aber an zuverlässigen Menschen hat er Gefallen.

²³Der Kluge hält mit seinem Wissen zurück; der Narr geht mit seiner Unwissenheit hausieren.

²⁴Fleiß führt zu Macht, Faulheit macht zum Sklaven.

²⁵Sorgen drücken einen Menschen nieder; ein gutes Wort richtet ihn auf.

²⁶Menschen, die Gott gehorchen, sind besser dran als andere; denn alle, die Gott mißachten, gehen in die Irre.

²⁷Ein fauler Jäger fängt nie ein Wild; aber ein fleißiger Mensch sammelt seltene Schätze.

²⁸Gott gehorchen ist ein Weg zum Leben, eine gut gebaute Straße ohne tödliche Gefahren.

Schnell erschwindelter Reichtum verliert sich

13 Ein verständiger Sohn hört darauf, wenn sein Vater ihn zurechtweist; aber ein Taugenichts überhört jeden Tadel.

²Ein Mensch, der Gutes sagt, lebt auch gut davon; aber Verbrecher kommen nicht aus ohne Gewalttätigkeit.

³Wer den Mund halten kann, bewahrt sein Leben; wer ihn zu weit aufreißt, bringt sich ins Verderben.

⁴Der Faulpelz kommt um vor Begier und bleibt hungrig; aber der Fleißige ißt sich satt.

⁵Wer Gott gehorcht, haßt die Lüge; wer Gott mißachtet, setzt Gerüchte in die Welt.

⁶Das Rechte befolgen bewahrt die Vollkommenen; aber Unrecht stürzt die Sünder ins Verderben.

⁷Der eine spielt den Reichen und ist bettelarm; der andere spielt den Armen und ist steinreich.

⁸Der Reiche kann sein Leben freikaufen; beim Armen hat der Erpresser nichts zu holen.

⁹Wer Gott gehorcht, gleicht einem hell brennenden Licht; wer Gott mißachtet, ist wie eine erlöschende Lampe.

¹⁰Überheblichkeit bringt nichts als Zank und Streit; wenn du klug bist, nimmst du guten Rat an.

¹¹Schnell erschwindelter Reichtum verliert sich, langsam erarbeiteter vermehrt sich.

¹²Langes Warten macht das Herz krank; aber ein erfüllter Wunsch gibt ihm neues Leben.

¹³Wer guten Rat verachtet, muß teuer dafür bezahlen; wer ihn befolgt, wird belohnt.

¹⁴Die Worte eines weisen Lehrers sind eine Quelle des Lebens; sie helfen, den Fallen des Todes zu entgehen.

¹⁵Leute mit klarem Verstand finden Zustimmung; Treulose gehen einen Weg voller Stolpersteine.

16Alles, was ein kluger Mensch tut, zeigt sein Wissen. Was ein Dummkopf tut, zeigt seine Unwissenheit.

17Ein untreuer Bote bringt sich ins Unglück; aber ein zuverlässiger bringt verfahrene Dinge wieder in Ordnung.

18In Armut und Schande gerätst du, wenn du Zurechtweisung ablehnst; wenn du Tadel annimmst, kommst du zu Ehren.

19Wenn dein Wunsch in Erfüllung geht, freust du dich. Wenn ein Narr von seiner Verbohrtheit lassen soll, ärgert er sich.

20Wer sich zu Klugen gesellt, wird klug; wer sich mit Dummköpfen befreundet, ist am Ende selbst der Dumme.

21Unglück verfolgt die, die Unrecht tun; Glück belohnt alle, die Gott gehorchen.

22Ein guter Mensch kann seinen Besitz auf Kinder und Enkel vererben; die Sünder werden beerbt von den Menschen, die Gott gehorchen.

23Auch auf den kümmerlichen Feldern der Armen wächst reichlich zu essen; trotzdem kommen viele um, weil ihr Recht mißachtet wird.

24Wer den Stock schont, haßt seinen Sohn; wer seinen Sohn liebt, erzieht ihn beizeiten.

25Wer Gott gehorcht, kann sich satt essen; wer Gott mißachtet, läuft ständig mit knurrendem Magen herum.

Gerechtigkeit macht ein Volk groß

14 Kluge Frauen bauen Haus und Familie auf, aber unverständige reißen alles nieder.

2Geradlinig leben und Gott ernst nehmen gehören zusammen, ebenso krumme Wege gehen und nicht nach ihm fragen.

3Unverbesserliche Narren schaden sich selbst durch ihr hochmütiges Reden; was der Erfahrene sagt, schützt ihn vor Schaden.

4Wo keine Rinder sind, spart man ihr Futter; aber für reiche Erträge braucht man ihre Kraft.

5Ein ehrlicher Zeuge sagt immer die Wahrheit, aber ein falscher Zeuge bringt nichts als Lügen vor.

6Die Eingebildeten wollen weise werden und schaffen es nicht; den Einsichtigen fällt es leicht.

7Meide unverbesserliche Narren; du hörst bei ihnen kein vernünftiges Wort!

8Wer klug ist, hat Einsicht und weiß, was er tut. Wer dumm ist, hat nur Dummheit; damit täuscht er sich selbst und andere.

9Unverbesserliche Narren stimmen sich gegenseitig zu,

weil sie alle im Unrecht sind; aber redliche Menschen finden Zustimmung bei Gott.

¹⁰Das Menschenherz ist mit seinen tiefsten Schmerzen und Freuden allein; niemand kann sie mit ihm teilen.

¹¹Das Haus des Verbrechers wird niedergerissen; aber die Familie des Redlichen blüht und gedeiht.

¹²Mancher Mensch hält seinen Weg für den richtigen, aber am Ende führt er ihn in den Tod.

¹³Hinter dem Lachen kann sich Traurigkeit verbergen; wenn dann die Freude vorüber ist, ist der Schmerz noch da.

¹⁴Wer sich auf Abwege begibt, bekommt den Lohn dafür; aber der Lohn guter Menschen ist vorzuziehen.

¹⁵Ein Grünschnabel glaubt alles, was man ihm sagt; der Erfahrene prüft es, bevor er handelt.

¹⁶Der Kluge ist vorsichtig und meidet das Böse; der Dumme handelt unbeherrscht und überschätzt sich.

¹⁷Wer sich schnell erhitzt, macht Dummheiten; wer kalt berechnet, macht sich verhaßt.

¹⁸Der Besitz des Grünschnabels ist seine Unwissenheit; Wissen ist der Schmuck der Erfahrenen.

¹⁹Die Bösen werden sich vor den Guten niederbeugen; wer Gott mißachtet, muß denen dienen, die Gott gehorchen.

²⁰Den Armen mag niemand, nicht einmal sein Nachbar; aber die Reichen haben viele Freunde.

²¹Wer seinen Mitmenschen mit Verachtung begegnet, macht sich schuldig; aber freuen darf sich, wer sich um die Hilflosen kümmert.

²²Wer Unheilspläne schmiedet, läuft ins Unheil; wer Gutes plant, erfährt Güte und Treue.

²³Jede Arbeit bringt Lohn; aber Geschwätz bringt nur Nachteil.

²⁴Reichtum ist die Krone der Verständigen; unverbesserliche Narren bekränzen sich mit Unverstand.

²⁵Wer als Zeuge die Wahrheit sagt, rettet Menschenleben; wer Lügen vorbringt, ist ein gewissenloser Schurke.

²⁶Alle, die Gott ernst nehmen, sind in Sicherheit, und auch ihre Kinder haben eine Zuflucht.

²⁷Gott ernst nehmen ist eine Quelle des Lebens, denn dadurch vermeidest du tödliche Fehler.

²⁸Je größer ein Volk, desto größer die Ehre seines Herrschers; ein Rückgang der Bevölkerung ist sein Untergang.

²⁹Ein Mensch, der ruhig bleibt, zeigt, daß er Einsicht hat; wer aufbraust, zeigt nur seinen Unverstand.

³⁰Ein ausgeglichener Sinn erhält den Körper gesund; aber Eifersucht ist wie eine Krebsgeschwulst.

³¹ Wer die Schwachen unterdrückt, beleidigt ihren Schöpfer. Wer Hilflosen beisteht, ehrt ihn.

³² Wer Gott mißachtet, wird wegen seiner Bosheit verworfen; wer Gott gehorcht, wird durch seine Redlichkeit beschützt.

³³ Im Herzen der Verständigen ist die Weisheit zu Hause, das erkennen sogar die Unverständigen.

³⁴ Gerechtigkeit macht ein Volk groß; aber Unrecht macht ihm Schande.

³⁵ Einen fähigen Beamten weiß der Herrscher zu schätzen; aber einen Pfuscher trifft sein Zorn.

Ein freundlicher Blick erfreut das Herz

15 Eine versöhnliche Antwort kühlt den Zorn ab, ein verletzendes Wort heizt ihn an.

² Kluge Menschen zieren das Wissen durch treffende Worte; aber der Mund der Unverständigen quillt über von Torheit.

³ Gottes Augen sind überall; er sieht, ob jemand Unrecht oder das Rechte tut.

⁴ Heilende Worte helfen zum Leben; böswilliges Reden zerstört jeden Lebensmut.

⁵ Ein Dummkopf macht sich über die Warnungen seines Vaters lustig; wer sich zurechtweisen läßt, wird klug.

⁶ Wer Gott gehorcht, in dessen Haus ist Überfluß; wer Gott mißachtet, dem bringt sein Gewinn kein Glück.

⁷ Kluge Leute fließen von Weisheit über, aber aus Hohlköpfen kann nichts kommen.

⁸ Gott verabscheut die Opfergaben der Unheilstifter; aber das Gebet redlicher Menschen macht ihm Freude.

⁹ Gott verabscheut das Treiben der Bösen; aber er liebt Menschen, die tun, was er verlangt.

¹⁰ Wer sich auf Abwege begibt, wird hart gestraft; wer sich nicht zurechtweisen läßt, verwirkt sein Leben.

¹¹ Auch der tiefste Abgrund der Totenwelt ist vor Gott nicht verborgen, wieviel weniger ein Menschenherz mit seinen Gedanken!

¹² Eingebildete lieben keinen Tadel, deshalb gehen sie nie zu erfahrenen Lehrern.

¹³ Freude zeigt sich am strahlenden Gesicht, Kummer legt sich aufs Gemüt.

¹⁴ Ein verständiger Mensch hungert nach Wissen; ein uneinsichtiger hat nur auf Dummheit Appetit.

¹⁵ Für die Bekümmerten ist jeder Tag böse, die Glücklichen kennen nur Festtage.

¹⁶Lieber arm sein und Gott ernst nehmen als reich sein und in ständiger Sorge.

¹⁷Lieber eine Schüssel Kraut unter Freunden als der schönste Braten, übergossen mit Haß.

¹⁸Ein Hitzkopf erregt Streit, ruhiges Blut schlichtet ihn.

¹⁹Für die Faulen ist jeder Weg mit Dornen versperrt; Tüchtige finden immer eine gebahnte Straße.

²⁰Ein verständiger Sohn macht Vater und Mutter Freude; ein Dummkopf macht sich über sie lustig.

²¹Wer keinen Verstand hat, hat Vergnügen an Torheit; wer Einsicht hat, geht unbeirrbar seinen Weg.

²²Pläne ohne Beratung schlagen fehl; durch gute Ratgeber führen sie zum Ziel.

²³Du freust dich, wenn du die Antwort nicht schuldig bleiben mußt; und wie gut ist das richtige Wort zur rechten Zeit!

²⁴Wer Einsicht hat, folgt dem Weg aufwärts zum Leben und vermeidet den Weg, der hinabführt zu den Toten.

²⁵Gott zerstört die Häuser der Hochmütigen; aber den Grundbesitz der Witwen verteidigt er.

²⁶Gott verabscheut böse Pläne, aber freundliche Worte sind vor ihm recht.

²⁷Wer um jeden Preis reich werden will, bringt seine Familie ins Verderben; aber wer sich von niemand kaufen läßt, sichert sein Leben.

²⁸Ein guter Mensch hilft mit überlegten Antworten; der Unheilstifter sprudelt über von unheilvollen Reden.

²⁹Gott hält sich fern von denen, die ihn mißachten; aber er achtet auf die Bitten derer, die ihm gehorchen.

³⁰Ein freundlicher Blick erfreut das Herz, und eine gute Nachricht stärkt die Glieder.

³¹Ein Mensch, der auf hilfreichen Tadel hört, gehört zu den Weisen.

³²Wer Zurechtweisung verwirft, wirft sein Leben fort. Wer sich korrigieren läßt, kommt zu tieferer Einsicht.

³³Gott ernst nehmen, das ist Erziehung zur Weisheit: erst die Bescheidenheit, dann die Ehre.

Das Menschenherz macht Pläne

16 Ein Mensch denkt sich manches aus, aber das letzte Wort dazu spricht Gott.

²Der Mensch hält alles, was er tut, für richtig; Gott aber prüft die Beweggründe.

³Laß Gott über dein Tun entscheiden, dann werden sich deine Pläne erfüllen!

⁴Gott hat alles auf ein Ziel hin geschaffen, so auch die Bösen für den Tag ihrer Bestrafung.

⁵Hochmütige kann Gott nicht ausstehen; verlaß dich darauf: sie werden ihrer Strafe nicht entgehen.

⁶Wenn ein Mensch treu zu Gott hält und das Gute tut, wird ihm die Schuld vergeben. Alle, die Gott ernst nehmen, entgehen dem Unheil.

⁷Wenn Gott mit deinem Tun einverstanden ist, dann macht er sogar deine Feinde bereit, mit dir Frieden zu schließen.

⁸Lieber wenig, aber ehrlich verdient, als ein großer Gewinn aus unlauteren Geschäften.

⁹Das Menschenherz macht Pläne – ob sie ausgeführt werden, liegt bei Gott.

¹⁰Der König spricht an der Stelle Gottes; darum irrt er sich nicht, wenn er Recht spricht.

¹¹Gott will, daß die Waage stimmt; er selbst hat die Gewichte festgelegt.

¹²Könige hassen es, wenn Unrecht geschieht; denn durch Recht wird ihre Herrschaft gefestigt.

¹³Könige haben Gefallen an ehrlicher Rede; sie lieben es, wenn jemand die Wahrheit sagt.

¹⁴Der Zorn des Königs ist ein Vorbote des Todes; ein kluger Mensch tut alles, um ihn zu besänftigen.

¹⁵Ein huldvolles Lächeln auf dem Gesicht des Königs bedeutet Leben; seine Gunst gleicht einer Wolke, die erquickenden Regen bringt.

¹⁶Weisheit und Einsicht zu erlangen ist unendlich viel wertvoller als Silber und Gold.

¹⁷Der Weg redlicher Menschen führt am Unglück vorbei. Darum: wer sein Leben bewahren will, achtet auf seinen Weg.

¹⁸Auf Stolz folgt Sturz, nach Übermut kommt Untergang.

¹⁹Bescheiden sein und zu den Armen gehören ist besser, als mit Vermessenen Beute zu teilen.

²⁰Wer befolgt, was er gelernt hat, hat Erfolg, und wer Gott vertraut, findet bleibendes Glück.

²¹Ein weiser Mensch steht in hohem Ansehen; und je besser er redet, desto leichter überzeugt er.

²²Einsicht schenkt denen, die sie haben, das Leben. Dummköpfe werden durch ihre eigene Dummheit bestraft.

²³Ein Weiser redet mit Verstand; deshalb überzeugen seine Worte.

²⁴Freundliche Worte sind wie Honig: süß für den Gaumen und gesund für den ganzen Körper.

²⁵Der Weg, den du für den richtigen hältst, führt dich am Ende vielleicht in den Tod.

²⁶Der Hunger eines Arbeiters arbeitet für ihn; sein leerer Magen spornt ihn an.

²⁷Ein nichtsnutziger Mensch gräbt Unheil aus; seine Worte sind zerstörerisch wie ein Feuer.

²⁸Ein heimtückischer Mensch sät überall Streit, und ein Verleumder bringt Freunde auseinander.

²⁹Ein verbrecherischer Mensch stiftet seinen Freund zu Verbrechen an und führt ihn auf einen todbringenden Weg.

³⁰Wer mit den Augen zwinkert, führt Böses im Schilde; und wer hämisch grinst, hat es schon vollbracht.

³¹Weißes Haar ist ein ehrenvoller Schmuck; denn langes Leben ist der Lohn für Menschen, die Gott die Treue halten.

³²Geduld bringt weiter als Heldentum; sich beherrschen ist besser als Städte erobern.

³³Menschen werfen das Los, aber die Entscheidung kommt von Gott.

Fröhlichkeit ist gut für die Gesundheit

17 Ein Stück trockenes Brot in Eintracht ist besser als ein großes Festmahl mit Zank.

²Ein tüchtiger Diener tritt an die Stelle eines nichtsnutzigen Sohnes und wird zusammen mit den anderen Söhnen erben.

³Für Gold und Silber gibt es Tiegel und Ofen; aber das Herz eines Menschen prüft Gott.

⁴Ein Verbrecher hört auf böswillige Reden; und das Ohr des Lügners hängt am Mund des Verleumders.

⁵Wenn du die Armen verspottest, beleidigst du ihren Schöpfer; über das Unglück anderer freut sich niemand ungestraft.

⁶Die Alten sind stolz auf ihre Enkel und die Kinder auf ihre Väter.

⁷Gewählte Sprache paßt nicht zu einem Dummkopf; noch weniger paßt Lüge zu einem geachteten Mann.

⁸Manche meinen, Bestechungsgeschenke wirkten wie ein Zauber und brächten ihnen überall Glück.

⁹Wer Freundschaft halten will, verzeiht Unrecht; wer es immer wieder auftischt, zerstört sie.

¹⁰Bei einem verständigen Menschen richtet ein Verweis mehr aus als hundert Hiebe bei einem uneinsichtigen.

¹¹Der Rebell will nichts als Aufruhr; darum schickt man ihm einen Boten mit dem Todesurteil.

¹²Lieber mit einer Bärin zusammentreffen, der man die Jungen geraubt hat, als mit einem unverbesserlichen Narren in seiner Verbohrtheit.

¹³Wer Gutes mit Bösem vergilt, in dessen Haus wird das Unglück Dauergast.

¹⁴Der Anfang eines Streites ist wie eine Sickerstelle in einem Damm: du mußt beizeiten eingreifen, ehe es zur Katastrophe kommt.

¹⁵Schuldige freisprechen und Schuldlose verurteilen – beides kann Gott nicht ausstehen.

¹⁶Was nützt es einem Schwachkopf, wenn er Geld ausgibt und sich unterrichten läßt? Kann er Verstand kaufen?

¹⁷Ein Freund steht allezeit zu dir, auch in Notzeiten hilft er dir wie ein Bruder.

¹⁸Wenn du dich durch Handschlag verpflichtest, für die Schulden eines anderen aufzukommen, hast du den Verstand verloren.

¹⁹Wer Streit liebt, liebt es, schuldig zu werden. Wer anmaßend auftritt, bereitet seinen Sturz vor.

²⁰Ein Mensch, der Verkehrtes denkt und Übles redet, hat nichts Gutes zu erwarten.

²¹Wer einen unverbesserlichen Sohn hat, kennt keine Freude; ein Taugenichts macht seinem Vater das Leben schwer.

²²Fröhlichkeit ist gut für die Gesundheit, Mutlosigkeit raubt einem die letzte Kraft.

²³Ein bestechlicher Richter nimmt heimlich Geschenke an, und das Recht nimmt einen verkehrten Lauf.

²⁴Ein kluger Mensch denkt stets daran, noch mehr Einsicht zu gewinnen; der Dummkopf ist mit seinen Gedanken überall und nirgends.

²⁵Ein uneinsichtiger Sohn ist für seinen Vater ein ständiger Ärger und für seine Mutter eine bittere Enttäuschung.

²⁶Schuldlose mit einer Geldstrafe belegen ist schlimm, und einen geachteten Mann zu einer Prügelstrafe verurteilen ist gegen jedes Recht.

²⁷Wenn du wirklich etwas gelernt hast, gehst du sparsam mit deinen Worten um. Ein Mensch, der sich beherrschen kann, zeigt, daß er Verstand hat.

²⁸Sogar ein Dummkopf kann für klug und verständig gehalten werden – wenn er nur den Mund halten könnte!

Die Zunge hat Macht über Leben und Tod

18 Der Eigenbrötler tut nur, was ihm in seinen Kram paßt; heftig wehrt er sich gegen jede bessere Einsicht.

²Für einen Dummkopf ist es unwichtig, ob er von einer Sache etwas versteht; er will nur überall seine Meinung sagen.

³ Mit der Schuld kommt die Schande; du verlierst deine Ehre und bekommst dafür Hohn.

⁴ Tief wie das Meer sind die Worte eines weisen Menschen, unerschöpflich wie ein sprudelnder Bach, eine Quelle der Weisheit.

⁵ Es ist nicht recht, den Schuldigen zu begünstigen und dem Schuldlosen sein Recht zu verweigern.

⁶ Was ein Dummkopf sagt, führt zu Streit, und jedes seiner Worte schreit nach Schlägen.

⁷ Die Worte eines unverbesserlichen Narren sind sein Untergang; was er sagt, wird ihm selber zur tödlichen Falle.

⁸ Verleumdungen verschlingt man wie Leckerbissen und behält sie für immer tief im Gedächtnis.

⁹ Der nachlässige Arbeiter und der mutwillige Zerstörer sind Brüder.

¹⁰ Gott ist wie ein starker Turm; wer ihm gehorcht, findet bei ihm sichere Zuflucht.

¹¹ Der Reiche hält sein Vermögen für eine Festung; in seiner Einbildung erscheint es ihm wie eine hohe Mauer.

¹² Wer hoch hinaus will, stürzt ab; Bescheidenheit bringt Ansehen.

¹³ Ein Mensch, der antwortet, bevor er zugehört hat, zeigt seinen Unverstand und wird nicht ernst genommen.

¹⁴ Der Wille zum Leben unterwirft sich die Krankheit. Doch wie willst du mit einem zerbrochenen Willen leben?

¹⁵ Ein kluger Mensch spitzt ständig die Ohren, um noch mehr zu lernen.

¹⁶ Geschenke öffnen manche Türen, sie verschaffen dir Zutritt zu einflußreichen Leuten.

¹⁷ Wer bei einer Streitsache zuerst spricht, scheint recht zu haben. Doch dann kommt sein Gegner und stellt alles in Frage.

¹⁸ Das Los kann zwischen Prozeßgegnern entscheiden und ihrem Streit ein Ende machen.

¹⁹ Ein gekränkter Bruder ist unzugänglicher als eine Festung; Zerwürfnisse sind wie starke Riegel am Eingang der Burg.

²⁰ Was einer mit seinen Worten erreicht, entscheidet über seine Zufriedenheit.

²¹ Die Zunge hat Macht über Leben und Tod. Wenn du an der Sprache Freude hast, kannst du viel durch sie erreichen.

²² Wer eine Frau gefunden hat, hat das Glück gefunden; Gott meint es gut mit ihm.

²³ Der Arme bittet höflich und bescheiden, der Reiche antwortet abweisend und barsch.

²⁴Sogenannte Freunde können dich ruinieren; aber ein echter Freund hält fester zu dir als ein Bruder.

Bedürftigen helfen heißt Gott etwas leihen

19 Lieber arm und untadelig als dumm und hinterhältig!

²Eifer ohne Sachverstand taugt nichts; wer es zu eilig hat, macht Fehler.

³Manche bringen sich durch eigene Torheit in Schwierigkeiten, aber die Schuld schieben sie Gott zu.

⁴Reichtum vermehrt die Zahl der Freunde; aber der Arme wird von seinem Freund im Stich gelassen.

⁵Ein falscher Zeuge geht nicht frei aus; wer Meineide schwört, wird seiner Strafe nicht entgehen.

⁶Der Einflußreiche ist von vielen Schmeichlern umgeben; wer Geschenke verteilt, hat alle Welt zum Freund.

⁷Den Armen mögen nicht einmal seine Brüder, erst recht meiden ihn seine Bekannten; er hält sich an Versprechungen, die nichts mehr gelten.

⁸Wenn du deinen Verstand schärfst, tust du dir selbst etwas Gutes; wenn du deiner Einsicht folgst, findest du das Glück.

⁹Ein falscher Zeuge entgeht nicht seiner Strafe; wer Meineide schwört, hat sein Leben verwirkt.

¹⁰Ein Leben im Wohlstand paßt nicht zu einem Dummkopf; noch weniger steht es einem Sklaven zu, über Angesehene zu herrschen.

¹¹Ein Mensch, der Einsicht hat, regt sich nicht auf; es gereicht ihm zur Ehre, bei Kränkungen Nachsicht zu üben.

¹²Der Zorn des Königs ist wie das Brüllen eines Löwen; aber seine Gunst ist wie Tau, der das Gras erfrischt.

¹³Ein Taugenichts von Sohn ist eine Katastrophe für seinen Vater, und eine nörgelnde Frau ist so unerträglich wie das ständige Tropfen durch ein undichtes Dach.

¹⁴Geld und Gut erbt man von den Eltern; aber eine tüchtige Frau ist ein Gottesgeschenk.

¹⁵Faulheit macht schläfrig, und wer träge ist, muß hungern.

¹⁶Wer sich nach den Geboten richtet, bewahrt sein Leben; wer sich gehen läßt, kommt um.

¹⁷Bedürftigen helfen heißt Gott etwas leihen, der wird es voll zurückerstatten.

¹⁸Erzieh deine Kinder mit Strenge, dann kannst du Hoffnung für sie haben; laß sie nicht in ihr Verderben laufen!

¹⁹Wer im Jähzorn handelt, soll dafür Strafe zahlen; wenn du sie ihm erläßt, wird es nur noch schlimmer mit ihm.

²⁰Befolge gute Ratschläge und laß dich korrigieren, dann bist du am Ende ein weiser Mensch.

²¹Menschen haben den Kopf voller Pläne, doch nur Gottes Beschluß wird ausgeführt.

²²Was einen Menschen wertvoll macht, ist seine Güte; darum ist ein Armer besser als ein Falscher.

²³Gott ernst nehmen ist gut für das Leben; satt und zufrieden verbringt man die Nacht, ohne vom Unglück erschreckt zu werden.

²⁴Der Faulpelz greift in die Schüssel, aber er bekommt die Hand nicht zum Mund.

²⁵Gib dem überheblichen Spötter den Stock zu spüren, und die Unerfahrenen werden es sich merken; tadle den Verständigen, und er selber wird daraus lernen.

²⁶Wer seinen Vater schlecht behandelt und seine Mutter aus dem Haus vertreibt, ist ein unwürdiger Mensch, für den man sich schämt.

²⁷Lehne nur alle Zurechtweisung ab, dann bleibt dir auch das Wissen fern!

²⁸Ein hinterhältiger Zeuge verlacht das Recht; Unheilstifter finden Geschmack an Verbrechen.

²⁹Für hochmütige Spötter gibt es Strafen und für den Rücken uneinsichtiger Narren den Stock.

Gott haßt zweierlei Gewicht

20 Der Wein macht zum Großmaul und das Bier zum Krakeeler; wer sich ständig betrinkt, wird niemals weise.

²Ein König ist so bedrohlich wie ein knurrender Löwe; seinen Zorn zu wecken wäre Selbstmord.

³Es ehrt einen Mann, sich aus einem Streit herauszuhalten; nur ein Dummkopf stürzt sich hinein.

⁴Im Herbst mag der Faulpelz nicht pflügen; später will er ernten und kann nichts finden.

⁵Guter Rat liegt tief im Menschenherzen wie Wasser in einem Brunnen; wer Verstand hat, holt ihn herauf.

⁶Viele reden von ihrer Treue; aber finde mal einen Menschen, auf den Verlaß ist!

⁷Wer Gott gehorcht, führt ein Leben ohne Tadel; seine Kinder können von Glück reden!

⁸Wenn der König Gericht hält, findet sein Blick jeden Verbrecher heraus.

⁹Welcher Mensch kann von sich behaupten: »Ich habe ein reines Gewissen, ich bin meine Fehler losgeworden«?

¹⁰ Zweierlei Maß, zweierlei Gewicht: Gott haßt beides.

¹¹ Schon einen jungen Menschen erkennst du an seinen Taten; du siehst daran, ob er Charakter hat.

¹² Das Ohr ist zum Hören und das Auge zum Sehen, dazu hat Gott beide geschaffen.

¹³ Liebst du den Schlaf, so bist du bald arm. Mach die Augen früh auf, dann hast du immer satt zu essen!

¹⁴ »Viel zu teuer!« sagt der Käufer; doch wenn er weggeht, reibt er sich die Hände.

¹⁵ Gold und edle Steine gibt es haufenweise, aber einsichtsvolle Worte sind eine Seltenheit.

¹⁶ Wenn einer so dumm war, für einen Fremden zu bürgen, dann nimm ruhig sein Obergewand als Pfand, wenn er von dir etwas borgen will.

¹⁷ Wer von Betrug lebt, findet anfangs Geschmack daran; aber hinterher hat er den Mund voll Sand.

¹⁸ Durch Beratung kommen Pläne zum Ziel; wenn du in den Kampf ziehen willst, brauchst du einen guten Plan.

¹⁹ Wer jedes Gerücht weiterträgt, plaudert auch Geheimnisse aus. Darum meide Leute, die zuviel reden!

²⁰ Wenn du deinen Vater oder deine Mutter verfluchst, wird es dir ergehen wie einem, dessen Lampe in dunkelster Nacht erlöscht.

²¹ Wenn du zu schnell nach deinem Erbe greifst, bringt es dir am Ende kein Glück.

²² Nimm dir nicht vor, erlittenes Unrecht selber zu vergelten! Vertrau auf Gott, er wird dir Recht verschaffen!

²³ Gott haßt zweierlei Gewicht, und falsche Waage heißt er nicht gut.

²⁴ Gott bestimmt jeden unserer Schritte. Wie kann ein Mensch wissen, welche Richtung sein Leben nimmt?

²⁵ Wenn du Gott etwas versprichst und erst dann überlegst, wie du es erfüllen kannst, begibst du dich in eine ausweglose Falle.

²⁶ Ein weiser König findet die Verbrecher heraus und bestraft sie ohne Erbarmen.

²⁷ Der Lebensgeist ist Gottes Lampe; mit ihr durchleuchtet er das Menschenherz und seine Gedanken.

²⁸ Gottes Güte und Treue beschützen den König, und durch Güte festigt der König seine Herrschaft.

²⁹ Junge Männer können stolz sein auf ihre Kraft und die Alten auf ihr graues Haar.

³⁰ Striemen sind ein Heilmittel gegen die Bosheit, Schläge bessern den Charakter.

Den Faulpelz bringen seine Wünsche um

21 Wasserbäche können wir umleiten. So lenkt Gott das Herz eines Herrschers, wie er will.

² Der Mensch hält alles, was er tut, für einwandfrei; Gott aber prüft die Beweggründe.

³ Tu, was in Gottes Augen recht und gut ist! Das ist ihm lieber als Opfergaben.

⁴ Hochmütiger Blick, überheblicher Verstand – einen Menschen erziehen zu wollen, der Gott mißachtet, führt zu nichts.

⁵ Fleiß mit Überlegung bringt sicheren Gewinn, jede Übereilung bringt nichts als Verlust.

⁶ Mit Lug und Trug gesammelter Reichtum ist wie der flüchtige Atem derer, die den Tod suchen.

⁷ Mit ihrer Gewalttätigkeit bereiten sich die Verbrecher selbst den Untergang; denn sie weigern sich, dem Recht zu folgen.

⁸ Schurken gehen auf krummen Wegen; aber redliche Menschen führen ein geradliniges Leben.

⁹ Lieber ein ruhiger Winkel unterm Dach als ein ganzes Haus zusammen mit einer ständig nörgelnden Frau.

¹⁰ Boshafte Menschen haben nur Böses im Sinn, mit ihren Mitmenschen haben sie kein Erbarmen.

¹¹ Wenn du die überheblichen Spötter bestrafst, werden wenigstens die Grünschnäbel daraus lernen. Wenn du die Weisen belehrst, vermehrst du ihr eigenes Wissen.

¹² Ein gerechter Herrscher behält die Verbrechersippe im Auge und bringt die Unheilstifter ins Unglück.

¹³ Wenn du für das Schreien der Armen nur taube Ohren hast, wirst du keine Antwort bekommen, wenn du selber um Hilfe rufst.

¹⁴ Hast du jemand verärgert, so steck ihm heimlich ein Geschenk zu; das wird ihn besänftigen.

¹⁵ Ein gerechter Urteilsspruch bedeutet Freude für die Unschuldigen, aber Schrecken für die Verbrecher.

¹⁶ Ein Mensch, der es ablehnt, vernünftig zu leben, wird bald den Toten Gesellschaft leisten.

¹⁷ Wer Vergnügungen liebt, dem geht schnell das Geld aus; immer gut essen und trinken macht niemand reich.

¹⁸ Einmal werden die Plätze vertauscht; dann trifft die Bösen das Unglück, das jetzt die Guten erleiden müssen.

¹⁹ Lieber in der Wüste leben als zusammen mit einer zänkischen Frau, die dir auf die Nerven geht.

²⁰ Wertvolle Schätze und duftendes Öl sammeln sich im Haus des Weisen; aber ein Dummkopf vergeudet alles.

²¹ Wenn du anderen Güte und Liebe erweist, findest du Gegenliebe, Ansehen und ein erfülltes Leben.

²² Ein weiser Mann kann eine Stadt voll Soldaten angreifen und die Befestigungen zerschlagen, auf die sie sich verlassen hat.

²³ Wer seinen Mund hält, hält sich Schwierigkeiten vom Hals.

²⁴ Ein überheblicher Spötter tut alles in vermessener Selbstüberschätzung.

²⁵ Den Faulpelz bringen seine Wünsche um, weil seine Hände sie nicht erfüllen wollen.

²⁶ Manche wollen immer nur nehmen und haben; wer Gott die Treue hält, kann geben und großzügig sein.

²⁷ Gott verabscheut die Opfergaben der Unheilstifter, besonders wenn sie damit böse Absichten fördern wollen.

²⁸ Einem lügnerischen Zeugen wird das Wort entzogen; aber wer aussagt, was er genau gehört hat, darf zu Ende sprechen.

²⁹ Redliche sind sicher in dem, was sie tun; Unheilstifter müssen so tun, als wären sie sicher.

³⁰ Klugheit, Scharfsinn und Einsicht richten nichts aus, wenn du es mit Gott zu tun bekommst.

³¹ Du kannst das Pferd anspannen für den Tag der Schlacht; aber der Sieg kommt von Gott.

Wer Unrecht sät, wird Unheil ernten

22 Ein guter Ruf ist besser als großer Reichtum; Liebenswürdigkeit hilft weiter als Silber und Gold.

² Reiche und Arme leben nebeneinander, sie alle hat Gott geschaffen.

³ Ein Mensch mit Erfahrung sieht das Unglück kommen und bringt sich in Sicherheit; die Unerfahrenen laufen mitten hinein und müssen es büßen.

⁴ Wer Gott ernst nimmt und sich ihm unterwirft, findet Reichtum, Ansehen und ein erfülltes Leben.

⁵ Der Weg falscher Menschen ist voller Dornen und Schlingen; wer sein Leben liebt, meidet ihn.

⁶ Bring einem Kind am Anfang seines Lebens gute Gewohnheiten bei, es wird sie auch im Alter nicht vergessen.

⁷ Der Reiche hat die Armen in seiner Gewalt; wer Geld leihen muß, wird zum Sklaven seines Gläubigers.

⁸ Wer Unrecht sät, wird Unheil ernten; dann kann er seinen Mutwillen an niemand mehr auslassen.

⁹ Einem gütigen Menschen wünscht man Gutes, weil er sein Brot mit den Armen teilt.

¹⁰Vertreibe den hochmütigen Spötter, und der Zank hört auf, Streit und Beschimpfung sind zu Ende.
¹¹Wer ein reines Gewissen hat und gewinnend reden kann, den nimmt der König zum Freund.
¹²Gott sorgt dafür, daß die Wahrheit erkannt wird; er entlarvt die Worte der Lügner.
¹³Der Faulpelz sagt: »Ich kann nicht hinausgehen; draußen ist ein Löwe, der bringt mich um!«
¹⁴Die verführerischen Worte fremder Frauen sind eine Falle; wenn Gott zornig auf dich ist, läufst du hinein.
¹⁵Kinder neigen zu Dummheiten; strenge Erziehung wird sie davon heilen.
¹⁶Einen Armen ausbeuten, um sich zu bereichern, oder einem Reichen etwas schenken – beides bringt nur Schaden!

KLEINERE SAMMLUNGEN (22,17–24,34)

Dreißig Ratschläge

¹⁷Hör mir zu! Ich will dir weitergeben, was weise Lehrer gesagt haben. Nimm dir ihre Worte zu Herzen! ¹⁸Du tust gut daran, sie auswendig zu lernen, damit du sie jederzeit hersagen kannst. ¹⁹Ich lehre sie dich heute, um dir zu zeigen, daß du dich stets auf Gott verlassen kannst. ²⁰Dreißig von diesen Lehren habe ich für dich aufgeschrieben, lauter wohlbegründete Ratschläge. ²¹Sie sagen dir alles, was du wissen mußt, um die Aufträge deiner Vorgesetzten zuverlässig zu erfüllen.

I

²²Nutze die Wehrlosigkeit anderer nicht aus und benachteilige die Armen nicht vor Gericht. ²³Gott schützt die Schutzlosen; wer ihnen ihr Recht nimmt, dem nimmt Gott das Leben.

2

²⁴Nimm keinen Jähzornigen zum Freund und verkehre nicht mit jemand, der sich nicht beherrschen kann. ²⁵Sonst gewöhnst du dich an seine Unart und gefährdest dein Leben.

3

²⁶Übernimm keine Bürgschaft für fremde Schulden. ²⁷Wenn du sie nicht bezahlen kannst, pfändet man sogar dein Bett.

4

²⁸Verrücke nicht die Grenzen deines Grundstücks, die schon deine Vorfahren festgelegt haben.

5

²⁹Wenn du einen siehst, der in seinem Beruf tüchtig ist, kannst du sicher sein: Er wird Königen dienen, nicht gewöhnlichen Leuten.

6

23 Wenn du bei einem hohen Herrn zu Tisch sitzt, dann vergiß nicht, mit wem du es zu tun hast. ²Stürz dich nicht auf die Speisen, auch wenn du noch so hungrig bist. ³Sei vorsichtig, wenn er dich mit Leckerbissen füttert; du könntest dich in ihm täuschen.

7

⁴Plage dich nicht damit ab, reich zu werden; du weißt es doch besser! ⁵Denn ehe du dich's versiehst, hat dein Reichtum Flügel bekommen und entschwindet deinen Augen wie ein Adler, der zum Himmel aufsteigt.

8

⁶Laß dich nicht von einem Geizhals einladen, und wenn er dir noch so köstliche Speisen vorsetzen will. ⁷Denn er hat alle Bissen abgezählt. »Greif doch zu!« sagt er; aber im Grunde gönnt er dir nichts. ⁸Dann vergeht dir der Appetit, und das ganze Essen kommt dir wieder hoch. Du hast seine Küche mit überschwenglichen Worten gelobt und nichts dafür bekommen.

9

⁹Verschwende deinen guten Rat nicht an oberflächliche Menschen, die ihn doch nicht zu schätzen wissen.

10

¹⁰Verrücke nicht die von alters her festgelegten Grenzen, um deinen Landbesitz auf Kosten wehrloser Waisen zu vergrößern. ¹¹Denn sie haben einen mächtigen Beistand: Gott selbst wird ihr Recht gegen dich verteidigen.

11

¹²Sei bereit, dich korrigieren zu lassen, und spitze die Ohren, wenn du etwas lernen kannst.

12

¹³Erzieh deinen Sohn mit Strenge. Eine Tracht Prügel bringt ihn nicht um. ¹⁴Aber wenn du ihm seine Unarten austreibst, wirst du ihm das Leben retten.

13

¹⁵Mein Sohn, wenn du klug und besonnen wirst, machst du mir Freude, ¹⁶und wenn ich aus deinen Worten erkenne, daß du gereift bist, kann ich stolz auf dich sein.

14

¹⁷Beneide nicht gewissenlose Menschen, denen es gutgeht, sondern gib dir täglich Mühe, den Willen Gottes zu tun. ¹⁸Dann kannst du hoffnungsvoll in die Zukunft blicken, und deinem Glück steht nichts mehr im Weg.

15

¹⁹Hör auf mich, mein Sohn! Sei vernünftig und bleib auf dem geraden Weg! ²⁰Halte dich fern von denen, die sich mit Wein vollaufen lassen und ihren Bauch mit Fleisch vollstopfen. ²¹Wer säuft und schlemmt, wird faul und hat schließlich nur noch Lumpen am Leib.

16

²²Achte deinen Vater und deine Mutter, du verdankst ihnen das Leben! Hör auch dann noch auf sie, wenn sie alt geworden sind.

²³Wahrheit und Weisheit, Einsicht und Herzensbildung sind es wert, daß du sie dich etwas kosten läßt. Gib sie nie wieder her!

²⁴Die größte Freude für einen Vater ist ein tüchtiger und charakterfester Sohn. ²⁵Mach deinem Vater und deiner Mutter Freude. Sie, die dich geboren hat, soll doch stolz auf dich sein!

17

²⁶Hör mir gut zu, mein Sohn! Folge meinem Beispiel. ²⁷Hüte dich vor der Dirne und vor der Frau eines anderen. Sie sind wie eine tiefe Grube, wie ein enger Brunnen, in dem du steckenbleibst. ²⁸Wie Wegelagerer lauern sie den Männern auf und verführen viele zur Untreue.

18

²⁹Willst du wissen, wer ständig stöhnt und sich selbst bemitleidet? Wer immer Streit hat und sich über andere beklagt?

Wer glasige Augen hat und Verletzungen, die er sich hätte ersparen können? ³⁰Das sind die, die bis spät in die Nacht beim Wein sitzen und keine Gelegenheit auslassen, eine neue Mischung zu probieren. ³¹Laß dich nicht vom Wein verführen! Er funkelt so rot im Becher und gleitet so angenehm durch die Kehle; ³²aber dann wird es dir schwindlig, als hätte dich eine giftige Schlange gebissen. ³³Du siehst Dinge, die es gar nicht gibt, und redest dummes Zeug. ³⁴Du fühlst dich wie auf stürmischer See, wie einer, der im Mastkorb eines Schiffes liegt. ³⁵Wenn du wieder zu dir kommst, sagst du: »Man muß mich geschlagen haben, aber es hat nicht weh getan. Man muß mich verprügelt haben, aber ich habe nichts gespürt! Wie werde ich nur wach? Ich brauche einen Schluck Wein, ich will wieder von vorn anfangen!«

19

24 Sei nicht neidisch auf das Glück schlechter Menschen; suche nicht ihre Freundschaft! ²Sie haben nichts als Verbrechen im Sinn, und sooft sie den Mund aufmachen, kommt jemand zu Schaden.

20

³Weisheit und Verstand sind ein sicheres Fundament, auf dem du dein Haus errichten kannst, ⁴und Wissen füllt seine Räume mit wertvollen und schönen Dingen.

21

⁵Nur ein kluger Mann ist wirklich stark; durch Wissen vervielfacht er seine Kraft. ⁶Wenn du einen Krieg gewinnen willst, mußt du sorgfältig planen; je mehr gute Ratgeber du hast, desto sicherer ist dir der Sieg.

22

⁷Wer nichts gelernt hat, für den ist die Weisheit erfahrener Männer zu hoch; in der Ratsversammlung muß er den Mund halten.

23

⁸Wer ständig Teufeleien ausheckt, wird bald ein Teufel genannt. ⁹Wenn jemand unbelehrbar ist, führt alles, was er sich vornimmt, zur Sünde; und ein Mensch, dem nichts heilig ist, ist bei allen verhaßt.

24

¹⁰Du magst dich für stark halten – ob du es bist, zeigt sich erst in der Not.

25

[11] Laß nicht zu, daß unschuldige Menschen verurteilt werden. Tu alles, was du kannst, um sie vor dem Tod zu retten. [12] Rede dich nicht damit heraus, daß du nichts gewußt hast. Gott sieht dir ins Herz und weiß, ob du die Wahrheit sagst. Er belohnt oder bestraft jeden Menschen, wie er es aufgrund seiner Taten verdient hat.

26

[13] Mein Sohn, Honig ist etwas Gutes und ein Genuß für den Gaumen. [14] Weisheit aber ist gut für dein ganzes Leben. Wenn du sie erwirbst, dann kannst du hoffnungsvoll in die Zukunft blicken, und deinem Glück steht nichts mehr im Weg.

27

[15] Suche nicht mit List und Tücke einen redlichen Mann um Haus und Hof zu bringen. [16] Denn der Rechtschaffene kommt immer wieder auf die Füße, sooft ihn auch das Unglück zu Boden schlägt. Aber wer Gottes Gebote mißachtet, kommt zu Fall und steht nie mehr auf.

28

[17] Wenn dein Feind ins Unglück gerät, dann sei nicht schadenfroh! [18] Das gefällt Gott nicht und könnte ihn veranlassen, ihm den Rest der Strafe zu schenken.

29

[19] Reg dich nicht auf, wenn es bösen Menschen gutgeht; beneide sie nicht; [20] denn ihr Glück ist nicht von Dauer, es erlischt wie eine Öllampe.

30

[21] Mein Sohn, fürchte Gott und fürchte den König! Laß dich nicht mit Aufrührern ein; [22] denn ganz plötzlich trifft sie das Verderben. Wer weiß, welches Unglück Gott oder der König unversehens über sie bringt?

Noch einige weitere Ratschläge

[23] Auch die folgenden Worte stammen von weisen Lehrern:

Ein Richter, der nicht unparteiisch Recht spricht, begeht Unrecht. [24] Wer Schuldige freispricht, wird von allen Leuten gehaßt und verflucht. [25] Aber denen, die gerecht entscheiden, wird es gutgehen, denn sie werden von allen anerkannt und gepriesen.

²⁶ Eine offene, ehrliche Antwort ist ein Zeichen von wahrer Freundschaft.

²⁷ Erledige zuerst, was du draußen zu tun hast, bestelle deine Felder für die Ernte; dann kannst du ein Haus bauen und eine Familie gründen.

²⁸ Belaste niemand mit einer Falschaussage! Oder willst du wissentlich lügen? ²⁹ Denke nicht: »Wie du mir, so ich dir; jetzt wird die Rechnung beglichen!«

³⁰ Am Feld eines Faulpelzes ging ich vorüber,
am Weinberg des Mannes ohne Verstand.
³¹ Dort wuchsen statt Reben nur Dornen und Disteln,
wild wucherndes Unkraut bedeckte das Land,
die Mauer ringsum war schon völlig zerfallen.
³² Ich sah es und zog meine Lehre daraus:
³³ »Etwas schlummern und schlafen, die Arme verschränken,
³⁴ und schnell kommen Armut und Not dir ins Haus.«

DIE ZWEITE SAMMLUNG
VON RATSCHLÄGEN SALOMOS
(Kapitel 25–29)

25 Die nun folgenden Sprüche sind wieder von Salomo. Lehrer am Hof des Königs Hiskija von Juda haben sie gesammelt.

Wenn dein Feind hungrig ist ...

² Gott wird geehrt für das, was er verborgen hält; Könige werden geehrt für das, was sie aufdecken.

³ Wie die Höhe des Himmels und die Tiefe der Erde, so unerforschlich sind die Gedanken der Könige.

⁴ Entferne die Schlacke aus dem Silber, dann kann der Künstler ein erlesenes Gefäß daraus machen. ⁵ Entferne üble Berater aus der Nähe des Königs, dann wird er gerecht regieren, und seine Herrschaft wird Bestand haben.

⁶ Tritt am Hof des Königs bescheiden auf und halte dich nicht für die Hauptperson. ⁷ Es ist ehrenvoller, wenn man dich auf einen besseren Platz bittet, als wenn man dich von einem Platz verweist, der für einen Vornehmeren bestimmt war.

⁸ Wenn dir bei deinem Nachbarn oder deiner Nachbarin etwas verdächtig erscheint, dann bring es nicht gleich vor Ge-

richt. Wie stehst du da, wenn sie dir beweisen können, daß du dich getäuscht hast?

⁹Wenn du einen Streit mit deinem Nachbarn hast, dann berufe dich nicht auf das, was jemand dir im Vertrauen gesagt hat. ¹⁰Sonst wissen bald alle, daß du nichts für dich behalten kannst, und um deinen guten Ruf ist es geschehen.

¹¹Wie goldene Äpfel auf silbernen Schalen, so sind treffende Worte im richtigen Augenblick. ¹²Wie ein schmückender Ohrring aus feinstem Gold, so wertvoll ist weiser Rat für ein hörendes Ohr.

¹³Erledigst du einen Auftrag zuverlässig, so freuen sich deine Vorgesetzten, wie man sich bei der Ernte über ein kühles Getränk freut.

¹⁴Wie Wolken und Wind ohne Regen, so ist ein Mensch, der Versprechungen macht und sie nicht hält.

¹⁵Eine sanfte Zunge zerbricht Knochen: Mit geduldigen Worten kannst du mächtige Leute umstimmen.

¹⁶Wenn du zuviel Honig ißt, schlägt er dir auf den Magen, und du bekommst ihn über. ¹⁷Wenn du deine Bekannten zu oft besuchst, fällst du ihnen auf die Nerven, und sie werden dich leid.

¹⁸Wie eine Keule, ein Schwert oder ein spitzer Pfeil, so tödlich ist eine falsche Aussage vor Gericht.

¹⁹In der Not auf treulose Freunde vertrauen, das ist so wie mit einem brüchigen Zahn kauen oder mit einem lahmen Fuß laufen.

²⁰An einem kalten Tag die Kleider ablegen oder Essig in eine Wunde gießen – so wirkt es, wenn du einem traurigen Menschen lustige Lieder vorsingst.

²¹Wenn dein Feind hungrig ist, dann gib ihm zu essen, und wenn er Durst hat, gib ihm zu trinken. ²²Dann wird es ihm bald leid tun, dein Feind zu sein, und Gott wird dich belohnen.

²³Bei Westwind gibt's Regen, und bei Klatsch gibt's Ärger.

²⁴Ein ruhiger Winkel unterm Dach ist besser als ein ganzes Haus gemeinsam mit einer ständig nörgelnden Frau.

²⁵Wie kühles Wasser für einen Durstigen, so ist eine gute Nachricht aus fernem Land.

²⁶Wie eine verschmutzte Quelle oder ein vergifteter Brunnen, so ist ein guter Mensch, der sich von einem bösen irremachen läßt.

²⁷Zuviel Honig und zuviel Ehre sind unbekömmlich.

²⁸Wie eine Stadt ohne Schutzwall, so ist ein Mann ohne Selbstbeherrschung.

Wer anderen eine Grube gräbt ...

26 Wie Schnee im Sommer und Regen in der Erntezeit, genauso unpassend sind Ansehen und Wohlstand bei einem Dummkopf.

2 Wie ein flatternder Spatz oder eine fliegende Schwalbe, so ist ein unverdienter Fluch: er läßt sich auf keinen Menschen nieder.

3 Die Peitsche fürs Pferd, der Zaum für den Esel und der Stock für den Rücken unverbesserlicher Narren!

4 Gib dem Dummen keine Antwort, die seiner Dummheit entspricht, damit die Leute dich nicht selbst für dumm halten!

5 Gib dem Dummen eine Antwort, wie seine Dummheit sie verdient, damit er sich nicht selbst für klug hält!

6 Wer einen Dummkopf als Boten schickt, ist wie jemand, der sich selbst die Füße abhackt und schlimmen Ärger schlucken muß.

7 Kraftlos wie die Beine eines Gelähmten, so ist ein Weisheitsspruch im Mund von Unverständigen.

8 Einen Stein in der Schleuder festbinden und einem Dummkopf Ehre erweisen: eins ist so sinnlos wie das andere.

9 Ein stacheliger Zweig in der Hand eines Betrunkenen – genauso gefährlich ist ein Weisheitsspruch im Mund von Unverständigen.

10 Wie ein Bogenschütze, der auf jeden schießt, so unverantwortlich handelt jemand, der einen Dummkopf in Dienst nimmt oder den ersten besten, der vorüberkommt.

11 Ein Hund frißt noch einmal, was er erbricht; so wiederholt ein Dummkopf seinen Unsinn.

12 Kennst du einen, der sich selbst für weise hält? Für einen Schwachsinnigen ist mehr Hoffnung als für ihn!

13 Der Faulpelz sagt: »Draußen läuft ein wildes Tier umher, ein Löwe, mitten auf der Straße!«

14 Die Tür dreht sich in ihren Angeln – und der Faulpelz in seinem Bett.

15 Der Faulpelz greift in die Schüssel, aber die Hand zum Mund zu führen ist ihm zu mühsam.

16 Der Faulpelz hält sich selbst für klüger als sieben Sachverständige.

17 Mische dich nicht in einen Streit, der dich nichts angeht! Sonst schaffst du dir ähnlichen Ärger wie jemand, der einen vorüberlaufenden Hund bei den Ohren packt.

18 Wie ein Irrer, der mit Brandpfeilen und anderen tödli-

chen Waffen spielt, [19] so handelt jemand, der seinen Freund betrügt und dann sagt: »Es war nur ein Scherz!«

[20] Wo kein Holz mehr ist, geht das Feuer aus; und wo kein Klatsch mehr ist, hört der Streit auf.

[21] Kohle hält die Glut in Gang und Holz das Feuer; so sorgt der Streithahn dafür, daß der Zank weitergeht.

[22] Verleumdungen verschlingt man wie Leckerbissen und behält sie für immer tief im Gedächtnis.

[23] Wie Silberglasur auf Tongeschirr, so ist zündende Rede mit böser Absicht.

[24] Ein gehässiger Mensch ist voller Falschheit, aber er versteckt sie hinter Schmeichelworten. [25] Und wenn er noch so freundlich redet, glaub ihm nicht! Er hat alle erdenklichen Teufeleien im Sinn. [26] Seinen Haß mag er eine Weile verbergen können, aber schließlich wird er von allen durchschaut.

[27] Wer anderen eine Grube gräbt, fällt selbst hinein. Wer einen Stein hochwirft, auf den fällt er zurück.

[28] Wer andere mit seinen Lügen zugrunde gerichtet hat, haßt sie auch dann noch; Verleumdung führt zu Vernichtung.

Überlaß es anderen, dich zu loben

27 Gib nicht an mit dem, was du morgen vorhast! Du weißt ja nicht einmal, was dir heute zustößt.

[2] Überlaß es anderen, dich zu loben; besser ein fremder Mund lobt dich als dein eigener!

[3] Sand und Steine sind schwer, aber noch schwerer wiegt der Ärger, den man mit Dummköpfen hat.

[4] Zorn ist grausam und Wut wie überschäumendes Wasser; doch noch unerträglicher ist Eifersucht.

[5] Liebe, die offen tadelt, ist besser als eine, die ängstlich schweigt.

[6] Ein Freund bleibt dein Freund, auch wenn er dir weh tut; ein Feind überfällt dich mit übertrieben vielen Küssen.

[7] Wer satt ist, läßt den besten Honig stehen; aber Hungrigen schmeckt sogar Bitteres süß.

[8] Wie ein Vogel, der fortfliegt von seinem Nest, so ist ein Mensch, der seine Heimat verläßt.

[9] Duftendes Öl und Weihrauch geben eine festliche Stimmung; aber noch beglückender als süße Düfte ist die Zuneigung eines Menschen.

[10] Verlaß deine Freunde nicht, auch nicht die Freunde deines Vaters. Wenn du in Schwierigkeiten bist, lauf nicht gleich zum Haus deines Bruders. Der Nachbar nebenan kann dir besser helfen als der Bruder in der Ferne.

[11] Werde klug und weise, mein Sohn, und mach mir

Freude! Wenn mir dann jemand Unfähigkeit vorwirft, kann ich ihn widerlegen.

¹²Ein Mensch mit Erfahrung sieht das Unglück kommen und bringt sich in Sicherheit; die Unerfahrenen laufen mitten hinein und müssen es büßen.

¹³Wenn jemand so dumm war, für einen Fremden zu bürgen, dann nimm ruhig sein Obergewand als Pfand, wenn er von dir etwas borgen will.

¹⁴Wenn du deinen Nachbarn jeden Morgen mit lauten Glückwünschen grüßt, dann legt er es dir als Verwünschung aus.

¹⁵Wie ein Loch im Dach, durch das es bei Regen ständig tropft, so ist eine keifende Frau. ¹⁶Sie zum Schweigen bringen? Genausogut kannst du versuchen, den Wind anzuhalten oder Öl mit den Fingern festzuhalten!

¹⁷Eisen wird mit Eisen geschärft, und ein Mensch bekommt seinen Schliff durch Umgang mit anderen.

¹⁸Wer seinen Feigenbaum pflegt, bekommt dafür die Feigen zu essen; ein Diener, der für seinen Herrn sorgt, wird dafür geehrt.

¹⁹Im Spiegel des Wassers erkennst du dein Gesicht, und im Spiegel deiner Gedanken erkennst du dich selbst.

²⁰Der Schlund der Totenwelt ist unersättlich, und auch die Augen des Menschen wollen immer noch mehr.

²¹Den Wert von Gold und Silber prüft man mit Tiegel und Ofen; was ein Mann wert ist, sagt sein Ruf.

²²Einen unverbesserlichen Narren kannst du in einem Mörser mit dem Stößel stampfen, mitten zwischen den Körnern. Die Körner verlieren dabei ihre Hülsen, aber der Narr nicht seine Dummheit.

²³Achte auf den Zustand deiner Herden, kümmere dich um deine Schafe und Ziegen. ²⁴Geldbesitz ist nicht von Dauer; nicht einmal eine Krone geht endlos von einer Generation auf die andere über. ²⁵Mähe deine Wiesen, und während das Gras nachwächst, hole das Heu von den Bergen! ²⁶Die Schafe geben dir Wolle zur Kleidung. Mit dem Erlös für die Ziegenböckchen kannst du ein neues Feld kaufen, ²⁷und von den Ziegen bekommst du Milch im Überfluß. So kannst du dich und deine Familie ernähren und auch deine Mägde am Leben erhalten.

Lieber arm sein und untadelig leben

28 Wer Gott mißachtet, ergreift die Flucht, obwohl niemand ihn verfolgt. Wer Gott gehorcht, fühlt sich sicher wie ein Löwe.

² Bei Aufruhr im Land mehren sich die Herrscher; aber mit einem klugen und gebildeten Mann an der Spitze herrscht dauerhafte Ordnung.

³ Ein Armer, der die Armen ausbeutet, ist wie ein Unwetter, das den Ackerboden wegschwemmt und jede Hoffnung auf Ernte zunichte macht.

⁴ Menschen, die nicht nach Gottes Gesetz fragen, beglückwünschen die Unheilstifter; wer sich an das Gesetz hält, bekämpft sie.

⁵ Schlechte Menschen verstehen nichts vom Recht; aber die, die nach Gott fragen, verstehen alles.

⁶ Lieber arm sein und untadelig leben als reich sein und krumme Wege gehen.

⁷ Ein verständiger Sohn befolgt Gottes Gesetz; aber wer mit liederlichen Leuten verkehrt, macht seinem Vater Schande.

⁸ Wenn du von den Armen Zins nimmst, um dein Vermögen zu vergrößern, sammelst du es für jemand, der mit den Armen Mitleid hat.

⁹ Wer Gottes Gesetz nicht mehr hören will, dessen Gebet will Gott nicht mehr hören.

¹⁰ Wer redliche Menschen auf einen gefährlichen Abweg bringt, läuft in seine eigene Falle. Aber alle, die untadelig leben, werden reich belohnt.

¹¹ Der Reiche hält sich selbst für klug, aber ein Armer mit Scharfsinn durchschaut ihn.

¹² Wenn gute Menschen regieren, ist überall festlicher Glanz. Wenn Verbrecher an die Macht kommen, dann verstecken sich die Leute.

¹³ Menschen, die ihre Verfehlungen verheimlichen, haben keinen Erfolg im Leben; aber alle, die ihr Unrecht bekennen und aufgeben, finden Gottes Erbarmen.

¹⁴ Wie glücklich sind alle, die Gott ernst nehmen! Doch wer starrsinnig bleibt, stürzt ins Unglück.

¹⁵ Ein brüllender Löwe, ein raubgieriger Bär – so ist ein Tyrann, der über ein armes Volk herrscht.

¹⁶ Ein unvernünftiger Vorgesetzter beutet seine Untergebenen aus; aber einer, der es ablehnt, durch Unrecht reich zu werden, bleibt lange im Amt.

¹⁷ Ein Mensch, der einen Mord auf dem Gewissen hat, flieht geradewegs in den Abgrund; niemand soll ihn daran hindern!

¹⁸ Wenn du untadelig lebst, bist du in Sicherheit; aber wenn du krumme Wege gehst, kommst du plötzlich zu Fall.

¹⁹ Wer seine Felder bestellt, hat viel zu essen; wer sich mit windigen Geschäften abgibt, hat viel zu hungern.

²⁰Zuverlässige Menschen haben Glück und Erfolg; aber wer um jeden Preis reich werden will, wird der Strafe nicht entgehen.

²¹Parteilichkeit ist ein schlimmes Übel, und mancher wird zum Verbrecher schon für ein Stück Brot.

²²Ein habgieriger Mensch greift nach dem Reichtum und weiß nicht, daß die Armut nach ihm greift.

²³Wenn du andere zurechtweist, erntest du am Ende mehr Dankbarkeit, als wenn du ihnen immer nach dem Mund redest.

²⁴Wer meint, es sei kein Unrecht, seinen Vater und seine Mutter zu bestehlen, ist nicht besser als ein gemeiner Dieb.

²⁵Ein Mensch, der nie genug bekommen kann, erregt überall Streit; ein Mensch, der auf Gott vertraut, hat immer genug.

²⁶Folge nur deinem eigenen Kopf, und du wirst sehen, wie weit du es bringst! Laß dich von der Weisheit leiten, und du wirst dem Unglück entrinnen.

²⁷Wer den Armen hilft, leidet niemals Mangel; aber wer seine Augen vor der Not verschließt, dem mangelt es nicht an Verwünschungen.

²⁸Alle verstecken sich, wenn schlechte Menschen an die Macht kommen; aber wenn sie umkommen, mehren sich die, die Gott gehorchen.

Stock und Tadel helfen, klug zu werden

29 Wer trotz aller Zurechtweisung widerspenstig bleibt, wird plötzlich so zerschmettert, daß ihm nichts wieder aufhelfen kann.

²Wenn Menschen an die Macht kommen, die Gott gehorchen, dann freuen sich die Leute. Wenn jemand regiert, der Gott mißachtet, dann seufzen sie.

³Ein Sohn, der die Weisheit liebt, macht seinem Vater Freude; einer, der seine Zeit bei Dirnen zubringt, verschleudert ihm sein Vermögen.

⁴Ein König, der für Recht sorgt, sichert das Gedeihen seines Landes; aber einer, der immer neue Steuern erfindet, richtet es zugrunde.

⁵Wer seinem Mitmenschen Schmeicheleien sagt, legt ihm ein Netz vor die Füße.

⁶Der Böse verfängt sich in seinem Unrecht; aber der Rechtschaffene singt vor Freude.

⁷Wer Gott gehorcht, sorgt dafür, daß die Schwachen ihr Recht bekommen; wer Gott mißachtet, hat kein Verständnis für ihr Recht.

⁸Unzufriedene Besserwisser können eine ganze Stadt in Aufruhr versetzen; aber vernünftige Leute beruhigen die Gemüter.

⁹Wenn ein Kluger mit einem Unverständigen prozessiert, dann lacht der oder fängt an zu toben; aber zur Einsicht kommt er nicht.

¹⁰Ein untadeliger Mensch ist den Mördern ein Dorn im Auge, aber die Redlichen retten ihm das Leben.

¹¹Der Dummkopf gibt jedem Ärger freien Lauf; der Weise kann sich beherrschen.

¹²Wenn ein Herrscher auf Lügen hört, dann werden alle seine Untergebenen unehrlich.

¹³Der Arme und sein Unterdrücker leben nebeneinander, beiden hat Gott Augen zum Sehen gegeben.

¹⁴Ein König, der den Schwachen Recht verschafft, festigt seine Herrschaft für immer.

¹⁵Stock und Tadel helfen, klug zu werden; ein Kind, das man sich selbst überläßt, macht seiner Mutter Schande.

¹⁶Wenn die Bösen sich mehren, vermehrt sich das Unrecht. Aber wer Gott gehorcht, wird sehen, wie solche Leute untergehen.

¹⁷Erziehe deinen Sohn mit Strenge, dann wird er für dich zur Quelle der Zufriedenheit und Freude.

¹⁸Ohne prophetische Weisung wird ein Volk zügellos. Wie glücklich ist ein Volk, das auf Gottes Gesetz hört!

¹⁹Mit Worten kannst du einen Sklaven nicht belehren; er hört sie zwar, aber er gehorcht nicht.

²⁰Kennst du einen, der redet, ohne zu überlegen? Für einen Schwachsinnigen ist mehr Hoffnung als für ihn!

²¹Wer seinen Diener von Anfang an verwöhnt, wird am Ende von ihm ausgenutzt.

²²Ein Hitzkopf erregt Streit; wer schnell aufbraust, macht viele Fehler.

²³Hochmütige werden gedemütigt; aber wer nicht hoch von sich denkt, kommt zu Ehren.

²⁴Wer mit einem Dieb die Beute teilt, handelt gegen sein eigenes Leben; denn wenn er die Fluchandrohung des Richters hört, darf er nichts sagen.

²⁵Sich vor Menschen fürchten bringt Gefahr; auf Gott vertrauen bringt Sicherheit.

²⁶Viele buhlen um die Gunst eines Herrschers; dabei ist es Gott, der ihnen Recht verschaffen kann.

²⁷Wer Gott gehorcht, verabscheut die Rechtsbrecher. Wer Gott mißachtet, verabscheut die Rechtschaffenen.

WEITERE RATSCHLÄGE (Kapitel 30–31)

Die Worte Agurs

30 Die folgenden Worte stammen von Agur, dem Sohn Jakes. Dieser Mann sagte:

Ich habe mich abgemüht, Gott, ich habe mich abgemüht und bin am Ende mit meiner Kunst! ²Ich bin zu dumm, um als Mensch gelten zu können; mir fehlt der Verstand gewisser Leute. ³Ich habe keine Weisheit erworben und weiß also nichts von dem heiligen Gott!

⁴Wer ist je in den Himmel hinaufgestiegen
und als Wissender von dort herabgekommen?
Wer hat je den Wind mit den Händen gepackt
und das Wasser im Mantel eingebunden?
Wer hat die fernsten Grenzen der Erde bestimmt?
Wie heißt dieser Mann? Und wer ist sein Sohn?
Sag es mir, du mußt es doch wissen!

⁵Alles, was Gott sagt, ist unzweifelhaft wahr.
Wer in Gefahr ist und zu ihm flieht,
findet bei ihm immer sicheren Schutz.
⁶Füge zu seinen Worten nichts Eigenes hinzu,
sonst weist er dich zurecht
und überführt dich als Lügner!

⁷Mein Gott, ich bitte dich nur um zwei Dinge; gib sie mir, solange ich lebe: ⁸Bewahre mich davor zu lügen, und laß mich weder arm noch reich sein! Gib mir nur, was ich zum Leben brauche! ⁹Habe ich zuviel, so sage ich vielleicht: »Wozu brauche ich Gott?« Habe ich zu wenig, so fange ich vielleicht an zu stehlen und bringe deinen Namen in Verruf.

¹⁰Schwärze keinen Diener bei seinem Herrn an, sonst verleumdet er dich und du ziehst den kürzeren!

¹¹Es gibt Leute, die verfluchen ihren Vater und sagen kein gutes Wort über ihre Mutter.

¹²Es gibt Leute, die behaupten, ein reines Gewissen zu haben, obwohl nichts von ihrem Schmutz abgewaschen ist.

¹³Es gibt Leute, die denken wunder wie hoch von sich und sehen auf alle anderen herab.

¹⁴Es gibt Leute mit Zähnen, die scharf sind wie Schwerter und spitz wie Dolche. Damit fressen sie die Armen und Hilflosen im Land.

Zahlensprüche
und andere Ratschläge

15 Manche Leute sind wie Blutegel: »Gib, gib!« sagen sie und saugen andere aus.

Drei werden nie satt, und das vierte ist ganz unersättlich: 16 die Totenwelt; der Schoß einer Frau, die keine Kinder bekommt; die Erde, die immer nach Regen verlangt; und das Feuer, das niemals sagt: »Jetzt reicht's.«

17 Wer verächtlich auf seinen Vater herabsieht und seiner Mutter den schuldigen Gehorsam verweigert, dem werden die Raben die Augen aushacken, und die Geier werden ihn fressen.

18 Drei Dinge kann ich nicht erklären, und das vierte ist mir erst recht ein Geheimnis: 19 der Flug des Adlers am Himmel, das Gleiten der Schlange über eine Felsplatte, die Fahrt des Schiffes auf weglosem Meer und der unwiderstehliche Drang des Mannes zu einer Frau.

20 Die Ehebrecherin schläft mit einem Mann, wäscht sich und sagt: »Ich habe nichts Unrechtes getan« – gerade so, als hätte sie gegessen und sich den Mund abgewischt.

21 Drei Dinge stellen die Welt auf den Kopf, aber das vierte ist ganz unerträglich: 22 wenn ein Sklave König wird, wenn ein gewissenloser Mensch zu Reichtum kommt, 23 wenn eine unausstehliche Frau einen Mann findet und wenn eine Sklavin die Herrin von ihrem Platz verdrängt.

24 Vier Tiere sind zwar klein, aber an Weisheit fehlt es ihnen nicht: 25 die Ameisen – sie haben keine Macht, doch sie legen Vorräte für den ganzen Winter an; 26 die Klippdachse – sie sind nicht stark, doch sie schaffen sich sichere Wohnungen in den Ritzen der Felsen; 27 die Heuschrecken – sie haben keinen König, und doch fliegen sie in geordneten Scharen; 28 die Eidechsen – man kann sie mit der Hand fangen, und doch dringen sie sogar in den Palast des Königs ein.

29 Drei haben einen stolzen Gang, und der vierte ist darin nicht zu übertreffen: 30 der Löwe, der König der Tiere, der vor niemand zurückweicht; 31 der stolzierende Hahn; der Ziegenbock; und der König, wenn er seine Krieger mustert.

32 Wenn dich die Lust ankommt, dich selbst zu loben, ob zu Recht oder zu Unrecht, dann halte dir lieber den Mund zu! 33 Schüttle die Milch, und sie wird Butter. Schlage jemand auf die Nase, und es fließt Blut. Ärgere andere Leute, und du bekommst Streit.

Mahnungen für einen König

31 Ratschläge für König Lemuël, die seine Mutter ihm gab:

2 »Du bist der Sohn, den ich so lange von Gott erbeten habe. Hör auf meinen Rat: 3 Vergeude deine Kraft und dein Geld nicht mit Frauen; das hat schon manchen König zugrunde gerichtet. 4 Ergib dich nicht dem Trunk! Wein und Bier sind nichts für Könige! 5 Wenn sie sich betrinken, vergessen sie, was ihnen aufgetragen ist, und sorgen nicht mehr dafür, daß die Armen zu ihrem Recht kommen. 6 Bier und Wein sind gut für den, der am Ende ist; 7 der mag sich betrinken und seinen Kummer vergessen. 8 Deine Sache aber ist es, für Recht zu sorgen. Sprich für alle, die sich selbst nicht helfen können. 9 Sprich für die Armen und Schwachen, nimm sie in Schutz, und verhilf ihnen zu ihrem Recht!«

Lob der tüchtigen Frau

10 Eine tüchtige Frau ist das kostbarste Juwel, das einer finden kann. 11 Ihr Mann kann sich auf sie verlassen, sie bewahrt und mehrt seinen Besitz. 12 Ihr ganzes Leben lang macht sie ihm Freude und enttäuscht ihn nie.

13 Sie sorgt dafür, daß sie immer Flachs und Wolle hat; sie spinnt und webt mit fleißigen Händen. 14 Sie schafft von überall her Nahrung herbei wie ein Handelsschiff aus fernen Ländern.

15 Sie steht schon auf, wenn es noch dunkel ist, bereitet die Mahlzeiten vor und weist den Mägden die Arbeit zu. 16 Sie schaut sich nach einem Stück Land um, kauft es mit dem Geld, das sie selber verdient hat, und bepflanzt es mit Reben.

17 Sie packt ihre Aufgaben energisch an und scheut keine Mühe. 18 Sie merkt, daß ihre Mühe etwas einbringt; darum arbeitet sie beim Schein der Lampe bis spät in die Nacht. 19 In jeder freien Minute nimmt sie die Spindel zur Hand.

20 Den Armen und Notleidenden gibt sie reichlich und gern. 21 Schnee und Frost bereiten ihr keine Sorgen, weil sie für alle im Haus warme Kleidung bereithält.

22 Sie macht sich schöne Decken; ihre Kleider sind aus feinem Leinen und purpurroter Wolle.

23 Sie hat einen Mann, der von allen geachtet wird; sein Wort gilt etwas im Rat der Gemeinde.

24 Sie fertigt Tücher und Gürtel an und verkauft sie an Händler. 25 Als wohlhabende und angesehene Frau blickt sie ohne Sorgen in die Zukunft.

²⁶Was sie redet, zeugt von Weisheit; mit freundlichen Worten gibt sie Anweisungen und Ratschläge. ²⁷Alles, was im Haus geschieht, behält sie im Auge; Müßiggang ist ihr unbekannt.

²⁸Ihre Kinder sind stolz auf sie, und ihr Mann lobt sie. ²⁹»Es gibt viele tüchtige Frauen«, sagt er; »aber du bist die allerbeste!«

³⁰Anmut und Schönheit sind vergänglich und kein Grund, eine Frau zu rühmen; aber wenn sie Gott ernst nimmt, dann verdient sie Lob. ³¹Ihre Mühe darf nicht unbelohnt bleiben: Für das, was sie leistet, soll die ganze Stadt sie ehren.

Grundaussagen der Bibel

ein Selbststudium

1

Alles Leben auf der Erde - Pflanzen, Tiere, Menschen - ist von Gott in überlegener Weisheit geschaffen. Durch ihn entstand die Natur in ihrer Schönheit und das Universum in seiner unbegreiflichen Größe.

Gott möchte, dass wir inmitten dieser Vielfalt im Leben Gemeinschaft mit ihm haben. Dazu hat er uns geschaffen: als seine Kinder und Freunde.

Durch das selbstsüchtige Wesen der Menschen ist diese Gemeinschaft von Grund auf und vollkommen zerstört. Darin sind alle Menschen gleich: alle sind Sünder.

Lesen Sie dazu folgende Texte:
Auf den Seiten 288 und 429: Gott hat alles geschaffen
(Apostelgeschichte 17, 24-28; Kolosser 1, 16-17)
Auf Seite 328: Unsere Unvollkommenheit (Römer 7, 18)
Auf den Seiten 321 und 324: Alle Menschen sind schuldig
(Römer 3, 23 und 5, 12)
Auf Seite 514: Unser Selbstbetrug (1. Johannes 1, 8)

Gott jedoch hat die Menschen nicht aufgegeben. Immer noch ist es sein Wunsch, mit uns Gemeinschaft zu haben. Deshalb entschloss er sich, selbst als Mensch auf die Erde zu kommen und uns zu retten. Er wurde Mensch in Jesus Christus, seinem Sohn.

Jesus hat vor 2000 Jahren alles durchlebt, was ein Mensch erfährt. Nach einem vollkommenen Leben ohne Sünde wurde er gekreuzigt. Sein Tod war ein Opfer, eine Wiedergutmachung für alle Sünden aller Menschen zu allen Zeiten. Stellvertretend für uns nahm er Sünde, Krankheit und Leiden auf sich und starb. Seine Auferstehung bewies, dass er Gottes Sohn ist.

Damals wie heute begegnet Gott in Jesus jeder Not. Durch den Glauben an ihn finden Sie Vergebung, inneren Frieden, Heilung und Befreiung von Angst. Sie Können ein neues Leben beginnen.

Lesen Sie dazu folgende Texte:
Auf Seite 195: Der Sohn Gottes wurde Mensch.
(Johannes 1, 14)
Auf Seite 463: Der Tod Jesu war ein Opfer (Titus 2, 14)
Auf Seite 23: Jesus nahm alles auf sich (Matthäus 8, 17)
Auf Seite 222: Jesus starb für alle Menschen
(Johannes 11, 50-52)
Auf Seite 386: Leben für Jesus (2. Korinther 5, 15)

3

Wenn Sie glauben, dass Jesus Gottes Sohn ist und Ihnen Ihre Sünde vergeben kann, und wenn Sie dies wünschen, können Sie folgendes tun:

Bitten Sie Jesus um Vergebung Ihrer Sünden und vertrauen Sie, dass er es tut. Danken Sie ihm dafür. Sagen Sie ihm, dass Sie von nun an nach seinem Willen leben wollen.

Wenn Sie dies ernsthaft beten konnten, sind Sie ein Kind Gottes, und Jesus wohnt in Ihnen.

Lesen Sie in der Bibel, denn Gott redet durch sie zu uns. Handeln Sie nach dem, was Sie erkennen. Suchen Sie eine Kirche oder eine Gemeinde, in der Sie geistliche Unterstützung und Gemeinschaft bekommen können. In der Gemeinschaft mit anderen Christen werden Sie ermutigt, und Ihr Glaube wird wachsen.

Schließlich:
Es ist gut für Sie, wenn Sie jemandem von Ihrer Entscheidung erzählen.

Lesen Sie dazu folgende Texte:
Auf Seite 386: Der neue Mensch (2. Korinther 5, 17)
Auf Seite 194: Ein Kind Gottes (Johannes 1, 12-13)
Auf Seite 459: Die Schriften der Bibel (2. Timotheus 3, 16-17)
Auf Seite 118: Die Glaubenstaufe (Markus: 16, 16)
Auf Seite 335: Glauben und Bekennen (Römer 10, 9-10)

Gott liebt Sie!

„Gott hat die Menschen so sehr geliebt, daß er seinen einzigen Sohn hergab. Nun werden alle, die sich auf den Sohn Gottes verlassen, nicht zugrunde gehen, sondern ewig leben." (Joh. 3, 16)

Jeder ist vor Gott schuldig!

Die Sünde ist die Trennwand zwischen Ihm und den Menschen!

„Alle sind schuldig geworden und haben den Anteil an Gottes Herrlichkeit verloren." (Römer 3, 23)

Jesus ist der einzige Ausweg. Ihre Chance!

Jesus sagt: „Ich bin der Weg, denn ich bin die Wahrheit und das Leben. Einen anderen Weg zum Vater gibt es nicht." (Joh. 14, 6)

„Jesus Christus und sonst niemand kann die Rettung bringen. Auf der ganzen Welt hat Gott keinen anderen Namen bekanntgemacht, durch den wir gerettet werden könnten." (Apg. 4, 12)

Nehmen Sie ihn als persönlichen Gott und Erlöser an

Wenn Sie einen Anfang im Glauben gemacht haben und deshalb als neues Kind Gottes ab sofort

zu seiner Familie gehören, interessiert es Sie bestimmt, noch andere Mitglieder dieser Familie kennen zu lernen. Suchen Sie den Kontakt mit überzeugten Christen oder mit einer Kirche.

Falls wir Ihnen dabei helfen können, geben Sie dies bitte auf dem Antwort-Coupon an.

Jesus selbst sagt dazu:

„Nur wer von oben her geboren wird, kann Gottes neue Welt zu sehen bekommen." (Joh. 3, 3)

„Aber allen, die ihn aufnahmen und ihm Glauben schenkten, verlieh er das Recht, Kinder Gottes zu werden."

(Joh. 1, 12)

Beten Sie von ganzem Herzen folgendes Gebet:

„Herr Jesus, ich erkenne jetzt, dass ich ein Sünder bin. Ich glaube, dass Du für mich am Kreuz von Golgatha gestorben bist. Ich bitte dich, komm in mein Herz und wohne in mir. Ich nehme Dich jetzt als persönlichen Erlöser und Herrn an. Ich will dir folgen und bitte dich, übernimm du die Leitung in meinem Leben. Amen."

Es wäre toll, wenn Sie uns von Ihrer Entscheidung für Jesus berichten und uns schreiben würde Antwort-Coupon

Ich habe mich heute im Gebet für Jesus Christus entschieden und ihn als meinen persönlichen Retter angenommen.

Tag:............................Uhr:....................................

Ort:...

Ich würde gerne andere Christen in meiner Umgebung kennen lernen.

Name:..Alter...........

Straße:...

PLZ/Ort:...

Bible to All Europa e.V.
Aulkestraße 28
D-48734 Reken

Europartners
Ambachtsweg 20 A
NL - 2222 AL Katwijk

Bruchlandung

Alfred Rieck
Marketing-Direktor
DES VOLKSWAGEN - WERKS
D-WOLFSBURG

Oftmals bedarf es erst einer harten Bruchlandung, bevor so manch einer aufwacht und bereit ist, sich einigen grundlegenden Fragen zu stellen und konsequent einen neuen Veg zu suchen und zu gehen. So war es auch bei mir.

Dank meiner Eltern bin ich in einem christlichen Haus geboren und aufgewachsen. Der Begriff *Gott* war mir nicht fremd, und ich habe auch an seine Existenz geglaubt - mal mehr, mal weniger-, je nach Stimmung, Verfassung und Bedürfnis. Auch ging ich regelmäßig zur Kirche. Anfänglich, weil meine Eltern mich mitnahmen, später aus Gewohnheit, um Bekannte zu treffen. Eine richtige Beziehung zu Gott hatte ich trotzdem nicht.

GELD, DAS ZENTRALE ELEMENT
GOTT, DEN BRAUCHTE ICH NICHT

Meine Eltern ermöglichten mir eine Ausbildung an verschiedenen renommierten Universitäten im In- und Ausland. Ich gehörte zu den wenigen, die einen unterschriebenen Arbeitsvertrag hatten, bevor sie das Studium abgeschlossen hatten. Ich war zufrieden und stolz. Vielleicht auch deswegen, weil ich wusste, dass ich beneidet wurde.

Mit viel Elan, Kreativität und Leistungswillen fing ich bei meinem Arbeitgeber, einem amerikanischen Fahrzeug-Konzern an. Es dauerte nicht lange, bis die ersten anerkennenden Worte meiner Vorgesetzten kamen. Die erste Beförderung folgte wenig später. Die Karriere hatte begonnen, und der „Karrierezug" gewann zusehends an Geschwindigkeit. Ich war stolz auf meine Leistung und auf mein Können. Ich lebte in einem Weltverständnis, in dem der berufliche Aufstieg nur dazu diente, meine eigene wirtschaftliche Situation und mein Ansehen zu verbessern. Die einzige Verantwortung, die ich spürte, war die Verantwortung mir selbst gegenüber. Geld war in dieser Vorstellung ein zentrales Element zum eigenen Wohlbefinden. Und das war selbstverständlich für mich. Es ging mir gut. Das Leben verlief so, wie ich es mir vorgestellt hatte. Der berufliche Aufstieg ging schneller als gedacht und auch bei weitem schneller als bei manchen Kollegen. Dieser Erfolg wiederum bestärkte mich in meiner Haltung- auch in der Haltung, immer weniger nach Gott zu fragen.

AM NULLPUNKT ANGELANGT

Ein Zustand inneren Zwiespalts begann. Auf der einen Seite drängte die Selbstzufriedenheit und die Sucht nach mehr Ansehen und Wohlstand, auf der anderen Seite spürte ich zunehmend die Leere und die Frage nach dem Sinn des Lebens. Noch verhinderten die angenehmen Folgen einer Karriere meine Bereitschaft, mich den wesentlichen Fragen nach Sinn und Ziel des Lebens zu stellen.

In dieser Lebensphase traf ich einige Fehlentscheidungen. Nahezu alles, was ich mir aufgebaut hatte, war in kürzester Zeit verloren und weg – einschließlich des Jobs.

Ich stand fast am Nullpunkt. Da war ich, verzweifelt, verärgert, niedergeschlagen und von einer eigenartigen Angst befallen.

WOLLEN, ABER NICHT TRAUEN. ICH WAR SKEPTISCH

Nun hatte ich, zwar unfreiwillig, Zeit; Zeit zum Nachdenken und zum Lesen. Ich entdeckte neu die Bibel. Eines morgens stieß ich auf den Text in Matthäus 11, Verse 28 und 29: *„Kommt doch zu mir; ich will euch die Last abnehmen. Stellt euch unter meine Leitung und lernt bei mir; dann findet euer Leben Erfüllung."* Anfänglich konnte ich noch nicht viel mit dieser Zusage von Jesus Christus anfangen. Zu viel ging mir durch den Kopf. Zu viele nicht beantwortete Fragen aus meiner christlichen Erziehung standen im Weg. Dennoch, die Aussage ließ mich nicht mehr los. Das Bibellesen bewirkte mehr und mehr eine gewisse Neugier. Es war ein Wollen, aber nicht Trauen, mich auf das Evangelium, das Angebot der Erlösung durch Jesus Christus einzulassen. Ich war skeptisch.

ZUKUNFT OHNE VORBEDINGUNGEN

Misstrauisch und frech, wie ich nun mal war, kam mir der Gedanke, Gott eine *„Probezeit"* zu geben; drei Monate lang wollte ich ihn testen. Diese drei Probemonate sind vor vielen Jahren zu Ende gegangen. Gott und der Glaube an die Erlösungstat von Jesus Christus ist zum festen Fundament in meinem Leben geworden. Ich habe gemerkt, dass Gott im Alltag erlebbar ist, dass er sich persönlich um mich kümmert – um jeden, der es zulässt. Ich habe erfahren, dass man keine Vorbedingungen braucht, um Gottes Liebe zu erhalten. Ganz im Gegensatz zu dem, was mir früher über Gott erzählt wurde. Das Einzige, was ich zu tun brauchte, war, Jesus Christus als meinen persönlichen Erlöser und Herrn zu akzeptieren. Als ich begriff, welche unendliche Liebe mich umgab und was der Tod Jesu am Kreuz für uns Menschen und für mich persönlich bedeutete, war es nicht mehr schwer, seine Leitung, seinen Rat und seine Wegweisung zu suchen – auch in beruflichen Dingen und Entscheidungen.

ABSCHIED VOM "TRIAL AND ERROR" ZUM WEG DES GEBETS

Schon oft habe ich seither vor beruflichen Situationen gestanden, die viel komplizierter waren als alles, was ich jemals zuvor kennen gelernt hatte. Um das Gefühl der mangelnden Erfahrung und Ungewissheit weiß ich nur zu gut.

Eines aber hat sich in alldem geändert: Früher ging ich in solchen Situationen den Weg des *„trial and error"*, heute gehe ich den Weg des Gebets. Ich frage Gott um seinen Rat - in Notfällen sogar mitten in Sitzungen. Was ich dadurch erleben konnte, ist verblüffend. Immer wieder wundere ich mich, wie einfach seine Ratschläge sind, wie einfach Lösungen für komplizierte Sachverhalte sein können. Ein angenehmer Nebeneffekt ist auch, dass ich viel weniger Zeit verliere - und das in einer Zeit, in der zunehmender Zeitmangel mit das grösste Problem der Manager geworden ist.

SINN FÜR MEIN PERSÖNLICHES UND BERUFLICHES LEBEN

Karriere bedeutet mir auch heute noch viel, doch sie steht nicht mehr zentral in meinem Leben. Heute weiß ich, dass Karriere etwas mit mir anvertrauter Verantwortung zu tun hat: Verantwortung für andere Menschen, für Familie und für Kinder; Verantwortung für die Zukunft, für unsere Gesellschaft und Weltwirtschaft. Heute weiß ich, dass Karriere untrennbar mit Dienen und Nächstenliebe verbunden ist.

MUT ZUR PROBEZEIT

Ich habe zu einer ganz neuen Dimension von Lebensqualität gefunden, die mir viel Freude macht. Und „last, but not least", ich habe einen wunderbaren Freund gewonnen, der mich liebt, der immer für mich da ist und der will, dass es mir in jeder Hinsicht gut geht. Jesus Christus will, dass wir Menschen Verantwortung in unseren Leben und in unserer Gesellschaft übernehmen. Und er will uns helfen, diese Verantwortung zu tragen. Diese Zusage steht in Matthäus 28, Vers 20: *„Ich bin immer bei euch, jeden Tag, bis zum Ende der Welt".*
**Passt so etwas in Ihr Lebenskonzept?
Ich wünsche Ihnen Mut zur Probezeit!**

Interview mit
Johannes und Edith Schreiter

Wie war Deine Weltanschauung vor 1983?

Eng war sie, pessimistisch und dunkel. Über das, was die Philosophie an Sichtweisen bieten konnte, kam sie nicht hinaus. Ich zählte auch zu denen, die im rational Erfassbaren das Äußerste an Objektivität und Glaubwürdigkeit vermuten, sich dessen aber doch wohl nicht so ganz sicher sind. Mein ständiger Wegbegleiter war deswegen die Angst. Die biblischen Aussagen hielt ich für mehr oder weniger unverbindlich, weil sie sich ja der Nachweisbarkeit weitgehend verschließen. - Daraus dürfte m.E. auch die Sucht vieler Theologen resultieren, christliche Wahrheiten vor allem an Wissenschafts-Ergebnissen zu messen. Adolf von Harnack hat dieser Auffassung einmal erfreulich die Stirn geboten und verlangt, dass die Theologie heute eine Wissenschaft sein müsse, die die christliche Religion von der Wissenschaft befreit.

Wie bei mir unter der Fuchtel einer derart lichtlosen Weltanschauung überhaupt noch so etwas Ähnliches wie Kunst entstehen konnte und dass sie sogar hin und wieder über meine Enge hinauswies, bleibt ein Wunder für sich. Erst reichlich spät, d.h. 1983, widerfuhr mir und meiner Frau Edith etwas absolut Unerwartetes, etwas, das in unseren verklemmten, orientierungslosen Alltag einen Richtungswechsel von 180 Grad brachte.

Wie kam es zu diesem Wendepunkt?

Von einem Lehrauftrag in Neuseeland kam ich ziemlich krank zurück. Nachdem ich bereits Monate ohne irgendein sichtbares Ergebnis durch die Mangel unserer High-Tech-Medizin gegangen war, begegnete mir „zufällig" eine junge Nachbarin. Sie erkannte spontan, dass ich mit meinem Latein am Ende war und bat mich auf eine Stipp-Visite in ihre Apotheke. Ich willigte skeptisch ein und saß Minuten später in ihrem kleinen Sprechzimmer. Als ob sie geahnt hätte, dass ich für einen so genannten small talk absolut nicht aufgelegt war, konfrontierte sie mich schon nach wenigen Sätzen mit einer Feststellung, die ich mein Leben lang nicht vergessen werde: „Herr Professor, wissen Sie, was Sie brauchen? Sie brauchen Jesus Christus!" Ich konnte förmlich zusehen, wie bei mir die Jalousien heruntergingen. Erst als sie von einem Seminarhaus am Rhein erzählte, in dem erstaunliche Dinge passierten und wo auch für Kranke gebetet würde, bekam ich wieder offenere Ohren. – Nach einigem Hin und Her beschlossen die Schreiters, trotz unausweichlicher Verpflichtungen und Termine, ein paar Tage dorthin zu fahren. Ich hatte mir fest vorgenommen, meine „religio" einmal strikt unter Verschluß zu halten und nur zuzuhören. Das führte bereits am dritten Tag zu einem totalen Zerbruch meines bisherigen Weltbildes. Am fünften Tag schließlich verabschiedeten wir uns von diesem gesegneten Haus als Christen. Wir sahen alles, aber auch wirklich alles mit anderen Augen und unsere Werte-Hierarchie hatte sich nicht weniger auffällig verändert. Die verheerenden Ängste, unter denen wir beide permanent zu leiden hatten, verließen uns nach unserer Lebensübergabe an Christus Jesus augenblicklich. Und dass Angst Menschen um den Verstand bringen kann, wurde uns in dieser neuen Freiheit sehr schnell bewusst.

Von dem bösen Mitbringsel aus Neuseeland wurde ich zwar erst fünf Jahre später auf eindeutig wunderbare Weise geheilt, aber ein Gebrechen, das mich schon 30 Jahre lang unter seiner Knute hielt, wurde ich sofort los.

Was für Menschen waren auf dieser Freizeit?

Natürlich nur wirklich Hilfesuchende. So gesehen, hatten wir es auf Burg Steineck mit lauter Gleichgesinnten zu tun. Diese Einheit konnte auch nicht von den gravierenden Unterschieden bezüglich Bildung oder sozialer Herkunft gestört werden. Es ist einfach verblüffend, wie gut man sich selbst innerhalb einer höchst heterogenen Gruppe versteht, wenn man an einem Punkt völliger Hilf- und Ratlosigkeit angekommen ist. Aber genau da befinden sich die Startlöcher für ein Leben, das es verdient, Leben genannt zu werden.

Edith, was hast Du auf dieser Freizeit erlebt?

Als mir bewusst wurde, dass Jesus als Herr meines Lebens alles unter sein Regiment nehmen würde und alles seinem Willen gehorchen muss, begriff ich, dass mir nichts passieren kann, was er nicht unter Kontrolle hat. Und damit war von einer Stunde zur anderen meine panische Angst, die noch von Kriegsereignissen herrührte, für immer verflogen. Diesem liebenden Herrn und Vater konnte ich mich vorbehaltslos anvertrauen.

Wie kam es, dass Ihr dort geheiratet habt?

Bei unsrer „Lebensbeichte" erkannten wir, dass wir Gott nicht einbezogen hatten. Wir waren zwar seit 24 Jahren verheiratet, hatten aber die kirchliche Trauung abgelehnt. Und weil wir jetzt ganz reinen Tisch machen wollten - einfach alles haben wollten - wünschten wir uns beide, diesen Segen nachzuholen. Das geschah dann gleich am nächsten Tag in der Burgkapelle.

Johannes, hatte Deine Bekehrung Einfluss auf Deine Kunst? Ist sie dadurch verändert worden?

Und ob meine Umkehr zu Gott Auswirkungen auf meine Arbeit hatte! Eine Kurskorrektur dieser Größenordnung ereignet sich ja fast ausschließlich in der menschlichen Tiefendimension, in einem Bereich, aus dem auch die Künste ihre Nahrung beziehen.

Eine von Angst befreite Seele singt selbstverständlich auch in angstfreien Farben und Formen. Eigentlich jeder, der meine bisherige Bildwelt kannte und mit ihrem düsteren, apokalyptischen Klima vertraut war, fiel aus allen Wolken, als er meine neuen Arbeiten sah. Was Paulus in seinem zweiten Brief an die Korinther (Kap. 5, Vers 17) bezeugt, gilt eben auch ohne Abstriche für einen Paradigmenwechsel des künstlerischen Vokabulars: "Wenn sich jemand Jesus Christus angeschlossen hat, dann

entsteht in ihm eine neue Persönlichkeit. Er hat das Alte abstreifen können. Etwas ganz Neues hat in ihm begonnen". - Folgerichtig wird dann auch unsere Sprache eine andere. Und die Kunst ist nun einmal eine Sprache des Menschen, eine, die sogar interkulturell verstanden wird. Sie spricht vor allem über Dinge, die sich der Wortsprache entziehen.

Edith, Du bist nicht nur Ehefrau, sondern Du bist Johannes' treue Gehilfin im Atelier. Hast Du außer den Veränderungen in seiner Kunst auch einen anderen Mann bekommen?

Mein Titel für seine zu schreibende Biographie war vorher: „EIN VERNEINTES LEBEN". Jetzt muss ich einen Titel für einen dankbaren Ja-Sager finden. - Vielleicht brauche ich auch nur einen Buchstaben zu streichen. Dann hieße es: „EIN VEREINTES LEBEN". Das würde nicht nur uns beide meinen, sondern auch die Vereinigung mit Jesus Christus beinhalten.

Was könntest Du abschließend unseren Lesern von „Hoffnung für Europa" sagen?

Aufgrund unserer den Intellekt weit überschätzenden europäischen Geistesgeschichte hat sich bei uns allmählich eine übertriebene Form von Wissenschaftsglauben durchgesetzt. Wir halten uns für besonders aufgeklärt, wenn wir für möglichst alles erst einmal das Ja und Amen der Wissenschaften einholen. Aber gerade diesbezüglich liefern wir uns einem fundamentalen Irrtum aus. Es gibt nachweislich nicht eine einzige Wissenschaftsmethode, mit der man die Existenz Gottes widerlegen oder bestätigen könnte. Wer aufrichtig und unbedingt erfahren möchte, ob es einen lebendigen Gott und einen ebenso gegenwärtigen Jesus Christus tatsächlich gibt, der muss seinen Kopf aus dem Sand ziehen und diese Wirklichkeit vorurteilslos an sich heranlassen. Und dazu muss man sich entscheiden. Auf ein „Wagnis" dieses Kalibers antwortet Gott immer.

Das perfekte Team

Jorge de Amorim Campos und Cristina Campos

CRISTINA, WIE HABEN SIE JORGINHO KENNEN GELERNT?

Das war 1981, als Jorgis Schwester in eine Wohnung auf der anderen Straßenseite einzog. Jorgi war damals 16 und ich 13. Ich schaute aus dem Fenster und sah Jorgi Möbel schleppen. Er blickte zu mir herüber und zwinkerte. Ich freute mich, dass dieser gutaussehende Kerl mein Nachbar sein würde - dass er nur seiner Schwester beim Einzug half, wusste ich nicht. Doch er besuchte sie gelegentlich, und nach einigen Monaten freundeten wir uns an. Ich wollte allerdings nicht mit ihm gehen, weil ich gehört hatte, dass er aus einem Stadtteil kam, der als Drogenumschlagplatz berüchtigt war. Ich befürchtete, dass auch er mit Drogen zu tun habe. Jorgi blieb aber beharrlich. Nach ein paar Monaten sprachen wir uns darüber aus und lernten einander besser kennen; von da an gingen wir miteinander.

HAT JORGINHOS KARRIERE SIE BEEINFLUSST, IHN ZU HEIRATEN?

Überhaupt nicht. Ich hatte damals nicht die geringste Ahnung vom Fußball, also beeindruckte es mich nicht. Ich habe ihn geheiratet, weil ich ihn liebe. Auch Geld spielte keine Rolle, denn als wir heirateten, hatte er keins. Seit unserem ersten Treffen empfand ich, dass Jorgi der richtige Mann für mich war. Am meisten hat mich die Tatsache beeindruckt, dass er andere immer freundlich behandelte.

SIE SIND IN EINER SPIRITISTISCHEN FAMILIE AUF-GEWACHSEN?

Ja. Meine Mutter war 20 Jahre lang Spiritistin. Sie ging nachmittags um fünf zu einer spiritistischen Sitzung und kehrte erst früh am nächsten Morgen zurück. Als Kind ging ich mit ihr. Ich bekam viele beängstigende Dinge zu sehen, und es war für mich sehr schwer. Bei allem, was ich erlebt habe, ist es erstaunlich, dass ich mich nicht zum Spiritismus bekannt habe. Im Rückblick wird mir bewusst, dass Gott Seine Hand über mich gehalten und mich davor bewahrt hat.

WIE HABEN SIE ZU CHRISTUS GEFUNDEN?

Als wir verlobt waren, haben Jorgi und ich uns ständig gestritten. Jetzt ist mir klar, weshalb: Er war untreu. Aber damals war ich entmutigt, weil wir uns nicht verstanden. Wir sprachen davon, uns zu trennen, und das machte mir wirklich zu schaffen. Ich brauchte Hilfe und wusste nicht, an wen ich mich wenden sollte. Vom Spiritismus hielt ich überhaupt nichts. Ich wusste, dass dies nicht der richtige Weg war. Doch dann fing meine Schwägerin Sandra an, mit mir über Gott zu reden. Ich wurde offen dafür, Gott kennen zu lernen, Jorgi aber nicht. Er befürchtete, dass sein Leben als Christ zu langweilig werden würde. Sandra zitierte einen Vers aus der Bibel: „Trachtet zuerst nach dem Reich Gottes und nach seiner Gerechtigkeit, so wird euch das alles zufallen!" (Matthäus 6,33). Sie forderte mich auf, zu tun, was die Bibel sagte, und erklärte, dass Gott Jorgi und mir wieder Liebe zueinander schenken könnte. Kurz danach nahm ich Jesus in mein Herz auf.

WAS WAR DANACH DIE GRÖSSTE VERÄNDERUNG IN IHREM LEBEN?

Ich hatte absoluten Frieden. Obwohl ich nicht viel mit Spiritismus zu tun gehabt hatte, sprachen die bösen Geister im Traum zu mir, und das machte mir große Angst. Doch nach meiner Bekehrung habe ich diese Alpträume nie wieder erlebt, sondern war von meiner Angst befreit. Außerdem galt für mich ab diesem Zeitpunkt die Zusage Gottes, dass mein Leben in seiner Hand ist, und das vermittelte mir diesen tiefen Frieden.

JORGINHO, WIE HABEN SIE ZU GOTT GEFUNDEN?

Obwohl Cristina bereit war, Christ zu werden, hatte ich meine Bedenken. Ich befürchtete, dass mein Leben total öde werden würde - ohne jeden Spaß. Ich war mir dessen bewusst, dass mein Bruder Jaime ständig für mich gebetet hatte - nachts hatte ich es beim Nachhausekommen immer gehört. Schließlich erklärte ich Jaime, dass Cristina und ich Christen werden wollten. Aber ich fügte hinzu: „Erst am 18. August." Denn am 17. hatte ich Geburtstag und wollte viele Freunde zu einer sagenhaften Party einladen. Mein Bruder akzeptierte das nicht. Er erklärte mir aus der Bibel, dass jeder Mensch in seinem Leben die Entscheidung treffen muss, mit oder ohne Gott zu leben. Er sagte mir, dass wir nach Aussage der Bibel die Gelegenheit zu einem Leben mit Gott verpassen können - weil wir nicht immer offen dafür sind. An diesem Tag haben Cristina und ich Jesus angenommen.

Von diesem Tag an veränderte sich vieles. Das Wichtigste ist, dass ich meiner Frau seit meiner Entscheidung für Jesus im Jahre 1986 treu geblieben bin.

HATTEN SIE
MIT JORGINHOS
FRÜHEREN
BEZIEHUNGEN ZU
ANDEREN FRAUEN
ZU KÄMPFEN? WIE
HABEN SIE IHM
VERGEBEN?

Wir haben 1987 geheiratet; drei Monate nach unserer Hochzeit kam er zu mir und bekannte, dass er vor unserer Ehe untreu gewesen war. Ich hatte es immer geahnt, war aber nie sicher gewesen. Als er mir von seinen Affären erzählte, war es sehr schwer für mich. Ich fühlte mich verletzt und betrogen. Aber ich vergab ihm. Wenn ich Jesus nicht in meinem Herzen gehabt hätte, dann hätte ich ihm bestimmt nicht vergeben können. Gott gab mir die Fähigkeit, meinem Mann zu vergeben. Mir wurde auch bewusst, daß Jorgi kein Christ gewesen war, als er mich betrogen hatte. Heute kann ich ihm völlig vertrauen, weil Jorgi Christus angenommen hat.

JORGINHO, IN IHREM BUCH „STEIL-PASS" ERWÄHNEN SIE, DASS IHRE FRAU IHR GRÖSSTER FAN IST. WARUM?

Weil sie auch an meinen schlechten Tagen für mich da ist. Ob ich ein Superspiel oder ein schlechtes Spiel hatte, sie ist immer da. Sie kennt mich besser als irgend jemand sonst, und sie ist immer ehrlich zu mir.

BETEN SIE UND IHR MANN GEMEINSAM?

Wenn er zu Hause ist, beten wir gemeinsam. In der ersten Zeit nach unserer Hochzeit haben wir nicht oft zusammen gebetet. Aber als wir nach Deutschland gezogen sind, haben wir angefangen, jeden Tag zusammen zu beten.

WIE BLEIBEN SIE IN ENGER GEMEINSCHAFT MIT GOTT?

Morgens höre ich christliche Musik. Das klappt gut, weil ich auf diese Weise Gott preisen kann, während ich koche. Ich lese auch jeden Tag in meiner Bibel und bitte Gott, mir etwas aus seinem Wort zu offenbaren. Ich brauche die Gemeinschaft mit Gott genauso, wie ich Nahrung brauche.

(Dieses Interview ist erschienen in der christlichen Frauenzeitschrift „Lydia")

Miss Universum traf den Meister des Universums

Seit Anne Pohtamo 1975 als Miss Universum gekrönt wurde, stand sie immer im Mittelpunkt der finnischen Medien und der Bevölkerung. Über alles, was in ihrem Leben passierte, wurde während der letzten Jahre in den Medien berichtet. In den frühen 90er Jahren passierte etwas Besonderes in Annes Leben, das viele Reportagen in der Presse und im Fernsehen nach sich zog. Miss Universum ist Gott, dem Meister des Universums begegnet.

Jesus war ein Mann der Geschichte

„Ich habe immer an Gott geglaubt, aber Jesus kannte ich nicht. Er war für mich ein Mann der Geschichte und irgendwie unwirklich. Der Bibel gegenüber war ich skeptisch. Sie ist von so vielen verschiedenen Menschen während einer langen Zeitspanne geschrieben worden, so dass ich kein Vertrauen in sie hatte," sagte Anne.

Anne erinnert sich an die Zeit, als sie in New York lebte und als erfolgreiches Model in der Hauptstadt der Mode und Schönheit arbeitete. „Ich habe immer gebetet, so auch während dieser Zeit, als ich in New York arbeitete. Ich glaube, ich hatte einige Schutzengel in diesen hektischen Jahren.

Gibt es etwas nach dem Tod?

Was ist der Sinn des Lebens?

Als ich ein kleines Mädchen war, lehrte mich meine Mutter zu beten. Ich ging auch in die Kirche. Aber ich brauchte Jesus nicht, weder in meinen Gebeten noch in irgendeinem Bereich meines Lebens."

Während dieser Jahre war Anne auf der Suche nach etwas oder jemand, der ihre Fragen beantworten könnte. Was ist der Sinn des Lebens? Warum sind wir überhaupt geboren? Warum leben manche Menschen lange, und andere sterben, wenn sie noch jung sind? Gibt es etwas nach dem Tod?

Wird meine Seele wieder auf die Erde zurückkehren?

Inmitten all dieser Fragen hörte Anne, dass es eine Therapie gibt, die „Reiki-Therapie". Menschen, die sich mit dieser Therapie eingehend beschäftigen, erzählten, dass in jedem Menschen die Möglichkeit zur Selbstheilung steckt; diese Fähigkeit ist in uns seit Anfang der Zeiten, aber wir haben sie vergessen und verleugnet. „Das faszinierte mich. Ich wollte diese Therapie studieren, um durch die Kraft meiner positiven Energie anderen Menschen eine Hilfe zur Heilung sein zu können. Ich glaubte wirklich, daß Reiki gut war, und fand nichts Schlechtes dabei", sagte Anne.

Im März 1990 arbeitete Anne als Hostess für eine Handelsmesse. Da traf sie den jungen Geschäftsführer für die ganze Messe. Später bekam sie eine Einladung, als PR-Beauftragte in seiner Firma zu arbeiten. Anne nahm diese Einladung an.

Sie arbeiteten gut zusammen, und innerhalb kurzen Zeit waren die beiden und deren Familien gut befreundet.

„Ich wusste, dass sie Christen waren, obwohl wir nicht viel darüber redeten. Sie haben mich nie mit ihren Meinungen bedrängt. Aber ich erinnere mich an die Geburtstagsfeier ihrer Tochter. Sie erzählten erstaunliche Dinge über ihren Glauben an Jesus Christus. In diesem Moment spürte ich den Wunsch, die Wahrheit zu finden, die sie bereits gefunden hatten."

Christliche Zeitschriften öffnete meine Augen für Jesus

Ein paar Wochen später, im Sommer 1992, besuchte das Ehepaar Anne in ihrem Sommerhaus. Sie brachten einige christliche Bücher und Zeitschriften mit. „Ich weiß nicht, was mich ansornte, aber ich las ein Buch nach dem anderen, eine Zeitschrift nach den anderen. Sie enthielten Geschichten von Menschen, die Jesus Christus als ihren Erlöser angenommen haben. Die Artikel waren ehrlich und vernünftig geschrieben, von ganz normalen Menschen. Ich war sicher, dass nicht alle diese Menschen Lügen erzählen würden."

„Ich bin zurück in die Stadt gefahren und versuchte, unsere alte Bibel zu finden, aber ohne Erfolg.

Nach ein paar Tagen erzählte ich meinem Geschäftsfreund davon, und er brachte mir eine. So fing ich an zu lesen, aber irgendwie war ich enttäuscht, weil mir die Bibel nicht verständlich war."

Ein paar Tage später kehrte Anne wieder in ihr Sommerhaus zurück und las wieder die christlichen Zeitschriften, die sie von ihren Freunden bekommen hatte.

„Ich las einen Artikel über die ökologische Situation der Welt, der mich sehr traurig und nachdenklich machte. Schon seit Jahren machte ich mir Sorgen über unsere Umwelt und welche Art von Welt wir unseren Kindern hinterlassen werden."

Noch immer beunruhigt, versuchte sie zu schlafen, aber erfolglos. Plötzlich stand sie auf, kniete nieder und begann für die Verantwortlichen der Gesellschaft zu beten, dass sie nicht die Welt durch ihre Entscheidungen zerstören. Aber sie fühlte sich immer noch unruhig und ohne Frieden.

Ein Gebet hat mein Leben verändert!!

„Plötzlich erinnerte ich mich an etwas, das ich gerade in einem Buch gelesen hatte: Ich muss Jesus bitten, meine Sünden zu vergeben und in mein Herz zu kommen. Und das tat ich."

In diesem Moment hatte Anne kein übernatürliches Erlebnis, und sie zweifelte sogar an ihrer Aufrichtigkeit. War ich nicht ernsthaft genug? Hörte Gott meine Gebete? Mit diesen Gedanken ging Anne zurück ins Bett.

Während der nächsten Tage bemerkte Anne, dass etwas ihr Leben veränderte. Sie bat um mehr Geduld für ihre Kinder, und jetzt bemerkte sie, dass sie sie hatte. Von Tag zu Tag erhielt Anne neue Antworten auf ihre Gebete. Die täglichen Gebete verwandelten sich in einen Dialog mit Gott.

Was ist Wahrheit?

Bald entdeckte Anne, daß die Reiki-Philosophie zusammen mit dem Glauben an Reinkarnation im Gegensatz zur Wahrheit der Bibel steht. „Ich bat Gott, die Macht des Reiki wegzunehmen, falls diese Kraft nicht von ihm kommen sollte. Seit damals ist sie nicht mehr spürbar. Von dem Tag an wollte ich nur mehr Jesus als Führer meines Lebens haben."

Einige von Annes Freunden waren überrascht, als sie öffentlich über ihr neues Leben mit Jesus erzählte.

„Sie sagten zu mir, dass ich immer ein guter Christ war; warum muss ich es so ernst nehmen?

Ich sagte, es gibt keinen Weg zu Gott als durch Jesus Christus. Es ist nicht genug, ab und zu in die Kirche zu gehen und nur zu beten, wenn wir Probleme haben. Jesus Christus sagt: „Ich bin der Weg, die Wahrheit und das Leben. Niemand kommt zum Vater als nur durch mich." (Johannes 14,6)

Heute verkündigen Anne und ihr Ehemann Arto ihren Glauben an Jesus als persönlichen Heiland. Sie haben vier Kinder: Jesse, Joni, Jasmin und Jimi. Anne arbeitet sowohl als Evangelistin als auch als Moderatorin für Modeshows, Fernsehprogramme, Handelsmessen usw. „Ich freue mich über die Gelegenheit, über meinen Glauben an Jesus und das ewige Leben mit meinen Arbeitskollegen zu reden," sagt Anne mit ihrem wunderbaren Lächeln.

foto: Noud Swinkels Eindhoven

Ehemaliger Präsident des Philips-Electronics-Konzerns

Du musst zuverlässig sein, ansonsten ist es unmöglich, Geschäfte zu machen.

Die heutigen Geschäftsleute haben viel Wissen. Dennoch fehlt ihnen, glaube ich, Charakter. Mein Vater Anton, Gründer von Philips, war ein kompromissloser und dennoch liebenswürdiger Mann. Dies war ein wichtiger Aktivposten für ihn als Geschäftsmann. Er war sehr zuverlässig. Du musst zuverlässig sein, ansonsten ist es unmöglich, Geschäfte zu machen. Ich erinnnere mich an seine Kunden in Russland, die ihm an einem bestimmten Punkt sogar die Entscheidung anvertrauten, wie hoch ihre Einkäufe sein sollten!

Zuverlässig zu sein hat auch seinen Preis. Zum Beispiel musste ein Freund von mir es zulassen, dass seine Firma mit 1100 Angestellten in finanzielle Probleme geriet, weil er sich weigerte, Bestechungsgelder zu zahlen. Obwohl diese Entscheidung ihn leiden ließ, denke ich, dass es eine beeindruckende Sache war.

Zuverlässig sein hat seinen Preis

Wer mag gegen uns sein?

Meine Frau und ich entschieden uns, während der deutschen Besetzung der Niederlande im Zweiten Weltkrieg in Holland zu leben, obwohl uns die Möglichkeit angeboten wurde, nach England zu fliehen. Meine Frau wurde in ein Konzentrationslager gebracht und viele Male verhört. Sie erzählte mir, dass man sie für mehr als eine Stunde in die heiße Sonne gestellt hatte, um ihren Willen zu brechen, bevor sie zu einem anderen Verhör gebracht wurde. Sie sagte, dass sie ihre Gedanken auf das Lied „Wenn der Herr, mein Gott, für mich ist, wer mag gegen mich sein?" konzentriert hat. Dieses Lied bedeutet mir immer noch viel.

Bitte, verändere mein Herz!

Ich habe immer versucht, die Deutschen nicht für das zu hassen, was sie getan haben. Wenn du einen Menschen hasst, ist jeder mögliche Kontakt abgeschnitten. Auf der anderen Seite muss ich sagen, dass es schwer ist, gegen seine eigenen Gefühle zu kämpfen. Sie können den Verstand überwältigen. Dennoch ist es meine Erfahrung, dass wenn ich Gott anrufe: 'Bitte, verändere mein Herz,' etwas Ungewöhnliches passiert: meine Gefühle verändern sich. Jesus sagt uns: 'Liebe deinen Nächsten', und du weißt, das hört sich sehr schön an. Aber du kannst es nicht, wenn du nicht wirklich willst und Gott bittest, es zu tun.

Er ist an jedem Menschen auf der Erde interessiert

Es überrascht mich, wenn Menschen nicht an einen unendlichen Gott glauben wollen. Können sie nicht einsehen, dass es so viele Dinge auf dieser Welt gibt, die wir nicht verstehen? Dennoch denken einige, es sei Ignoranz, an ihn zu glauben, als wenn es etwas Minderwertiges wäre, wenn man das tut. Natürlich ist es unbegreiflich, wenn man darüber nachdenkt, dass ein Gott an Milliarden von Einzelnen interessiert ist. Aber ich bin überzeugt, er ist an jedem Menschen auf der Erde interessiert.

Warum sind wir auf dieser Erde?

Warum sind wir nun auf dieser Erde? Nur um Lampen herzustellen oder Firmen zu gründen? Drei Autos zu haben? Es ist unsagbar traurig, mit 60 Jahren zu entdecken, daß die Energie, die ins Geldverdienen und in den Besitz gesteckt wurde, ihren Preis nicht wert war. Aber dann mag es vielleicht zu spät sein.

Erst bankrott - dann kam Gott

Günter Voelk

Ein Kind des Wirtschaftswunders

Ich bin ein Kind der Wirtschaftswunder-Generation, das älteste von vier Geschwistern. Unser Familienunternehmen war „*Trix*"-Modell-Eisenbahnen in Nürnberg, ehemals Deutschlands zweitgrößter Spielzeug-Eisenbahn-Hersteller. Wir waren was, wir hatten was: Villa mit Swimming-Pool, Pferde, Hausangestellte, dicke Autos, ein zweimotoriges Privatflugzeug mit Pilot. Ich wurde als Kind mal eben zum Onkel nach Brüssel geflogen oder zur Oma nach Pisa - einfach so.

Meine Eltern waren überhaupt nicht religiös. Als Ältester hatte ich sonntags die kleinen Geschwister in die Kirche zu bringen. Die Eltern sind aber niemals mitgegangen außer bei Kommunion und Firmung - im Schnitt etwa alle zwei Jahre. Mein Vater war sogar ausgetreten aus der Kirche, und ich habe ihn als ziemlich lieblos und brutal erlebt. Mit vierzehn Jahren schwor ich mir: Ich will niemals so werden wie er.

Mit fünfzehn habe ich Gott die innere Kündigung ausgesprochen, das heißt, ich steckte ihn in dieselbe Klamottenkiste wie Klapperstorch, Osterhase und Christkind. Ein Jahr später mußte ich mit ansehen, wie das Familien-Imperium zusammenbrach. „*Trix*" wurde verkauft - angeblich wegen der Rezession. Heute weiß ich, es war Missmanagement. Die Gier war irgendwie zu groß. „*Diversifikation*" hieß das angebliche Zauberwort.

Nach und nach war es dann aus mit Villa, Pferden und so weiter, obwohl die Eltern sich daran klammerten und versuchten, das Geld für den hohen Lebensstandard anderswie zu beschaffen. Ich erlebte diesen sozialen Abstieg mit - und schwor mir: Ich werde wieder Millionär. Ich baue wieder etwas Entsprechendes auf. Ich will reich werden. Der Abstieg war für mich also ein Stachel im Fleisch und eine Triebfeder für alles, was ich später tat.

Die Vorbilder zerbrechen

Da mein Vater für mich als Vorbild nicht taugte, hielt ich mich an den Großvater, den Gründer unserer Firma. Er war zur Hitlerzeit, bis er abgesägt wurde, Arbeitgeberpräsident und später Präsident der Industrie- und Handelskammer; jedenfalls war er reich und bewegte viel - so wollte ich auch werden. Millionär, einflußreich, mächtig.

Mit siebzehn musste ich auch dieses Vorbild abhaken; denn er beging in seiner Traumvilla am Lago Maggiore Selbstmord - mit Alkohol und Tabletten. Am Geld konnte es nicht liegen; das hatte er längst in der Schweiz in Sicherheit gebracht. Die Gründe waren, wie ich jetzt weiß, Einsamkeit und Altersdepressionen. Ich dachte jedenfalls: *„Vielleicht ist es besser, wenn ich nicht so werde."*

Dann gab es noch die dritte und letzte Möglichkeit in der Familie; das war der andere Großvater. Den hab' ich nicht nur bewundert, den hab' ich sogar geliebt. Er war ein "Grandseigneur". Jagdflieger im Krieg, Fliegeroberst der Luftwaffe, danach Militärattaché bei de Gaulle und der Queen, er kannte also *"Gott und die Welt"*. Er war geistreich, humorvoll, charmant - Mittelpunkt jeder Gesellschaft, wenn er wollte. Daher beschloss ich: *„So will ich werden - so weltoffen, draufgängerisch, beliebt!"* Bis er sich 1993 mit Zyankali umbrachte. Die Gründe waren auch bei ihm Einsamkeit und Altersdepressionen.

Etappen des Ehrgeizes

Meine erste Ehefrau beging ebenfalls Selbstmord - auf Raten: Sie war ess-/brechsüchtig (Bulimie). Alkoholismus kam hinzu. Tatsächlich starb sie 36-jährig an den Folgen dieser Krankheiten. Obwohl ich bis dahin bereits einige Etappen auf dem Weg zum Millionär erfolgreich zurückgelegt hatte, beschloß ich daraufhin, mein Leben zu ändern. Ich war durch alle diese Erfahrungen selbst depressiv geworden.

Bisher hatte ich für eine Bank eine Immobilien-Tochterfirma aufgebaut. Nun ließ ich das alles hinter mir, begann mit Selbsterfahrung - und trennte mich von meiner Frau. Danach folgten die Ausbildung zum Heilpraktiker und Psychotherapie-Training. Auch darin war ich erfolgreich: Ich absolvierte die nächsten Etappen auf dem Weg zum Millionär.

Schließlich besaß ich mein eigenes Seminarhaus, und 1992, in meinen besten Zeiten, verdiente ich über 30.000 Mark im Monat. Aber das reichte mir nicht - ich wurde gierig und größenwahnsinnig. Mein damaliges Ziel: Mit meinen Seminaren über Liebe, Beziehungen und Menschlichkeit wollte ich ein Prozent der deutschsprachigen Bevölkerung erreichen. Das sind etwa 900.000 Menschen!

Mein Rezept schien einfach: Ich vergrößerte die Gruppen und begann, *"Jünger"* auszubilden. Aber plötzlich blieben die Teilnehmer aus! Es ging also bereits bergab. Ich aber reagierte, indem ich noch rascher handelte: Ich betrieb *"Multi-Level-Marketing"*, stellte die Seminare auf eine Art Schneeball-System um. Das Ergebnis: Viele, die mir bisher zugetan waren, wandten sich nun erst recht von mir ab. Um nun finanziell die Kurve noch zu kriegen, steckte ich alles Geld, was ich hatte, und noch mehr, in ein kostenintensives Projekt, das bisher keinen Gewinn abgeworfen hat. Und so bekannte ich im März 1997 vor mir selbst: *"Ich schaffe es nicht mehr alleine!"*

Und zwar nicht nur geschäftlich. Meine zweite Ehe war inzwischen ebenfalls zerrüttet. Meine Frau hielt es nicht mehr aus unter der immensen finanziellen Existenzangst, die ich ihr bescherte, und hat mittlerweile die Trennung ausgesprochen. Ich war offensichtlich ein ziemlicher Spielertyp; jedenfalls war ich viel zu hohe finanzielle Risiken eingegangen. Der Offenbarungseid schien im Herbst 1997 nicht mehr zu umgehen sein - wenn kein Wunder geschah. Aber genau das tut Gott manchmal: Mein Projekt hat im Oktober 1997 den IHK-Innovationspreis der Region Nürnberg gewonnen, im Mai 98 einen Bundes-förderpreis für den Städteverband Nürnberg-Bayreuth, und ist inzwischen als Aktiengesellschaft auf dem Weg an die Börse.

Das wiedergefundene Vaterbild

Vor zwei Jahren habe ich von einer Seminarteilnehmerin eine Kassette geschenkt bekommen. Darauf sprach ein gewisser Dr. Siegfried Buchholz zum Thema: *"Welt im Umbruch - Chance oder Bedrohung?"* Als ich ihn persönlich kennenlernte, stellte ich fest: Dieser Mann vereinigt in sich die positiven Seiten meiner beiden Großväter! Aber: Er ist Christ. Auf der Kassette beschrieb er denn auch die Perspektive Gottes. Ich weiß das genau, denn diese Kassette habe ich in den zwei Jahren bestimmt 20 bis 25-mal angehört. Es ließ mich nicht mehr los. Ich wollte ihn kennen lernen und herausfinden, ob er wirklich glaubt, was er sagt.

Nach einem Vortrag in der Schweiz, wo ich extra hinfuhr, um ihn zu hören, sprach ich ihn an. In mir lebte eine vage Hoffnung, dass hier auch für mich eine neue Lebensrichtung enthalten sein könnte. Er sagte zunächst, er komme am 2. Mai (1997) nach Nürnberg und wolle sich dort mit mir treffen. Dieser Tag wurde für mich zum „Wieder-Geburtstag".

Ein gefrorenes Herz taut auf

Dr. Buchholz sprach an dem Tag eineinhalb Stunden mit mir; das heißt, eigentlich sprach nur ich, erzählte ihm mein Leben, beantwortete seine Fragen. Als ich am Ende aufstand und sagte: „Vielen Dank, Herr Dr. Buchholz, ich würde mich freuen, mal zu Ihnen nach Wien kommen zu dürfen", erwiderte er: „Moment noch! Wollen wir nicht zusammen beten?" Das traf mich völlig unvorbereitet. Ich stammelte: „Was? - Also gut, bitte!"

Er schloß die Augen und begann für mich zu beten. Zunächst dankte er Gott ganz allgemein (das war für mich etwas Neues), und dann drückte er meine ureigenste Sehnsucht aus - in viel treffenderen Worten, als ich selbst es gekonnt hätte. Bald liefen mir die Tränen über die Backen. Mein Herz fühlte sich an wie eine steif gefrorene Hand im Winter, die man unter warmes Wasser hält. Ich wusste: Jetzt ist etwas passiert. Zwischen Gott und mir.

Das hat seither nicht aufgehört, sondern ist im Gegenteil stärker und stärker geworden. Dabei ist meine äußere Situation heute durch die zerbrochene Familie schlimmer als in früheren Lagen, in denen ich bereits dachte, es wäre besser, tot zu sein. Zugleich aber habe ich in der Zwischenzeit so viel Freude erlebt. Ich weiß heute einfach, wo ich hinschauen muß - und worin ich lesen muss, wenn ich Luft holen will: in der Bibel.

Ich stellte meinen Wecker auf sechs - inzwischen sogar auf halb sechs, um den Tag in Ruhe vor Gott beginnen zu können. Meinen damals zwölfjährigen Sohn Florian habe ich in diese Entwicklung mit eingeweiht. Nach dem Weltkongress der internationalen CBMC in Rothenburg ob der Tauber (Juni 1997) kam er zu mir und sagte: „Papa, ich bin auch Christ geworden! Ich habe mein Leben Jesus übergeben."

> Herzen, die kalt sind wie Hartgeld,
> Herzen, die hart sind wie Stein,
> solln wieder Herzen werden,
> solln wieder Herzen sein:
> Gottes Liebe geht auf über dir ...
>
> Jörg Swoboda

71

Ich wurde zum Bankräuber!

Uwe Melzer

Uwe Melzer, Jahrgang 1950, ist verheiratet und hat drei Kinder. Als EDV-Kaufmann hat er für eine Reihe mittlerer und größerer Unternehmen Management und z. T. Geschäftsführungs-aufgaben innegehabt. Seit April 1995 ist Uwe Melzer selbständiger Unternehmens- und Anlageberater.

Ich war früher ein krankhaft ehrgeiziger Mensch, ein absoluter Perfektionist, geradezu süchtig nach Erfolg und Anerkennung von Menschen. Familie, Sportwagen, Eigentumswohnung - ich wollte alles, und zwar möglichst schnell. So kaufte ich mir 1978 ohne jegliches Eigenkapital eine Eigentumswohnung. Als sich jedoch wenige Monate später die Zinsen schlagartig verdoppelten, kam ich in einen Schuldensumpf, der mir über den Kopf wuchs. Ich hätte die Notbremse ziehen müssen. Doch ich war zu stolz dazu. Ich hatte Angst, als Versager dazustehen. So entschied ich mich für einen anderen Weg, die Schuldenberge abzubauen: Ein Bankraub sollte mir aus den finanziellen Engpässen helfen! Doch statt ein Problem zu beheben, löste dieser Schritt eine ganze Lawine neuer Probleme aus. Denn das für mich Unvorstellbare geschah: Ich wurde gefaßt!

Dabei lief zunächst alles nach Plan. Zum Geschäftsschluß, kurz nach 18.00 Uhr, betrat ich eine Bankfiliale im 200 km von zu Hause entfernten Nürnberg. Es waren keine Kunden mehr da. Ich bedrohte die Bankangestellten mit einer Schreckschußpistole und forderte Geld. Ich bekam über vierzigtausend Mark ausgehändigt und verließ die Bank - und sah mich eine Gruppe Polizeibeamter mit Maschinepistolen im Anschlag gegenüber! Hinterher erfuhr ich, daß nur 50 Meter entfernt eine Polizeistation war, in der sofort Alarm ausgelöst wird, wenn der Tresor nach 18.00 Uhr geöffnet wurde.

Doch so schnell gab ich mich nicht geschlagen. Dis Bank war ein Eckgebäude, und ich war Leistungssportler. Mit einem Satz entwischte ich um die Ecke und rannte, was das Zeug hielt. Der Abstand zu den achsetzenden Polizisten wurde größer - bis ich über einen Passanten stolperte, hinfiel und mir das Knie brach. Damit begannen die schlimmsten Tage meines Lebens.

Die schlimmsten Tage meines Lebens

Damit das Weitere verständlich wird, muß man wissen, daß vier Wochen vor meinem Überfall eine andere Bank in Nürnberg Opfer eines Bankraubs war. Die Täter gehörten der terroristischen Baader-Meinhof-Gruppe an, und die Beute betrug 1,2 Millionen Mark. Die Polizei und die Justizbehörden verdächtigten mich deshalb lange Zeit, der Terroristischen Szene anzugehören, und behandelten mich entsprechend: Ich wurde in eine 2 x 3 m große Einzelzelle gebracht, wurde mit totaler Kontaktsperre belegt und mein gebrochenes Knie wurde drei Tage lang nicht behandelt. Sie dachten, ich simuliere, um in ein Krankenhaus zu kommen, aus dem sich leichter fliehen läßt. Alles, was man mir gab, war ein Eisbeutel.

Und so lag ich in dieser Zelle mit furchtbaren Schmerzen - und alles in mir brach zusammen. Ich weinte wie ein Kind. Ich dachte an meine Frau, die mit dem zweiten Kind im sechsten Monat schwanger war und der ich weder von den Schulden noch von meinen Absichten erzählte, hatte. Mein Ansehen, meine beruflichen Aussichten, meine Selbstachtung - ja mein Leben selbst schien durch diese einen Tat für alle Zeit verwirkt zu sein. Wie war ich nur dahin gekommen? Mein Leben lief wie ein Film vor mir ab; alle meine Schandtaten standen mir vor Augen. Und ich erkannte deutlich wie nie zuvor, daß mein Stolz, mein Ehrgeiz, mein Bedürfnis nach Image und Ansehen die Triebkräfte waren, die mich dahin gebracht hatten, so tief zu fallen, wie das in unserer Gesellschaft nur möglich war.

Inhaftiert!

In dieser Situation tat ich etwas, was mir früher auch nicht im Traum eingefallen wäre: Ich wandte mich an Gott.

Ich bin in einem atheistischen Elternhaus groß geworden und hatte nicht den geringsten Antrieb, mich mit dem Thema Gott oder Glaube zu befassen. Ich war immer davon überzeugt, daß ich selbst in der Lage bin, mein Leben zu meistern, und habe auf andere herabgesehen, die dazu offensichtlich nicht in der Lage waren. Doch diese Rechnung war nicht aufgegangen. Mein Leben war verpfuscht, und niemand anderer war daran schuld als ich - und ich allein.

Nur aus dem Religionsunterricht meiner Grundschulzeit hatte ich eine leise Ahnung von Gott und seiner Liebe zu und Menschen. Doch ich war damals einer der schlimmsten Schüler und bekam einmal soger eine glatte sechs ins Zeugnis. Doch jetzt erinnerte ich mich vage daran, daß es einen Gott geben soll, der es gut mit uns meint und daß er unser Leben in seine Hand nehmen möchte, wenn wir es ihm erlaubten. Und so

schrie ich zu ihm mit allem was in mir war, und sagte *"Gott, wenn es Dich gibt, dann hilf mir!"* Ich wußte damals noch nichts von Jesus, Wiedergeburt und Nachfolge. Aber ich wurde ruhiger, Hoffnung und Lebensmut kamen langsam in mein Inneres zurück, und in meinem Herzen war mir klar, daß dies etwas mit Gott zu tun hat, den ich um Hilfe gebeten hatte. In den Jahren der Haft erlebte ich dann auf vielfache Weise, wie Gott seine Hand über meinem Leben hielt:

Bewahrt!

Nach meiner Verurteilung (sechs Jahre und sechs Monate) kam ich in den Hochsicherheitstrakt nach Stuttgart-Stammheim. Dort war mein Leben mehrere Male bedroht, weil ich mich den dortigen Gepflogenheiten, die in die endgültige Kriminalisierung geführt hätten, nicht anschloß. Obwohl dies von den Bestimmungen her eigentlich nicht möglich war, wurde ich nach relativ kurzer Zeit nach Ulm überführt, wo ich eine Umschulung als Schreiner machen konnte und etwas später sogar regelmäßig Freigang bekam und einer qualifizierten Arbeit in meinem ursprünglichen Beruf als EDV-Kaufmann nachkommen konnte - mit großem Erfolg und gegen ein fast reguläres Gehalt. Nach vier Jahren und vier Monaten wurde ich wegen guter Führung entlassen.

> **Und so lag ich in dieser Zelle mit furchtbaren Scmerzen - und alles in mir brach zusammen. Ich weinte wie ein Kind. Ich dachte an meine Frau, die mit dem zweiten Kind im sechsten Monat schwanger war...**

Gott hielt auch seine Hand über meine Familie: Trotz anderslautender Ratschläge von vielen Seiten ließ sich meine Frau nicht von mir scheiden. Unser zweites Kind, das kurz nach meiner Inhaftierung Ende des sechsten Schwangerschaftsmonats als Frühgeburt zur Welt kam, hat sich inzwischen völlig erholt und zu einem lebhaften, gesunden Kind entwickelt.

Ich wußte nun in meinem Herzen, daß dies alles nicht mein Verdienst war, sondern daß Gott das Schreien meines Herzen erhörte und mich und meine Familie in sn seiner Hand hielt. Das an sich war

...hon eine tiefe Erkenntnis. Aber ich hatte
...och keine persönliche Beziehung zu ihm
...und wußte bis dahin noch gar nicht, daß
...o etwas überhaupt möglich war.

...rei!

...ies erfuhr ich erst durch einen ehemali-
...en Vorgesetzten, der Jesus auf sehr dra-
...atische Weise kennenlernte. Nach mei-
...er Haftentlassung bakam ich von ihm
...as Angebot, kaufmännischer Geschäfts-
...ührer seiner jungen Unternehmens-
...eratungsfirma zu werden, die auf christli-
...hen Prinzipien basierte. Durch den Kon-
...akt mit diesem Mann, vor allem aber
...urch die Besuche der Gottesdienste in ei-

> **Heute habe ich
> eine glückliche
> Familie, habe meine
> Schulden weit-
> gehend abbauen
> können und erlebe
> trotz meiner belast-
> eten Vorgeschichte
> beruflichen
> Erfolg.**

...er sehr lebendigen Gott in eine persönliche Beziehung zu treten. Nun
...ollte der äußeren Freilassung die innere folgen. Mein Herz war vorbe-
...eitet, und so dauerte es nicht lange, bis ich diesen Schritt für mich voll-
...og. Und auch meine Frau folgte dem wenig später. Sie erlebte darauf-
...in die Hilfe Gottes sehr persönlich und konkret dadurch, daß sie von
...inem Moment auf den anderen von jahrzehntelangem starken Rauchen
...efreit und etwas später durch gebet auch von Epilepsie geheilt wurde.

...o blicke ich heute zurück auf die letzten zwanzig Jahre und kann zu-
...ammenfassend sagen: Das Beste, was ich in meinem Leben tun konnte,

...var, daß ich mich in dem Moment mei-
...nes größten Versagens, meiner größten
...Angst und Hoffnungslosigkeit daran er-
...nnert habe, daß es einen gütigen Gott
...gibt und ich zu ihm geschrien habe!
...Heute habe ich eine glückliche Familie,
...habe meine Schulden weitgehend ab-
...bauen können und erlebe trotz meiner
...belasteten Vorgeschichte beruflichen
...Erfolg. Und noch mehr: Ich habe inzwi-
...schen eine persönliche, lebendige Be-
...ziehung zu dem, der mich aus dem
...Sumpf herausgezogen hat. Das habe
...ich allein dem lebendigen, treuen Gott
...zu verdanken, der allein, die verzwei-
...felt sind und aufrichtig zu ihm schreien,
...zusagt: *"Rufe mich an am Tag der Not,
...und ich werde dich erretten...!"* (Psalm
...50, Vers 15).

Bericht von

Petra Pientka

Die einzige Auffälligkeit an Petra Pientka beim Interview ist ihre Armbanduhr. Ein Modell, das es wohl nicht mehr zu kaufen gibt.Winzig klein, mittelbraunes Armband, dunkelblaues Ziffernblatt, grobe Stahlfassung. „Meine allererste Kinderuhr", erklärt sie. Diese Frau gibt einem viele Fragen auf. Zum Beispiel: Darf eine erfolgreiche Unternehmerin solch eine billige Uhr tragen? Oder: Kann eine so nette, unauffällige Frau Chefin von 120 Mitarbeitern in sechs Autohäusern sein? Wie kann jemand schon mit 23 Jahren zwei Studiengänge abgeschlossen haben, beide im Ausland, einen davon in Oxford? Da kann doch etwas nicht stimmen!

MIT FÜNF JAHREN wird sie eingeschult, gehört während ihrer gesamten Schullaufbahn zu den Klassenbesten. Nebenher absolviert sie noch eine Ausbildung als Violinistin. Sie ist der Strebertyp, der öfter gehänselt wird. Sie hat nicht viele Freunde, aber dafür einige gute. Als Unternehmer haben ihre Eltern nicht immer viel Zeit für sie; aber sie sind überzeugte Christen. Eigentlich die besten Voraussetzungen für ein Kind, spätestens als Teenager zu rebellieren und auszubrechen.

DOCH DAS GEGENTEIL trifft ein. Ganz von selbst entdeckt sie als Zwölf-Dreizehnjährige die Liebe zur Bibel! Im CVJM, bei der Konfirmation wird aus dieser Liebe zur Bibel die Liebe zu Gott und eine Beziehung zu Jesus. Und die Bilderbuchlaufbahn, die sie danach erlebt, ändert scheinbar nichts an dieser Beziehung zu Gott. Nach der zehnten Klasse hat sie die Gelegenheit, nach England zu gehen. Dort macht sie innerhalb von zwei Jahren ihr Abitur mit Bestnoten. Unter anderem, weil sie als Siebzehnjährige in Deutschland nirgendwo studieren könnte, bleibt sie in England und beginnt ein Studium der Wirtschaftswissenschaften an der Universität in Canterbury in Südengland.

ALS SIE BALD DARAUF einen Studienplatz in Oxford angeboten bekommt, zeigen sich zwei ihrer hervorstechenden Eigenschaften: Zielstrebigkeit und Bindung an Gott. Sie schlägt den Studienplatz in Oxford aus mit der Begründung, sie habe gerade ein Wirtschaftsstudium begonnen, was für das Familienunternehmen wichtig sei. Für sich will sie klare Führung von Gott haben. Und die kommt. Das College in Oxford teilt ihr auf ihre Absage hin mit, sie solle sich nach der Beendigung ihres Studiums wieder melden. Den Abschluss in Wirtschaftswissenschaften in der Tasche, studiert sie noch einmal Theologie in Oxford. Aber nichts in dieser Zeit der kritischen Auseinandersetzung mit der Bibel tut ihrem Kinderglauben Abbruch. *„Das Wichtigste ist es, Jesus im Herzen zu haben"*, sagt sie im Rückblick auf diese Zeit. Zwischendurch überlegt sie, nach dem Studium hauptberuflich in die Studentenmission einzusteigen, in der sie sich als Studentin stark engagiert. Aber ausgerechnet während des Theologiestudiums wird ihr ganz klar, was ihre Berufung ist. *„In England gibt es so viele Christen und missionarische Aktivitäten; da sah ich es als meine Aufgabe, meine Verantwortung als Christ in Deutschland und speziell in der Wirtschaft wahrzunehmen,"* sagt sie. Nach dem erfolgreichen Abschluss des Theologiestudiums und einigen Praktika steigt sie mit 24 Jahren ins Familienunternehmen ein, um ihre Berufung wahrzunehmen. Und das tut sie mit Zielstrebigkeit und in enger Bindung an Gott. Energisch packt sie ihre Aufgaben als Geschäftsführerin an, weiß sich als junge Frau in der männerdominierten Welt durchzusetzen, arbeitet hart. Dafür hat sie schon diverse Auszeichnungen wie *„Jungunternehmerin des Jahres"* erhalten.

BEI IHRER TÄTIGKEIT als Unternehmerin nimmt Petra Gottes Auftrag wahr, ohne jemals ihre Mitmenschen als Missionsobjekte anzusehen. Ihr Ziel ist es, gegenüber Mitarbeitern, Unternehmer-Kollegen und Kunden echtes Christsein vorzuleben. Sie will nicht predigen, sondern bewusst anders leben. Mit ihrer Unauffälligkeit auffallen.

„Das Wichtigste ist es, Jesus im Herzen zu haben „

UND DAS SEI IN DEUTSCHLAND bitter nötig, findet sie. Gerade als Unternehmerin Zeichen zu setzen, zu demonstrieren, dass Geld nicht alles ist und dass man mit Ehrlichkeit und Echtsein und ohne Ellenbogen sehr wohl Erfolg haben kann.

DASS SIE DAS EVANGELIUM lieber vorlebt, als drauflos zu missionieren, bedeutet nicht, dass sie Hemmungen hätte, zu ihrem Glauben zu stehen. Ihre Rede bei der Preisverleihung des Junior Award der Zeitschrift „KFZ-Betrieb" liest sich wie eine evangelistische Predigt. In den von ihr ins Leben gerufenen „Kultur im Autohaus" -Veranstaltungen treten auch christliche Künstler wie Andreas Malessa auf. In denzahlreichen Zeitungsinterviews bekennt sie Farbe, was ihr Christsein angeht.

SIE IST PRAGMATISCH orientiert, verschwendet ihr Geld nicht, vor allem nicht für sich; ihre Armbanduhr ist nur ein Beispiel für ihre Haltung. Dafür nutzt sie aber die Gelegenheit, christliche Werke zu unterstützen. Zum Beispiel mit günstigen „Missions"-Fahrzeugen.

WER SO LEBT, braucht Prinzipien und feste Wurzeln. Noch immer pflegt sie eine gute Gewohnheit aus ihrer Kindheit: Sie liest (fast) täglich in der Bibel - auch mit ihrem Ehemann. Nicht einfach aus Gewohnheit. Sondern weil da Gott spricht.

PETRA PIENTKA ENTSPRICHT nicht den gängigen Erwartungen unserer Gesellschaft. Sie paßt in keine Schubladen. Sie ist jung, dynamisch und hat Jesus im Herzen. Und der ist der eigentliche Garant für ihr Leben.

Reiner Ewers (Olli), seine Frau Marion und ihre Kinder Daniel-Jerome und Benjamin

Die Olli-Story
Ein Rocker kehrt um.

In Recklinghausen fängt die Geschichte von Olli an. Olli ist sein Spitzname. Er wuchs in einem Bunker in Recklinghausen auf. Seine Eltern trennten sich, als Olli noch sehr klein war. Er war das fünfte Kind und lebte in furchtbaren Verhältnissen. Er war umgeben von Alkoholproblemen, Gewalt und Prostitution. Olli selbst wurde als Kind von Hass und Gewalt beherrscht. Später landetete er in Kinder- und Erziehungsheimen sowie im Jugendknast.

Sein Leben war bestimmt vom Alkohol- und Marihuanakonsum, Schlägereien, Straßenschlachten und Erziehungsanstalten.

Ollis Leben erfährt eine Wende

Im Knast hatte Olli ein starkes Erlebnis. Er ging zu einem Gottesdienst mit der Absicht, dort seine Kumpels zu treffen. In diesem Gottesdienst predigte der Pfarrer von Gottes Liebe. Olli wurde es innerlich warm, doch dann kam sein Hass wieder hoch. Er wollte den Pfarrer verprügeln, so dass die Aufseher eingreifen mussten und ihn in seiner Zelle einschlossen.

Olli lag auf seinem Bett, und plötzlich lief sein bisheriges 20-jähriges Leben wir ein Film vor ihm ab. Alles was er angestellt hatte, wurde klar vor seine Augen geführt. Er spürte die Gegenwart von jemanden in seiner Zelle. Er wusste: Gott ist da. Er beugte die Knie vor seinem Bett. Dann brach ein offenes Gebet aus Olli heraus. Gott, wenn es dich wirklich gibt, wenn du wirklich auch für meine Sünden am Kreuz gestorben bist, Herr Jesus Christus, wenn du wirklich Dein Blut für mich armer Sünder vergossen hast, dann nimm mich armes Schwein so an, wie ich bin. Schenk Deine Liebe dem verachtetesten Menschen auf dieser Welt. Ich will meine Schuld wieder gutmachen.

Und mit einem Mal war eine Freude in Olli, wie er sie vorher nie erlebt hatte.

Ein veränderter Olli

Ollis Leben veränderte sch radikal. Er wollte sein früheres Leben bereinigen: alte Schulden begleichen, sich entschuldigen, wo er Menschen verletzt hatte. Er stellte sich selber der Polizei. Bank- und Privatschulden brachte er in Ordnung. Olli stellte sich dem Leben. Er musste da hindurch, ohne Wenn und Aber.

Dann durchlief er in Falkenberg ein Jahr eine Therapie im Missionswerk „Hoffnung für Dich". Nach der Therapie wohnte er 28 Monate bei Freddy, der zu einer lebendigen christlichen Gemeinde gehörte. Durch Freddy und seine Eltern fand Olli viel Hilfe für sein späteres Leben. Auch Olli fand den Anschluss an eine Gemeinde, wo sein Glaubensleben gefestigt wurde. Dort lernte er dann seine Frau Marion kennen. Später machte er eine Lehre als Maler und Lackierer. Mit 24 Jahren hatte er seinen Gesellenbrief in der Tasche.

1982 heirateten Olli und Marion. Sie war genau das Gegenteil von ihm, sowohl äußerlich als auch der familiären Herkunft nach. Marion und Olli ergänzen sich von A bis Z. Heute sind sie schon 17 Jahre verheiratet und haben zwei Kinder, Daniel-Jerome und Benjamin. Olli ist überglücklich, dass er eine Familie hat.

Betroffene helfen Betroffenen

Olli und Marion helfen anderen, so gut sie es können, in all ihrer Schwachheit durch die Liebe Gottes. So konnten sie schon Tausenden von Notleidenden mit Rat und Tat Hilfe geben. Mit diesem Ziel bauten sie die Immanuel-Weinberg-Gemeinschaft in Frankfurt am Main und später in Schmidmühlen in Bayern auf.

Heute leben sie in Schmidmühlen, wo sie seit 9 Jahren tätig sind. Dort leiten sie einige Häuser, in denen bis zu 30 Menschen leben können. Die Hilfesuchenden haben eine ähnliche Vergangenheit wie Olli. Sie werden sofort und ohne viel Bürokratie aufgenommen. Ollis und Marions Motto lautet: „Betroffene helfen Betroffenen, Selbsthilfe zur Soforthilfe."

Olli hat ein Buch „Die Olli Story" geschrieben, von dem bereits Auflagen mit 70 000 Exemplaren erschienen sind. Viele Menschen im Knast und in der Kinderpsychiatrie haben dieses Buch gelesen und Hilfe erfahren.

Prinzessin Margaretha
von Liechtenstein

„Gegen den Strom schwimmen"

GOTT HABE ICH ERST AM ENDE meiner Jugend kennen gelernt. Ich bin in einer traditionellen katholischen Familie aufgewachsen, und das hat die Grundlage für meine Begegnung mit Gott gelegt. Sonntags ging ich in die Messe und nahm an Bibelstunden in der Kirche teil, aber mein Glaube war nur in meinem Kopf. Durch die Begegnung mit Menschen, die eine lebendige Beziehung zu Gott hatten, schlug der Glaube Wurzeln in meinem Herzen und bereitete einen Weg für eine Begegnung mit der Person Jesus Christus vor. Dies war viel mehr als nur eine jugendliche Einbildung.

EINE ENTWICKLUNG BEGANN, die in den folgenden Monaten und Jahren buchstäblich mein Leben veränderte, völlig neue Perspektiven eröffnete. Viele Probleme meiner Teenagerzeit schienen mir unüberwindlich, aber dank der Kraft Gottes, die in mir wirkte, konnte ich jedes einzelne lösen. Ich war berührt durch das Leben der Christen, die ich erwähnt habe: ihre Gebete, ihren Glauben, ihre Vergebung und ihre Liebe.

ZUERST HABE ICH sie nur beobachtet, und dann wollte ich herausfinden, warum sie sich so verhielten. Wir fingen an, über Gott zu reden; die Beziehung innerhalb der Dreieinigkeit, die Liebe der Jungfrau Maria, Abendmahl und Bibel. Ein enger Kontakt zu Gott, eine innige Herz-zu-Herz-Beziehung mit ihm bestimmte von nun an mein Leben. Trotz meiner Fehler und Schwächen wuchs meine Beziehung zu ihm mehr und mehr.

SEIT DIESEM ENTSCHEIDENDEN Erlebnis, gefolgt von einem Prozess des Wachstums, fing ich an zu erkennen, wie wichtig es ist, in der Lage zu sein, in dieser vermehrt liberalen und atheistischen Gesellschaft 'gegen den Strom zu schwimmen'. Durch unser Vorbild und Hingabe an das Wort Gottes (die Bibel) können wir junge Menschen um uns herum dazu inspirieren, Fragen über den christlichen Glauben zu stellen. Dadurch können Gelegenheiten entstehen, sie mit Gott bekannt zu machen.

EIN VERS DER BIBEL berührt mich fortlaufend: „Wehe dem, der alleine ist...". Trotz all der Kommunikationsmöglichkeiten, die wir heute haben, treffe ich mehr und mehr Menschen, die leiden und resignieren. Einsamkeit ist oftmals die Ursache.

„SAG' UNS, WER GOTT IST" - ein Ruf aus der Tiefe des Herzens? Das wurde von einem jungen Mann gefragt, der einige junge Christen traf. Er hatte noch nie von Gott gehört. Aufgrund der Prämisse, dass wir die Freiheit von Kindern respektieren sollen, sie nicht in irgendeiner Weise zu beeinflussen, ist das Evangelium in der Familie, Schule oder Gesellschaft kein Thema mehr. Kindern wird die Freiheit gegeben, später selber zu entscheiden. Wenn Kindern und jungen Menschen wenigstens die Chance gegeben würde, die christliche Botschaft zu hören, darüber informiert zu sein und nachdenken zu können! Stattdessen werden sie mit einem geistlichen Vakuum konfrontiert, das mit allen möglichen, für sie schädlichen Dingen gefüllt wird.

Wehe dem, der alleine ist

Sag uns, wer Gott ist

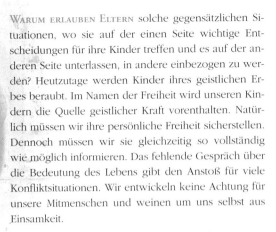

Warum erlauben Eltern solche gegensätzlichen Situationen, wo sie auf der einen Seite wichtige Entscheidungen für ihre Kinder treffen und es auf der anderen Seite unterlassen, in andere einbezogen zu werden? Heutzutage werden Kinder ihres geistlichen Erbes beraubt. Im Namen der Freiheit wird unseren Kindern die Quelle geistlicher Kraft vorenthalten. Natürlich müssen wir ihre persönliche Freiheit sicherstellen. Dennoch müssen wir sie gleichzeitig so vollständig wie möglich informieren. Das fehlende Gespräch über die Bedeutung des Lebens gibt den Anstoß für viele Konfliktsituationen. Wir entwickeln keine Achtung für unsere Mitmenschen und weinen um uns selbst aus Einsamkeit.

Süchte, ausschweifendes Leben, Okkultismus, vermehrtes Interesse an Sekten, Selbstmord, dies alles sind Alarmzeichen, die uns warnen, dass Kinder und junge Menschen, sich selbst überlassen, keine Antworten auf die grundsätzlich wichtigen Fragen des Lebens haben.

Wie können wir Gott begegnen?

Wie können wir Gott begegnen? Wie können wir mit Gott leben, wenn wir niemals dahin kommen, von ihm zu hören? Glücklicherweise haben wir viele wunderbare Vorbilder durch Menschen, Familien und Gemeinschaften in unserer Nachbarschaft. Ich denke oft an diese bedeutungsvolle Aussage: „Wo aber die Sünde mächtig geworden ist, da ist die Gnade viel mächtiger geworden." Eine tiefe Wahrheit, die uns Hoffnung gibt.

Gottes Gnade ist immer da

Gottes Gnade ist immer da und gibt uns Mut, weiterzugehen. Alles ist möglich mit Gott, besonders wenn wir, so gut es uns möglich ist, seine Barmherzigkeit und Liebe für andere zeigen.

Dietrich Bonhoeffer

„Von guten Mächten wunderbar geborgen, erwarten wir getrost, was kommen mag. Gott ist mit uns am Abend und am Morgen und ganz gewiss an jedem neuen Tag."

DIESE WORTE BESCHREIBEN den starken Frieden und die tiefe Gewissheit, dass Gott gegenwärtig ist und den innersten Bedürfnissen begegnet. Wenn Gott da ist, gibt es nichts, was außer Kontrolle gerät; alle Gefahr und Schwierigkeit verliert ihre dunkle Macht und verblasst in seiner Gegenwart.

DIE ZEILEN STAMMEN von Dietrich Bonhoeffer, geschrieben zu Silvester 1944 im Gestapo-Gefängnis in Berlin. Fünf Monate später, kurz vor Kriegsende, wurde er hingerichtet. Er befand sich in einer aussichtslosen Situation: getrennt von seiner Verlobten und seiner Familie, feierte er den Jahresbeginn alleine in einer Zelle. Und dennoch spricht er von einer tiefen Geborgenheit und Gewissheit. Keine weltliche Gewalt und Begrenzung konnte ihn von der Erfahrung göttlicher Macht trennen.

WAS IST DAS GEHEIMNIS dieser starken Erfahrung mit Gott? Immer wieder betonte Bonhoeffer, dass jeder Mensch der Gnade Gottes bedarf. Dazu eine kurze Ausführung: Jeder Mensch ist ein Sünder und verdient den Tod: das fordert Gottes Gerechtigkeit. Doch seine Gnade veranlasste ihn, seinen Sohn Jesus Christus an unserer Stelle sterben zu lassen als Sühne für unsere Sünde. Unsere Antwort auf Gottes Begnadigung sollte unsere ganze Hinwendung zu Gott sein. Bonhoeffer nennt dies teure Gnade: „Teure Gnade ist teuer, weil sie uns beruft, Christus nachzufolgen. Sie ist teuer, weil sie unser ganzes Leben fordert, und sie ist eine Gnade, weil nur sie wahres Leben gibt." Die Qualität solch eines Lebens wird in dem oben zitierten Vers deutlich. Was Bonhoeffer unter Nachfolge versteht, wird an seinem Leben deutlich.

D. BONHOEFFER WURDE 1906 als sechstes von acht Kindern geboren. Schon als Jugendlicher äußerte er den Wunsch, Theologe zu werden. Nach dem Studium arbeitete er zunächst in einer evangelischen Gemeinde in Barcelona und ging dann für ein Jahr in die USA. Zurück in Deutschland, arbeitete er zunächst in einer Kirchengemeinde und lehrte dann an einer Universität. Als Hitler 1933 an die Macht kam, wurde er von Kirchen gestützt. Kurz darauf hatte Bonhoeffer die Gelegenheit, über den Rundfunk eine Predigt zu halten. Darin stellte er sich öffentlich gegen Hitler. Er betonte, dass die Gefahr für einen Führer darin liege, den Wünschen seiner Anhänger nach einem Idol nachzugeben. „Solch ein Leiter glaubt dann bald, er sei unfehlbar und macht sich selbst zu einem Götzen. Damit verhöhnt er Gott...". Die Übertragung wurde unterbrochen, es ertönte Marschmusik.

MIT DER ZEIT ZEICHNETE sich ab, dass die Kirchen sich hinter Hitler stellten. 1934 wurde die "Bekennende Kirche" gegründet, zu der Bonhoeffer gehörte. Sie stellte sich zunächst gegen die Positionen der Nazis, schloss jedoch im Lauf der Zeit einige Kompromisse, so dass Bonhoeffer sich von ihr abwandte. Obwohl er die Gelegenheit hatte, ins Ausland zu gehen, entschloss er sich, in Deutschland zu bleiben. Nur wenn er an dem Leiden seines Volkes während des Krieges teilhabe, habe er auch das Recht, an dem Aufbau des christlichen Lebens in Deutschland nach dem Krieg mitzuarbeiten.

SEIN KAMPF GEGEN DIE NAZIS wurde immer konspirativer. Im Rahmen eines Planes sollte Hitler verhaftet und von Bonhoeffers Vater, der Psychiater war, für verrückt und somit amtsunfähig erklärt werden. Der Plan misslang. Die Gestapo verhaftete schließlich viele Mitglieder des Widerstands, zu denen auch Bonhoeffer und sein Bruder gehörten. Nach zwei Jahren in verschiedenen Gefängnissen und in einem Konzentrationslager wurde er schließlich hingerichtet. Der Lagerarzt, der seiner Hinrichtung beiwohnte, berichtete: „In den fast fünfzig Jahren, die ich als Arzt gearbeitet habe, habe ich kaum einen Mann gesehen, der sich in seinem Tod so vollständig dem Willen Gottes unterordnete."

*Paola und Valdemaro sind beide in Neapel geboren und leben seit 18 Jahren in Deutschland. Paola ist als Musikpädagogin tätig und Valdemaro ist Bereichsleiter bei der Plansecur in Kassel.
Dort wohnen sie seit 1997 mit ihren beiden Kindern Matteo und Giulia.*

Paola und Valdemaro Compagna

Gott zeigt uns den Weg

JEDER KENNT DIE SITUATION: ein fremder Ort, eine Kreuzung und die beißende Frage: wo geht's jetzt lang? Bei der verzweifelten Suche nach Klarheit aus der unverständlichen Straßenkarte, oder beim Aussteigen an einem unbekannten Bahnhof, nach Einem suchen wir immer: Jemanden, der uns den Weg zeigt. Dieses Gefühl werden wir auch in unseren Leben in Hinblick auf Beziehungen, Entscheidungen und sonstige Handlungen immer wieder haben.

ALS WIR VOR 20 JAHREN in Neapel am Beginn unserer Parterschaft standen, erlebten wir eine solche Situation. Vor uns lagen verschiedene Möglichkeiten unserer gemeinsame Zukunft zu gestalten und ebenso viele offenen Fragen gab es dazu. Wen nach den Weg fragen? Wir sind in unseren Familien und unserem Umfeld christlich erzogen worden und waren vielseitig in unseren Gemeinden engagiert. Aber Gott nach dem Weg fragen? Das war für uns noch eine neue Erfahrung. Als wir dann heirateten fühlten wir, daß unsere Liebe kein Jugendtraum, sondern ein Teil seines Planes für uns war. Gemeinsam baten wir Gott: Bitte zeige Du uns deinen Willen, den Weg den wir gemeinsam gehen sollen! Unsere wunderbare Reise, sie führte nach Köln. Die ersten Jobs, beschwerliche finanzielle Umstände aber wir waren zusammen. Eine schwere Zeit von fast einem Jahr, die uns intensiv verband. Und doch, wo es zählte war Gott da. Er gab uns das beruhigenden Vertrauen in seine Fürsorge und unsere Liebe. Nie fehlte uns das Notwendige.

Er segnete unsere Beziehung und Er gab uns den Mut den uns zugedachten Weg zu folgen. Eine Familie zu werden, das war unser Wunsch und sein Wille dazu! Wir empfinden eine große Dankbarkeit für alles was Gott uns Tag für Tag schenkt. Der volle Vertrauen in seiner Gegenwahrt ist bis heute unsere

> **Wenige Menschen ahnen was Gott aus ihnen machen würde wenn sie sich der Führung der Gnade rückhaltlos übergäben**
> *(Ignatius von Loyola)*

Stütze und unsere Kraftquelle. Sowohl im Trauern um Paolas Eltern, im Leiden mit eine krebskranke Freundin als auch in neuen Begegnungen und freudigen Erfahrungen wie bei der Geburt unsere beiden Kinder, haben wir Christus wahrgenommen. Gott zeigte uns immer wieder das unsere Liebe, mit seinem Segen ausgestattet, allem standhalten würde. „Amor omnia vincet...semper!" Die Liebe siegt über alles. So wurde diese Erfahrung unser Lebensmotto. Auch als wir nicht wußten wohin uns der Weg führt, ruhte doch ein großen Frieden im unseren Herzen. Immer wieder schöpften wir Gelassenheit in den Gedanken, das uns jemand leitet. Jemand, der den Weg kennt.

WIR HABEN UNS ÜBERALL Zuhause gefühlt da wir in Jedermann Jesus als „Mensch" und als „Freund" begegnet sind. Oft, auch in den kleinen Dingen des Alltages, erkennen wir, wie wichtig es ist, sich nicht von den Ereignisse fesseln zu lassen, sondern die göttliche Fürsorge anzunehmen. Dafür, daß wir diese Fürsorge in unserem Leben erkennen mögen und wir selber Hilfe für unseren Nächsten sein können, beten wir zu Ihm. Gott hat uns keine Entscheidung abgenommen, er hat uns aber die innere Ruhe geschenkt, uns in die Lage versetzt, unseren Wille an seinen anzugleichen und uns die nötige Kraft gegeben, die Entscheidungen treffen zu können. So entstand das Gefühl, das Paola oft mit den Bild umschreibt: "von einer Hand getragen werden". Die sogenannten „Zufälle", die an der richtigen Stelle und zum richtigen Zeitpunkt weiterhelfen, oder vor Schaden bewahren, häuften sich. Schicksal? Nein, für uns ist dies Gottes Fügung. Alle Begegnungen, Aufgaben und Erfahrungen, sind uns zugedacht. Wir fragen uns: was will Gott von uns? Was will Er uns damit sagen? Sind wir bereit ihm mit unserem ganzen Herz zu antworten? Gott zeigt uns sein Weg. Wir sind frei diesem Weg zu folgen oder einen anderen zu gehen. Aber warum sollten wir überhaupt jemanden nach den Weg fragen, wenn wir meinen es selber zu wissen welches der Weg ist? Doch wer ist schon so firm auf dieser Welt das er alle Wege und jeder Straße kennt?

Bernhard Langer

„Wir müssen jeden Tag
viele Entscheidungen
treffen, aber die wichtigste
Entscheidung in unserem
Leben betrifft die Bezie-
hung zu Jesus Christus."

*Bernhard Langer,
profess. Golfspieler*

hoffnung

jesus

Iva Majoli

„Gott hat mir geholfen;
ein Lebenstraum ist in
Erfüllung gegangen."

*Iva Majoli,
erste kroatische Tennis-
Siegerin beim Grand-Slam-
Turnier in Frankreich*